高烈度地震区山岭隧道工程抗减震技术

申玉生　高　波　王英学　周佳媚　著

科学出版社
北　京

内 容 简 介

本书主要以作者所参与的科研项目及汶川地震后隧道工程抗减震技术发展状况为背景，基于隧道震害调研的资料分析，分别针对隧道洞口破碎段和洞身不良地质段两种情况，分析强震区山岭隧道结构动力响应特性，提出不同条件下隧道结构的抗减震技术措施，同时研发一种穿越不良地质地段隧道抗震型结构（获得发明专利），并通过大型振动台模型试验的验证，成功应用于雅西高速公路强震区隧道工程建设，取得良好的抗减震效果。

本书可供高烈度地震区隧道工程抗减震措施的设计、施工人员以及科研工作者参考阅读。

图书在版编目(CIP)数据

高烈度地震区山岭隧道工程抗减震技术/申玉生等著. —北京：科学出版社，2015.6

ISBN 978-7-03-044521-6

Ⅰ.①高… Ⅱ.①申… Ⅲ.①地震地区-山岭隧道-隧道工程-防震设计 Ⅳ.①U452.2

中国版本图书馆 CIP 数据核字(2015)第 121796 号

责任编辑：张晓娟 孙 芳 乔丽维 / 责任校对：郭瑞芝

责任印制：张 倩 / 封面设计：陈 敬

科 学 出 版 社 出版

北京东黄城根北街 16 号

邮政编码：100717

http://www.sciencep.com

三河市骏杰印刷有限公司印刷

科学出版社发行 各地新华书店经销

*

2015 年 6 月第 一 版 开本：720×1000 1/16

2015 年 6 月第一次印刷 印张：21 1/2

字数：420 000

定价：120.00 元

（如有印装质量问题，我社负责调换）

前　言

20 世纪以来，我国已经经历了 4 个地震活跃期，现正在经历第 5 个地震活跃期。近段时间在欧亚地震带(西南地区)地球内部活动强烈，地震活动频繁。新疆于田 7.3 级地震、汶川 8.0 级地震、玉树 7.1 级地震、芦山 7.0 级地震同属一个地块(巴颜喀拉板块边缘)。作为我国交通命脉的铁路、公路和城市地铁遍及各地，在高烈度地震区复杂地质条件下修建隧道工程是无法回避的问题。

长期以来，人们一直认为地下结构受到周围岩体的约束，其抗震性能比地面结构好，对地震区内地下结构的动力响应和抗减震问题没有给予足够的重视。但是近二十年来，在世界范围内发生的几次强震中，隧道结构均遭受了严重破坏，如 1995 年日本阪神地震(7.2 级)，灾区 10%的山岭隧道受到了严重破坏，必须进行修复加固;1999 年中国台湾集集地震(7.6 级)，在调查的 57 座隧道中有 49 座受到了不同程度的破坏，包括衬砌混凝土块龟裂、掉落，甚至钢筋弯曲等;2008 年汶川地震(8.0 级)，在调查的 56 座隧道中有 33 座受到了不同程度的破坏，其中处于发震断层附近的龙溪隧道、龙洞子隧道等更是遭受严重毁坏。

大量山岭隧道工程震害实例证实传统的隧道结构抗减震技术已经很难满足高烈度地震区的隧道抗震设计要求，同时目前尚无高烈度地震区隧道工程抗震设计规范，隧道工程的设计与施工只能根据经验及地上建筑物的相关规范进行设计，具有一定的随机性。隧道工程在穿越洞口段明暗分界处和不良地质地段(尤其是活动断层)时，结构与岩土体之间的地震动的相互作用关系非常复杂，强震作用下不良地质地段山岭隧道结构抗减震新技术需要进行深入研究，同时隧道新型抗减震设防理念应贯穿山岭隧道选线、设计、施工和维修等各个阶段，才能够提高强震区山岭隧道结构的抗震性能。

本书在隧道震害调研的基础上，采用理论分析、振动台模型试验和数值模拟的方法，重点针对高烈度地震区山岭隧道洞口段和不良地质段的结构动力响应特性进行研究，通过采取不同抗减震技术措施和新型抗减震结构，减弱地震动对隧道结构的动力响应。最后提出强震区山岭隧道结构抗震技术可以概括为“减”、“让”、“抗”设计施工理念，即:“减”是改善围岩地质条件，减弱地震荷载传递;“让”是允许隧道衬砌随地震发生永久变位，释放地震的变形能;“抗”是提高衬砌自身刚度，抵抗地震破坏荷载。同时本书提出的一些山岭隧道抗减震技术措施和抗震型结构已经在雅西高速公路隧道工程中得到应用，取得了良好的抗减震效果。

本书的研究成果具有广阔的应用前景和实际应用价值，可以为高烈度地震区山岭隧道抗减震新技术的优化设计、施工和推广应用提供重要的理论依据和技术支撑。

全书共9章，包括绪论、隧道震害调研、地震动力分析理论、洞口段和不良地质地段隧道结构动力响应及其抗减震措施、隧道结构安全模糊综合评判方法、强震区山岭隧道结构模型试验及其抗减震措施的应用等。主要分工如下：第1章由高波撰写；第2～4章由申玉生撰写；第5章由申玉生、邹成路撰写；第6章由高波、吴耀宗撰写；第7章由靳宗振、朱长安撰写；第8章由申玉生、周佳媚、吴冬撰写；第9章由王英学撰写，全书由申玉生统稿定稿。

本书是西南交通大学高波教授团队长期从事强震区山岭隧道工程科研成果的积累和总结。在撰写本书过程中，高波教授对本书内容的规划给予了悉心指导；团队成员王英学、周佳媚、全晓娟等提供了部分宝贵资料；同时本书成稿得到了西南交通大学土木工程学院地下工程系何川教授、仇文革教授及广大同事的支持；在资料收集、文档整理等方面，陶双江博士、闻毓民博士、信春雷博士、吴冬博士、王帅帅博士、周裕硕士、陈明奎硕士、侯瑞彬硕士、王京伟硕士等做了大量的工作，在此一并表示感谢。

本书出版获得中国博士后科学基金（20080431267）、国家自然科学基金（41102220、51178398、50878187）、教育部创新团队发展计划（IRT0955）资助，在此表示感谢。

由于作者水平有限，书中难免存在不足之处，敬请读者指正。

作　者

2014年11月

目　　录

前言
第 1 章　绪论 ······ 1
1.1　发展背景与趋势 ······ 1
1.2　地下结构地震响应特性和震害形式 ······ 2
1.2.1　地下结构地震响应特性 ······ 2
1.2.2　隧道结构震害分析 ······ 4
1.3　隧道与地下工程的抗震分析方法 ······ 7
1.3.1　地震动分析理论方法 ······ 7
1.3.2　地震动计算分析方法 ······ 8
1.4　国内外隧道结构抗减震技术研究与应用现状 ······ 11
1.4.1　隧道结构抗减震技术发展现状 ······ 11
1.4.2　隧道及地下结构减震措施研究 ······ 14
1.4.3　大型振动台模型试验研究 ······ 16
第 2 章　山岭隧道震害机理分析及修复加固措施 ······ 19
2.1　汶川地震概况 ······ 19
2.1.1　地震区区域地质构造 ······ 19
2.1.2　地震形成机制 ······ 20
2.1.3　地震波的形成 ······ 22
2.2　汶川地震山岭隧道震害特征 ······ 23
2.2.1　隧道震害基本概况 ······ 23
2.2.2　隧道洞口段结构震害分析 ······ 26
2.2.3　隧道洞身段结构震害分析 ······ 30
2.2.4　隧道震害的基本特点 ······ 33
2.3　山岭隧道地震影响因素 ······ 33
2.4　山岭隧道震害机理 ······ 38
2.4.1　山岭隧道震害破坏形态 ······ 38
2.4.2　山岭隧道震害破坏原因 ······ 43
2.5　灾后隧道结构修复加固应用技术 ······ 45
2.5.1　洞口及边坡 ······ 46
2.5.2　洞门 ······ 47

2.5.3　隧道初期支护处理 …… 47
2.5.4　隧道衬砌开裂破坏、渗水 …… 48
2.5.5　仰拱及路面、排水沟等整治修复措施 …… 49
2.5.6　隧道侵限 …… 49
第 3 章　地下结构地震动力分析理论基础 …… 50
3.1　地震动力理论分析 …… 50
3.1.1　运动方程 …… 50
3.1.2　空间差分方程 …… 51
3.2　动力计算的本构及力学阻尼 …… 52
3.2.1　岩土动力本构模型 …… 52
3.2.2　力学阻尼 …… 55
3.3　动力计算的边界条件 …… 58
3.3.1　边界元 …… 58
3.3.2　黏性边界 …… 59
3.3.3　黏弹性边界 …… 60
3.3.4　自由场边界 …… 61
3.4　地震波校正与输入 …… 63
3.4.1　基线校正 …… 63
3.4.2　时频分析 …… 66
3.4.3　滤波 …… 68
3.4.4　地震动的输入 …… 69
3.4.5　地震波处理实例——徐店子隧道地震波处理 …… 72
第 4 章　强震区隧道洞口结构动力响应及其减震措施 …… 76
4.1　高烈度地震区山岭隧道洞口段结构的地震动响应研究 …… 76
4.1.1　依托工程概况 …… 76
4.1.2　计算模型参数及模型监测方案 …… 78
4.1.3　隧道结构横向地震动力响应分析 …… 81
4.1.4　隧道结构纵向地震动力响应分析 …… 85
4.2　强震区山岭隧道围岩注浆预加固方案优化 …… 88
4.2.1　隧道围岩的注浆加固形式 …… 88
4.2.2　不同注浆形式下隧道结构动力响应研究 …… 89
4.2.3　隧道围岩全环间隔注浆预加固方案研究 …… 93
4.3　山岭隧道减震层参数优化研究 …… 99
4.3.1　减震层位置变化对隧道结构动力响应的影响分析 …… 100
4.3.2　减震材料变化对隧道结构动力响应的影响分析 …… 109

4.3.3　减震层厚度变化对隧道结构动力响应的影响分析 …… 115
4.3.4　隧道洞口段结构抗震与减震动力分析 …… 118
第 5 章　洞口段软硬岩交界面隧道结构抗减震技术 …… 123
5.1　依托隧道工程概况 …… 124
5.2　穿越软硬岩交界面隧道洞口段结构动力响应 …… 125
5.2.1　交界面倾角对隧道结构地震动力影响分析 …… 125
5.2.2　交界面位置对隧道结构地震动力影响分析 …… 138
5.3　洞口段软硬岩交界面隧道结构抗减震措施 …… 147
5.3.1　隧道围岩全环注浆技术方案 …… 147
5.3.2　隧道结构减震缝的减震效果研究 …… 153
第 6 章　强震区公路隧道结构安全模糊综合评判方法 …… 160
6.1　隧道结构安全评价因素集的建立 …… 160
6.1.1　隧道衬砌特征 …… 161
6.1.2　工程地质特征 …… 163
6.1.3　地震烈度 …… 165
6.1.4　隧道结构安全性评价体系 …… 167
6.2　隧道结构安全等级及其评判基准 …… 168
6.2.1　隧道安全等级划分 …… 168
6.2.2　隧道结构安全影响因素的评判基准 …… 169
6.2.3　综合评判模型中隶属函数的确定 …… 170
6.2.4　综合评判模型中权重的确定 …… 172
6.3　强震区山岭隧道结构安全模糊综合评判 …… 175
6.3.1　依托隧道工程概况 …… 175
6.3.2　隧道结构安全综合评判 …… 175
6.3.3　强震区公路隧道结构安全性评价软件 …… 180
6.4　隧道结构安全性数值验算 …… 184
6.4.1　Ⅴ级围岩段隧道结构安全评估 …… 184
6.4.2　Ⅳ级围岩段隧道结构安全评估 …… 186
第 7 章　强震区穿越断层破碎带山岭隧道抗减震技术 …… 190
7.1　隧道走向与断层位置关系 …… 190
7.2　跨断层隧道结构纵向地震动力响应 …… 191
7.2.1　隧道工程计算模型 …… 191
7.2.2　跨断层隧道地震动力响应规律 …… 193
7.2.3　断层倾角对隧道结构地震动力响应的影响 …… 199
7.2.4　断层宽度对隧道地震动力响应的影响 …… 203

7.2.5 变形缝对隧道结构地震动力响应的影响 …… 207
7.3 跨断层山岭隧道横向地震动力响应 …… 211
7.3.1 隧道计算模型建立 …… 211
7.3.2 隧道结构横断面动力响应特性 …… 213
7.3.3 隧道结构纵向动力响应特性 …… 231
7.4 穿越断层区山岭隧道柔性结构减震技术 …… 233
7.4.1 跨断层隧道柔性减震结构的设计构思 …… 233
7.4.2 隧道柔性减震结构的关键参数优化 …… 235
7.4.3 柔性结构的减震机理探讨 …… 240
第 8 章 强震区山岭隧道结构抗减震措施验证与分析 …… 243
8.1 洞口段隧道结构动力特性及其减震效果试验研究 …… 243
8.1.1 模型试验依托工程概况 …… 243
8.1.2 模型试验振动台基本参数 …… 243
8.1.3 模型试验动力相似参数设计 …… 244
8.1.4 试验相似材料配制 …… 246
8.1.5 模型试验方案 …… 247
8.1.6 动力模型试验及结果分析 …… 248
8.2 跨断层隧道结构抗减震措施振动台试验研究 …… 266
8.2.1 依托工程概况 …… 266
8.2.2 振动台模型试验概况 …… 267
8.2.3 模型试验动力相似关系 …… 268
8.2.4 模型试验的相似材料 …… 270
8.2.5 模型试验方案 …… 272
8.2.6 模型试验结果分析 …… 276
8.3 强震区山岭隧道振动台模型试验相关技术问题 …… 286
8.3.1 振动台模型箱设计 …… 286
8.3.2 模型试验相似参数及材料确定 …… 290
8.3.3 模型试验测试注意问题 …… 293
8.3.4 振动台隧道断层模型设计 …… 294
第 9 章 强震区穿越断层山岭隧道抗减震措施应用 …… 296
9.1 跨断层山岭隧道结构震害特征 …… 296
9.1.1 阪神大地震跨断层隧道震害情况 …… 296
9.1.2 汶川地震跨断层山岭隧道震害情况 …… 300
9.2 穿越不良地质段隧道抗减震结构形式 …… 310
9.3 强震区跨断层隧道抗震型结构的工程应用 …… 314

9.3.1　乌鞘岭隧道跨断层超挖设计 …… 314
9.3.2　土耳其 Bolu 公路隧道铰接设计 …… 315
9.4　雅西高速公路跨断层扯羊隧道结构隔离效能设计 …… 316
9.4.1　过断层带隧道结构设计方案研究 …… 316
9.4.2　跨断层隧道结构数值模拟分析 …… 319
9.4.3　跨断层隧道减震构造措施应用 …… 323
参考文献 …… 327

第1章 绪　　论

1.1 发展背景与趋势

近年来全球各地地震频繁密集，根据中国地震信息网的相关记录，自2012年1月到2014年6月，全球6级以上地震共计363次，7级以上地震共计55次，最大震级是8.6级(2012年4月印度尼西亚苏门答腊北部附近海域)。其中圣克鲁斯群岛在2013年2月两天内连续发生5次7级以上地震，最大震级为7.6级。强震往往沿着与地质构造有一定联系的地震带分布，地震越大，分布的成带性越明显，图1.1绘出了20世纪全球7级以上强震分布。从图1.1可以看出，全球大部分7级以上地震集中分布在两大地震带：环太平洋地震带和地中海-南亚地震带。

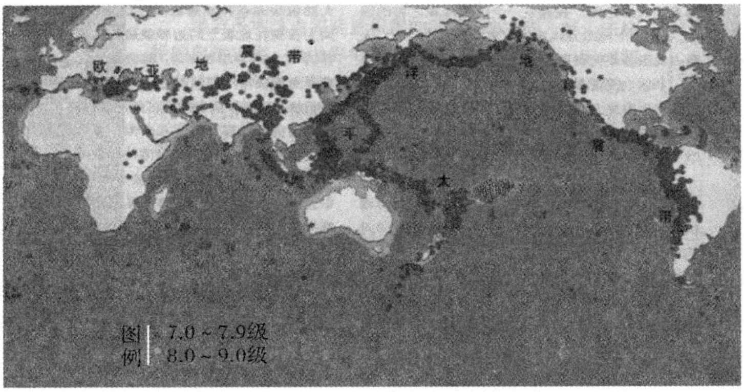

图1.1　20世纪世界强震震中分布图

我国处在世界两个最活跃的地震带上，东部濒临环太平洋地震带，西部和西南部位于地中海-喜马拉雅地震带，是世界上最大的大陆浅源强震活动区，震害具有分布广、强度高、危害大等特点。另外由于断裂的分布与断裂的活动是地震发生的主要原因，尤其是一些深大活动断裂，往往是一些发生强烈地震的构造条件，在我国西部和西南部分布着大陆断裂地震带，断层、节理裂隙发育，断裂破碎带密布，所以强震发生相对频繁，地震灾害是我国最主要的地质灾害。

地震将给人们带来严重的生命和财产损失，而对建筑结构进行合理的设防是减少损失的重要途径。交通和土建工程都不同程度地受到了破坏，交通工程的破坏使抗震救灾工作陷入极大的困难中，地震不仅造成公路设施路、桥、隧的直接毁坏，而且地震引发的崩塌、滑坡、泥石流以及落石（飞石）等次生灾害数量多、分布广、类型复杂、破坏巨大，举世罕见，这些次生地质灾害对公路设施造成了极大毁坏。

从历次大地震及世界范围的工程结构物震害情况看，通常情况下隧道工程震害比房屋、桥梁等地面建筑轻微，而隧道工程以其独特的抗震性能经受了强震的考验。另外，在强震下，隧道工程震害依然比较突出，如中国汶川大地震、台湾集集地震、日本关东大地震、阪神大地震等强震都造成了断层破裂带、衬砌缺陷段隧道结构的破坏，且隧道破坏后修复困难，说明强震条件下的隧道抗减震问题同样需要引起高度关注。我国现有的山岭隧道有相当部分位于地震区，尤以西南、华北和西北的铁路、公路隧道为甚，而城市地铁区间隧道也有相当数量处于高地震烈度区。据不完全统计，在全国 300 多个城市中，有一半位于地震基本烈度为 7 度和 7 度以上的地震区，在 23 个百万以上人口的特大城市中，有 70%为 7 度和 7 度以上的地震区。20 世纪以来，我国已经经历了 4 个地震活跃期，现在正在经历第 5 个地震活跃期，作为我国交通命脉的铁路、公路和城市地铁遍及各地，在高烈度地震区修建隧道难以避免，长大隧道作为国家生命线工程的主体结构之一，必须对其地震震害给予高度重视，并从中吸取经验教训，将隧道抗减震设防理念贯穿各类隧道选线、设计、施工和维修等各个阶段。

在山岭隧道选线时，高烈度地震区修建隧道工程的问题不可避免，以四川省高速公路网 2005～2030 年的规划为例，规划里程达 8600km，其中大量的隧道将建在高烈度地震区。目前在高海拔、高烈度地震区修建山岭隧道工程，尤其在隧道洞口段、断层破碎带等不良地质地段，大量的隧道工程抗减震技术问题亟须进一步解决，如在高烈度地震区修建隧道安全性评价方法、山岭隧道在强烈地震作用下的动力响应规律、山岭隧道抗震设防措施的设计新方法应用、隧道震害及其裂缝成因机理研究、穿越不良地质地段隧道新型结构的研发等，这些都是科研和设计人员所面临的急迫需要解决的问题。

我国在高烈度地震区山岭隧道的震害机理及抗减震技术方面的研究有些滞后，长期以来，我国隧道抗震设计主要沿用地面结构设计的方法，至今尚未正式颁布隧道及地下工程的抗震设计规范或指南。因而，开展对地下结构抗震方面的理论分析、试验研究、数值模拟分析及抗减震技术应用研究具有重要的工程应用价值，对西部山区高烈度地震区交通隧道工程的建设提供重要的技术支撑。

1.2 地下结构地震响应特性和震害形式

1.2.1 地下结构地震响应特性

地下结构由于受到周围岩体或土体的约束，一直被认为具有良好的抗震性能

（相对于地面结构而言），因而在很长时期内，地下结构的震害问题远不如地面结构那样受到重视。但是随着地下结构数量的增多和地下结构震害的频繁出现，地下结构的震害问题受到越来越多的关注。对隧道震害资料的收集，国内外都已做了很多工作，杜克、斯蒂文斯、道丁、欧文等分别对隧道震害进行了大量研究，并建立了相应的数据库。Sharma 等在前人研究的基础上，又收集了自唐山地震以来的 52 个隧道震害实例，使建立的隧道震害数据库成为目前世界上占有资料最多的数据库，共收集世界范围内 85 次地震中反映隧道稳定性的 192 篇报告。国内的潘昌实、高波、王明年、周德培、李育枢等也对隧道和地下结构的地震灾害规律进行了研究，取得了一些重要的研究成果，分析隧道的震害形态及其机理，对正确采取相应的隧道结构的抗减震措施及强震区修建隧道工程具有重要意义。

地震时地下结构物的破坏是一个不断变化的、非线性的、累积性的复杂过程，包括结构或构件从出现裂缝至严重损坏过程中各种动力特性（结构基本周期、刚度、阻尼等）的非线性变化，结构变形导致结构内力的重分布，使结构发生破坏。地下结构地震反应的特点和地面结构有明显的差别。如果以入射的地震波作为输入，结构的地震反应作为输出，则地面结构相当于一个强的滤波系统，频率与结构自振频率相近的地震波由于共振效应将被显著放大，因而随着结构刚度和质量的变化，输出的结构反应的频率成分和振动的持续时间都将发生很大的变化。即使在入射地震波结束后，结构的衰减自由振动仍将持续一段时间。地下结构则不同，它受到周围岩土介质的强约束作用，其地震反应的波形与入射地震波相比，基本上不发生变化。而且，只要地下结构的尺寸与地震波波长相比较小，地下结构的存在对地震波的扰动就很小，其地震反应的波形与自由场所得到的波形基本一致，实际的观测资料也证明了这一点。

通过对已有震害的分析总结发现，地下结构地震响应特点不同于上部结构，有其独特的振动特性和致灾机理。地下结构的地震反应特性体现在以下几个方面：

（1）地下结构的振动变形受周围岩土介质的约束作用显著，结构的动力反应一般不明显表现出结构自振频率的特征，地面结构的动力反应则明显表现出结构自振频率的特征。

（2）地下结构的存在对周围地基地震波的影响一般很小（指地下结构的尺寸相对于地震波波长较小的情况），地面结构的存在则对该处自由场地的地震波发生较大的扰动。

（3）地下结构的振动形态对地震波入射方向十分敏感，地震波的入射方向发生较小的变化，地下结构各点的变形和应力将发生较大的变化，而地面结构的振动形态受地震波入射方向的影响较小。

(4) 长线形的地下结构在振动中各点的相位差别十分明显，地面结构各点在振动中的相位差别不是很明显。

(5) 地下结构在振动中的主要应变一般与地震加速度大小的联系不是很明显，而对地震所产生的位移场大小反应比较明显，对地面结构来说，地震加速度是影响结构动力反应大小的一个主要因素。

(6) 对地下结构和地面结构来说，它们与地基的相互作用都对其动力反应产生重要影响，但影响的方式和影响的程度是不相同的，主要由结构的尺寸、质量、刚度以及地基的物理力学性质决定。

(7) 当地下结构的埋深超过一定深度后，埋深对地下结构的地震动力反应影响将不明显。

(8) 地震波的高频分量可能会导致岩石和混凝土的剥裂，但这仅对震中距很小的地下结构有显著影响。

1.2.2　隧道结构震害分析

1995 年日本阪神地震造成灾区内 10%的山岭隧道受到严重破坏；1999 年中国台湾集集地震后，台湾中部距发震断层 25m 范围内的 44 座受损隧道中，严重受损者达 25%，中等受损者达 25%。2008 年中国汶川大地震中，地下结构的基础设施同样遭受了较为严重的破坏，甚至出现了大范围隧道整体塌陷、封洞等极为罕见的震害。

国内外学者对地下结构的震害已经做了大量的收集工作。国外学者对资料进行了归类分析，将地下结构地震破坏分为 6 种情况：①洞室变形；②洞室顶部的偶然落石；③洞顶或洞壁倒塌；④沿相交断层的位移；⑤洞室围岩的剥落；⑥支护或衬砌的扰动或变形等。并总结了覆盖层厚度、岩石类别、支护类型、震级和震中距等因素对隧道震害的影响。

国内学者对影响震害的因素归纳如下：①同一地震烈度地震下，地下结构遭受破坏的程度一般比地上结构小得多；②地下结构随覆盖层厚度的增大，其破坏程度降低，当覆盖层厚度小于 50m 时，地下结构容易遭遇地震破坏；③地下结构的震害程度与地面加速度峰值有关；④基岩的物理力学性质对地下结构的破坏有直接影响，建筑在崩积层内的地下结构要比在坚固围岩的地下结构更易受到破坏，穿越活动断层或断层破碎带的地下结构在地震中也容易受到严重破坏；⑤施工质量不能保证、采用木支撑、回填不密实的隧道容易在地震中受到破坏；⑥当地下结构在地震作用下存在明显惯性或周围介质与结构间的刚度失配时，结构会产生过度变形而破坏；⑦结构断面形状及刚度发生明显变化的部位在地震作用下容易发生破坏。

由此可知，国内外学者对地下工程的震害已进行了大量分析，但每次地震成因、机制不同，造成的隧道震害情况有较大的区别。

地震灾害具有突发性强、破坏性大的特点，通过对地下结构的震害进行调查分析，归纳出地下结构震害的主要表现形式有地下管道的破坏和隧道的破坏。

1. 地下管道的破坏形式

地下管道主要由管段和管道附件（弯头、三通和闸门等）组成，地震时一般有3种基本破坏类型：①管道接口破坏；②管段破坏；③管道附件以及管道与其他地下结构连接处破坏。其中以管道接口（或接头）破坏居多，与管段本身强度相比，接口是抗震薄弱环节。管道接口通常分为刚性接口和柔性接口两种，其中刚性接口有焊接、丝扣连接等，采用橡胶圈的承插式接口和法兰连接接口属于柔性接口。震害表明，柔性接口的震害率明显低于刚性接口，其原因是前者可以产生较大的变形，具有良好的延性。接口破坏形式有接头拉开（或拔脱）、松动、剪裂、坍塌等。管段的破坏形式有管段开裂（纵向裂缝、环向裂缝和剪切裂缝等）、折断、拉断、弯曲、爆裂，管体结构坍塌，管道侧壁内缩，管壁起皱等。管道破坏率及破坏形式因管道材料、接头形式等管道本身特点而有差异，并与周围场地土壤条件有关。

2. 隧道结构破坏形式

1) 衬砌的剪切移位或错位

当隧道建在断层破碎带上时，常常会发生这种形式的破坏。由于断层两侧围岩相对位移差，造成隧道发生剪切滑移，如图1.2所示，或者隧道在竖直方向发生拉裂破坏，在水平方向错位，整个隧道发生严重破坏。

2) 边仰坡破坏造成的隧道坍塌

在地震过程中，经常会发生隧道边仰坡失稳，造成衬砌结构承受更大的围岩压力，从而导致隧道坍塌破坏，如图1.3所示。

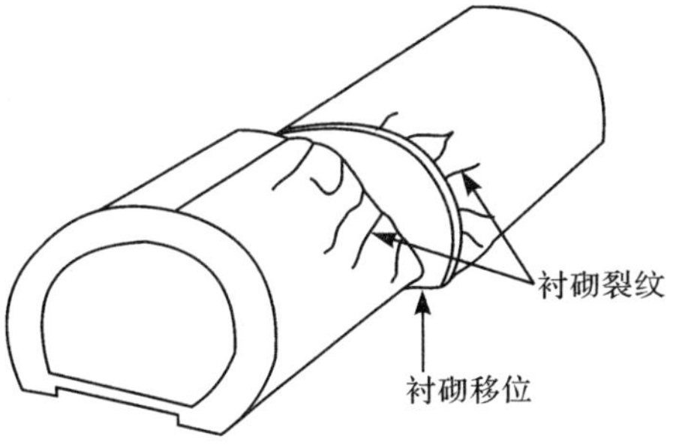

图1.2 衬砌剪切位移图

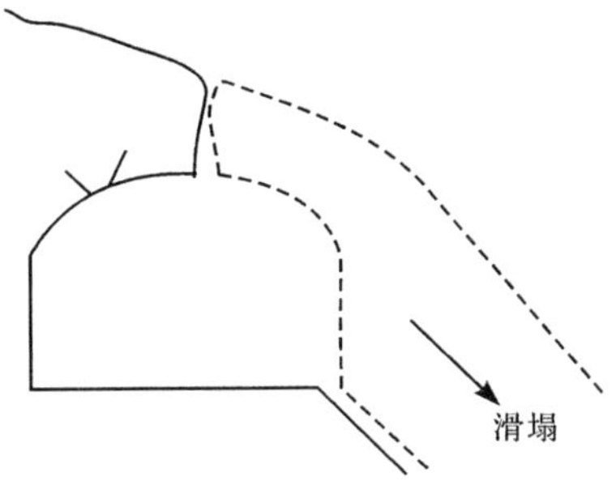

图1.3 边仰坡破坏造成的隧道坍塌

3) 隧道衬砌开裂

在地震中，隧道衬砌开裂是最常发生的现象。这种形式的衬砌破坏又可分为纵向裂缝(图 1.4)、横向裂缝(图 1.5)、斜向裂缝(图 1.6)、斜向裂缝进一步发展所致的环向裂缝(图 1.7)、底板裂缝(图 1.8)以及沿着孔口(如电缆槽、避车洞或避人洞)发生的裂缝(图 1.9)。

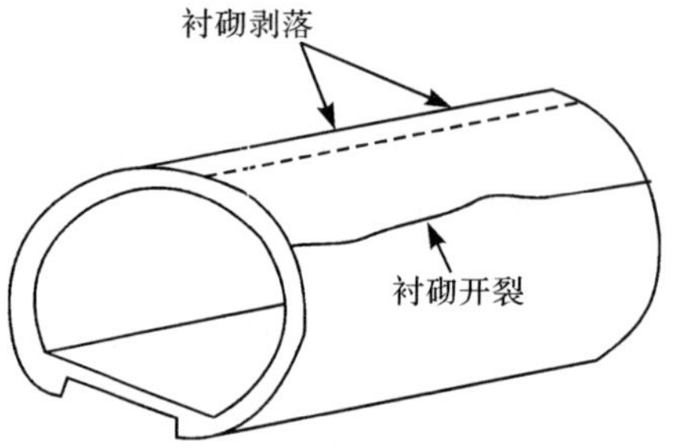

图 1.4　衬砌纵向裂缝图

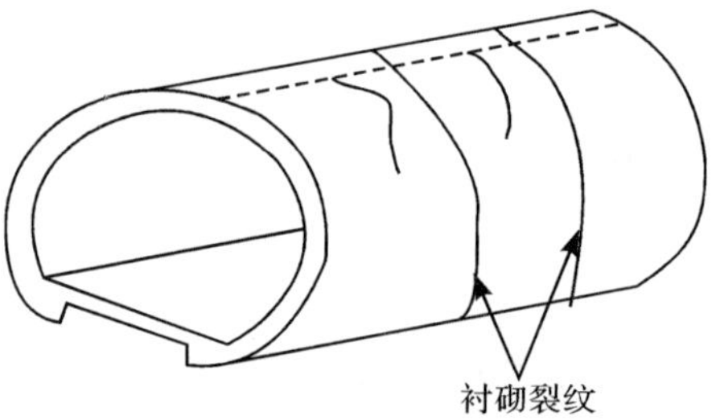

图 1.5　衬砌横向裂缝图

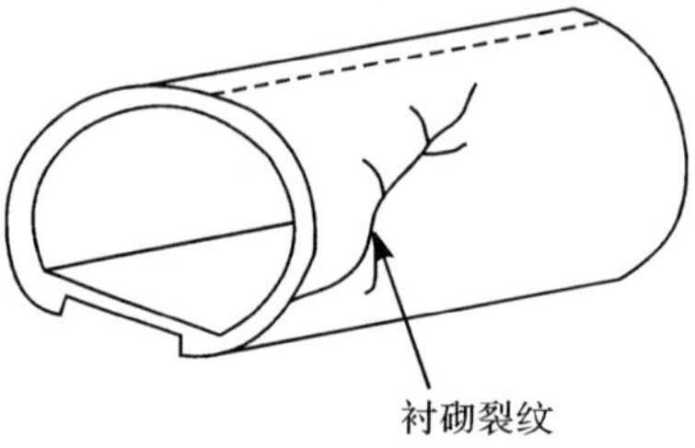

图 1.6　衬砌斜向裂缝图

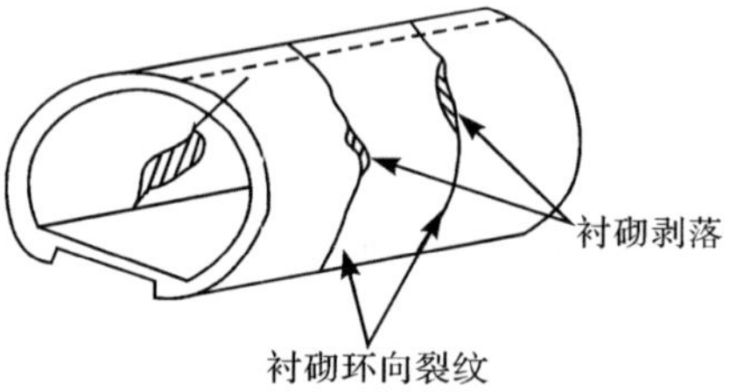

图 1.7　衬砌环向裂缝图

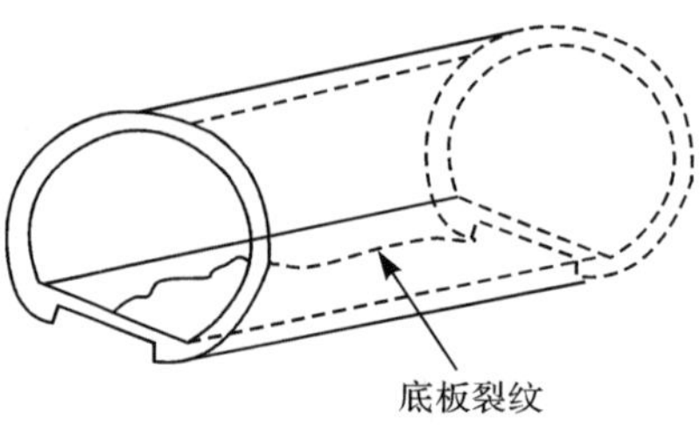

图 1.8　底板裂缝图

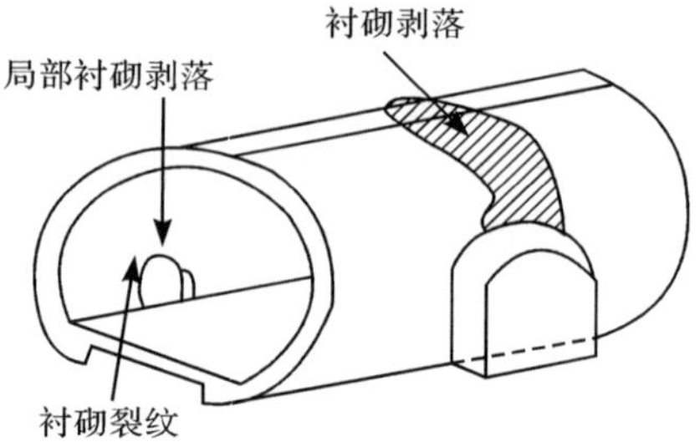

图 1.9　孔口附近衬砌裂缝图

4) 边墙变形或底板隆起

图 1.10 为由显著的边墙向内变形和底板隆起造成的隧道结构破坏。这种变形可以造成边墙衬砌的大量开裂,路面严重破坏,甚至导致边沟的倒塌。

通过对地下结构震害表现形式及具体发生条件的研究,人们将因地震造成的地下结构破坏分为两种类型:一种是由于围岩变位而在地下结构中产生强制变形所引起的破坏,如衬砌的剪切移位;另一种是结构在地震惯性力作用下产生的破坏。其中,第一种类型的破坏多发生在岩性变化较大、断层破碎带、浅埋地段或隧

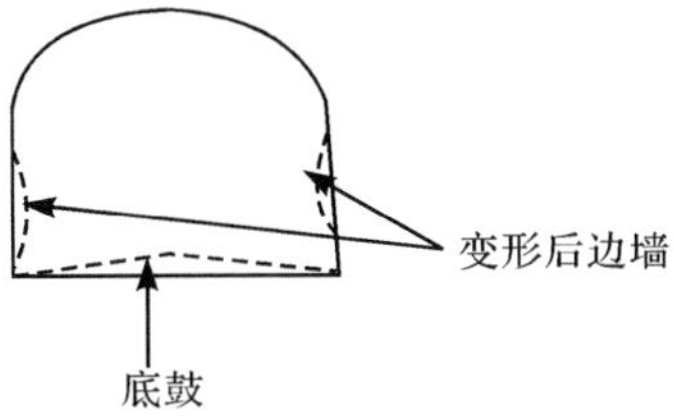

图 1.10 边墙变形

道结构刚度远大于地层刚度的围岩中;第二种类型的破坏多发生在洞口附近,这时地震惯性力的作用表现得比较明显。

1.3 隧道与地下工程的抗震分析方法

地下结构抗震理论是随着地面建筑抗震理论的发展而发展的,从 20 世纪 50 年代以后,日本学者从地震观测资料入手,通过模型试验,建立数学模型,根据地震波的多重反射理论,使地下软基隧道和成层地基的抗震研究获得重大进展,地下结构的抗震设计逐渐形成体系,并形成了不同的抗震设计方法。

总体来看,隧道及地下结构抗震问题的基本研究途径主要有:原型观测、试验研究和理论分析。

1.3.1 地震动分析理论方法

地下结构抗震设计计算理论是随着地面建筑抗震设计计算理论的发展而发展的。1900 年,日本大森房吉教授提出了计算地震荷载的静力理论,假定地震时结构各部分都有一个与地震加速度大小相同的加速度,作用于结构上的水平地震力等于结构自重乘以某一地震系数来计算结构的变形与内力(地震系数法)。该方法简单方便,且经受过一般地震的考验,许多国家的抗震设计规范都采用过,我国地下结构的抗震设计自 20 世纪 60 年代以来沿用地震系数法,至今仍被隧道设计规程所采用。该法目前仍然是国内外地下结构抗震设计的基础。

研究地震运动对地下结构的影响所采用的理论主要有两类,即振动理论和波动理论。振动理论以求解结构运动方程为基础,把介质的作用等效为弹簧和阻尼,再将它作用于结构,然后如同分析地面结构模型一样进行分析;波动理论以求解波动方程为基础,把地下结构视为无限线弹性(或弹塑性)介质中孔洞的加固区,将整个系统(包括介质与结构)作为对象进行分析,不单独研究荷载,以求解其波动场与应力场。两种理论具体的计算方法有数值计算法、解析法和简化计算法。

波动法将地下结构与其周围地层介质作为一个整体来进行分析，假定地下结构的存在对波动场的影响可以忽略不计，按波动方程求解地下结构与其周围介质中的波动场和应力场；相互作用法以结构为主体求解其地震运动，将地下结构周围地层介质的作用等效为弹簧和阻尼，以相互作用力的形式作用于结构，建立地下结构的地震运动方程，按运动方程求解地下结构的地震响应，该方法的基本假定是结构的存在不对周围介质中的波动场产生扰动。

另外，严松宏教授将随机振动理论应用于隧道及地下结构抗震动力可靠性研究，探讨了隧道及地下结构随机地震响应分析及其动力可靠度研究的方法，分析了隧道及地下结构随机地震响应的统计特性，以研究隧道及地下结构在随机地震荷载作用下的动力可靠度，并初步建立了地下结构抗震动力可靠性分析的理论体系，同时用随机理论对隧道进行了分析，并得出了计算隧道可靠度的方法。

随机振动分析法主要从隧道及地下结构动力分析的基本原理出发，运用概率方法和脉冲响应函数原理，探讨隧道及地下结构在弹性工作状态下随机地震响应分析及其动力可靠度研究的确定性方法，分析隧道及地下结构随机地震响应的统计特性以及隧道及地下结构地震动力可靠度。

1.3.2 地震动计算分析方法

地下结构抗震问题的分析方法可以分为原型观测、试验研究和理论分析三种，如图 1.11 所示。

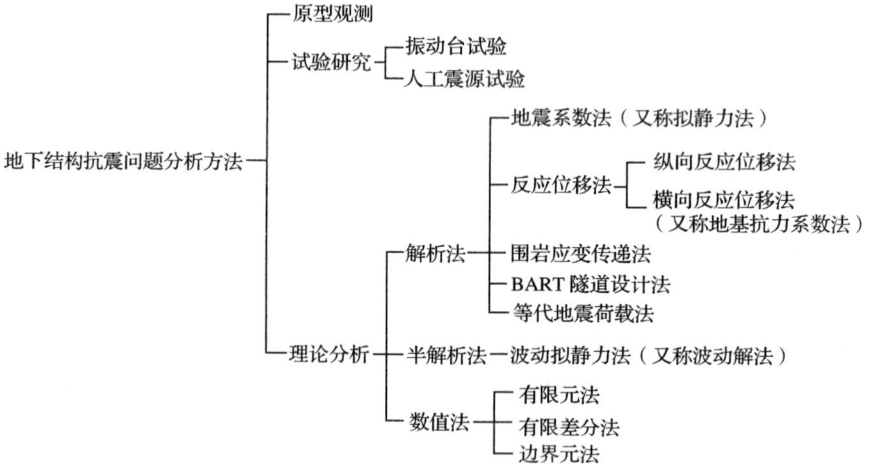

图 1.11 地下结构抗震分析方法类型

1. 原型观测

原型观测是通过实测地下结构在地震时的动力特性来了解其地震响应特点，

主要包括震害调查和现场试验两大类。震害调查很难对地震过程中的动力响应进行量测，也无法控制地震波的输入机制和边界条件，更无法主动地改变各种影响因素，从而对某一现象进行有目的的、多角度的研究，现场试验在一定程度上弥补了这一缺陷。

2. 试验研究

试验研究分为人工震源试验和振动台试验。人工震源试验由于起震力较小，很难反映出建筑物的非线性性质和地基断裂等因素对地下结构地震反应的影响，一般不宜采用。振动台试验研究的基本思路是：通过试验对地基土的物理力学性质的测定，以确定理论分析模型的参数，通过振动台激振对拟定结构的加速度放大系数、压力与位移响应进行分析，讨论地下结构在竖向或横向地震激励的响应，以及在不同埋深、不同地质条件下，岩土体与地下结构的相互作用对地下结构抗震性能的影响，从而找到一些大跨度大断面地下结构的动力响应分布规律。

通过模型试验，人们能更好地了解和掌握地下结构的工作特性，为抗震理论的发展奠定了基础，但是振动台试验对试验区域的选择和地基特性的模拟等关键问题还存在不同程度的困难。因此在国内真正对强震区山岭隧道进行大型振动模型试验研究的较少，有必要进一步研究隧道结构抗减震问题。

3. 理论分析

原型观测和试验研究这两种方法在实际运用中都不可避免地存在代价昂贵的问题，因此理论分析无疑是不可或缺的研究途径，理论分析法主要有：解析法、半解析法和数值法。

1）解析法

解析法的假设条件较多，通常基于弹性地基梁等静力理论推导解析解。

（1）地震系数法。地震系数法将地震加速度产生的惯性力施加于结构上作为地震荷载，当用于地下结构的抗震分析时，还要考虑动土压力及上覆土体惯性力的影响。这种方法与地下结构一般不表现出明显的自振特性不相符的现象，一定深度处加速度取值的合理性也存在问题。

（2）围岩应变传递法。围岩应变传递法根据地震作用下岩土介质与地下结构应变波形几乎完全相似的现象以及地震波动场分析基本思想，建立地下结构地震应变和无地下结构影响的岩土介质地震应变之间的关系式，即应变传递系数，由静力有限元确定。

（3）反应位移法。反应位移法考虑到地下结构惯性力较小、振动受制于岩土介质约束的特点，认为地下结构在地震时的响应取决于周围地层运动，因而将忽略隧道对地层影响所得到的原地层相对位移强制施加于结构上，从而得到结构的地震响应。这种方法考虑了地下结构振动受地层约束的事实，但忽略了结构和地层的动力相互影响。

(4) BART 隧道设计法。BART 隧道设计法是应用于美国旧金山湾区快速交通系统的设计方法，假定土体在地震中不会丧失整体性，地下结构只产生振动效应。该方法在设计上要求结构能有足够的延性去承受土体地震变形造成的结构变形，并能承担相应的静载。该方法符合地下结构并非惯性力导致破坏的特点，但忽略了土和结构的动力相互作用。

(5) 等代地震荷载法。该法将地震荷载对地下结构的作用简化为水平向的静力等代地震荷载，由静力模型求出结构内力，并与设计地震荷载下通过动力有限元所得的结构最大合应力效应进行比较，取二者十分接近时的值为该概率水准下的等代地震荷载。该法能较好地反映土与结构的相互作用，但修正地震系数的取值有待深入研究。

(6) 其他解析法。主要包括 Shukla 法、ST. John 法、地基抗力系数法、福季耶娃法等。

2) 半解析法

半解析法基于一定的假设条件推导出部分解析形式，并通过一定的计算机算法结合求解，是一种综合利用解析法和数值法的耦合分析方法。

3) 数值法

为了反映结构和岩土介质的整体三维动力特征，尤其是复杂结构形式、地层构造、边界条件、地震输入、本构模型下的地震反应，提高计算合理性和精度，出现了地下结构抗震计算数值方法，并随着高性能计算机技术和并行区域分解算法的发展而不断成熟完善。数值法是基于有限元、有限差分、边界元、离散元等计算机方法的求解法。有限元法、有限差分法可较好地解决非线性、非均质问题，但受人工边界设置的影响较大。边界元法仅需对边界进行离散，自满足远场辐射条件，可以降低积分维数，但由于系数矩阵占内存较大，解题规模受限。离散元考虑了断层、裂隙等结构面对岩石切割造成的非连续性，但对网格数量要求高。一批针对双层隧道、偏压隧道、交叉隧道、岩溶隧道、水工隧道、悬浮隧道、小近距隧道等结构的研究成果逐渐出现，研究方法主要采用适合复杂结构动力分析的数值法，尤其是平面动力有限元或者三维动力有限元整体分析方法。

一些学者提出了新的有限元算法和模型。递推衍射法为计算地基的动力刚度矩阵提供了有限元思路。该方法仅需要计算有界单元域的刚度矩阵和质量矩阵，就可以通过递推衍射方程得到无限域的动力刚度矩阵，是一种可以不用解析方式来体现无界辐射条件的有限元设想。

超级计算机技术的出现让并行区域分解算法在计算大型三维有限元模型中发挥了重要作用。通过超级计算机并行区域分解算法，利用 LS-DYNA 有限元程序计算地震效应。并行算法能降低对计算机的性能要求，有效缩短计算时间。

为结合有限元、有限差分、离散元和边界元的各自特点，出现了一些耦合方法。研究人员将六节点超参无穷元与四节点等参有限元耦合，用于双孔矩形地下隧道地震反应分析，得出了在相同精度下耦合模型比有限元模型能缩减有限元计算区域范围的结论。耦合法可以综合考虑各种单一数值法在处理边界条件、复杂介质等模型中的优势。

1.4 国内外隧道结构抗减震技术研究与应用现状

1.4.1 隧道结构抗减震技术发展现状

目前，隧道及地下结构的抗震理论主要还是基于地面建筑抗震研究理论而建立发展起来的，因此其分析方法和手段在很大程度上都沿用了地面建筑抗震理论的思想。

1. 国外隧道结构抗减震技术研究现状

通常情况下，认为隧道及地下结构具有良好的抗震结构，所以隧道结构抗减震问题的研究起步较晚。在20世纪50年代，隧道抗震设计基本上以日本大森房吉教授提出的静力理论进行计算；Wolf也提出了其他适用的计算方法，用于动态计算大跨度隧道；其他研究人员则利用板壳理论模型分析结构地震动力特性。20世纪60～70年代，地下结构的减震设计基本上沿用地面结构减震设计方法；在70年代后期，隧道结构抗减震设计在日本的水下隧道、沉埋隧道以及核电厂等的减震设计规范中逐步得到了体现。日本学者从地震观测资料着手，通过现场观测、模型试验，建立了数学模型，并结合波的多重反射理论，在沉埋隧道的设计中，还率先采用了反应位移法；另外为了防止和减轻地震对隧道造成的危害，又将隧道抗震的思想贯穿到选线、设计、施工、维修、改造的全过程。随着地下结构数量的增多和震害的频繁出现，其抗减震问题开始日益受到高度重视。苏联修建贝-阿干线、塔什干、埃里温地下铁道时均进行了减震设计；美国建设快速地铁运输系统时提出了地下结构并不抵御惯性力而具有吸收强加变形的延性，同时还不丧失其承受静荷载力等新的设计思想，并提出了相应的减震措施；美国在80年代洛杉矶地下铁道的设计中对地震荷载做了充分的考虑。吉川惠也对铁路隧道的震害和抗震措施进行了阐述；青山博之对地震构造和刚度柔度之间的关系及其抗减震效果进行了研究。

2. 国内隧道结构抗减震技术研究现状

在国内，山岭隧道结构抗减震技术研究始于20世纪50年代。通过借鉴国外的研究成果和建筑物抗震规范，制定了基于拟静力法的铁路隧道抗震设计规范。80 年代末，阎盛海通过翻译资料，介绍了非圆形岩体隧道地震作用下衬砌结构的计算、土体隧道及地下管线的抗震设计、沉埋管线的地震观测及模型试验。90 年代，邵根大等采用模型试验和有限元计算的方法阐明了作用在隧道衬砌上的地震力产生的机理和特点，全面评价了锚杆的抗震作用，认为锚杆对隧道抗震有重要的作用，建议正确地按新奥法原理修建的隧道，它的结构具有抗震能力。潘昌实总结了隧道及地下结构的破坏情况和一些影响因素的关系，介绍了质量-弹簧模型和有限元进行地震反应分析的方法。

近年来，随着我国地下空间的开发和地铁的修建，对地下结构物的抗震研究越来越多，特别是 1995 年日本阪神地震后，我国众多研究结构的学者和工程技术人员纷纷开展了关于土与结构相互作用、软土地陷、地基振动液化、沉管等从土与结构相互作用观点出发，用样条有限元和半解析有限元对地下隧道结构进行了抗震分析。

我国修建南昆铁路乐善村二号隧道时，采用了复合式衬砌、减震材料、设置明洞和减震缝等减震措施；王志杰、高波、关宝树等以隧道洞口段为研究对象，从隔震角度出发，提出了地下结构减震模式的基本思想；王明年、关宝树等从地下结构动力学模型出发，对高地震区地下结构减震技术进行了论述，并认为地下结构是具有一定减震功能的减震结构；周德培对强震区隧道洞口段的动力特性进行了研究，指出隧道洞口段是其抗震薄弱部位，并对钢纤维混凝土作为大跨隧道的抗震材料的效果进行了研究；林皋、梁青槐等分析了地下结构的抗震特性，详细阐述了地下结构抗震计算的衍射方法；中国铁道科学研究院邵根大等进行了强地震作用下铁路隧道衬砌的耐震性研究，阐明了地震力的发生机理和特点，评价了锚杆的抗震作用，提出了隧道抗震设计的基本原则等重要结论；高峰等通过对隧道围岩进行注浆加固和设置减震层进行计算，分析了两种方法的减震效果、适用条件及其减震机理；王以军等通过地质调查和数值分析等手段对隧道地震动力响应过程及其减震措施进行了研究和探讨；郑永来、陈国兴等也从不同角度对隧道及地下结构的动力及其抗减震特性进行了论述。杨军等借助动力有限元二维模型，分析了结构的抗震薄弱位置；朱合华等采用时程分析法，通过输入四条典型地震波，得到了结构内力（轴力、弯矩和剪力）的时程，并提出了结构的最大内力及分布图；孙海涛等基于动力有限元理论分析洞体参数（洞径、埋深、弹模）的变化对隧道水平地震响应的影响；严松宏等将弹簧-质量模型与有限元法相结合，采用离散的动力分析法先后对南昆铁路乐善村二号隧道、高速铁路南京长江越江隧道进行了隧道整体地震反应分析，得到了隧道在地震作用下的纵向受力情况，并研究了动力可靠度。

在隧道洞口段结构抗减震技术是众多专家学者研究的重点。李育枢通过使用有限差分法对山岭隧道常规和偏压洞口进行了数值模拟分析，指出隧道洞口的最大应力均高出常规地带；对于偏压隧道，最小主应力主要分布在边墙部位且靠山侧明显高于另一侧；两种隧道的最大位移均发生在拱顶。杨明松等使用数值模拟的方法研究了不同隧道断面形式的抗震性能，提出圆形断面的抗震性能优于马蹄形断面。

近年来，西南交通大学高波教授课题组对高烈度地震区隧道结构的抗减震技术特性开展了大量的研究，取得了丰硕的研究成果。焦长洲博士采用动力时程分析方法，对隧道式复合锚旋体系在地震作用下的动力响应特性进行了全面的数值模拟分析，讨论了硬岩中隧道式锚旋体系的结构形式、注浆加固岩层、施作锚杆等措施对锚旋体系抗减震效果的影响。索然绪分析了洞口段地层在瑞利波作用下的位移峰值及加速度峰值，并探讨了洞口段抗震设防长度。王正松对双连拱隧道洞口段进行了动力响应研究，提出其中墙厚度不宜过大也不易过小。孙铁成对双洞错距山岭隧道洞口段进行了动力响应研究，分析了不同洞间距、错距和不同的地震波输入方式下，隧道洞口的相互影响关系。孙建春对隧道洞口段仰坡动力响应的影响因素进行了研究，随着隧道仰坡坡度的增加，水平位移峰值先增加后逐渐减小，当坡度为45°时，水平位移峰值最大；随着仰坡高度的增加，位移峰值将减小。郑清使用离散元软件对单节理隧道洞口段进行了研究，分析了节理刚度、坡高、坡角、输入动荷载峰值对动力响应的影响，认为随着边坡高度的增大，边坡的坡面放大效应有增大的趋势且随着坡面倾角的增大，边坡的坡面放大效应随之增大。

在高烈度地震区穿越断层破碎带的隧道结构易遭受严重的破坏，为了研究断层局部错动的影响及地震时所引起的隧道围岩的稳定性，众多专家学者亦对此开展了一系列研究。冯启民等分析了输油管道的应变及变形等一般规律；李德武结合兰州—临洮高速公路新七道梁隧道实际工程，分析了断层破碎带隧道衬砌静动力受力特性；袁庆利分析了在断层破碎带设置抗震缝与无抗震缝条件下实际隧道主体结构的水平横向位移、水平横向加速度和主应力的变化特点。根据断层破碎带处围岩的实际情况在设计中采取相应的措施，熊良宵通过选取隧道与活断层之间的不同距离来模拟各种情况下隧道的应力和位移状态，对隧道与其附近活断层的关系进行评价。马伟斌分析了断层破碎带对稳定性的影响程度，表明对关键部位进行锚喷加固可有效地抑制围岩位移，保证了隧道的稳定性；彭学军等对断层区域典型断面动态开挖和支护进行数值模拟，分析了在构造应力场存在的条件下，断层区域应力场对隧道围岩稳定性的影响；朱长安等在“断层破碎带隧道地震动力响应分析”一文中采用反应时程分析（RHA）方法，系统地分析了隧道跨越断层破碎带的动力响应规律，表明变形缝能够明显地起到释放衬砌和围岩变形能的作用，破碎带处衬砌内力明显降低，能有效地降低隧道轴力，并指出隧道拱部位是抗震薄弱部位，认为隧道抗震设防还应包括断层破碎地段。

总的来说，隧道地震技术的研究已经进行了多年，截至 2014 年，我国还没有一套完整的地下结构抗震设计体系，相关规定基本仍借鉴地面结构的抗震设计规范。规范中仅对衬砌结构抗震做了一些规定，还并不完善；另外各种抗减震措施的适用性以及滑动断层围岩抗震技术还有待深入研究。

1.4.2 隧道及地下结构减震措施研究

在结构动力学的范畴里，“隔振”是指隔离振动，而“隔震”是指隔离地震。从而可知，“隔震”是“隔振”的一个特定内容。“减振”控制是指对振动进行抑制，尽量减少有害的振动；“减震”控制是指对地震的振动进行抑制，尽量减少振动对构筑物的有害影响。这样就可以很容易地理解所谓的减震实际上是隔振的范畴。隔振可以分成两类：一类是用隔振器将振动着的振源与地基隔开，以减少动力的传递；另一类是用隔振器将需要保护的设备与振动着的地基隔离开，前者称为主动隔振，后者称为被动隔振。这里所指的地下结构的减震主要是指被动隔振。目前有以下几种减震方法。

1）改变地下结构本身性能

该方法主要是通过改变地下结构刚度、质量、强度、阻尼等动力特性来减轻地震对地下结构的影响。主要有以下几种措施可以采纳：

（1）减轻地下结构的整体质量。可以采用轻质高强的材料来代替目前普遍应用的钢筋混凝土，在强度满足要求的情况下，使得地下结构的整体质量减小。

（2）增加地下结构的延性和阻尼。由于工程黏性水泥（简称 ECC）是基于微观层面的纤维增强机理，采用极细的高性能乙烯（PVA）纤维和聚乙烯（PE）纤维，并利用材料微观力学设计理论和技术来增强水泥砂浆，因此，其极限拉伸应变可达 5%～6%，几乎相当于钢材的塑性变形能力。当采用 ECC 作为地下结构的建筑材料时，将使地下结构在地震中吸收大量的能量，从而减轻地震所带来的反应。地下结构与大阻尼构件组合成大阻尼复合结构，可以达到减震的目的。当地震波到达之后，这些阻尼构件将耗散大部分能量，使得作用于其他构件上的能量减小，从而避免了这些构件进入非弹性状态或破坏。

（3）对地下结构的刚度进行调整。地下结构刚度的调整有两个方向：增大结构的刚度，相对于围岩来说，使得结构成为刚性结构，当围岩变形后，结构能够完全抵抗围岩的变形；减小结构的刚度，使结构的延性增大，在满足正常使用的情况下，结构能随着围岩的变形而变形。

增加结构的刚度实际上是抗震的方法，不是减震的措施，这种方法需要增加大量的材料才能满足要求，从而使该方法不经济。减小结构刚度，结构能随着围岩的变形而变形，但该方法要以牺牲结构正常使用的空间为代价，为了使结构的正常使用空间有保障，在进行地下结构设计时就要考虑预留出以后变形所需要的富裕空间，其经济合理性也要通过经济论证才能确定。

国内外研究人员在改变结构本身性能的抗减震研究中，对隧道结构抗减震问题的定性研究相对较多，而关于不同抗减震材料之间的理论匹配关系研究较少，因此隧道结构的抗减震效果较差。

2）地下结构与地层之间设置减震层

通过在围岩和衬砌结构之间设置某种材料或改变衬砌外侧一定范围内的围岩力学属性，并对这些材料的刚度进行适当调整，能够达到减小衬砌结构动力响应的目的。

设置减震层的基本构想是：在隧道衬砌的外周和地层之间设置减震层（橡胶材料或泡沫混凝土），使原有的衬砌-围岩系统变为衬砌-减震层-围岩系统，通过减震层将衬砌与围岩介质隔开，从而减小或改变地震波对结构作用的强度和方式。隧道结构减震的效果与其刚度、厚度、长度以及位置分布等因素密切相关，大面积实施易造成隧道工程投资成本大幅度增加、工期延长，在断裂带、围岩急剧变化等不良地质段处隧道结构易造成拉裂或剪裂破坏。

在隧道衬砌和地层之间设置减震层，主要方法有：在隧道衬砌和围岩之间设置减震器或减震材料、管片衬砌接头部位设置变形缝等。另外，沿着隧道轴向设置环向减震缝，可以大幅度减小隧道纵向拉应力，减小隧道结构的纵向刚度，使隧道更容易跟随围岩的变形而变形，从而起到减震作用。

在目前的地下结构工程中，单纯设置减震层的情况，只是在考虑爆炸冲击荷载的军事工程项目中得到了一定的应用。另外，减震缝是降低爆破地震效应的一项重要技术措施，在核电厂等重要设施的减震方面，可以采用减震沟等工程措施。

（1）军事项目的减震。

由于军事项目的重要性，在战争中使得军事项目成为最易受到攻击的目标。为了保证军事目标在受到攻击后其损失达到最小，国内外从 20 世纪 60 年代开始，就对爆炸冲击荷载作用下的结构减震技术进行了大量的研究，并取得了显著的成果。目前在工程中常用的减震措施有以下几个：

① 减震地板。该措施主要是在地板和结构之间架设减震器或铺设减震材料，当结构发生振动时，处于地板上的人员和设备不会有很大的危险。这种措施是防护结构内部最常用的减震结构形式，按照减震器与结构连接的部位不同，又可以把减震地板分为支撑式和悬挂式两种形式。支撑式减震地板是在地板和结构基础之间用减震器或减震材料连接起来的减震体系，悬挂式减震地板是用减震器把地板与结构顶部或侧面连接起来的减震体系。

② 整体减震。在地下结构周围安装减震器或回填减震材料构成的减震系统称为整体减震。

③ 多级减震。

④ 其他减震措施。

(2) 盾构隧道的减震。

地下结构的减震研究最早始于盾构隧道减震。日本学者铃木猛康对盾构隧道的减震进行了较早的研究,其基本思想是在隧道衬砌与地层之间设置减震层,隔断周围地层对隧道的约束力,并利用减震层吸收隧道结构与地层之间的应变和相对位移。由于减震层吸收的是动应变,所以,减震层的材料必须具有一定的弹性,使其在地震中不被塑性化,在下次地震中仍可以继续发挥作用。考虑到施工后的地表下沉,减震层材料的泊松比要接近 0.5,或在隧道径向采用具有一定刚性的各向异性材料。减震材料可采用压注方式注入衬砌与围岩之间的孔隙内,从而形成减震层。

目前,在实际工程中得到应用的方法有以下几种:

① 在混凝土的管片上加柔性管片,以减少地震、地面沉降、温度变化引起的作用力,柔性管片还可适应和其他部分之间的压缩、拉伸和剪切变形。

② 用接头刚度控制隧道总的刚度,减少接头刚度可有效地降低内衬的作用力,另外,使用长的弹性树脂螺栓和橡胶垫圈,可以减小接头刚度。

③ 在隧道和竖井周围充填缓冲材料,可吸收破坏引起的位移、变形,在第一和第二内衬之间注入加气砂浆,作为缓冲材料可以减小第二衬砌的震害。

目前,国内外还未就减震措施具体的减震效果及其作用机理进行过深入的研究,有关隧道及地下结构的减震技术研究还不充分,大部分都是基于人们的工程经验,可实施的工程措施不多,有待进一步深入研究。地震动是一种以低频成分为主的波,其震动加速度在 1g 以下,地震动持续时间可达数秒,而一般的地下结构在地震中应该有变形,因此,强震区隧道结构减震设计将不同于一般防护性结构的减震设计。

1.4.3 大型振动台模型试验研究

隧道衬砌结构的受力相当复杂,同时围岩的性质千差万别、存在各种非线性特征。在地震工程研究领域,在非线性体系运动方程的建立和数值求解尚不完善的条件下,利用振动台试验方法探索隧道结构抗震能力是一条有效的途径。振动台试验能够实现多分量的地震波输入,可以得到地震反应的定量结果,是观察隧道结构破坏最为直观的方法,为研究者提供了有力的试验手段。振动台试验法能够较好地把握地下结构的地震反应特性以及地下结构与地基之间的相互作用特性等问题,且试验成本较低,因此得到了较广泛的应用。

根据振动台的承载能力和台面尺寸,振动台基本可以分为小型、中型和大型三种规模。小型振动台的承载能力一般在 10t 以下,台面一般在 2m×2m 之内;中型振动台的承载能力一般在 20t 以内,台面一般在 6m×6m 之内;超出上述范围的可以认为是大型振动台,目前最大的振动台的台面尺寸可达15m×15m,承载能力可达1000t。多数振动台都采用具有驱动力大、位移行程大和设备重量轻的电液伺服方式驱动,只有较少的小型振动台采用电动式驱动。

日本大支等在20世纪70年代首先采用振动台试验法研究了砂质地基液化对管线的影响问题;Yakovlevich曾用隧道地震模型试验来研究地震时隧道周围土体密度和湿度变化对隧道受力状态的影响;Okamoto等曾用硅橡胶作为模型材料对沉埋隧道在地震时的反应进行振动台模型试验,采用模型比例为1∶250;冈本舜三和四村重四郎曾采用机械激振式振动台进行过一座水底隧道的地震模型试验;Goto等曾用振动台模型试验研究两个平行的盾构隧道之间的距离对地震响应的影响。80年代末,日本国铁铁道技术研究所又采用类似方法对隧道抗震加固问题进行了试验研究。90年代初,美国发展了大型模型的抗震试验技术,可进行6个自由度振动,用计算机准确控制模拟地震荷载的输入和响应数据的采集处理,大大地推进了隧道及地下结构模型试验技术的发展。

同期,中国铁道科学研究院邵根大等采用模型试验进行了强地震作用下铁路隧道衬砌的耐震性研究,取得了一些重要结论;铁道部第二勘测设计院、兰州交通大学等单位对南昆铁路8度、9度地震区(乐善村二号隧道)隧道洞门及浅埋大跨段新结构进行了设计试验研究,设计中遵循"刚柔兼顾,柔性为主"的设计思想,采用薄壁柔性钢筋混凝土以适应地层少量变形、吸收能量、设置环向抗震缝等减震、吸震措施,完成了该隧道的特殊设计,并在实验室内通过了9度地震波的模型试验验证。周德培在乐善村二号和草庵两座隧道的模型试验结果的基础上,对强震区隧道洞口段的动力特性进行了研究,讨论了洞口段的加速度特征、洞口设防长度,并指出了洞口段是抗震薄弱部位。同济大学季倩倩、杨林德等在国内首次采用振动台模型试验研究了上海软土地铁车站结构的抗震性能,深入了解软土地铁结构的动力响应规律。河海大学宫必宁等通过地下结构与土动力相互作用的振动台试验研究,讨论了地下结构对竖向地震激励的响应,以及在不同埋深下,土与地下结构的相互作用对地下结构抗震性能的影响。南京工业大学陈国兴、庄海洋等进行了含有可液化土层的深厚场地上土-地下结构动力相互作用的地铁区间隧道和两层双柱三跨的地铁车站结构的大型振动台模型试验,分析了地铁地下结构的地震反应规律。

徐华、李天斌等以国道318线黄草坪二号隧道为原型,开展了大型三维振动台模型试验,重点研究了隧道结构的地震动力响应规律及隧道与围岩的相互动力作用。李林、何川等针对浅埋偏压洞口段隧道的地震响应,采用振动台模型试验进行研究,分析结果表明:振动台模型试验和数值模拟结果有较好的吻合性;隧道衬砌横截面共扼45°方向为较大内力值分布部位,无偏压隧道结构横截面内力呈反对称分布,偏压隧道有较不利的内力值分布与较大峰值等。申玉生、高波等采用大型振动台对强震区山岭隧道结构进行了模型试验研究，分析了隧道洞口段和洞身段结构及模型土的破坏形态。在穿越断层破碎带隧道地震动力响应研究方面，方林、蒋树屏等以西藏某隧道工程为背景，开展了穿越断层隧道振动台模型试验研究。耿萍、唐金良等开展设置减震层的振动台物理模型试验，得出设置减震层是一种降低地震荷载作用下衬砌的内力峰值、提高隧道抗震性能的有效手段。

振动台试验研究的基本思路是：通过试验对拟定结构的加速度放大系数、压力与位移响应进行分析，讨论地下结构在竖向或横向地震激励的响应，以及在不同埋深、不同地质条件下，岩土体与地下结构的相互作用对地下结构抗震性能的影响，从而找到一些大跨度大断面地下结构的动力响应分布规律。模型试验能够使人们更好地了解和掌握地下结构的地震特性，为抗震理论的发展奠定坚实的基础。而在国内真正对强震区山岭隧道进行大型振动模型试验研究的较少，有必要进一步研究隧道结构抗减震问题。

第 2 章　山岭隧道震害机理分析及修复加固措施

2.1　汶川地震概况

2.1.1　地震区区域地质构造

龙门山是青藏高原东缘边界山脉，横亘于青藏高原和四川盆地之间(图 2.1)。龙门山脉 NE-SW 向长约 500km，NW-SE 向宽 30～40km，从东到西分别是山前冲积平原(海拔约 500m)、高山地貌(海拔 2000～5000m)和高原地貌(海拔 4000～5000m)，为当今世界上坡度最陡的高原边界，这样的地貌特征本身就说明垂直龙门山方向上水平构造应力分量很大。

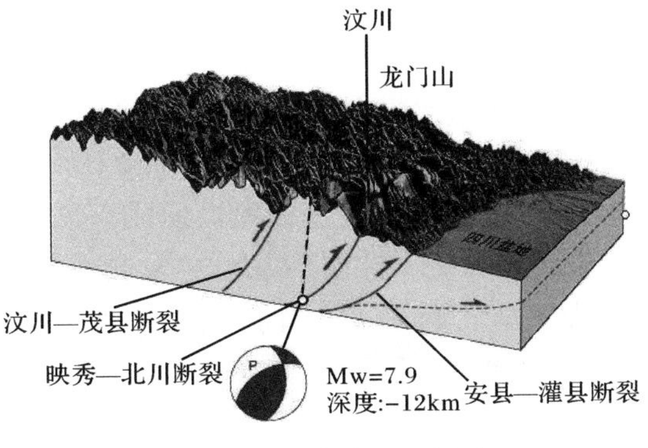

图 2.1　地貌单元示意图

与龙门山隆起有关的主干断裂主要有三条(图 2.2)：西边一条叫龙门山后山断裂，沿茂县—汶川—卧龙一线，也被称为汶川—茂县断裂；东边一条叫龙门山前主边界断裂，沿安县—都江堰—天全一线，也被称为安县—灌县断裂；中间那条叫龙门山主中央断裂，沿映秀—北川—青川一线，也被称为映秀—北川断裂。三条断裂都向 NW 方向倾。在地表，后山断裂的倾角为 60°～85°，中央断裂倾角为 50°～80°，这两条断裂都表现为脆性变形叠加在早期的韧性变形(糜棱岩、构造片岩)之上。前山断裂发育在中生代地层中，地表的倾角也较陡，主要呈脆性。在印支期，龙门山主中央断裂作韧性推覆，后山断裂为韧性正断，夹在这两条断裂之间的彭灌杂岩和宝兴杂岩被韧性挤出(隧道流)。这些杂岩活化了扬子克拉通的结晶基底。晚新生代之后，龙门山三条主干断裂都作脆性右旋斜冲。

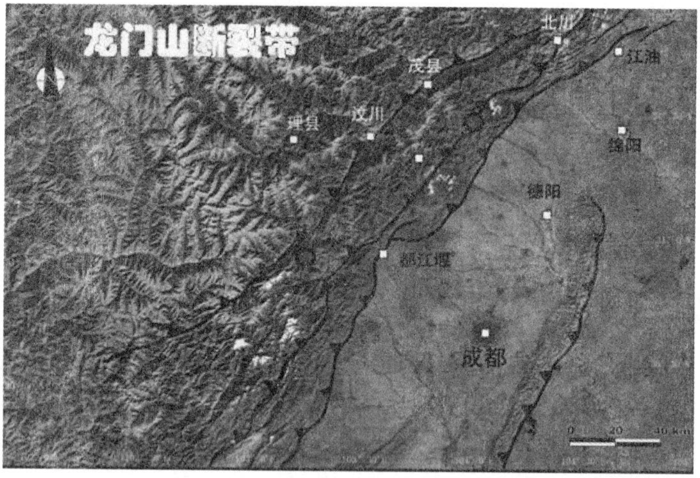

图 2.2　龙门山地质简图与构造剖面图

2.1.2　地震形成机制

5 · 12 汶川地震发生在四川龙门山逆冲推覆构造带上(汶川县映秀镇，即高速公路段与二级公路段分界点附近)，是龙门山逆冲推覆体向东南方向推挤并伴随顺时针剪切共同作用的结果。地震破裂面南段以逆冲为主兼具右旋走滑分量，北段以右旋走滑为主兼具逆冲分量。破裂面从震中汶川县开始破裂，并且破裂以 2.8～3.1km/s 的平均速度向北偏东 49°方向传播，破裂长度约 300km，破裂过程总持续时间近 120s，地震的主要能量于前 80s 内释放，最大错动量达 9m，震源深度为 10 多公里，矩震级 7.9，面波震级 8.0。

震源机制表明(图 2.3)，震源点上断层的产状为(238,59)，最大、中间和最小主应力方向分别是：(302,06)、(036,31)、(202,57)。同震破裂从震源出发在不到 2min 的时间内向 NE 方向传播了近 280km，根据地表同震破裂的产状以及上面的擦痕侧伏角，可以看出，在映秀—北川段断面很陡(70°～80°)，断层上下两盘相对运动以推覆为主、右旋走滑为辅，垂直位移最大达 10m，水平位移最大达 4m；但在北川—青川段，断层上下两盘相对运动以右旋走滑为主、推覆为辅。这样的构造变形样式过去 5Ma 可能一直如此，从而造成从 SW 向 NE 方向，山的高度逐渐减少。起源于主中央断裂上的 Ms＝8.0 大地震还激发了都江堰—安县的山前主边界断裂，形成总长近百公里断断续续的地表同地震破裂(图 2.3)，也具有明显的逆冲兼右行走滑特征，垂直位移 4～5m，水平位移 2～3m。在都江堰—安县断裂东侧 5～10km 的山前盆地中，虽然地表看不到同震破裂，但出现喷水冒沙，并且朝

NE 向呈带分布，说明地下隐伏盲断层被地震触发。汶川县城向南至 31°N 经度线之间，这段龙门山后山断裂有可能在 5 · 12 大地震中也被激活，断层运动可能集中在深部，同震断裂不一定都能传到地表。2008 年 5 月 14 日 Ms＝5.6 和 5 月 16 日 Ms＝5.9 两次强余震都发生在龙门山后山断裂之西，震源机制解指示龙门山后山断裂作右旋走滑，推覆的分量很小。

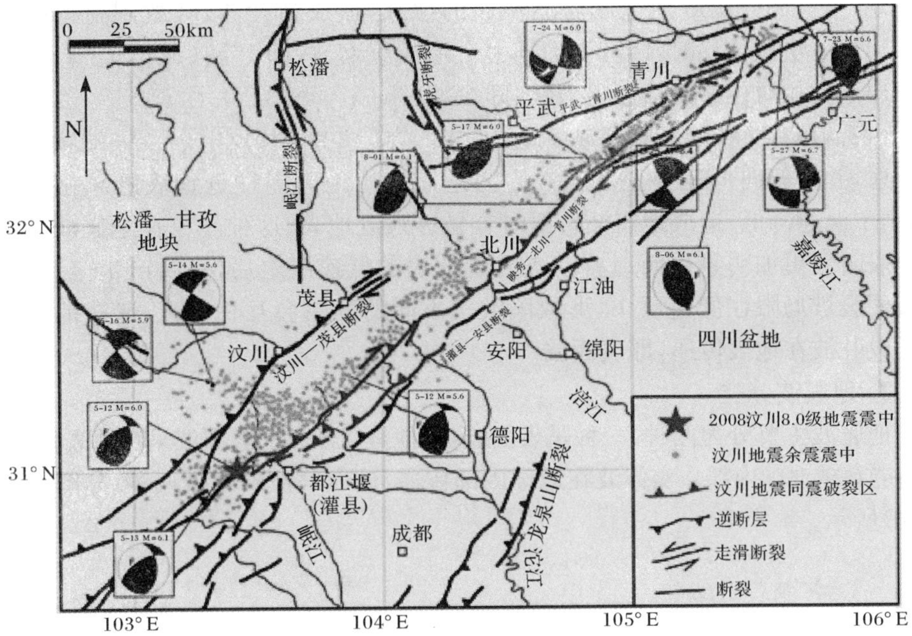

图 2.3　汶川地区地表破裂分布图(Ms≥3.0 级余震)

汶川地震的基本特点如下：

(1) 是印度板块向亚洲板块俯冲，造成青藏高原快速隆升。高原物质向东缓慢流动，在高原东缘沿龙门山构造带向东挤压，遇到四川盆地之下刚性地块的顽强阻挡，造成构造应力能量的长期积累，最终在龙门山北川—映秀地区突然释放。

(2) 是逆冲、右旋、挤压型断层地震。发震构造是龙门山构造带中央断裂带，在挤压应力作用下，由南西向北东逆冲运动；这次地震属于单向破裂地震，由南西向北东迁移，致使余震向北东方向扩张；挤压型逆冲断层地震在主震之后，应力传播和释放过程比较缓慢，可能导致余震强度较大，持续时间较长。

(3) 是浅源地震。汶川地震不属于深板块边界的效应，发生在地壳脆韧性转换带，震源深度为 10～20km，因此破坏性巨大。

2.1.3 地震波的形成

1）地震波的产生

根据弹性回跳理论，造成地震的原因是断层破裂。断层破裂时，两侧的岩体会相对移动，并释放出累积的能量。大部分的能量在克服摩擦力中损失，并以热能呈现，另一部分能量则造成岩体快速的位移，形成弹性波，释放到附近的地壳中。当岩体快速位移时，所产生的推力会形成压缩波，即P波（primary wave）；沿着断层面的相对位移则形成剪力波，即S波（shear wave）。

由折射定律得知，波在穿越不同物质时，会产生折射、反射以及极端状况下的全反射，并且偏向低速介质的法线。当地震波由地壳内往近地表的风化层传递时，由于波速降低，造成地震波折射时容易进入近地表，这种现象在地震波来源靠近地表时会更加明显。而地震波进入近地表的低速层之后，只要产生全反射，地震波便会被局限在低速层中，形成陷波。不同的陷波会互相干涉，造成地层共振并形成驻波在地表传递，即表面波。

2）地震波分类

地震波主要分为两种：一种是表面波，一种是实体波。表面波只在地表传递，实体波能穿越地球内部。实体波在地球内部传递，分为P波和S波两种，如图2.4(a)和(b)所示。

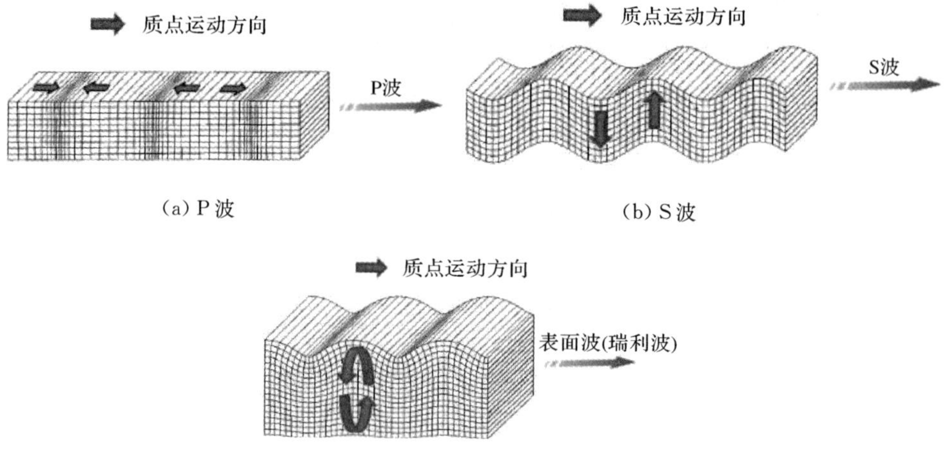

(a) P波　(b) S波

(c) 瑞利波

图2.4　地震波传播方向示意图

(1) P波：为一种纵波，粒子振动方向和波前进方向平行，在所有地震波中，前进速度最快，也最早抵达。P波能在固体、液体或气体中传递。

(2) S 波：为一种横波，粒子振动方向垂直于波的前进方向，前进速度仅次于 P 波。S 波只能在固体中传递，无法穿过液态外地核。

浅源地震所引起的表面波最明显。表面波有低频率、高振幅和具频散的特性，只在近地表传递，是最有威力的地震波，主要有瑞利波和勒夫波。

(1) 瑞利波(Rayleigh wave，R 波)：一种常见的界面弹性波，是沿半无限弹性介质自由表面传播的偏振波。又称为地滚波，粒子运动方式类似海浪，在垂直面上，粒子呈逆时针椭圆形振动，如图 2.4(c)所示，振动振幅会随深度增加而减少。

(2) 勒夫波(Love，L 波)：粒子振动方向和波前进方向垂直，但振动只发生在水平方向上，没有垂直分量，类似于 S 波，差别是侧向振动振幅会随深度增加而减少。

体波在地层内部传播，而面波是在地表浅部传播。地震时 P 波传播最快，其后依次为 S 波、L 波、瑞利波。其中瑞利波传播最慢，如图 2.5 所示。

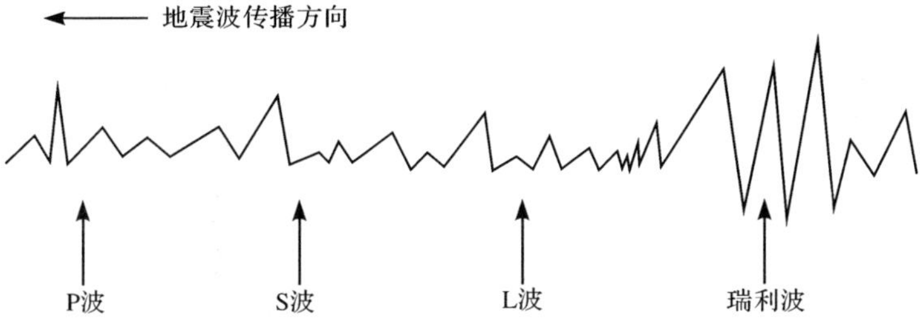

图 2.5 不同地震波到达时刻顺序

3) 地震波在岩土介质中的传播特点

当地震能量从地表以下某点释放出来时，体波会沿着各个方向传播。如果破裂地区可以用一个点波源来代替，波阵面就会是一个球面，可以看到几何阻尼引起的体波振幅衰减比为$\frac{1}{r}$，也可以看到几何阻尼引起的面波振幅衰减比为$\frac{1}{\sqrt{r}}$，换句话说，在几何阻尼下，面波振幅的衰减比体波振幅的衰减慢。这就可以解释为什么在较大的震中距处能观察到很多面波运动而很少体波运动，这就解释了在远震时，面波数量很大而体波数量很少。

2.2 汶川地震山岭隧道震害特征

2.2.1 隧道震害基本概况

汶川大地震给在建的都江堰至映秀高速公路、土建已经完工通车的映秀至汶川二级公路、待改建的汶川至马尔康公路等多条公路上的隧道造成了巨大的破坏。根据调查情况分析，都汶公路高速路段 3 座隧道在此次地震灾害中受到了严重的破坏；都汶公路二级路段 7 座隧道自身破坏程度较轻微，洞口次生灾害严重；紫坪铺水库绕坝段及龙池公路上的多条隧道也发生了不同程度的破坏。

按照《公路隧道养护技术规范》，根据检测情况对该隧道进行检查结果评定，如表 2.1 所示。

表 2.1　隧道检测结果判定

判定分类		检查结论
S		情况正常(无异常情况，或虽有异常情况但很轻微)
B		存在异常情况，但不明确，应做进一步检查或观测以确定对策
A	1A	结构存在破坏，可能会危及行人、行车安全，应准备采取对策措施
	2A	结构存在较严重破坏，将会危及行人、行车安全，应尽早采取对策措施
	3A	结构存在严重破坏，已危及行人、行车安全，必须立即采取紧急对策措施

根据调查统计，汶川地震中四川灾区有 56 座隧道发生了不同程度的损坏，其损坏程度和评估结果如图 2.6 所示，其中 38.3%的隧道结构遭受了严重损伤或破坏，需要进行修复加固处理。

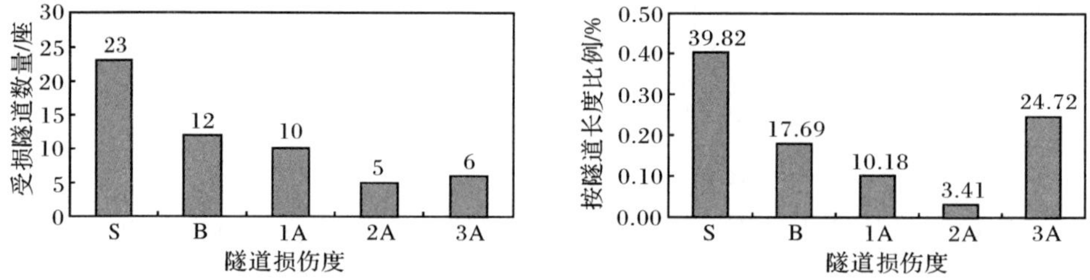

(a) 受损隧道数量　　(b) 受损隧道长度比例

图 2.6　汶川地震中公路隧道受损评估统计结果

汶川地震后，课题组赶赴都汶公路现场，重点针对都汶公路高速路段 4 座隧道、二级路段 8 座隧道和三级路段 6 座隧道共 18 座隧道进行了震害调查。隧道震害调查的重点如表 2.2 所示，沿线各隧道的概况如表 2.3 所示。

表 2.2　隧道震害调查重点

调查部位	示意图	示意说明
洞口	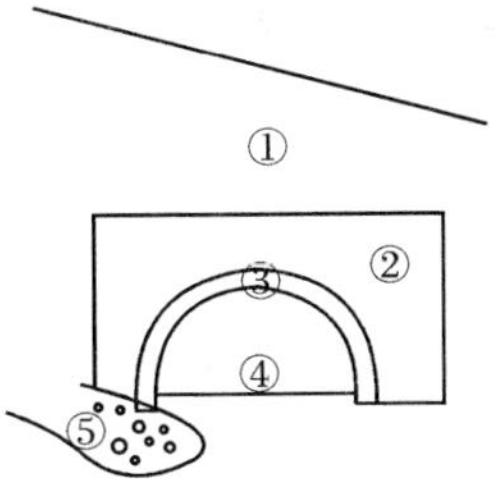	①坡面 ②端墙 ③衬砌和洞门结合部 ④路面 ⑤崩落土砂
洞身	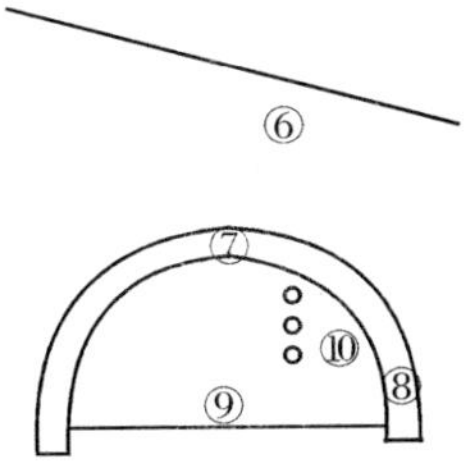	⑥围岩 ⑦衬砌 ⑧施工缝 ⑨路面 ⑩漏水

表 2.3　都汶公路隧道工程概况

公路等级	编号	隧道名称	基本信息				
			长度/m	受害经历	施工方法	震中距/km	不良地质
高速路	1	紫坪铺隧道	4090	瓦斯爆炸	台阶法	7	瓦斯、断层
	2	龙洞子隧道	1071	无	NATM	3	断层
	3	龙溪隧道	3691	变形过大	微台阶、全断面	3.6	高瓦斯、断层
	4	烧火坪隧道	451	无	NATM	2	断层
二级路	5	龙池隧道	1177	无	三台阶	3.3	断层、瓦斯
	6	皂角湾隧道	1926	无	台阶法	35	断层
	7	毛家湾隧道	399	无	台阶法	42	无
	8	彻底关隧道	403	无	台阶法	32	断层
	9	福堂坝隧道	2385	岩爆	分步开挖	28	高地应力
	10	桃关隧道	625	无	台阶法	30	断层
	11	草坡隧道	759	无	台阶法	30	断层
	12	单坎梁子隧道	1555	无	台阶法	32	断层
三级路	13	马鞍石隧道	282	塌方	台阶法	10	瓦斯
	14	友谊隧道	950	瓦斯燃烧、爆炸	NATM	8	高瓦斯
	15	白云顶隧道	451	无	台阶法	5.6	无
	16	映秀明洞	40	无	台阶法	48	无
	17	福堂隧道	300	无	台阶法	45	无
	18	飞沙关隧道	100	无	台阶法	50	无

从现场调查的震害情况来看，都汶公路高速路段和二级路段的隧道整体上基本稳定，汶川地震给隧道仅带来局部的损坏，即隧道外露洞口部分发生砸坏、堵塞和外部装饰脱落以及个别风机、灯具等附属设施松动现象，部分施工缝有微小开裂现象，个别隧道洞身衬砌局部开裂、路面未见异常情况。二级路段隧道，只需进行简单的检查、清理、修复即可保通。三级路段的 3 座隧道的结构基本稳定，抢修阶段，若需要利用，只需进行简单的检查、清理、修复即可。恢复重建阶段，为保证隧道的长期、安全使用，隧道需要进行详细检测评估后再整治。表 2.4 列出了都汶公路隧道震害的调查结果。

表 2.4　都汶高速公路隧道震害调查结果

编号	隧道名称	洞门				主体			
		开裂	端墙破损	崩落土砂	路基底鼓	开裂	衬砌移动	附属物破坏	渗水
1	紫坪铺隧道	√		√		√	√	√	
2	龙洞子隧道			√		√	√	√	√
3	龙溪隧道	√		√	√	√	√	√	
4	烧火坪隧道	√	√	√		√			
5	龙池隧道	√	√	√	√	√	√	√	√
6	皂角湾隧道		√	√				√	√
7	毛家湾隧道		√	√				√	
8	彻底关隧道	√	√	√		√		√	
9	福堂坝隧道	√	√	√		√			√
10	桃关隧道		√	√				√	
11	草坡隧道			√					√
12	单坎梁子隧道	√	√	√					
13	马鞍石隧道					√			
14	友谊隧道			√		√			
15	白云顶隧道			√		√			
16	映秀明洞			√					
17	福堂隧道		√	√					
18	飞沙关隧道			√					

2.2.2　隧道洞口段结构震害分析

根据隧道震害调查分析，都汶公路高速路段 3 座隧道在此次地震灾害中受到了严重的破坏；都汶公路二级路段 7 座隧道以及其他路段 8 座隧道自身破坏程度相对轻微，洞口次生灾害严重。

1) 道洞口边仰坡垮塌、掩埋洞口

这类震害多发生在全强风化的坚硬岩体构成的高陡斜坡隧道洞口，在洞口边坡未作防护或防护范围不足或防护力度偏弱的洞口发生频率高，以高位的崩塌、落石和滑塌为主，往往造成隧道洞门砸坏、部分掩埋，甚至全部掩埋。在震害调查中发现，18 座隧道中有 17 座隧道出现洞口被掩埋或局部坍塌、掉块的现象，其中在龙洞子隧道进口端边仰坡有大块落石，边仰坡植被防护完好；出口端边仰坡防护全部损坏，且整个边仰坡产生了严重崩塌、落石，其中右洞出口已被仰坡崩塌体掩埋(图 2.7)。烧火坪隧道出口、彻底关隧道进口、毛家湾隧道出口、草坡隧道等出现洞口大部分被掩埋的现象(图 2.8)。

图 2.7　边仰坡垮塌，龙洞子隧道洞口被掩埋

图 2.8　震后毛家湾隧道出口滑坡

隧道边仰坡的变形和滑塌多发生在强风化的岩体构成的高陡斜坡隧道洞口。其直接作用包括边仰坡的崩塌、落石以及大面积的岩土体滑塌，造成的次生灾害有落石堵塞或者砸坏洞门、崩塌岩土体将洞门部分或全部掩盖。落石堵塞或砸坏洞门主要发生在坚硬、较坚硬，并且存在结构裂隙的边坡岩体中(图 2.9)；边坡的整体滑塌则较多出现在风化、强风化的岩土体边坡中，其直接后果可能导致洞门被完全掩埋。

图 2.9　耿达隧道洞口段明洞被砸穿

2）洞口落石、局部边仰坡开裂

发生强震后，在强震区 18 座隧道进出口均有不同程度的落石和边仰坡开裂现象，部分隧道洞口仰坡较高，开裂严重，需要重新设计加固以保证边仰坡的稳定，对隧道结构整体稳定性造成了一定的影响，如图 2.10 和图 2.11 所示。落石主要发生在坚硬、较完整、存在卸荷裂隙的边坡岩体中，主要危害是砸坏洞门和边坡防护结构等。

图 2.10　烧火坪隧道洞口落石、衬砌破坏

图 2.11　龙洞子隧道端墙帽石被砸坏

3）仰坡防护、截排水沟开裂变形

在距离震中较近的 4 座隧道（高速路）洞口边仰坡防护发生严重破坏，隧道洞口的截排水沟一般出现两种情况的破坏：一种情况是被掩埋破坏；另一种情况是开裂变形破坏。隧道截水沟出现破坏可能造成其他次生灾害发生，边坡防护出现损坏、碎裂、脱落等现象（图 2.12）。

图 2.12　龙溪隧道边仰坡出现破坏

4）隧道洞门的开裂、破损

隧道洞门的破裂与毁损主要发生在端墙式和柱墙式洞门结构中，削竹式洞门

基本未见破损现象。洞门震害主要表现为端墙、拱圈、翼墙和伸缩缝开裂，拱圈与端墙松脱，以及帽石掉落等。图 2.13 为都汶二级路桃关隧道圆弧形端墙严重拉裂和端墙与拱圈松脱现象，裂缝宽 50cm，端墙与衬砌之间未见连接钢筋。

调查的 18 座隧道中有 11 座隧道洞门发生了不同程度的开裂，其中桃关隧道进口端洞门墙严重开裂，部分隧道开裂后出现了不同程度的渗水现象，严重影响隧道洞门的安全稳定。烧火坪隧道出口洞口山体垮塌，洞口的端墙式洞门及衬砌全部垮塌。隧道洞门破坏的主要形式有洞门倾斜、开裂、衬砌混凝土剥落等。从汶川大地震的经验来看，几乎每座洞门都会有不同程度的破坏。其中柱墙式和端墙式洞门受损较为严重，而削竹式洞门受损较轻。汶川地震中较为典型的洞门破坏形式如图 2.14 所示。

图 2.13　隧道洞门破裂

图 2.14　福堂隧道右侧翼墙开裂

5）衬砌开裂(变形)、渗水

在隧道进出口段衬砌混凝土出现碎裂、网状裂缝、防火涂料大面积脱落等现象，同时环向施工缝开裂错台，衬砌混凝土开裂掉块、钢筋压曲，部分段二衬开裂渗水，裂缝宽 0.1～30mm。其中龙溪隧道洞口段衬砌破坏严重，二衬被压碎网裂，钢筋裸露，施工缝开裂错台严重(错台最大为 20cm)，如图 2.15 所示。

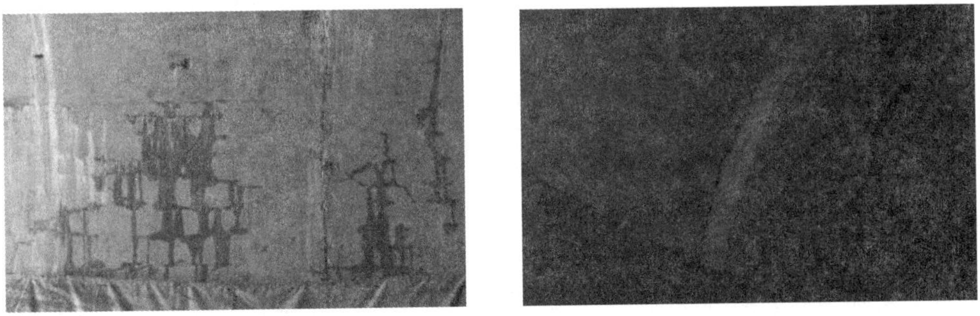

(a) 明洞二次衬砌网状开裂　(b) 二次衬砌出现明显错台

图 2.15　隧道洞口衬砌出现破坏

调查的震害表明，汶川地震引起了大量的滑坡和落石，这些地质灾害对隧道洞口结构造成了不同程度的破坏。因此，在进行洞口设计时，应尽量避免在洞口进行大的挖方。必要时，最好把洞口向前延伸，或者设置抗滑桩、落石防护网等坡面稳定措施。

2.2.3　隧道洞身段结构震害分析

通过现场调查显示，汶川大地震中距震中 50km 以内的隧道都发生了不同程度的破坏，隧道衬砌结构的破坏主要表现为以下几种情况。

1）衬砌开裂变形、渗水

都汶公路 18 座隧道中有 10 座隧道出现了不同程度的衬砌开裂，主要的震害形式有纵向裂缝、环向裂缝、斜向裂缝、底板裂缝等，其中环向裂缝尤为常见（图 2.16）。部分环向裂缝沿施工缝发展，衬砌结构没有受到损害；另一类环向裂缝宽度较大，衬砌结构受到严重破坏，大部分裂缝延伸至较宽的环向裂缝时即可终止发展。隧道洞内衬砌多处出现裂缝，并与路面形成环向裂缝，裂缝宽 2～5mm。有的在衬砌的同一侧分布有多条平行裂缝、环向裂缝，裂缝宽 2～30mm。在地下水发育处，出现渗水现象。

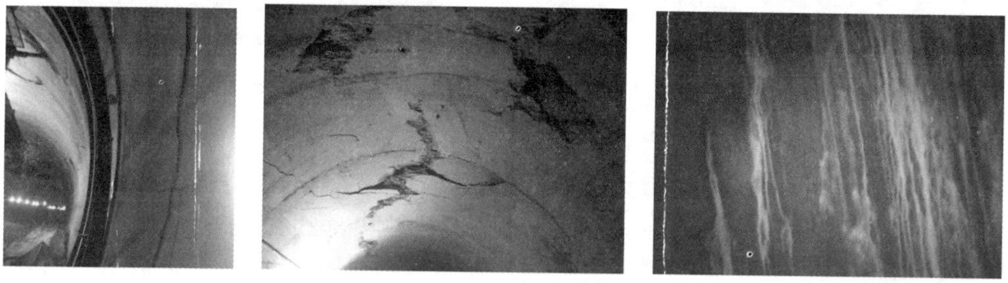

(a) 隧道衬砌环向裂缝　　(b) 隧道衬砌拱顶纵向裂缝　　(c) 隧道衬砌裂缝扩展压溃

图 2.16　隧道衬砌裂缝形态

烧火坪隧道发现有纵横裂缝交叉形成的网状裂缝。横向和环向破裂包括施工缝张裂与错台（最大可达 20cm）、二衬混凝土中的裂缝等。斜向破裂主要发育在拱腰和边墙的素混凝土或者钢筋混凝土中以剪切和剪张裂缝为主。

2）衬砌掉块、错台，局部垮塌

这类震害主要发生在距离震中较近的软弱围岩隧道中，主要表现为衬砌与围岩同时坍塌引起的坍方以及二次衬砌坍落两种形式。在调查的隧道中，龙溪隧道破坏尤为严重，隧道洞内衬砌多段出现大面积破损垮塌，衬砌开裂错台并与路面形成环向裂缝，裂缝宽 1～30mm。部分段落二次衬砌开裂渗水，隧道加宽段与洞身交接处混凝土破坏掉块。二次衬砌坍落主要发生在拱腰以上部位，支护结构为素混凝土，混凝土断裂面有张性和剪性两种。拱顶衬砌混凝土块垮塌掉落后，防水板外露，且大量初期支护及围岩破碎物聚集在防水板内。如果隧道衬砌为钢筋混凝土，一般不会出现整体塌落，而是混凝土出现压溃式破坏、钢筋裸露或扭曲变形，破坏严重的二衬混凝土会在施工缝发生错台(图 2.17)。

(a) 隧道拱部错台

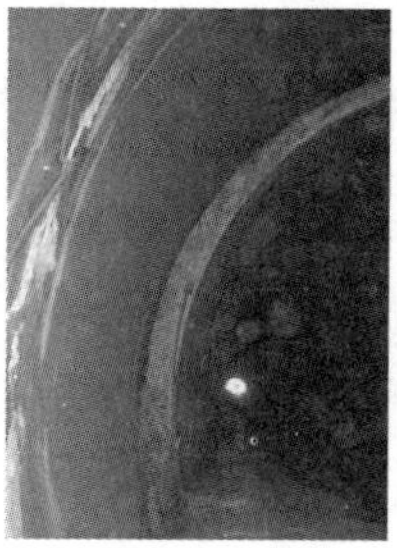

(b) 隧道墙脚错台

(c) 龙溪隧道进口拱顶二衬坍落

图 2.17　隧道衬砌破坏形态

3) 初期支护扭曲

这类震害主要发生在二次衬砌坍落段或二衬尚未施作段，主要震害为初期支护鼓出变形并侵限、钢架扭曲或溃屈、喷射混凝土开裂并掉块等。龙溪隧道属于在建工程，初期支护破损严重(100m 左右发生坍塌破坏)，钢拱架及工字钢扭曲变形，喷射混凝土大面积掉块，加宽段临时工字钢支撑压曲变形。在龙溪隧道中初期支护的变形较大，在局部有的钢支撑被扭转 90°，如图 2.18 所示。

(a) 隧道拱部衬砌坍塌

(b) 隧道初支钢架扭曲

图 2.18　隧道初期支护破坏形态

4) 二次衬砌钢筋扭曲变形甚至断裂

在调查隧道中，发现龙溪隧道二次衬砌中钢筋扭曲变形较严重，钢筋外侧保护层完全剥落，衬砌被压溃破碎，钢筋的裸露、扭曲变形，严重影响隧道结构的整体安全稳定。在龙溪隧道二次衬砌中，钢筋扭曲变形长度一般在 10～20m，变化样式各异,有的呈“一”字形破坏,有的呈“台阶”形破坏,一般钢筋被扭曲地段,二次衬砌完全被压溃破坏(图 2.19)。

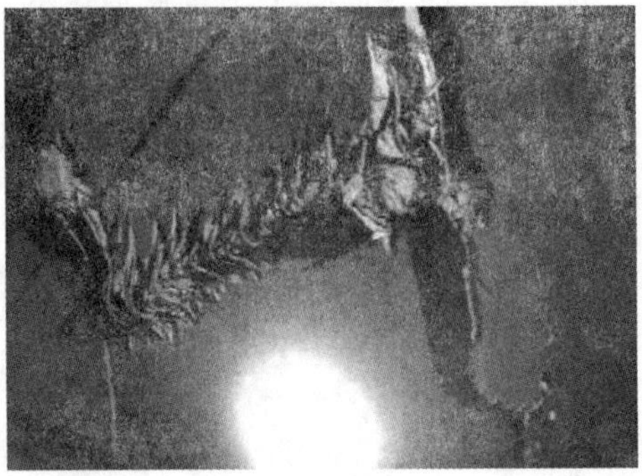

图 2.19　隧道衬砌中钢筋破坏

5) 路面、电缆沟开裂、错台,路面隆起

这类震害也是都汶公路隧道较为常见的变形破裂迹象,尤其是在震中附近的龙溪隧道和烧火坪隧道的底板开裂和隆起现象最为明显。隧道洞内沟槽多处损坏并与衬砌、路面裂缝形成环向贯通,裂缝宽 10～30mm。有的沟槽侧墙已断裂、倒塌,其中在龙溪隧道洞内出现仰拱隆起较严重(图 2.20),隆起高度为 30～60cm,仰拱及路面结构横向及纵向开裂,严重处宽 30cm。左线出口段中央排水沟破坏堵塞,隧道内水从检查井内涌出,路面大量积水。

图 2.20　隧道仰拱错台、隆起

6) 其他:瓦斯积聚、地下水积聚

在汶川地震中,洞身段的次生灾害比较具有共性的就是地下水问题。对隧道的调查表明,多数隧道震后在施工缝处出现渗水、漏水、滴水甚至流水的现象。另外,由于紫坪铺隧道与龙溪隧道属于高瓦斯隧道,地震时又发生了严重的垮塌破坏,从而导致瓦斯溢出、积聚,影响隧道交通恢复及人员的安全,因此这两座隧道的瓦斯是一个值得关注的问题。

2.2.4 隧道震害的基本特点

通过对震后调查结果的分析，汶川地震中山岭隧道的破坏主要具有以下特点：

(1) 隧道洞口段边仰坡未设置锚喷支护的洞口破坏较为严重，结构受损破坏程度远高于洞身段衬砌，对于地质条件较好的隧道，其破坏范围大都集中在洞口 50m 范围内。

(2) 穿越断层破碎带的隧道，衬砌破坏严重，部分隧道二衬发生了整体性垮塌。

(3) 隧道洞身段衬砌出现较多裂缝，附属结构多处出现破坏，在未设仰拱的位置处，部分路面隆起错台现象严重。在建隧道工程中，部分初期支护出现垮塌现象。

(4) 距离震中 50km 以外且不在断裂带附近的隧道几乎没有受到损害。

(5) 场地地质条件对隧道震害影响较大，同属震中区花岗岩地层中的隧道震害轻微，而砂、泥岩地层中的隧道震害严重。

(6) 隧道洞门的破裂主要发生在端墙式和柱墙式洞门结构中，削竹式洞门基本未见破损现象。

2.3 山岭隧道地震影响因素

通过震害调查及文献分析，影响山岭隧道在地震中的受损因素主要可分为四种：地震参数、隧道工程特性、场地条件和地震波传播方向。

1. 地震参数

一次地震对地面的影响程度除了震级，主要还与震中距和震源深度有关，三个因素影响着某一特定区域的地震强度。同时，人们通常还采用地震烈度参数来衡量各地区所遭受的地震影响程度，也就是说震级越大、震中距越小、震源深度越浅，地震烈度就越大。

Sharma 和 Judd 在 1992 年统计了隧道震害的情况，资料中搜集了世界 85 次地震对地下洞室影响的 192 份报道，用以确定地震可能影响地下工程的一些有意义的因素。研究结果表明，7 级以上的地震会使大量隧道遭到破坏；震中距小于 25km 的地震导致 71%的隧道受到破坏；在隧道损坏的实例中有将近 75%的震中距在 50km 以内。因此，随着地震烈度的增大，震中距减小，隧道结构遭受破坏的概率越大，且破损程度也会增加。同时，山岭破坏与地理环境、地震波传播路径及其他因素息息相关。

2. 隧道工程特性

影响山岭隧道抗震性能的结构因素主要是隧道埋深、衬砌状况、施工方法、载荷方式以及隧道断面形式等。

1）隧道埋深

隧道埋深被认为是隧道在地震中受损的主要影响因素之一，岩层中一个隧道的体积和密度与岩石的体积和密度并无差异，因此，地震惯性产生的破坏在隧道洞口发生的概率很低。隧道越深，洞口受地层的压制就越强，因而破坏发生的概率就更低了。反之，如果洞口受弱地层的束缚，就会有个浅覆盖层，破坏发生的概率会很高。埋深对地表结构影响的研究表明，埋深超过 50m 的隧道受损数量会减少，而超过 300m 的隧道不会有严重的损坏。

2）衬砌状况

到目前为止，关于衬砌状况的研究主要涉及三个方面：衬砌的存在与否、衬砌材料和衬砌刚度。在中国台湾集集地震中，尽管 40 个隧道衬砌只有裂缝，但是 5 个无衬砌隧道发生了洞口岩崩和坍塌现象。利用探地雷达探测后发现，75％的山岭隧道损坏出现在衬砌背后围岩密实度差或空洞位置处。在无衬砌隧道中，轻度损坏的隧道达到 40％，中度损坏的隧道达到 20％，重度损坏的隧道达到 40％；在有衬砌隧道中，轻度损坏的隧道达到 57％，中度损坏的隧道达到 20％，重度损坏的隧道达到 23％。隧道受损数据显示，有衬砌隧道的受损比例明显小于无衬砌隧道。

3）施工方法

在中国台湾集集地震中，采用新奥法施工的隧道中，有 71％的隧道出现轻度损坏，29％的隧道出现重度损坏。然而，采用传统方法施工的隧道中，有 51％的隧道出现轻度损坏，20％的隧道出现中度损坏，23％的隧道出现重度损坏。对于采用“早进晚出”模式施工的隧道，山顶入口的斜坡会被做成路堑，也更加不稳，这样在地震中因斜坡的不稳定性导致衬砌遭到破坏。另一个主要原因是在施工阶段拱顶中的灌浆不够紧凑，结果地震中拱顶的变形加剧，出现裂缝。

根据地震后调研情况，隧道施工采用新奥法比传统方法更好。这主要是因为用两种方法施工的隧道都有极限承载力，但当隧道没有极限承载力时，采用新奥法施工的隧道的性能会更好，因为这种方法更好地体现了围岩与隧道的相互作用。

4）载荷方式

作用于隧道的负载也会对结构产生影响，有关专家发表的研究成果显示，对于偏压的隧道，相对强烈的地震反应出现在拱腰或拱肩；对于没有明显偏压的隧道,最强烈的反应出现在拱顶。

5) 隧道断面形式

在震害调研中发现,隧道结构断面发生突变处或者不规则处易遭受损坏。刘学增等采用有限元方法,通过分析五种不同仰拱半径的三心圆隧道断面,对比研究了活动断层错动下不同衬砌断面形式对链式结构隧道受力及塑性变形的影响,得出调整隧道断面形式趋近正圆,能有效地减小隧道的应力。

3. 场地条件

地面结构和地下结构的最大区别在于后者与周边环境相结合,即岩土体。因而,由于土体结构的相互作用,地质条件对结构的抗震性能有很大影响。Dowding和Rozen发现在软(低硬度)而松的物质中的隧道更容易遭到破坏。在定量研究中,31%的受损隧道处在沉积岩(软物质)中;小于16%的受损隧道处于其他的岩层(松物质)中。此外,因为79%的崩基岩隧道遭到了损坏,所以也观察了此类地下隧道的易损性,然而处在非崩基岩中的隧道的受损比例却小于44%。在中国台湾集集地震中遭到严重损坏的34座隧道中发现,混凝土受损的主要原因是地理因素:出现裂缝或剪切面积或是大面积的可塑性区域的隧道更可能发生坍塌、挤压和拉伸的现象。

场地条件的两个主要因素:长期的地层变形和场地条件的恶化。

1) 长期的地层变形

长期的地层变形包括断层运动和周边岩石的变形。如果隧道穿过断层带,会因断层运动而遭受强剪切力。横向和纵向的相对位移会引起所谓的拱效应减弱,从而导致衬砌结构的剪切变形。通常,这种剪切变形限定在断层附近的狭窄区域,但是隧道损坏有可能是毁灭性的,通常导致整个隧道坍塌。

周围岩层的变形会对地下结构产生力的作用,某些变形会导致衬砌支护出现裂缝;当某些变形超过隧道结构变形的极限时,这些变形会致使衬砌破坏。在隧道洞口段可能会导致整个隧道或入口的塌方。由于在地震中失去了自我维持的能力,靠近滑坡的隧道大多会失去稳定性。

2) 场地条件的恶化

场地条件的恶化包括软土震陷的液化和退化两个方面。对于山岭隧道,硬石的地质条件优于软土,因此,场所的地震动效应包括盆地场所效应和非孕震断层,对山岭隧道有重大影响。盆地场所的显著特征是增大地面运动的强度,特别是放大低频要素。在具体的隧道地震分析中,要区别软土震陷是否由非孕震断层的运动引起,场所或附近表面的破裂是否由孕震断层引起,而且临近孕震断层的非孕震断层是否会有助于地震动效应。

4. 地震波传播方向

隧道震害的影响因素有很多，如强震作用、不规则的横断面、衬砌背后不密实带、断层破碎带等，除了这些因素，地震波的传播方向也是一个重要影响因素。

发生强烈地震时，隧道衬砌出现裂缝是最常见的破坏模式，这与地震波传播的方向有很重要的关系，所以地震波中各种不同波形对隧道衬砌产生的裂缝影响很大，同时隧道结构的变形模式同样受到一定程度的影响。地震动引起的破坏主要指的是地震波的传播效应引起的，其导致的隧道变形模式主要有四种：①沿隧道纵向方向的拉压变形（图 2.21（a））；②隧道横截面的压缩变形（图 2.21(b)）；③沿隧道直角方向的弯曲变形（图 2.21(c)）；④隧道横截面的水平推压变形（图 2.21(d)）。

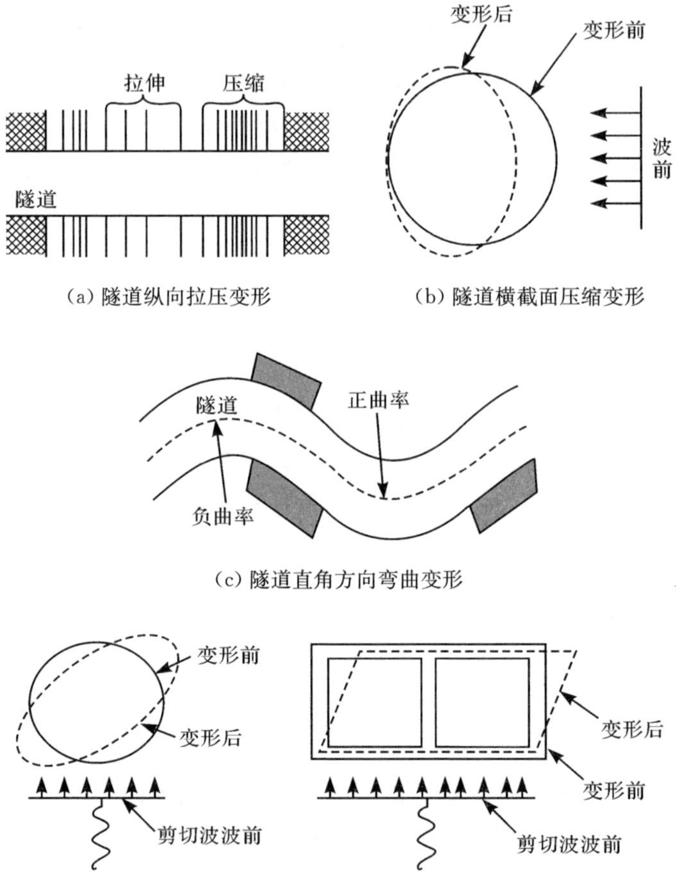

(a) 隧道纵向拉压变形　(b) 隧道横截面压缩变形

(c) 隧道直角方向弯曲变形

(d) 隧道横截面水平推压变形

图 2.21　地震波引起的隧道结构变形模式图

当地震波产生的质点运动方向平行于隧道纵轴方向时，将会引起隧道结构沿其纵向产生交替的拉伸与压缩变形；当地震波产生的质点运动方向垂直于隧道纵轴方向时，将会使隧道产生直角方向的弯曲变形。当地震剪切面波垂直于隧道纵轴方向时，将会引起隧道横截面产生水平推压变形，如图 2.21(d)所示。

隧道结构不同变形破坏、裂缝或变形与地震波传播方向有很大关系。椭圆形变形一般是垂直或近乎垂直于隧道洞轴线传播的地震波引起的，如图 2.21(b)所示。隧道轴向和弯曲变形一般是平行或斜交于隧道洞轴线的地震波引起的，图 2.21(a)和(c)显示在地震波作用下隧道结构轴向和弯曲变形。在强震作用下，隧道结构轴向变形特性与弹性梁的变化是非常相似的，也就是说，在发生强烈地震时，隧道结构在轴向将遭受拉压变形或正向或负向的弯曲变形。

对于深埋隧道，体波(P 波、S 波)起主要作用；而对于浅埋隧道，面波(L 波、瑞利波)起主要作用，并且瑞利波对结构的影响比 L 波要大。一般来说，隧道洞口所处的地质条件差，多为严重风化的堆积体，且覆盖层较薄，因此面波对其影响较大。

隧道洞口受瑞利波的作用产生上下运动，衬砌被挠曲，如图 2.22 所示。隧道作为一个纵向的梁，将承受挠曲力、剪切力。其中弯矩最大处产生拱顶压溃和墙裂(环裂)，剪力最大处产生错台和斜裂。地层上下波动以洞口浅埋段最为明显，故震害也最多。

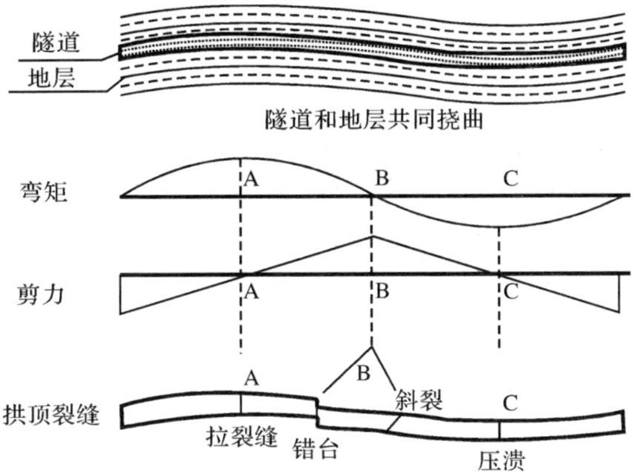

图 2.22　在瑞利波作用下的机理

S 波和 L 波也会使隧道结构变形，它们的作用类似瑞利波。P 波产生的地层前后移动如图 2.23 所示，在横向 P 波作用下衬砌将产生受拉区与受压区，从而在强度不足之处产生沿隧道轴向的纵向张开裂缝(受拉破坏)和压溃区(受压破坏)。

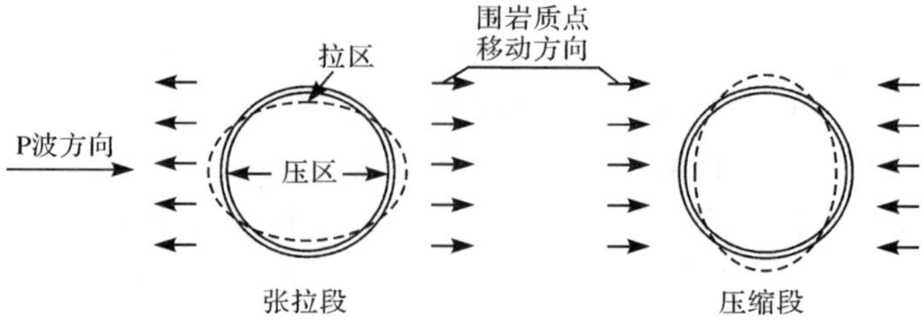

图 2.23 在 P 波作用下的机理

2.4 山岭隧道震害机理

2.4.1 山岭隧道震害破坏形态

汶川 8.0 级大地震震害调查结果表明，通常隧道洞口段及边坡是地震过程中最容易遭受破坏的薄弱部位。由于临空侧上方岩土体薄弱，且坡面岩体破碎，地震作用下容易出现滑塌失稳。

隧道震害形态的差异与地震强度、震中距、地震波的特性、地震力的作用方向、地质条件、衬砌条件、隧道与围岩的相对刚度、施工方法、施工的难易程度以及施工过程中是否出现坍方等有密切关系。

综合各震害资料，山岭隧道主要震害类型归纳如下。

1）衬砌剪切错位

穿越断层破碎带的隧道，无论其尺寸、刚度及强度大小，在强烈地震时均会发生这种破坏现象，主要是由于断层破碎带两侧岩体的相对运动对隧道造成的剪切破坏。

2）洞口边坡崩塌与滑塌

这类震害多发生在强风化的坚硬岩体构成的高陡斜坡隧道洞口，在洞口边坡未作防护或防护范围不足或防护力度偏弱的洞口发生频率高，以高位的崩塌、落石和滑塌为主，往往造成隧道洞门砸坏、部分掩埋，甚至全部掩埋。

3）衬砌开裂破坏

衬砌开裂是隧道震害最常见的现象，主要包括纵向破裂、横向破裂、斜向破裂以及横向或斜向破裂贯通形成的环向破裂等。调查发现，衬砌的开裂以横向、斜向和环向破裂为主，纵向破裂相对较少。

4）隧道底板开裂及隆起

底板开裂及隆起的主要形式有：纵向开裂、横向开裂，更严重者可以使仰拱断裂隆起，形成张裂缝。

5）衬砌及围岩坍塌

这类震害主要发生在距离震中较近的软弱围岩隧道中，主要表现为衬砌与围岩同时坍塌引起的塌方以及二衬塌落两种形式，严重者可导致隧道封洞。

对关于隧道震害的类型及描述重新进行划分与整理分类，可将山岭隧道震害分为 8 种模式，如表 2.5 所示。

表 2.5 山岭隧道震害模式

序号	破坏模式	可能的破坏原因	发生概率评价
1	洞口边仰坡失稳	岩土体（地质体）破坏失稳	高
2	洞口裂损	地基破坏、震动效应	中等
3	衬砌剥落	高频震动波产生的拉裂破坏	中等
4	洞身衬砌剥落	围岩与地下结构动力相互作用	高
5	洞身坍塌、移动	围岩失稳导致衬砌破坏	中等
6	底板开裂鼓起	垂直向地震动作用	低
7	衬砌错动	断裂构造活动	低
8	其他		低

从隧道结构发生破坏的位置可以归纳总结为以下两种：

(1) 工程地质条件发生突变处，隧道结构破坏严重。

发生此破坏的部位一般在块碎石土堆积层、滑坡、断层破碎带等不良地质地段（隧道洞口居多）。由于隧道穿越不同地层、软弱夹层或局部出现破碎带，地震波不同介质中传播的规律有很大的差别，造成地震能量吸收或释放程度不同，引起岩土体强制变位，结构由此发生严重破坏。

震害调查发现，在隧道进出口浅埋段覆盖层与基岩交界面（带）附近，由于围岩性质差异很大，在地震面波瑞利波的作用下，这一部位常常出现环状破裂带或环状裂缝，是震害极易发生的部位。

高速公路龙溪隧道进口左右洞均在距离洞口约 40m 处发现环状剪张破裂带，而这一部位也是崩坡积覆盖层与砂岩、泥岩的接触带（图 2.24）。环状破裂带与隧道呈大角度相交，二衬混凝土发生剥落、坍塌，二衬钢筋被剪切向内弯曲，破碎带宽 10～30cm，最大可达 50～60cm，左右洞仰拱开裂宽度 2～20cm 不等。在龙溪隧道中左右线均存在连珠式塌方（图 2.25），塌方部位正是处在软硬相间的岩层，由于距洞口较近，埋深较浅（80～120m），软弱的炭质泥岩首先塑性变形垮塌，随后的余震将坍塌面扩大，造成邻近的粉砂岩垮塌将隧道封闭。塌方段之间间隔有硬岩，隧道结构虽有部分破坏，但未造成塌方，左线塌方长度总计 79m，右线塌方长度总计 127m。

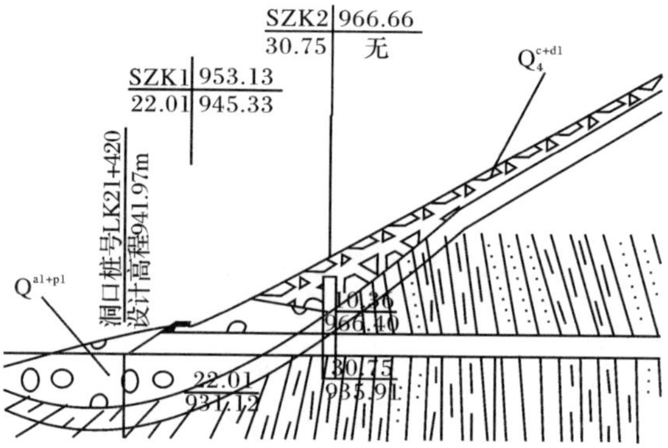

图 2.24　龙溪隧道进口纵断面图

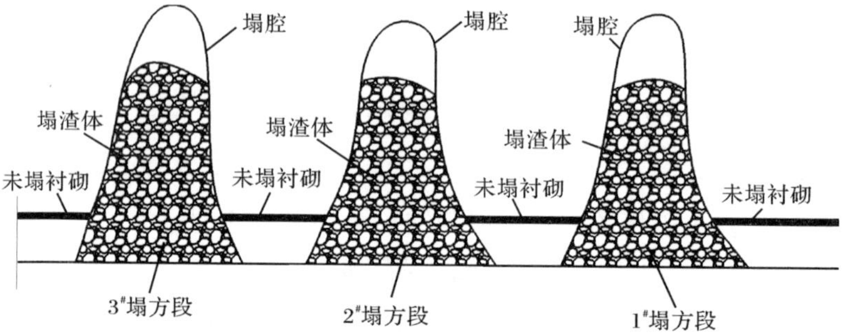

图 2.25　龙溪隧道连珠式塌方示意图

高速公路龙洞子隧道出口右线 K20＋690 附近震后发现贯通性环状开裂，裂缝宽 3～4cm，错台 2cm，这一部位也正好是崩坡积覆盖层与灰岩的接触带。

国道 213 线两座隧道洞门破坏严重（白云顶隧道进出口、桃关隧道映秀端），均位于巨厚覆盖层上，而位于岩石地基上的洞门无一发生破坏。其中白云顶隧道洞身发生严重破坏的位置如图 2.26 所示，从图中可以看出，破坏段正好处于堆积层与基岩的交界面及下伏断层破碎带附近，该段二次衬砌向隧道出口发生严重剪切错台，隧道洞顶地表有明显的滑动裂缝，因此该段隧道的严重破坏显然是块碎石土的滑动产生的强制变形引起的，因为洞身其他段落并无明显震害。

都汶二级公路映秀至汶川段和省道 302 线映秀至日隆段处于北川—映秀断裂中央断裂上盘，映秀以北，岩体以花岗闪长岩为主，属岩质坚硬的硬质岩。位于该两段路上的 9 座隧道震害极轻，洞身结构都完好或基本完好。值得一提的是，该两段道路为极重灾公路，基本被地震摧毁。而都汉高速公路都江至映秀段和国道 213 线都江堰至映秀段处于北川—映秀断裂下盘，映秀以南，地层以三叠系须家河组泥岩互层为主，属中—软岩层。位于该两段路上的 7 座隧道震害严重，洞

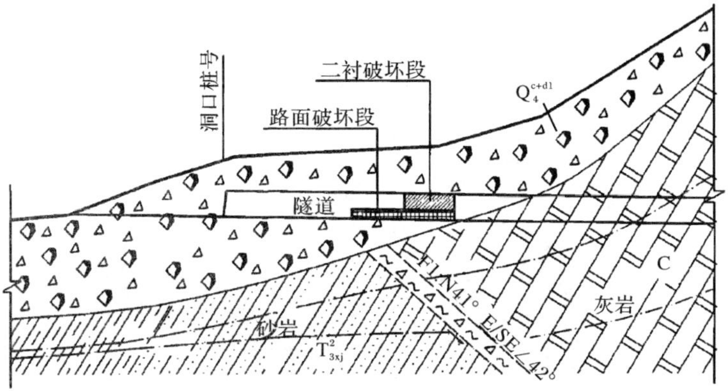

图 2.26　白云顶隧道严重破坏区段位置图

身结构破坏严重或极严重，位于同样地震烈度区，隧道结构质量相当，隧道震害程度却差别甚大，隧道所处地质条件为主要原因。

(2) 隧道结构与地层之间刚度不匹配处，隧道结构破坏严重。

此原因的破坏主要发生在隧道洞身段或隧道仰拱部位，在围岩条件较好的硬岩中，地震对隧道结构的破坏程度较小。地震波在传播过程中，其能量的一部分转变为热能而消失。吸收作用使地震波的振幅随传播距离呈指数减小，而减小的快慢又与岩石的物理性质和波的振动频率有关，常用吸收系数表示。不同岩石的吸收系数相差很大，可达几个数量级。某一种介质的吸收系数可为常数，致密岩石的吸收系数较小，岩石的弹性变形较小，与隧道结构的相互作用变小；而软弱围岩恰好相反。在隧道洞身段，围岩条件一般较好，但围岩与隧道结构之间存在一定的刚度不匹配问题(图 2.27)，刚度变化为：刚度较大的围岩→围岩加固区→初期支护(C20 混凝土)→二次衬砌(C25 混凝土)。几种介质之间的地震波吸收系数存在一定的差异，而中间围岩加固区及隧道初期支护的刚度相对较弱，地震波在此区间存在放大效应，弹性变形较大而导致隧道二次衬砌将承受一定的强制变形，同时还将承受自身惯性力的影响。因此，在隧道结构的局部可能出现受拉或受压破坏。

从图 2.28 中可以明显看出，在隧道仰拱部位布设有中央排水沟，是隧道整体结构中最为薄弱的部位，更为重要的是，在仰拱部位，结构的刚度发生了明显的变化，存在不匹配问题，从下至上材料刚度分布为：围岩→C25 混凝土→C10/C15 片石混凝土→排水沟→碎石、卵石层→C10/C15 混凝土→C20 混凝土路面。地震波在隧道仰拱部位传播过程中发生了强烈变化，直接导致隧道仰拱在中央排水沟附近出现强烈的隆起、开裂等现象。

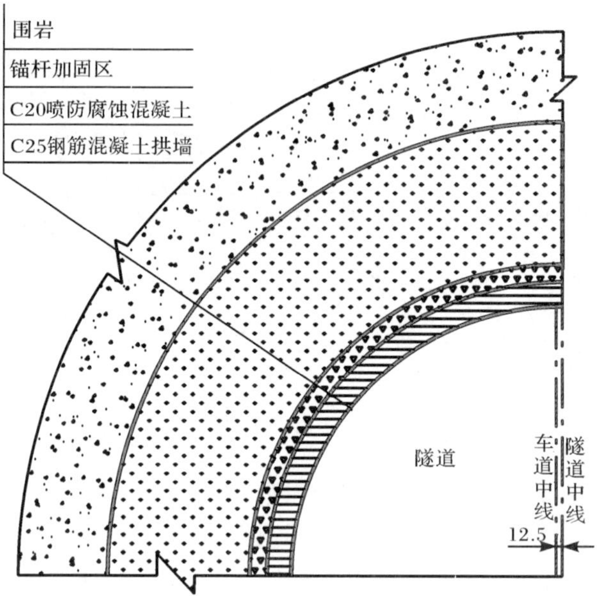

图 2.27　隧道结构与围岩关系断面图

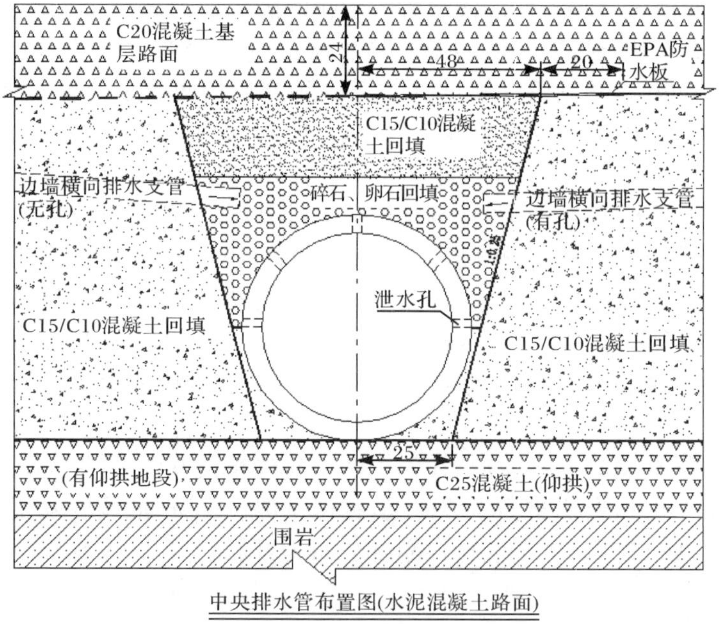

图 2.28　高速公路隧道仰拱部位断面图

在汶川地震中，高速公路龙溪隧道和烧火坪隧道的仰拱破坏最为严重。龙溪隧道左线全长 3658m,进口端长 1640m;右线全长 3691m,进口端长1616.5m。受损情况:①左线进口端拱墙受损 887m,占进口端总长的 54%,仰拱隆起 1290m,占进口端总长的 87%;②右线进口端拱墙受损 792m,占进口端总长的 49%,仰拱隆起 1183m,占进口端总长的 81%。

而在国道 213 线隧道没有布设中央排水沟,隧道震害不明显,这说明在高烈度地震区设置中央排水沟的隧道,其仰拱是抗震的薄弱部位,主要就是各种材料之间的刚度不匹配所造成的。

2.4.2　山岭隧道震害破坏原因

从历史地震和汶川地震中山岭隧道结构震害调研情况来看,隧道的洞口边仰坡破坏、洞门与衬砌结构连接段、浅埋段、偏压段、软弱围岩和断层破碎带等处的隧道结构破坏严重。从破坏机理分析,山岭隧道的地震效应可大致分为如下三类。

1) 地震动引起的隧道惯性力增大而造成的破坏

这里的地震动是指地壳中传播的地震波引起的围岩的振动变形而引起的结构破坏,即波的传播效应引起的,可进一步细分为三种类型:①轴向压缩与拉伸,是平行于隧道轴向地震波拉、压作用引起的;②纵向的弯曲,是垂直于隧道轴向地震波的弯曲作用引起的;③横向的椭圆化变形或压扁变形,是剪切波垂直于隧道轴向入射引起的。

此类隧道结构的破坏主要发生在隧道洞身或仰拱部位,由于隧道是一种狭长结构,地震波的相位衍生应力和变形在隧道轴线方向上会发生很大变化,这实际上构成了隧道结构破坏的重要方面,而且表现为埋深越浅,破坏作用越显著。随着地震波的传播,振动能量沿隧道轴线从一点移动到另一点,由地震波引起隧道本身出现的剧烈振动或摆动,产生的是循环交替的压应变和张应变,这些应变叠加在隧道衬砌和围岩原有的压应变之上。当叠加压应变时,导致原有压应变进一步增大,衬砌可能局部弯曲,出现剥落;如果叠加上张应变且大于原有压应变,由此产生的张应变状态可能导致某个部位的衬砌开裂。若隧道未设置衬砌,则洞内围岩岩石块体可能由此松动,产生掉块。

2) 围岩失效引起的破坏

即地震导致的土体永久性运动产生的破坏,如大变形、沉陷、液化与边坡岩土体失稳等。这种类型的破坏取决于地震作用下岩土体的动力稳定性,从岩土体动力破坏原因的角度分析,其强度降低或丧失导致的破坏失稳的原因有两类:地震惯性力作用效应导致的力学平衡状态改变和孔隙水压力变化造成的有效应力变化。

此类破坏主要是围岩较破碎,在地震动过程中,其吸收的地震波能量较大,弹性变形较大，围岩很容易发生坍塌破坏，将大部分自重施加于隧道结构本身，增加了隧道结构的惯性力，由于地下结构的刚度一般比地层大，往往形成对地层变形的约束。因此，衬砌刚度越大，其吸收的变形能就越大，所以地下结构的震害往往是地层的地震动变形所致。

5·12汶川地震中，现场隧道洞口破坏段大部分被掩埋或填充，但在模型试验中发现隧道结构两侧出现较大空隙，隧道模型容易出现围岩失稳破坏，洞口结构之所以有围岩失稳破坏的现象发生，主要是因为地下结构与地层之间出现了空隙而削弱了地层的约束作用，实际上相当于提高了衬砌结构的相对质量密度，造成其分担的地震惯性力超过了极限，因此，处于地层约束较弱的洞口、浅埋地段、不良地质地段等，隧道结构破坏发生的概率一般较高。

3）断层错动引起的衬砌错动或洞门破坏与失稳

此模式区别于上述两种动力作用效应，是一种构造静力作用，具有不可预测性和不可抗拒性。例如，1906 年旧金山 8.3 级地震使横穿圣安德烈斯断裂的奈特 1 号隧道水平错动 1.37m；1930 年 11 月 26 日北伊豆地震使丹纳隧道水平错动 2.39m，垂直错动 0.6m；1971 年圣费尔南多 6.4 级地震则造成隧道垂直位移达 2.29m。

隧道震害通常以其中一种为主导，另外附加其他原因（地震强度、震中距、地震波的特性、地震力的作用方向、衬砌条件、施工方法、施工质量等）。隧道处于周围地层的约束之中，并与地层一起运动，因而围岩的失稳就会引起隧道结构出现破坏，在隧道进出口部位尤为严重。在地层松散或隧道一侧临空且地表地质状况差的情况下，地震可能直接导致边坡失稳，造成洞口坍塌或隧道洞身局部向临空侧塌落。隧道结构受周围岩体介质的约束作用显著，其地震响应主要受周围岩体介质的相对变形控制。

隧道结构在地震运动过程中，受到周围地层的约束并与地层一起运动，是按照其相对于地层的质量密度和刚度分担一部分地震变形和荷载，而不像地面结构那样承担全部的惯性力。因此，隧道洞身遭受地震惯性力破坏发生的概率较低，而处于地层约束较弱的洞口及浅埋地段，破坏发生的概率一般较高。原因是隧道结构与地层之间出现了较大的空隙或者软弱面而削弱了地层的约束作用，实际上相当于提高了衬砌结构的相对质量密度，造成了二者之间刚度严重不匹配，使其分担的地震力超过了极限而破坏。因此，在“刚”性材料与“柔”性材料之间寻找到一个最佳平衡点范围，达到地下结构抗减震的最佳效果，是提高山岭结构抗震能力的关键。

2.5　灾后隧道结构修复加固应用技术

交通运输部公布《汶川地震灾后公路恢复重建技术指南》(以下简称《指南》)，对地震后公路工程的恢复重建原则、抗震设防标准和技术要求，以及公路震害的检测评估、处置措施等提出指导意见。《指南》要求公路恢复工程原则上执行原技术标准，重建工程执行新的抗震设防标准。

震后隧道修复重建本着“安全实用、质量可靠、经济合理、技术先进”的原则进行。

(1) 技术标准：以恢复原有工程安全、通行能力、服务水平等实用功能为主，原则上执行原技术标准。经技术经济论证后，也可适当降低或提高技术标准。

(2) 抗震设防标准：原则上执行原抗震设防标准。

汶川地震调查反映隧道洞门和洞口基本都受到了破坏，主要表现在洞口仰坡破坏、落石、洞门开裂、渗水等；隧道洞身段，在绕坝路和都汶高速路的 8 座隧道受损严重，表现为局部坍塌、错台、渗漏水、仰拱隆起开裂等，附属设施等有轻微损坏。国道 213 线映秀至汶川段由于距离震中较远、岩性较好，只有轻微破坏。

汶川地震对都汶公路隧道造成了不同程度的破坏。这些震害表明，地震引起隧道破坏的外因，除了地震动，还有坡面失稳和断层错动引起的灾害。其中，坡面失稳和断层错动引起的隧道震害属于静力作用，是由于地基失效产生的相对位移引起隧道破坏；地震动引起的隧道振动破坏是动力作用，是由振动产生的惯性力引起的。因此，既有隧道的抗震补强及新建隧道的抗震设计中必须分清原因，以便“对症下药”，采取相应的抗震措施，确保隧道安全。

针对此次调查的 18 座隧道震害，提出不同的重建修复措施，详见表 2.6。

表 2.6　隧道恢复重建处治措施汇总表

项目	处治措施编号	处治措施简介	适用条件
拱墙处理	B	凿槽嵌补	施工缝开裂
	1A	裂缝修补	衬砌少量裂缝
	2A	裂缝修补＋喷钢纤维混凝土	衬砌裂缝较多
	3A1-1	主洞钢筋混凝土套衬	素混凝土二次剥落、掉快、局部垮塌等
	3A1-2	主洞模喷钢纤维混凝土套衬	钢筋混凝土二衬纵向连续剥落、掉块
	3A1-3	停车带模喷钢纤维混凝土套衬	钢筋混凝土二衬纵向连续剥落、掉块
	3A2	主洞二衬拆除重建	二衬大面积垮塌或严重侵限
初支变形处理	3A3	加固初支	未二衬段主洞初期支护严重变形
	C	拱部围岩注浆加固	喷混凝土剥落、围岩松弛，洞室稳定性严重恶化

续表

项目	处治措施编号	处治措施简介	适用条件
仰拱处理	Y1-1	仰拱填充部分拆除重建	仰拱填充隆起轻微，隆起高度小于 15cm
	Y1-2	仰拱填充部分全部拆除重建	仰拱填充隆起较大，隆起高度小于 30cm
	Y2-1	主洞仰拱拆除重建	主洞仰拱大幅隆起，隆起高度在 30cm 以上
	Y2-2	停车带仰拱拆除重建	停车带仰拱大幅隆起，隆起高度在 30cm 以上
	Y3	清理沟槽，重铺中央排水管	中央水沟上覆混凝土与两侧仰拱填充断裂
	Y4	仰拱拆除、加深重建	洞身结构相对洞内发生抬升的洞口阶段
塌方处理	T	塌方处理(管棚法)	隧道洞室整体坍塌
抢险阶段	L1	永久钢架喷混凝土	主洞初期支护破损严重区域
	L2	永久钢架	主洞二衬混凝土掉块、坍塌区域
	Lj	临时钢架	加宽带初期支护破损严重区域

针对隧道震害调查结果，提出以下几点建议，供震后修复工作参考：①对有可能发生坡面灾害的不稳定边坡，采取坡面稳定措施；②对有可能发生滑动落石的洞口，延长洞口，新增衬砌；③对有可能发生泥石流的洞口，整治山体，修筑砂堤；④对既有变异区间，进行返修、拱架防护；⑤对有围岩崩塌或涌砂区间，进行围岩压浆、导水；⑥对衬砌背后有空隙的区间，进行回填压浆。

2.5.1　洞口及边坡

针对不同的洞门及洞口仰坡破坏程度主要采取措施有：清理明显危石、拆除重建竖梁并增设主动防护网等(图 2.29～图 2.31)。若破坏后仰坡较高，则应重新设计多级仰，现场放样后，从上到下清除坡面浮石等杂物，按设计坡度自上而下刷坡及支护。

(1) 清方，即清除洞口区域已垮塌的土石及洞门仰坡上方的危石。

(2) 根据边、仰坡稳定情况，采取增加防护网、喷锚、支挡或接长明洞、棚洞等措施。

图 2.29　龙溪隧道衬砌套衬

图 2.30　烧火坪隧道洞口衬砌套衬

图 2.31　烧火坪隧道洞口仰坡震后防护网

2.5.2　洞门

根据隧道洞门的破坏情况采取不同的修复处理措施：

(1) 破坏较为严重的，洞门墙局部拆除重建、明洞缓冲层回填恢复。

(2) 对于破坏情况一般的，采用裂缝灌浆等方法加固端墙，对已损坏的帽石及翼墙等进行修复。

(3) 对于轻微或未损坏的洞门，可以不做处理。

通过对汶川地震震中附近 15 座隧道的洞门震害调查，洞门在此次地震中破坏较轻，但几乎每座洞门都有破坏，主要表现在洞门端墙开裂，边墙和翼墙破坏。此次调查的(15×2 座)隧道洞门中，端墙式洞门 9 座、翼墙式洞门 1 座、柱式洞门 3 座、台阶式洞门 7 座、削竹式洞门 6 座，其他及未施作洞门的共 4 座。其中以削竹式洞门的抗震效果最好，如龙洞子隧道汶川端、彻底关隧道等；端墙式和台阶式洞门破坏最多；未设连接筋的弧形洞门破坏厉害，如桃关隧道映秀端；未施作洞门的破坏严重，如烧火坪隧道卧龙连接端、紫坪铺隧道都江堰端。调查发现采取修复措施后取得了良好效果，部分洞门由于不影响使用和其他原因未做修复处理，如桃关隧道映秀端洞门、烧火坪隧道卧龙连接端洞门等。

2.5.3　隧道初期支护处理

根据受灾影响程度，主要采取措施如下：

(1) 轻微损坏。采用小导管注浆加固围岩措施进行补强处理。

(2) 较大损坏。先用 I18 钢架临时支撑后进行注浆围岩加固，然后拆除已施作初期后恢复原初期支护。

(3) 坍塌段。按照隧道坍塌方案处理，先进行瓦斯处理，重新施作超前支护、初期支护和钢筋混凝土二次衬砌结构(60cm)。

2.5.4　隧道衬砌开裂破坏、渗水

1）根据隧道衬砌损坏情况分类

（1）轻微损坏。主要采取局部注射环氧树脂修补并做防水处理；修补后表面采用 300 型碳纤维布粘接处理。

（2）较大损坏。先临时用 I18 钢架支撑（80～100cm/榀）；小导管注浆加固；拆除二次衬砌混凝土及部分侵限的初期支护；对拆除的初期支护恢复，再重新施作钢筋混凝土衬砌（40～50cm）。

（3）整体损坏。按坍方进行处理，即将已损坏的初期支护和二次衬砌结构拆除，重新施作超前支护、初期支护和钢筋混凝土二次衬砌结构（60cm）。

2）根据隧道破坏的不同情况采取不同的修复措施

（1）较细小的衬砌结构有纵横向裂纹的，可按下列措施处治：①小于 2mm 的拱墙无渗水裂纹采用注射修补；②小于 2mm 有渗水裂缝及大于 2mm 裂缝采用凿槽埋半圆管引排后封堵。

（2）施工缝裂纹、渗漏水。对渗漏水施工缝采用凿槽埋半圆管引排后封堵，裂纹较小的施工缝可不做处理。

（3）衬砌结构裂纹较多、密度较大、出现渗漏水较严重地段，先按（1）技术措施处理，再采用喷射 10cm 钢纤维混凝土对结构补强（侵入检修道约 5cm）。

（4）衬砌结构严重破坏，出现衬砌掉块、严重变形地段，采取拱墙全部拆除重建措施。

如果对隧道的行车界限不影响或影响不大，可采用贴设轻轨措施方案，在原二衬表面贴设轻轨、铺设钢筋网片后喷 15cm 厚钢纤维混凝土，如友谊隧道、烧火坪隧道等；也可采用钢筋混凝土套衬方案，在原二衬内表面重新浇筑厚度为 30cm 的钢筋混凝土套衬，如龙溪隧道、龙洞子隧道等。

（5）拱顶和拱腰二次衬砌混凝土发生坍塌者，拆除后采用同厚度钢筋混凝土结构重建，如龙溪隧道、龙池隧道破坏坍塌段等。

从现场调查来看，18 座隧道中隧道衬砌均出现了不同程度的损坏，主要表现在衬砌开裂、渗水严重，个别隧道出现了严重的坍塌、错台，如龙溪隧道、烧火坪隧道、友谊隧道等。修复措施起到了良好的作用，但是修复后隧道衬砌仍有部分细小裂缝，且二次出现渗水甚至个别出现淋水等情况。这与隧道的施工质量和地下水、断层、地层岩性等有关。在施工质量较差的友谊隧道，虽经修复但仍多处渗水、开裂，如图 2.32 所示。

图 2.32　友谊隧道的修复

2.5.5　仰拱及路面、排水沟等整治修复措施

1）根据隧道衬砌损坏情况分类

（1）轻微破坏。局部有开裂部分采用注浆补强处理。

（2）较大破坏。仰拱隆起、路面开裂错台较严重地段采用拆除后恢复原来仰拱、仰拱回填及路面。

2）根据隧道破坏的不同情况采取不同的修复措施

（1）仰拱及路面处治措施。①仰拱注浆加固，适用于仰拱局部开裂、裂纹宽度较小地段，采用@42 小导管注浆加固处理；②仰拱拆除重建，适用于仰拱严重变形隆起、开裂错台地段，采用拆除重建、等厚度钢筋混凝土结构恢复。

（2）排水沟处置措施。未损坏地段应及时疏通，已破损地段应及时更换。

通过对破坏严重的龙池、友谊等隧道的调查显示，仰拱严重变形隆起、开裂错台地段通过拆除重建取得了很好的效果。仰拱局部开裂地段经处理后满足正常的行车要求。隧道排水沟震后及时进行了疏通；检修道板进行了更换，满足正常使用要求。部分排水沟和检修道板破坏不是很严重的、不影响隧道正常使用的未做修复，如彻底关隧道、单坎梁子隧道等。

2.5.6　隧道侵限

由于衬砌的修复及加固等因素造成隧道内净断面不符合原设计要求，可采取在隧道内设置警示标志和在隧道外部设限的措施。对于局部因贴衬、套衬等加固措施造成严重侵限的、影响行车能力的，需拆除重建。对于次等级的公路，对行车能力要求不高的则不做处理。侵限较为严重的烧火坪隧道、友谊隧道等由于公路等级低、隧道的行车能力小，影响不大，仅采取了较为简单的设置警示标志的措施。对于要求较高的，如龙溪隧道、紫坪铺隧道等，侵限地段采取了拆除重建措施。

第 3 章 地下结构地震动力分析理论基础

近年来的研究结果表明，地下结构的理论分析基础主要有两种：一种是相互作用法，以求解结构运动方程为基础，把介质的作用等效为弹簧和阻尼，再将它作用于结构，然后如同分析地面结构模型一样进行分析；另一种是波动法，以求解波动方程为基础，把地下结构视为无限线弹性(或弹塑性)介质中孔洞的加固区，将整个系统(包括介质与结构)作为对象进行分析，不单独研究荷载，以求解其波动场与应力场。数值分析方法能解决复杂地形、地质条件下的地下结构的地震反应，能够考虑岩土介质的非线性以及复杂的地形地质条件，因此数值模拟分析方法是一种不可或缺的研究途径。

3.1 地震动力理论分析

3.1.1 运动方程

设介质质点的空间位置、变形、运动速度、应力张量分别用向量 x_i、u_i、v_i、σ_{ij} 表示，则应变率张量、旋转张量可表示为

$$\xi_{ij}=\frac{1}{2}(v_{i,j}+v_{j,i}) \tag{3.1}$$

$$\omega_{ij}=\frac{1}{2}(v_{i,j}-v_{j,i}) \tag{3.2}$$

运动方程可表示为

$$\sigma_{ij,j}+\rho b_i=\rho\left(\frac{\mathrm{d}v_i}{\mathrm{d}t}\right) \tag{3.3}$$

结构方程可表示为

$$f(\sigma_{ij},\xi_{ij,k})=\frac{\mathrm{d}\sigma_{ij}}{\mathrm{d}t}-\omega_{ik}\sigma_{kj}+\omega_{kj}\sigma_{ik} \tag{3.4}$$

式中，ρ 为材料密度；b 为单元物质体力；k 为考虑加载过程的参数。

方程式(3.1)～式(3.4)联立即可求得应力速度张量、应变速度张量及速度矢量。具体计算时，首先由节点速度求出新的应变速度，然后运用结构方程由应变速度和应力计算出本时步新的应力，运用运动方程由应力和不平衡力计算出新的质点速度和位移。在各时步内进行循环计算，当计算达到平衡状态时，不平衡力趋近于零；如果有塑性流动产生，不平衡力趋近于某一数值。在大应变情况下，节

点位置更新后网格发生变形，采取如下修正；

$$x_i(t+\Delta t)=x_i(t)+\Delta t\times v_i(t+\Delta t) \tag{3.5}$$

3.1.2　空间差分方程

FLAC3D 首先将求解物体离散为一系列四面体单元，并采用差值函数：

$$\delta v_i=\sum_{n=1}^{4}\delta v_i N^n \tag{3.6}$$

$$N^n=C_0^n+C_1^n x_1'+C_2^n x_2'+C_3^n x_3' \tag{3.7}$$

$$N^n(x_1^{ij},x_2^{ij},x_3^{ij})=\delta_{nj} \tag{3.8}$$

由高斯定律，可将四面体的体积分转化为面积分。对于常应变率的四面体(图 3.1)，可得

$$\int v_{i,j}\,\mathrm{d}V=\int_s v_i n_j\,\mathrm{d}S \tag{3.9}$$

$$v_{i,j}=\frac{1}{3V}4\sum_{i=1}v_i n_j^{(I)}S \tag{3.10}$$

式中，$n_j^{(I)}$ 为四面体各面的法矢量；S 为各面的面积；V 为四面体的体积。

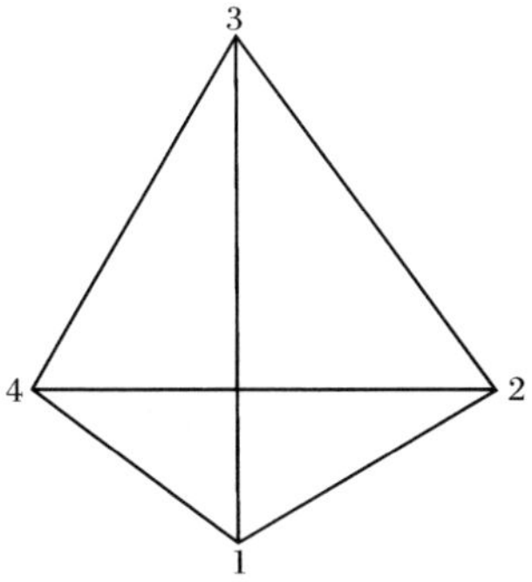

图 3.1　四面体示意图

于是，应变率张量可表示为

$$\xi_{ij}=-\frac{1}{6V}\sum_{i=1}^{4}(v_i n_j^{(I)}+v_j n_i^{(I)})S \tag{3.11}$$

应变增量张量为

$$\Delta\varepsilon_{ij}=-\frac{\Delta t}{6V}\sum_{i=1}^{4}(v_i n_j^{(I)}+v_j n_i^{(I)})S \tag{3.12}$$

旋转率增量为

$$\omega_{ij}=-\frac{1}{6V}\sum_{i=1}^{4}(v_i n_j^{(I)}-v_j n_i^{(I)})S \tag{3.13}$$

而由本构方程和上面所得的表达式可得应力增量为

$$\Delta\sigma_{ij}=H_{ij}(\sigma_{ij},\xi_{ij}\Delta t)+(\omega_{ik}\sigma_{kj}-\sigma_{ik}\omega_{kj})\Delta t \tag{3.14}$$

通过上述各式的迭代求解，便可解出每一迭代时步相应各单元的应力和应变值。

3.2 动力计算的本构及力学阻尼

3.2.1 岩土动力本构模型

从土体受地震等动力荷载后的表现可以抽象出三个基本力学元件，即弹性元件、黏性元件和塑性元件，并且可用这三个元件的各种组合来近似地描述土体的力学性能和动力特征。

由于土体实际动力本构关系是极其复杂的，它在不同的荷载条件、土性条件及排水条件下会表现出极不相同的动力本构特性，目前具体建立的动力本构模型已多达数十个，本书主要介绍目前比较常用的几个动力本构模型。

1. 黏弹性模型

1) 线性黏弹性模型

在小应变时可把土作为线弹性体考虑，用弹性常数表示土的动力变形特性。应用最为广泛的弹性常数是剪切模量 G、弹性模量 E 和泊松比 ν。对于各向同性的弹性体，这些参数之间可建立对应的函数关系。

线性变形材料在周期应力作用下，总应力可以分解为弹性与阻尼两部分。弹性部分的应力与应变成正比，而阻尼部分的应力与应变沿一椭圆变化。当周期应力的幅值增大或减小时，滞回圈保持相似的形状扩大或缩小。

土在振动荷载作用下的变形幅值具有衰减特性，可用黏弹性体表示。当线性黏弹性体上有圆频率为 ω 的正弦变化的应力时，可得到应力 σ 与应变 ε 之间的关系如下：

$$\sigma=G\varepsilon\pm G'\sqrt{\varepsilon_a^2-\varepsilon^2} \tag{3.15}$$

式中，ε_a 为应变幅值。

式(3.15)可表示为

$$\sigma=\sigma_1+\sigma_2 \tag{3.16}$$

而

$$\sigma_1=G\varepsilon \tag{3.17}$$

$$\left(\frac{\sigma_2}{G'\varepsilon_a}\right)^2+\left(\frac{\varepsilon}{\varepsilon_a}\right)^2=1 \tag{3.18}$$

式中，G 为弹性模量；G' 为损失模量，表示随变形发生的能量损失。G'/G 为能量损失系数。

式(3.18)所表示的应力与应变关系如图 3.2(a)所示。将图 3.2(a)中的上两式的纵轴相加，即可得到图 3.2(b)所示的滞回圈。滞回圈包围的面积 ΔW 表示加荷 1 周损失的能量，可通过积分求得，即

$$\Delta W = G' \pi \varepsilon_a^2 \tag{3.19}$$

加荷 1 周的应变能为

$$W = \frac{1}{2} G \varepsilon_a^2 \tag{3.20}$$

损失能量与应变能之比为

$$\frac{\Delta W}{W} = \frac{G' \pi \varepsilon_a^2}{\frac{1}{2} G \varepsilon_a^2} = 2\pi \frac{G'}{G} \tag{3.21}$$

黏弹性体的阻尼比可表示为

$$D = \frac{G'}{2G} = \frac{\Delta W}{4\pi W} \tag{3.22}$$

用不同黏弹性模型表示土体的变形性状，就可以由式(3.22)得到不同的阻尼比表达式。

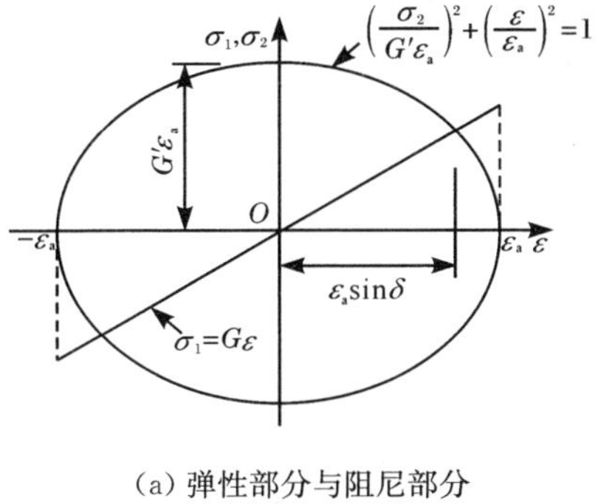

(a) 弹性部分与阻尼部分

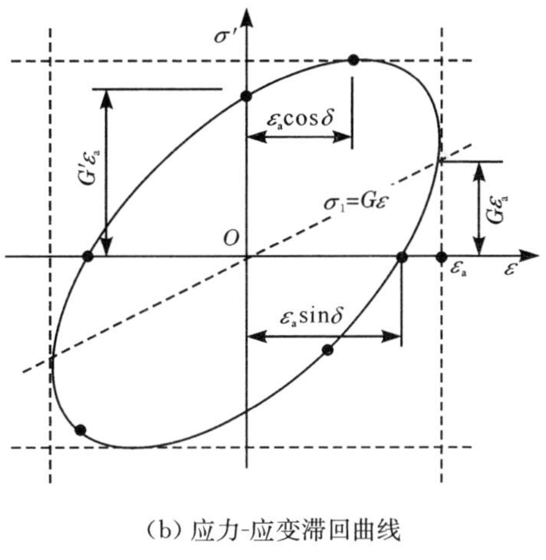

(b) 应力-应变滞回曲线

图 3.2　线性黏弹性体应力-应变关系和滞回曲线

2) Hardin-Drnevich 模型

Hardin-Drnevich 模型也是等效线性模型的一种，是目前应用最为广泛的一种黏弹性动力本构模型，它采用等效弹性模量 E 或 G 和等效阻尼比 λ 来反映土体动应力-动应变关系的非线性与滞后性，并且将模量与阻尼比表示为动应变幅的函

数，即 $E_d=E(\varepsilon_d)$、$\lambda_d=\lambda(\varepsilon_d)$ 或 $G_d=G(\varepsilon_d)$、$\lambda_d=\lambda(\varepsilon_d)$，同时在确定上述关系中考虑了静力固结平均主应力的影响。Hardin-Drnevich 模型的骨干曲线可用图 3.3 所示的双曲线来表示，即有

$$\tau_d=\frac{\gamma_d}{a+b\gamma_d} \tag{3.23}$$

式中，$a=1/G_0$，G_0 是动应力-动应变曲线的初始斜率；$b=1/\tau_y$，而 τ_y 是最大动剪应力。则可将式(3.23)表示为

$$\tau_d=\frac{G_0\gamma}{1+\dfrac{\gamma_d}{\gamma_r}} \tag{3.24}$$

$$\gamma_r=\frac{\tau_y}{G_0} \tag{3.25}$$

式中，γ_r 为参考应变值，是 G_0 坡度线与 τ_y 水平线的交点的横坐标。

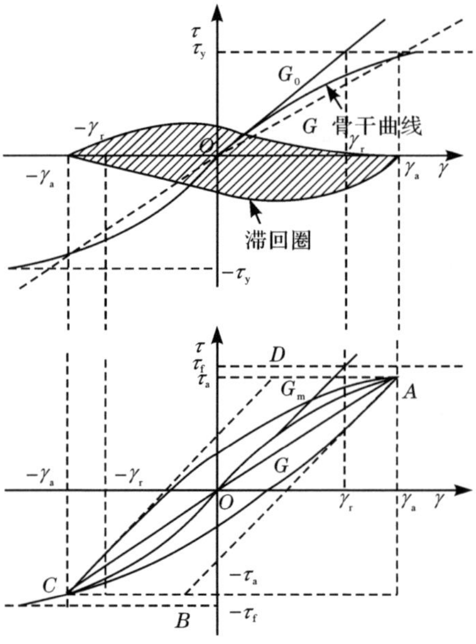

图 3.3　Hardin-Drnevich 模型的应力-应变曲线

等效剪切模量 G 可表示为

$$\frac{G}{G_0}=\frac{1}{1+\dfrac{\gamma_d}{\gamma_r}} \tag{3.26}$$

可见，只要根据实验曲线确定了 G_0 和 τ_y，即可求相应于任意动剪应变 γ_d 的等效剪切模量 G。G_0 和 τ_y 可由动单剪试验求得，通常，也可直接由动三轴试验绘制的 σ_d-ε_d 关系曲线间接得到。

等效线性模型是试验结果的归纳，概念上比较明确，形式上也比较直观简单，它能较合理地确定土体在地震等动力荷载作用下的加速度、剪应力和剪应变。因此在土的动力分析中，等效线性模型是目前生产应用中的主流。

2. 弹塑性模型

从塑性理论发展的历史来看，最初用运动硬化模型模拟循环荷载作用下的变形，以后发展为多屈服面模型，后来又提出边界面模型。

弹塑性模型的关键是根据塑性变形发展过程中屈服面变化的硬化规律定量地建立塑性硬化模量场，以此计算塑性应变。所以模型的建立必须考虑硬化规律、屈服面形状、模量场计算以及试验参数的确定等问题。现已提出的模型大致可以分为多屈服面模型、单屈服面模型（或称边界面模型）、点屈服面模型（或称无弹性区模型）和分屈服面模型（或称部分屈服面模型），以及弹塑性临界状态模型（或称体变硬化模型）。

3.2.2　力学阻尼

岩土介质在动力作用下，通常显示出明显的阻尼效应，阻尼作用使土体中的动能消散而损耗。由于产生阻尼的机理很复杂，一般认为阻尼的产生主要源于两个方面：一方面是由于土体中水和空气的运动以及滑动面之间的摩擦产生，呈现出黏性阻尼的性质；另一方面是由于土体中非完全弹性引起晶体面之间的内摩擦产生。

地下结构的动力计算常采用 FLAC3D 软件，其提供了三种阻尼形式，分别为局部阻尼、瑞利阻尼和滞后阻尼。局部阻尼多用于静力计算，也可以用来进行动力分析，它与结构频率无关，参数设置只有临界阻尼比，计算时间步较大，计算时间比瑞利阻尼短，但局部阻尼不能有效衰减地震动的高频成分。瑞利阻尼中阻尼矩阵 C 与刚度矩阵 K 和质量矩阵 M 有关，因此，它可以近似地反映岩土体具有的频率无关性。滞后阻尼使用模量衰减系数来描述土体的非线性，它可以满足 Masing 二倍法，较好地构造土体在动力作用下的滞回圈，但在使用时有过多的限制。

1. 瑞利阻尼

瑞利阻尼最初应用于结构和弹性体的动力计算，以减弱系统的自然振动模式的振幅。在计算时，假设动力方程中的阻尼矩阵 C 与刚度矩阵 K 和质量矩阵 M 有关，即

$$C=\alpha M+\beta K \tag{3.27}$$

式中，α 为与质量成比例的阻尼常数；β 为与刚度成比例的阻尼常数。

瑞利阻尼中的质量分量相当于连接每个节点和地面的阻尼器，而刚度分量则相当于连接单元之间的阻尼器。虽然两个阻尼器本身是与频率有关的，但是通过选取合适的系数，可以在有限的频率范围内近似获得频率无关的响应。图 3.4 为归一化的临界阻尼比和角频率之间的关系曲线，其中包含仅设置刚度分量、仅设置质量分量以及两者叠加的结果。可以看出，采用叠加方法得到的阻尼比在较大的频率范围内保持定值，因此瑞利阻尼可以近似地反映岩土体具有的频率无关性。

设置瑞利阻尼的命令为：SET dyn damp Rayleigh 参数 1 参数 2。

根据图 3.4 叠加结果的阻尼比曲线的最小值可以确定瑞利阻尼的两个参数，分别是最小临界阻尼比 ξ_{min}（参数 1）和最小中心频率 ω_{min}（参数 2），可以按照式(3.28)和式(3.29)计算：

$$\xi_{min}=(\alpha\times\beta)^{0.5} \tag{3.28}$$

$$\omega_{min}=(\alpha/\beta)^{0.5} \tag{3.29}$$

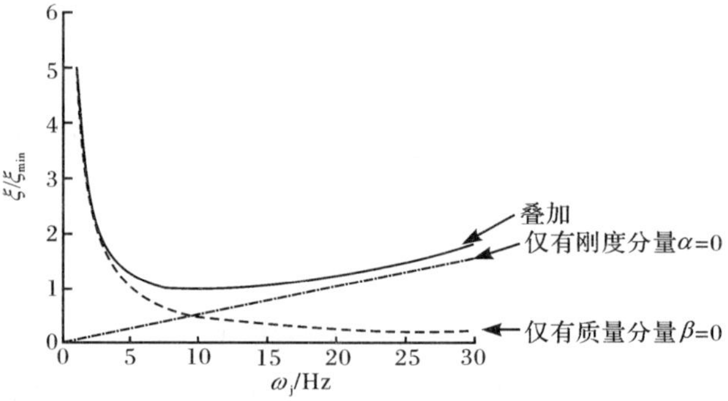

图 3.4　归一化的临界阻尼比与角频率之间的关系

对于岩土材料，临界阻尼比的范围一般是 2%～5%，而结构系统的临界阻尼比为 2%～10%。在使用弹塑性模型进行动力计算时，相当多的能量消散于材料发生的塑性流动阶段，因此在进行大应变的动力分析时，只需要设置一个很小的阻尼比（如 0.5%）就能满足要求，而且达到塑性以后，随着应力-应变滞回圈的扩大，能量的消散也逐渐明显。

1) 中心频率的确定

瑞利阻尼是与频率相关的，但是在一定的频率范围内，瑞利阻尼基本与频率无关。这个频率范围的最大频率常是最小频率的 3 倍。对于任何动力问题，可以对速度时程进行谱分析得到速度谱与频率之间的关系。可以逐渐调整 f_{min}，使得频率范围在 f_{min}～$3f_{min}$包含动力能量的主要部分，此时的 f_{min} 就是瑞利阻尼的中心频率。在实际分析中，如多种材料的土石坝动力分析，得到材料关键位置的功率谱,根据功率谱的分布来确定该区域的瑞利阻尼中心频率的大小。通过这种方法确定的中心频率 f_{min},既不是输入频率也不是系统的自振频率,而是两者作用的叠加。

2）阻尼比的确定

经验方法是,直接选取岩土体的阻尼比参数,如 2%～5%。

另外,通过弹性阶段的动力计算,了解各关键位置的动应变幅值,并根据实验室得到的阻尼-应变幅值曲线来选择阻尼比的大小。

2. 局部阻尼

局部阻尼是 FLAC3D 静力计算中采用的阻尼形式,但是它的某些特性可以用来进行动力计算。它在振动循环中通过节点或结构单元节点上增加或减小质量的方法达到收敛,由于增加的单元质量和减小的相等,总体来说,系统保持质量守恒。当节点速度的符号改变时,增加节点质量;当速度达到最大值(或最小值)时,减小节点质量。因此损失的能量 ΔW 是最大瞬时应变能 W 的一定比例,这个比值 $\Delta W/W$ 是与频率无关的。因为 $\Delta W/W$ 是临界阻尼比 D 的函数:

$$\alpha_L = \pi D \tag{3.30}$$

式中,α_L 为局部阻尼系数,临界阻尼比的取值可以参考瑞利阻尼中的 ξ_{min}。

局部阻尼的设置命令为:SET dyn damp local 局部阻尼系数。

局部阻尼系数不用求解系统的自振频率,而且相对于瑞利阻尼,不会减小时间步,从这个意义上来说具有较大的优势。但局部阻尼只适合简单问题的求解,实践证明设置局部阻尼不能有效地衰减复杂波形的高频部分,计算结果会产生一些高频"噪声"。因此在使用时应谨慎,最好将局部阻尼与瑞利阻尼的结果进行对比分析。

3. 滞后阻尼

FLAC3D 将土动力学中的岩土体滞后特性用阻尼的形式加入程序中。使用模量衰减系数 M_s 来描述土体的非线性特性。假设土体为理想黏弹性体,可以从模量衰减曲线上得到归一化的剪应力 $\bar{\tau}$:

$$\bar{\tau}=M_s\gamma \tag{3.31}$$

$$M_t=\frac{d\bar{\tau}}{d\gamma}=M_s+\frac{dM_s}{d\gamma} \tag{3.32}$$

式中,γ 为剪应变;M_s 为归一化的割线模量;M_t 为归一化的切线模量。则增量剪切模量 G 可以表示为

$$G=G_0M_t \tag{3.33}$$

式中,G_0 为小应变下的剪切模量。

滞后阻尼是与材料无关的阻尼格式，在动力计算中，滞后阻尼可以满足 Masing 二倍法，从而构造土体在动力作用下的滞回圈。另外，滞后阻尼的优点是：可以直接采用动力试验中的模量衰减曲线；相对于瑞利阻尼，滞后阻尼不影响动力计算的时间步；可以应用于任意的材料模型，且可以与其他阻尼格式同时使用。

滞后阻尼与瑞利阻尼及局部阻尼的设置不同，采用的是初始条件 INITIAL 命令：INITIAL damp hyst。

FLAC3D 中的滞后阻尼提供了多种形式的割线模量衰减曲线模型，包括默认(default)模型、S 型模型(包括三参数 Sig3 和四参数模型 Sig4)和哈丁(Hardin)模型。

在 FLAC3D 的所有阻尼形式中，瑞利阻尼由于其理论与常规动力计算分析方法类似，而且实践证明，瑞利阻尼计算得到的加速度响应规律比较符合实际，因此最易为大家所接受。唯一的不足是瑞利阻尼的计算时间步太小，导致动力计算太长，因此有时不得不用局部阻尼来代替。滞后阻尼在实际使用过程中存在较多的困难。

3.3 动力计算的边界条件

地下抗震的数值模拟需要从半无限的地球介质中切取出一部分感兴趣的有限计算区，同时受计算条件的限制，模型的范围不能取得过大，因此需要在模型周围建立人工边界以模拟连续介质的辐射阻尼，保证由结构产生的散射波从有限计算区穿过人工边界而不发生反射。这是决定地下结构数值计算精度的重要前提和保证，也是地下结构不同于地面结构计算的基本特点。目前常用的人工边界处理方法有边界元、黏性边界、黏弹性边界和自由场边界等。

3.3.1 边界元

边界元也称为边界积分方程法，兴起于 20 世纪 60 年代，通常把场的控制微分方程和定解条件变换成边界上的积分方程，然后运用与有限元相似的方法对边界进行离散，从而把边界积分方程转换成代数方程求解。其计算精度与效率较高，但通用性较差，前后处理比较困难，处理动力学问题需要在域内划分单元，效率降低，主要适用于规则区域的线性匀质问题。

边界元的优点为：①降低问题求解的空间维数，该方法将给定场域的边值问题通过包围该场域边界面上的边界积分方程来表示，从而降低了问题求解的空间维数；②方程组阶数降低，输入数据量减少，不仅简化了问题的前处理过程，而且大幅度降低了待求离散方程组的阶数；③计算精度高；④易于处理开域问题。

3.3.2　黏性边界

黏性动力人工边界最早是由 Lysmer 等基于一维平面波动理论提出来的。模型底部采用黏性边界，能够模拟地震能量传至基础地面时，一部分被反射后向下方逸散；侧面采用黏性边界，能够模拟地震能量向两侧方向无限远处的逸散。

黏性边界能够很好地满足地下结构的动力模拟分析需要，计算速度较快且不容易失稳，是目前应用最为广泛和成熟的人工边界之一。

黏性人工边界的方程可写为

$$t_n = a\rho C_P v_n \tag{3.34}$$

$$t_s = b\rho C_S v_s \tag{3.35}$$

式中，t_n、t_s 分别为黏性边界法向和切向黏性应力；v_n、v_s 分别为模型边界上法向和切向的速度分量；ρ 为介质密度；C_P、C_S 分别为 P 波和 S 波的波速；a、b 是待定常数，可根据边界处波的反射与折射理论确定。

在人工边界上施加满足黏性边界的条件后，就可以消除在人工边界上产生的反射波，从而精确地模拟波由近场向远场的传播。

以 P 波入射为例来验证黏性边界对能量的吸收，设泊松比为 0.25，边界处单位面积反射波能量为 E_r，入射波能量为 E_i，则在简谐振动的情况下，有

$$E_r/E_i = A^2 + S\frac{\sin\theta_b}{\sin\theta}B^2 \tag{3.36}$$

式中，θ、θ_b 分别为 P 波入射角和反射波分量 S 波的反射角；A、B 分别为入射波和反射波的振幅。

从图 3.5 和图 3.6 可以看出，相当于完全吸收能量的黏性边界大致对应式(3.34)和式(3.35)中 $a=b=1$ 的情况，且入射角越小，吸收能量的效果越好。

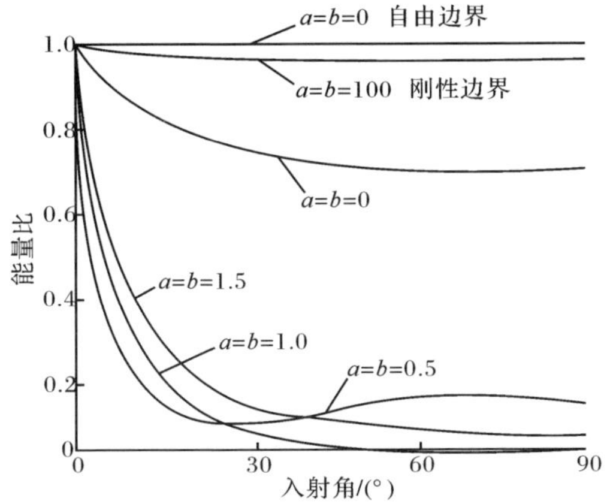

图 3.5　反射波与入射波能量比

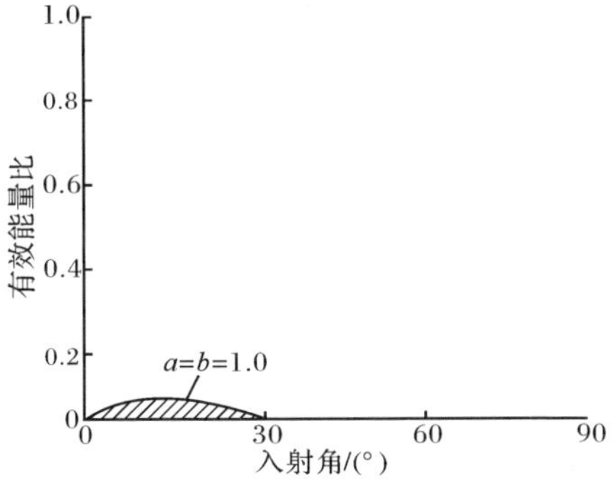

图 3.6　反射波与入射波有效能量比

设 $u_0(x,y,t)$是已知的入射波场向量，在入射波作用下，黏性边界 E 点处的位移为 $u_0(x_E,y_E,t)$，则黏性边界准确实现波动输入的条件如下。

位移：　$u(x_E,y_E,t)=u_0(x_E,y_E,t)$

应力：　$\sigma(x_E,y_E,t)=\sigma_0(x_E,y_E,t)$

黏性边界上所需施加的动力激励为

$$f_{Ex}(t)=2\rho C_S\cos\theta\,\dot{u}_E \tag{3.37}$$

$$f_{Ey}(t)=2\rho C_P\sin\theta\,\dot{u}_E \tag{3.38}$$

式中，C_S、C_P 分别为 P 波和 S 波波速；ρ 为介质的密度；λ、μ 为介质拉梅常数。当 $\theta=0°$时，所需施加的动力激励为

$$f_{Ex}(t)=2\rho C_S\dot{u}_B=2\rho\sqrt{\frac{\mu}{\rho}}\dot{u}_B=2\sqrt{\rho\mu}\dot{u} \tag{3.39}$$

$$f_{Ey}=0$$

对于二维和三维情况，需要在边界点的双向（二维）或三向（三维）施加物理元件构成人工边界，此时首先求出人工边界上由入射波场产生的应力，然后求出每个方向上所需施加的应力，即可完成波动的输入。

FLAC3D 中允许采用静态边界（也称黏性边界、吸收边界）条件来吸收边界上的入射波。FLAC3D 中的静态边界是 Lysmer 和 Kuhlemeyer 提出的，具体做法是在模型的法向和切向分别设置自由的阻尼器，从而实现吸收入射波的目的，阻尼器提供的法向和切向黏性力分别为

$$t_n=-\rho C_P v_n \tag{3.40}$$

$$t_s=-\rho C_S v_s \tag{3.41}$$

式中，v_n、v_s 分别为模型边界上法向和切向的速度分量；ρ 为介质密度；C_P、C_S 分别为 P 波和 S 波的波速。

这种静态边界对于入射角大于 30°的入射波基本能够完全吸收，对于入射角较小的波，如面波，虽然仍有一定的吸收能力，但吸收不完全。静态边界可以加在整体坐标系上，也可以加在倾斜边界的法向和切向上。如果在倾斜边界的法向和切向施作静态边界，需同时使用 nquiet、dquiet、squiet 条件。

需要注意的是，FLAC3D 采用的黏性边界是基于应力的等效能量吸收边界，因此，对模型的地震波输入不能直接采用加速度波，而应该将加速度波积分为速度波或应力波再施加于模型。

3.3.3 黏弹性边界

黏弹性边界是利用无限域介质本构方程和来自于计算区内部的单侧外行波表达建立的一种应力边界条件。黏弹性边界的研究最早始于 Lysmer 和 Kuhlemeyer(1969)的黏性边界，运用线弹性介质中的平面波表达建立，未考虑波在介质中

的衰减，进而在边界表达中未包含介质的刚性恢复作用，外力荷载条件下结构将发生整体漂移；之后的研究工作是运用均匀线弹性介质中的柱面波或球面波作为单侧外行波建立黏弹性边界，由于柱面波或球面波假定考虑了波在介质中的几何扩散衰减，进而考虑了介质的刚性恢复作用，所以边界不会引起结构整体漂移，提高了模拟精度。

人工边界上的运动由已知入射波和由结构基础产生的散射波组成，散射波由人工边界吸收，入射波则要采用一定的方法输入计算区中。由于采用将输入问题转化为波源问题的方法处理波动输入，满足力的叠加原理，在人工边界上的入射波场和散射波场互不影响，所以可以将入射波场和散射波场分开处理。

黏弹性边界是一种应力边界条件，该应力是边界节点位移和速度的函数，一般形式可写成

$$\sigma_{li}(t)=-K_{li}u_{li}(t)-C_{li}\dot{u}_{li}(t) \tag{3.42}$$

式中，下标 l 为人工边界节点号；下标 $i=x,y,z$ 代表分量方向；t 表示时间；σ_{li}、u_{li}、$\dot{u}_{li}$ 分别为节点 l 在方向 i 的应力、位移和速度；K_{li}、C_{li} 分别为节点 l 在方向 i 的黏弹性边界参数，是无限域介质的材料常数和边界尺寸的函数。

由式(3.42)可得，边界节点某方向某时刻的应力仅与该节点该方向该时刻的反应有关，黏弹性边界条件是时空解耦的。参数 K_{li}、C_{li} 的不同表达形式对应于形式各异的黏弹性人工边界。当 $K_{li}=0$ 时，边界退化为黏性边界。

边界节点 l 受有限域有限节点影响的运动方程在考虑模拟无限域影响的黏弹性边界表达式时，节点运动方程可写为

$$m_l\ddot{u}_{li}+\sum_n\sum_j C_{linj}\dot{u}_{nj}+\sum_n\sum_j K_{linj}u_{nj}=f_{li}+A_l\sigma_{li} \tag{3.43}$$

式中，σ_{li} 为黏弹性边界应力；$A_l=\sum_{e=1}^{N}A_{le}$ 为节点 l 黏弹性边界应力的作用范围，N 为与节点 l 相关的单元数，A_{le} 为单元 e 上黏弹性边界的作用范围，对于二维问题，A_{le} 为单元边界线长度的 1/2，对于三维问题，A_{le} 为单元边界线长度的 1/4。

黏弹性边界相当于在边界节点每个方向施加一个一端固定的单向弹簧-阻尼元件(如图 3.7 所示的三维示意图)，以黏性阻尼的吸能作用和弹簧的刚性恢复作用模拟无限域对广义结构的影响。

黏弹性边界由于其稳定、易于编程实现的特点，受到学术和工程界的重视，成为近期国内外局部人工边界的研究重点之一。

3.3.4 自由场边界

FLAC3D 通过在模型的四周生成二维和一维网格的方法来实现这种自由场边界。主体网格的侧边界通过阻尼器与自由场网格进行耦合，自由场网格的不平

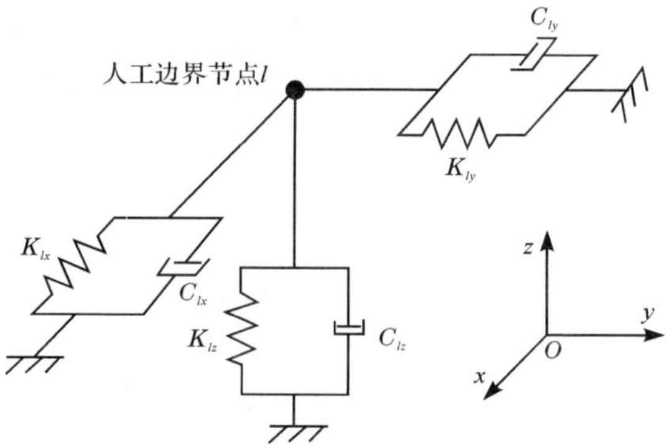

图 3.7　三维黏弹性边界物理意义示意图

衡力施加到主体网格的边界上，如图 3.8 所示。向上的面波在自由场边界上不会产生扭曲，因为自由场边界提供了与无限场地相同的效果。

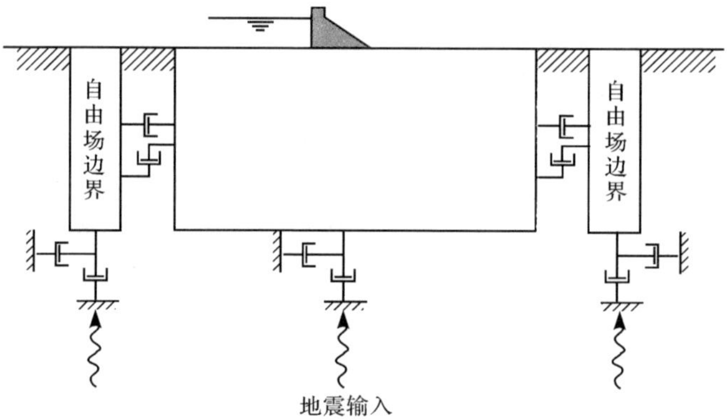

图 3.8　自由场边界示意图

自由场边界的设置条件：①底部水平，重力方向为 z 向；②侧面垂直，法向分别为 x 和 y 向；③其他边界条件在 APPLY ff 之前。

对于 FLAC3D，自由场边界模型包括 4 个二维平面网格和 4 个一维柱体网格，平面网格在模型边界上与主体网格是一一对应的，柱体网格相当于平面自由场网格的自由场边界。其中，平面自由场网格是二维计算，假设在面的法向无限延伸；柱体自由场网格是一维计算，假设在柱体两端无限延伸。

施加自由场边界条件后，程序自动在主体网格（图 3.9）周围生成一圈自由场网格（图 3.10）。主体网格与周围的自由场网格同步运动。

在 FLAC3D 中施加自由场边界的注意事项：①APPLY ff 将边界上单元的属性、条件和变量全部转移到 ff 单元上；②设置以后主体网格上的改动将不会被 ff 边界所响应；③可存在任意的本构模型以及流体耦合（仅竖向）；④ff 边界进行小

图3.9　主体网格(边界施加前)

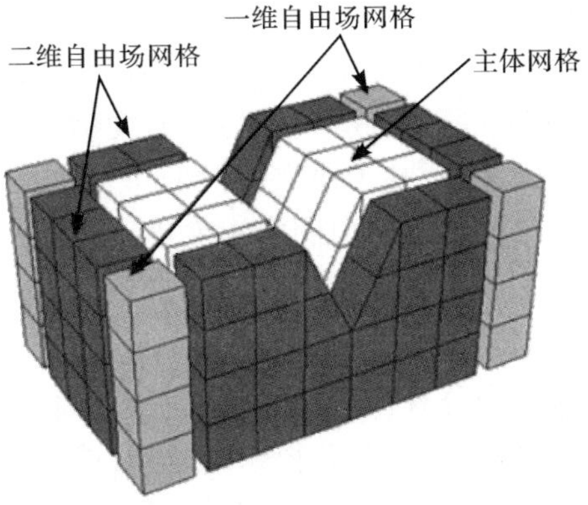

图3.10　主体网格(边界施加后)

变形计算,主体网格可大变形,ff边界上的变形要相对较小;⑤存在attach的边界将不能设置ff边界;⑥边界上的Interface将不能连续;⑦动力边界设置需在ff边界设置之前;⑧如果动力源只存在于模型的内部,那么没必要设置自由场边界。

3.4　地震波校正与输入

通常条件下,地震动荷载输入可以分为4种方式:①加速度时程;②速度时程;③应力(压力)时程;④集中力时程。可以在模型边界或内部节点施加动荷载来模拟受到外部或内部动力作用下的反应。

在地下结构地震动力时程分析中,所采用的地震波主要有三种:拟建场地的实际地震记录、有代表性的过去强震记录和人工合成地震波。这三种类型的波各有其特点和适用性:优先采用拟建场地上实际的强震记录;采用过去有代表性的强震记录,如Elcentro波、Taft波、Kobe波、天津波等,但由于这些地震波记录的场地条件与拟建的场地条件总是或多或少地存在差异,这些强震记录并不能真实地反映拟建场地的地震动特性;根据拟建场地的某些特征参数来人工合成适合这类场地的地震波,常用的方法主要有比例法和数值法。

根据地面运动参数的不同,地震波还可以分为加速度地震波、速度地震波、位移地震波,最常用的是加速度地震波。地震波的处理和输入主要包括地震波的输入、波的时频分析、滤波和基线校正4个方面。

3.4.1　基线校正

通常,原始的地震波加速度时程由于仪器灵敏度和系统方面的问题,往往容易引入噪声误差信号,突出表现在使加速度时程水平均值线(零线)偏离零水平线，相当于在地震加速度输入中，时刻有一个恒定的非零加速度值，导致结构的相对位移响应可能随时间轴发生漂移。为此在地震波输入之前应进行基线校正，其目的是保证所生成的地震波加速度信号在其结束处的位移和速度为零。

研究表明，基于快速离散傅里叶变换过滤直流分量的方法，能有效地纠正加速度记录的零线。但同时也发现，由零线校正的加速度经积分获得的地震动位移时程的零线漂移现象仍很严重。其原因主要是零线校正后的残留长周期误差信号虽然对加速度记录影响极小，但仍能导致积分位移产生较大的零线漂移，因而无法直接积分获得可靠的位移时程。相应地，有学者提出在传统零线校正加速度记录的基础上，积分获得速度时程；然后在积分位移时程之前，对速度时程再做一次传统法的零线校正，使速度时程均值归零；最后对积分位移再用 Butterworth 滤波器做一次高通滤波（截止频率根据信号和噪声傅里叶谱的比较确定），可获得较符合实际的位移时程，尽可能消除位移的零线漂移。

在时域内进行基线校正的算法很多，其中常采用最小二乘法，其可保证加速度、速度和位移之间的积分关系，不改变校正后地震波的频谱特性。其原理为：从频域角度看，可以用输入加速度的傅里叶谱滤掉相应长周期对应的谱线，再做离散傅里叶逆变换得到修正加速度的方法。但涉及长周期噪声谱线的鉴别及傅里叶滤波方式等方面的困难，计算也较为烦琐，需要对噪声的产生机理有较多理解。同时，目前在反复变换中保持地震波原有的时-频联合非平稳特性方面还有许多问题需要解决。

从经传统零线校正处理的加速度时程出发，对于频繁遇到的积分位移零漂移现象，直观方法是采用多项式去拟合位移的均值线，位移点应在该均值线两侧分布，然后所有积分位移点减去相应时刻的均值点即获得消除零线漂移的修正积分位移时程，称为漂移消除。

均值线在各个时刻的对应值反映了位移时程曲线的漂移程度，而用低阶多项式去模拟均值线，并从积分位移中扣除的算法，一定程度上相当于对积分位移用 Butterworth 滤波器做高通滤波的简便法。在对比大量的积分位移时程的拟合均值线后，按照位移点在均值线两侧分布均匀和多项式阶数尽可能低的准则，认为四次多项式模拟程度较好。拟合位移线函数为

$$\widetilde{u}_g(t)=a_1t^4+a_2t^3+a_3t^2+a_4t \tag{3.44}$$

式中，$\widetilde{u}_g(t)$为拟合的位移均值线；$a_1 \sim a_4$ 为待定参数。

考虑加速度、速度及位移间的积分关系可得到对应的速度、加速度时程，分别为

$$\widetilde{v}_g(t)=4a_1t^3+3a_2t^2+2a_3t+a_4 \tag{3.45}$$

$$\widetilde{a}_g(t)=12a_1t^2+6a_2t+2a_3 \tag{3.46}$$

式中，$\tilde{v}_g(t)$、$\tilde{a}_g(t)$分别为拟合的位移均值线所对应的速度、加速度时程；$a_1 \sim a_4$ 为待定参数。

考虑到速度时程为零初值曲线，参数 a_4 为零。如果在输入加速度的过程中消除响应的均值线$\tilde{a}_g(t)$，不仅可以从根源上消除位移和速度均值线上的非零漂移值，方便工程应用，而且避免了仅对积分位移做高通滤波处理对加速度、速度和位移之间积分关系的破坏。对于加速度均值线方程式的拟合，可方便地采用最小二乘法，由离散的加速度数据点求得。

修正后的地震动位移输入为

$$\bar{u}_g(t) = u_g(t) - \tilde{u}_g(t) \tag{3.47}$$

由于漂移均值$\tilde{u}_g(t)$的影响，对于大尺度结构，需要考虑地震动各点输入幅差和相差或只考虑相差的行波输入，则两输入点之间的输入差为

$$\tilde{u}_g(t) - \bar{u}_g(t+\tau) = u_g(t) - u_g(t+\tau) - [\tilde{u}_g(t) - \tilde{u}_g(t+\tau)] \tag{3.48}$$

式中，τ 为地震波在两点间的传播时间。当 $u_g(t)$ 中含有的漂移很大时，随着结构尺寸的增大，$\Delta\tilde{u}$ 值也很大，而两点间的相对位移差决定的地震作用力也越大。

根据上述原理，本书研究所涉及的雅西高速公路勒不果喇吉隧道，地处 7 度地震带，所采用的地震波为四川赛思特科技有限公司提供的超越概率为 2%的勒不果喇吉隧道加速度时程曲线，以地震危险性概率分析结果得到的基岩加速度峰值和基岩加速度反应谱作为目标谱，用人工模拟方法合成得到的 50 年超越概率为 2%的概率水准的基岩加速度、速度、位移时程曲线及基线校正后曲线如图 3.11～图 3.13 所示。

从图 3.11 中可以看出，勒不果喇吉隧道地震波校正前后的加速度时程曲线相差较小，但其速度时程曲线(图 3.12)与位移时程曲线(图 3.13)在校正前后变化很大。如该地震波不经过基线校正，将产生 0.12m/s 的积分速度漂移以及 4.2m 左右的积分位移漂移，经过校正后，可以得到较为准确的加速度、速度以及位移时程，有助于真实反映数值模型的地震动力特性。

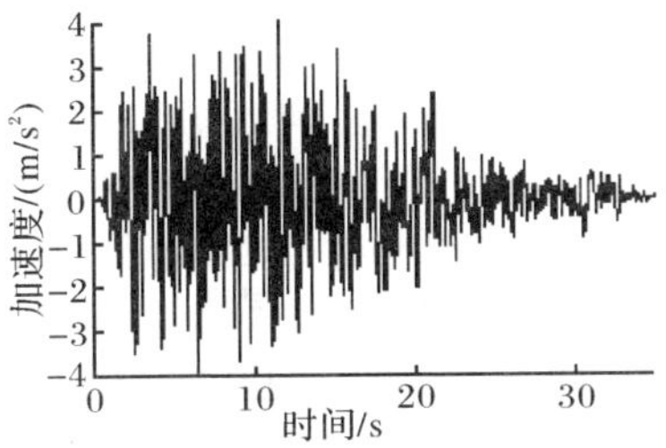

(a) 原加速度时程

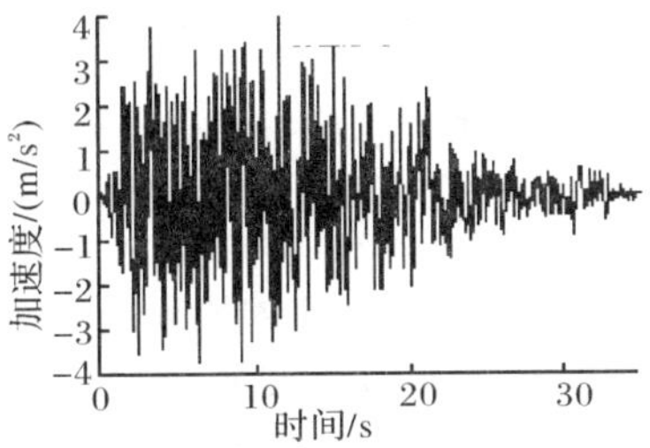

(b) 校正后的加速度时程

图 3.11　勒不果喇吉隧道地震波加速度时程

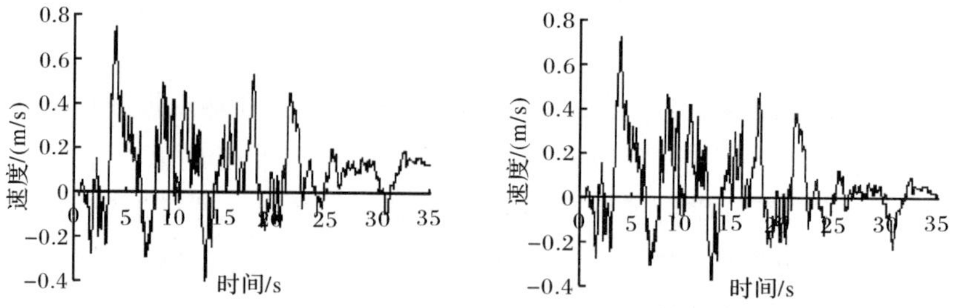

(a) 原速度时程　　(b) 校正后的速度时程

图 3.12　勒不果喇吉隧道地震波速度时程

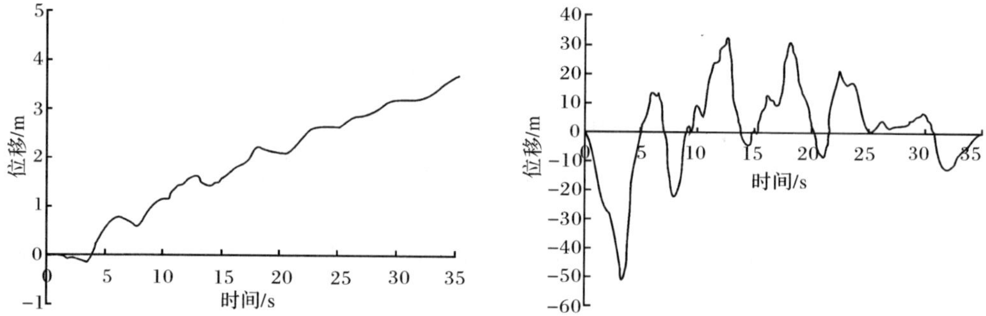

(a) 原位移时程　　(b) 校正后的位移时程

图 3.13　勒不果喇吉隧道地震波位移时程

研究分析表明，从频域角度来看，积分位移时程的基线漂移主要是原始加速度时程中微弱的长周期误差信号所引起的，由于加速度波中长周期分量是难免的，从而导致直接积分后的位移产生基线漂移。人工地震波虽然采用了数字滤波校正，有效地纠正了加速度时程的零线漂移，但由于加速度时程合成计算过程中，一些长周期分量仍会残留下来，尽管它们不会导致加速度时程的漂移，但是会对积分后的位移时程产生严重的漂移现象。

3.4.2　时频分析

地震动的三要素为振幅、频谱和持时，一般的地震波只能从时间轴上来观察地震动的特性，而不能直接从频率轴上看出其特征分布，要想确定地震波的频率特征，就必须要了解地震波的频域分布或者在时域-频域中的联合分布，这就需要对地震波进行频谱分析。地震波的频谱特性就是指地震波形中频率的分布特征，如果对地震波用傅里叶变换进行处理，可以从时域数据变换到频域数据；从频域数据变换到时域数据，则可以通过傅里叶逆变换得到。

1）傅里叶谱与功率谱

周期函数都可以通过分解为傅里叶级数的方法来分析它是由哪些谐波分量所组成的。强震加速度是非周期函数，因此可将它表示为傅里叶积分的形式。设加速度时程为 $H(t)$，其傅里叶积分形式可以写成

$$F(f) = \frac{1}{2\pi}\int_{-\infty}^{+\infty} H(t)\mathrm{e}^{-\mathrm{j}2\pi ft}\,\mathrm{d}t \tag{3.49}$$

其中，$F(f)$可以写成实数与虚数两项的表示形式，令 $\mathrm{RF}(f)$代表实数部分，$\mathrm{IF}(f)$代表虚数部分，则有

$$A(f) = |F(f)| = \sqrt{[\mathrm{RF}(f)]^2 + [\mathrm{IF}(f)]^2} \tag{3.50}$$

通常称 $A(f)$为傅里叶振幅谱，也叫做傅里叶幅值谱。功率谱是功率谱密度函数的简称，它定义为地震动时程 $H(t)$傅里叶幅值谱的平方平均值，即

$$S_x(f) = \lim_{T\to\infty}\frac{2\pi}{T}|A(f)|^2 \tag{3.51}$$

在此对勒不果喇吉隧道第一条波进行傅里叶谱以及功率谱分析，如图 3.14 所示。

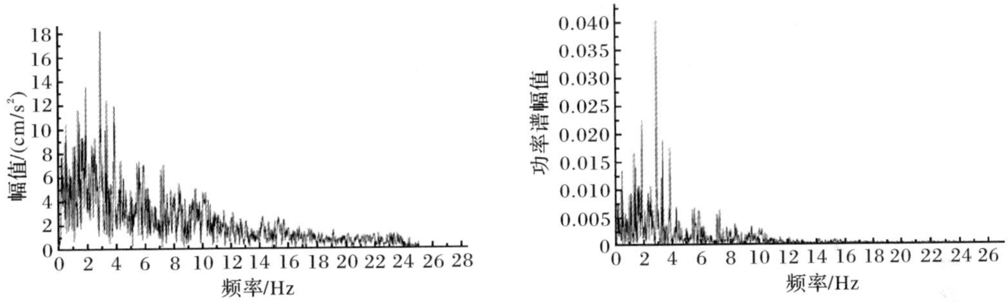

(a) 地震波傅里叶谱　　(b) 地震波功率谱

图 3.14　地震波傅里叶谱与功率谱

从傅里叶谱中可以看出，地震波的最大频率为 25Hz，地震波的卓越频率在 3.5Hz左右；从功率谱中也可以看出，体系的主要能量大约集中在 15Hz 以内的低频范围内。傅里叶谱是把地震动时程看成不同频率的谐波函数叠加时的各谐波分量在总量中的比重，反映了地震动能量在频域中的分布，显示了不同频率的谐波振动所携带的能量，而功率谱则反映了地震动能量在频率轴上的分布。

在抗震数值模拟中，持时是一个重要的因素，一般受计算条件的限制，常常只能取地震波时程中的一段时间作为输入地震动，但是这段时间应该包含地震波中所包含的绝大部分能量，这样才能最大程度地减少由于减少地震波持时给计算结果带来的误差。

地震动时程曲线只能在时域内观察地震波的特性，而傅里叶谱与功率谱只能在频域内观察地震波的特性，无法显示地震波能量与频率和持时的三方联合关系。为了更清晰地表示地震波在时域及频域内的分布，需要用时间与频率的联合函数来表示地震动，为此可以采用时频分析的方法来对地震波加以分析。

2）地震波的时频分析

时频分析是描述信号频率随时间变化的信号处理方法。采用时间-频率联合表示信号，将一维的时间信号映射到一个二维的时频平面，在时频域内对信号进行分析，全面反映观测信号的时频联合特征，同时掌握信号的时域及频域信息，而且可以了解信号的频率随时间变化的趋势。勒不果喇吉隧道地震波三维、二维时频分解图如图3.15和图 3.16 所示。

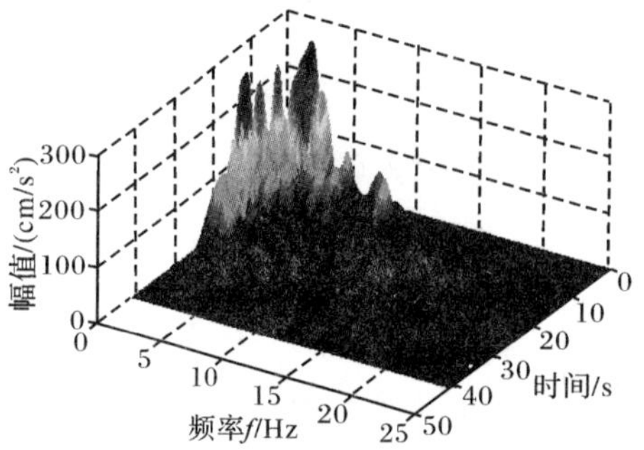

图 3.15　地震波三维时频分解图

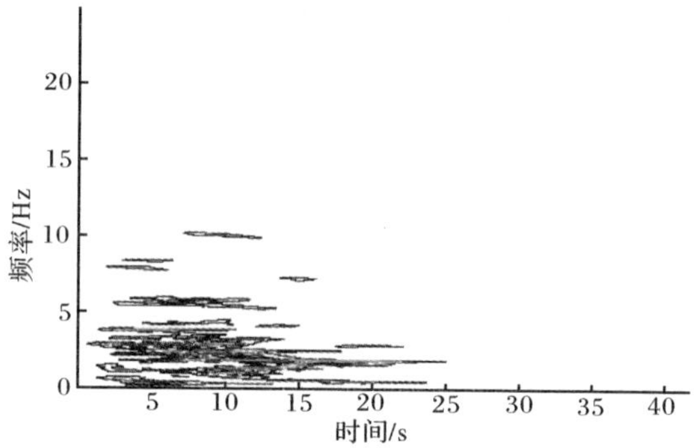

图 3.16　地震波二维时频分解图

时频分布的方法主要有：短时傅里叶变换、小波变换和 Wigner-Ville 分布等。从图 3.15 中可以比较形象地看出地震波能量在时域及频域内的分布状况，地震波的几次较高的能量峰点发生在 5s、10s 和 15s 左右，相应的频率在 12Hz 以内，而在 15s 以后和 12Hz 以外的地震波能量与总能量相比，所占的比例已经很小，因此可以取地震波前 15s 进行计算，在不损失大部分地震波能量的前提下，可以节省机时。

3.4.3　滤波

在地下结构的动力分析中，输入波的频率成分以及波速等特征对计算结果影响较大。根据 Lysmer 等的研究结果，要在计算模型中准确捕捉波动效应，沿波传播方向的模型的单元尺寸必须小于输入波最高频率成分所对应波长的 1/10，即单元长度 $\Delta \leqslant \lambda/10$。

为了满足网格尺寸与波长之间的关系，有时需要把模型网格剖分得很细，耗费大量计算机时。为了提高计算效率，需要适当增加网格尺寸，同时还要满足计算精度的要求，这可以通过增大地震波的最小波长，也就是减小地震波的频率来实现。具体来说，就是对地震波设定一个最高截止频率，将地震波中的高频成分滤掉。

通过上述对地震波的频谱分析可知，举例的勒不果喇吉隧道地震波的12Hz以内低频成分包含了绝大部分能量，因此可以采用滤波的办法除去地震波时程中的高频成分，通常可以采用快速傅里叶变换进行低通滤波。计算中采用15Hz滤波，图3.17为低通滤波后的加速度时程曲线，图3.18为计算采用的地震波位移时程曲线。

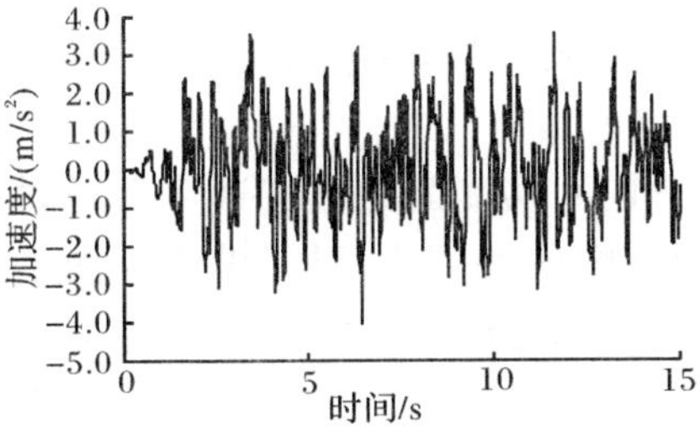

图3.17　滤波后勒不果喇吉隧道加速度时程曲线

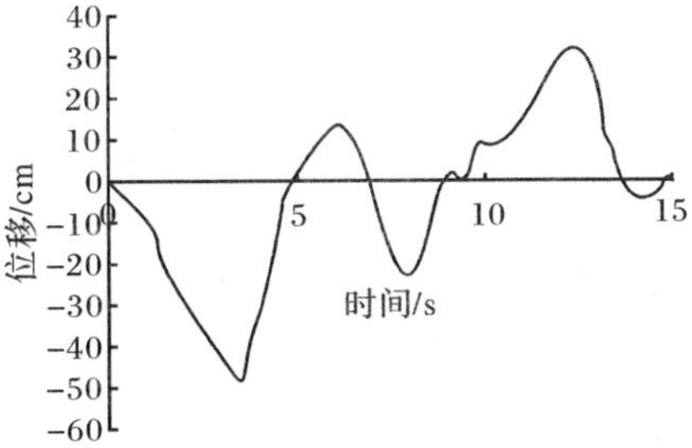

图3.18　滤波后勒不果喇吉隧道地震波位移时程曲线

为了保证滤波后的地震波能够满足原有的场地条件，也就是能反映原来场地的地震动特性，必须保证滤波后地震波的加速度反应谱与原来的加速度反应谱基本相同。为此对二者的反应谱做对比，从图3.19中可以看出，勒不果喇吉隧道原地震波加速度反应谱与滤波后的加速度反应谱基本重合，因此，可以采用滤波后的加速度时程曲线。

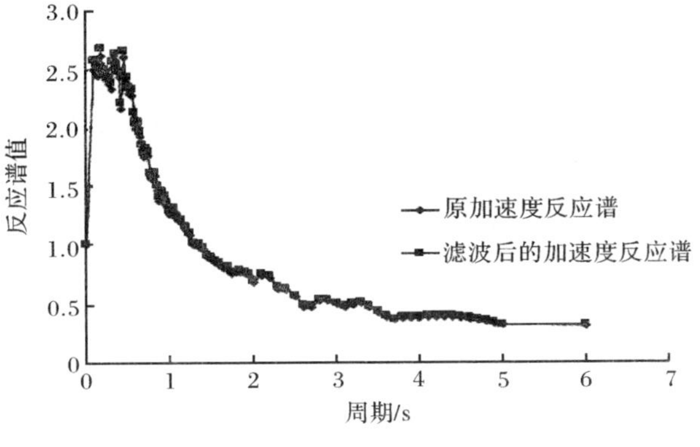

图3.19　滤波前后加速度反应谱对比图

3.4.4　地震动的输入

在土-结构地震动力相互作用有限元分析中，地震动输入是通过在人工边界上施加等效节点力来实现的，而等效节点力的大小与入射地震波波速成正比。

地震动的输入与地基围岩的特性有关：对于岩石地基，当剪切波垂直入射进入均匀、无阻尼弹性半空间后，在地基表面发生反射，使得地基表面自由场运动幅值为输入运动幅值的2倍，基于此原因，对岩石地基，可按地基表面自由场运动减半作为地震动输入；对于软土地基，可以通过反演地表面自由场运动得到计算域底部地震动输入运动，在反演计算中，通常假设地基远场土域为均匀的黏弹性介质。

本书隧道抗震模型中地震动输入采用的地震波主要为：四川赛思特科技有限公司提供的超越概率为2%的勒不果喇吉隧道地震波、超越概率为2%的徐店子隧道地震波及汶川地震发生后监测到的卧龙地震波。

汶川地震卧龙站监测的卧龙地震波（东西方向），实测卧龙波加速度记录时长达180s，地震波前20s和后80～180s地震加速度幅值特别小，卧龙波存在两个波峰，分别在33s和54s左右，加速度幅值为957.7Gal，发生在33.01s。卧龙波加速度时程如图3.20所示。

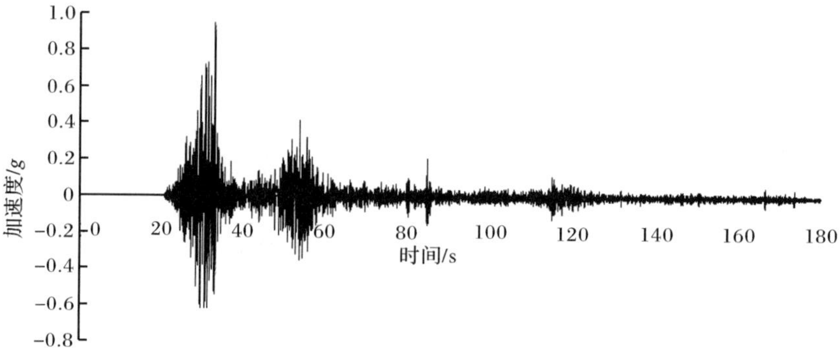

图3.20　原始卧龙波加速度时程曲线（东西方向）

实际上地震仪在记录地震动时，由于放大器的不稳定和记录纸的蛇形运动，记录的零线即基线会产生很小的摇摆错位。这种零线的摇摆错位会引起一个奇怪的现象：当使用加速度时程按线性加速度法积分得到速度和位移时，地面运动在最终时刻速度不为零，如图3.21所示；另外地面位移会不断向一个方向偏移，地震结束后也不返回，产生很大的残留位移，如图3.22所示。

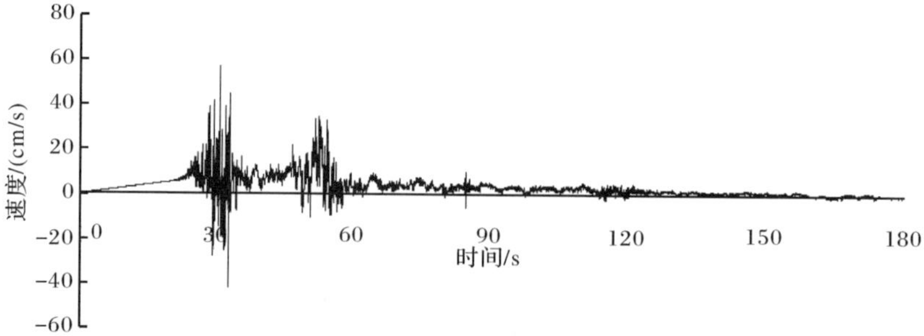

图3.21　原始卧龙波速度时程曲线（东西方向）

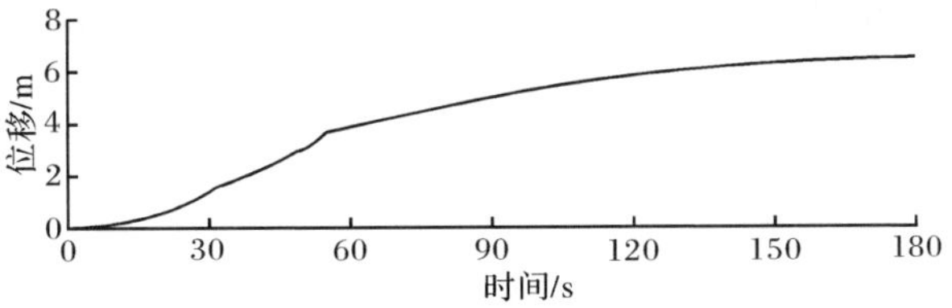

图 3.22　原始卧龙波位移时程曲线(东西方向)

为了解决这个问题,需要对地震波进行修正,通常采用的是基线修正法。本书使用行业内常使用的 Seimosiginal 软件进行修正和滤波处理,修正后的地震波曲线如图 3.23 和图 3.24 所示。

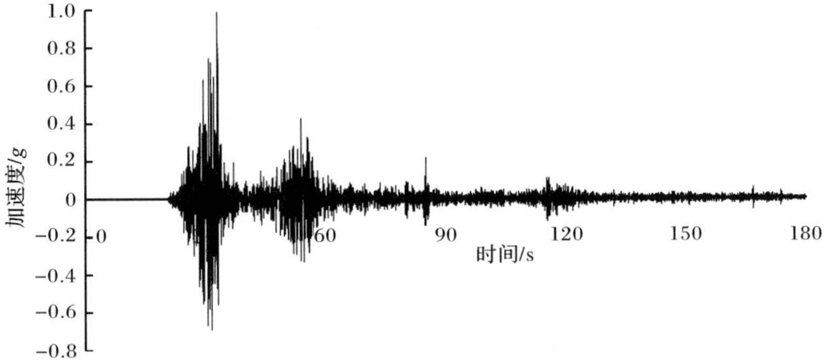

图 3.23　修正后卧龙波加速度时程曲线

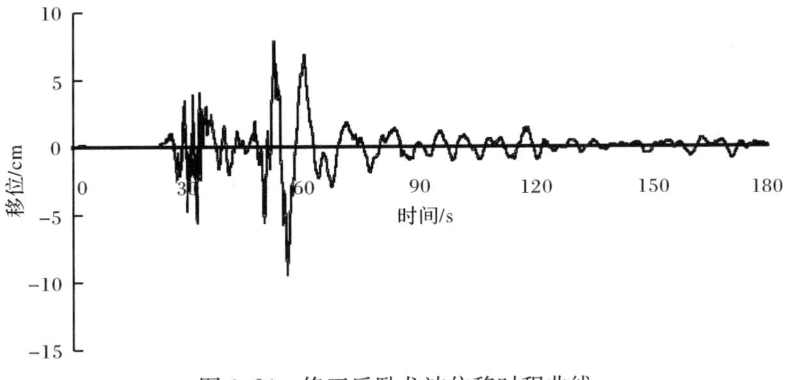

图 3.24　修正后卧龙波位移时程曲线

由于隧道衬砌采用的模型为线弹性模型,无法考虑混凝土结构的累积损伤反应,计算结果中衬砌内力和变形的最大响应仅与地震波的加速度幅值和频谱特性有关系,与地震波的持时影响不大,因此计算时只需输入的地震波包含地震加速度峰值即可。限于计算机资源和时间限制,最终截取地震波 22～37s 时间段作为地震动输入,加速度时程曲线如图 3.25 所示。然而,实际地震中隧址区的加速度极少达到 0.958g 的峰值，为了让计算结果更具有普遍性，最终将速度波转换成应力波时乘以 0.5 的系数，即输入加速度幅值为 479Gal 左右（400Gal 对应的设防烈度为 9 度）。

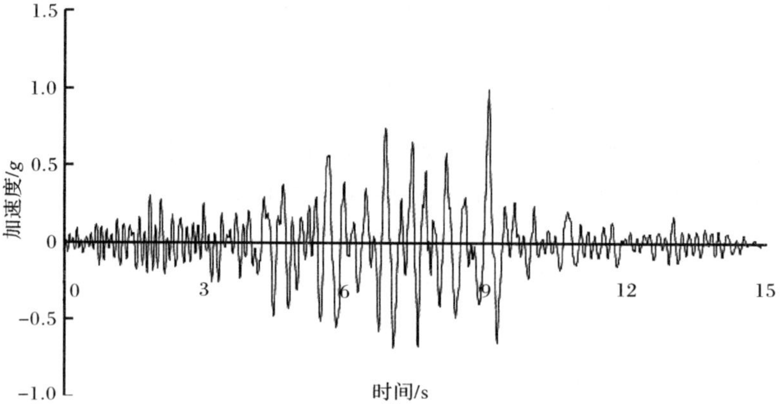

图 3.25　截取卧龙波的加速度时程曲线

3.4.5　地震波处理实例——徐店子隧道地震波处理

利用 MATLAB 的 FFT 函数对徐店子地震波进行离散傅里叶变换，其地震动振幅谱和功率谱如图 3.26 所示，徐店子地震波的加速度时程曲线如图 3.27 所示。

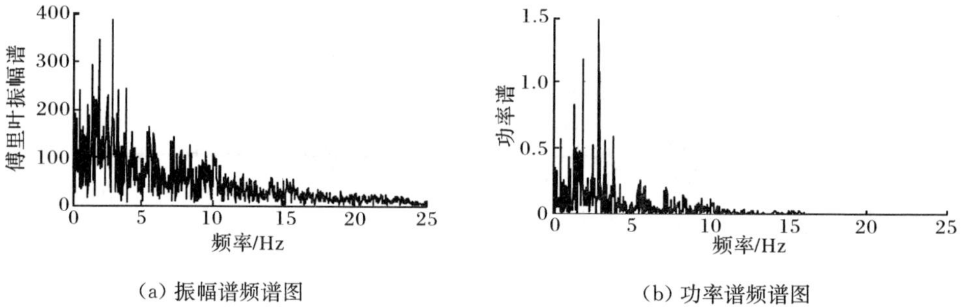

图 3.26　徐店子地震波的振幅谱及功率谱

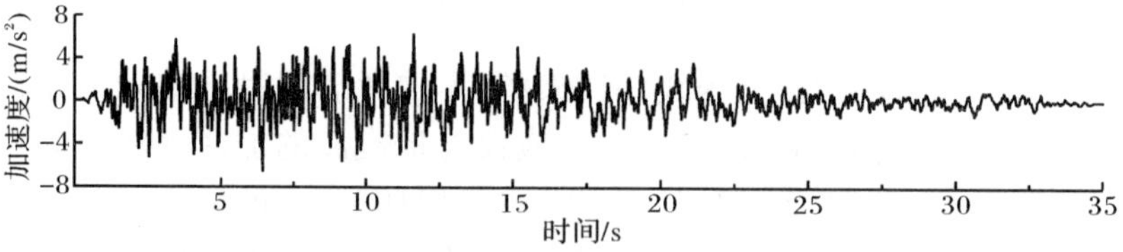

图 3.27　徐店子地震波加速度时程曲线

虽无法对地震波能量在频率上的分布进行定量分析，但由图 3.26 可清晰地看出，徐店子地震波的能量主要集中在 0～15Hz，可为随后的滤波截止频率提供定性的依据。

将徐店子地震波用 dmey 小波进行四层小波包分解，然后进行重构得到各频带的地震波加速度时程曲线，如图 3.28 所示。

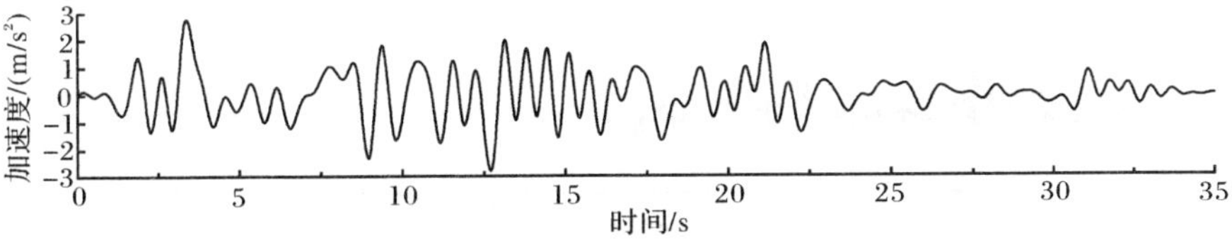

(a) 0～1.5625Hz

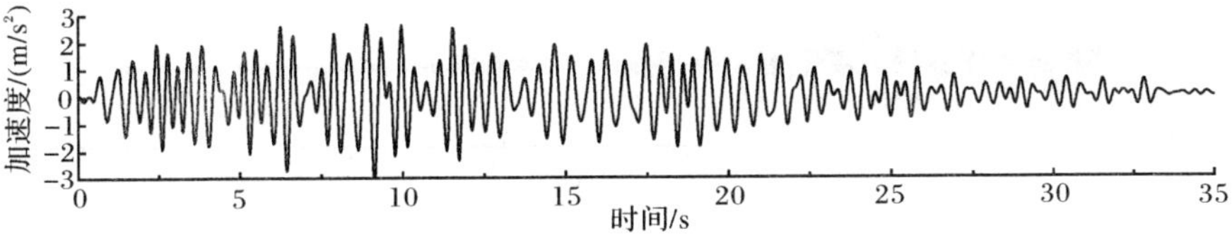

(b) 1.5625～3.125Hz

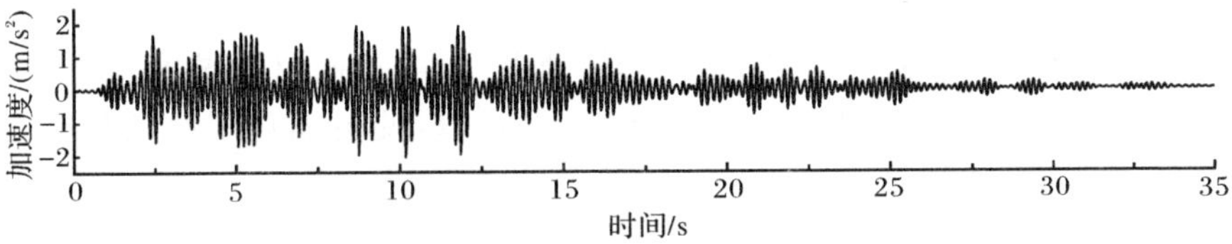

(c) 3.125～4.6875Hz

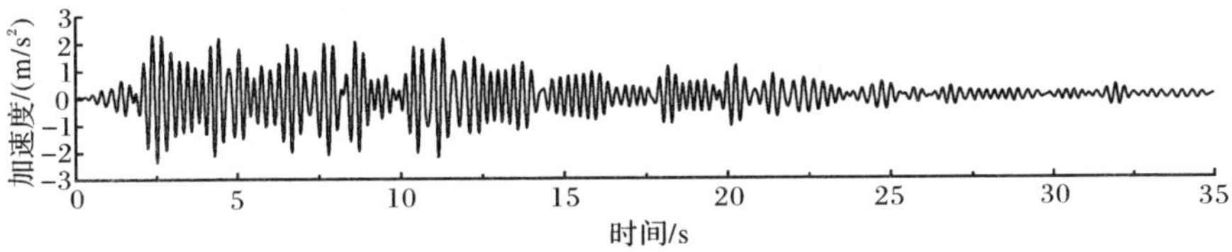

(d) 4.6875～6.25Hz

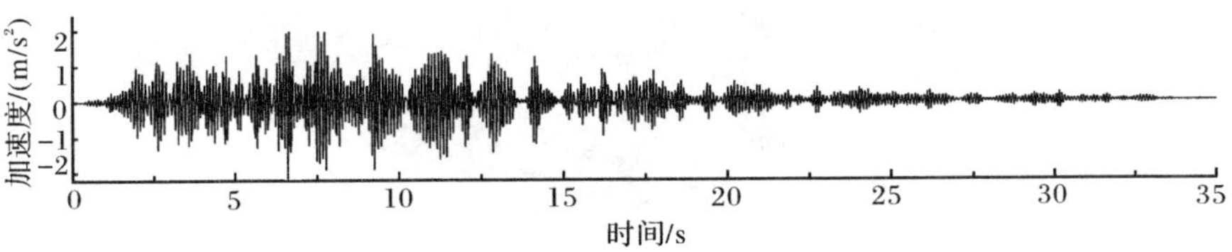

(e) 6.25～9.375Hz

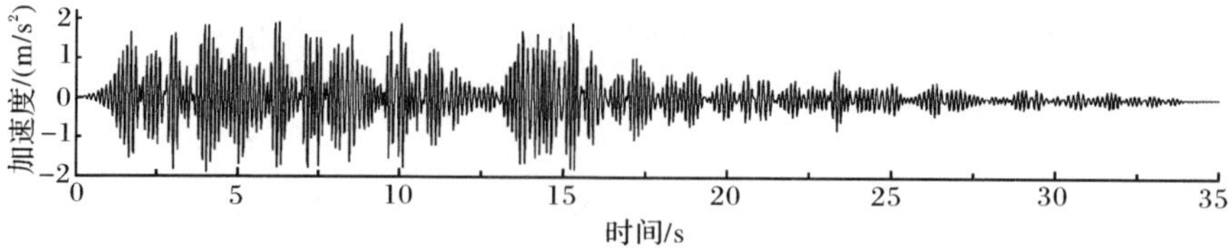

(f) 9.375～12.5Hz

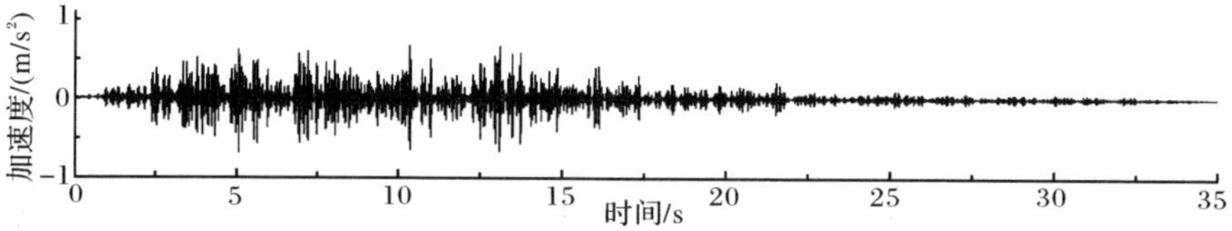

(g) 12.5～18.75Hz

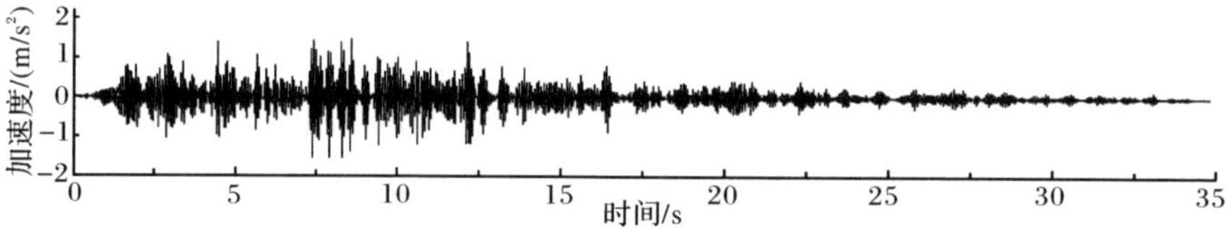

(h) 18.75～25Hz

图 3.28　重构后各频带加速度时程曲线

通过小波包变换，得到不同频率段的加速度时程，从而可以做出以时间-频率-加速度为坐标轴的三维时频分布，如图 3.29 所示，以便更加直观地判断地震波能量在频率和时间上的分布。

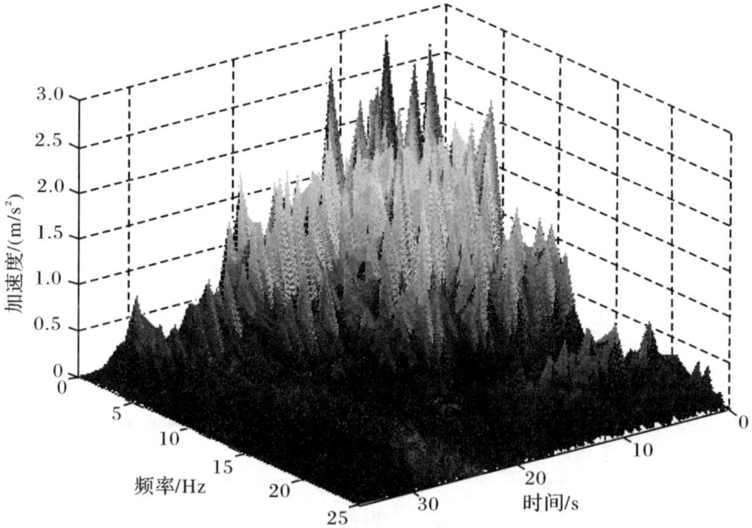

图 3.29　徐店子地震波时频分布三维图

由图 3.29 可知，地震波能量主要集中在 0～15Hz 频率段和 0～15s 时间段内，地震波能量集中的频率段与频谱分析的结果基本一致。

采用最小二乘法进行基线校正，结果发现其能够很好地达到预期的效果，即在地震结束时，位移和速度均为 0，从而防止动力计算时发生速度和位移漂移。其基线校正结果如图 3.30～图 3.32 所示。

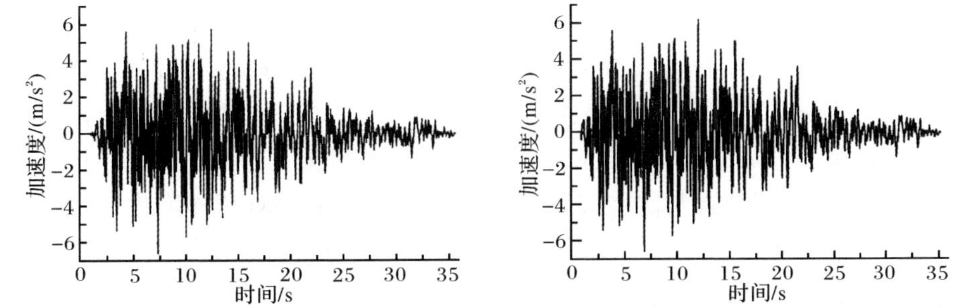

(a) 校正前加速度时程曲线　　(b) 校正后加速度时程曲线

图 3.30　基线校正前、后加速度时程曲线图

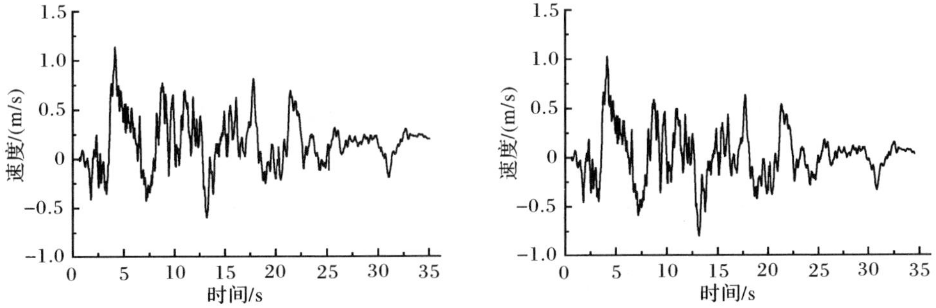

(a) 校正前速度时程曲线　　(b) 校正后速度时程曲线

图 3.31　基线校正前、后速度时程曲线图

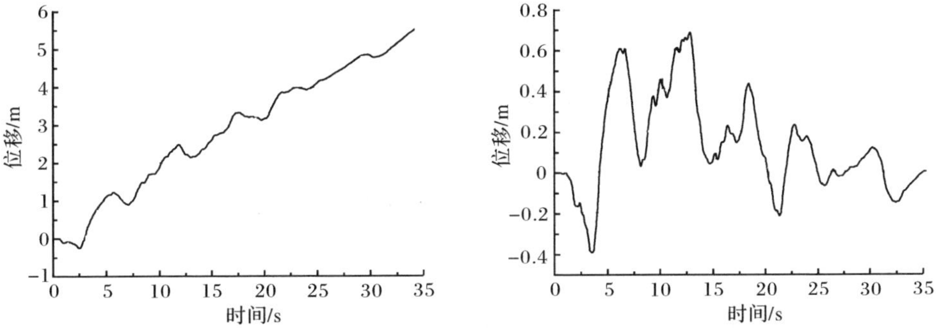

(a) 校正前位移时程曲线　　(b) 校正后位移时程曲线

图 3.32　基线校正前、后位移时程曲线图

第 4 章 强震区隧道洞口结构动力响应及其减震措施

日本阪神地震、中国台湾集集地震和汶川地震隧道震害调研资料表明，高烈度地震区山岭隧道受损严重位置通常指隧道洞口段和断层破碎带段。洞口是隧道唯一出露地表的部位，其所处工程地质条件一般较差(通常是严重的风化堆积体)，埋深较浅，故其震害及次生灾害发生较多。本章主要对高烈度地震区山岭隧道洞口段结构的动力响应特性及其抗减震技术措施进行分析，这对于强震区公路隧道抗减震措施的设计与施工具有重要的参考价值。

4.1 高烈度地震区山岭隧道洞口段结构的地震动响应研究

4.1.1 依托工程概况

主要依托雅(安)泸(沽)高速公路高烈度地震区的勒不果喇吉公路隧道工程，雅泸高速公路为国高"7918"北京—昆明、西部通道兰州—磨憨公路的一段。线路多次跨越发震断层，地震设防烈度从 7 度到 9 度，地震加速度峰值为 0.15g～0.4g，地震动参数在我国目前修建的高速公路中是最大的。该隧道洞口段地质情况较为复杂，并穿越断层破碎带，如图 4.1 所示。

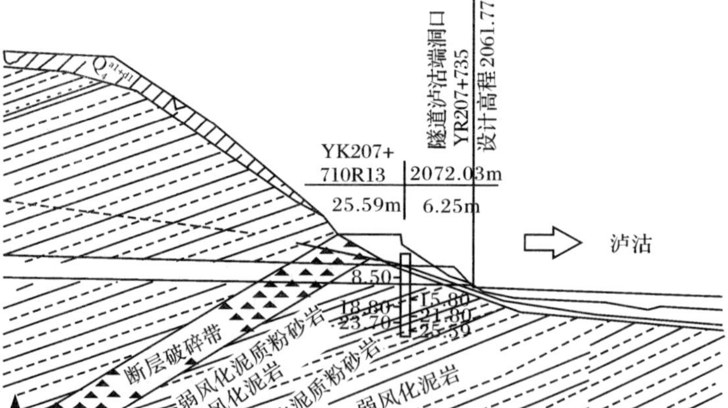

图 4.1 勒不果喇吉隧道纵断面图

勒不果喇吉隧道是雅泸高速公路通过勒不果喇吉山脊而设的分离式路基隧道，长度为 2215m，隧道全长 2233m，双洞单向行车，隧道路面横坡：单向坡 2%（直线段）。隧道内最大纵坡：±3%；最小纵坡：±0.5%，最大开挖跨度为 12.56m（图 4.2）。两端进出洞口分别采用了 1∶1.5 和 1∶1 的削竹式洞门。

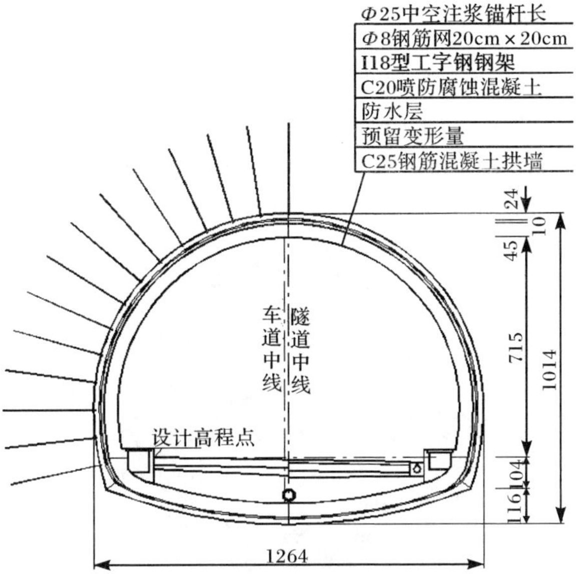

图 4.2　勒不果喇吉隧道横断面图（单位：cm）

根据钻探揭露及地表调绘，隧址区地层主要为三叠系上统～侏罗系下统白果湾群泥岩、粉砂质泥岩、泥质粉砂岩及石英砂岩、碳质泥岩、上覆新生界第四系全新统覆盖层。

隧道岩体结构特征如下：

(1) 隧道进口段覆盖层厚度较大，主要由残坡积块石质土及小块石夹土构成，基岩埋深较大，位于隧道设计标高以下，最深约 15m，往隧道前进方向逐渐变浅；其下伏基岩主要为粉砂质泥岩，根据节理统计结果，体节理 J_V=12.3 条/m^3，根据波速测试结果，完整性系数 K_V为 0.32，隧道进口岩体完整性差，属于较破碎～破碎，为裂隙块状结构。

(2) 隧道出口段覆盖层厚度较大，主要由残坡积块石质土、小块石夹土和块石土构成，局部断层破碎带角砾，基岩埋深较浅，岩性泥岩、泥质粉砂岩。根据节理统计结果，体节理 J_V=19.95 条/m^3，根据波速测试结果，完整性系数 K_V分别为 0.41、0.28，隧道出口岩体完整性差，属于较破碎～破碎，为裂隙块状结构、镶嵌碎裂结构。

根据专业地震部门的评价：隧道场地内 50 年超越概率 10%的地震烈度为 8.9

度，地震基本烈度为 9 度，基岩水平加速度峰值为 0.31g，地震动反应谱特征周期为 0.40s。

4.1.2 计算模型参数及模型监测方案

1. 隧道计算模型的建立

根据勒不果喇吉隧道泸沽端洞口的地形及地质条件，考虑到动力计算的边界效应问题，洞口模拟水平方向 120m，纵向沿隧道洞轴线方向 118m，顶部按照实际地质条件进行适当简化模拟，隧道最大埋深 42m，最小埋深 12m，隧道底部为 58m。隧道洞口整体模型共 110046 个单元、116056 个节点，如图 4.3 所示。

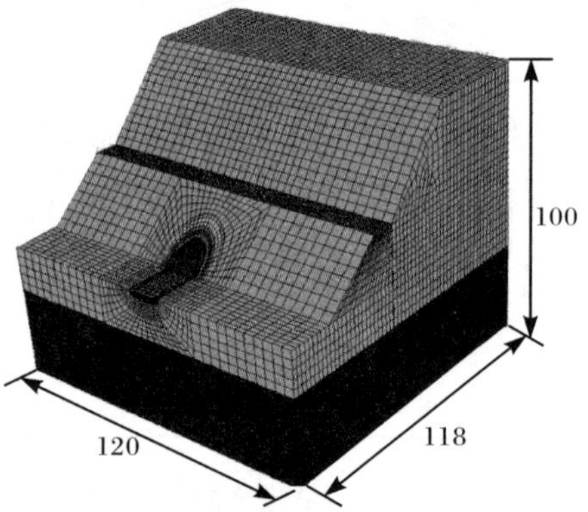

图 4.3　隧道洞口段整体模型网格图(单位：m)

为了能够较为准确地模拟波的传播，根据 Kuhemeyer 和 Lysmer 的研究结果，网格单元的尺寸 Δl 不应大于地震波中最小波长的 1/10，即

$$\Delta l \leqslant \frac{1}{10}\lambda = \frac{1}{10}\frac{C_S}{f} \tag{4.1}$$

式中，f 为地震波的最高频率；C_S 为横波波速，与围岩的剪切模量 G 有关，见式(4.2)。

$$C_S = \sqrt{\frac{E}{2\rho(1+\mu)}} = \sqrt{\frac{G}{\rho}} \tag{4.2}$$

式中，E 为围岩的杨氏弹性模量；ρ 为围岩的密度；μ 为围岩的泊松比。

将Ⅴ级围岩材料参数及地震动最大频率代入式(4.1)及式(4.2)，即可求得最大网格尺寸。

$$C_S = \sqrt{\frac{E}{2\rho(1+\mu)}} = \sqrt{\frac{1.2\times10^9}{2\times1.85\times10^3(1+0.4)}} = 481.3(\text{m/s}) \tag{4.3}$$

$$\Delta l \leqslant \frac{1}{10}\lambda = \frac{1}{10}\frac{C_S}{f} = \frac{1}{10}\times\frac{481.3}{15} = 3.2(\text{m}) \tag{4.4}$$

由公式(4.4)可知,模型的最大网格尺寸应小于 3.2m,在地震波传播方向上模型的最大网格尺寸为 3.2m,满足网格尺寸。

隧道结构洞口段模型的建立过程中,结合汶川大地震隧道调研情况的资料,发现在隧道仰拱部位出现隧道破坏较严重的现象。为了更好地模拟隧道洞口段结构的动力响应分析,本次模型中主要把仰拱回填、中央排水沟及路面等均考虑在内,同时建立了斜切式洞门,如图 4.4 所示。

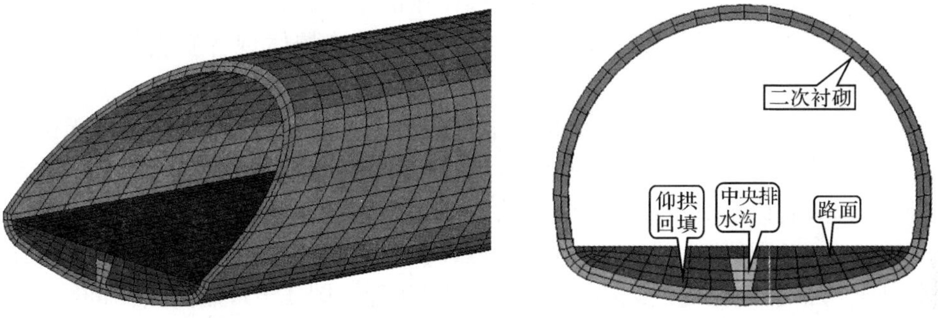

(a) 隧道洞口结构　　(b) 仰拱、路面单元

图 4.4　隧道洞口结构及仰拱、路面网格图

在模型计算时,考虑模型边界采用黏性边界条件,首先进行无加固措施的隧道结构动力计算,围岩及衬砌结构的计算参数如表 4.1 所示。

表 4.1　围岩与支护计算参数表

名称 \ 参数	密度/(kg/m³)	弹性模量/GPa	泊松比	黏聚力/kPa	内摩擦角/(°)
Ⅴ级围岩	1850	1.2	0.4	200	30
Ⅳ级围岩	2200	3.1	0.3	400	40
初期支护	2200	25	0.23	—	—
二次衬砌	2500	30	0.2	—	—
变形缝	1000	0.3	0.3	—	—
仰拱回填 C15	2300	24	0.25	—	—
仰拱回填 C10	2200	20	0.28	—	—
路面	2300	30	0.3	—	—

本章采用的地震波是四川省地震局对隧道场地条件下反应谱合成的人工波,该地震波的超越概率为 2%,强震部分持时约 20s。通过对地震波进行时频分析,发现地震波能量在时域及频域内的分布状况,地震波的几次较高的能量分布在前 15s,而在 15s 以后的地震波能量与总能量相比,所占的比例很小。因此本章采用

前 15s 地震波进行计算。

2. 隧道结构地震动响应分析方法

隧道是一种长线形结构物，地震波的相位衍生应力和变形在隧道轴线方向上会发生很大变化，衬砌上的质点在动力作用下并非一直朝一个方向运动，而是随振动加速度的变化不断调整方向。在隧道结构内部质点同时产生纵向的拉压和横向的剪切两种作用，如果这两种作用的结果超过隧道衬砌承载能力极限状态，结构自然就会出现破坏，而质点间的应力将直接体现各质点间相对位移的变化。

在地震动过程中，隧道结构随着岩土体同步发生震动，结构各质点无绝对静止点，相对位移取值存在一定困难，本章采用在相同时刻相邻质点间最大位移差为评价指标（简称相对位移），在隧道结构周边设置 8 个测点（图 4.5），并且每个测点均有 2～3 条测线与之相连，通过各测点间的相对位移，可以完全了解隧道结构的整体变形情况。在隧道纵向共取 11 个监测断面（图 4.6），监测断面间距为 8～10m。本章规定两测点之间相对位移差为正值表示测线处于“受拉”状态，反之，负值表示测线处于“受压”状态。

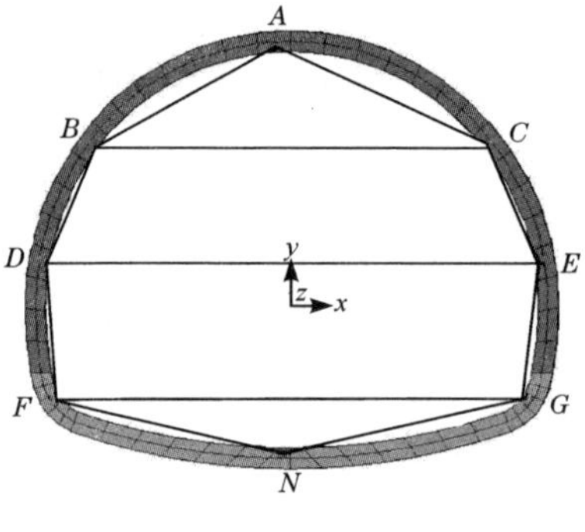

图 4.5　隧道监测点分布图

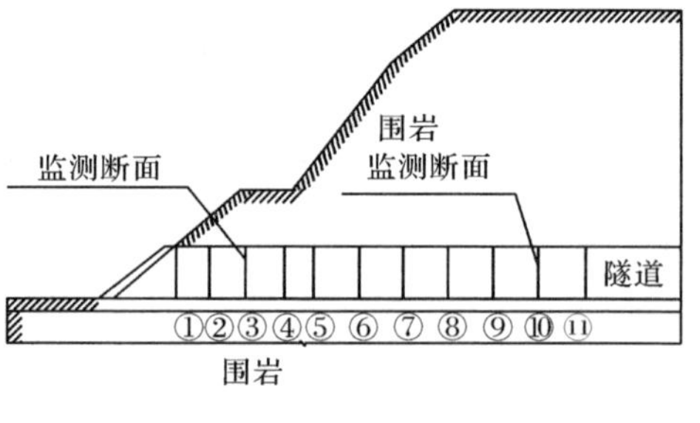

图 4.6　隧道纵向断面分布图

洞口段主要以第 3 断面为目标断面进行分析。隧道衬砌位移和应力分析有三种方法：①峰值分析；②最终值分析；③最大幅值（最大值减去最小值）。衬砌质点在往复运动中发生疲劳损伤，当达到一定量级后，最终导致破坏，因此峰值分析和最大幅值分析更能反映隧道衬砌动力响应规律。在本章中，隧道结构动力响应主要采用峰值参数进行分析。

隧道洞口段地震动力响应数值模拟分析过程分为三个步骤：第一步，一定地质条件下的静力平衡计算；第二步，模拟隧道开挖施工；第三步，施加动力荷载后的动力反应分析。

4.1.3　隧道结构横向地震动力响应分析

1. 结构相对位移分析

为了分析洞口段隧道结构变形特性，以隧道第 3 断面测点的相对位移作为参考断面进行分析。

从地震波位移时程曲线(图 3.18)与隧道各点的绝对位移时程曲线(图 4.7)可以看出，两者之间曲线变化基本一致，说明隧道计算模型中地震波输入与输出是完全正确的。

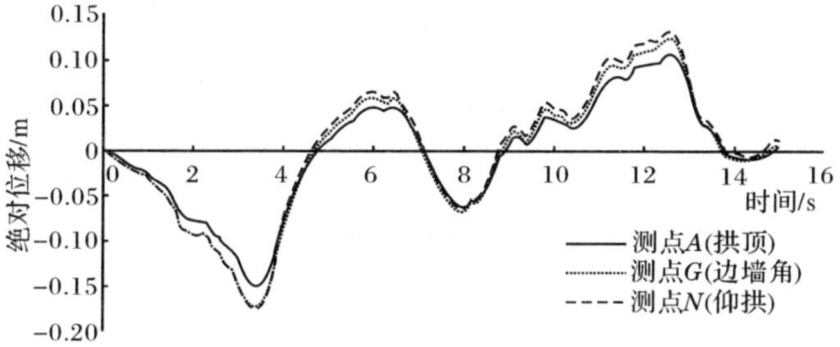

图 4.7　隧道结构关键测点的绝对位移时程曲线

图 4.8 和图 4.9 为隧道结构各测点之间的相对位移时程曲线，可以看出，隧道结构相对位移峰值出现在地震波 3.24s、6.38s、7.88s 和 12.5s 左右，而图 4.9 中各测线相对位移在前 8s 地震动中的测线拉压状态相对有规律(同步出现拉压往复变形)。由于洞口段隧道埋深较浅，在强震作用下隧道结构相对变形较大，具有放大效应，在前 8s，隧道结构的相对位移无放大效应，在 8～15s，结构的相对位移明显开始增大，并且各测线相对位移变化不再同步发生。

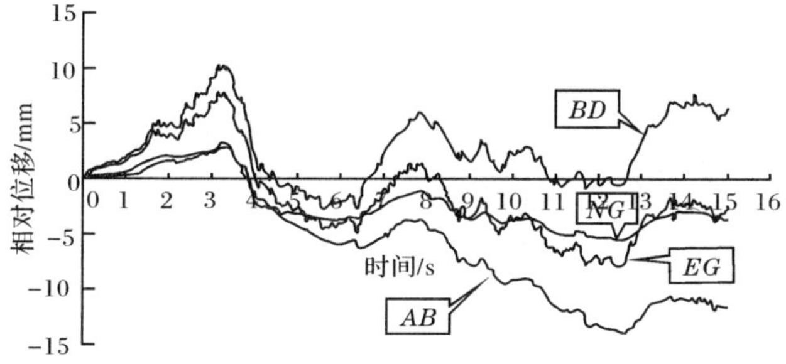

图 4.8　*BG* 对角线测线相对位移时程曲线

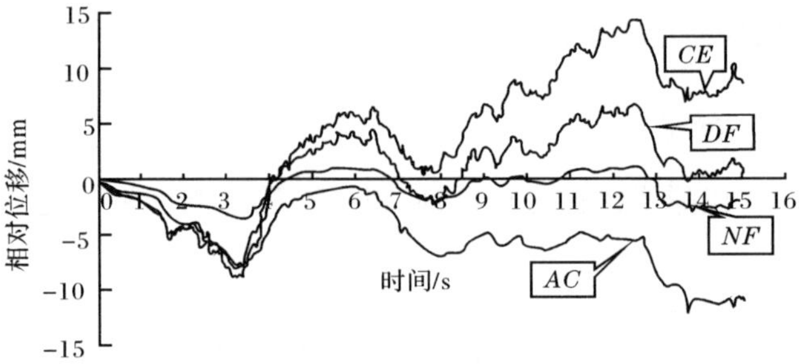

图 4.9　CF 对角线测线相对位移时程曲线

如图 4.10 所示，在地震波 3.24s 时，隧道结构各测线第一次达到最大值，测线最大相对位移为 10.9mm（测线 *BD*），测线 *BD* 处于受拉状态。从图 4.10 中可以看出，隧道结构对角测线相对位移分别处于“受拉”和“受压”状态。如果假定测点 *C* 属于静止点，则图中相对位移正负值显示测点 *A* 和 *E* 均向测点 *C* 分别移动 4.9mm和 7.5mm，同理测点 *A* 和 *D* 分别远离测点 *B* 2.8mm 和 10.9mm。说明在测线 *AB*、*BD* 和测线 *NG*、*GE* 隧道结构由于受到地震作用力的挤压，出现了受拉状态，反之，在隧道横断面反对角线方向出现了受压状态。在 12.5s 地震动时，隧道结构中对角测线恰好出现与 3.24s 时测线变形状态相反的情形（图 4.11），隧道结构各测线相对位移最大值为 15.4mm（测线 *CE*），测线 *CE* 处于受压状态，从图4.11中可以看出，在测线 *AB*、*BD* 和测线 *NG*、*GE* 隧道结构由于受到地震作用力的挤压，出现了受压状态，反之，另外的对角出现了受拉状态。从隧道结构对角测线方向的相对位移变化时程曲线能够清晰地看出结构变形的过程（图 4.12），隧道结构在 15s 地震动内在隧道横断面对角测线方向共经历了 4 次拉压变形状态。

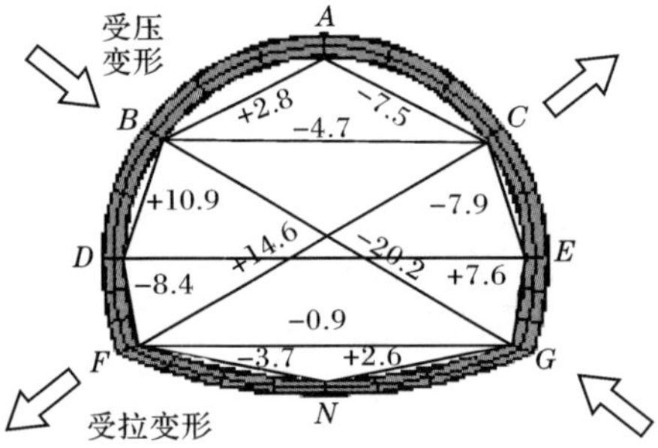

图 4.10　3.24s 地震波隧道各测线相对位移（单位：mm）

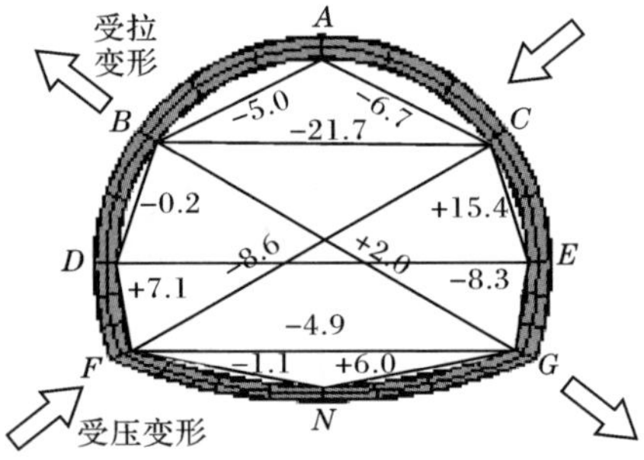

图 4.11　12.5s 地震波隧道各测线相对位移（单位：mm）

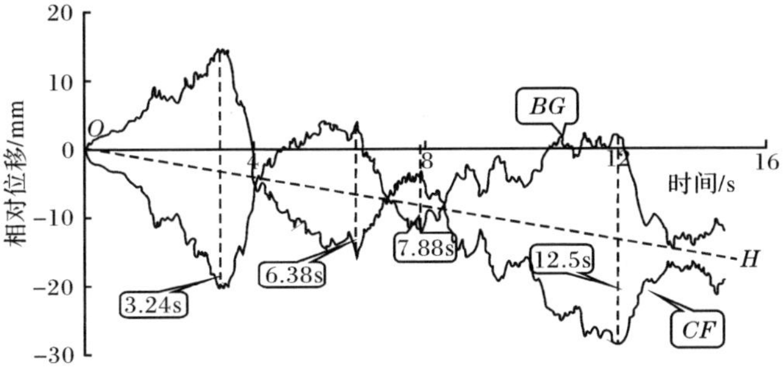

图 4.12 隧道对角测线 BG 和 CF 相对位移时程曲线

在地震过程中，隧道结构三条水平测线相对位移一直处于受压状态（图 4.13），隧道结构上部水平位移明显大于下部结构，上部结构水平测线 BC 在地震波 15s 时最大相对位移为 25.05mm，而下部测线 DE、FG 分别为 7.66mm 和 6.16mm。隧道上部变形较大，并且隧道拱肩以下部位水平相对位移在后期基本趋于收敛，而拱肩以上部位水平相对位移仍然有发展的趋势，水平相对位移的发展是持续不断累加的过程，说明在地震过程中隧道上部结构受到地震动响应影响最大，也验证了在汶川地震中较多的隧道在拱顶部位出现严重震害的问题。

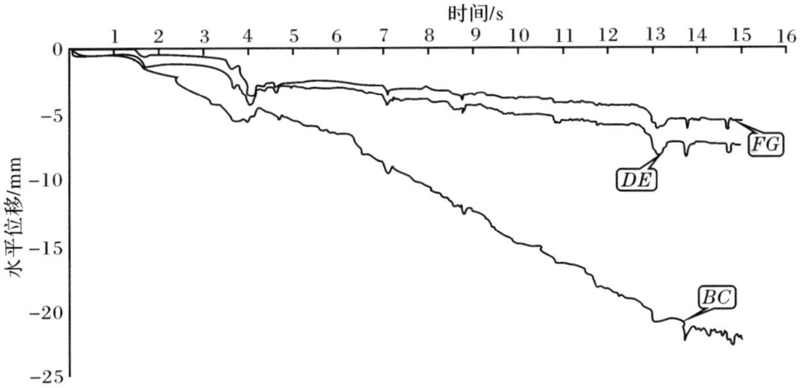

图 4.13 隧道结构三条水平测线相对位移时程曲线

为了更清楚地分析隧道结构各条测线在地震过程中的变形规律，将各个峰值时刻测线的相对位移进行分析。从表 4.2 中可以明显看出，各条测线相对位移峰值出现了有规律的拉压变化过程，例如，左边墙脚测线 DF 和 NF 在地震波3.24s、6.38s、7.88s、12.5s 时，经历了一个循环往复变化过程（压-拉-压-拉变形），而在右边墙脚出现相反的变形状态。所以在强震作用下，隧道两个边墙脚（隧道共轭 45°方向）拉压变形是交替进行的。

表 4.2 隧道洞口段结构相对位移一览表 （单位：mm）

项目 时间/s	周边相对位移								水平位移		
	AB	*BD*	*DF*	*NF*	*NG*	*EG*	*CE*	*AC*	*BC*	*DE*	*FG*
3.24	+2.80	+10.90	−8.40	−3.70	+2.80	+7.60	−7.90	−7.50	−4.70	−1.70	−0.90
6.38	−6.78	−2.31	+5.17	+0.95	−4.16	−5.15	+7.33	−1.43	−8.21	−3.19	−3.21
7.88	−4.55	+7.01	−1.56	−2.12	−1.52	+1.23	+0.85	−7.28	−11.83	−3.97	−3.64
12.5	−15.00	−0.20	+7.10	+1.10	−6.00	−8.30	+15.40	−6.70	−21.70	−6.10	−4.90
15.0	−12.87	+7.69	+1.36	−2.09	−4.07	−2.86	+9.69	−12.18	−25.05	−7.66	−6.16

根据表 4.2 和图 4.12 对角测线位移峰值数据，将隧道结构在地震波 3.24s、6.38s、7.88s 和 12.5s 时的变形进行归类分析，结构变形状态可以分为三种（15s 地震波内）：第一种是地震波 3.24s 时对角测线 *BG* 受压变形、测线 *CF* 受拉变形，如图 4.14(a)所示；第二种是地震波 6.38s 和 12.5s 时对角测线 *BG* 受拉变形、测线 *CF* 受压变形，如图 4.14(b)所示；第三种是地震波 7.88s 时各条测线处于受压变形状态，如图 4.14(c)所示。

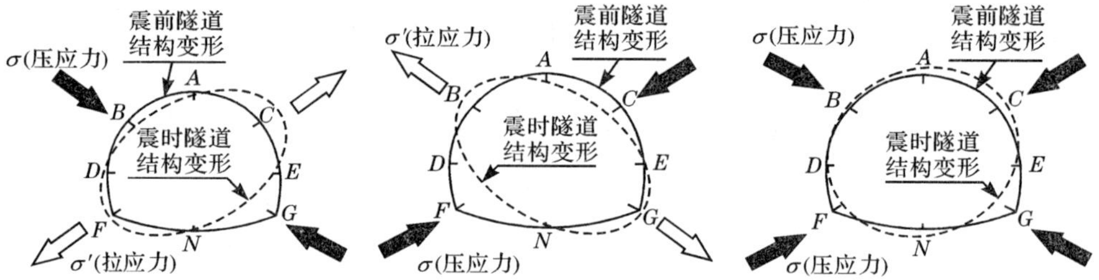

(a) 地震波 3.24s 时　(b) 地震波 6.38s 和 12.5s 时　(c) 地震波 7.88s 时

图 4.14 隧道结构受力状态

综上所述，在 15s 地震动作用下，隧道结构三种变形状态交替变化，隧道上部结构易遭受衬砌剥落、拉裂破坏，而隧道边墙脚附件是应力集中部位，在拉压应力条件下易遭受坍塌，这样验证了汶川地震中隧道结构不同的震害特点。

2. 地震动应力分析

从表 4.3 和图 4.15 中可以看出，在该计算模型条件下，强震作用下隧道结构在洞口段和洞身段的地震动力变化较小，其主应力的变化幅值基本一致。各测点的最大主应力主要发生在边墙脚处测点 *F*、*G*，在隧道仰拱部位的测点次之，在隧道上部结构的应力响应值相对偏小，隧道边墙脚处的主应力最大值是上部结构主应力最大值的 25～30 倍，计算结果与隧道相对位移的变化是一致的（应力值大，变形较小；应力值小，变形较大），因此隧道结构破坏一般发生在隧道边墙脚处，隧道结构断面形式在边墙脚处发生断面突变，易出现应力集中现象（与静力学分析一致），也是发生破坏的原因之一。

表 4.3　隧道结构各测点主应力最大值一览表

名称 \ 测点		*A*	*B*	*C*	*D*	*E*	*F*	*G*	*N*
S1	最大值/kPa	−15	−21	−21	−21	−20	−521	−528	−82
	平均值/kPa	−5	−9	−10	−7	−7	−254	−243	−23
	时间/s	3.04	11.7	11.22	3.8	0.08	12.5	8.38	4.14
S3	最大值/kPa	−706	−753	−753	−747	−732	−2177	−2228	−760
	平均值/kPa	−536	−475	−499	−538	−523	−1201	−1157	−524
	时间/s	3.6	10.48	11.22	3.88	13.02	11.46	9.5	4.16

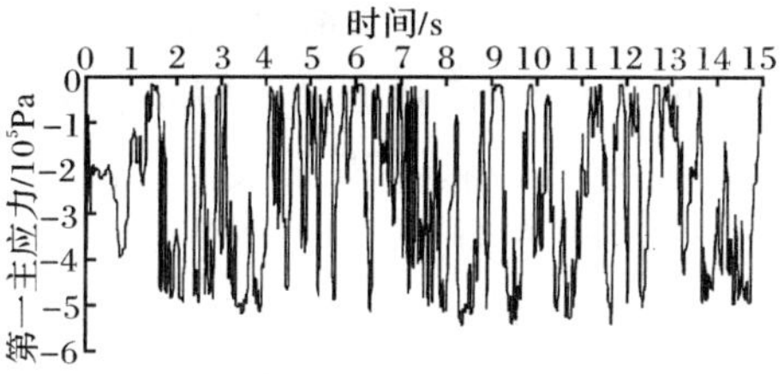

(a) 第一主应力时程曲线

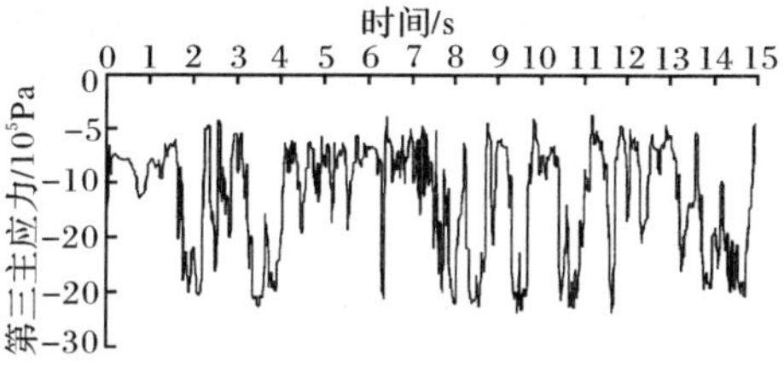

(b) 第三主应力时程曲线

图 4.15　隧道测点 *G* 应力时程曲线

隧道结构测点 *G* 的第一、三主应力峰值分别为 0.5MPa、2.2MPa，但发生的时刻不同，分别为地震波 8.38s、9.5s，说明隧道结构的应力值变化并不是同步的，各测点的应力值达到最大值的时刻是随机的。在两边墙脚附近测点的第一主应力峰值是隧道结构其他部位测点的 20～25 倍，而第三主应力峰值是隧道结构其他部位测点的 3 倍，在仰拱部位的第一主应力峰值是隧道上部结构的 3 倍左右，而第三主应力峰值与隧道上部结构基本是一致的。

4.1.4　隧道结构纵向地震动力响应分析

1. 结构相对位移分析

在地震动 3.32s 左右时各测线相对位移均达到一个峰值，从隧道结构纵向各测线最大相对位移时程曲线（图 4.16）中可以看出，位移峰值在纵向变化不大，隧道的整体受力均衡，隧道结构左上角和右下角同时出现受拉状态（在第 5 断面处

BD 测线最大相对位移为 11mm)，恰好是四条测线处于受拉状态，反之，在隧道结构左下角和右上角出现受压状态(在第 10、11 断面处 *DF* 测线最大相对位移为 11mm)，另外四条测线处于受压状态。

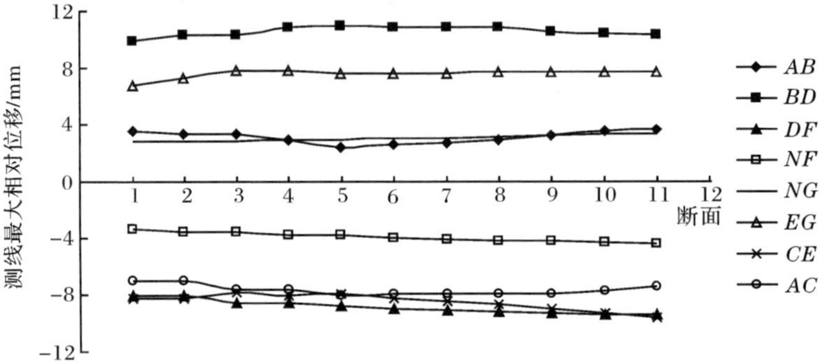

图 4.16　地震波 3.24s 时隧道纵断面各测线最大相对位移时程曲线

在地震波 12.50s 左右时隧道各测线相对位移均达到一个峰值，从隧道结构纵向各测线最大相对位移时程曲线(图 4.17)中可以看出，位移峰值在纵向变化较大，其中在第 5 断面处各测线相对位移均有一定的起伏，测线 *CE* 最大相对位移峰值为 16.2mm(受拉状态)，测线 *AB* 最大相对位移峰值为 16.1mm(受压状态)。第 5 断面两侧各断面最大相对位移值减小，主要原因有两点：①在计算模型中，第 4 断面与第 5 断面处设置了一个减震缝作为明暗隧道的分界；②受到地形的影响，在第 4、5 断面处恰好是存在地形突变的位置(图 4.17)。

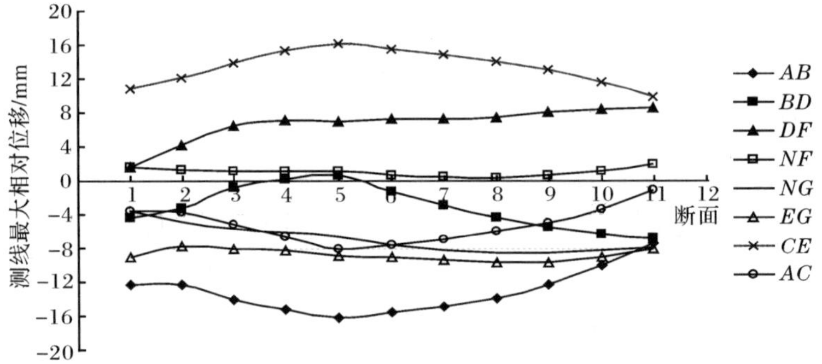

图 4.17　地震波 12.5s 时隧道纵断面各测线最大相对位移时程曲线

从图 4.17 中可以看出，在地震过程中，测线 *AB*、*CE* 的最大相对位移变化最大，其次为隧道边墙部位测线的相对位移(*DF*、*EG*)，隧道仰拱部位的相对位移较小，主要是因为计算模型中考虑了仰拱、仰拱回填及路面的因素，对隧道仰拱进行约束。在隧道整个拱顶部位的测线均处于受压状态，隧道受压部位减小，说明在地震过程中，地震波传播至隧道结构表面时，发生了反射，反射波与地震波再次发生干涉，导致隧道结构整体受力不均衡，此时隧道出现破坏的可能性较大。

从图 4.18 中可以看出，在地震波 12.6s 左右时，测线 *BC*(拱腰)的最大相对水平位移变化最大，第 5 断面最大相对水平位移为 28.3mm，是测线 *DE* 的 2 倍多，在第 5 断面两侧各断面的最大相对位移较小。各条测线均处于受压状态，测线 *DE*、*FG* 在纵向相对位移变化较小，隧道结构水平位移从上到下逐渐减小，主要是隧道结构在底部的约束较大，而拱顶部位约束较小造成的，这与 5 · 12 汶川大地震中靠近震中的几座隧道的拱顶部位出现了大面积的坍塌(龙溪隧道)相一致。

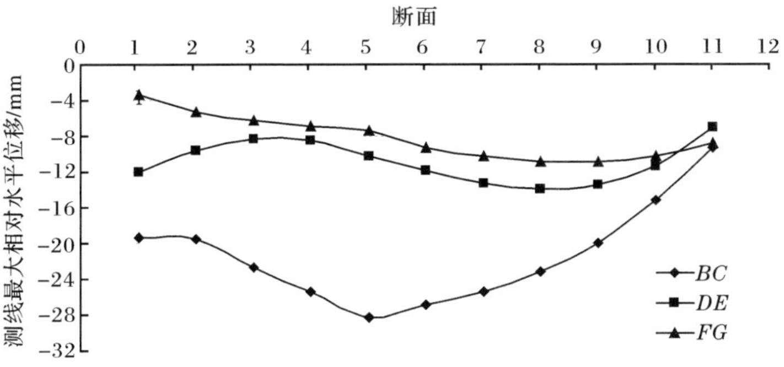

图 4.18　地震波 12.6s 时隧道纵断面各测线最大相对水平位移曲线

2. 地震动应力分析

从隧道纵断面应力峰值曲线(图 4.19)中可以看出，从边墙至拱顶部位第一主应力峰值在隧道纵断面方向变化范围为 15～27kPa，对隧道结构安全影响较小，隧道仰拱部位的测点 *N* 次之，第一主应力峰值为 82kPa(第 4 断面)，最大第一主应力峰值发生在隧道左右边墙脚处(测点 *F*、*G*)，从隧道纵向第一主应力峰值曲线知道，两测点均在第 5 断面处达到最大值，分别为 548kPa 和 563kPa。由此说明，在强震作用下隧道边墙脚处应力易出现集中现象，并发生破坏，与现场调研情况基本是一致的。

从图 4.20 中可以看出，从隧道边墙至拱顶部位，各测点第三主应力峰值在隧道纵断面方向变化范围为 700～782kPa，对隧道结构安全影响较小，第三主应力峰值为 782kPa(第 7 断面)，最大第三主应力峰值同样发生在隧道左右边墙脚处(测点 *F*、*G*)，从隧道纵向第三主应力峰值曲线知道，两测点均在第 5 断面处达到最大值，分别为 2278kPa 和 2336kPa。由此说明，在强震作用下隧道边墙脚处应力易出现集中现象，并发生破坏，与现场调研情况基本是一致的。

从隧道纵向各断面的相对位移值分析，在地震过程中，测线 *AB*、*CE* 和水平测

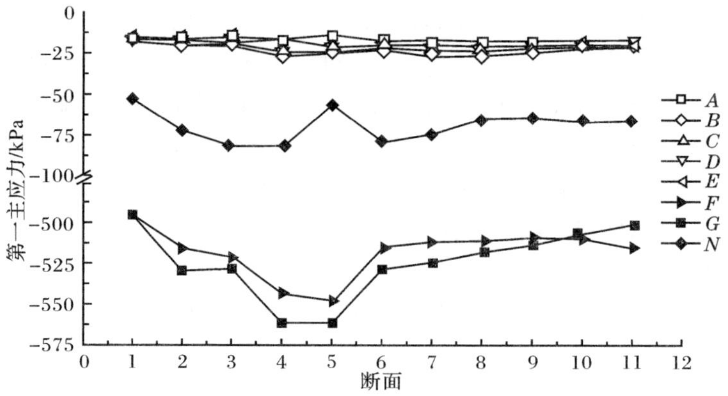

图 4.19　隧道纵断面各测点第一主应力峰值曲线

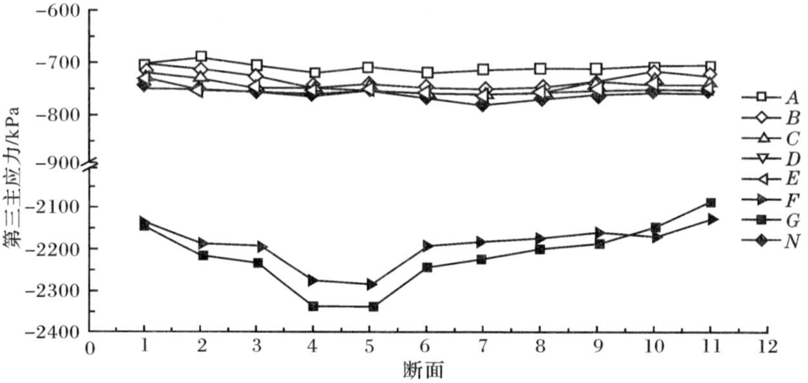

图 4.20　隧道纵断面各测点第三主应力峰值曲线

线 BC 的最大相对位移值变化最为敏感，说明隧道上部结构出现破坏主要是变形过大引起的，由此上部结构的安全性对整体结构的抗震性能起决定性的作用。从隧道纵向各断面应力峰值曲线分析，最大第一、三主应力峰值均出现在隧道左右边墙脚处，说明隧道结构在边墙脚处发生破坏主要是应力变化引起的。

4.2　强震区山岭隧道围岩注浆预加固方案优化

4.2.1　隧道围岩的注浆加固形式

在强震作用下，通过对围岩进行注浆，使围岩刚度相对于衬砌刚度发生变化，从而使衬砌的地震动响应减小，这是减震的主要途径之一。隧道围岩的注浆加固形式不同，其减震效果相差较大。课题组对雅泸高速公路双连拱隧道在强震作用下的加固形式进行了一系列研究。

主要对隧道围岩抗震加固处理采取三种措施(图 4.21):①全环间隔注浆;②全环接触注浆;③局部注浆。在相同隧道结构的断面形式、埋深、地质情况、衬砌形式等条件下,通过改变注浆层形式,研究隧道衬砌动力响应规律。在各种隧道设计断面条件下,寻找注浆层的合理设计参数及各材料刚度之间合理的匹配关系,以达到抗震的最佳效果。

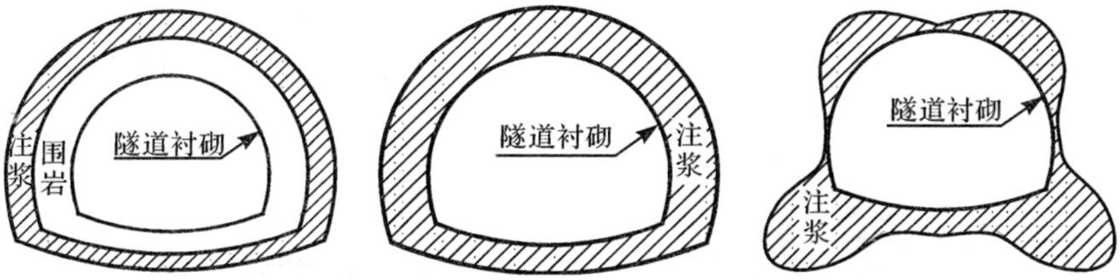

(a) 全环间隔注浆　　(b) 全环接触注浆　　(c) 局部注浆

图 4.21　隧道注浆层分布示意图(阴影部分为注浆层)

4.2.2　不同注浆形式下隧道结构动力响应研究

1. 隧道计算模型建立

依托工程为雅泸高速公路徐店子双连拱隧道,该隧道洞口段是由双联拱隧道、小净距隧道、分离式双线隧道组成的,全长 1268m,单洞宽 11m,洞高 7.2m,最大埋深约 382m。徐店子双连拱隧道衬砌标准断面如图 4.22 所示,中墙厚度为 2.2m。

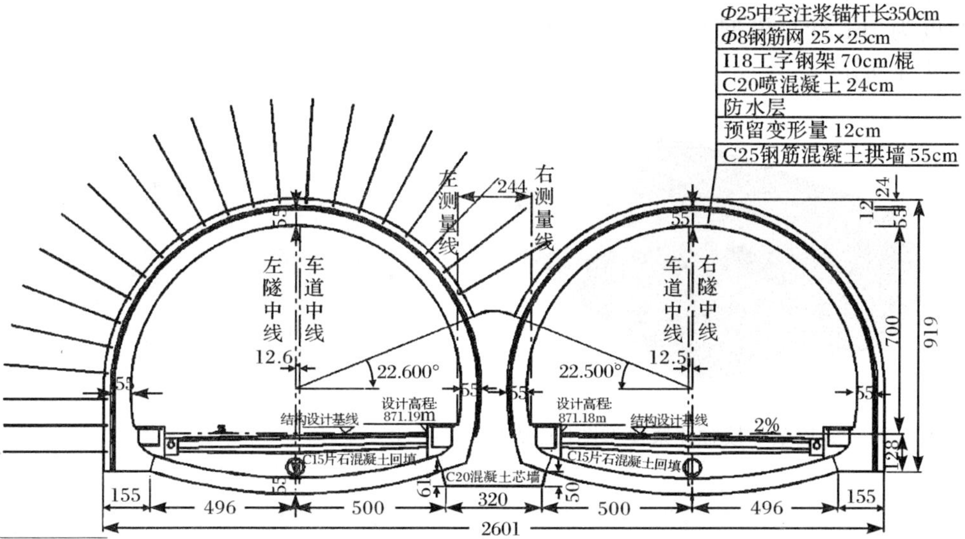

图 4.22　徐店子隧道双连拱衬砌标准断面图(单位:cm)

隧道进口段及洞身段均由震旦系下统开建桥、苏雄组流纹斑岩、英安斑岩强弱风化带岩体构成；出口段由崩坡积层碎块石土和震旦系下统开建桥、苏雄组英安斑岩、英安岩强弱风化带岩体构成，围岩由Ⅴ、Ⅵ级组成。

根据徐店子隧道雅安段洞口的地形及地质条件，并考虑到动力计算的边界效应问题，洞口模拟水平方向范围选取洞门中心向外侧各 60m，水平方向共 130m（隧道洞口中心间距 13.2m）；纵向沿隧道洞轴线方向则选取洞门到洞内 50m 长的距离，顶部按照实际地质条件进行适当简化模拟，隧道洞口整体模型共 51606 个单元、56026 个节点，如图 4.23 所示。

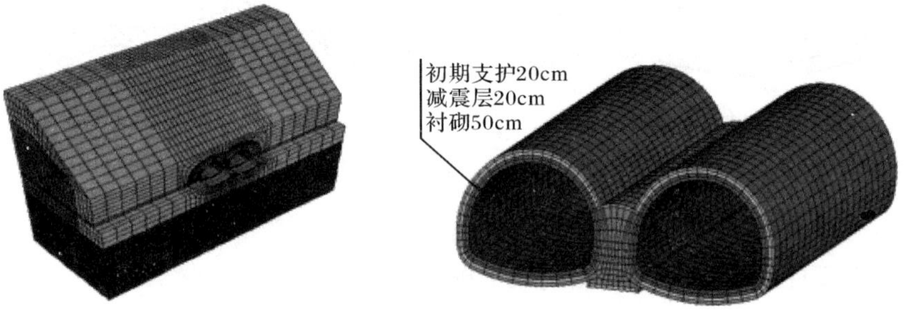

(a) 隧道计算模型　　(b) 隧道结构模型

图 4.23　隧道洞口段计算模型

对比分析不同注浆加固形式对隧道结构的动力响应特性的影响，分为四种不同注浆形式：全环接触注浆、全环间隔注浆、局部注浆 1（在拱肩和仰拱处注浆）、局部注浆 2（在拱顶和墙脚处注浆），并分别记为工况 1、工况 2、工况 3、工况 4，注浆厚度为 4m，计算模型如图 4.24～图 4.27 所示，隧道结构及围岩物理力学参数如表 4.4 所示。

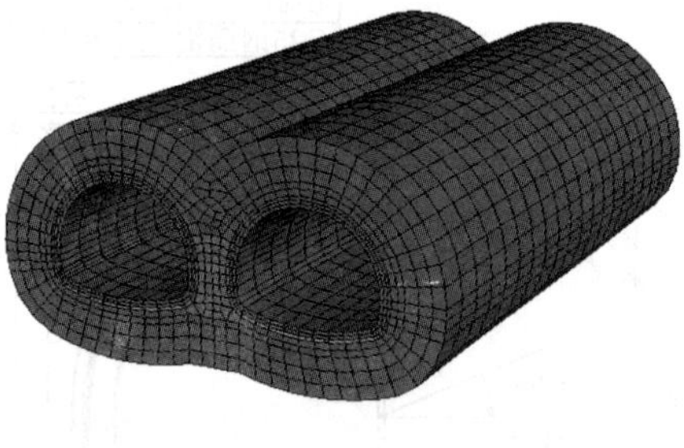

图 4.24　隧道全环接触注浆模型图（工况 1）

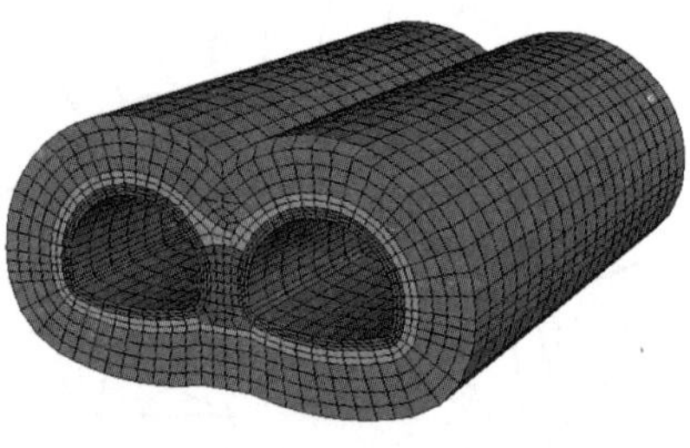

图 4.25　隧道全环间隔注浆模型图（工况 2）

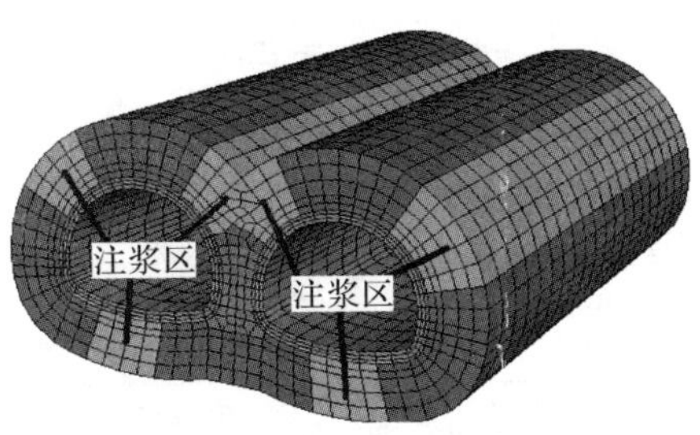

图 4.26　隧道局部注浆 1 模型图(工况 3)

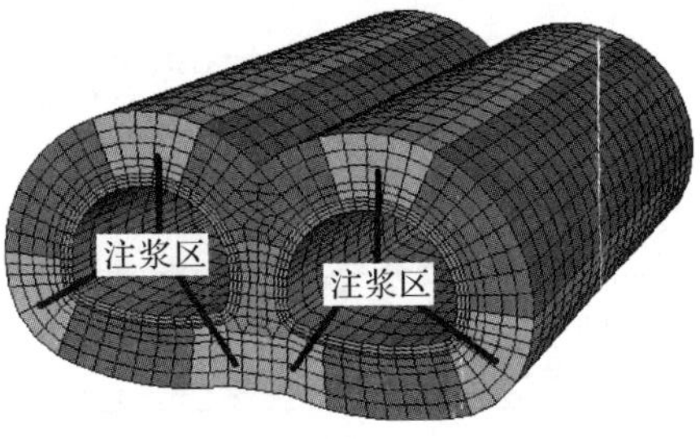

图 4.27　隧道局部注浆 2 模型图(工况 4)

表 4.4　隧道结构及围岩物理力学参数一览表

围岩材料编号	密度/(g/cm³)	弹性模量/GPa	泊松比	内摩擦角/(°)	黏聚力/kPa
流纹斑岩	2.4	7.2	0.27	39	1000
砂岩	2.2	4.5	0.32	34	600
砂岩风化层	2.0	1.8	0.38	30	300
初期支护	2.4	22	0.2	—	—
衬砌	2.5	30	0.2	—	—
双连拱中墙	2.4	22	0.2	—	—
注浆区	2.4	8	0.28	42	1000
锚杆区	2.25	6	0.29	37	750

隧道洞口段地震动力响应数值模拟分析过程分为三个步骤:第一步,一定地质条件下的静力平衡计算;第二步,模拟隧道开挖施工;第三步,施加动力荷载后的动力反应分析。

2. 隧道结构地震动响应分析

左线隧道工况 2 下的内力峰值如图 4.28～图 4.30 所示。

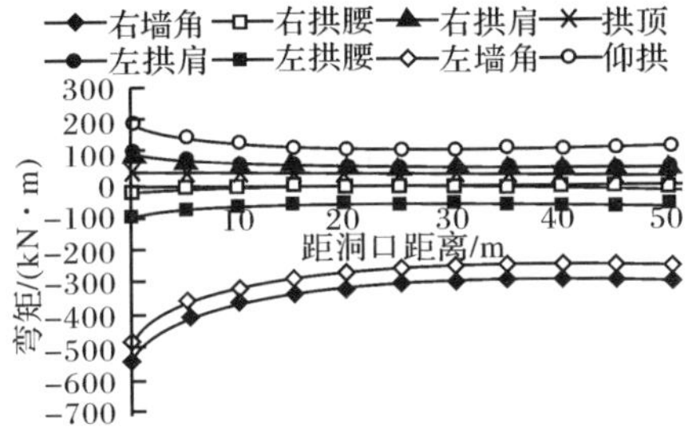

(a) 沿纵向变化曲线

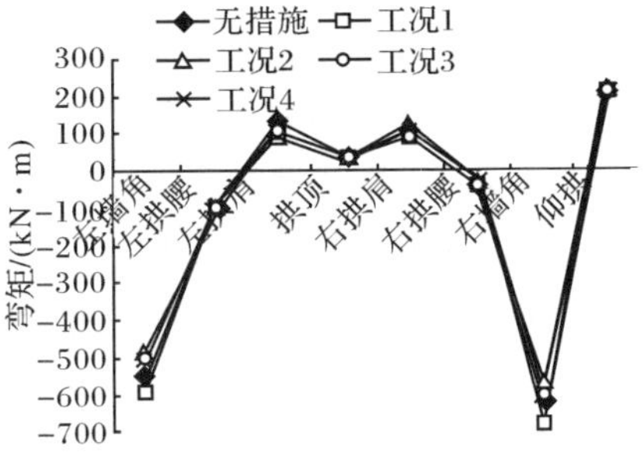

(b) 横断面弯矩峰值

图 4.28　左线隧道弯矩峰值(工况 2)

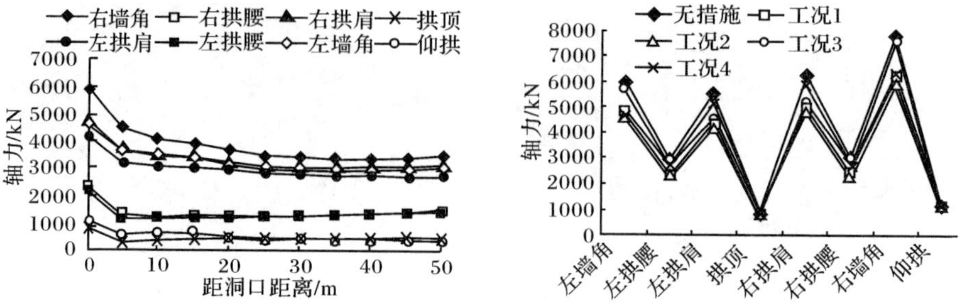

(a) 沿纵向变化曲线　　(b) 横断面轴力峰值

图 4.29　左线隧道轴力峰值(工况 2)

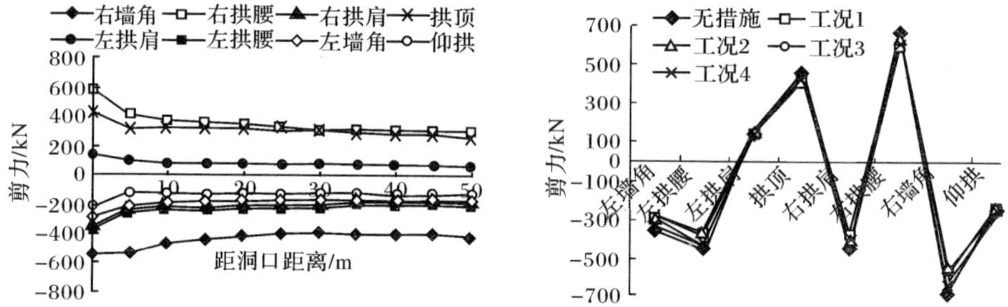

(a) 沿纵向变化曲线　　(b) 横断面剪力峰值

图 4.30　左线隧道剪力峰值(工况 2)

从表 4.5～表 4.7 的计算结果可以看出,注浆形式对双连拱隧道的地震动力响应有一定的影响,注浆形式不同,减震效果也不同。

(1) 在全环接触注浆和全环间隔注浆工况下,内力变化趋势与未注浆时基本一致,且出现位置及出现时刻也相同,只是峰值大小不同,采取注浆加固措施的要比未采取注浆的结果小。

(2) 全环间隔注浆与未注浆相比,弯矩峰值减小了 19%,轴力峰值减小了 24.3%,剪力峰值减小了 19.4%。

(3) 全环间隔注浆与全环接触注浆相比,弯矩峰值减小了 2.6%,轴力峰值减小了 4.2%,剪力峰值减小了 3.3%。

(4) 局部注浆 2 与局部注浆 1 相比,弯矩峰值减小了 9.3%,轴力峰值减小了 12.9%,剪力峰值减小了 8.5%;在注浆的位置处内力减小的较多,非注浆位置内力减小较小。

表 4.5 左线洞口处弯矩峰值表 (单位:kN·m)

名称	左墙脚	左拱腰	左拱肩	拱顶	右拱肩	右拱腰	右墙脚	仰拱
无措施	−592.3	−112.6	127.7	45.4	115.5	−24.1	−674.7	234.6
工况 1	−497.6	−94.6	107.2	39.5	97.0	−20.9	−566.7	197.1
工况 2	−479.8	−98.0	103.4	39.5	93.6	−20.9	−546.5	190.0
工况 3	−562.7	−107.0	111.1	43.1	100.5	−22.9	−640.9	204.1
工况 4	−507.6	−107.0	121.3	43.1	109.7	−22.9	−578.2	222.9

表 4.6 左线洞口处轴力峰值表 (单位:kN)

名称	左墙脚	左拱腰	左拱肩	拱顶	右拱肩	右拱腰	右墙脚	仰拱
无措施	6041.8	2888.3	5524.0	931.1	6318.4	3027.1	7811.3	1292.1
工况 1	4833.4	2310.6	4419.2	810.1	5054.7	2421.7	6249.1	1124.2
工况 2	4573.6	2186.4	4181.7	810.1	4783.0	2291.5	5913.2	1124.2
工况 3	5739.7	2743.9	4568.3	884.6	5225.3	2875.7	7420.8	1068.6
工况 4	4954.3	2743.9	5247.8	763.5	6002.4	2875.7	6405.3	1227.5

表 4.7 左线洞口处剪力峰值表 (单位:kN)

名称	左墙脚	左拱腰	左拱肩	拱顶	右拱肩	右拱腰	右墙脚	仰拱
无措施	−344.2	−450.5	169.8	480.5	−445.7	709.7	−671.3	−250.0
工况 1	−288.8	−377.9	142.5	432.4	−373.9	595.5	−563.2	−225.0
工况 2	−280.9	−367.6	138.5	418.0	−363.7	579.1	−547.8	−217.5
工况 3	−330.5	−432.4	149.2	461.3	−391.7	681.3	−644.5	−219.8
工况 4	−297.8	−432.4	163.0	415.6	−427.8	681.3	−580.7	−240.0

分析结果表明,注浆形式对位移响应和内力响应的影响较为明显,全环间隔注浆(工况 2)的减震效果最好,全环接触注浆(工况 1)的减震效果较好,局部注浆的减震效果(工况 3、4)次之,局部注浆 2(工况 4)比局部注浆 1(工况 3)的减震效果好。

从局部注浆减震效果分析得到,注浆的位置处衬砌内力减小的较多,注浆的位置应选择在衬砌内力大的位置处,以减小衬砌最大内力。

注浆加固存在最优形式,从本次模拟计算结果分析可知,注浆最优形式为全环间隔注浆。

4.2.3 隧道围岩全环间隔注浆预加固方案研究

1. 隧道围岩注浆加固模型

在 4.2.2 节中,得出隧道洞口段围岩间隔注浆的加固形式相对有利于隧道结构抗震，而本节主要是通过改变隧道围岩间隔注浆加固的径向范围，来调整隧道围岩刚度与结构刚度之间的匹配关系，达到隧道结构抗震的目的。全环间隔注浆加固是将“围岩—隧道”模式改变为“围岩—加固区—围岩—隧道结构”模式，该方法能够有效损耗地震波的能量，减小隧道衬砌破坏程度。

本节依托工程参考 4.1.1 节雅泸高速公路勒不果喇吉隧道工程，建立隧道计算模型(图 4.31)，对隧道间隔注浆的有效范围进行地震动力响应分析。隧道全环预加固计算模型主要考虑在结构外侧间隔一定距离后再进行注浆加固的方式(图 4.32)。本计算模型周边径向按照单元长度为 1m，共划分为 6 层(图 4.31)，加固单元间隔距离(2m)开始进行计算，分为 8 种工况进行分析(表 4.8)，以确定最佳的抗震加固范围。

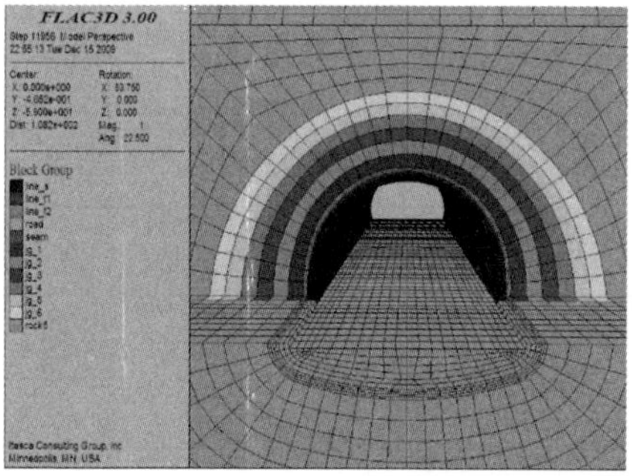

(a) 隧道整体模型网格图

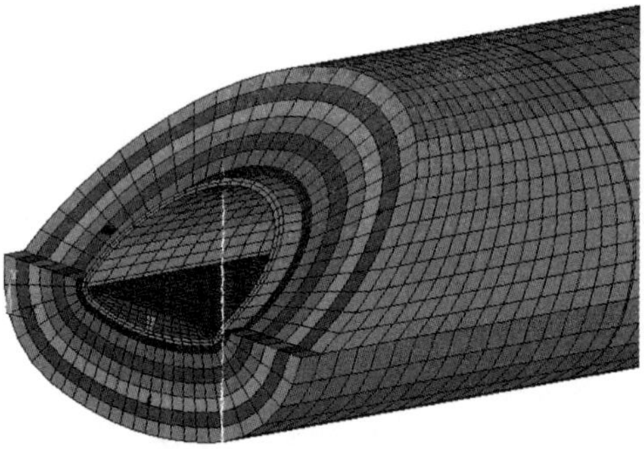

(b) 隧道周围注浆加固模型网格图

图 4.31 隧道注浆加固计算模型图

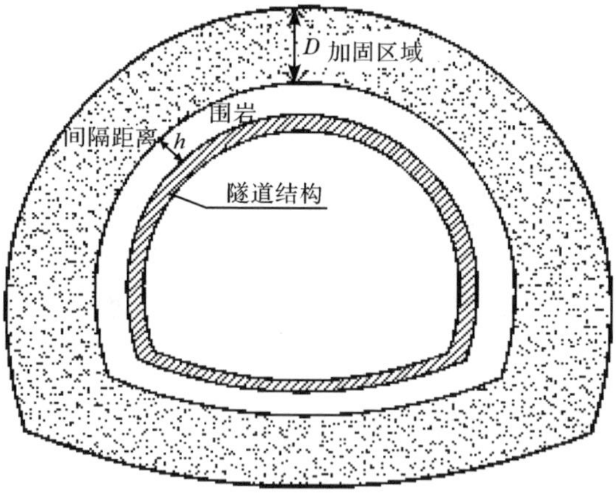

图 4.32 围岩预加固示意图

表 4.8　隧道围岩间隔预加固工况一览表

工况	注浆加固形式	工况	注浆加固形式
0	无任何加固	4	间隔 h=2m,加固 D=4m
1	间隔 h=2m,加固 D=1m	5	间隔 h=3m,加固 D=1m
2	间隔 h=2m,加固 D=2m	6	间隔 h=3m,加固 D=2m
3	间隔 h=2m,加固 D=3m	7	间隔 h=3m,加固 D=3m

根据雅泸高速公路隧道工程地质勘察报告,隧道围岩、衬砌结构计算参数如表 4.9 所示。隧道注浆加固区施工中采用中空注浆锚杆,在数值模拟分析中,对注浆加固区力学效果的模拟主要根据其作用的等效原则来考虑,主要考虑注浆后,围岩弹性模量、黏聚力、内摩擦角、抗压强度等指标的提高,于是有一些相关的经验公式可供采用。

表 4.9　围岩与支护计算参数表一览表

参数 名称	密度/(kg/m³)	弹性模量/GPa	泊松比	黏聚力/kPa	内摩擦角/(°)
Ⅴ级围岩	1850	1.2	0.4	200	30
Ⅳ级围岩	2200	3.1	0.3	400	40
初期支护	2200	25	0.23	—	—
二次衬砌	2500	30	0.2	—	—
变形缝	1000	0.3	0.3	—	—
仰拱回填	2300	22	0.25	—	—
路面	2300	30	0.3	—	—
加固区	2400	30	0.25	270	31

(1) 加固区的 C_i、φ_i 值等效计算公式。

$$\varphi_i=\varphi_0$$
$$C_i=C_0+\frac{\tau_a A}{ei} \tag{4.5}$$

式中,τ_a 为锚杆抗剪强度,$\tau_a=0.6R_{st}$,R_{st}为钢筋的抗拉强度设计值;e、i 为锚杆的纵横间距;A 为单锚杆的截面积。

(2) 加固区弹性模量的等效计算公式。

$$E_i=E_0\left(1+\frac{A}{ei}\right) \tag{4.6}$$

式中,E_0为围岩弹性模量;其余参数同公式(4.5)。

本节采用的地震波是四川省地震局对勒不果喇吉隧道场地条件下反应谱合成的人工波,地震波加速度时程曲线见图 3.17。

2. 隧道结构相对位移分析

根据汶川地震隧道震害调研情况及前期研究成果，发现在地震动过程中，隧道结构拱肩以上部位破坏最为严重，拱顶多处出现坍塌现象，4.1.3 节中同样得出隧道结构拱肩以上部位易出现拉压应变(或变形)过大的现象。因此，本节主要以隧道结构中上部 AB、BC 和 CE 三条测线为主要研究对象进行分析。

从图 4.33 中可以看出，在地震作用下，隧道结构测线 AB 在不同工况下均处于受压状态(为负值)，工况 3、4 相对位移均比工况 0(未加固情况)小，其中工况 4 测线 AB 相对位移最小(5.7mm)；在第 1 断面处，工况 4 相对位移比工况 0 减小了 53.3%，工况 3 比工况 0 减小了 27.9%，其余工况测线相对位移均大于未加固时的位移，说明隧道与围岩间隔 2m 和 3m 时，预加固区厚度不大于 2m 时不利于隧道结构抗震，相对位移值偏大。工况 1 与工况 5 测线位移曲线完全重合，说明隧道加固 1m 的相对位移变化是等效的。

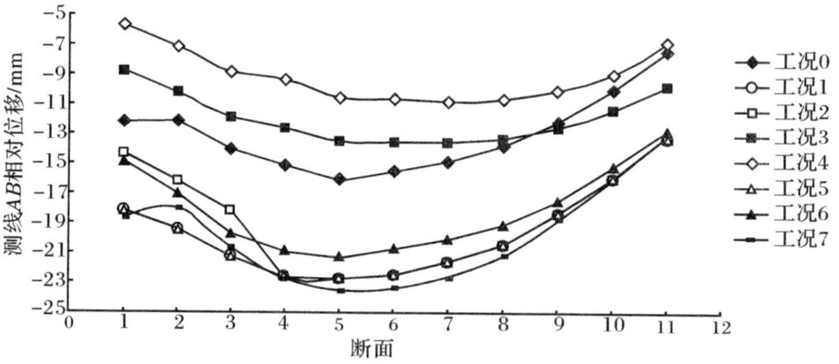

图 4.33　沿隧道轴向不同工况测线 AB 最大相对位移变化曲线

由此可知，各工况预加固措施在隧道洞口段的相对位移变化最为明显，在隧道明暗分界线处隧道结构测线 AB 达到最大值，随着向隧道轴向延伸，隧道预加固的抗震效果逐渐减弱，在第 11 断面处工况 4 测线 AB 相对位移(6.84mm)比工况 0(7.43mm)仅减小 7.9%，说明在隧道洞身段预加固措施对隧道结构相对位移的变化影响较小，同时验证了隧道结构本身就是具有一定减震功能的抗震结构，如果对隧道采用不合理的预加固措施，可能会破坏隧道结构本身的抗震性能。

结合该隧道的地形地貌及其抗震效果实际情况，建议在隧道洞口段和进入洞身段 30m(第 9 断面处)进行工况 4(h=2m，D=4m)的预加固处理。

从图 4.34 中可以看出，隧道结构在不同工况下测线 CE 均处于受拉状态(为正值)，各断面相对位移变化较大，工况 3、4 相对位移小于其他工况，其中工况 4 相对位移最小(7.5mm)；在隧道洞口段第 1 断面处，工况 4 相对位移比工况 0 减小了30.6%，工况3相对位移比工况0减小了11.9%。隧道结构测线*CE*与测线*AB*在纵断面相对位移的变化规律基本是一致的，隧道注浆厚度不大于2m时会加剧隧道结构的动力响应。在隧道明暗分界线处，隧道结构测线*CE*相对位移达到最大值，分别为12.3mm和13.8mm；在隧道洞身段，工况3、4隧道测线相对位移相差较小；在第6、11断面处，工况4测线相对位移比工况3分别减小了10.6%和9.1%，建议在隧道洞身段可采取工况3的预加固方式。

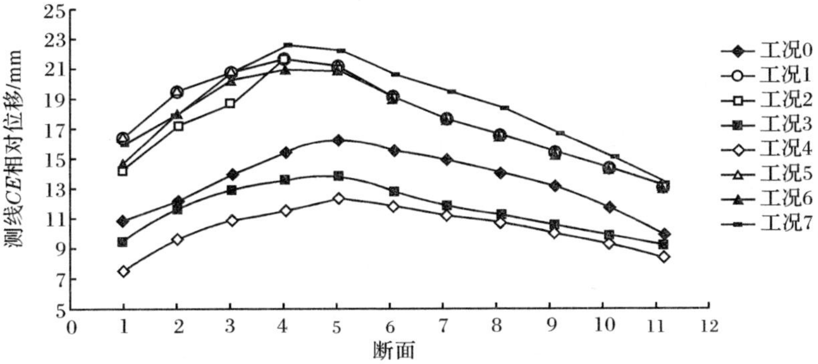

图4.34 沿隧道轴向不同工况测线*CE*最大相对位移变化曲线

根据现场隧道施工的难易程度，从图4.34中可以判断，隧道间隔3m的注浆加固方式可以不考虑。建议在隧道洞口到第5断面处进行工况4的注浆加固，进入洞身段在第5～11断面处进行工况3的注浆加固(≥40m)。

从图4.35中可以看出，各工况下隧道水平测线*BC*均处于受压状态(为负值)，各相对位移变化明显，其中工况4最小相对位移为21.9mm；在第2断面处，工况4相对位移比工况0减小了27%，工况3的预加固措施对隧道结构相对位移的变化影响较小。随着隧道埋深的增加，衬砌结构与岩土体之间的相互作用减弱。

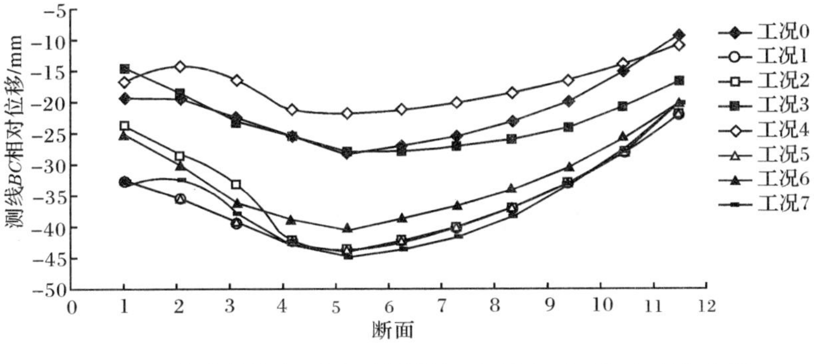

图4.35 沿隧道轴向不同工况测线*BC*最大相对位移变化曲线

通过隧道各测线相对位移变化对比分析，可以得出在隧道洞口明暗交界处各质点间的相对位移均达到最大值，但在动力作用下并不是所有预加固措施都能减小隧道结构的相对位移，隧道结构中上部相对位移变化是最大的。建议在隧道洞口段进行工况 4 的注浆加固措施，对提高隧道结构的抗震性能是有效的，相对位移能够比工况 0 减小 27%～53%。建议在隧道洞口段和进入洞身段 20m(第 7 断面处)进行工况 4 的预加固处理；进入洞身段在第 7～9 断面处进行工况 3 的注浆加固；其余位置如果无不良地质地段隧道岩土体，可以考虑不进行预加固处理。

3. 隧道结构地震动应力分析

隧道结构的各测点中变化较敏感的为测点 F、G，考虑隧道结构的形式，本节主要以测点 A 为主要研究对象进行第一、三主应力分析。

从图 4.36、图 4.37 和表 4.10 中可以看出，在隧道洞口段各工况中工况 4 的抗震效果比较明显。在测点 A、N 处，注浆加固的各工况对隧道拱顶和仰拱部位均提高了抗震能力，并且注浆加固效果比较明显；在测点 A 处，工况 4 中 σ_1 最大值减小为工况 0 的 45%，σ_3 最大值减小为工况 0 的 18.5%。而工况 3 的注浆加固方案效果同样明显，σ_1 最大值减小为工况 0 的 34.1%，σ_3 最大值减小为工况 0 的 14.7%。在测点 N 处，工况 4 的注浆加固会起到反作用，σ_1 最大值增大为工况 0 的 41.8%，σ_3 最大值减小为工况 0 的 7%。基于施工的成本因素，可以考虑在隧道仰拱部位采用工况 6 的方案，σ_1、σ_3 最大值均减小为工况 0 的 25.2%，隧道注浆加固效果明显，在隧道的洞身段各工况的抗震效果不明显。

通过计算分析可以得出，隧道结构的应力关键控制点是边墙脚，在其附近易出现应力集中现象，从而结构发生破坏，因此在隧道结构抗震设计中可以考虑以此部位作为安全控制截面。由表 4.10 可以看出，在所有工况中，只有工况 4 在隧道边墙脚部位的抗震性能提高了，σ_1 最大值(548kPa)减小为工况 0 的 3%，σ_3 最大值(2254kPa)减小为工况 0 的 3.6%。

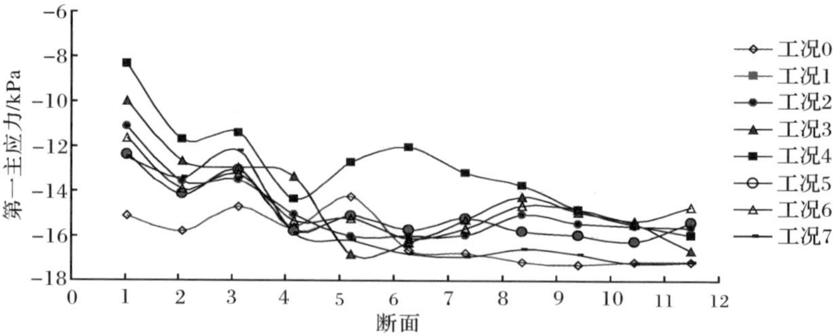

图 4.36　各工况隧道纵断面测点 A 第一主应力峰值曲线

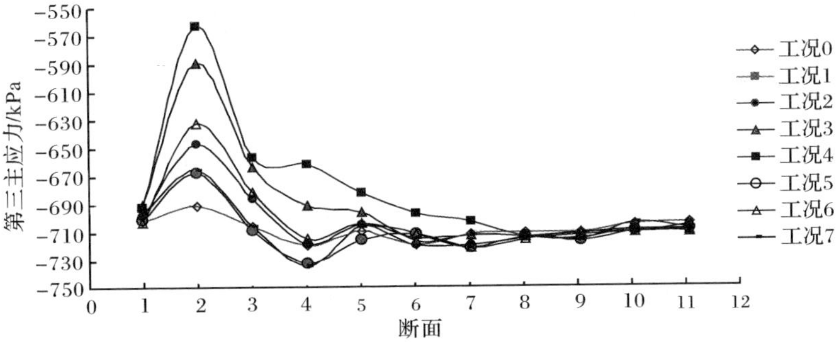

图 4.37 各工况隧道纵断面测点 A 第三主应力峰值曲线

表 4.10 各工况最大主应力与工况 0 百分比(%)一览表

测点		工况 1	工况 2	工况 3	工况 4	工况 5	工况 6	工况 7
A	σ_1	18.2(1)	26.5(1)	34.1(1)	45.0(1)	18.1(1)	23.1(1)	17.5(1)
	σ_3	3.4(2)	6.4(2)	14.7(2)	18.5(2)	3.4(2)	8.5(2)	3.6(2)
G	σ_1	−7.2(11)	−6.3(10)	−5.0(7)	3.0(5)	−7.2(11)	−6.7(10)	−4.8(4)
	σ_3	−2.9(11)	−2.6(11)	−1.5(11)	3.6(5)	−2.8(11)	−2.1(11)	−1.0(11)
N	σ_1	20.1(3)	20.1(3)	−22.7(5)	−41.8(5)	20.2(3)	25.2(3)	26.0(2)
	σ_3	11.4(1)	9.6(1)	8.8(3)	7.0(8)	11.5(1)	25.2(1)	3.3(1)

注:正值表示该工况具有抗震能力,负值表示该工况具有破坏效果;小括号中数字表示出现最大值的断面位置。

综上所述,提高隧道洞口结构的抗震性能,可以考虑在不同部位采取不同的注浆加固方案。考虑施工的经济因素,在隧道洞口段、边墙以上部位采用工况 3 的注浆加固方案;在隧道边墙及边墙脚附近采用工况 4 的注浆加固方案;在仰拱部位可以采用工况 6 的加固方案。在隧道洞身段,应结合隧道结构各测线相对位移的变化采用相应的注浆加固方案。

4.3 山岭隧道减震层参数优化研究

在强震作用下,通过在隧道围岩和衬砌结构之间设置某种材料或改变衬砌外侧一定范围内的围岩力学属性,并对这些材料的刚度进行适当调整,能够达到减小衬砌结构动力响应的目的。因此,可以通过对隧道衬砌外侧围岩注浆加固以及在衬砌与围岩之间设置刚度较低的减震材料来实现隧道的抗减震目的,但其抗减震的效果与减震层的位置、刚度、厚度、长度等因素密切相关,本节主要对此展开一系列研究。

4.3.1　减震层位置变化对隧道结构动力响应的影响分析

1. 隧道计算模型及其物理力学参数

在隧道衬砌和围岩之间设置减震装置,使原有的"衬砌—围岩"系统变成了"衬砌—减震层—围岩"系统,其目的是通过减震层将衬砌与围岩介质隔开,从而减小或改变地震对结构的作用强度和方式,以便达到减震的最佳效果。

本节将研究这两种不同设置方式对隧道衬砌结构的动力响应,假定隧道计算模型的减震层设置厚度为 20cm,建立隧道计算模型,如图 4.38 所示。在计算模型中,隧道衬砌结构衬砌厚度为 60cm,初支为 25cm,横向边界取约 6 倍洞径(80m),最大埋深为 43m,仰拱底部取 25m 岩体,纵向沿隧道轴向取 80m,仰坡坡度为 45°。采用 8 节点实体单元,隧道洞口段整体模型共 78060 个单元、82695 个节点。

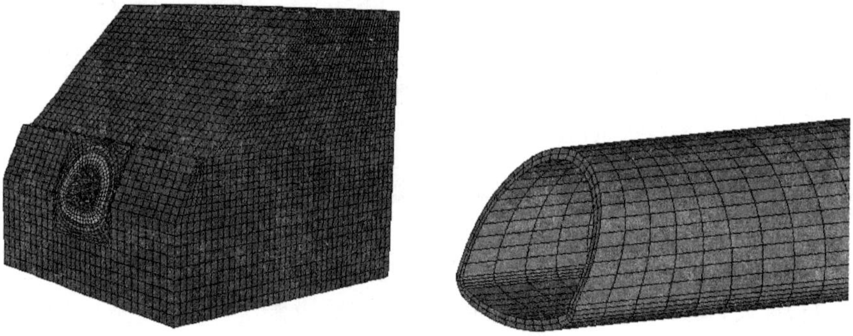

图 4.38　隧道计算模型图

在模型计算时,考虑模型边界采用黏性边界条件,首先进行无加固措施的隧道结构动力计算,围岩及衬砌结构的计算参数如表 4.11 所示。

表 4.11　围岩和隧道结构材料参数

材料	密度/(kg/m^3)	弹性模量/GPa	泊松比	黏聚力/MPa	内摩擦角/(°)
V级围岩	1850	1.2	0.35	0.2	30
减震层	1000	6×10^{-3}	0.45	—	—
C25 二衬混凝土	2500	29.5	0.2	—	—
C20 初期支护	2200	21	0.23	—	—

在围岩和隧道衬砌结构之间设置减震层,可以细分为"围岩—减震层—初期支护—二次衬砌"和"围岩—初期支护—减震层—二次衬砌"的设置方式。本节将研究这两种不同设置方式对隧道衬砌结构的动力响应,分为三种工况,如表 4.12 所示,减震层设置和计算模型网格如图 4.39 所示。

表 4.12　计算工况

工况	减震层位置	减震层材料
0	无减震措施	—
1	初期支护—减震层—二次衬砌	橡胶减震层
2	减震层—初期支护—二次衬砌	橡胶减震层

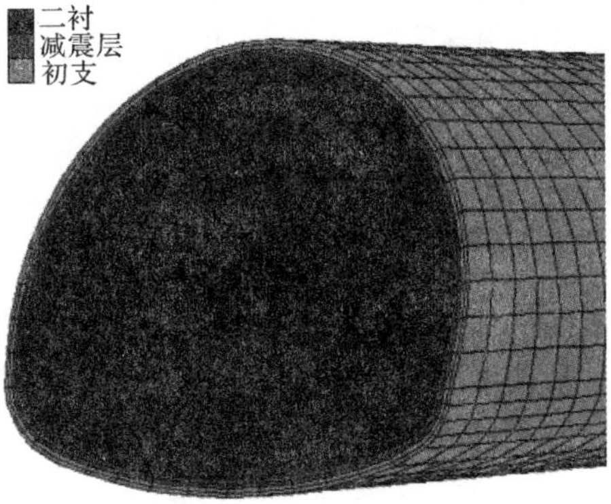

(a) 工况 1

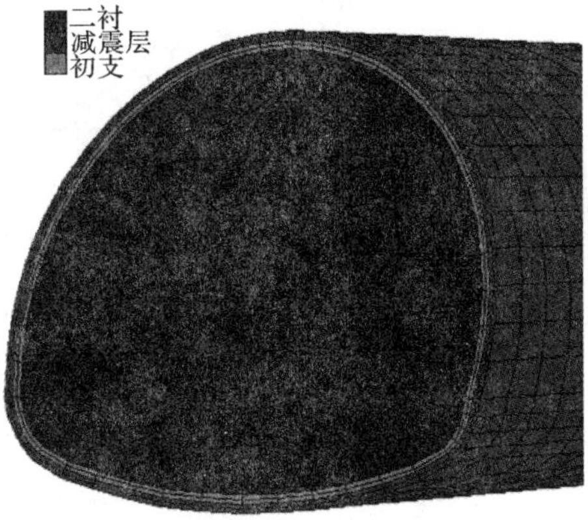

(b) 工况 2

图 4.39　不同工况隧道结构减震层网格

隧道计算模型输入地震波加速度时程曲线见图 3.17，借鉴目前交通隧道规范规定的监控量测测点分布形式。图 4.40 和图 4.41 为隧道结构的测点分布图，在隧道周边共设置 8 个测点，并且每个测点均有 2～3 条测线与之相连，可以充分了解隧道结构的整体变形情况。在隧道横断面的测点取隧道衬砌内测点，分布见图 4.40，隧道纵向共取 12 个监测断面，各断面间距 6m，如图 4.41 所示。

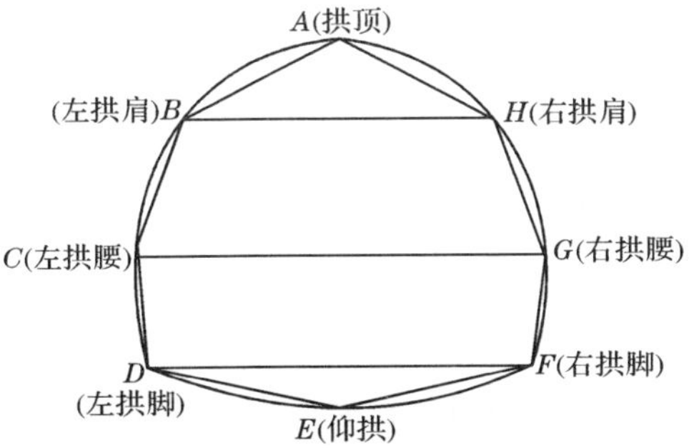

图 4.40　隧道结构测点分布图

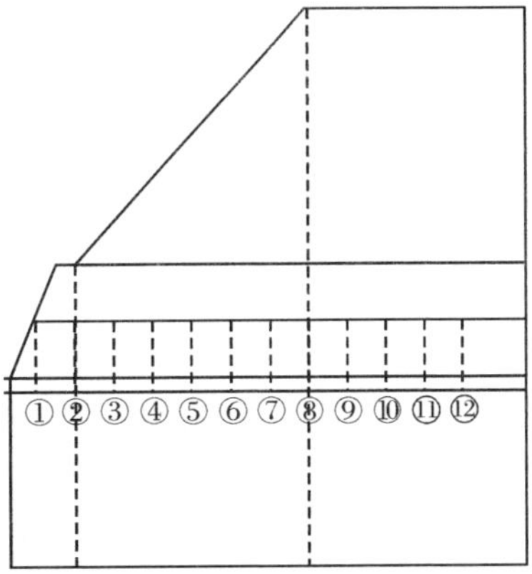

图 4.41　隧道纵向断面分布图

2. 隧道结构动力响应分析

1) 结构相对位移分析

从图 4.42 可以看出，隧道减震层的位置变化对衬砌水平相对位移变化影响较小，测线的相对位移经过几次交替变化，其相应的曲线局部峰值时刻相近。

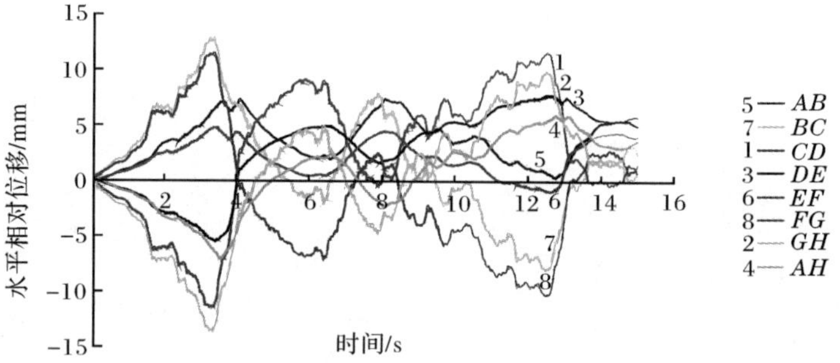

(a) 工况 1(初期支护—减震层—二次衬砌)

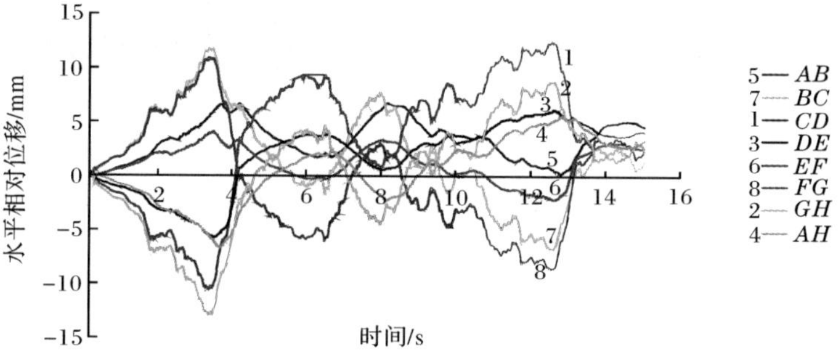

(b) 工况 2(减震层—初期支护—二次衬砌)

图 4.42　隧道结构各周边测线水平相对位移时程曲线

对比分析表 4.13 和表 4.14 可以发现，设置减震层时仰拱处(测线 DE 和 EF)相对位移峰值均降低(约 1mm)，拱顶处测线 AB 水平相对位移峰值减小 30%，但测线 AH 峰值增加 20%。在整个地震动过程中，工况 1 和工况 2 水平相对位移最大值分别为为 12.8mm 和 13.4mm，最小值分别为－13.6mm 和－13.8mm，比工况 0(无减震措施)(13.9mm 和－13.9mm)的绝对值小，因此，设置减震层使隧道衬砌周边测线的相对位移峰值小于无减震措施，其中工况 1 的设置方式略好于工况 2。比较表 4.15 中的相对位幅值，其最大值也小于无减震措施，在隧道左拱肩和右仰拱附近幅值减小最大，工况 1 达到 29%和 44.5%，而工况 2 达到 29.5%和 35%。工况 2 与工况 1 对比，工况 2 仰拱处水平相对位移峰值要小于工况 1，相对位移幅值最大值小于工况 1。综上所述，设置减震层能减小隧道衬砌变形，减震层不同设置位置的相对位移响应值相近，工况 1 设置方式要略好于工况 2。

表 4.13　周边测线的水平相对位移最大值　　(单位:mm)

	AB	*BC*	*CD*	*DE*	*EF*	*FG*	*GH*	*AH*	最大值
工况 0	6.10	13.00	11.00	7.50	5.50	10.90	13.90	3.30	13.9
工况 1	7.33	12.80	11.60	7.70	4.70	11.40	9.80	5.90	12.8
工况 2	7.25	12.70	13.40	6.60	4.30	11.70	9.40	5.94	13.4

表 4.14　周边测线的水平相对位移最小值　　(单位:mm)

	AB	*BC*	*CD*	*DE*	*EF*	*FG*	*GH*	*AH*	最小值
工况 0	−4.32	−6.30	−10.80	−6.60	−4.60	−7.10	−13.9	−7.40	−13.9
工况 1	−0.04	−7.90	−11.40	−5.50	−0.90	−10.20	−13.60	−7.00	−13.6
工况 2	−0.09	−7.10	−11.20	−6.10	−2.30	−9.20	−13.80	−7.10	−13.8

表 4.15　周边测线的水平相对位移幅值　　(单位:mm)

	AB	*BC*	*CD*	*DE*	*EF*	*FG*	*GH*	*AH*	最大值
工况 0	10.42	19.3	21.8	14.1	10.1	18	27.8	10.7	27.8
工况 1	7.37	20.7	23	13.2	5.6	21.6	23.4	12.9	23.4
工况 2	7.34	19.8	24.6	12.7	6.6	20.9	23.2	13.04	24.6

2) 隧道结构应力分析

本节所有隧道结构主应力分析中，应力大小在比较时均以绝对值来衡量，不再赘述峰值绝对值的大小。主要以隧道洞口断面 1 为参考断面，分析隧道结构的地震动响应规律。

图 4.43 为三种工况下洞口断面 1 各测点主应力峰值曲线。从图 4.43(a)中可以看到，工况 0 最大主应力峰值出现拱脚处，其中右拱脚略大，为 261.7kPa，拱腰处应力峰值最小，其他各测点处应力峰值大小相近；工况 1 隧道仰拱应力峰值为14.7kPa，其他各测点的应力峰值均减小，其中拱顶和左右拱脚处应力峰值大幅降低，分别达到 36.7%、27.5%、30.9%；工况 2 与工况 1 应力峰值变化趋势相同，但前者在拱腰处应力峰值大于工况 0，在拱顶和左右拱脚处应力峰值分别减小 5.2%、17.3%、24.3%，与工况 1 的减小量相差较大，尤其在隧道拱顶处差异最为明显。从图 4.43(b)中可以看到，最小主应力峰值也出现在拱脚处，其中左拱脚应力峰值略高(−207kPa)；工况 1 各测点应力峰值比工况 0 均减小，其中隧道拱顶和仰拱处分别降低 62.6%、32.8%，左右拱脚处减小量不大，分别为 0.1%和 8%；工况 2 与工况 1 相比，除拱脚，其余各测点应力峰值均降低，但左右拱脚的应力峰值反而增加约 28.5%和 39.2%。

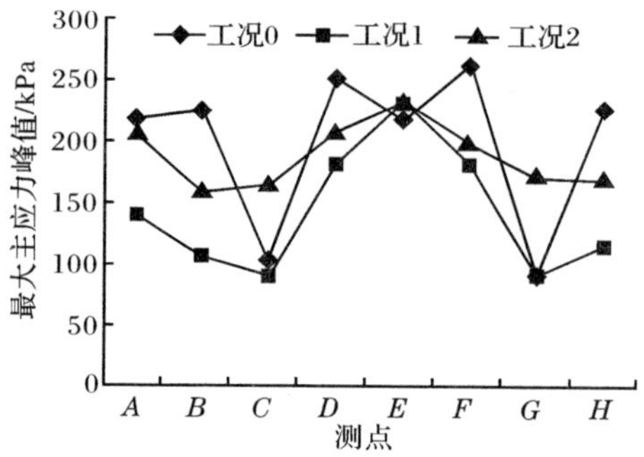

(a) 最大主应力峰值

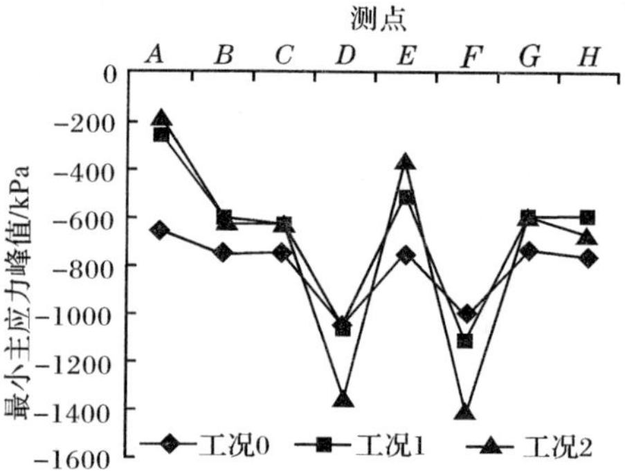

(b) 最小主应力峰值

图 4.43　不同工况下隧道洞口各测点主应力峰值曲线

由表 4.16 可知，工况 0(未设减震措施)各断面的最大主应力均发生在拱脚处，为比较减震层的减震效果，可以比较拱脚处的最大主应力值。

表 4.16　无减震措施时各断面最大主应力　　(单位:kPa)

断面	最大主应力	断面	最大主应力	断面	最大主应力	断面	最大主应力
1	−1046(*D*)	4	−1233(*F*)	7	−1242(*F*)	10	−1232(*F*)
2	−1210(*F*)	5	−1233(*F*)	8	−1234(*F*)	11	−1232(*F*)
3	−1214(*F*)	6	−1236(*F*)	9	−1241(*F*)	12	−1305(*F*)

注:括号中字母表示发生最大值的测点。

图 4.44 为工况 1 与工况 0 主应力峰值之差($|S_{1\max}^{1}|-|S_{1\max}^{0}|$、$|S_{3\min}^{1}|-|S_{3\min}^{0}|$，上标表示工况，下标表示主应力)。图 4.44(a)显示，沿隧道拱脚的最大主应力差值全部为负值，说明减震层能有效地减小衬砌最大主应力，左右仰拱处的应力峰值减小量较小，在隧道纵向变化平缓；图 4.44(b)显示，沿隧道拱顶的最小主应力(压应力)减小，沿隧道纵向这种减小的趋势逐渐丧失，隧道仰拱最小主应力呈现较大波动；左右拱脚处最小主应力差相差较小，说明相对于无减震措施，拱脚的应力沿隧道纵向基本没有变化。洞鸟段设置减震层对降低隧道各断面的主应力峰值的效果不明显，而在洞口段设置减震层能够有效减小衬砌结构的应力峰值。

图 4.45 为工况 2 与工况 0 的隧道结构应力峰值之差沿隧道纵向的变化曲线。工况 2 在隧道断面上相应测点的主应力峰值比工况 1 大，拱脚测点在不同断面处的应力峰值均比工况 1 大，由此可以说明，出于隧道衬砌应力指标考虑，工况 1 的减震层设置效果比工况 2 要好。

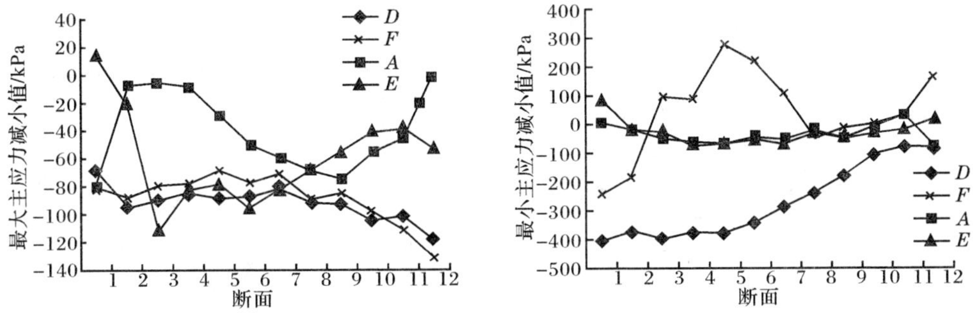

(a) 工况 1 最大主应力峰值相对值　　(b) 工况 0 最小主应力峰值相对值

图 4.44　工况 1 与工况 0 隧道拱脚主应力差值沿纵向变化曲线

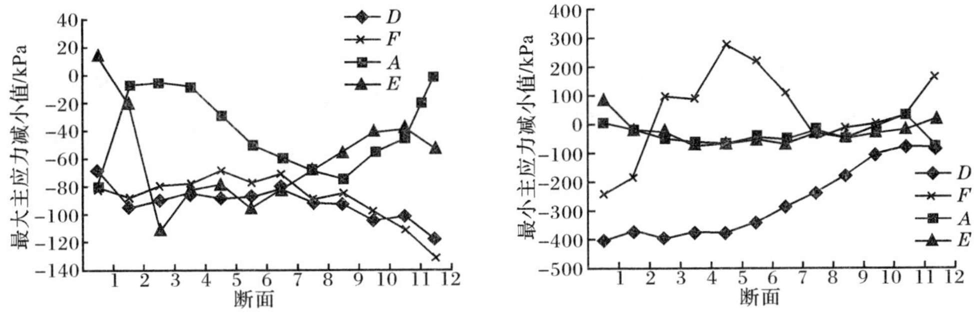

(a) 工况 2 最大主应力峰值相对值　　(b) 工况 0 最小主应力峰值相对值

图 4.45　工况 2 与工况 0 隧道拱脚主应力差值沿纵向变化曲线

3) 隧道结构内力分析

图 4.46 为断面 1 在不同工况下隧道结构内力峰值曲线。

从图 4.46(a)可以看到，工况 1 和工况 2 在拱脚处弯矩值要明显小于工况 0，工况 1 最大减小 36.6kPa，工况 2 最大减小 32.9kPa，分别为工况 0 的 49.3%和 45.5%。工况 1 与工况 2 在整个断面上的最大正弯矩峰值相差不大，分别为 39kPa 和 43kPa，两种工况下均是拱脚处峰值最大；工况 1 在各测点处正弯矩峰值差异比工况 2 小，这说明工况 1 更有利于设计时充分发挥衬砌各部位的性能。

从图 4.46(b)可以看到，三种工况下，除隧道拱顶，其他各测点的负弯矩峰值基本一致，断面 1 负弯矩峰值比较结果为：工况 0>工况 1>工况 2。

从图 4.46(c)可以看到，不同工况下隧道轴力分布趋势类似，最大轴力峰值均出现在拱脚处。工况 2 与工况 0 在左拱脚处的轴力峰值相近，在右拱脚处工况 2 则较大(相差达 21%)。各工况测点在设置减震层时的轴力峰值比无减震措施时均减小，其中工况 1 隧道轴力峰值减小 46.8%(右拱肩)。表 4.17 为不同工况隧

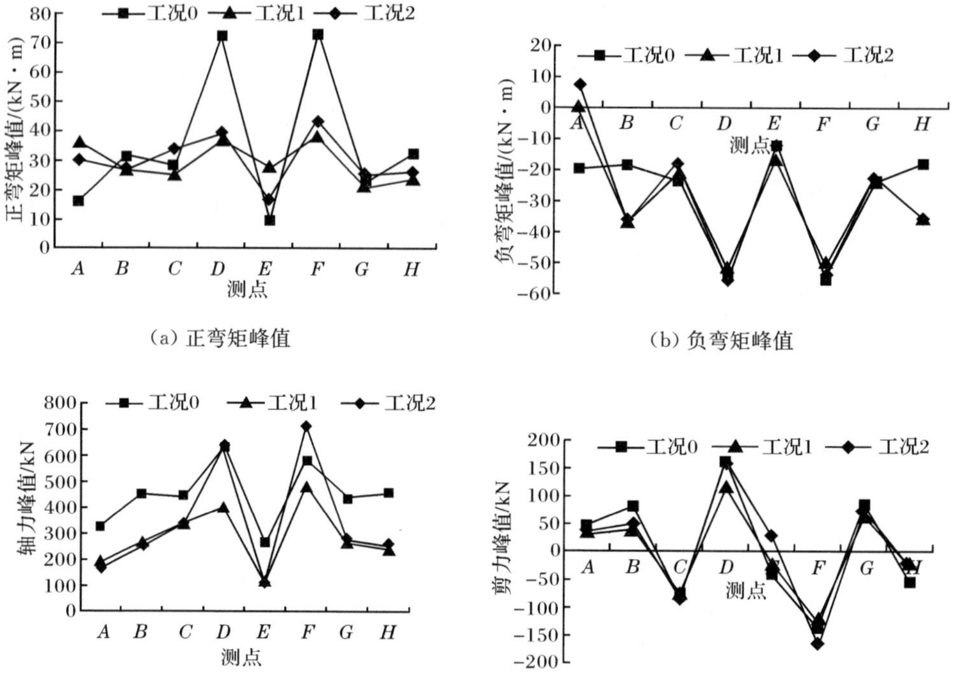

(a) 正弯矩峰值　(b) 负弯矩峰值

(c) 轴力峰值　(d) 剪力峰值

图 4.46　不同工况下断面 1 隧道结构内力峰值曲线

道结构轴力峰值分布，可以看出，工况 1 隧道衬砌轴力峰值小，且分布更为合理，有利于发挥衬砌整体受力作用。

从图 4.46(d)可以看出，不同工况下隧道结构剪力峰值曲线分布趋势也是类似，剪力峰值变化不大，最大剪力峰值出现在隧道拱脚处，其中在左拱脚处工况 0 最大，在右拱脚处工况 2 最大。

表 4.17　不同工况隧道结构轴力峰值一览表

工况	轴力峰值/kN	均方差
0	446.9	120.6
1	286.0	116.7
2	341.0	216.5

图 4.47～图 4.49 为不同工况下隧道结构弯矩峰值沿纵向的变化曲线。结构弯矩峰值均发生在拱脚处，左右拱脚的弯矩峰值相近。从隧道结构最大弯矩峰值来看，沿隧道纵向方向，设置减震层会对隧道结构弯矩峰值产生一定的降幅，其中工况 1 的最大正弯矩峰值为 64.9kN · m，工况 2 为 64kN · m，相差不到 1.5%。

在断面 2 到洞口之间，工况 1 的正弯矩峰值大于工况 2；在断面 3 沿隧道轴向，工况 1 则小于工况 2。

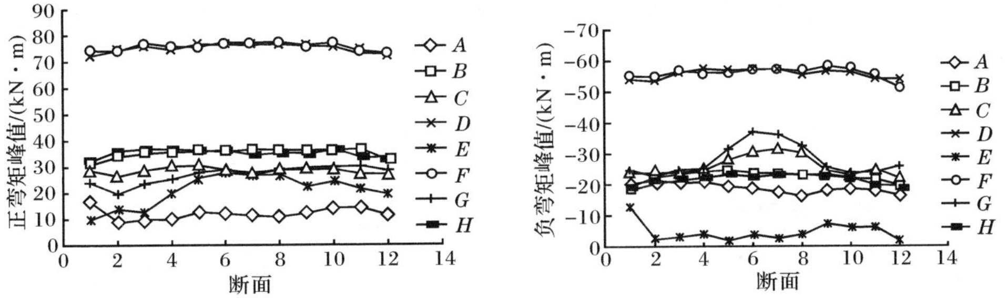

(a) 正弯矩峰值　(b) 负弯矩峰值

图 4.47　工况 0 隧道结构弯矩峰值沿纵向变化曲线

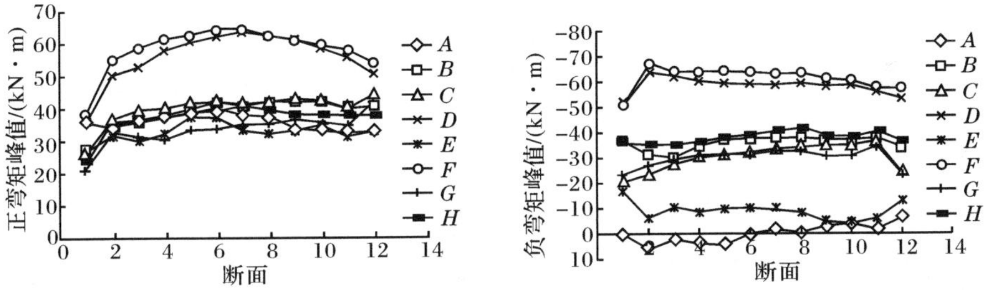

(a) 正弯矩峰值　(b) 负弯矩峰值

图 4.48　工况 1 隧道结构弯矩峰值沿纵向变化曲线

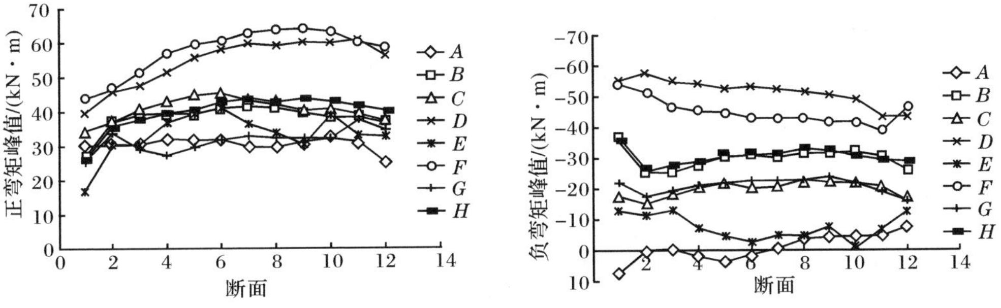

(a) 正弯矩峰值　(b) 负弯矩峰值

图 4.49　工况 2 隧道结构弯矩峰值沿纵向变化曲线

图 4.50～图 4.52 为不同工况下隧道结构内力峰值沿纵向变化曲线，可以看到，沿隧道纵向上各工况的轴力峰值变化较小。工况 1 隧道结构最大轴力峰值小于工况 2，工况 2 小于工况 0。隧道轴力峰值沿纵向上沿缓慢增加，且工况 1 均小

于工况 2，拱脚处最为明显，最大相差 235kN(断面 1)，约为工况 2 最大轴力峰值的 33%。从剪力峰值变化曲线分析，在不同工况下隧道结构剪力峰值沿纵向无明显变化，工况 1 隧道剪力峰值逐渐增加，但最大值仍然小于工况 2，工况 2 与工况 0 内力峰值最大值相近。

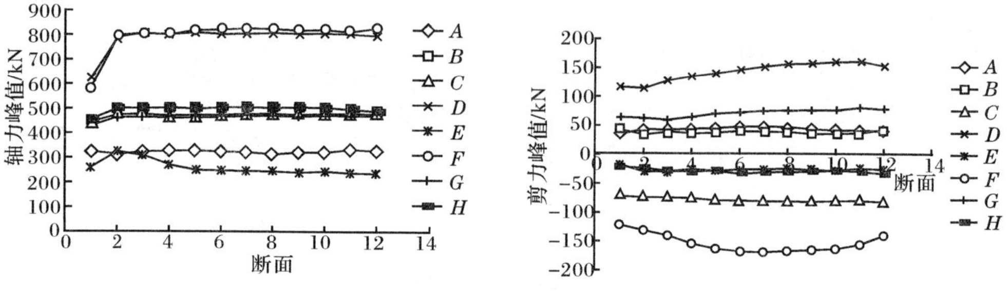

(a) 轴力峰值　　(b) 剪力峰值

图 4.50　工况 0 隧道结构轴力、剪力峰值沿纵向变化曲线

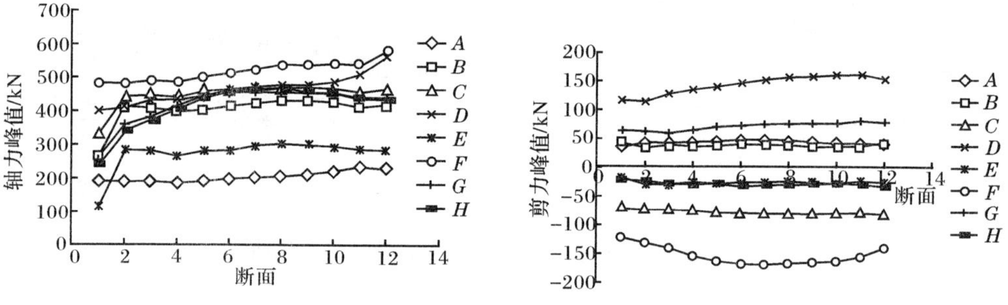

(a) 轴力峰值　　(b) 剪力峰值

图 4.51　工况 1 隧道结构轴力、剪力峰值沿纵向变化曲线

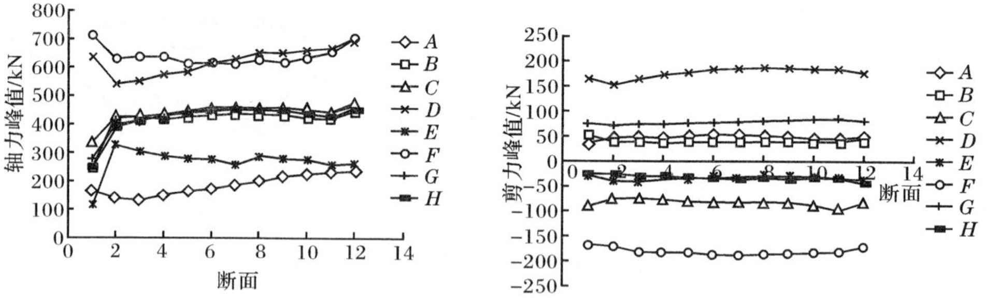

(a) 轴力峰值　　(b) 剪力峰值

图 4.52　工况 2 隧道结构轴力、剪力峰值沿纵向变化曲线

通过对隧道结构相对位移峰值、应力峰值及内力峰值的分析，发现隧道衬砌设置减震层时比无减震措施时均减小。隧道衬砌的抗减震薄弱部位在左右拱脚处，减震层设置在初衬及二衬之间相比设置在围岩与初衬之间，更有利于减小隧道衬砌应力峰值、弯矩峰值及轴力峰值，对拱脚的应力和内力减小尤为明显。

4.3.2 减震材料变化对隧道结构动力响应的影响分析

1. 隧道减震层材料特性

1）泡沫混凝土

泡沫混凝土是通过发泡机的发泡系统，将发泡剂用机械方式充分发泡，并将泡沫与水泥浆均匀混合，然后经过发泡机的泵送系统进行现浇施工或模具成型，经自然养护所形成的一种含有大量封闭气孔的新型轻质保温材料。它属于气泡状绝热材料，突出特点是在混凝土内部形成封闭的泡沫孔，使混凝土轻质化和保温隔热化。

由于泡沫混凝土内部含有大量均匀、封闭的泡沫孔，从而具有良好的物理性能(表4.18)，具体如下：

(1) 保温性。导热系数为0.08～0.28W/(m·K)，热阻为普通混凝土的10～20倍。

(2) 轻质性。干体积密度为300～1600kg/m^3，相当于普通水泥混凝土的115～118倍，可减轻建筑物整体荷载。

(3) 整体性。可现场浇筑施工，与主体工程结合紧密，不需留间隔缝和透气管。

(4) 低弹减震性。泡沫混凝土的多孔性使其具有低的弹性模量，从而使其对冲击载荷具有良好的吸收和分散作用。

(5) 环保性能好。泡沫混凝土所需原料为水泥和发泡剂，发泡剂为中性，不含苯、甲醛等有害物质，避免了环境污染和消防隐患。

(6) 抗压性。抗压强。

(7) 耐水性。现浇发泡混凝土吸水性较小，具有相对独立的封闭气泡及良好的整体性，使其具有一定的防水性能。

(8) 耐久性。与主体工程寿命相同。

表4.18 泡沫混凝土与普通混凝土的性能比较

项目	泡沫混凝土	普通混凝土
干容重/(kg/m^3)	400～1600	2200～2400
抗压强度/MPa	0.5～10.0	30～80
弯曲强度/MPa	0.1～0.7	3.0～8.0

续表

项目	泡沫混凝土	普通混凝土
弹性模量/GPa	0.3～1.2	20～30
干燥收缩/$\times 10^{-6}$	1500～3500	600～900
导热系数/W/(m·K)	0.11～0.3	1.63～1.74
抗冻融性/%	90～97	90～97
新拌浆体流动性/mm	>200	～180

2）橡胶材料

橡胶材料的特点如下：

（1）具有高弹性。橡胶的弹性模量小，一般在1～9.8MPa。伸长变形大，伸长率可高达100%，仍表现有可恢复的特性，并能在很宽的温度范围（－50～＋150℃）内保持弹性。

（2）具有黏弹性。橡胶是黏弹性体，由于大分子间作用力的存在，橡胶受外力作用，产生形变时受时间、温度等条件的影响，表现有明显的应力松弛和蠕变现象，在振动或交变应力等周期作用下，产生滞后损失。

（3）具有缓冲减震作用。橡胶对声音及振动的传播有缓和作用，可利用这一特点来防除噪声和振动。

（4）具有电绝缘性。橡胶和塑胶一样是电绝缘材料，如天然橡胶和丁基橡胶，其体积电阻可达到10Ω。

（5）具有温度依赖性。高分子材料一般都受温度影响，橡胶在低温时处于玻璃态，变硬变脆，在高温时则发生软化、熔融、热氧化、热分解以至燃烧等。

（6）具有老化现象。如同金属腐蚀、木材腐朽、岩石风化一样，橡胶也会因环境条件变化而发生老化，使性能变坏，使用寿命缩短。

（7）必须进行硫化。橡胶必须加入硫磺或其他能使橡胶硫化（或交联）的物质，使橡胶大分子交联成空间网状结构，才能得到具有使用价值的橡胶制品，但是热塑橡胶可不必硫化。

（8）必须加入配合剂。为提高材料的工程价值，一般必须在橡胶中加入各种配合剂（亦称助剂）。

除此之外，橡胶密度低，属于轻质材料；硬度低，柔软性好；透气性差，可作气密性材料；还是较好的防水性材料等。

从泡沫混凝土和橡胶材料本身特点可以看出，都具有较强的抗震性能，因此在隧道结构中设置减震层时，必须考虑两者的刚度与围岩、结构刚度之间的匹配问题，施工工艺水平及施工成本等方面的因素。

2. 隧道结构动力响应分析

1) 隧道计算模型建立

泡沫混凝土和橡胶类材料是比较受青睐的减震材料，其材料的力学性能可以根据不同的要求，通过调整原料比例和添加材料成分来获得。从 4.3.1 节中得出，减震层设置在初衬与二衬之间更有利于隧道结构的抗减震，本节将主要对隧道结构在设置不同材料减震层时的地震动力响应进行分析。为了有针对性地研究隧道抗减震措施的效果以及基于对计算机时和成本的考虑，在本节的分析计算中，减震层材料主要是泡沫混凝土和橡胶材料。根据相关文献，数值计算模型中隧道衬砌及围岩材料参数如表 4.19 所示，计算工况主要考虑橡胶材料和泡沫混凝土材料，如表 4.20 所示，隧道计算模型输入地震波的加速度时程曲线见图 3.17，隧道结构网格如图 4.53 所示。

表 4.19　围岩与隧道结构计算参数表

材料	密度/(kg/m^3)	弹模/MPa	泊松比	黏聚力/MPa	内摩擦角/(°)
V级围岩	1850	1200	0.35	0.2	30
C25 二衬混凝土	2500	29500	0.2		
C20 初期支护	2200	21000	0.23		
泡沫混凝土	1000	600	0.35		
橡胶	1000	6	0.45		

表 4.20　不同材料减震层计算工况一览表

工况	减震材料	备注(模型中符号表示)
工况 0	无减震措施	—
工况 1	橡胶材料	橡胶材料厚度为 20cm
工况 3	泡沫混凝土	泡沫混凝土厚度为 20cm

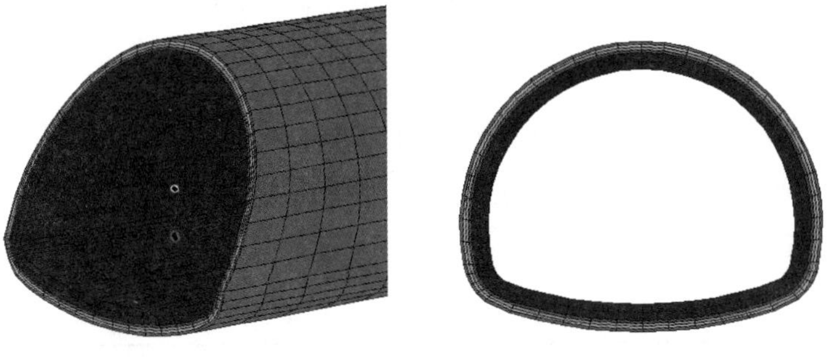

(a) 隧道洞口网格图　　(b) 隧道横断面网格图

图 4.53　隧道结构网格

2) 隧道结构相对位移时程分析

图 4.54 为工况 3 隧道结构不同测线水平相对位移时程曲线，与工况 1、2(图 4.42)相比，可以看出，测线相对位移的变化趋势基本一致。在前 8s，工况 3 与工况 1 的波形相似，在 8s 之后，工况 3 中测线 *AB* 和 *EF* 的曲线比工况 1 的低。

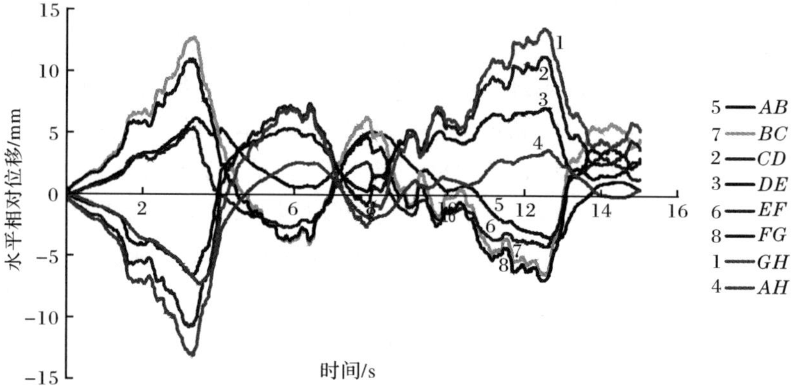

图 4.54 工况 3 隧道结构不同测线水平相对位移时程曲线

根据表 4.21～表 4.23 可知，工况 3 在测线 *AB* 和 *AH* 上正向相对位移明显较小，但在测线 *EF* 和 *GH* 位移较大，工况 3 的最大相对位移比工况 1 大 0.8mm，两种工况最大位移恰好呈对角分布；从相对位移分布来看，工况 3 和工况 1 的情况与表 4.21 正好相反，说明工况 3 测线水平相对位移时程曲线与工况 1 是相反的变形状态；从表 4.22 中可知，工况 3 测线相对位移峰值大于工况 1，在仰拱处测线最为明显，其中测线 *EF* 位移差为 3.9mm，比工况 1 增加了 69.9%。所以从相对位移指标分析，工况 1 要好于工况 3。

表 4.21 周边测线的水平相对位移最大值 (单位：mm)

	AB	*BC*	*CD*	*DE*	*EF*	*FG*	*GH*	*AH*	最大值
工况 1	7.33	12.80	11.60	7.70	4.70	11.40	9.80	5.90	12.8
工况 3	6.2	12.8	11.3	7.1	5.4	11	13.6	3.7	13.6

表 4.22 周边测线的水平相对位移最小值 (单位：mm)

	AB	*BC*	*CD*	*DE*	*EF*	*FG*	*GH*	*AH*	最小值
工况 1	−0.04	−7.90	−11.40	−5.50	−0.90	−10.20	−13.60	−7.00	−13.6
工况 3	−3.72	−6.4	−10.8	−6.6	−4.1	−6.9	−13.1	−7.3	−13.1

表 4.23　周边测线的水平相对位移幅值　（单位：mm）

	AB	BC	CD	DE	EF	FG	GH	AH	最大值
工况 1	7.37	20.7	23	13.2	5.6	21.6	23.4	12.9	23.4
工况 3	9.92	19.2	22.1	13.7	9.5	17.9	26.7	11	26.7

3) 隧道结构应力分析

图 4.55 为三种工况下隧道洞口断面 2 各测点主应力峰值曲线，可以看出，工况 3 隧道各测点最大主应力峰值出现在拱顶处，为 253.2kPa；工况 1 隧道各测点的最大主应力峰值最小，而其最大值出现在仰拱处，为 22.6kPa。图 4.55(b)中，工况 3 与工况 1 应力峰值变化趋势相同，工况 1 比工况 3 相应峰值最大值小 1%。

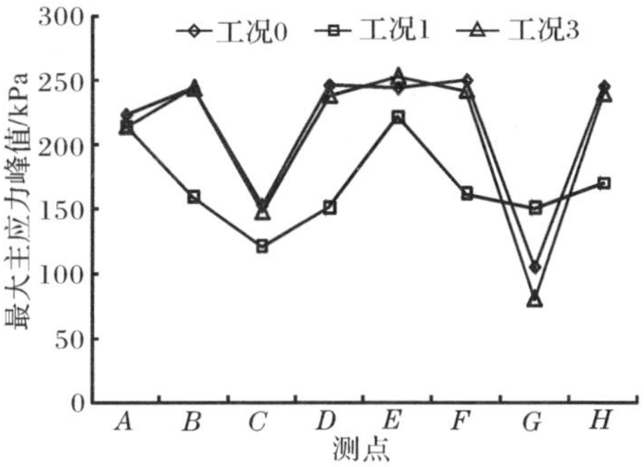

(a) 最大主应力峰值

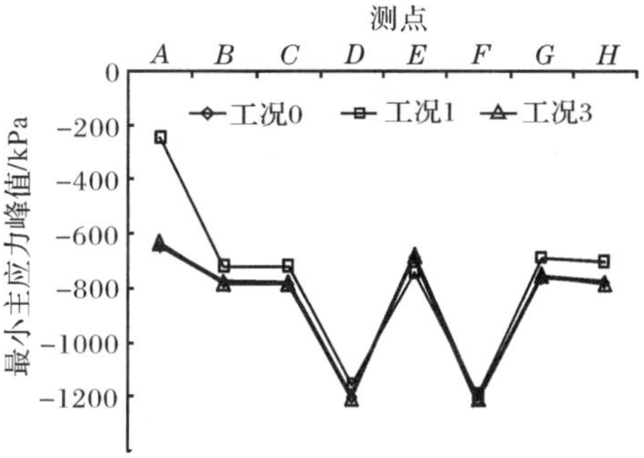

(b) 最小主应力峰值

图 4.55　不同工况下断面 2 隧道各测点主应力峰值曲线

图 4.56 中，纵坐标表示 $|S_{1max}-S_{3min}|$，从图中可看到，工况 1 主应力幅值均比工况 3 小，因此工况 1 隧道各测点应力状态改变幅度较小。从隧道各测点最大应力分析，虽然两工况比无减震措施时均有所减小，但变化幅度较小。故在比选减震层使用材料时，除了不能忽视断面危险部位拱脚的最大承载能力，还可以比较其他测点的应力减震效果。

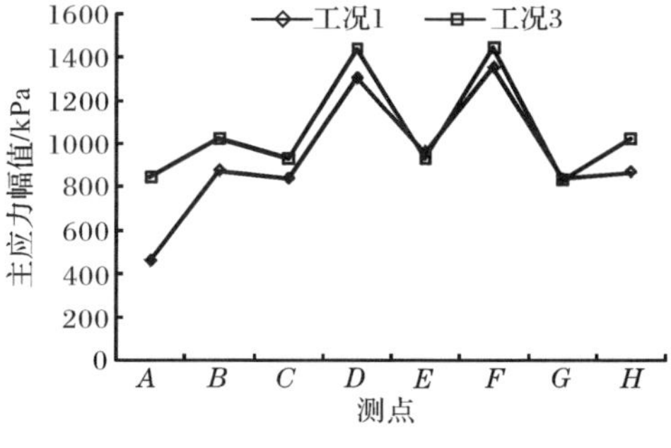

图 4.56　不同工况隧道各测点主应力曲线

4）隧道结构内力分析

对比图 4.57(a)和图 4.47(a)可以看到，隧道结构最大正弯矩峰值均发生在拱脚处，左右拱脚的正弯矩峰值相近。将不同工况结构弯矩峰值进行对比分析，可以发现沿隧道纵向方向工况 3 的最大正弯矩峰值为 79.1kN·m，工况 1 为 64.9kN·m，相差大于 20%。工况 3 结构正弯矩峰值均大于工况 1，最大相差 19.8kPa(断面 2)。对比图 4.57(b)和图 4.47(b)可以看到，两工况下负弯矩变化规律与正弯矩相似，但工况 1 最大负弯矩绝对值要大于工况 3，最大差值为 14.36kPa(断面 2)。

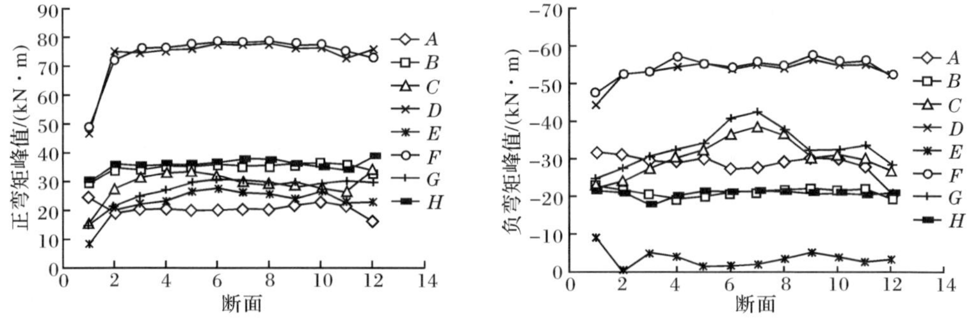

(a) 正弯矩峰值　　　　(b) 负弯矩峰值

图 4.57　工况 3 隧道结构弯矩峰值沿纵向变化曲线

图 4.58(a)为工况 3 隧道结构轴力峰值变化曲线，可以看到，隧道结构轴力最大值发生在拱脚处，左右拱脚的轴力峰值几乎一样。在隧道纵向上，断面 1 到断面 2 结构轴力峰值增加，且变化平稳，基本保持在 800kN 附近；与图 4.51(a)相比，工况 3 轴力最大值较大，相差 222kN，约为工况 1 的 38%，比无减震措施时几乎没有减小。图 4.58(b)与图 4.51(b)相比较，隧道结构剪力最大值沿纵向变化缓慢，最大值为 182.8kN(断面 4)，比工况 1(160.8kN)(断面 11)大13.7%，比无减震措施时(186.5kN)减小 2%。

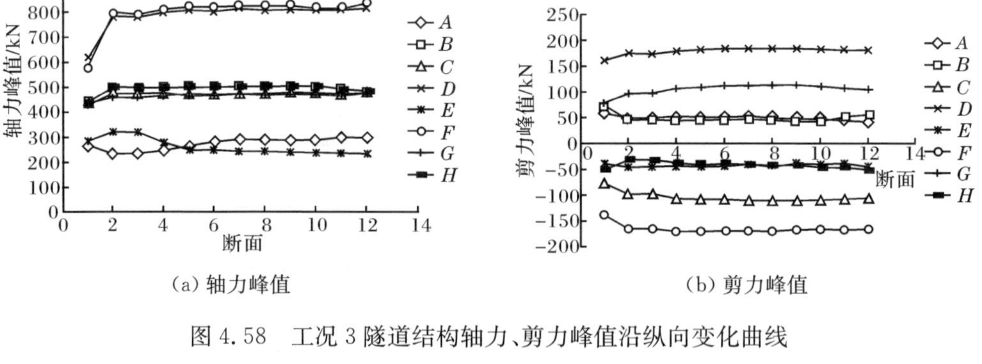

(a) 轴力峰值　　　　(b) 剪力峰值

图 4.58　工况 3 隧道结构轴力、剪力峰值沿纵向变化曲线

综上分析，隧道洞口处衬砌，当橡胶材料作为减震层时，周边测线相对位移比泡沫混凝土材料略小；从应力峰值大小来看，衬砌周边大部分测点主应力值明显小于泡沫混凝土；从内力值上比较，也是橡胶材料材料优于泡沫混凝土。

4.3.3　减震层厚度变化对隧道结构动力响应的影响分析

1. 隧道计算模型建立

在 4.3.2 节中对比分析了隧道减震层设置位置和橡胶与泡沫混凝土两种减震材料对隧道结构动力响应的影响，在实际工程应用中，一般是以最经济投资成本获得最优的减震效果，除了考虑减震层的材料、纵向设置长度，还要考虑其最佳设计厚度。对此本节主要考虑不同减震层厚度对隧道结构动力响应的影响。

减震层材料采用橡胶材料，设置在初期支护与二次衬砌之间，计算减震层厚度分别拟定为 10cm、20cm、30cm。计算工况如表 4.24 所示，计算模型“围岩—初支—减震层—二衬”的网格如图 4.59 所示。

表 4.24　不同厚度减震层计算工况一览表

工况	减震层厚度/cm	备注
工况 1	20	橡胶材料，设置方式为围岩—初支—减震层
工况 4	10	二衬
工况 5	30	无

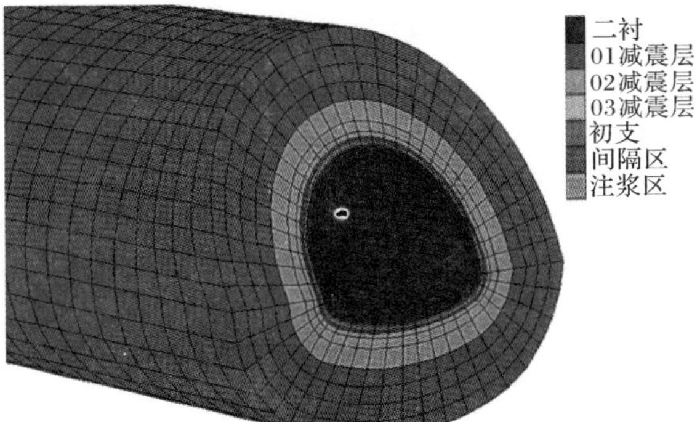

图 4.59　计算网格图

2. 隧道结构动力响应分析

由 4.3.1 节和 4.3.2 节分析发现，在Ⅴ级围岩条件下，减震层对隧道洞口段的衬砌周边相对位移改变不大，而在应力和内力方面有明显改善(变小)，本节仅对隧道结构减震层不同厚度的工况进行应力和内力分析。

1) 隧道结构应力分析

从图 4.60(a)中可以看到，工况 0 隧道测点主应力峰值比设置橡胶减震层时大。工况 1、4 与工况 5 的应力峰值在不同断面处变化规律相似，均为仰拱处最大，沿隧道竖向先减小后增大，到拱顶时达到 140kPa 左右。工况 4 与工况 1 相比，前者除拱顶处应力峰值较大(10.6kPa)，其他各测点则较小，在左右拱脚处分别为 9.3kPa、17.9kPa，分别约为工况 0 的 3.7%、6.8%；在仰拱处，则比工况 1 小 9.5kPa。工况 4 与工况 5 相比，在拱脚处的应力峰值相近，前者较大但不超过 2kPa；在拱腰处，工况 5 则明显大于工况 4，超过了工况 0 时的应力峰值；在仰拱处，工况 5 应力峰值在三种减震层措施中最大。

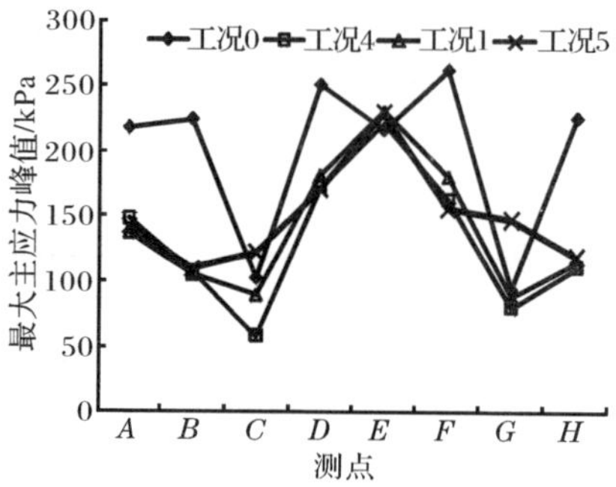

(a) 最大主应力峰值

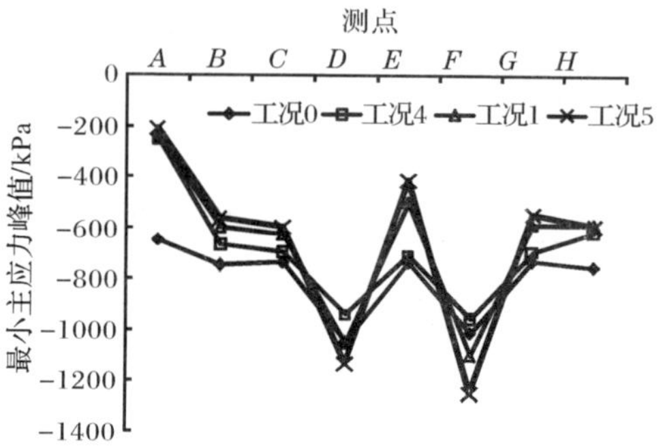

(b) 最小主应力峰值

图 4.60 不同工况下断面 1 隧道各测点主应力峰值曲线

从图 4.60(b)中可以发现，各种工况下，隧道结构各测点应力峰值的分布规律基本一致：在左右拱脚处最大，在拱顶和仰拱处次之。从拱脚的应力峰值来看，工况 5 反而比工况 0 增加了，最大增加量为工况 0 的 23.9%，尽管前者在仰拱和拱腰以上部位减小幅度最好，最大达到 67.6%(拱顶处)，但这显然不利于隧道结构局部薄弱部位的受力和安全。工况 4 及工况 1 则要好许多，其中工况 4 在各测点处的应力峰值均小于工况 0，最大减小量在拱顶处约为后者的 61.1%，在左右拱脚和仰拱处分别为后者的 10.5%、5.7%和 3.7%；工况 1 则在衬砌拱腰之上的部分减震效果很好，但在右拱脚处却增大了 87kPa，约为工况 0 的 8%。

通过隧道结构主应力分析可以得出，三种减震层厚度下，推荐洞口处减震层厚度为 10cm，对隧道衬砌内侧的主应力值均能有效的减小；减震层厚度为 30cm 则对拱顶附近的衬砌结构有良好的减震效果，对仰拱则增大了拉应力，对拱脚则增加了压应力；减震层厚度为 20cm 的减震效果则处于两者之间。

2) 隧道结构内力分析

对比分析工况 0、1、4 和工况 5 隧道结构弯矩(图 4.47、图 4.48、图 4.61、图4.62)可以发现,隧道结构正弯矩峰值均出现在拱脚处。在断面 1 处,工况 4、1、5 的正弯矩峰值分别为 38.4kN·m、38.3kN·m 和 37.6kN·m,比工况 0(73.5kN·m)分别减小 47.7%、47.8%和 48.8%;沿隧道纵向,结构弯矩峰值减小程度逐渐降低,其中工况 5 在整个纵向上减小幅度较大,工况 1 稍差,工况 4 最差。根据不同工况隧道结构负弯矩峰值曲线,可以发现与正弯矩峰值曲线变化趋势相似:拱脚处负弯矩峰值最大,负弯矩峰值与正弯矩峰值的绝对值相近(67~68kPa),但都小于工况 0 的最大弯矩值(77.5kPa)。

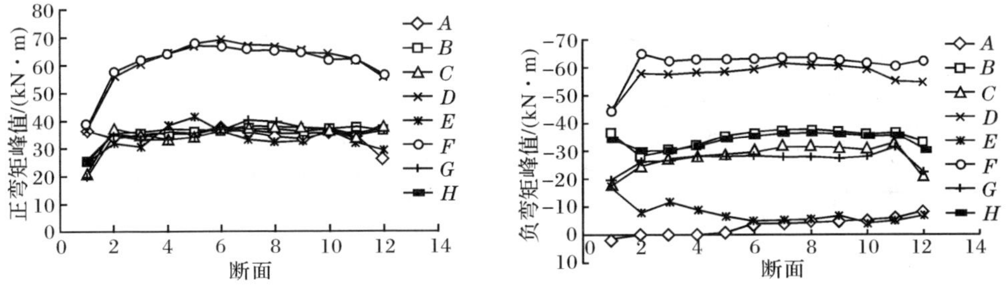

(a) 正弯矩峰值　　(b) 负弯矩峰值

图 4.61　工况 4 隧道结构弯矩峰值沿纵向变化曲线

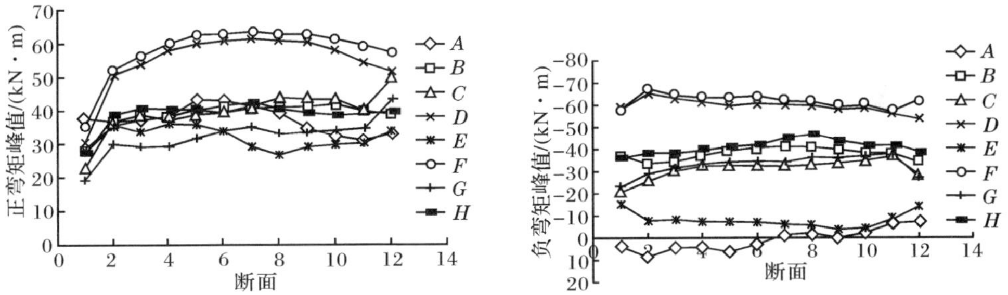

(a) 正弯矩峰值　　(b) 负弯矩峰值

图 4.62　工况 5 隧道结构弯矩峰值沿纵向变化曲线

图 4.63 与图 4.64 分别为减震层厚度为 10cm 和 30cm 时的轴力、剪力峰值沿纵向变化曲线,可以看出,在洞口段,工况 4 的隧道结构轴力峰值最小,从表 4.25 中也可以得到验证。比较隧道结构剪力峰值可以看出,剪力峰值变化趋势一致,沿隧道纵向变化缓慢。

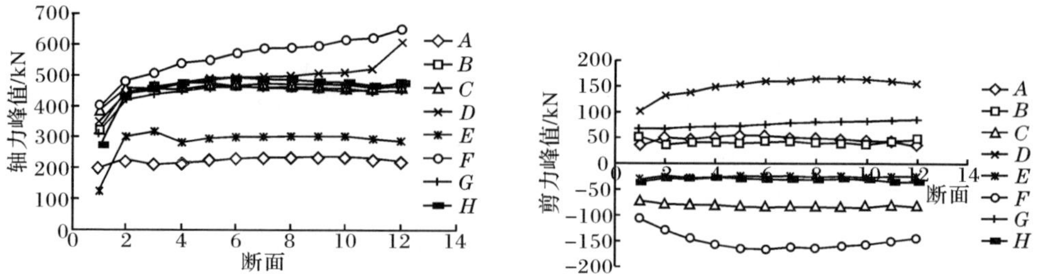

(a) 轴力峰值　　　　(b) 剪力峰值

图 4.63　工况 4 隧道结构轴力和剪力峰值沿纵向变化曲线

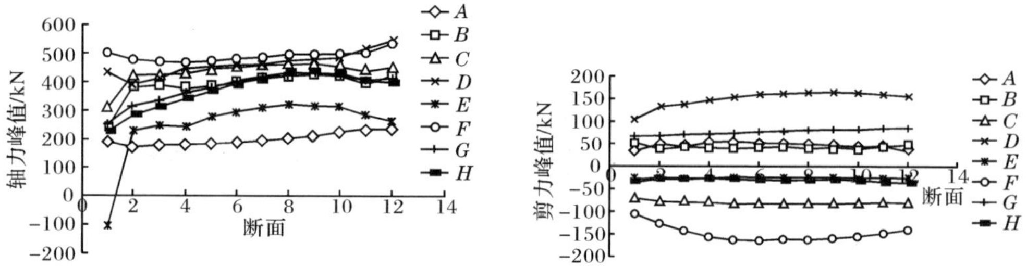

(a) 轴力峰值　　　　(b) 剪力峰值

图 4.64　工况 5 隧道结构轴力和剪力峰值沿纵向变化曲线

表 4.25　设置减震层时隧道结构轴力峰值减小幅值一览表　(单位:kN)

ΔF_N / 工况	断面								
	1	2	3	4	5	6	7	8	9
0—4	228.2	310.0	295.9	267.1	269.4	253.4	236.7	236.0	220.7
0—1	143.0	310.5	317.3	318.2	317.2	309.2	301.9	287.3	281.5
0—5	126.9	312.3	331.6	339.6	343.6	340.5	338.3	327.9	322.3

从隧道结构内力结果分析,在断面 1 附近橡胶减震层厚度设置为 10cm 时,能有效减小最大正弯矩和轴力,在断面 2 之后,设置为 30cm 时减震效果最好,减震层 20cm 厚时,各断面的减震效果介于前两者之间。考虑施工和经济因素,建议设置 20cm 厚的橡胶减震层。

4.3.4　隧道洞口段结构抗震与减震动力分析

对于围岩条件较差的隧道(Ⅵ、Ⅴ级围岩),通常在洞口段进行预加固措施,如采用大管棚、注浆方法或锚杆预加固等,能有效改善围岩的力学性质,增加围岩施工的稳定性和安全性。在高烈度地震区,在洞口段进行合理的注浆,不仅能有效增加隧道的静力安全,还能大幅改善隧道的动力响应。隧道洞口段全环间隔注浆对隧道结构的抗减震效果明显，本节将在此基础上研究全环间隔注浆后再设置减震层，隧道结构在地震动作用的动力响应。

1. 隧道数值计算模型

根据计算结果分析，确定隧道注浆间隔为 2m，注浆厚度为 4m，在整个隧道洞口浅埋段全环间隔注浆，减震层厚度设置为 10cm 和 20cm，按“围岩—初衬—减震层—二衬”方式设置，计算模型范围如图 4.65 所示，计算工况如表 4.26 所示。

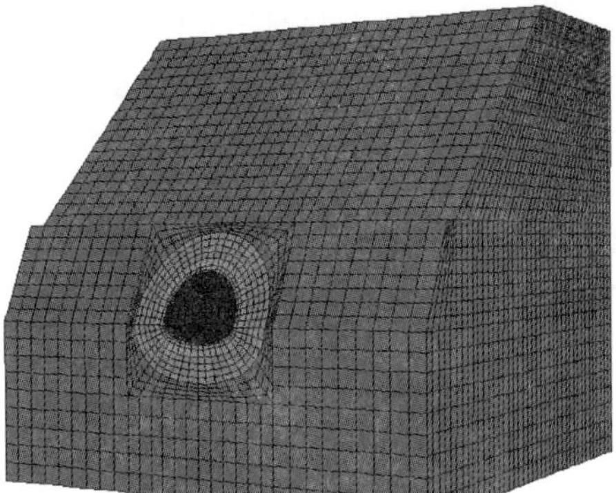

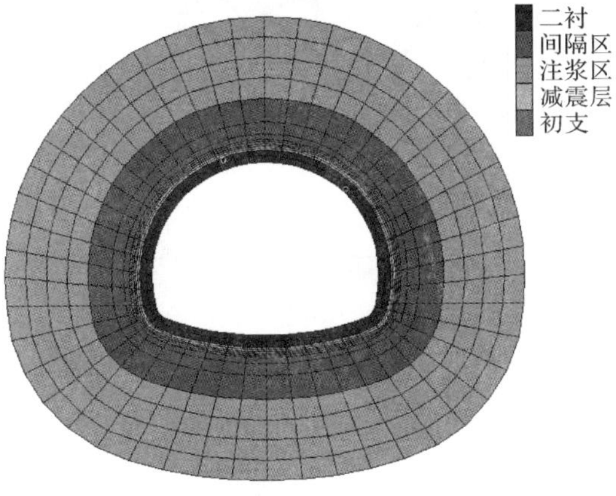

图 4.65　注浆与减震层联合措施的计算模型

表 4.26　联合减震措施工况一览表

工况	抗减震措施	备注(模型中符号表示)
6	注浆加固	
7	注浆加固与 10cm 减震层	减震层采用橡胶材料
8	注浆加固与 20cm 减震层	

注浆加固区力学特性主要根据等效原则来考虑。注浆后，围岩的弹性模型、黏聚力、内摩擦角等力学指标相应提高，根据以下经验公式转换，计算模型拟定注浆区材料参数如下：密度为 2400kg/m^3，弹性模量为 3GPa，泊松比为 0.25，黏聚力为 270kPa，内摩擦角为 31°。

2. 隧道结构动力响应分析

1) 隧道结构应力分析

本节主要以断面 1 为参考断面，进行隧道结构动力响应分析。从 4.66 中可以看出，不同工况隧道结构主应力变化趋势基本相似，工况 6 与工况 0 相比，主要减小了右拱脚和左拱肩处的主应力峰值，右拱脚减小值最大，为工况 0 的 7.9%

(20.6kPa)，测点应力最大值仍在拱脚处；在拱脚处工况 7 和工况 8 比工况 0 最大主应力峰值明显降低，分别降低 51.4%和 67%，此时结构最大主应力值(拉应力)由仰拱控制；仰拱处最大主应力峰值，工况 7<工况 6<工况 8。最小主应力峰值图中，结构测点最大拉应力峰值出现在左拱脚处，工况 6 在左拱脚处的应力略为减小(3kPa)。

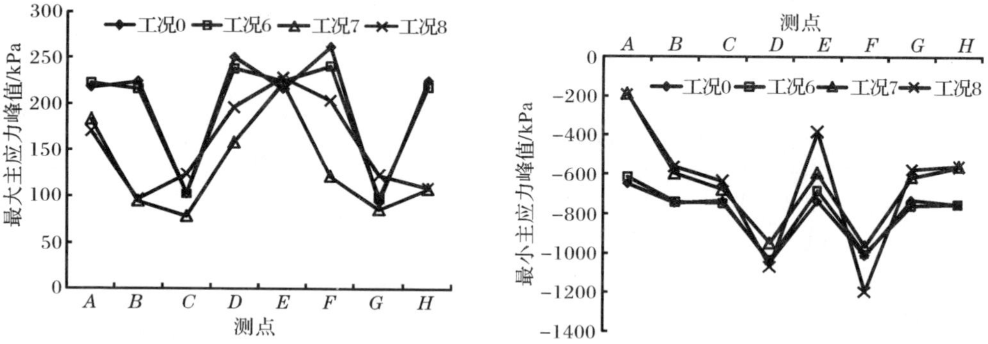

(a) 最大主应力峰值　　(b) 最小主应力峰值

图 4.66　不同工况下隧道各测点主应力峰值曲线

2) 隧道结构内力分析

从图 4.67～图 4.73 中可以看到，隧道结构弯矩峰值、轴力峰值及剪力峰值在各工况下沿隧道纵向变化规律一致，隧道结构内力峰值均在拱脚处。与表4.27对比分析可以发现，断面 1 处工况 6 的结构弯矩峰值最小，从断面 2 至洞身段，工况 8 的结构弯矩峰值最小。比较不同工况隧道结构轴力峰值(表 4.28)可见，在有注浆加固措施后，设置减震层也能够继续起到减震的效果。

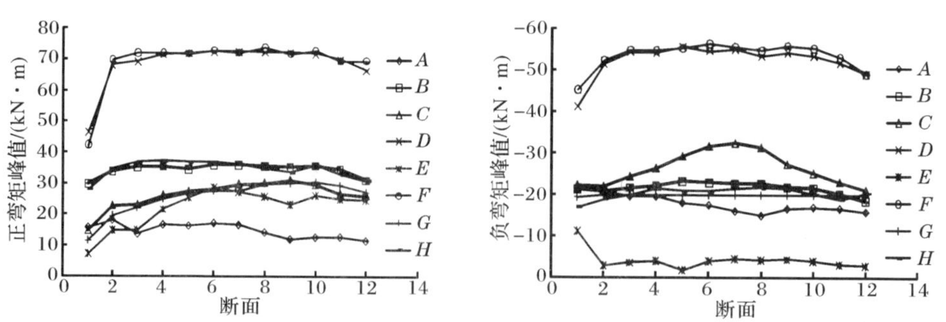

(a) 正弯矩峰值　　(b) 负弯矩峰值

图 4.67　工况 6 隧道结构弯矩峰值沿纵向变化曲线

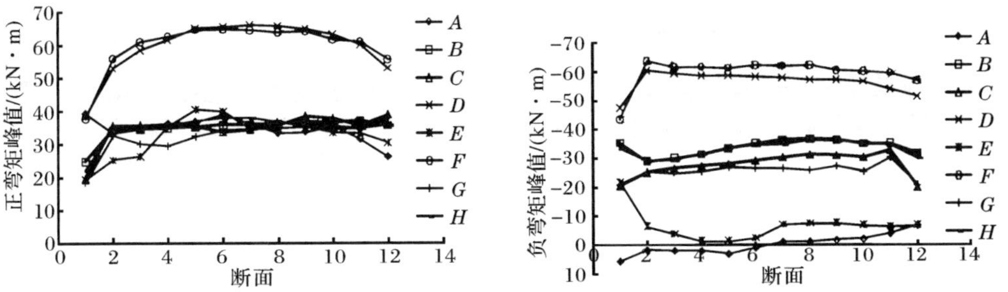

(a) 正弯矩峰值　　(b) 负弯矩峰值

图 4.68　工况 7 隧道结构弯矩峰值沿纵向变化曲线

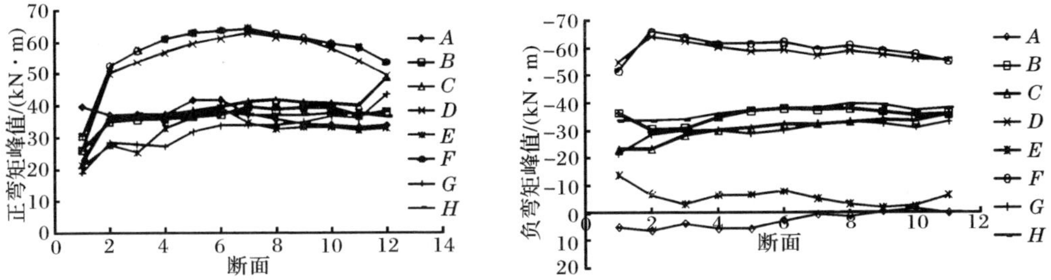

(a) 正弯矩峰值　　(b) 负弯矩峰值

图 4.69　工况 8 隧道结构弯矩峰值沿纵向变化曲线

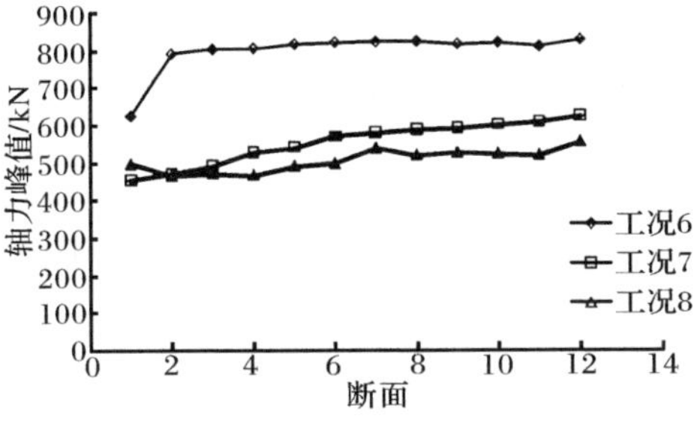

图 4.70　不同工况隧道结构轴力峰值沿纵向变化曲线

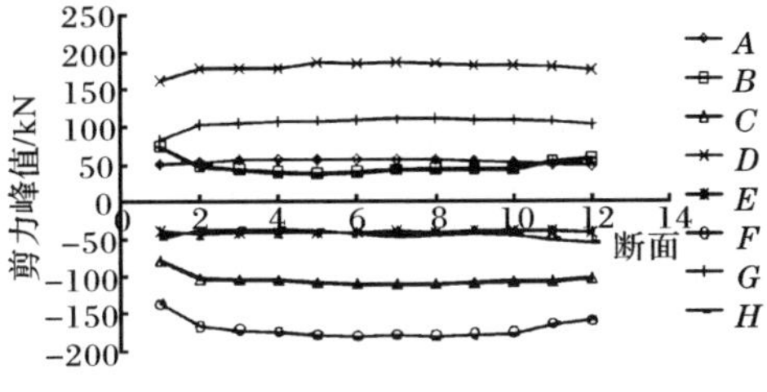

图 4.71　工况 6 隧道结构剪力峰值沿纵向变化曲线

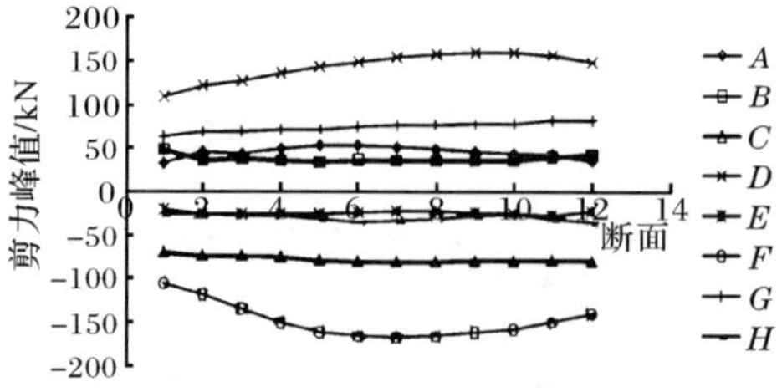

图 4.72 工况 7 隧道结构剪力峰值沿纵向变化曲线

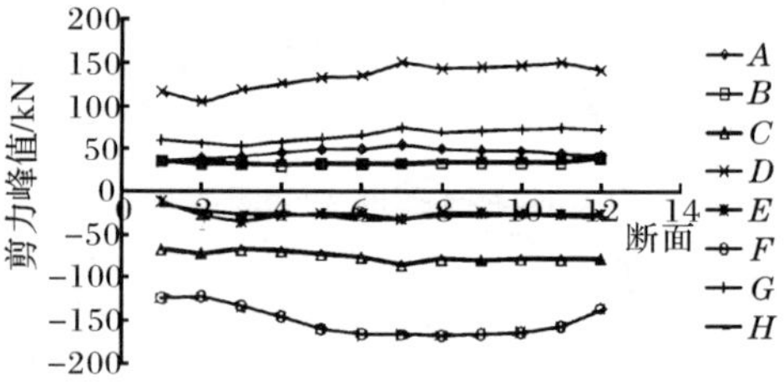

图 4.73 工况 8 隧道结构剪力峰值沿纵向变化曲线

表 4.27 不同工况下隧道结构弯矩峰值一览表 (单位:kN·m)

工况＼断面	1	2	3	4	5	6	7	8	9	10	11	12
0	73.5	74.7	76.5	76.0	76.3	76.9	76.5	77.5	76.2	76.6	74.8	72.8
6	46.0	69.5	71.6	71.7	71.7	72.6	72.3	73.6	72.1	72.4	69.8	69.3
7	47.4	55.7	60.9	62.6	65.0	65.4	66.1	65.9	64.9	63.2	60.9	55.6
8	54.7	54.7	57.0	60.8	62.8	63.5	64.1	62.6	61.1	59.4	58.0	54.7

表 4.28 不同工况下隧道结构轴力峰值一览表 (单位:kN)

工况＼断面	1	2	3	4	5	6	7	8	9	10	11	12
0	626	791	803	806	817	822	823	825	818	822	811	829
6	625	773	789	797	809	815	822	824	817	818	809	815
7	454	470	490	526	540	569	579	588	591	601	606	623
8	486	465	470	467	490	497	538	520	525	524	520	555

在高烈度地震区隧道进出口浅埋段,推荐设置 10cm 厚的橡胶减震层,而洞身段因建设成本和减震效果的要求,可以综合考虑是否设置减震层或注浆加固的措施。

第 5 章　洞口段软硬岩交界面隧道结构抗减震技术

众多专家学者的震害调研资料表明，在隧道洞口浅埋段、基覆界面、软岩与硬岩过渡带等围岩质量突变的位置，隧道结构极易发生较为严重的破坏。一般来说，造成隧道破坏的主要原因可以归结为强制位移和地震惯性力，而当隧道穿越围岩质量突变位置时，不同围岩条件下隧道结构的地震动响应不同，产生较大的相对变位。因此，在洞口段穿越软硬岩交界时，隧道结构通常震害较严重。软硬交界面是指隧道围岩质量突变的界面，包括洞口段基覆界面、硬岩与软岩交界面等，见图 5.1。

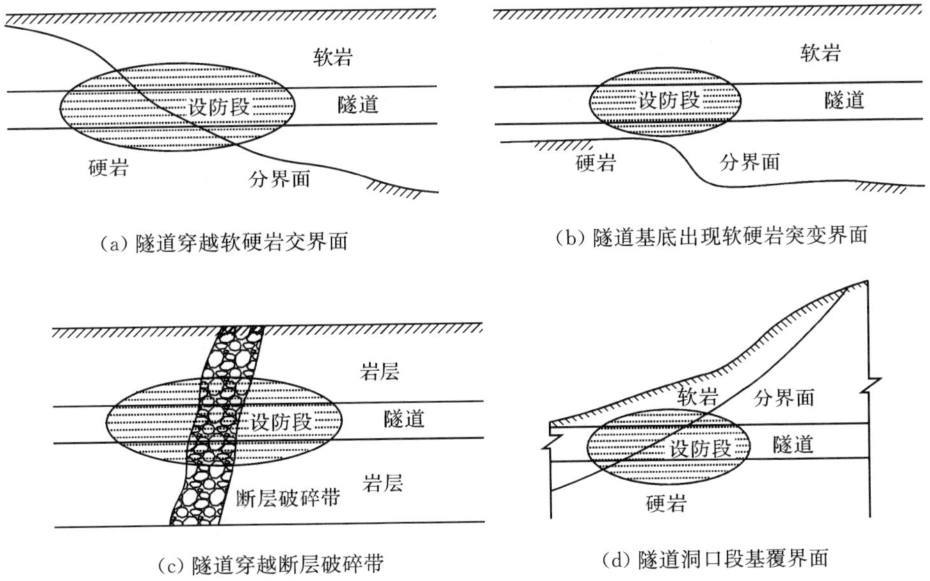

(a) 隧道穿越软硬岩交界面　(b) 隧道基底出现软硬岩突变界面

(c) 隧道穿越断层破碎带　(d) 隧道洞口段基覆界面

图 5.1　软硬岩交界面示意图

目前，国内对于隧道穿越软硬界面的研究尚处于初始阶段，李育枢提到，在隧道洞口段穿越软硬岩交界面时，软岩的隧道动力响应要强于硬岩的动力响应，表现为衬砌弯矩和加速度在软岩位置相对硬岩位置较大。王明年等通过对洞口浅埋隧道的震害机理分析认为，引起隧道穿越软硬岩交界面时发生破坏的主要原因是强制位移，而地震惯性力也有较大影响，同时，该强制位移对隧道的作用主要沿隧道纵向。王维嘉等通过数值模拟，对隧道洞口段穿越软硬岩交界面的抗减震措施开展了一些研究，对比了接触注浆和深层注浆的抗震效果，研究结果表明，深层注浆加固优于接触注浆。

总之，国内对隧道洞口段穿越软硬岩交界面的震害机理有一些研究，但仅指出在交界面附近隧道衬砌的动力响应比较大，容易发生破坏，与震害资料相互印证分析。本章主要对隧道穿越不同软硬岩交界面倾角、软硬岩交界面距洞口的不同距离进行动力响应分析，并对其抗减震措施进行研究。

5.1 依托隧道工程概况

龙溪隧道工程位于都江堰至映秀段高速公路上，为双洞分离式隧道，出口紧邻映秀镇，隧址区为5·12汶川大地震的震中区，地震烈度高达11度。该隧道在地震中受损严重，其右洞长3691m，左洞长3658m，最大埋深839m，属于深埋长大隧道。都江堰端为削竹式洞门，汶川端修筑偏压明洞端式门。隧道内空断面为拱高7.0m、净宽10.4m的三心圆曲边墙结构(图5.2)。洞口段为块碎石土地层，采用地表注浆加固及超前大管棚进行超前支护，然后采用环形掏槽开挖施作钢架及初期支护。其他洞口浅埋段采用短台阶法开挖施工。

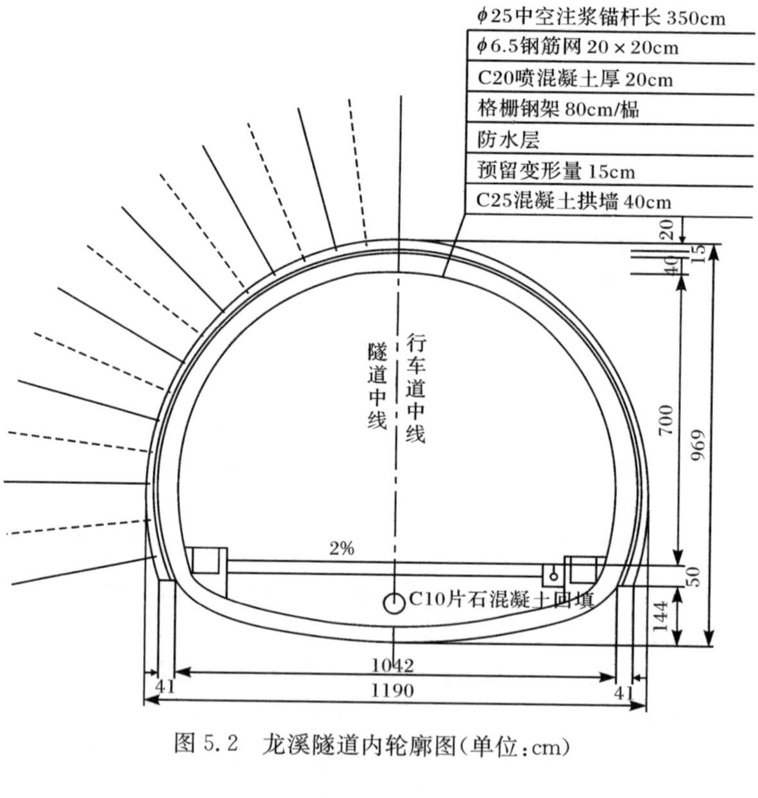

图5.2 龙溪隧道内轮廓图(单位:cm)

隧址区位于龙溪断裂(F2)与映秀大断裂(F3)之间,为龙门山彭灌推覆构造带中相对稳定的地质块体,主要为三叠系须家河组元古界侵入岩花岗闪长岩及碎屑含煤沉积岩,发育一组背斜和两组向斜。隧道右线汶川端洞口段纵断面如图5.3所示。隧址区岩性以泥岩、砂岩夹碳质泥岩、粉砂岩等为主,受映秀大断裂地质构造影响严重,岩体较破碎～破碎,围岩级别以Ⅲ、Ⅴ级为主。

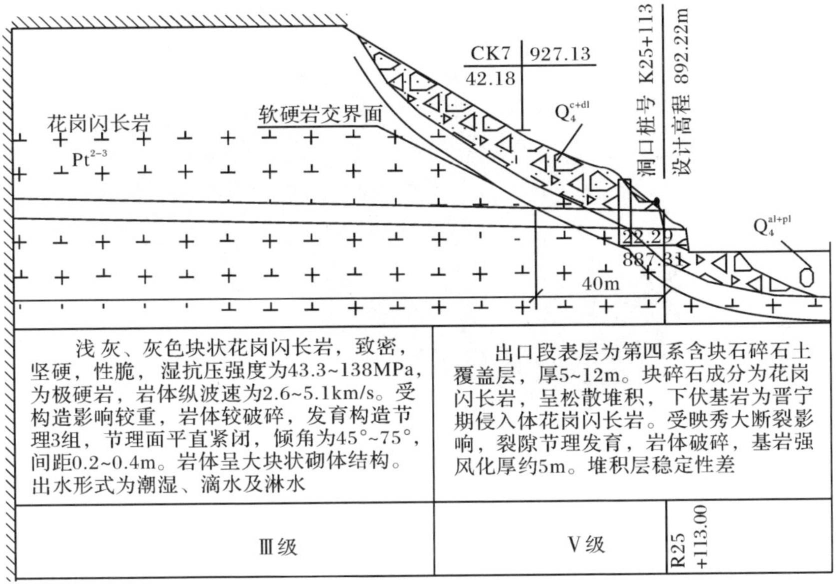

图5.3 龙溪隧道映秀端出口地质剖面图

本章主要以都汶高速龙溪隧道为工程背景,分析隧道洞口段穿越软硬岩交界面的结构动力响应,并在此基础上对其抗减震措施进行研究,提出了适合于隧道穿越软硬岩交界面的抗震措施。

5.2 穿越软硬岩交界面隧道洞口段结构动力响应

5.2.1 交界面倾角对隧道结构地震动力影响分析

1. 隧道计算模型建立

1) 计算模型

隧道模型洞口坡面角度为45°,开挖轮廓净空宽度11.6m,高度9.8m,埋深30m。模型尺寸为:$X\times Y\times Z$=水平×纵向×高度=90m×140m×80m,衬砌厚度为40cm,初期支护20cm。围岩及初期支护采用实体单元模拟,软岩区域最大单元尺寸为2.4m,硬岩区域最大单元尺寸为4m,二次衬砌采用shell单元模拟。围岩采用莫尔-库仑屈服准则及弹塑性增量本构关系，二次衬砌及初期支护采用弹性本构。计算整体模型及隧道结构模型如图 5.4 所示。

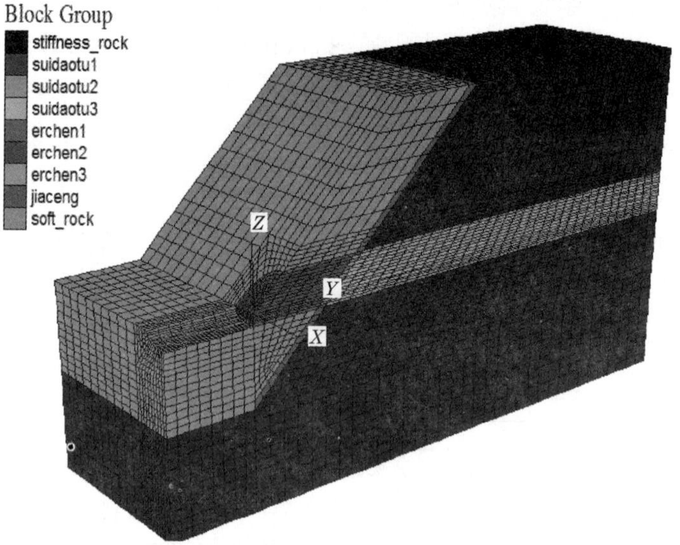

图 5.4　计算模型及隧道结构模型图

隧道模型计算工况分为软硬交界面倾角分别为 30°、45°、60°、75°四种，交界面与隧道相交的位置位于洞口浅埋段，距洞口 20m 左右。隧道计算模型工况示意见图 5.5。

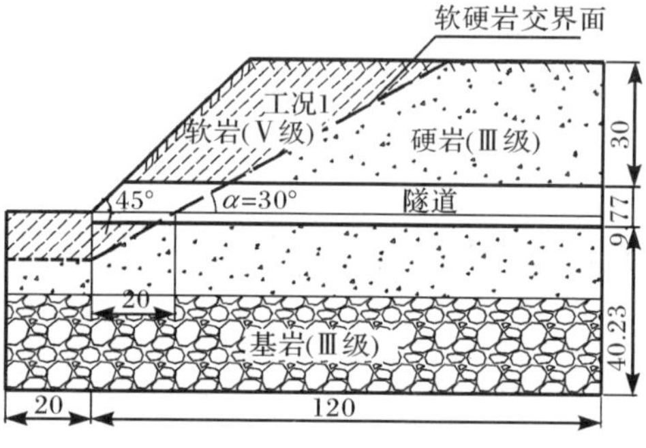

(a) 工况 1(交界面倾角 30°)

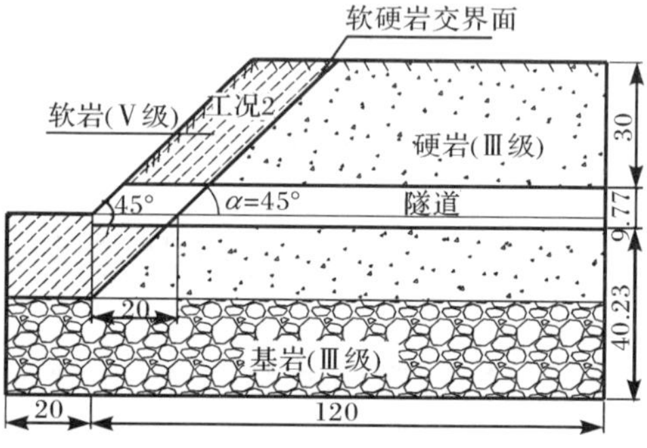

(b) 工况 2(交界面倾角 45°)

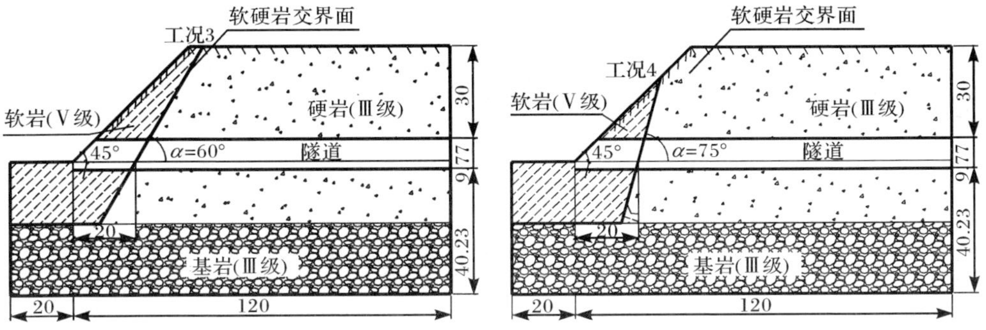

(c) 工况 3(交界面倾角 60°)　　(d) 工况 4(交界面倾角 75°)

图 5.5　隧道计算模型工况示意图(模型纵断面)

2) 隧道衬砌与围岩计算参数

隧道围岩与结构的物理力学参数如表 5.1 所示。

表 5.1　隧道围岩及衬砌物理力学参数指标

材料	密度/(kg/m³)	弹性模量/GPa	泊松比	黏聚力/MPa	内摩擦角/(°)
硬岩(Ⅲ级)	2500	18	0.26	1.4	45
软岩(Ⅴ级)	1700	1	0.4	0.1	20
C25 二衬混凝土	2500	30	0.20	—	—
C20 初期支护	2200	22	0.23	—	—

本章选取汶川地震卧龙站监测的卧龙地震波(东西方向)进行计算,实测卧龙波加速度记录时长达 180s,加速度幅值为 957.7Gal,发生在 33.01s。由于衬砌采用的模型为线弹性模型,无法考虑混凝土结构的累积损伤反应,计算结果的衬砌内力和变形的最大响应仅与地震波的加速度幅值和频谱特性有关系,与地震波的持时关系不大,因此计算时只需输入的地震波包含地震加速度峰值即可。由于计算机资源和时间限制,最终截取处理后的地震波 22～37s 时间段作为地震动输入,加速度时程曲线详见图 3.25。

3) 隧道断面测点布置

监测点的选取对隧道结构动力响应分析结果有着重大影响。沿隧道洞口段 30m 每隔 3m 设置一个监测断面,沿洞身段 90m 每隔 5m 设置一个监测断面,监测断面设置如图 5.6 所示。为了更好地分析隧道结构的变形及受力特征,每个监测断面设置 8 个监测点,如图 5.7 所示。

4) 隧道结构动力分析指标定义

(1) 结构相对位移。

在地震作用下,隧道结构随围岩同步移动,其绝对位移并不能反映隧道结构

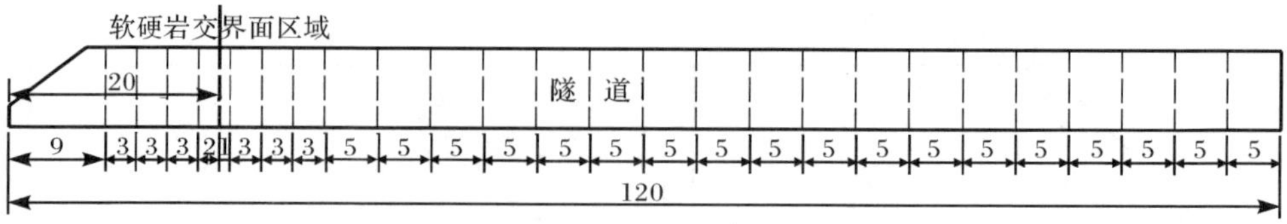

图 5.6 隧道监测断面分布图(单位:m,虚线为监测断面)

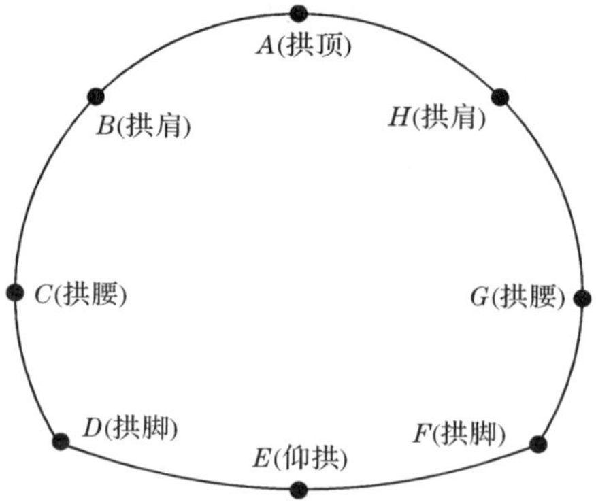

图 5.7 隧道断面结构测点分布图

的变形能力和破坏情况,因此选取相对位移为主要分析指标。结构相对位移指的是地震动中在相同时刻隧道衬砌上各质点间同一方向的绝对位移差值。结构的相对位移指标可以分为纵向相对位移和横向相对位移。

隧道结构横向相对位移指的是同一个横断面上,隧道不同测点的相对位移。基于前期的研究成果,主要分析隧道对角线方向(测线 BF 和测线 DH)及拱顶和仰拱之间(测点 A、E)的相对位移,考虑到衬砌可能的变形模式,测点 A、E 主要考虑的是水平方向的相对位移,测线 DH 和 BF 主要考虑的是沿测线方向的相对位移,如图 5.8 所示。

在断层、软硬岩交界面等围岩质量突变地带,隧道结构往往在地震动的剪切作用下容易产生纵向的相对错动,出现沿隧道轴向发生弯曲变形、二衬错台等震害。本章提出对隧道结构相邻断面的纵向变形能力评价指标——纵向相对位移差,即隧道结构相同部位相邻截面水平相对位移之差(绝对值)。以隧道拱顶部位测点 A 为例进行说明,测点 A 纵向相对位移指的是隧道拱顶位置在隧道纵向相邻断面的水平位移之差,绝对值如图 5.9 所示,A_1 点的纵向相对位移是 A_1 点的水平位移减去 A_2 点的水平位移的绝对值;A_2 点纵向相对位移指的是 A_2 点的水平位移减去 A_3 点的水平位移的绝对值,以此类推。由此可以获得隧道结构相邻断面在纵向上的最大相对位移及可能的破坏区域,从而获得隧道结构在地震动力作用下的控制截面。

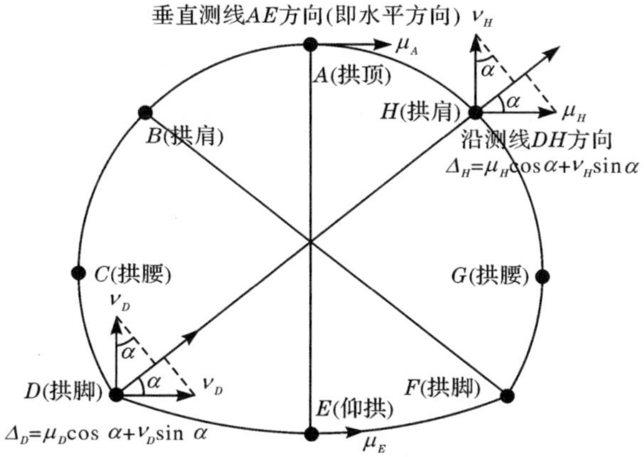

μ 表示水平位移，ν 表示竖直位移，下标为测点编点。

Δ_H 表示测点 H 沿 DH 方向的位移，Δ_D 表示测点 D 沿 DH 方向的位移。

测点 A、E 垂直测线 AE 方向相对位移：$\Delta_{AE}=|\mu_A-\mu_E|$

测点 D、H 沿测线 DH 方向相对位移：$\Delta_{HD}=|\Delta_H-\Delta_D|$

图 5.8　隧道衬砌横向相对位移示意图

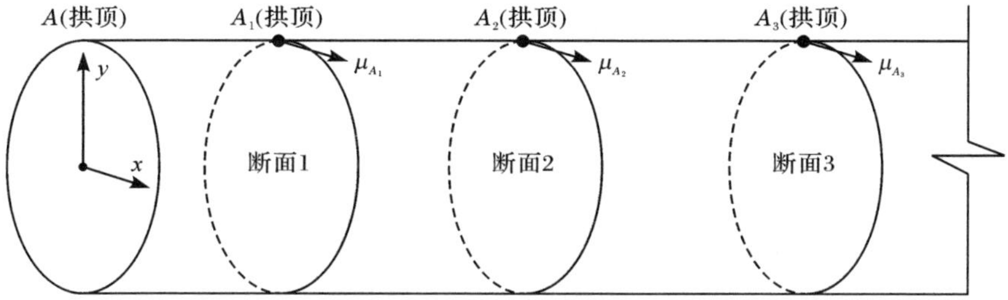

A_1 点的纵向相对位移：$\Delta_{A_1}=|\mu_{A_1}-\mu_{A_2}|$

A_2 点的纵向相对位移：$\Delta_{A_2}=|\mu_{A_2}-\mu_{A_3}|$

μ 表示水平位移，下标为测点编点

图 5.9　隧道结构测点纵向相对位移示意图

(2) 隧道结构内力峰值及围岩塑性区特性。

在隧道工程的设计施工过程中，最关键的问题是了解衬砌结构的安全稳定性。本章主要对隧道衬砌的弯矩、剪力、轴力及安全系数进行分析，以及对在地震过程中和最终状态隧道围岩出现的塑性区发展进行分析，研究在地震动力条件下隧道结构地震动力响应特性。

2. 隧道结构动力响应分析

1) 隧道结构纵向相对位移

在隧道计算模型底部输入剪切波，围岩及结构主要受剪切作用，结构的水平位移通常远大于竖直位移，因此以隧道结构各个测点间的相对水平位移作为主要分析指标。

由图 5.10 可以看到，洞口位置测点纵向相对位移大于洞身段，穿越软硬岩交界面隧道结构在相邻截面产生了比较大的位移变化，这与实际震害相互印证，即在交界面位置容易发生衬砌错台等震害。随着交界面倾角的增大，纵向相对位移最大值逐渐减小。交界面倾角由 30°增大到 75°，纵向相对位移最大值分别为 3.3mm、2.5mm、0.85mm 和 0.57mm。由于隧道交界面为 30°的覆盖范围为 20～36m，在此范围内各截面的纵向相对位移是最大的。

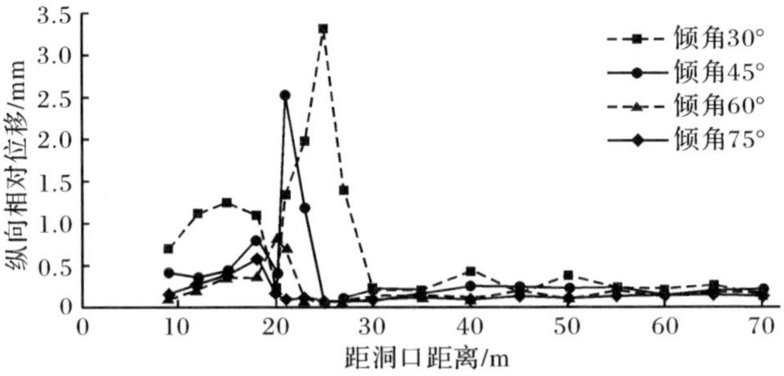

图 5.10 不同截面隧道拱顶测点纵向相对位移图

2）隧道结构横向相对位移

对 AE、DH 和 BF 三条测线方向的横向相对位移进行监测。对测线 AE 分析时，主要考虑垂直测线方向（即水平方向）的相对位移，即 A、E 两点的水平方向相对位移；对测线 DH 和 BF 方向的相对位移主要考虑沿测线方向的相对位移。

从图 5.11 可以看出，当交界面的倾角为 30°～75°时（不包括 30°），A、E 两点的相对位移从洞口到软硬岩交界面位置逐渐增大，并在交界面位置达到最大值，然后沿隧道轴线方向逐渐减小，在距洞口 30m 后趋于不变。当交界面的倾角为 30°时，两点的相对位移在洞口位置最大，达到 10.5mm，沿隧道轴线方向逐渐减小，在软硬岩交界面位置为 9.53mm，经过交界面位置后，相对位移减小速率加快，在距洞口 40m 后趋于定值。

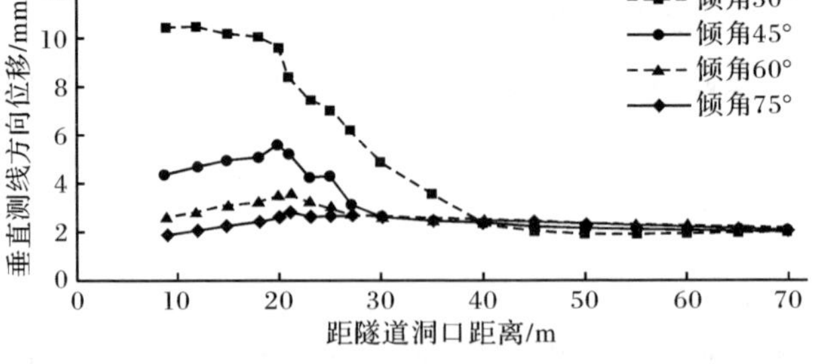

图 5.11 测点 A、E 相对水平位移沿隧道纵向变化曲线

从图 5.12 和图 5.13 中可以看出，当交界面倾角为 30°～75°时（不包括 30°），测点 D、H 和 B、F 的相对位移与 A、E 两点的相对位移规律相同，从洞口到软硬岩交界面位置逐渐增大，并在交界面位置达到最大值，然后沿隧道轴线方向逐渐减小，在距洞口 30m 后趋于不变。当交界面的倾角为 30°时，D、H 和 B、F 两点沿测线方向的相对位移在洞口位置达到最大，D、H 相对位移最大值达 13.5mm，然后逐渐减小并在距洞口 40m 后趋于不变。

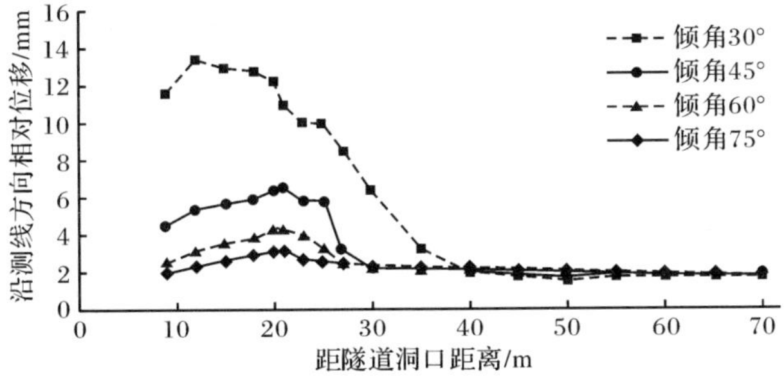

图 5.12 测线 DH 相对位移沿隧道纵向变化曲线

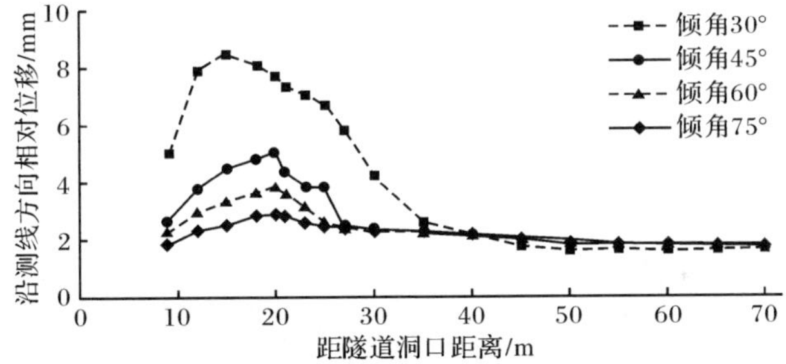

图 5.13 测线 BF 相对位移沿隧道纵向变化曲线

综上所述，隧道三条测线横向相对位移在软岩地带较大，硬岩范围的相对位移明显减小，而在软硬岩交界面位置相对位移达到最大值。在隧道软岩地带段，当软硬岩交界面的倾角由 30°增大到 75°时，衬砌的变形逐渐减小，且在倾角由 30°增大到 45°时，隧道衬砌相对位移变化较大，说明隧道在穿越小于 45°的软硬岩交界面时，对结构的动力响应影响很大。

3) 隧道结构内力

(1) 隧道衬砌纵断面内力分析。

在隧道内力分析中，主要考虑其弯矩、轴力和安全系数三个指标，结构安全系数按《公路隧道设计规范》进行计算。本部分主要以隧道拱顶内力响应特征为主要分析对象，选取沿隧道纵断面各个断面拱顶在地震过程中的弯矩、轴力和衬砌安全系数进行分析，如图 5.14 所示。

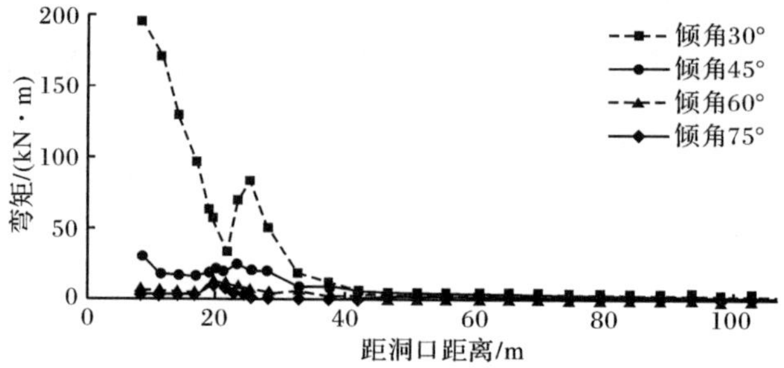

(a) 拱顶弯矩

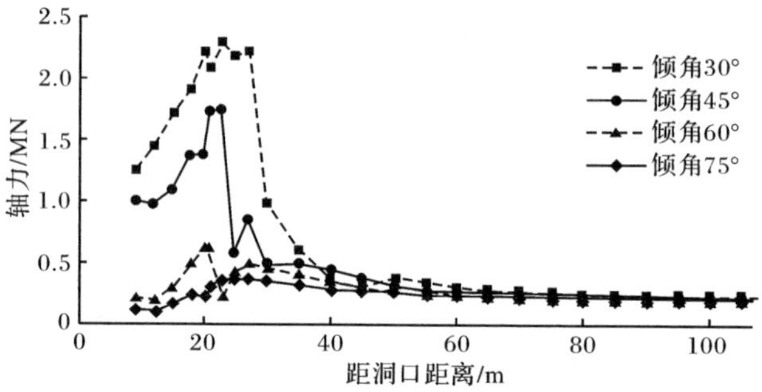

(b) 拱顶轴力

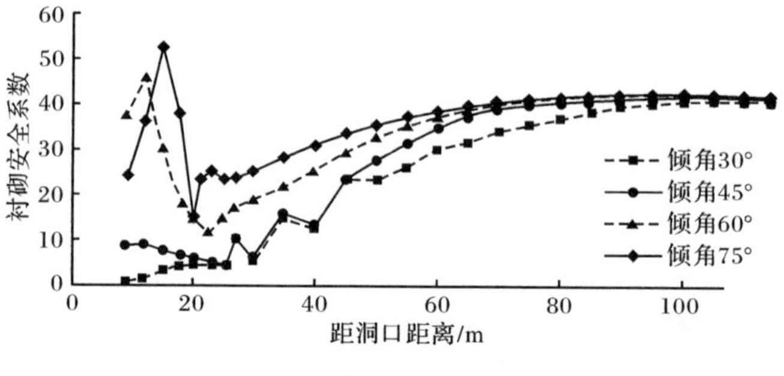

(c) 拱顶安全系数

图 5.14　隧道衬砌拱顶内力沿纵向变化曲线

图 5.14 阐释了隧道拱顶的受力特征随交界面倾角的变化，随着交界面倾角的变化，衬砌的受力规律与其变形规律相似，弯矩和轴力随交界面倾角的减小而逐渐增大，结构安全系数随倾角的减小而减小。衬砌弯矩在交界面倾角为 60°和 75°时，从洞口位置逐渐增大，在交界面位置达到最大值，进入硬岩段在距洞口 40m 位置趋于稳定。当交界面倾角为 45°和 30°时，对软硬岩交界面隧道结构内力影响

最大，与结构相对位移变化规律是一致的。

从图5.14(c)可以看出，当交界面倾角为30°时，衬砌拱顶安全系数在洞口位置最小，最小值仅为0.9，表示衬砌已经近乎破坏了。在洞身段衬砌安全系数逐渐增大，接近交界面位置时减小，在距洞口90m位置后趋于不变。当交界面的倾角大于等于45°时，衬砌安全系数沿隧道纵向先增大后减小，在交界面位置达到最小值，在距洞口80m位置后趋于不变。综上所述，当交界面的倾角大于45°时，衬砌安全系数均大于10.0，隧道较为安全；当交界面的倾角小于45°时，衬砌安全系数在软岩段小于10.0；当交界面倾角为45°时，在交界面位置的拱顶安全系数仅为4.65；当交界面倾角为30°时，在洞口位置的拱顶安全系数仅为0.9。衬砌拱顶在交界面附近的安全系数汇总于表5.2。

表5.2 隧道拱顶安全系数一览表

交界面倾角 \ 距洞口距离/m	9	12	15	18	20	21	23	25	27	30	35
30°	0.9	1.2	3.3	4.6	4.1	4.3	3.9	4.2	4.1	4.9	14.7
45°	9.1	9.5	8.3	6.5	6.5	5.2	5.2	4.6	10.6	6.1	16.1
60°	38.6	47.4	30.3	17.6	14.4	13.8	11.1	15.1	17.7	18.7	21.8
75°	24.1	36.4	52.9	38.2	15.6	23.3	25.3	23.8	23.9	25.4	28.7

(2) 隧道衬砌横断面内力分析。

通过对隧道衬砌纵断面的分析可以发现，衬砌受力在交界面和洞口附近会出现峰值。在不同交界面倾角条件下，隧道衬砌横断面不同测点的内力峰值并不是在同一个断面上出现，如图5.15所示。

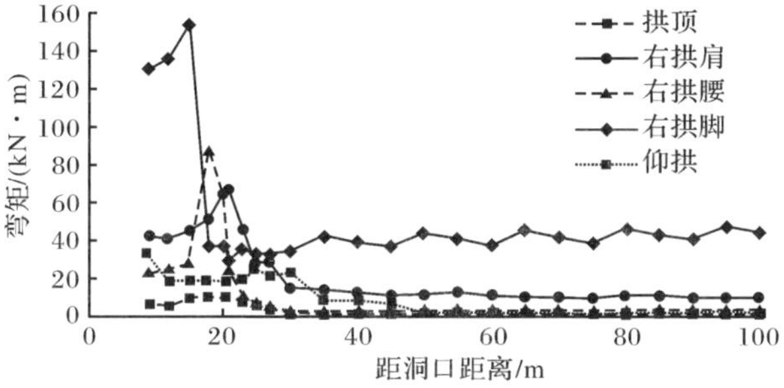

图5.15 衬砌横断面不同位置弯矩随距离变化图(倾角45°)

为了更加准确地知道在横断面方向各个位置的受力情况，规定将距离洞口15～30m位置定为交界面区域，将0～15m定为洞口区域，在对横断面位置进行分析时，取各个位置在两个区域的最大值作为代表值。在洞口与交界面区域衬砌内力变化曲线如图5.16和图5.17所示。

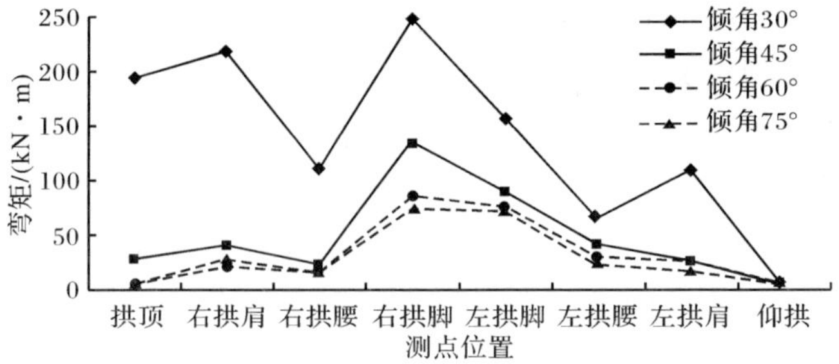

(a) 弯矩

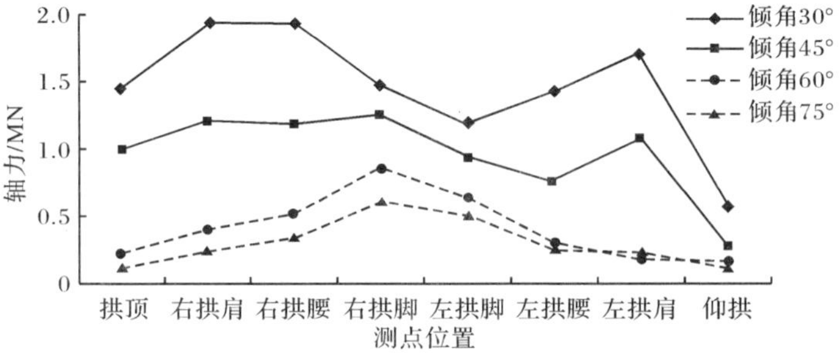

(b) 轴力

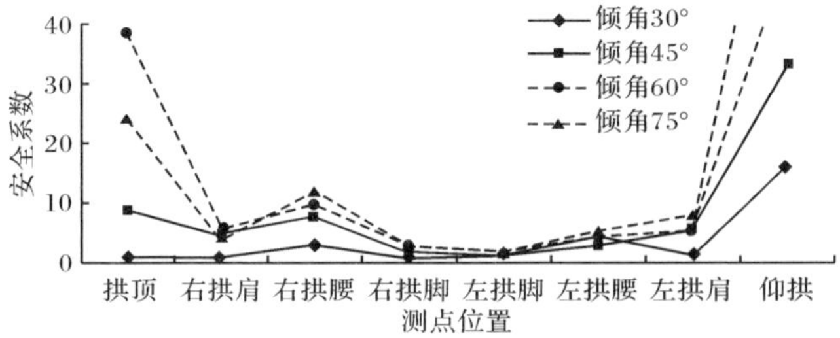

(c) 安全系数

图 5.16　隧道洞口区域衬砌内力变化曲线

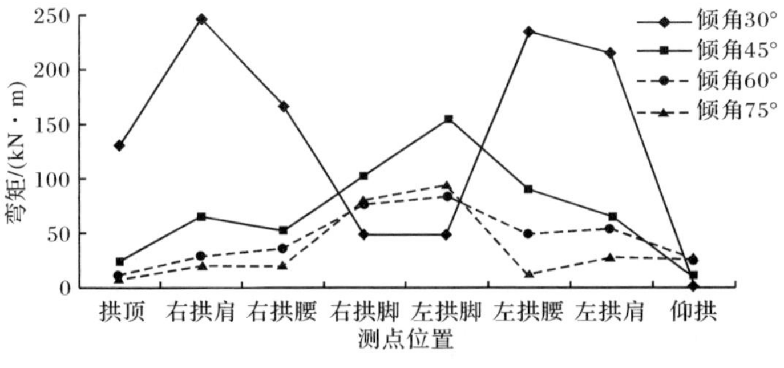

(a) 弯矩

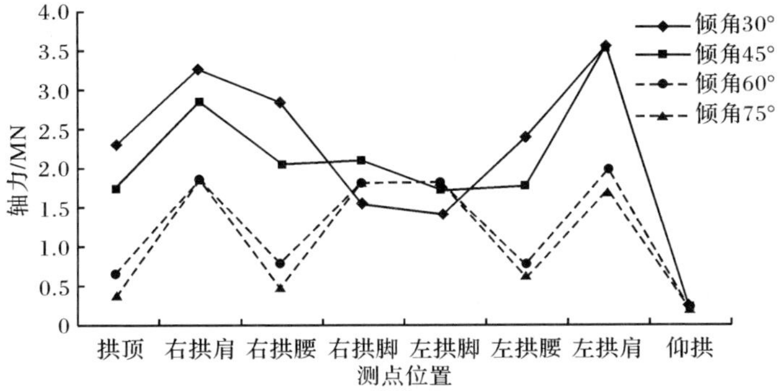

(b) 轴力

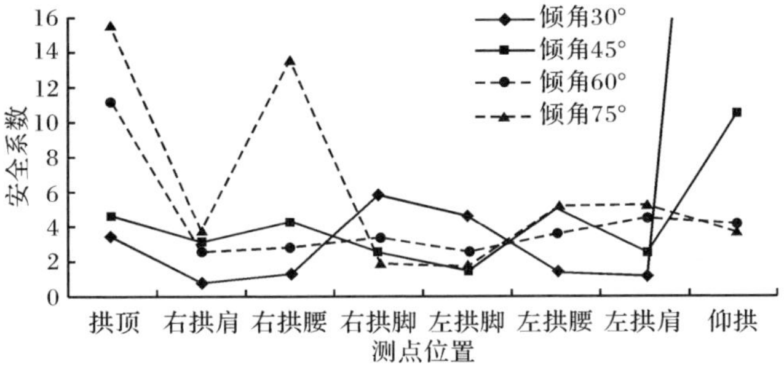

(c) 安全系数

图 5.17　交界面区域隧道衬砌内力变化曲线

由图 5.16 可知,在隧道洞口段结构弯矩、轴力峰值均随交界面倾角的减小而增大。当交界面倾角为 60°和 75°时,两种工况衬砌弯矩相差较小,洞口横断面各个位置弯矩基本沿隧道中线对称,左右拱脚处达到最大值(80kN · m 左右),其次是左右拱肩位置,拱顶和仰拱的弯矩较小;衬砌轴力和弯矩峰值曲线变化规律类似,在左右拱脚位置达到最大,仰拱位置最小。当交界面的倾角为 45°时,在右拱脚弯矩峰值达到最大值(135kN · m);衬砌轴力峰值相对 60°倾角明显增大(图 5.16(b)),结构拱顶轴力峰值为倾角 60°工况的 4.3 倍。当交界面倾角为 30°时,衬砌各个位置的弯矩和轴力峰值明显增大,衬砌弯矩峰值排序为:右拱脚＞右拱肩＞拱顶＞左拱脚,仰拱位置弯矩最小;衬砌轴力峰值在右拱腰和右拱肩位置达到最大,仰拱位置最小。

对衬砌的安全系数进行分析(图 5.16(c)),交界面倾角越小,安全系数越小,隧道越容易遭受损害。衬砌拱脚和拱肩的安全系数比拱顶和仰拱位置小。对衬砌进行设计时,应尤其注意隧道拱脚和拱肩位置,进行适当加强。当交界面倾角为 30°时，安全系数除了仰拱位置，其他位置均很小，拱脚和拱顶位置安全系数均小于 1，在隧道抗震设计时应将其视为控制截面。

从图 5.17 可以看出，交界面倾角越小，隧道衬砌越趋于危险。当交界面倾角大于 30°时，交界面倾角变大，而结构弯矩峰值变小，在左右拱脚位置弯矩峰值最大；当交界面倾角减小为 30°时，衬砌弯矩在拱顶、拱肩和拱腰位置相对其他工况显著增大，右拱肩的弯矩值达到 247.1kN·m，相当于倾角 45°时(65.3kN·m)的 3.78 倍，然而在拱脚和仰拱衬砌的弯矩却比倾角 75°时要小。衬砌轴力峰值变化与弯矩峰值变化曲线类似，当交界面倾角为 60°和 75°时，各个位置衬砌轴力基本沿隧道中线对称，在拱脚和拱肩位置较大，在拱顶、仰拱和拱腰位置较小；当交界面倾角减小至 45°和 30°时，结构轴力在拱肩、拱腰和拱顶位置相对其他两种工况明显增大，但在拱脚和仰拱位置却减小，左右拱脚和仰拱位置在交界面倾角为 30°时轴力值最小。

衬砌安全系数是将弯矩和轴力两者综合考虑的表现，从图 5.17(c)可以知道，在隧道拱腰、拱肩和拱顶位置，交界面的倾角越小，衬砌的安全系数越小；在仰拱位置，交界面倾角越小，安全系数越大，衬砌越安全；在拱脚位置，当倾角为 75°和 45°时，衬砌的安全系数最小(1.47)，倾角为 30°时安全系数最大，右拱脚安全系数为 5.82。总之，当倾角为 30°时，在拱脚位置衬砌比其他工况安全，但在拱肩和拱腰位置的安全系数最小值仅为 0.82，隧道极易遭受严重破坏。在洞口和交界面各个位置隧道结构安全系数代表值汇总于表 5.3。

表 5.3 洞口和交界面区域各个位置衬砌安全系数代表值汇总

位置	洞口区域				交界面区域			
	30°	45°	60°	75°	30°	45°	60°	75°
拱顶	0.9	9.05	38.62	24.05	3.33	4.65	11.13	15.57
右拱肩	0.61	4.66	5.7	3.76	0.82	3.16	2.62	3.8
左拱肩	1.29	5.38	5.12	7.99	1.15	2.54	4.59	5.21
右拱腰	3.05	7.68	10.09	12.05	1.34	4.23	2.9	13.58
左拱腰	4.62	2.82	4.08	5.47	1.35	5.09	3.61	5.22
右拱脚	0.68	1.69	2.77	2.85	5.82	2.54	3.41	1.92
左拱脚	1.22	1.41	1.66	1.86	4.58	1.47	2.59	1.76
仰拱	16.16	33.36	52.01	82.94	54.85	10.53	4.18	3.7

综上所述，在交界面区域和洞口区域，当隧道衬砌在交界面倾角为 30°时，右拱肩位置安全系数最小值分别为 0.82 和 0.61，安全系数均小于 1，因此，应特别注意当隧道穿越倾角较小的交界面时衬砌的安全性，采取相应的抗减震加强措施。

4）隧道围岩的塑性区发展

当隧道围岩失效时，容易造成隧道结构的严重破坏，而围岩塑性区发展是对围岩失稳很好的阐释。因此，对隧道围岩地震时和地震后围岩的塑性区进行分析，可以进一步了解隧道周边围岩扰动的状态，如图 5.18～图 5.20 所示。

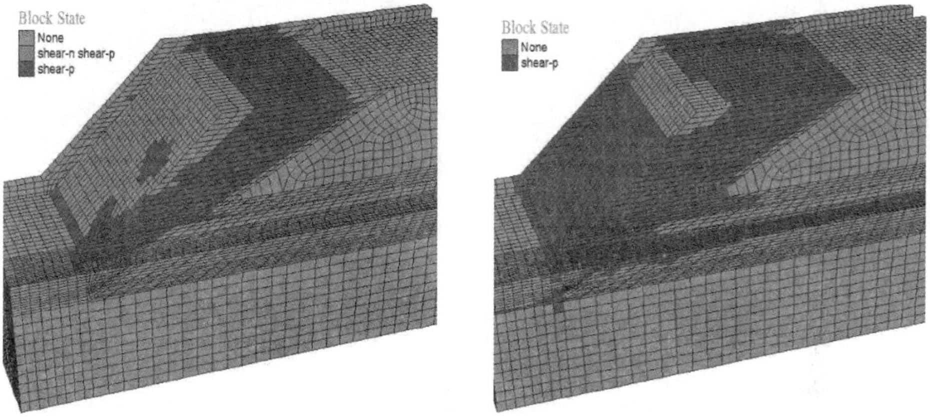

(a) 5s　　(b) 15s

图 5.18　倾角 30°时围岩塑性区状态

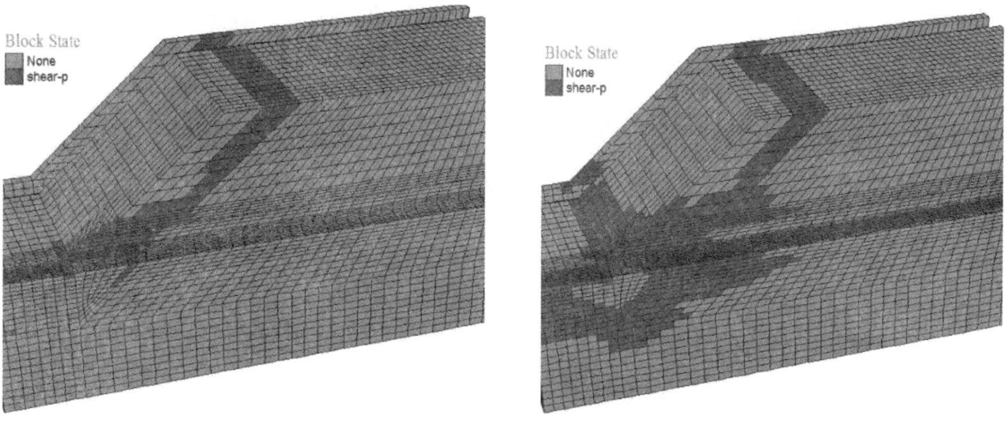

(a) 5s　　(b) 15s

图 5.19　倾角 45°时围岩塑性区状态

由图 5.18～图 5.20 可知，在地震波 5s 时刻，隧道围岩塑性区的发展范围较小，15s 后在交界面和洞口区域均出现了较大范围的塑性区。从隧道围岩塑性区发展范围分析，倾角越小，影响范围越大。当交界面倾角为 30°时，隧道洞口段软弱围岩范围较大，出现的塑性区范围较大，仰坡大部分区域均进入了塑性状态。

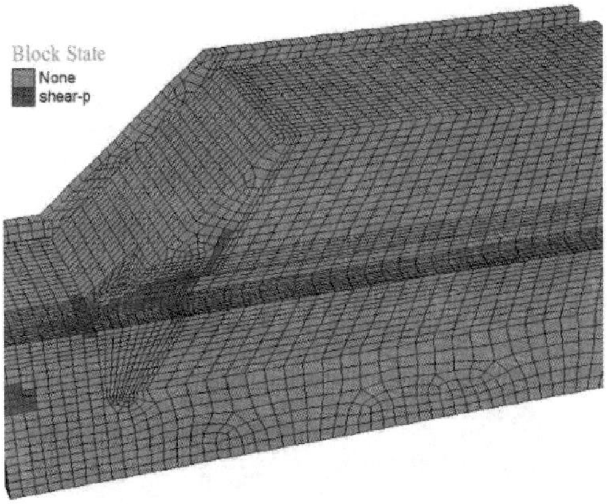

(a) 5s

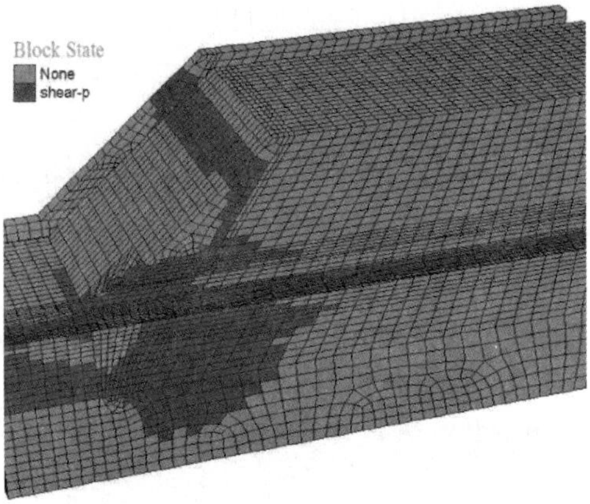

(b) 15s

图 5.20　倾角 60°时受到围岩塑性区状态

当交界面倾角为 45°时，在隧道仰拱和拱顶部位均出现了较大范围的塑性区，但隧道仰坡位置相对 30°工况较为安全。当交界面倾角为 60°时，隧道围岩在仰拱部位出现了大范围的塑性区，在拱顶附近的塑性区相对较少，仰坡也较为安全。

总之，隧道围岩塑性区的发展与衬砌的受力规律是相互吻合的，即当倾角较大时，隧道仰拱和拱脚部位较为危险，当交界面倾角较小时，隧道拱腰、拱肩和拱顶部位较为危险，交界面倾角为 30°的情况影响范围最大。

5.2.2　交界面位置对隧道结构地震动力影响分析

通过 5.2.1 节的计算结果发现，软硬岩交界面的倾角对隧道衬砌结构的动力响应有较大影响，本节主要针对软硬岩交界面距洞口的距离变化对隧道洞口结构动力响应的影响进行研究。

1. 隧道计算模型建立

隧道工程设计参数详见 5.1 节。隧道计算模型尺寸为：$X\times Y\times Z$＝水平×纵向×高度＝90m×160m×80m，计算模型如图 5.21 所示。二衬厚度为 40cm，围岩及初期支护采用实体单元模拟，软岩区域最大单元尺寸为 2.4m，硬岩区域最大单元尺寸为 4m，二次衬砌采用 shell 单元模拟。围岩采用莫尔-库仑屈服准则及弹塑性增量本构关系，二次衬砌及初期支护采用弹性本构关系。为了更好地了解交界面的距离对隧道洞口段的影响，设置 4 种工况，如表 5.4 所示，围岩及隧道结构的物理力学参数如表 5.1 所示，隧道计算模型工况如图 5.22 所示，模型监测断面如图 5.23 所示，每个断面设置 8 个测点。

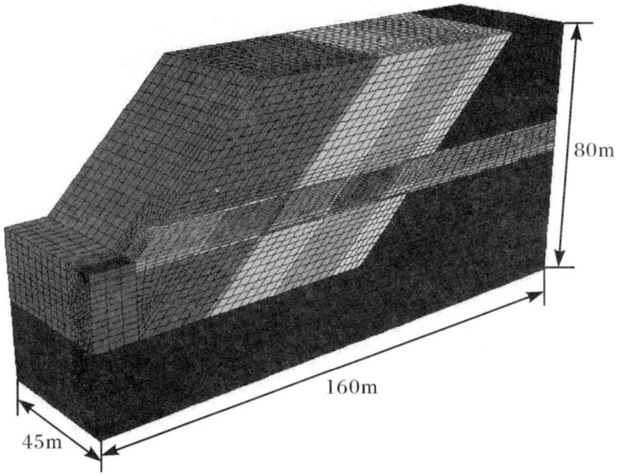

图 5.21　计算模型网格图

表 5.4　隧道计算模型工况一览表

工况	交界面距洞口距离/m	交界面倾角/(°)	隧道埋深/m
1	40	45	30
2	60	45	30
3	80	45	30
4	90	45	30

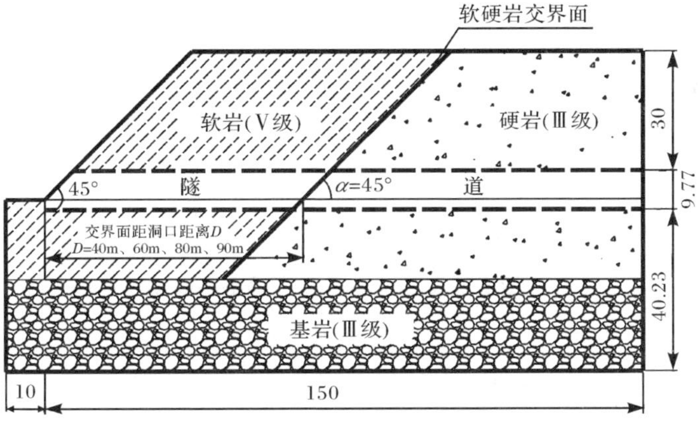

图 5.22　隧道计算模型工况示意图

2. 隧道结构动力响应分析

1) 隧道结构变形分析

(1) 结构纵向相对位移。

本部分主要选取较有代表性的拱顶和仰拱位置两测点沿水平方向的纵向相

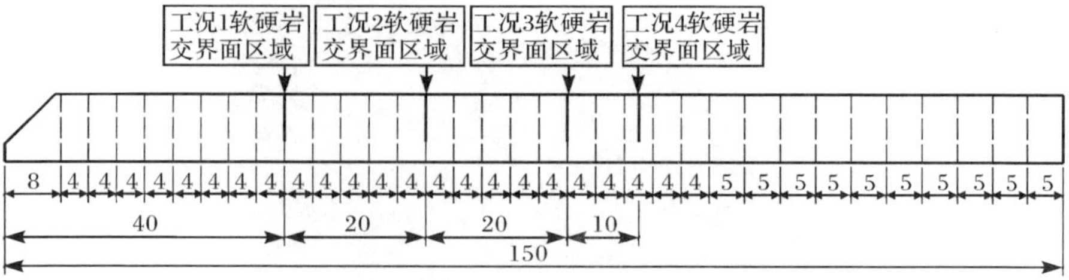

图 5.23 隧道监测断面设置示意图(单位:m,虚线为监测断面)

对位移进行分析,如图 5.24 和图 5.25 所示。

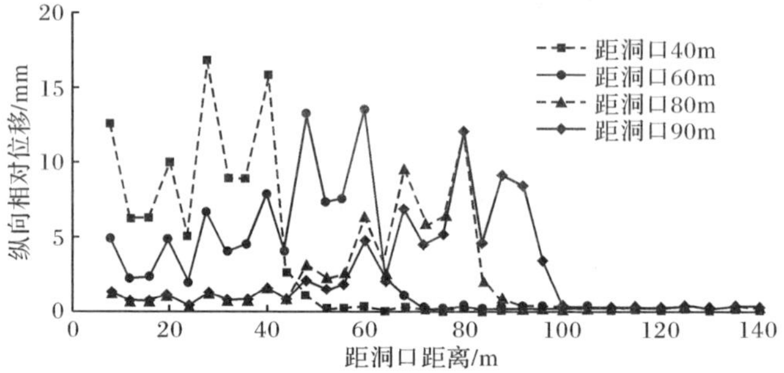

图 5.24 隧道拱顶纵向相对位移变化曲线

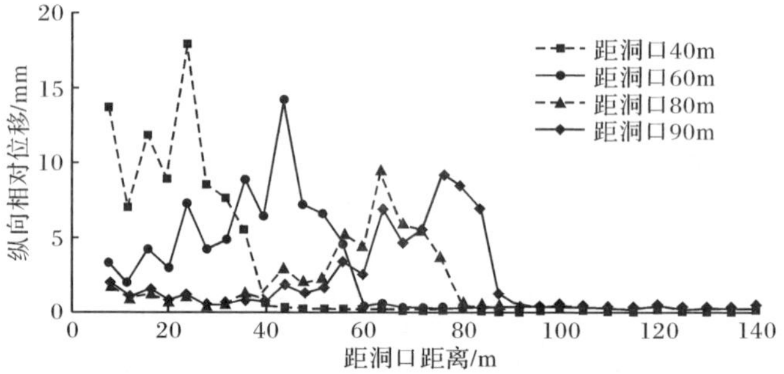

图 5.25 隧道仰拱纵向相对位移变化曲线

由图 5.24 和图 5.25 可知,在软硬岩交界面位置,隧道衬砌在拱顶和仰拱位置的纵向相对位移出现最大值,即表示衬砌将产生较大的相对错动。随着距洞口距离的增大,交界面位置的纵向相对位移峰值逐渐减小,当交界面距离大于 80m 后,结构的相对位移峰值变化不明显。拱顶的纵向相对位移曲线出现两个较大的峰值,而仰拱位置则只出现一个位移峰值,可见拱顶区域的错动量比仰拱大。当交界面距洞口的距离由 40m 增大至 90m 时,交界面位置拱顶的相对位移峰值分别为16.7mm、13.8mm、12.1mm 和 12.1mm，仰拱的相对位移峰值分别为 18.2mm、14.2mm、9.7mm 和 9.3mm。从相对位移峰值出现的位置来看，并不是恰好在交界面位置出现最大值，而是在距交界面 5～10m 的位置出现，这和汶川地震中都汶高速白云顶隧道的震害现象相符合，如图 5.26 所示。交界面以后拱顶和仰拱的相对位移基本不变。当交界面位置距洞口较近时，洞口位置的相对位移也较大。

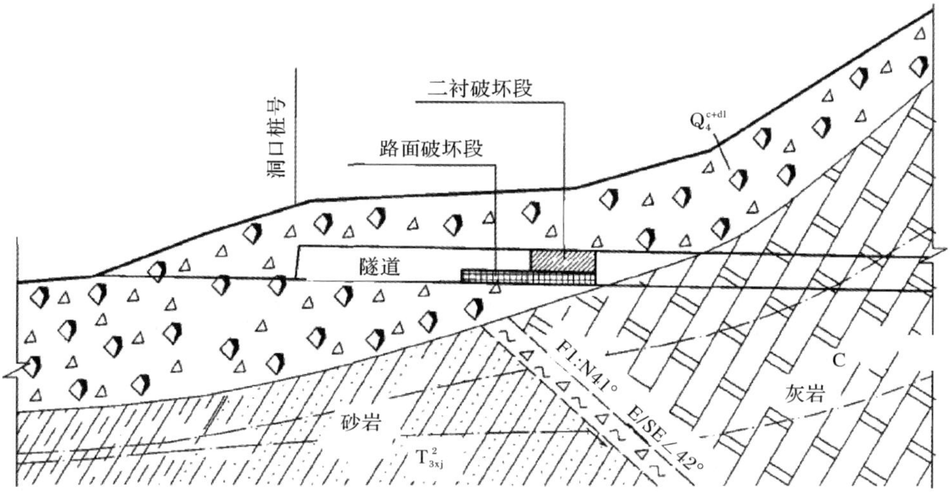

图 5.26　白云顶隧道衬砌发生错台位置示意图

综上可知，当隧道洞口段穿越软硬岩交界面时，在软硬岩交界面前方 5～10m 将产生较大的相对错动，主要原因是在地震动过程中，软岩位置易遭受较大的地震挤压作用。当软硬岩交界面距洞口距离大于 40m 后，随着交界面距洞口距离的增大，衬砌的错动量最大值先逐渐减小；当软硬岩交界面距洞口距离大于 80m 时，衬砌错动量变化不大；当软硬岩交界面距洞口 40m 时，衬砌的错动量是最大的。

(2) 隧道结构横向相对位移。

在隧道动力分析过程中发现，隧道衬砌测线 AE 水平相对位移和测线 DH 方向的相对位移变化最大，故选取这两个方向的相对位移进行分析，如图 5.27 和图 5.28所示。

由图 5.27 可知，隧道衬砌在软硬岩交界面软岩段发生的变形较大，沿对角线 DH 方向的相对位移大于测线 AE 的水平相对位移。随着距洞口距离的逐渐增大，交界面位置衬砌的最大变形逐渐减小，当交界面距离洞口 40m 时，测线 AE 的水平相对位移为 30.6mm，沿测线 DH 方向的相对位移为 38.4mm；当距洞口一定距离后(大于 80m)，围岩突变引起的最大变形基本稳定，测线 AE 的水平相对位移为 20mm，沿测线 DH 方向的变形为 25mm。当交界面距洞口 40m 和 60m 时，衬砌变形沿隧道纵向方向从洞口位置就开始增大，在交界面附近衬砌的变形达到最

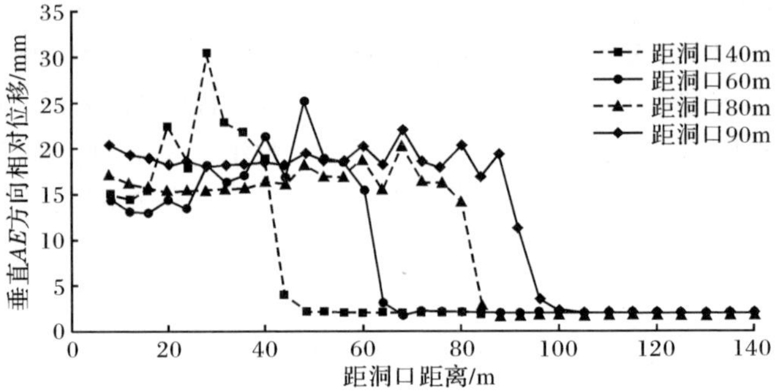

图 5.27　隧道测线 AE 水平相对位移沿纵向变化曲线

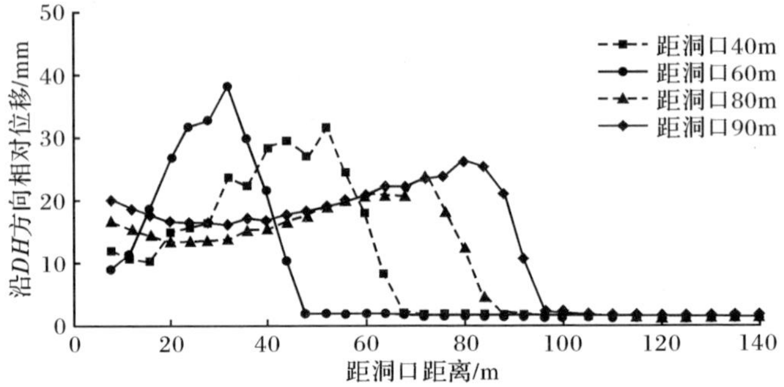

图 5.28　隧道测线 DH 方向相对位移沿纵向变化曲线

大，随后迅速减小；当交界面距洞口 80m 和 90m 时，衬砌变形沿隧道纵向先减小，接近交界面位置时开始增大，交界面之后硬岩段测线相对位移迅速变小，最后趋于定值。

综上所述，当隧道穿越软硬岩交界面时，衬砌在软硬岩交界面前方 10m 左右将产生较大的水平相对位移，随交界面距洞口距离的增大，水平相对位移先增大后减小。在软硬岩交界面距洞口距离大于 80m 之后，衬砌在交界面位置的变形量基本不变；当交界面距洞口 40m 时，衬砌的变形是最大的。隧道洞口临空面对衬砌变形的影响范围大约为 20m，而软硬岩交界面对衬砌变形的影响范围主要在软岩段，软岩段的影响长度大约为 40m，硬岩段的影响长度为 5～10m。

2）隧道衬砌内力分析

（1）隧道衬砌纵断面内力分析。

隧道结构受力状态在地震动过程中往往是最为关注的，由 5.2 节知，隧道衬砌在拱肩或拱脚位置的受力是最大的，因此本部分主要选取隧道拱肩部位进行分析，如图 5.29～图 5.31 所示。

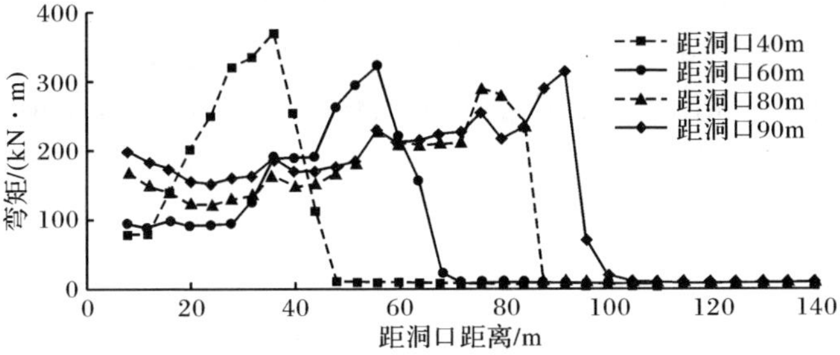

图 5.29　隧道拱肩弯矩峰值沿纵向变化曲线

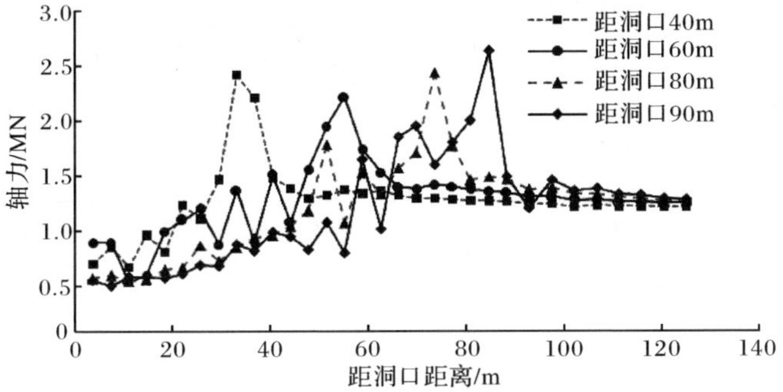

图 5.30　隧道拱肩位置轴力沿隧道纵向变化曲线

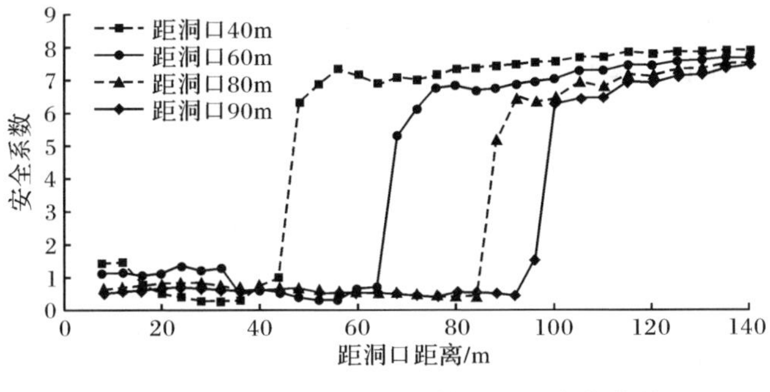

图 5.31　隧道拱肩安全系数沿纵向变化曲线

由图 5.29～图 5.31 可知，隧道结构受力变化趋势与其变形规律类似。随着交界面距洞口的距离逐渐增大，交界面附近衬砌弯矩和轴力先减小再小幅增大。在洞口位置，随着交界面距洞口距离的增大，弯矩逐渐增大，轴力逐渐减小。当交界面距洞口距离为 80m 和 90m 时，整个软岩段拱肩的安全系数均小于 1，交界面附近最小安全系数分别为 0.42 和 0.48；当交界面距洞口距离为 40m 和 60m 时，拱肩交界面附近的安全系数小于 1，分别为 0.28 和 0.52。

综上可知，在四种工况下，隧道结构在交界面附近的安全系数均很小，表示衬砌可能出现破坏。随着软硬岩交界面距洞口的距离逐渐增大，洞口衬砌的最小安全系数逐渐减小，交界面附近衬砌的安全系数先减小再增大，当距洞口距离大于80m时，最小安全系数基本不变，在交界面距洞口40m左右，衬砌安全系数最小。

(2) 隧道衬砌横断面内力分析。

选取软硬岩交界面附近断面隧道结构弯矩、轴力和安全系数峰值进行分析，如图5.32所示。

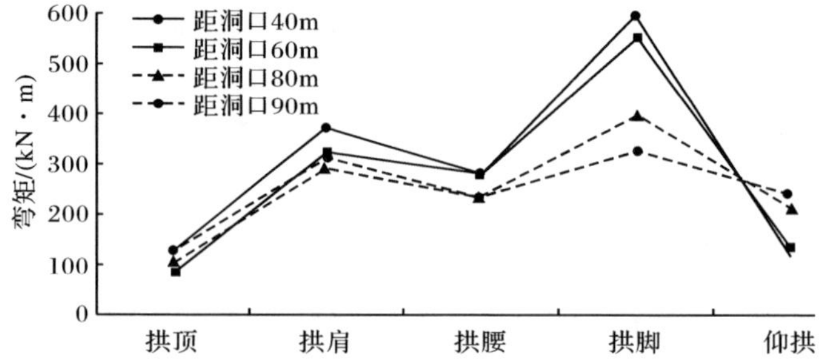

(a) 弯矩

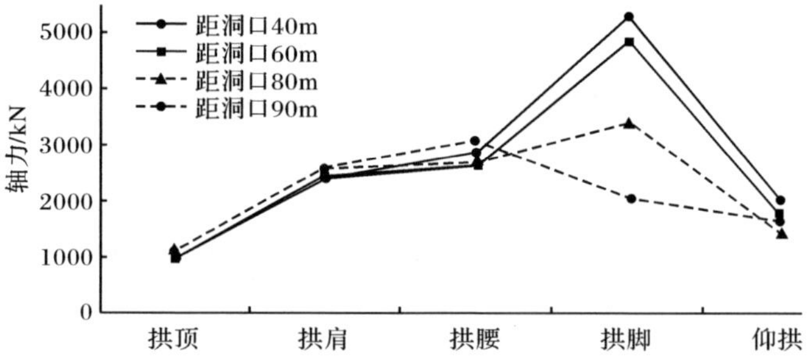

(b) 轴力

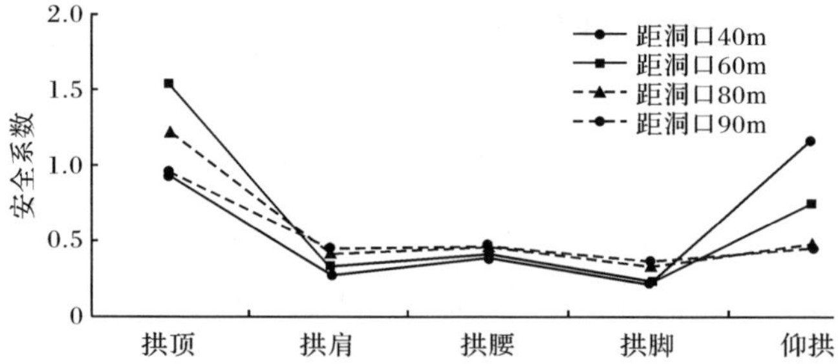

(c) 安全系数

图5.32　隧道结构内力峰值曲线

从图 5.32 中可以看到，隧道结构在拱肩、拱脚和拱腰位置受力最大，安全系数最小，在拱顶和仰拱位置安全系数相对较大。在拱肩、拱脚和拱腰位置，衬砌的弯矩和轴力随交界面距洞口距离的增大而逐渐减小；在仰拱位置，弯矩和轴力却逐渐增大；在拱顶位置，弯矩和轴力相对其他位置变化不大。从安全系数的角度考虑，在一定范围内(交界面距洞口距离大于 40m)，在隧道拱肩、拱脚和拱腰的安全系数随距洞口距离的增大逐渐增大。当交界面距洞口距离大于 80m 后，安全系数变化很小；当交界面距洞口距离为 40m 时，拱脚安全系数最小(0.21)。尤其注意的是，在交界面位置的最小安全系数大部分均小于 1，衬砌很可能发生破坏，必须采取合适的抗减震措施进行设防。不同工况交界面区域最小衬砌安全系数如表 5.5 所示。

表 5.5　衬砌交界面区域最小安全系数表

位置	衬砌交界面位置最小安全系数			
	工况 1(40m)	工况 2(60m)	工况 3(80m)	工况 4(90m)
拱顶	0.94	1.54	1.24	0.97
拱肩	0.29	0.33	0.43	0.46
拱腰	0.38	0.43	0.46	0.48
拱脚	0.21	0.24	0.34	0.36
仰拱	1.19	0.74	0.49	0.45

3) 隧道围岩塑性区

为了解在地震动过程中隧道围岩塑性区的变化规律，对各工况在地震波 5s 和 10s 时，隧道围岩塑性区进行分析，地震波 10s 时隧道围岩塑性区范围和 15s 时相差较小，如图 5.33～图 5.35 所示。

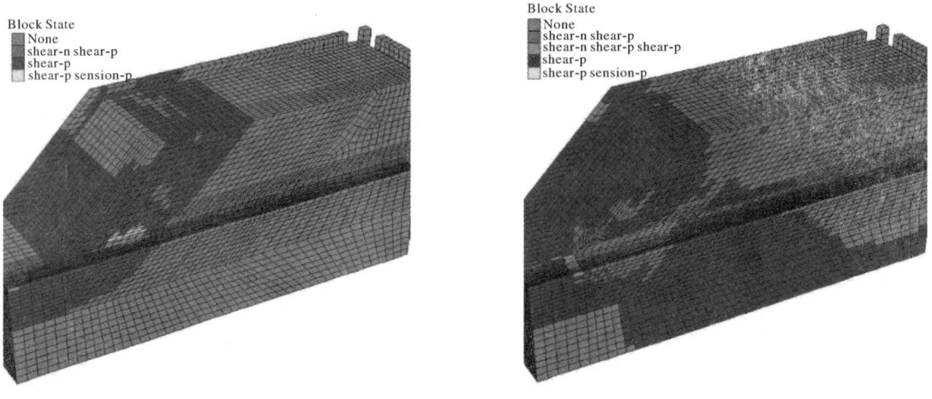

(a) 5s　　(b) 10s

图 5.33　距交界面 40m 围岩塑性区

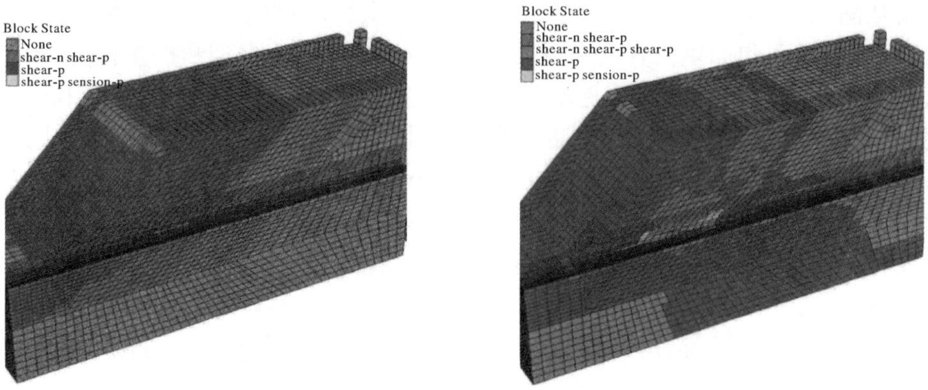

(a) 5s　　(b) 10s

图 5.34　距交界面 60m 围岩塑性区

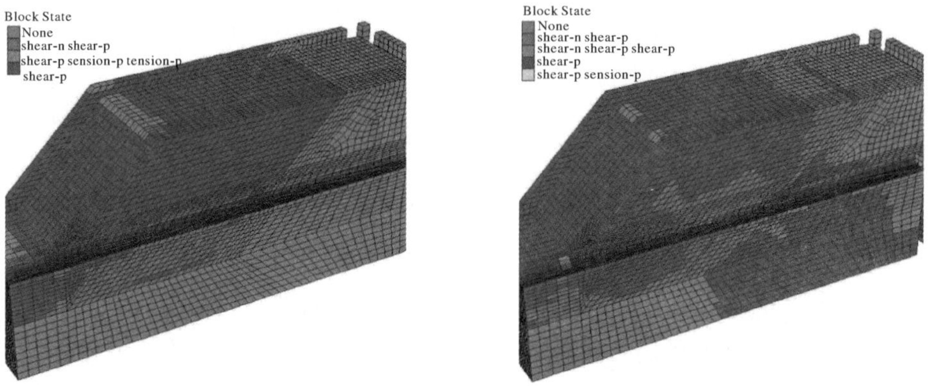

(a) 5s　　(b) 10s

图 5.35　距交界面 80m 围岩塑性区

从图 5.33～图 5.35 可以看出，在地震动 5s 时，隧道围岩塑性区基本出现在软岩段，在地震动 10s 时，已经进入塑性的围岩已经扩张至硬岩地带，硬岩区域的塑性区大小与交界面距洞口的距离关系不明显。在地震动 10s 时，隧道围岩在软硬岩交界面前方 10m 范围内出现剪切和拉伸破坏的塑性区，可见在地震动时，隧道的变形及受力也集中在这个区域。这与隧道衬砌变形和内力峰值也出现在交界面前方 10m 左右区域是相互吻合的，也验证了实际震害调查的情况。

5.3　洞口段软硬岩交界面隧道结构抗减震措施

5.3.1　隧道围岩全环注浆技术方案

1. 模型建立与监测方案

1) 模型建立

依托龙溪隧道右线映秀端洞口建立模型，软硬岩交界面距隧道洞口 40m，软硬岩交界面倾角设为 90°，洞口仰坡倾角为 45°，该隧道工程其他设计参数详见 5.1 节。围岩与二衬、注浆加固范围均使用实体单元模拟，初期支护使用 shell 单元模拟，围岩及注浆范围采用莫尔-库仑屈服准则及弹塑性增量本构关系，二次衬砌采用弹性本构。模型大小为长 × 宽 × 高 = 90m × 90m × 80m，计算模型网格如图 5.36所示。考虑使用全环注浆的方式进行抗震设防，注浆加固厚度(D)为 2m，沿隧道轴向从洞口至硬岩，计算工况如表 5.6 和图 5.37 所示。

表 5.6　隧道计算模型工况一览表

工况	注浆的间隔(H)/m	注浆加固厚度(D)/m
1	0	2
2	1	2
3	2	2
4	3	2
5	0	0

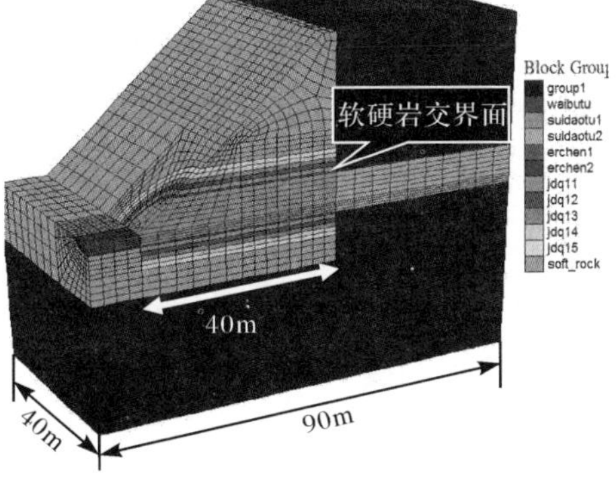

图 5.36　计算模型网格图

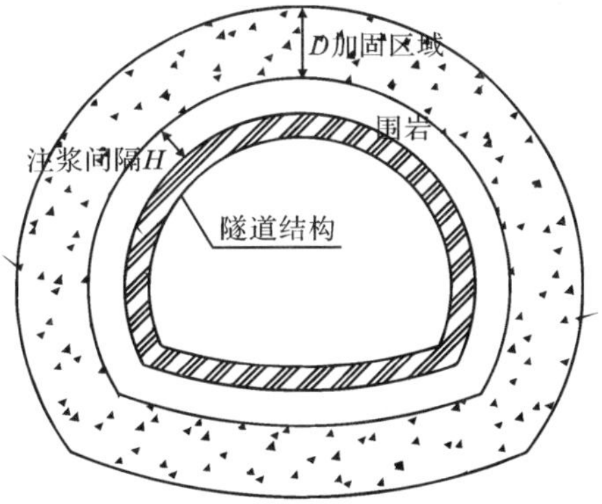

图 5.37　围岩全环注浆加固示意图

根据都汶高速公路隧道工程地质勘察报告，隧道围岩、衬砌结构计算参数如表 5.7 所示。隧道注浆加固区施工中采用中空注浆锚杆，在数值模拟分析中，对注浆加固区力学效果的模拟主要根据其作用的等效原则来考虑，主要考虑注浆后，围岩弹性模量、黏聚力、内摩擦角、抗压强度等指标的提高。

表 5.7　计算物理力学参数表

材料	密度/(kg/m^3)	弹性模量/GPa	泊松比	黏聚力/MPa	内摩擦角/(°)
硬岩	2500	18	0.26	1.4	45
软岩	1700	1	0.4	0.05	20
C25 二衬混凝土	2500	30	0.20	—	—
C20 初期支护	2200	22	0.23	—	—
注浆加固圈	2200	8	0.28	1.0	42

2）隧道监测断面设置

沿纵向从隧道洞口开始设置监测断面，平均每隔 4m 设置一个监测断面，软硬交界面附近每隔 2.5m 设置一个监测断面，监测断面纵向分布如图 5.38 所示，每个断面设置 8 个测点，如图 5.7 所示。

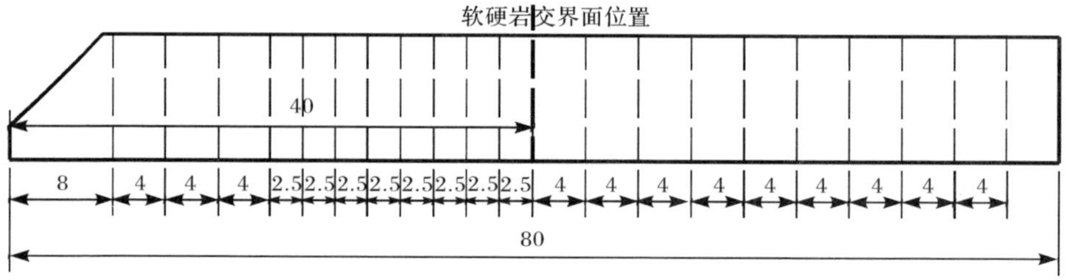

图 5.38　隧道监测断面图(单位:m,虚线为监测断面)

由于隧道计算模型采用实体单元进行模拟，而对于混凝土结构，衬砌的破坏模式可能为受拉破坏，也可能为受压破坏，这时材料的最大和最小主应力是反映材料安全性的重要特征。因此，衬砌结构的受力从单元最大和最小主应力两方面进行分析。

2. 隧道结构动力响应分析

1）隧道结构位移

选取隧道拱顶和仰拱位置的纵向相对位移(垂直 AE 方向)对衬砌的纵向变形进行分析，如图 5.39 所示；选取测线 AE 水平位移和测线 DH 方向的相对位移对隧道横向的变形进行分析，如图 5.40 所示。

从图 5.39 中可以看出，注浆加固措施对控制隧道的纵向相对位移有一定的效果。在隧道洞口位置，拱顶的纵向相对位移大小为：注浆间隔 0m＞未注浆＞注浆间隔 1m＞注浆间隔 2m＞注浆间隔 3m，衬砌仰拱纵向相对位移变化规律与拱顶相同；在软硬岩交界面附近，隧道拱顶的纵向相对位移大小为：注浆间隔 3m＞注

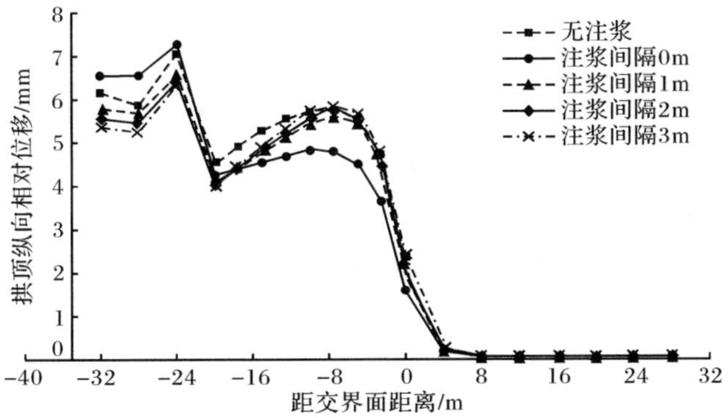

(a) 拱顶纵向相对位移

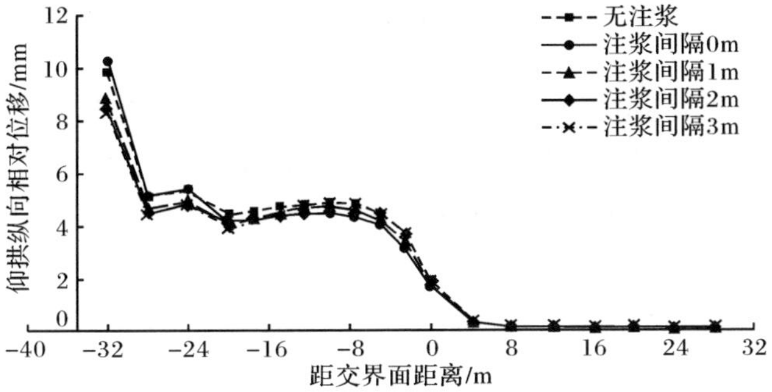

(b) 仰拱纵向相对位移

图 5.39　隧道衬砌纵向相对位移变化曲线

浆间隔 2m＞未注浆＞注浆间隔 1m＞注浆间隔 0m，衬砌仰拱位置的变化规律与拱顶相同。因此，建议采用注浆间隔为 0m，即接触注浆，此时对软硬岩交界面附近隧道抗震效果相对较好。

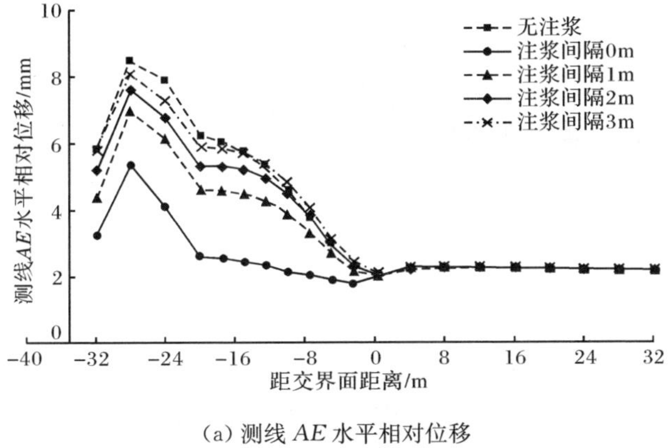

(a) 测线 *AE* 水平相对位移

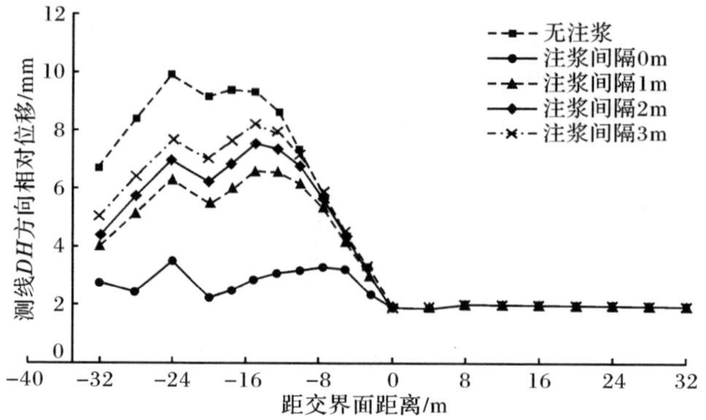

(b) 测线 DH 方向相对位移

图 5.40　隧道衬砌测线相对位移变化曲线

由图 5.40 可见，隧道衬砌的变形主要发生在软岩段，采取注浆加固对控制衬砌的变形能够取得良好的效果。从测线 AE 和 DH 的水平相对位移来看，在软岩段相对位移大小为：未注浆＞注浆间隔 3m＞注浆间隔 2m＞注浆间隔 1m＞注浆间隔 0m。注浆间隔为 0m 时，衬砌变形的减小量明显大于其他工况。因此，建议在隧道穿越软硬岩交界面时采取接触注浆，有利于提高隧道结构抗震性能。

2) 隧道衬砌应力分析

对隧道衬砌的最大和最小主应力进行分析，交界面断面衬砌的最大主应力时程曲线如图 5.41 所示。

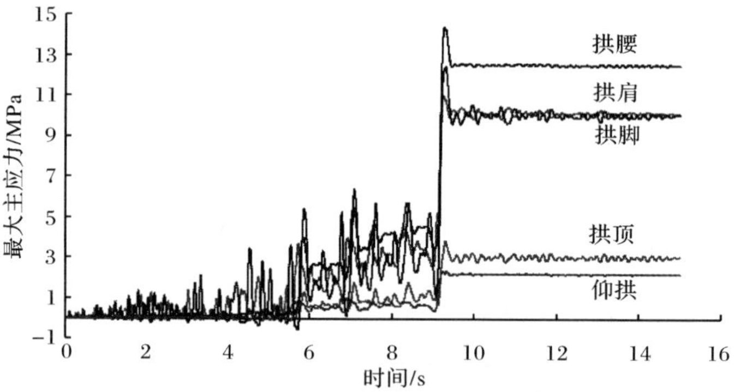

图 5.41　软硬岩交界面隧道衬砌最大主应力时程曲线

由图 5.41 可知，在软硬交界面位置，隧道衬砌的最大主应力大小为：拱腰＞拱肩＞拱脚＞拱顶＞仰拱。在地震动 6～9s 阶段衬砌的受力变化较大，在地震动 9.5s 后，衬砌的受力基本趋于稳定，变化较小。地震动 10s 时隧道衬砌的最大和最小主应力云图如图 5.42 和图 5.43 所示。

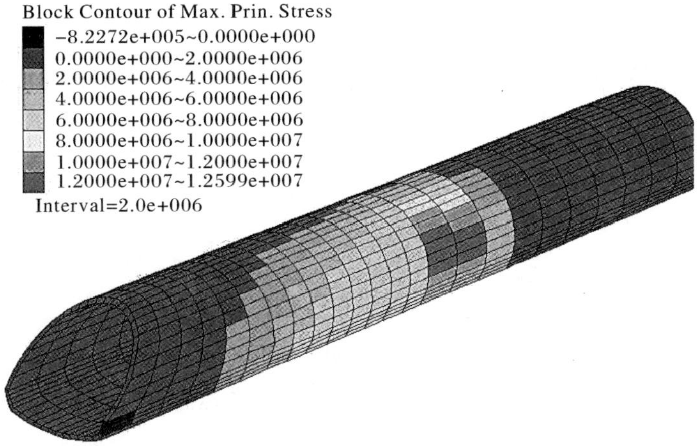

图 5.42　10s 时隧道衬砌最大主应力云图(不注浆工况)

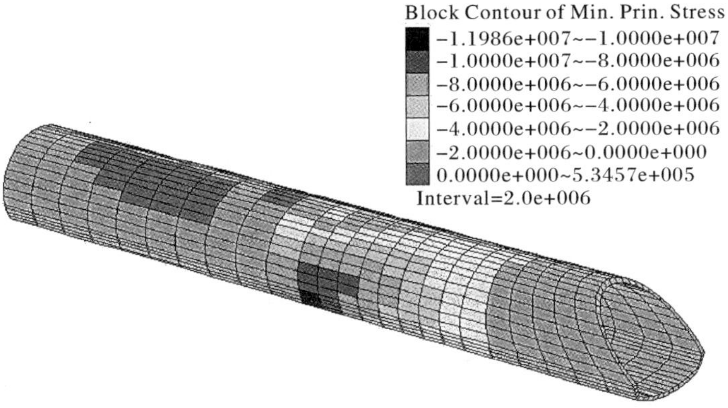

图 5.43　10s 时隧道衬砌最小主应力云图(不注浆工况)

由图 5.42 和图 5.43 可知,隧道衬砌在软硬岩交界面附近的最大和最小主应力幅值最大,结构最大、最小主应力峰值分别出现在拱腰和拱脚部位。所以地震动工程中,隧道衬砌如果发生受拉破坏,破坏的位置应该从隧道拱腰部位开始;衬砌如果发生受压破坏,破坏的位置则从隧道拱脚部位开始。因此,应重点分析结构拱腰部位最大主应力和拱脚部位最小主应力的变化规律。

对隧道围岩进行全环注浆后,隧道拱腰处的最大主应力和拱脚处的最小主应力沿隧道纵向的变化如图 5.44 和图 5.45 所示。可以看出,对围岩进行注浆后衬砌的最大主应力变化并不明显。全环注浆后,在洞口附近,隧道衬砌的最大主应力有所减小,且注浆间隔为 3m 的工况减小量最大;在软硬岩交界面附近,衬砌的最大主应力大小为:注浆间隔 0m＞不注浆＞注浆间隔 1m＞注浆间隔 2m＞注浆间隔 3m。

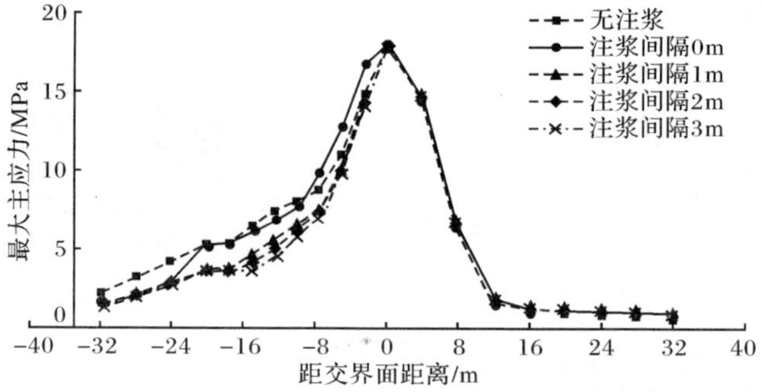

图 5.44　隧道拱腰部位最大主应力沿纵向变化曲线

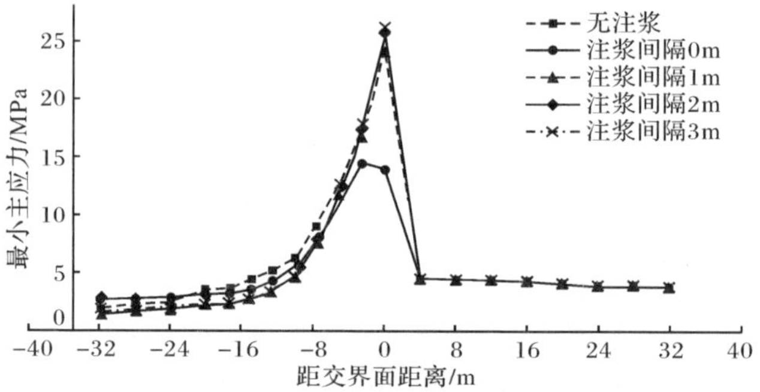

图 5.45　隧道拱脚部位最小主应力沿纵向变化曲线

由图 5.44 可知，隧道拱腰在软硬交界面位置产生了较大的主拉应力（18MPa 左右），隧道各个位置在交界面断面的最大主应力如表 5.8 所示。当注浆间隔为 0m 即接触注浆时，在软硬交界面断面衬砌最大主应力有所增大，而采用间隔注浆时有所减小，注浆间隔 3m 时减小量最大。

表 5.8　交界面断面各工况不同位置最大主应力

测点位置	无注浆	注浆间隔 0m		注浆间隔 1m		注浆间隔 2m		注浆间隔 3m	
拱顶	12.94	13.44	3.9%	12.88	−0.5%	12.63	−2.4%	11.62	−10.2%
拱肩	17.53	17.72	1.1%	17.39	−0.8%	17.34	−1.1%	17.22	−1.8%
拱腰	17.99	18.15	0.9%	17.69	−1.7%	17.68	−1.7%	17.58	−2.3%
拱脚	17.33	17.9	3.3%	17.06	−1.6%	16.97	−2.1%	16.82	−2.9%
仰拱	10.23	11.39	11.3%	10.22	−0.1%	10.21	−0.2%	9.787	−4.3%

注：表中最大主应力单位为 MPa；表中的百分数表示当前工况相对无注浆情况变化，正值表示增加，负值表示减小。

由图 5.45 可知，隧道拱脚在软硬岩交界面位置主压应力高达 26MPa，采取间隔注浆后，隧道衬砌的最小主应力变化并不明显；采取接触注浆即注浆间隔 0m 时，最小主应力有明显的减小，减小为 13.8MPa。注浆后在洞口附近隧道衬砌的最小主应力有所减小，且注浆间隔为 3m 时减小量最大。

各个位置在交界面断面的最小主应力如表 5.9 所示。采取接触注浆方案时，隧道衬砌的最小主应力有较大幅度的减小，其中拱脚位置的减小量达到 62%左右；采用间隔注浆方案时，隧道拱腰和拱肩部位的最小主应力幅值有所减小，拱顶和仰拱位置的最小主应力有所增大。总之，随着注浆间隔长度增大，衬砌的最小主应力越来越大，衬砌趋于不安全。

表 5.9　交界面断面各工况不同位置最小主应力

测点位置	无注浆	注浆间隔 0m		注浆间隔 1m		注浆间隔 2m		注浆间隔 3m	
拱顶	15.1	12.6	−16.4%	15.9	5.3%	16.7	10.7%	17.1	13.0%
拱肩	9.7	5.4	−45.1%	8.0	−18.1%	8.4	−13.7%	8.7	−10.8%
拱腰	8.8	3.4	−61.6%	6.6	−25.4%	7.0	−21.1%	7.2	−18.3%
拱脚	25.7	13.9	−46.0%	24.4	−5.2%	25.4	−1.1%	26.2	1.8%
仰拱	12.6	11.2	−11.4%	13.7	8.6%	13.7	9.0%	13.8	9.5%

注：表中最小主应力单位为 MPa；表中的百分数表示当前工况相对无注浆情况变化，正值表示增加，负值表示减小。

综上所述，对于穿越软硬岩交界面的隧道工程，围岩采用全环注浆措施对控制隧道衬砌变形方面具有较好的抗震效果，水平相对位移和纵向相对位移均明显减小，采用注浆间隔 0m 即接触注浆时，相对位移的减小量最大。从隧道衬砌的受力考虑，全环注浆对在软硬岩交界面位置衬砌的最大主应力减小量很小，采用注浆间隔为 3m 时的减小量最大；交界面位置衬砌的最小主应力在采用接触注浆时减小效果明显，拱脚位置的减小量达到 62%左右。因此，如果采用全环注浆且注浆加固范围为 2m 时，综合衬砌的变形和应力分析结果，推荐全环注浆间隔为 0m，即全环接触注浆。

5.3.2　隧道结构减震缝的减震效果研究

国内对减震缝的研究已较为广泛，研究主要集中在三个方面：减震缝的间距、减震缝的缝宽、减震缝的填充材料。本节拟结合现有的研究结论，对隧道洞口段穿越软硬岩交界面时设置减震缝的减震效果进行研究。主要拟解决的问题包括：①减震缝对隧道洞口段穿越软硬岩交界面的减震效果；②穿越软硬岩交界面时减震缝设置的位置。

1. 隧道计算模型建立

依托都汶高速公路龙溪隧道建立模型，隧道埋深 30m，洞口仰坡倾角为 45°，软硬岩交界面距隧道洞口 45m，倾角为 90°，该隧道工程其他设计参数详见 5.1 节。设置隧道减震缝的间距为 9m，缝宽为 0.4m，减震缝的填充材料采用泡沫混凝土。在软硬岩交界面位置附近设置 4 道减震缝（A、B、C、D），计算工况为 A 号减震缝距交界面 0m、3m 和 6m 三种情况，如图 5.46 和表 5.10 所示。初期支护采用 C20 混凝土，二衬使用 C30 混凝土，围岩及衬砌物理力学参数如表 5.11 所示。模型监测断面设置如图 5.47 所示，每个断面设置 8 个测点。

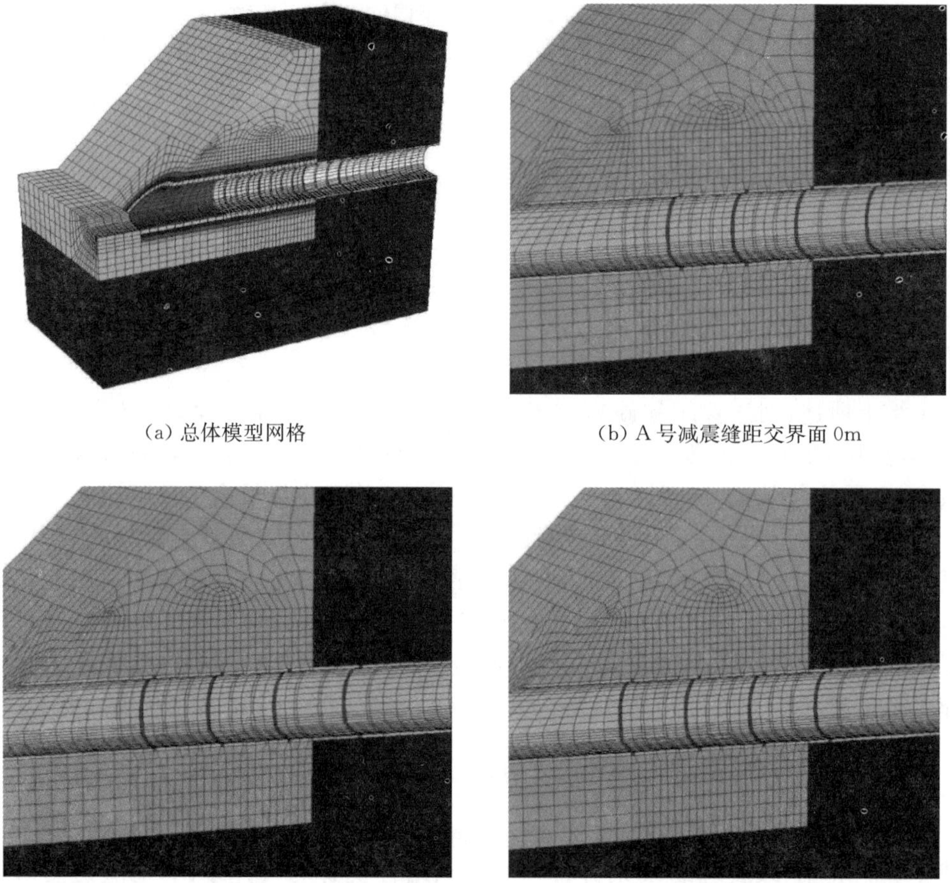

(a) 总体模型网格　　(b) A 号减震缝距交界面 0m

(c) A 号减震缝距交界面 3m　　(d) A 号减震缝距交界面 6m

图 5.46　计算模型网格和计算工况示意

表 5.10　工况一览表

工况	抗减震措施	缝宽	填充材料	减震缝间距
1	不设缝	—	—	—
2	A 号减震缝距交界面 0m	0.4m	泡沫混凝土	9m
3	A 号减震缝距交界面 3m	0.4m	泡沫混凝土	9m
4	A 号减震缝距交界面 6m	0.4m	泡沫混凝土	9m

表 5.11　计算物理力学参数表

材料	密度/(kg/m^3)	弹性模量/GPa	泊松比	黏聚力/MPa	内摩擦角/(°)
硬岩	2500	18	0.26	1.4	45
软岩	1700	1	0.4	0.05	20
C25 二衬混凝土	2500	30	0.20	—	—
C20 初期支护	2200	22	0.23	—	—
泡沫混凝土	1000	0.6	0.35	—	—

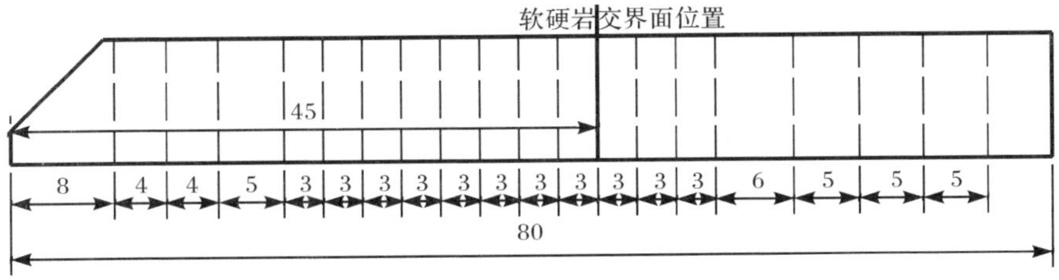

图 5.47　模型监测断面(单位:m,虚线为监测断面)

2. 隧道结构动力响应分析

1) 隧道衬砌变形

选取隧道拱顶和仰拱位置的纵向相对位移(垂直 AE 方向)对衬砌的纵向变形进行分析,如图 5.48 和图 5.49 所示;选取测线 AE 水平相对位移和测线 DH 方向水平相对位移对隧道的横向变形进行分析,如图 5.50 所示。

由图 5.48 和图 5.49 可知,设置隧道减震缝虽不能对软硬岩交界面附近的衬砌的纵向相对位移有很明显的减小效果,但对远离交界面的洞口段隧道衬砌的相对位移有较好的控制作用。在洞口端附近,设置减震缝的拱顶纵向相对位移要明显小于不设缝的情况,大小为:工况 2(A 号减震缝距交界面 0m)<工况 4(A 号减震缝距交界面 6m)<工况 3(A 号减震缝距交界面 3m)<工况 1(不设减震缝)。从交界面附近隧道拱顶最大纵向相对位移来看,设置减震缝后纵向相对位移有较小的增大,工况 2 增大量最小。

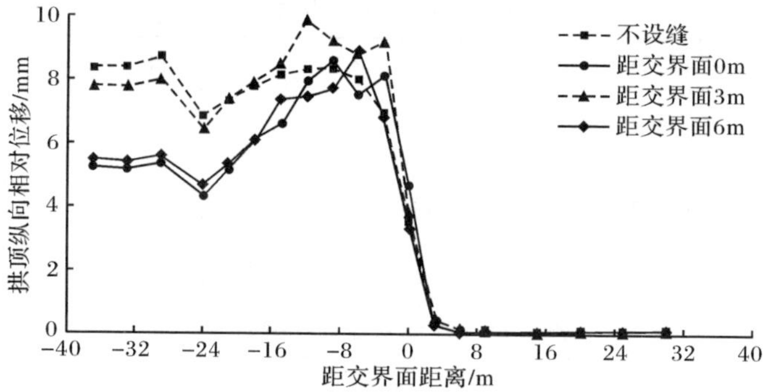

图 5.48　隧道拱顶纵向相对位移变化曲线

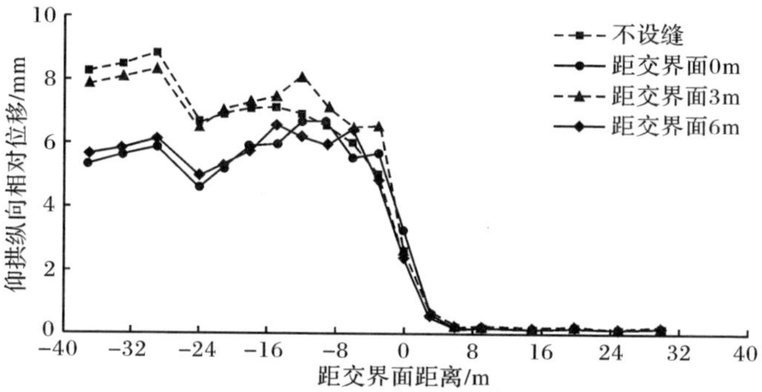

图 5.49　隧道仰拱纵向相对位移变化曲线

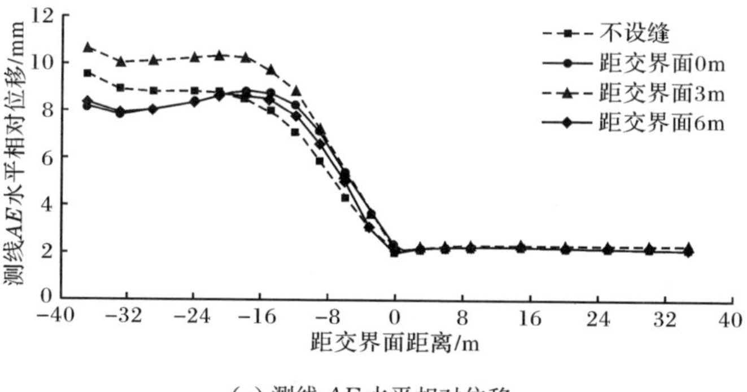

(a) 测线 AE 水平相对位移

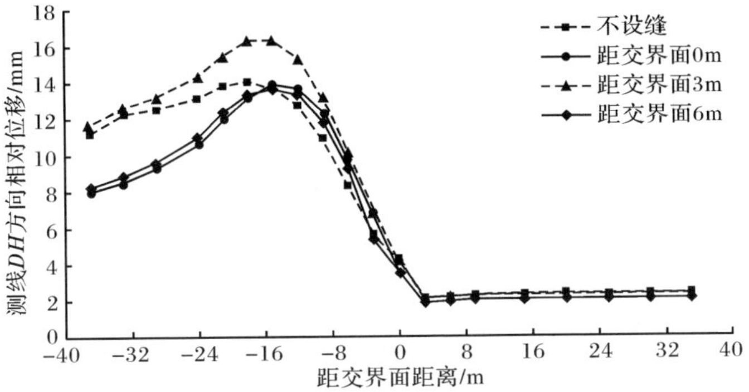

(b) 测线 *DH* 方向相对位移

图 5.50　隧道衬砌各测线水平相对位移变化曲线

由图 5.50 可知,当设置减震缝的形式为工况 2 和工况 4 时,衬砌的水平相对位移在洞口端有明显的减小,工况 2 的减小量更大,在软硬岩交界面位置衬砌横向相对位移有少许增大;当 A 号减震缝距洞口距离为 3m 时,隧道衬砌的横向相对位移比不设置减震缝时有一定的增大。从衬砌横向变形的角度看,工况 2 隧道结构的减震效果最好。

2) 隧道衬砌应力

由 5.2 节知,隧道拱腰最大主应力和拱脚最小主应力受到地震动影响最大,其沿隧道纵向应力变化如图 5.51 和图 5.52 所示。

从图 5.51 和图 5.52 中可知,当不设置减震缝时,衬砌在软硬岩交界面附近较大范围内的最大主应力和最小主应力均较大。设置减震缝之后,在减震缝附近的主应力有明显减小,总体上衬砌的受力得到明显缓解。从减震缝的设置位置考虑,减震缝设置的位置不同,衬砌的受力状态也不同,工况 3 交界面位置衬砌主应力峰值有少量的增大,但总体上衬砌纵向方向的多个位置主应力有所减小;而工况 2 衬砌的主应力峰值有明显的减小,总体上衬砌的受力也优于其他工况;工况 4 衬砌的受力情况介于工况 2 和工况 3 之间。

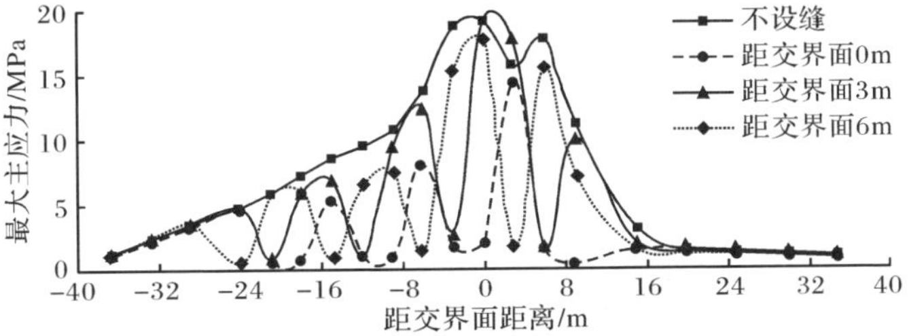

图 5.51　隧道拱腰最大主应力沿纵向变化曲线

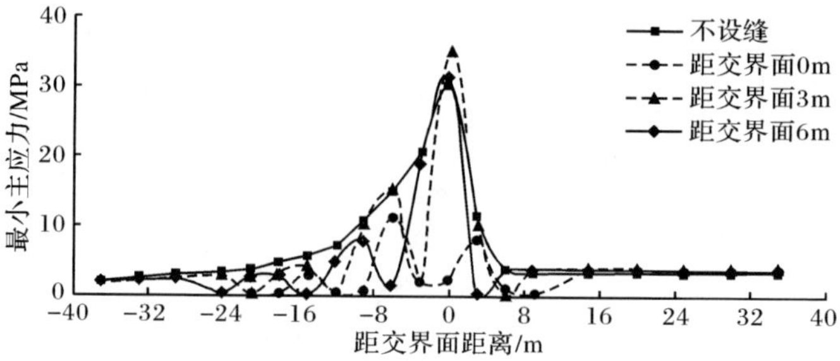

图 5.52　隧道拱脚最小主应力沿纵向变化曲线

因此，从隧道拱腰最大主应力和拱脚最小主应力沿纵向分布曲线可知，当减震缝间距为 9m，A 号减震缝距软硬岩交界面为 0m 时，隧道衬砌的受力最小，达到的减震效果最优。交界面断面衬砌各个工况下最大主应力和最小主应力峰值汇总于表 5.12 和表 5.13。

表 5.12　各工况交界面断面衬砌不同位置最大主应力

位置	无减震缝	工况 2		工况 3		工况 4	
	最大主应力/MPa	最大主应力/MPa	相对无减震缝变化	最大主应力/MPa	相对无减震缝变化	最大主应力/MPa	相对无减震缝变化
拱顶	17.8	13.91	−21.9%	18.44	3.6%	16.94	−4.8%
拱肩	14.75	12.28	−16.7%	15.81	7.2%	16.48	11.7%
拱腰	19.02	14.68	−22.8%	19.45	2.3%	17.63	−7.3%
拱脚	17.81	13.14	−26.2%	19.03	6.9%	16.34	−8.3%
仰拱	9.32	9.31	−0.2%	10.93	17.2%	10.62	13.9%

注：表中百分数正表示增大，负表示减小。

表 5.13　各工况交界面断面衬砌不同位置最小主应力

位置	无减震缝	工况 2		工况 3		工况 4	
	最大主应力/MPa	最大主应力/MPa	相对无减震缝变化	最大主应力/MPa	相对无减震缝变化	最大主应力/MPa	相对无减震缝变化
拱顶	15.2	12.38	−18.6%	16.34	7.5%	15.55	2.3%
拱肩	8.416	6.669	−20.8%	9.365	11.3%	9.396	11.6%
拱腰	6.606	4.312	−34.7%	6.627	0.3%	6.558	−0.7%
拱脚	30.23	11.69	−61.3%	35.64	17.9%	31.47	4.1%
仰拱	13.89	10.65	−23.3%	16.12	16.1%	14.39	3.6%

注：表中百分数正表示增大，负表示减小。

由表 5.12 和表 5.13 可知，当 A 号减震缝距交界面 3m 时，衬砌的各位置主应力峰值比不设缝的情况有所增大；当 A 号减震缝距交界面 0m 时，衬砌的各位置主应力峰值比不设缝的情况均有明显减小，最大主应力在拱腰、拱脚和拱顶位置减小量均大于 20%，最小主应力在拱脚位置减小量达到 60%以上，在拱顶、仰拱、拱肩、拱腰位置也达到 25%左右。由此可见，从衬砌的受力状态来考虑，当设置减震缝间距为 9m、A 号减震缝距交界面 0m 时，可以达到良好的减震效果。

综上，通过对不同减震缝的设置位置的分析可知，不同的减震缝设置位置对衬砌的减震效果有较大不同，不论从衬砌的变形情况还是受力情况来考虑，当减震缝间距为 9m、A 号减震距软硬岩交界面 0m 时，隧道的减震效果最优，减震效果明显。

第 6 章　强震区公路隧道结构安全模糊综合评判方法

在隧道运营期间，为了保证隧道结构具有良好的功能状态，目前国内外常采用先进的监测手段，对隧道结构的关键部位进行长期监测，以便及时掌握隧道结构状态的变化，从而判断隧道结构的安全性，进而采取相应的控制措施，使隧道结构始终处于良好的和可控的状态。近年来，隧道结构监测技术的发展给隧道结构安全性的评价带来了新的发展契机。

由于强震区隧道结构的工作条件十分复杂，其安全状态反映在诸多方面，因此，在对隧道安全状态进行评判时，应该综合考虑多种因素对隧道安全状态的影响。为此，本章按照研究综合评价问题的一般原理和步骤(图 6.1)对隧道安全状态进行研究。以强震区隧道结构安全状态为评价目标，首先对强震区隧道安全状态的影响因素进行深入分析，确定强震区隧道安全状态的评价指标，以此为基础，合理地构造强震区隧道安全状态评价指标体系，使待解问题层次化；然后根据指标体系的各评价指标的特性，建立各评价指标的隶属度，以实现对各评价指标的判定；再根据强震区隧道安全状态评价的特点，采用层次分析法，确定各评价指标的权重；最后根据上述评价指标的权重和指标隶属度，采用一定的评价模型，以实现对强震区隧道安全状态进行定量诊断的目的。

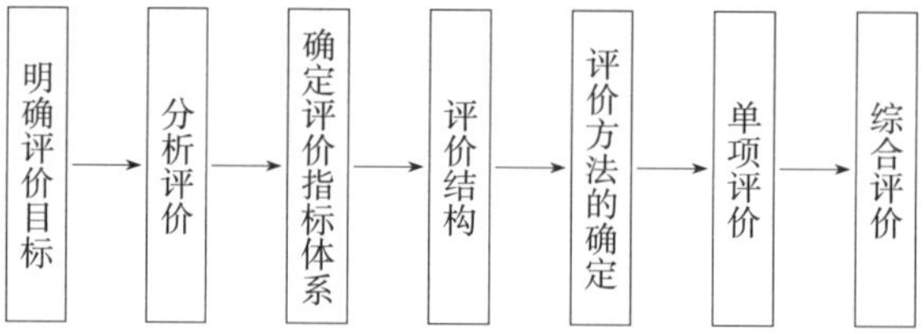

图 6.1　综合评价问题的一般步骤

6.1　隧道结构安全评价因素集的建立

隧道是地下工程建筑物，其与周围的岩土环境构成了一个相互耦合的承载体系，影响其结构安全的因素较多。隧道的安全性是一个复杂的问题，其影响因素主要包括围岩的稳定性和支护结构的安全性，如果隧道修建在强震区，还包括地震的影响。隧道围岩的稳定性问题更多地出现在隧道施工期间，所以在施工期探明隧道所处的水文地质条件是十分必要的。支护结构的安全性有两方面的含义：第一是指结构承载力方面的安全性；第二是指正常使用方面的安全性。施工期间的隧道结构主要表现为结构承载力方面，而运营期支护结构的安全性两者皆有。

正常使用方面的安全性更多地表现在衬砌的错台、开裂、边墙下沉以及渗漏水等方面，也就是通常所说的病害。运营期支护结构的安全性，由于地下水的腐蚀作用，锚杆、钢筋网等支护结构的失效，以及岩石的流变、地应力的改变，给运营期隧道结构的安全性带来了一些隐患。地震作用方面，主要表现在地震振幅、频谱和持时对隧道结构以及围岩的影响，其主要表现为塌方、大变形、断层错动、底鼓、砂土液化、边坡失稳、衬砌开裂、掉块等，且多发生在隧道进出口段、浅埋段、软质岩、断层破碎带等地段。研究隧道结构安全评判的问题，需要找出其中主要的影响因素来对隧道结构进行评价。

在确定评价指标的过程中应遵循以下四个原则：定量为主、定性为辅的原则，指标之间独立性原则，实用性原则，科学性与可靠性原则。

参考目前国内外已有的研究成果和国家规范标准以及指标选取原则，同时考虑本部分研究范围，即只考虑无特殊地质条件、深埋的公路隧道洞身标准断面衬砌结构，且没有考虑隧道结构疲劳破坏、地震波的输入方式等，选取 3 大类 14 个子因素来反映地震区隧道结构安全的影响指标。其主要因素包括隧道衬砌特征、工程地质特征和地震烈度三个主要方面。

6.1.1　隧道衬砌特征

1. 衬砌混凝土强度指标

隧道在运营一段时间后，随结构服役时间的增长，衬砌混凝土强度会出现不同程度的降低。混凝土强度的劣化主要受使用环境的影响，如一般大气环境下混凝土强度在相当长时间以后才开始下降，而海洋环境的混凝土强度在 30 年时约降低 50%，另外，混凝土冻融、碱-集料反应也将使混凝土强度降低。所以本章选取混凝土强度指标作为隧道衬砌特征的影响指标。一般大气环境下的混凝土强度指标为

$$混凝土强度指标=1-实测强度/设计强度$$

现对混凝土强度指标进行划分，如表 6.1 所示。

表 6.1　混凝土强度指标

安全等级	Ⅰ	Ⅱ	Ⅲ	Ⅳ
安全状况	安全	基本安全	次不安全	不安全
混凝土强度指标 (1－实测强度/设计强度)	0～0.1	0.1～1/3	1/3～0.5	0.5～1

2. 衬砌厚度指标

衬砌厚度直接影响隧道结构的承载能力，在隧道施工及运营过程中，衬砌厚度往往达不到设计要求，所以选取衬砌厚度作为隧道衬砌特征的主要影响指标。现对衬砌厚度指标进行划分，如表 6.2 所示。

衬砌混凝土厚度指标表示为

$$衬砌厚度指标=1-实测厚度/设计厚度$$

表 6.2 衬砌厚度指标

安全等级	Ⅰ	Ⅱ	Ⅲ	Ⅳ
安全状况	安全	基本安全	次不安全	不安全
衬砌厚度指标（1－实测厚度/设计厚度）	0～0.1	0.1～1/3	1/3～0.5	0.5～1

3. 衬砌裂缝宽度

隧道运营期间，由于衬砌材料老化、围岩蠕变、地震等偶然荷载以及施工中产生裂缝、随时间的发展等因素的作用，往往会使衬砌结构出现不同程度的裂损，使得隧道结构的安全性降低。而裂缝对隧道结构安全的影响又会以裂缝宽度的大小来表现，所以选取衬砌裂缝宽度作为隧道衬砌特征的影响指标。

现对衬砌裂缝宽度指标进行划分，如表 6.3 所示。

表 6.3 裂缝宽度

安全等级	Ⅰ	Ⅱ	Ⅲ	Ⅳ
安全状况	安全	基本安全	次不安全	不安全
最大裂缝宽度/mm	0～1	1～3	3～5	≥5

4. 衬砌背后空洞

当隧道衬砌背后出现空洞时，会导致围岩松弛、土压增加并且阻碍被动土压的产生，直接影响衬砌结构的承载力。大量的实验表明，衬砌背后空洞的范围越大，最终承载力越低，所以选取空洞直径作为隧道衬砌特征的影响指标。

现对空洞直径指标进行划分，如表 6.4 所示。

表 6.4 空洞直径

安全等级	Ⅰ	Ⅱ	Ⅲ	Ⅳ
安全状况	安全	基本安全	次不安全	不安全
空洞直径/mm	0	0～100	100～500	≥500

5. 衬砌变形

隧道拱顶下沉和洞周收敛是衬砌变形的两个主要表现形式，它不仅反映了围岩的应力状态，而且反映了衬砌结构的稳定性。而隧道净空位移速率最能直观地表现衬砌变形的大小，所以选取净空位移速率作为隧道衬砌特征的影响指标。

现对净空位移速率指标进行划分，如表 6.5 所示。

表 6.5　衬砌变形

安全等级	Ⅰ	Ⅱ	Ⅲ	Ⅳ
安全状况	安全	基本安全	次不安全	不安全
变形速率/(mm/年)	0～1	1～3	3～10	≥10

6. 衬砌碳化深度

隧道在运营若干年后，衬砌混凝土会发生碳化现象。所谓碳化，就是空气中的二氧化碳渗透到混凝土中，与混凝土中的强碱生成物氢氧化钙发生反应，使混凝土失去碱性。其化学反应方程式为

$$Ca(OH)_2 + CO_2 \longrightarrow CaCO_3 + H_2O$$

碳化虽然可以提高素混凝土的耐久性，但是同时也会降低其密实性，并且增加其孔溶液中氢离子数量。根据碳化的这个影响特点可知，对于隧道的素混凝土段，碳化可能还会有一定的积极影响；但是对于钢筋混凝土段，碳化会使钢筋接触空气和水而产生锈蚀，并且在氢离子的作用下加速锈蚀，这样就会使衬砌的承载力降低。所以选取碳化深度作为隧道衬砌特征的影响指标。

现对碳化深度指标进行划分，如表 6.6 所示。

表 6.6　衬砌碳化深度

安全等级	Ⅰ	Ⅱ	Ⅲ	Ⅳ
安全状况	安全	基本安全	次不安全	不安全
衬砌碳化深度/cm	0～1	1～3	3～4	≥4

6.1.2　工程地质特征

1. 岩石质量指标 RQD

岩石质量指标是美国伊利诺斯大学 Deree 推荐的一种在钻进时统计岩体质量指标进行岩体分类的方法。RQD 值的定义是：采用 NX 标准钻头（直径 2.125in

(1in＝2.54cm)金刚石钻头)钻进，每一回次进尺中，长度大于10cm的完整岩芯所占的百分比，即

$$RQD=\frac{10cm以上岩芯累计长度}{钻孔长度}\times 100\%$$

在统计时沿岩芯中心量测，明显在钻进中产生的裂隙不计。RQD值不同，对隧道结构安全的影响程度也有所差异如表6.7所示。

表6.7 岩石质量指标RQD

安全等级	Ⅰ	Ⅱ	Ⅲ	Ⅳ
安全状况	安全	基本安全	次不安全	不安全
岩石质量指标RQD/%	100～90	90～75	75～50	50～0

2. *岩石抗压强度* R_c

表征岩石坚硬程度的定量指标有岩石单轴抗压强度 R_c、弹性模量 E_r、回弹值。根据《公路隧道设计规范》(JTG D70—2004)，选取岩石单轴饱和抗压强度反映岩石坚硬程度与隧道结构安全的定量指标。通常情况下，洞室开挖后，它的稳定性主要取决于岩石的强度，岩石越坚硬，洞室越稳定。为了定量描述岩石抗压强度对结构安全的影响，将岩石抗压强度分为四类，如表6.8所示。

表6.8 岩石单轴饱和抗压强度

安全等级	Ⅰ	Ⅱ	Ⅲ	Ⅳ
安全状况	安全	基本安全	次不安全	不安全
岩石单轴饱和抗压强度/MPa	200～120	120～60	60～30	30～0

3. *岩体完整性* K_v

岩体完整性是影响岩体稳定性的重要因素，它取决于岩体中结构面的发育程度(结构面的间距、组数等)，结构面的性质(张闭性、充填物质、胶结程度)，结构面的延展性、连通性、组合关系等。研究表明，岩体中除了构造活动产生的构造形迹，还存在大量的间断面、接触面、片理、劈理、层理、夹层等结构面，这就使得岩体的强度比岩石的强度要低，其岩石材料及岩体结构面强度包络线如图6.2所示。可以看出，岩体结构面及裂隙分布状况对围岩稳定影响很大。为了定量描述岩体完整性对结构安全的影响，将岩体完整性分为四类，如表6.9所示。

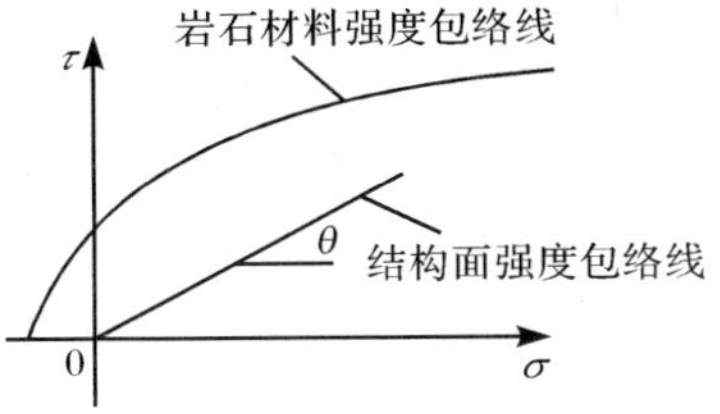

图 6.2　岩石材料及结构面强度包络线

表 6.9　岩体完整性

安全等级	Ⅰ	Ⅱ	Ⅲ	Ⅳ
安全状况	安全	基本安全	次不安全	不安全
岩体完整性 K_v	1～0.75	0.75～0.55	0.55～0.35	0.35～0

4. 地下水涌水量

大量实践和研究表明，地下水的存在对隧道结构和围岩的安全产生了很大的影响，其主要体现在以下两个方面：

(1) 软化围岩的软弱结构面、降低围岩的摩擦系数和黏聚力、降低围岩的变形模量和强度，使围岩变形和破坏加剧。

(2) 产生膨胀压力和不对称的渗透压力，使洞壁上的块体易于塌落。

为了进一步表明地下水对隧道结构的影响，将涌水量大小作为定量指标来表征地下水对隧道结构的影响，如表 6.10 所示。

表 6.10　隧道涌水量

安全等级	Ⅰ	Ⅱ	Ⅲ	Ⅳ
安全状况	安全	基本安全	次不安全	不安全
隧道涌水量/(L^3/min×10m)	0～10	10～25	25～125	125～300

6.1.3　地震烈度

地震烈度是指某一地区的地面和各人工建筑物受一次地震影响的强弱程度，它可以用来表述地震动加速度、速度、位移的大小，也可以用来表述某一宏观现象的强弱程度和某一物理量的大小。在我国，许多地震工作者或地震工程工作者把它理解为地震震害的强弱程度或通过震害强弱程度反映的地震动的大小。它的用途主要有三个方面：第一，作为震害的简便估计；第二，为地震工作者提供一种宏观尺度来描述地震影响的大小；第三，作为一种粗略而简便的指标，为地震工程总结抗震经验，进行烈度区划，从而规定地震动设计参数。它主要有三个特性：多指标的综合性、分等级的宏观模糊性和以后果表示原因的间接性。

考虑地震烈度在地震中的主要作用及其特性，选取地震烈度作为影响隧道结构安全的主要因素，并采用多指标综合评定方法对其进行评定。所考虑的主要指标包括平均震害指数、水平地面加速度峰值、竖向地面加速度峰值和水平地面速度峰值。根据国内外的宏观调查和仪器观测的资料分析整理可得各物理量指标的烈度表，如表 6.11 所示。

表 6.11　物理量指标的烈度表

烈度	震害指数		水平加速度峰值/(cm/s^2)		水平速度峰值/(cm/s)	
	平均值	范围	平均值	范围	平均值	范围
5	—	—	31	22～44	2.5	1.8～3.5
6	0.05	0～0.1	63	45～89	5	3.6～7
7	0.2	0.1～0.3	125	90～117	10	8～14
8	0.4	0.3～0.5	250	178～353	20	15～28
9	0.6	0.5～0.7	500	354～707	40	29～57
10	0.8	0.7～0.9	1000	708～1414	80	58～113
11	0.95	0.9～1.0	—	—	—	—

同时参考《岩土与结构工程中不确定性问题及其分析方法》一书中关于地震烈度的划分方法，将地震烈度划分为四类，如表 6.12 所示。

表 6.12　地震烈度

安全等级	Ⅰ	Ⅱ	Ⅲ	Ⅳ
安全状况	安全	基本安全	次不安全	不安全
平均震害指数	<Ⅲ	Ⅲ～Ⅴ	Ⅴ～Ⅷ	>Ⅷ

综合考虑地震烈度及地震烈度各影响指标的划分方法，现对影响指标进行划分。

(1) 平均震害指数。

为了定量描述平均震害指数对结构安全的影响，将平均震害指数分为四类，如表 6.13 所示。

表 6.13　平均震害指数

安全等级	Ⅰ	Ⅱ	Ⅲ	Ⅳ
安全状况	安全	基本安全	次不安全	不安全
平均震害指数	0	0	0～0.5	0.5～1

(2) 水平地面加速度峰值。

为了定量描述水平地面加速度峰值对结构安全的影响，将水平地面加速度峰值分为四类，如表 6.14 所示。

表 6.14　水平地面加速度峰值

安全等级	Ⅰ	Ⅱ	Ⅲ	Ⅳ
安全状况	安全	基本安全	次不安全	不安全
水平地面加速度峰值/(cm/s²)	0～22	22～44	44～354	354～1414

(3) 竖向地面加速度峰值。

文献《竖向地震反应谱》对两百多个强震记录统计的结果表明$(a_V)_{平均} \approx 0.5(a_H)_{平均}$，因而，对$a_V$可取$a_H$指标的一半。竖向地面加速度峰值如表 6.15 所示。

表 6.15　竖向地面加速度峰值

安全等级	Ⅰ	Ⅱ	Ⅲ	Ⅳ
安全状况	安全	基本安全	次不安全	不安全
竖向地面加速度峰值/(cm/s²)	0～11	11～22	22～177	177～707

(4) 水平地面速度峰值。

为了定量描述水平地面速度峰值对结构安全的影响，将水平地面速度峰值分为四类，如表 6.16 所示。

表 6.16　水平地面速度峰值

安全等级	Ⅰ	Ⅱ	Ⅲ	Ⅳ
安全状况	安全	基本安全	次不安全	不安全
水平地面速度峰值/(cm/s)	0～1.8	1.8～3.5	3.5～28	28～113

6.1.4　隧道结构安全性评价体系

综合影响隧道结构安全性各个因素，基于模糊综合评判理论和层次分析法，建立了强震区公路隧道结构安全性评价体系，如图 6.3 所示。从图中可以看出，隧道主体结构安全模糊综合评判模型分为三层：第一层为目标层，包含一个对象，即地震区隧道结构安全性评价体系 U；第二层为准则层，包含可能影响隧道安全体系的因素，即隧道衬砌特性 U_1、工程地质特性 U_2 和地震烈度 U_3，这三个因素组成了地震区隧道结构安全性评价体系的制约因素集；第三层为指标层，包含可能影响准则层各因素的各项指标，各指标如下：

(1) 隧道衬砌特征包括衬砌混凝土强度指标 U_{11}、衬砌厚度指标 U_{12}、衬砌裂缝宽度 U_{13}、衬砌背后空洞 U_{14}、衬砌变形 U_{15}、衬砌碳化深度 U_{16}。

(2) 工程地质特征包括岩石质量指标 U_{21}、岩石抗压强度 U_{22}、岩体完整性 U_{23}、地下水涌水量 U_{24}。

(3) 地震烈度包括平均震害指数 U_{31}、水平地面加速度峰值 U_{32}、竖向地面加速度峰值 U_{33}、水平地面速度峰值 U_{34}。

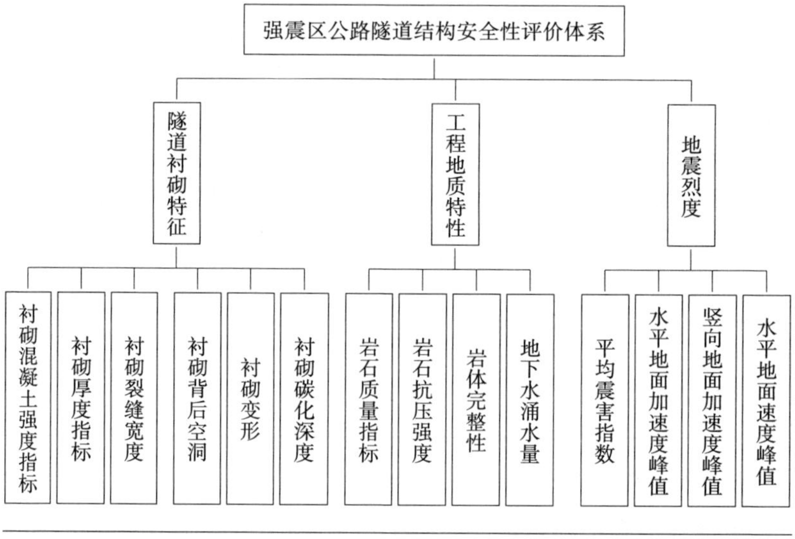

图 6.3 强震区公路隧道结构安性评价体系

6.2 隧道结构安全等级及其评判基准

6.2.1 隧道安全等级划分

隧道主体结构安全状况的"优、劣"是十分抽象的模糊性概念,难以操作,需要将其划分为若干个可度量的安全性等级。综合国内外资料可知,目前对于隧道健康等级划分的方法主要存在以下几种:

(1) 三级划分法。如在德国铁道隧道检查阶段、日本和我国公路隧道检查阶段。

(2) 四级划分法。如在日本铁道隧道总体检查阶段、日本公路隧道检查阶段和我国公路隧道专项检查阶段。

(3) 五级划分法。如在日本水工隧洞以及我国铁道隧道检查阶段。

(4) 十级划分法。如在美国铁道和公路隧道检查阶段。

这几种划分法中,三级划分法比较简单,主要用于隧道检查(日常、定期和特别检查)结果的评判;五级划分法实际是在四级划分法基础上对其中某项进行了细化,实质是四级划分法;十级划分法则划分过细,而且在地震区公路隧道主体结构安全性评价中,某些状态是不需要的。因此,在参照隧道健康等级划分法的基础上，综合分析上述划分法的优劣后，同时考虑四级划分法具有广泛的使用基础，现将扯羊隧道主体结构安全性状态划分为四个等级：

$$V=\{v_1,v_2,v_3,v_4\}=\{\mathrm{I},\mathrm{II},\mathrm{III},\mathrm{IV}\}$$

其中，v_1 为结构安全；v_2 为结构基本安全；v_3 为结构次不安全；v_4 为结构不安全。

隧道结构安全性等级划分如表 6.17 所示。

表 6.17　隧道结构安全性等级划分一览表

安全性评价等级	判定内容
Ⅰ级(安全)	隧道结构安全，隧道衬砌无裂缝、剥落等现象，现阶段对行人(车)不会有影响
Ⅱ(基本安全)	隧道结构基本安全，结构轻微破坏，主要为施工缝开裂，局部有渗水，现阶段对行人(车)不会有影响，但应进行监测或观测
Ⅲ(次不安全)	隧道结构潜在不安全，结构存在较严重的破坏，衬砌有裂纹，有裂缝渗水现象，可能会危及行人(车)安全，应采取对策措施
Ⅳ(不安全)	隧道结构不安全，结构存在严重破坏，衬砌掉块或大面积开裂，有裂缝渗水现象，已危及行人(车)安全，必须立即采取紧急对策措施

6.2.2　隧道结构安全影响因素的评判基准

通过各影响因素的分析，得出影响隧道主体结构安全性的评判因素及评判级别表，如表 6.18 所示。

表 6.18　评判因素及评判级别表

	指标级别	Ⅰ级(安全)	Ⅱ(基本安全)	Ⅲ(次不安全)	Ⅳ(不安全)
隧道衬砌特征	衬砌混凝土强度指标(1－实测强度/设计强度)	0～0.1	0.1～1/3	1/3～0.5	0.5～1
	衬砌厚度指标(1－有效厚度/设计厚度)	0～0.1	0.1～1/3	1/3～0.5	0.5～1
	衬砌裂缝宽度/mm	0～1	1～3	3～5	≥5
	衬砌背后空洞直径/mm	0	0～100	100～500	≥500
	衬砌变形/(mm/年)	0～1	1～3	3～10	≥10
	衬砌碳化深度/cm	0～1	1～3	3～4	≥4
工程地质特征	岩石质量指标 RQD/%	100～90	90～75	75～50	50～0
	岩石单轴饱和抗压强度/MPa	200～120	120～60	60～30	30～0
	岩体完整性 K_v	1～0.75	0.75～0.55	0.55～0.35	0.35～0
	地下水涌水量/(L^3/min×10m)	0～10	10～25	25～125	125～300

续表

	指标级别	Ⅰ级(安全)	Ⅱ(基本安全)	Ⅲ(次不安全)	Ⅳ(不安全)
地震烈度	平均震害指数	0	0	0～0.5	0.5～1
	水平地面加速度峰值/(cm/s²)	0～22	22～44	44～354	354～1414
	竖向地面加速度峰值/(cm/s²)	0～11	11～22	22～177	177～707
	水平地面速度峰值/(cm/s)	0～1.8	1.8～3.5	3.5～28	28～113

6.2.3 综合评判模型中隶属函数的确定

模糊综合评判法的关键技术之一是指标间的不可公度性,即各个指标之间没有统一的度量标准,因而难以比较,所以在进行综合评价前,首先确定指标体系中各个指标的评价值,即计算隶属度。那么,隶属函数构造质量的好坏直接决定评价系统的优劣。通常隶属函数的确定方法有多种,如模糊统计方法、三分法、模糊分布法、推荐工程应用模糊数建立隶属度方法等。考虑到统计方法需要较多样本,而专家评分主观性较强,故采用模糊分布法对各指标进行评价。

遵循隶属函数确定的原则和方法,结合相关的参考文献,以及对各分布模型进行对比分析,选取模糊理论中常用的"降半梯形"分布作为衬砌混凝土强度指标、衬砌厚度指标、衬砌裂缝宽度、衬砌背后空洞、衬砌变形、衬砌碳化深度、地下水涌水量这些影响因素的隶属函数;选取正态分布作为余下影响因素的隶属函数。

"降半梯形"分布模型的数学表达式为

$$\widetilde{U}_{\mathrm{I}}(x)=\begin{cases}1, & x\leqslant S_1\\ \dfrac{S_2-x}{S_2-S_1}, & S_1<x\leqslant S_2\\ 0, & x>S_2\end{cases}\tag{6.1}$$

$$\widetilde{U}_{\mathrm{II}}(x)=\begin{cases}0, & x\leqslant S_1,x>S_3\\ \dfrac{x-S_1}{S_2-S_1}, & S_1<x\leqslant S_2\\ \dfrac{S_3-x}{S_3-S_2}, & S_2<x\leqslant S_3\end{cases}\tag{6.2}$$

$$\widetilde{U}_{\mathrm{III}}(x)=\begin{cases}0, & x\leqslant S_2,x>S_4\\ \dfrac{x-S_2}{S_3-S_2}, & S_2<x\leqslant S_3\\ \dfrac{S_4-x}{S_4-S_3}, & S_3<x\leqslant S_4\end{cases}\tag{6.3}$$

$$\widetilde{U}_{\mathrm{IV}}(x)=\begin{cases}0, & x\leqslant S_3\\ \dfrac{x-S_3}{S_4-S_3}, & S_3<x\leqslant S_4\\ 1, & x>S_4\end{cases}\tag{6.4}$$

式中，S_1、S_2、S_3、S_4 为隧道结构安全性各因素分级的标准值；x 为实测值。

正态分布模型的数学表达式为

$$\widetilde{U}_{\mathrm{I}}(x)=\begin{cases}1, & x\leqslant a_1\\ \mathrm{e}^{-\left(\frac{x-a}{\sigma_1}\right)^2}, & x>a_1\end{cases}\tag{6.5}$$

$$\widetilde{U}_{\mathrm{II}}(x)=\begin{cases}\mathrm{e}^{-\left(\frac{x-a}{\sigma_1}\right)^2}, & x\leqslant a_2\\ \mathrm{e}^{-\left(\frac{x-a}{\sigma_2}\right)^2}, & x>a_2\end{cases}\tag{6.6}$$

$$\widetilde{U}_{\mathrm{III}}(x)=\begin{cases}\mathrm{e}^{-\left(\frac{x-a}{\sigma_2}\right)^2}, & x\leqslant a_3\\ \mathrm{e}^{-\left(\frac{x-a}{\sigma_3}\right)^2}, & x>a_3\end{cases}\tag{6.7}$$

$$\widetilde{U}_{\mathrm{IV}}(x)=\begin{cases}\mathrm{e}^{-\left(\frac{x-a}{\sigma_3}\right)^2}, & x\leqslant a_4\\ 1, & x>a_4\end{cases}\tag{6.8}$$

式中，a_1、a_2、a_3、a_4 为隧道安全性各因素分级的平均值；σ_1、σ_2、σ_3 为方差；x 为实测值。其中 σ 采用公式$\left(\dfrac{a_i-a_{i-1}}{2\sigma_{i-1}}\right)^2=-\ln 0.5$ 计算。

评判因素集中衬砌混凝土强度指标、衬砌厚度指标、衬砌裂缝宽度、衬砌背后空洞、衬砌变形、衬砌碳化深度、地下水涌水量情况采用“降半梯形”分布的隶属函数。结合评判基准计算各影响因素的隶属函数参数，如表 6.19 所示。

表 6.19　采用“降半梯形”分布的各影响因素隶属函数参数表

影响因素	安全等级									
	Ⅰ级		Ⅱ级			Ⅲ级			Ⅳ级	
	S_1	S_2	S_1	S_2	S_3	S_2	S_3	S_4	S_3	S_4
衬砌混凝土强度指标	0.05	0.217	0.05	0.217	0.417	0.217	0.417	0.75	0.417	0.75
衬砌厚度指标	0.05	0.217	0.05	0.217	0.417	0.217	0.417	0.75	0.417	0.75
衬砌裂缝宽度/mm	0.5	2	0.5	2	4	2	4	6	4	6
衬砌背后空洞/mm	0	50	0	50	300	50	300	600	300	600
衬砌变形/(mm/年)	0.5	2	0.5	2	6.5	2	6.5	12	6.5	12
衬砌碳化深度/cm	0.5	2	0.5	2	3.5	2	3.5	4.5	3.5	4.5
地下水涌水量/(L^3/min ×10m)	5	17.5	5	17.5	75	17.5	75	212.5	75	212.5

评判因素集中岩石质量指标、岩石抗压强度、岩体完整性、平均震害指数、水

平地面加速度峰值、竖向地面加速度峰值、水平地面速度峰值情况采用正态分布隶属函数。结合评判基准计算各影响因素的隶属函数参数，如表 6.20 所示。

表 6.20 采用正态分布的各影响因素隶属函数参数表

影响因素	安全等级									
	Ⅰ级		Ⅱ级			Ⅲ级			Ⅳ级	
	a_1	σ_1	a_2	σ_1	σ_2	a_3	σ_2	σ_3	a_4	σ_3
岩石质量指标/%	95	7.51	82.5	7.51	12.01	62.5	12.01	15.01	25	15.01
岩石抗压强度/MPa	160	42.04	90	42.04	27.03	45	27.03	18.02	15	18.02
岩体完整性	0.875	0.135	0.65	0.135	0.12	0.45	0.12	0.165	0.175	0.165
平均震害指数	0	0.03	0.05	0.03	0.15	0.3	0.15	0.27	0.75	0.27
水平地面加速度峰值/(cm/s^2)	11	13.21	33	13.21	99.69	199	99.69	411.38	884	411.38
竖向地面加速度峰值/(cm/s^2)	5.5	6.43	16.5	6.43	49.85	99.5	49.85	205.69	442	205.69
水平地面速度峰值/(cm/s)	0.9	1.05	2.65	1.05	7.87	15.75	7.87	32.88	70.5	32.88

6.2.4 综合评判模型中权重的确定

参考国内外研究资料以及相关权重的确定方法，采用通用层次分析法中 1～9 标度法对综合评判模型中各因素的权重进行分析。首先建立层次关系图，然后构造两两判断矩阵，接着求出其特征值和特征向量并进行一致性检验，最后确定各个评判因素的权重。

1. 隧道衬砌特征因素权重

两两判断矩阵 H_1：

$$H_1=\begin{bmatrix}1 & 5 & 7 & 9 & 3 & 7\\ 1/5 & 1 & 3 & 5 & 1/3 & 3\\ 1/7 & 1/3 & 1 & 3 & 1/5 & 1\\ 1/9 & 1/5 & 1/3 & 1 & 1/7 & 1/3\\ 1/3 & 3 & 5 & 7 & 1 & 5\\ 1/7 & 1/3 & 1 & 3 & 1/5 & 1\end{bmatrix}$$

权重：$W_1=(0.4674,0.1295,0.0596,0.0287,0.2551,0.0596)$。

最大特征值：$\lambda_{max}=6.2358$。

判断矩阵的一般一致性指标：$C_I=0.05076$。

判断矩阵的平均随机一致性指标：$R_I=1.24$。
判断矩阵的随机一致性比率：$C_R=0.0409<0.1$。
通过一致性检验，接受比较矩阵的判断及求得的权重系数。

2. 工程地质特征因素权重

两两判断矩阵 H_2：

$$H_2=\begin{bmatrix}1 & 1/2 & 1 & 2\\ 2 & 1 & 2 & 3\\ 1 & 1/2 & 1 & 2\\ 1/2 & 1/3 & 1/2 & 1\end{bmatrix}$$

权重：$W_2=(0.2274, 0.4231, 0.2274, 0.1221)$。
最大特征值：$\lambda_{max}=4.0104$。
判断矩阵的一般一致性指标：$C_I=0.003452$。
判断矩阵的平均随机一致性指标：$R_I=0.9$。
判断矩阵的随机一致性比率：$C_R=0.003836<0.1$。
通过一致性检验，接受比较矩阵的判断及求得的权重系数。

3. 地震烈度因素权重

两两判断矩阵 H_3：

$$H_3=\begin{bmatrix}1 & 2 & 3 & 3\\ 1/2 & 1 & 2 & 2\\ 1/3 & 1/2 & 1 & 1\\ 1/3 & 1/2 & 1 & 1\end{bmatrix}$$

权重：$W_3=(0.4550, 0.2627, 0.1411, 0.1411)$。
最大特征值：$\lambda_{max}=4.0104$。
判断矩阵的一般一致性指标：$C_I=0.003452$。
判断矩阵的平均随机一致性指标：$R_I=0.9$。
判断矩阵的随机一致性比率：$C_R=0.003836<0.1$。
通过一致性检验，接受比较矩阵的判断及求得的权重系数。

4. 二级模糊综合评判权重

两两判断矩阵 H：

$$H=\begin{bmatrix}1 & 3 & 1\\ 1/3 & 1 & 1/3\\ 1 & 3 & 1\end{bmatrix}$$

权重：$W=(0.4286,0.1429,0.4286)$。

最大特征值：$\lambda_{max}=3$。

判断矩阵的一般一致性指标：$C_I=0$。

判断矩阵的平均随机一致性指标：$R_I=0.9$。

判断矩阵的随机一致性比率：$C_R=0<0.1$。

通过一致性检验，接受比较矩阵的判断及求得的权重系数。

5. 进行系统总排序

准则层对目标层的单排序值的权重矩阵为

$$B=(0.4286,0.1429,0.4286)$$

指标层对准则层的单排序值的权重矩阵为

$$C=\begin{bmatrix} 0.4674 & 0.1295 & 0.0596 & 0.0287 & 0.2551 & 0.0596 & 0 & 0 & 0 & 0 & 0 & 0 & 0 & 0 \\ 0 & 0 & 0 & 0 & 0 & 0 & 0.2274 & 0.4231 & 0.2274 & 0.1221 & 0 & 0 & 0 & 0 \\ 0 & 0 & 0 & 0 & 0 & 0 & 0 & 0 & 0 & 0 & 0.455 & 0.2627 & 0.1411 & 0.1411 \end{bmatrix}$$

则指标层对准则层的排序权重为

$$W=BC=[0.2003,0.0555,0.0255,0.0123,0.1093,0.0255,0.0325\ 0.0605,0.0325,0.0174,0.195,0.1126,0.0605,0.0605]$$

综上所述，可得准则层和指标层的权重关系，如表 6.21 所示。

表 6.21 准则层及指标层的权重关系表

准则层	准则层权重	指标层	指标层权重	总排序
隧道衬砌特征 U_1	0.4286	衬砌混凝土强度指标 U_{11}	0.4674	0.2003
		衬砌厚度指标 U_{12}	0.1295	0.0555
		衬砌裂缝宽度 U_{13}	0.0596	0.0255
		衬砌背后空洞 U_{14}	0.0287	0.0123
		衬砌变形 U_{15}	0.2551	0.1093
		衬砌碳化深度 U_{16}	0.0596	0.0255
工程地质特征 U_2	0.1429	岩石质量指标 U_{21}	0.2274	0.0325
		岩石抗压强度 U_{22}	0.4231	0.0605
		岩体完整性 U_{23}	0.2274	0.0325
		地下水涌水量 U_{24}	0.1221	0.0174

续表

准则层	准则层权重	指标层	指标层权重	总排序
地震烈度U_3	0.4286	平均震害指数U_{31}	0.4550	0.1950
		水平地面加速度峰值U_{32}	0.2627	0.1126
		竖向地面加速度峰值U_{33}	0.1411	0.0605
		水平地面速度峰值U_{34}	0.1411	0.0605

6.3　强震区山岭隧道结构安全模糊综合评判

6.3.1　依托隧道工程概况

本章依托雅泸高速公路扯羊隧道工程，该隧道位于凉山州冕宁县彝海乡与曹古乡境内，山岭与河谷相对高差达 2000～2800m，大部分为高山峡谷地貌，地形地质条件十分复杂。地震设防烈度为 7～9 度，地震动加速度峰值为 0.15g～0.4g。地震动参数在我国目前修建的高速公路中是最大的。根据《中国地震烈度区划图(1990)》，拟建中的扯羊隧道所经地区的地震烈度为 9 度，地震动加速度峰值为 0.40g，地震动反应谱特征周期为 0.40s。

隧道全长 1749m，最大埋深约 242m。根据地面调查及钻孔揭露，场地出露的地层有新生界第四系全新统人工堆积层(Q_4^{ml})、坡残积层(Q_4^{dl+el})、第四系全新统冲洪积层(Q_4^{al+pl})及中生界白果湾群(T_3～J_1bg)粉砂质泥岩、粉砂岩。

隧道洞身结构按新奥法施工原理进行设计，即以系统锚杆、喷射混凝土、钢筋网、钢架等组成的初期支护与二次模筑混凝土相结合的复合衬砌形式(图 6.4 和图 6.5)。

6.3.2　隧道结构安全综合评判

1. 评判因素评判值的确定

根据 6.2 节建立的强震区隧道结构安全模糊综合评判模型以及参考隧址区的工程地质条件，现对雅泸高速公路扯羊隧道左洞 K195＋780～K195＋870 和 K195＋950～K196＋150 段进行评判，两段断面形式均为标准两车道断面，无特殊地质条件，且处于深埋洞身段。其中 K195＋780～K195＋870 段位于Ⅴ级围岩地段，采用Ⅴ型衬砌，K195＋950～K196＋150 段位于Ⅳ级围岩地段，采用Ⅳ型衬砌。衬砌均采用 C30 混凝土，处于 9 度地震区，富水性弱。

根据评估段所处的衬砌结构条件和地质条件，可得影响隧道结构安全的评判

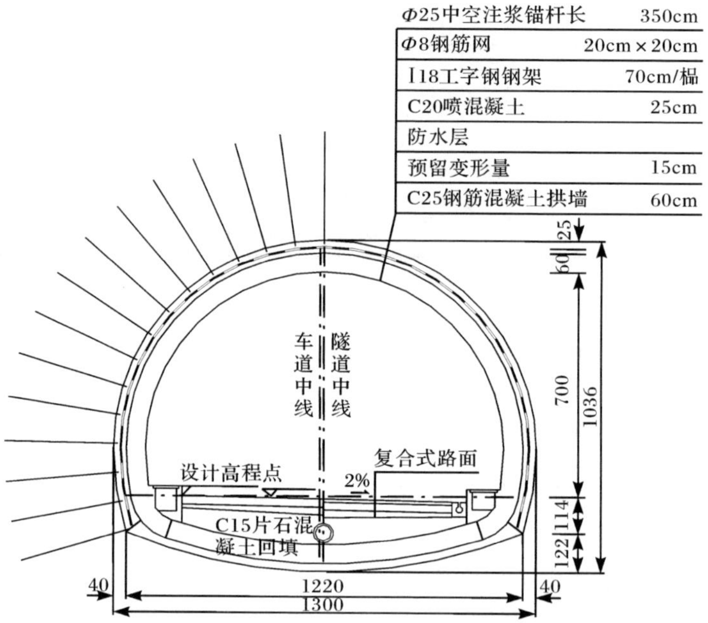

图 6.4　Ⅴ级围岩衬砌标准断面图(单位:cm)

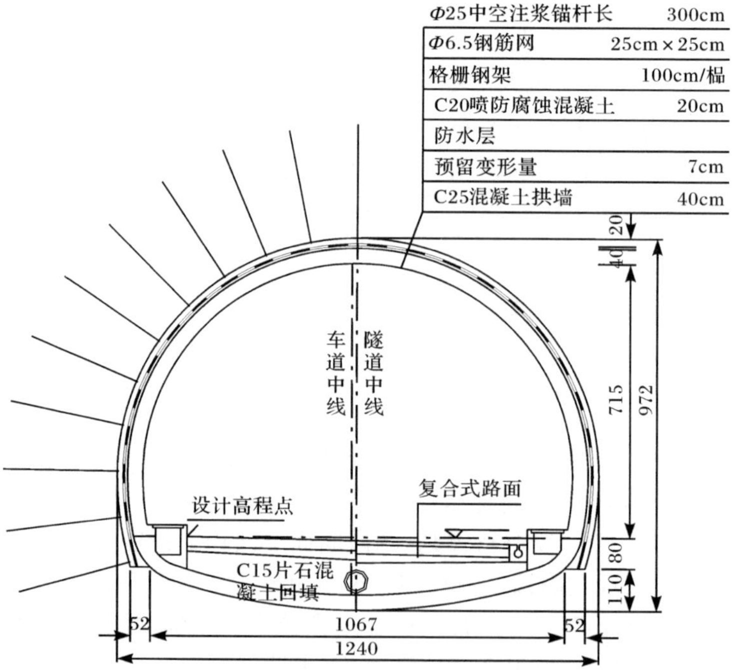

图 6.5　Ⅳ级围岩衬砌标准断面图(单位:cm)

因素评判值，如表 6.22 所示。

表 6.22　扯羊隧道各段评判因素评判值

评判因素	K195＋780～K195＋870	K195＋950～K196＋150
衬砌混凝土强度指标	0.05	0.05
衬砌厚度指标	0.05	0.05
衬砌裂缝宽度/mm	0.5	0.5
衬砌背后空洞/mm	0	0
衬砌变形/(mm/年)	0.5	0.5
衬砌碳化深度/cm	0.5	0.5
岩石质量指标/%	70	85
岩石抗压强度/MPa	150	160
岩体完整性	0.65	0.78
地下水涌水量/(L^3/min ×10m)	5	5
平均震害指数	0.6	0.6
水平地面加速度峰值/(cm/s^2)	500	500
竖向地面加速度峰值/(cm/s^2)	250	250
水平地面速度峰值/(cm/s)	40	40

2. 隶属度的确定

结合确定的隶属函数参数和各因素的取值，代入 6.2 节中确定的隶属函数可以得到各因素的隶属度，计算结果如表 6.23 和表 6.24 所示。

表 6.23　K195＋780～K195＋870 段各评判因素的隶属度

指标级别	安全Ⅰ	基本安全Ⅱ	次不安全Ⅲ	不安全Ⅳ
衬砌混凝土强度指标	1	0	0	0
衬砌厚度指标	1	0	0	0
衬砌裂缝宽度/mm	1	0	0	0
衬砌背后空洞/mm	1	0	0	0
衬砌变形/(mm/年)	1	0	0	0
衬砌碳化深度/cm	1	0	0	0
岩石质量指标 /%	0	0.338	0.677	0
岩石抗压强度/MPa	0.945	0.130	0	0
岩体完整性	0	1	0	0
地下水涌水量/(L^3/min ×10m)	1	0	0	0

续表

指标级别	安全Ⅰ	基本安全Ⅱ	次不安全Ⅲ	不安全Ⅳ
平均震害指数	0	0	0.291	0.734
水平地面加速度峰值/(cm/s^2)	0	0	0.585	0.418
竖向地面加速度峰值/(cm/s^2)	0	0	0.585	0.418
水平地面速度峰值/(cm/s)	0	0	0.581	0.423

表 6.24　K195+950～K196+150 段各评判因素的隶属度

指标级别	安全Ⅰ	基本安全Ⅱ	次不安全Ⅲ	不安全Ⅳ
衬砌混凝土强度指标	1	0	0	0
衬砌厚度指标	1	0	0	0
衬砌裂缝宽度/mm	1	0	0	0
衬砌背后空洞/mm	1	0	0	0
衬砌变形/(mm/年)	1	0	0	0
衬砌碳化深度/cm	1	0	0	0
岩石质量指标/%	0.170	0.895	0	0
岩石抗压强度/MPa	1	0	0	0
岩体完整性	0.609	0.395	0	0
地下水涌水量/($L^3/min\times10m$)	1	0	0	0
平均震害指数	0	0	0.291	0.734
水平地面加速度峰值/(cm/s^2)	0	0	0.585	0.418
竖向地面加速度峰值/(cm/s^2)	0	0	0.585	0.418
水平地面速度峰值/(cm/s)	0	0	0.581	0.423

1）进行一级模糊综合评判

根据前面确定的权重和隶属度，计算一级模糊综合评判值。

隧道衬砌特征的一级模糊综合评判如下：

$$\boldsymbol{b}_1=\boldsymbol{W}_1\boldsymbol{R}_1=(0.4674\quad 0.1295\quad 0.0596\quad 0.0287\quad 0.2551\quad 0.0596)\begin{bmatrix}1&0&0&0\\1&0&0&0\\1&0&0&0\\1&0&0&0\\1&0&0&0\\1&0&0&0\end{bmatrix}$$

$$=(1\quad 0\quad 0\quad 0)$$

工程地质特征的一级模糊综合评判如下。

K195＋780～K195＋870 段：

$$\boldsymbol{b}_{21}=\boldsymbol{W}_2\boldsymbol{R}_2=(0.2274\quad 0.4231\quad 0.2274\quad 0.1221)\begin{bmatrix}0 & 0.338 & 0.677 & 0\\ 0.945 & 0.130 & 0 & 0\\ 0 & 1 & 0 & 0\\ 1 & 0 & 0 & 0\end{bmatrix}$$

$$=(0.5219\quad 0.3593\quad 0.1539\quad 0)$$

K195＋950～K196＋150 段：

$$\boldsymbol{b}_{22}=\boldsymbol{W}_2\boldsymbol{R}_2=(0.2274\quad 0.4231\quad 0.2274\quad 0.1221)\begin{bmatrix}0.170 & 0.895 & 0 & 0\\ 1 & 0 & 0 & 0\\ 0.609 & 0.395 & 0 & 0\\ 1 & 0 & 0 & 0\end{bmatrix}$$

$$=(0.7223\quad 0.2933\quad 0\quad 0)$$

地震烈度的一级模糊综合评判如下：

$$\boldsymbol{b}_{3}=\boldsymbol{W}_3\boldsymbol{R}_3=(0.2274\quad 0.4231\quad 0.2274\quad 0.1221)\begin{bmatrix}0 & 0 & 0.291 & 0.734\\ 0 & 0 & 0.585 & 0.418\\ 0 & 0 & 0.585 & 0.418\\ 0 & 0 & 0.581 & 0.423\end{bmatrix}$$

$$=(0\quad 0\quad 0.5176\quad 0.4905)$$

综上可得一级模糊综合评判矩阵为

$$\boldsymbol{R}_{11}=\begin{bmatrix}1 & 0 & 0 & 0\\ 0.5219 & 0.3593 & 0.1539 & 0\\ 0 & 0 & 0.5176 & 0.4905\end{bmatrix}$$

$$\boldsymbol{R}_{12}=\begin{bmatrix}1 & 0 & 0 & 0\\ 0.7223 & 0.2933 & 0 & 0\\ 0 & 0 & 0.5176 & 0.4905\end{bmatrix}$$

2）进行二级模糊综合评判

将三大类因素进行二级模糊综合评判。

(1) K195＋780～K195＋870 段如下：

$$\boldsymbol{B}_{11}=\boldsymbol{W}\boldsymbol{R}_{11}=(0.4286\quad 0.1429\quad 0.4286)\begin{bmatrix}1 & 0 & 0 & 0\\ 0.5219 & 0.3593 & 0.1539 & 0\\ 0 & 0 & 0.5176 & 0.4905\end{bmatrix}$$

$$=(0.5032\quad 0.0513\quad 0.2438\quad 0.2102)$$

(2) K195＋950～K196＋150 段如下：

$$B_{12}=WR_{12}=(0.4286\quad 0.1429\quad 0.4286)\begin{bmatrix}1 & 0 & 0 & 0\\ 0.7223 & 0.2933 & 0 & 0\\ 0 & 0 & 0.5176 & 0.4905\end{bmatrix}$$

$$=(0.53\quad 0.0419\quad 0.2218\quad 0.2102)$$

从以上分析结果可知，根据最大隶属度的原则，K195＋780～K195＋870 和 K195＋950～K196＋150 段隧道均处于Ⅰ级状态，即隧道在强震作用下处于安全状态，而 K195＋950～K196＋150 段比 K195＋780～K195＋870 段更安全；但是其次不安全等级和不安全等级得出的结果也比较大，说明隧道安全还是存在很大的风险。加上隧道衬砌结构随着时间的增长，影响其安全的各个指标也会有所下降，势必会对隧道结构安全性产生影响，所以要采取合适的安全措施。根据前人经验，可以采用加强隧道结构的维修养护，提高隧道抗减震性能等措施提高其安全性。

6.3.3 强震区公路隧道结构安全性评价软件

利用“易语言”编程软件开发了公路隧道结构安全性评价系统。软件中实现了权重的计算、隶属函数的选择、隶属度的计算以及评价结果的输出，具有较好的可视性，使用简单。该系统的界面如图 6.6～图 6.12 所示。

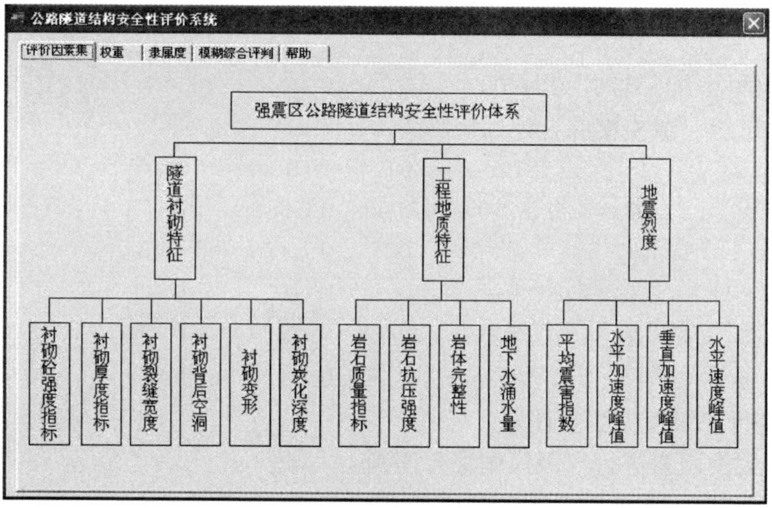

图 6.6 评价因素集界面

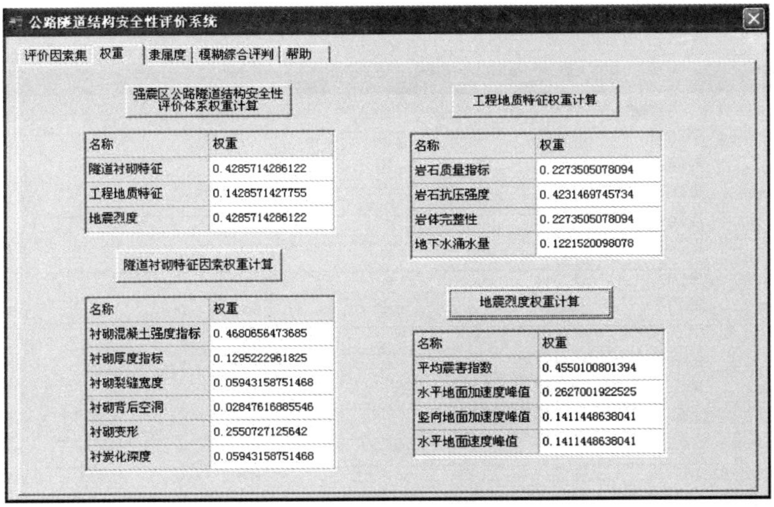

图 6.7　各评价因素权重计算界面

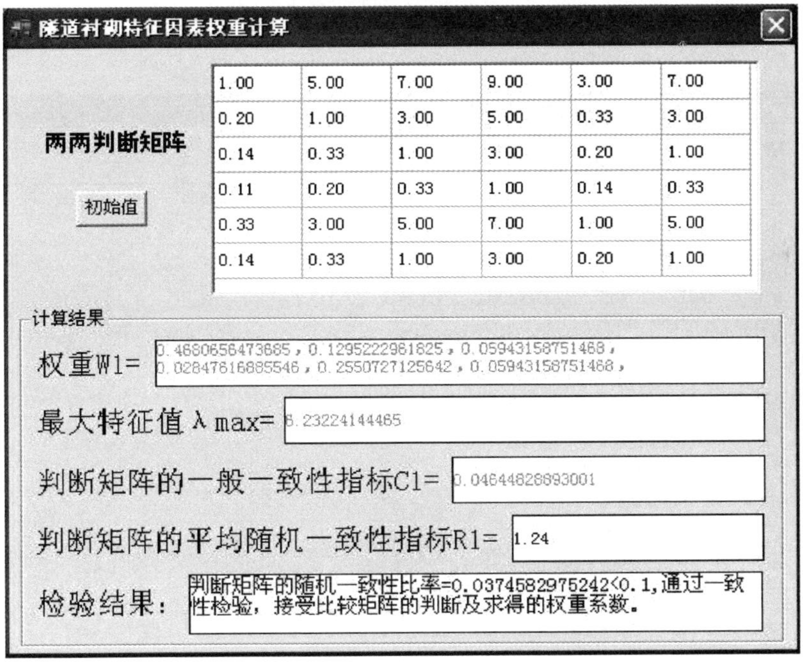

图 6.8　评价因素权重计算以及检验界面

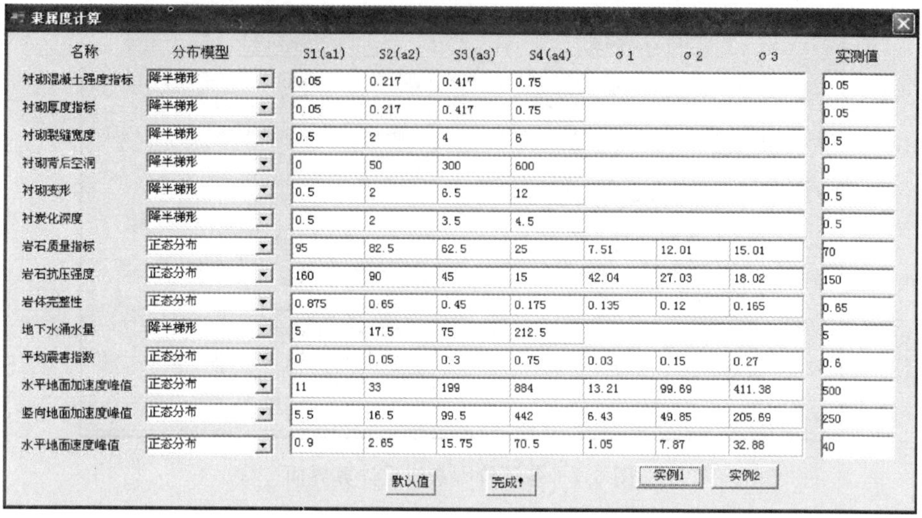

隶属度计算

名称	分布模型	S1(a1)	S2(a2)	S3(a3)	S4(a4)	σ1	σ2	σ3	实测值
衬砌混凝土强度指标	降半梯形	0.05	0.217	0.417	0.75				0.05
衬砌厚度指标	降半梯形	0.05	0.217	0.417	0.75				0.05
衬砌裂缝宽度	降半梯形	0.5	2	4	6				0.5
衬砌背后空洞	降半梯形	0	50	300	600				0
衬砌变形	降半梯形	0.5	2	6.5	12				0.5
衬炭化深度	降半梯形	0.5	2	3.5	4.5				0.5
岩石质量指标	正态分布	95	82.5	62.5	25	7.51	12.01	15.01	70
岩石抗压强度	正态分布	160	90	45	15	42.04	27.03	18.02	150
岩体完整性	正态分布	0.875	0.65	0.45	0.175	0.135	0.12	0.165	0.65
地下水涌水量	降半梯形	5	17.5	75	212.5				5
平均震害指数	正态分布	0	0.05	0.3	0.75	0.03	0.15	0.27	0.6
水平地面加速度峰值	正态分布	11	33	199	884	13.21	99.69	411.38	500
竖向地面加速度峰值	正态分布	5.5	16.5	99.5	442	6.43	49.85	205.69	250
水平地面速度峰值	正态分布	0.9	2.65	15.75	70.5	1.05	7.87	32.88	40

默认值　完成!　实例1　实例2

图 6.9　各评价因素隶属度计算界面

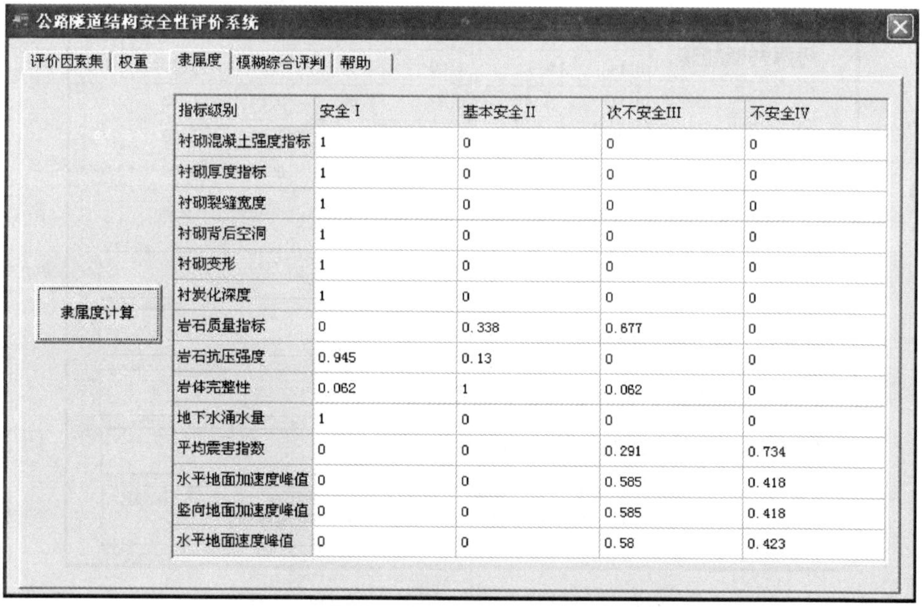

公路隧道结构安全性评价系统

评价因素集 | 权重 | 隶属度 | 模糊综合评判 | 帮助

隶属度计算

指标级别	安全Ⅰ	基本安全Ⅱ	次不安全Ⅲ	不安全Ⅳ
衬砌混凝土强度指标	1	0	0	0
衬砌厚度指标	1	0	0	0
衬砌裂缝宽度	1	0	0	0
衬砌背后空洞	1	0	0	0
衬砌变形	1	0	0	0
衬炭化深度	1	0	0	0
岩石质量指标	0	0.338	0.677	0
岩石抗压强度	0.945	0.13	0	0
岩体完整性	0.062	1	0.062	0
地下水涌水量	1	0	0	0
平均震害指数	0	0	0.291	0.734
水平地面加速度峰值	0	0	0.585	0.418
竖向地面加速度峰值	0	0	0.585	0.418
水平地面速度峰值	0	0	0.58	0.423

图 6.10　各评价因素隶属度计算结果界面

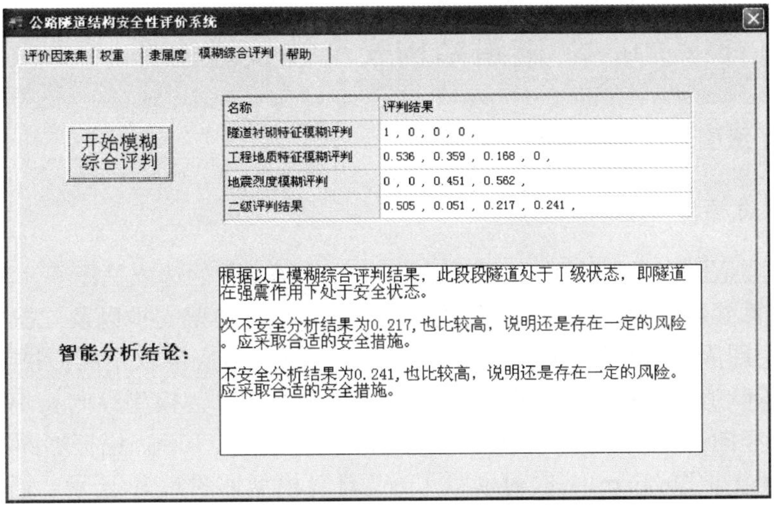

图 6.11　模糊综合评判结果界面

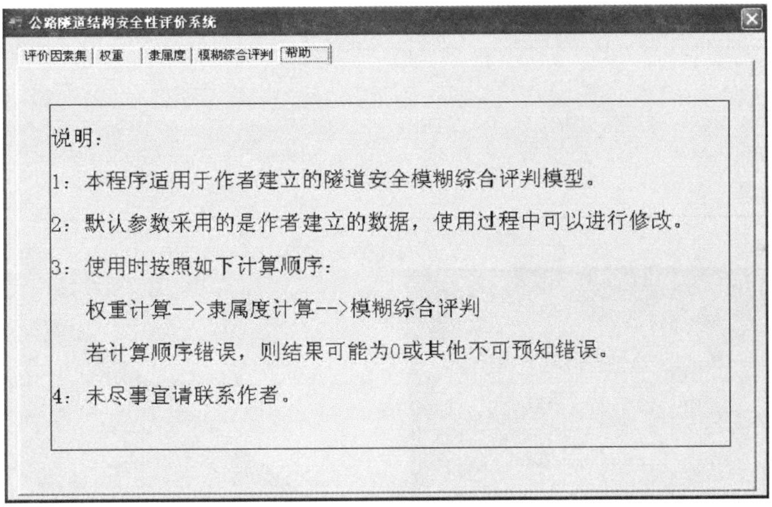

图 6.12　关于公路隧道结构安全性评价系统说明界面

对雅西高速公路扯羊隧道 K195+780～K195+870 和 K195+950～K196+150 段的安全性进行综合评判，结果显示，评价的两区段均处于Ⅰ级安全状态，说明隧道安全还是存在很大的风险。

6.4　隧道结构安全性数值验算

6.4.1　Ⅴ级围岩段隧道结构安全评估

1. 隧道模型的建立

扯羊隧道围岩、初期支护以及二次衬砌的几何参数的选取见图 6.4，隧道围岩及结构计算参数如表 6.25 所示。围岩、锚杆加固区、初期支护以及二次衬砌采用莫尔-库仑屈服准则计算。隧道计算模型取埋深 50m，底部取距离仰拱 50m 作为基岩面，从隧道中线沿隧道横断面方向两侧各延伸 50m。模型纵向长 100m、横向长 100m、竖向高 108.57m，隧道内轮廓宽 10.25m、高 7.15m。锚杆加固区取3.5m 范围，初期支护厚 26cm，二次衬砌厚 45cm，计算模型如图 6.13 所示。阻尼采用局部阻尼，取值 0.157，边界采用黏性边界。

表 6.25　隧道结构与Ⅴ级围岩物理力学参数一览表

	弹性模量/GPa	泊松比	密度/(kg/m^3)	内摩擦角/(°)	黏聚力/kPa
Ⅴ型衬砌	30	0.2	2500	—	—
初期支护	22	0.2	2200	—	—
Ⅴ级围岩	1.2	0.45	1980	30	200
锚杆加固区	5	0.2	2200	40	500

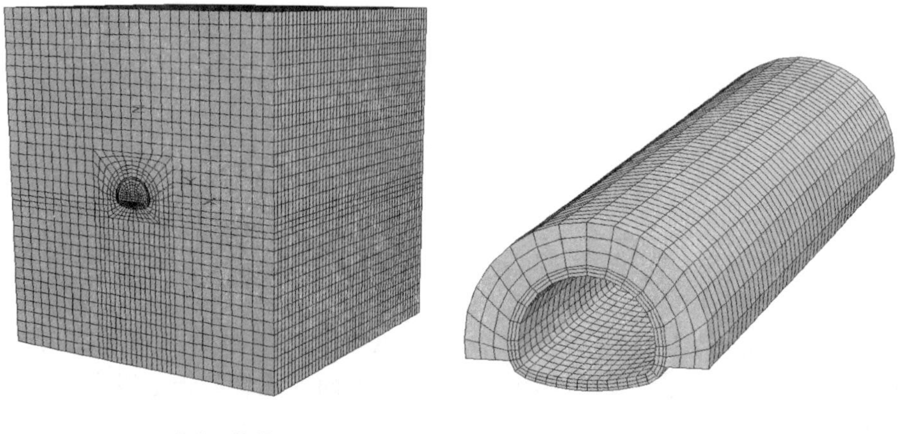

(a) 隧道整体模型　　(b) 隧道结构模型

图 6.13　隧道计算模型

本次计算的入射地震波采用进行基线校正后的 50 年超越概率为 2%的勒不

果喇吉隧道人工合成地震波，选取该波前 15s 进行计算分析，地震加速度时程曲线见第 3 章图 3.17。

2. 计算结果分析

1）隧道结构水平位移

图 6.14 为隧道横断面 8 个监测点水平位移峰值曲线（拱顶、左拱肩、左拱腰、左墙脚、仰拱、右墙脚、右拱腰和右拱肩），隧道结构 8 个监测点的弯矩、轴力峰值如图 6.15 和图 6.16 所示。

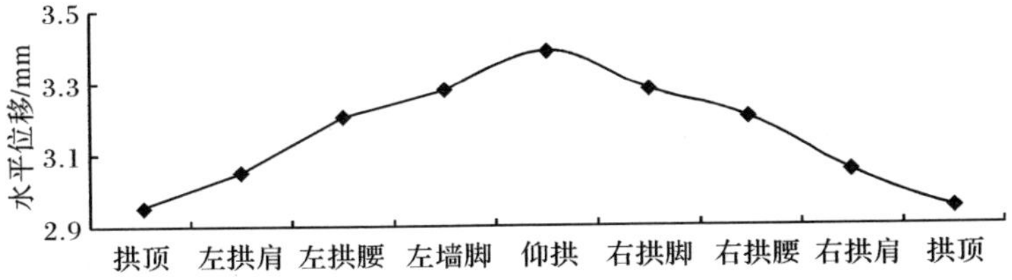

图 6.14　隧道各监测点水平方向位移峰值曲线

2）衬砌结构内力

通过计算可得出衬砌 8 个监测点的内力峰值，如图 6.15 和图 6.16 所示。

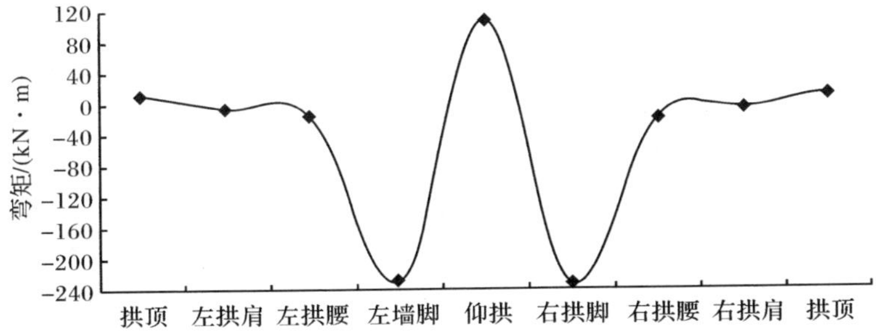

图 6.15　隧道各监测点弯矩峰值曲线

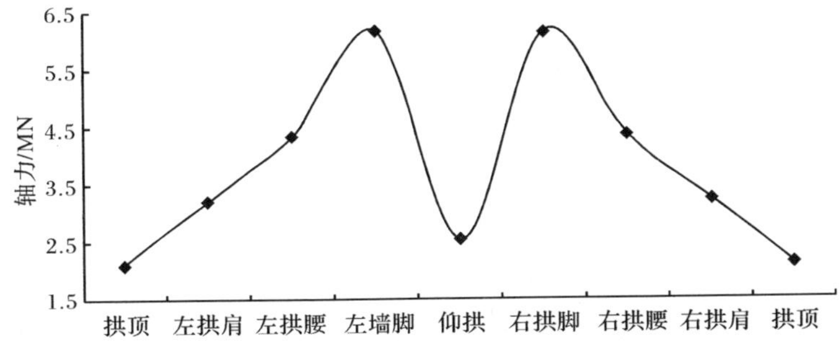

图 6.16　隧道各监测点轴力峰值曲线

3）衬砌结构安全系数

根据隧道结构设计计算原理，可计算出衬砌结构的安全系数，如图 6.17 所示。

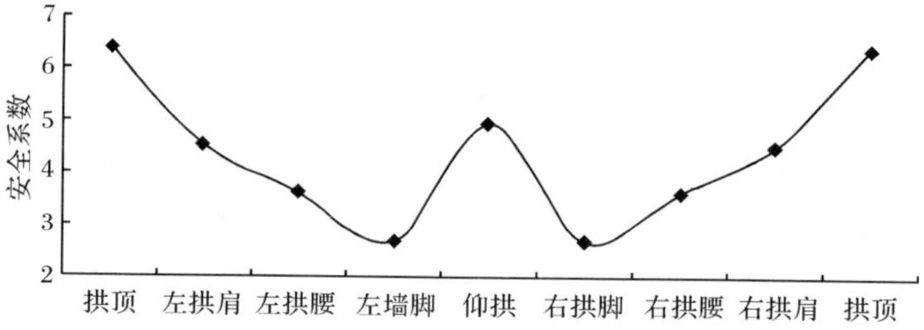

图 6.17　各监测点的安全系数曲线

隧道结构的安全性评估如下：

（1）《公路隧道设计规范》（JTG D70—2004）中规定，洞周水平位移相对收敛值≤0.8%。从图 6.14 可以看出，该隧道洞周水平方向位移的最大值为 3.39mm，隧道平均水平位移为 3.175mm，所以其水平位移相对收敛值为 0.0017%，远小于规范要求的允许值（0.8%）。

（2）从图 6.15 和图 6.16 可以看出，该隧道衬砌结构的轴力、弯矩的最大值均出现在隧道的两墙脚附近。隧道衬砌结构的最大轴力为 6.17MN，最大弯矩为 231.11kN·m。

（3）《公路隧道设计规范》（JTG D70—2004）中规定，混凝土抗压极限强度安全系数 $K_{压}\geqslant 2.4$，抗拉极限强度安全系数 $K_{拉}\geqslant 3.6$。根据图 6.17 可以看出，隧道衬砌的安全系数都大于规范的要求，满足支护安全要求。两拱腰及两墙脚安全系数比其他部位小，最小值仅为 2.69，说明这些部位在运营使用过程中最为不利；而拱顶处的安全系数最大，其值为 6.42。

综上所述，该隧道 K195＋780～K195＋870 段的衬砌结构是满足安全要求的。

6.4.2　Ⅳ级围岩段隧道结构安全评估

1. 隧道模型建立

选择扯羊隧道左洞洞身 K195＋950～K196＋150 段作为参考，隧道计算参数如表 6.26 所示。围岩、锚杆加固区、初期支护以及二次衬砌采用莫尔-库仑屈服准则计算。计算模型取埋深 50m，底部取距离仰拱 50m 作为基岩面，从隧道中线沿隧道横断面方向两侧各延伸 50m。模型纵向长 100m、横向长 100m、竖向高 108.35m，隧道内轮廓宽 10.25m、高 7.15m。锚杆加固区取 3.5m 范围，初期支护厚 20cm，二次衬砌厚 40cm，计算模型如图 6.18 所示。阻尼采用局部阻尼，取值 0.157，边界采用黏性边界。

表 6.26　隧道结构与Ⅳ级围岩物理力学参数一览表

项目	弹性模量/GPa	泊松比	密度/(kg/m³)	内摩擦角/(°)	黏聚力/kPa
Ⅳ型衬砌	30	0.2	2500	—	—
初期支护	22	0.2	2200	—	—
Ⅳ级围岩	3.1	0.27	2200	40	400
锚杆加固区	5	0.2	2200	40	500

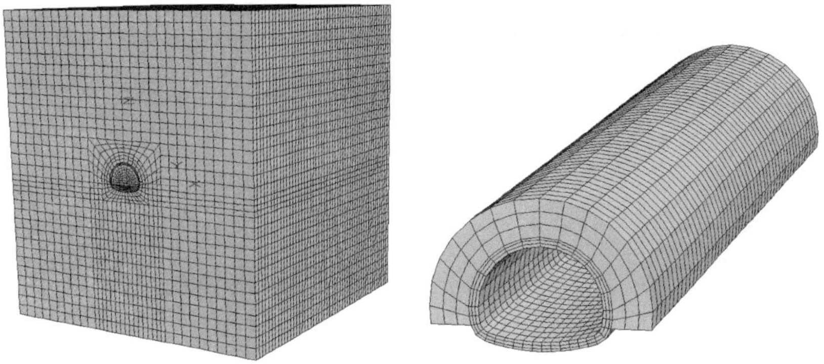

(a) 隧道整体模型　　(b) 隧道结构模型

图 6.18　隧道计算模型

本次计算的入射地震波采用进行基线校正后的 50 年超越概率为 2%的勒不果喇吉隧道人工合成地震波，选取该波前 15s 进行计算分析，地震加速度时程曲线见第 3 章图 3.17。

2. 计算结果分析

1) 隧道结构水平位移

图 6.19 为隧道横断面 8 个监测点水平位移峰值曲线(拱顶、左拱肩、左拱腰、左墙脚、仰拱、右墙脚、右拱腰和右拱肩)。

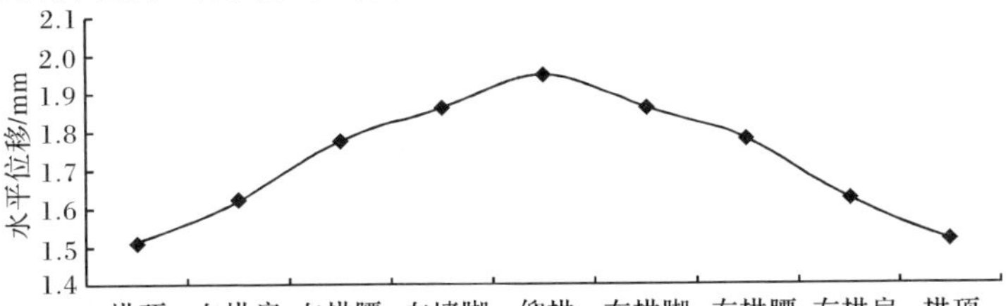

图 6.19　隧道各监测点水平位移峰值曲线

2）衬砌结构内力

通过计算可得出衬砌8个监测点的内力峰值，如图6.20和图6.21所示。

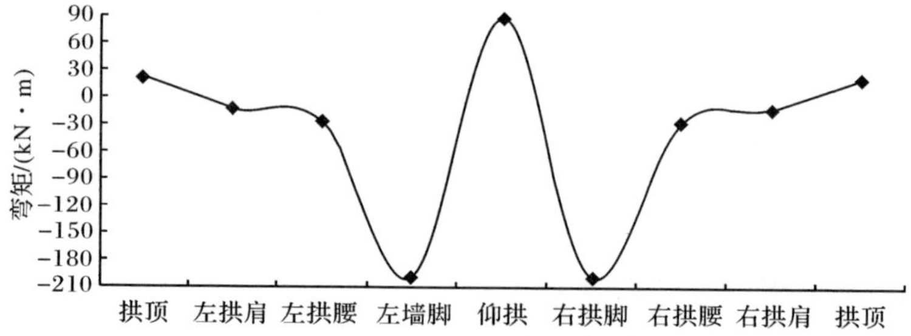

图6.20　隧道各监测点弯矩峰值曲线

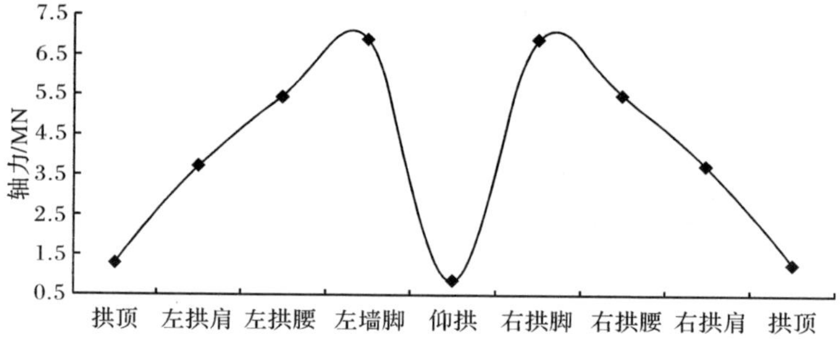

图6.21　隧道各监测点轴力峰值曲线

3）衬砌结构安全系数

根据隧道结构设计计算原理，可计算出衬砌结构的安全系数，如图6.22所示。

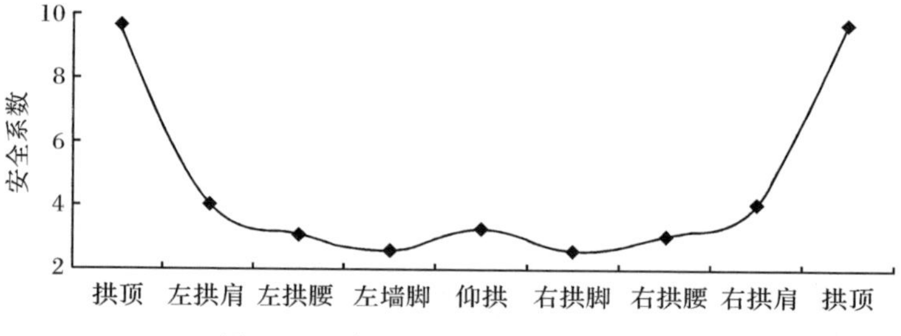

图6.22　各监测点的安全系数曲线

衬砌结构的安全性评估如下：

（1）《公路隧道设计规范》（JTG D70—2004）中规定，洞周水平位移相对收敛值≤0.8%。从图6.19可以看出，该隧道洞周水平位移的最大值为1.95mm，隧道平均水平位移值为 1.748mm，所以其水平位移相对收敛值为 0.00156%，远小于规范要求的允许值(0.8%)。

(2) 从图 6.20 和图 6.21 可以看出，该隧道衬砌结构的轴力、弯矩的最大值均出现在隧道的两墙脚附近。隧道结构的最大轴力为 6.923MN，最大弯矩为 200.57kN · m。

(3)《公路隧道设计规范》(JTG D70—2004)中规定，混凝土的抗压极限强度安全系数 $K_{压} \geqslant 2.4$，抗拉极限强度安全系数 $K_{拉} \geqslant 3.6$。根据图 6.22 可以看出，隧道衬砌的安全系数都大于规范的要求，满足支护安全要求。两墙脚的安全系数比其他部位小，最小值为 2.58，说明这些部位在运营使用过程中最为不利；而拱顶处的安全系数最大，其值为 9.69。

综上所述，该隧道 K195＋950～K196＋150 段的衬砌结构是满足安全要求的。

第 7 章　强震区穿越断层破碎带山岭隧道抗减震技术

在山岭地区的铁路及公路建设中，为了克服平面及高程的限制，减少线路展线，主动规避不良地质地段（滑坡、崩塌、泥石流频发地段），改善线路质量，隧道成为交通线路跨越山岭的最优选择。例如，正在建设的成都至兰州高速铁路，需修建隧道 71 座，隧道长度达 310km，占线路总长的 70%；成都至西安高速铁路，需修建隧道 63 座，桥隧长度达 600km，占线路总长的 91%。在交通工程的选线设计中，不可避免地会遇到隧道穿越（或近接）断层破碎带的情况，尤其在高烈度地震区，如何减小断层破碎带对隧道结构稳定性及安全性的影响是隧道设计与施工的难点之一。

历次隧道工程震害表明，在强震作用下穿越断层破碎带的隧道衬砌经常遭受严重破坏，主要是受控于断层的破裂错动而发生强制相对位移而导致的。对于没有设置减震缝的隧道，衬砌在错动断面将承受巨大的横向剪切力，极易发生横向剪切破坏；对于设置减震缝的隧道，衬砌在错动断面会发生严重错台，易造成隧道净空不足。因此，强震区穿越断层破碎带山岭隧道结构动力响应及其抗减震技术措施的研究一直受到众多学者的关注。

7.1　隧道走向与断层位置关系

跨断层隧道地震响应的影响因素主要有：断层与隧道的位置关系、断层宽度、倾角及围岩级别，其中，断层与隧道的位置关系是研究其他三个因素的前提。本节主要分析隧道走向与断层的位置关系类型，目前断层与隧道的位置关系主要有三类：断层走向与隧道走向平行（图 7.1）、断层走向与隧道走向垂直（图 7.2）、断层走向与隧道走向斜交（图 7.3）。

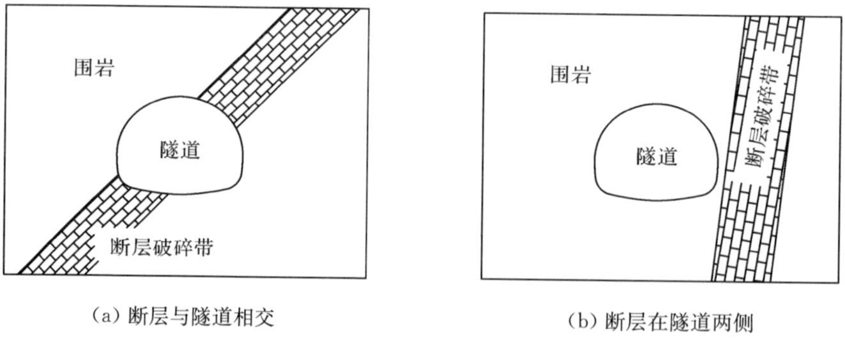

(a) 断层与隧道相交　　　　(b) 断层在隧道两侧

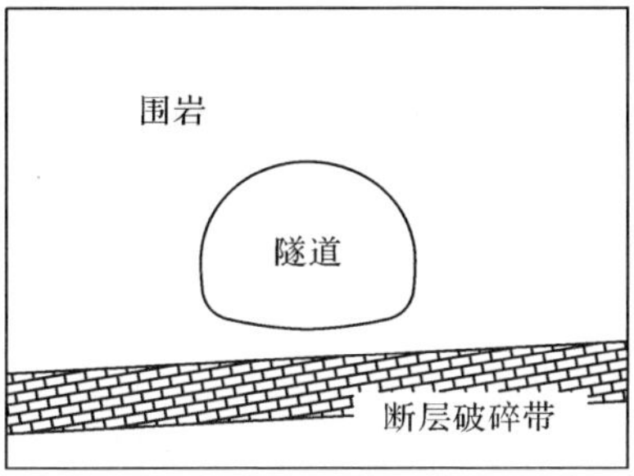

(c) 断层在隧道下方

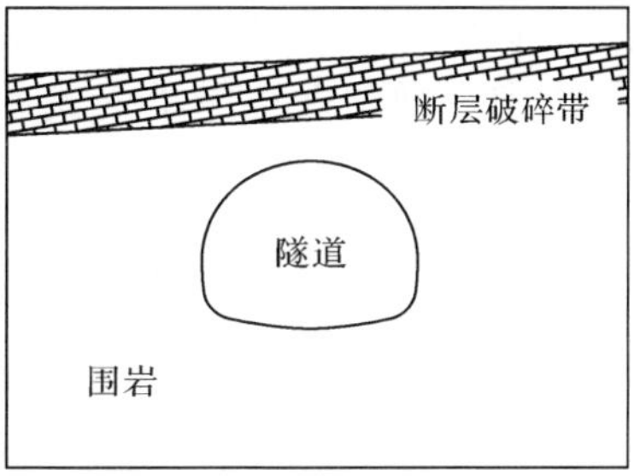

(d) 断层在隧道上方

图 7.1　断层走向与隧道走向平行

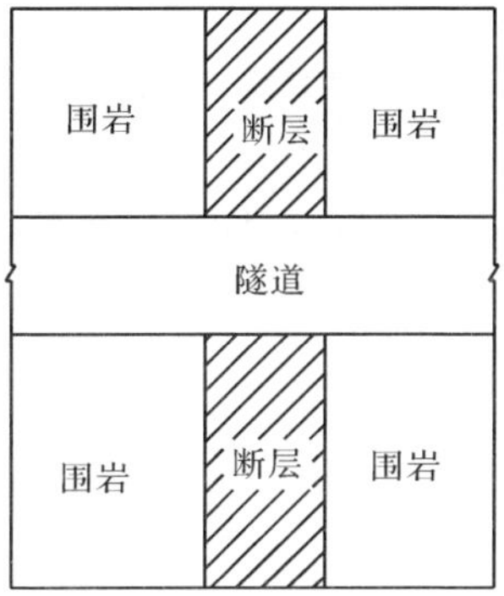

图 7.2　断层走向与隧道走向垂直平面图

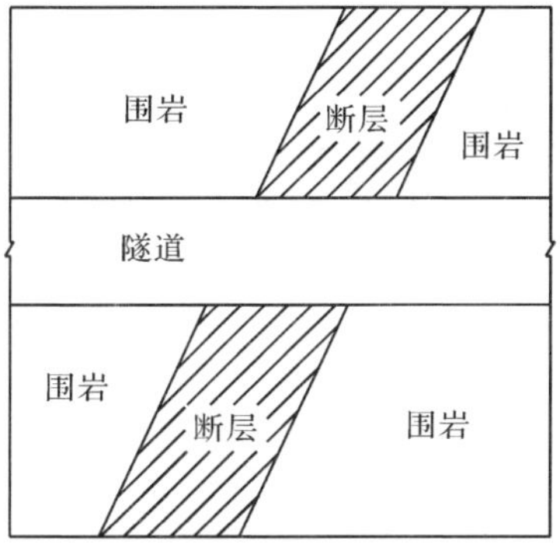

图 7.3　断层走向与隧道走向斜交平面图

7.2　跨断层隧道结构纵向地震动力响应

本部分隧道计算模型主要依托都汶高速公路穿越断层破碎带的龙溪隧道，该隧道详细工程概况见第 6 章，研究跨断层破碎带隧道纵向地震响应的一般规律，分析断层倾角和断层破碎带宽度两个影响因素，分析隧道衬砌内力、位移响应和围岩的塑性区发展规律，采取合理的支护加强措施及相应的减震缝设置，提高隧道结构穿越活动断层的能力。

7.2.1　隧道工程计算模型

1. 几何参数

计算模型平面图如图 7.4 所示，取断层破碎带宽度 15m，隧道埋深为 50m，Ⅳ级围岩条件下，断层倾角为 60°进行研究（图 7.5），本节所提到的角度定义为断层走向与水平面的夹角。隧道边界取为沿隧道中线各向外 60m，纵向长度取 300m，模型下部取仰拱以下 60m。围岩和衬砌均采用实体单元模拟，围岩采用莫尔-库仑屈服准则及弹塑性增量本构关系，初期支护及二次衬砌采用弹性本构，计算模型如图 7.6 所示。

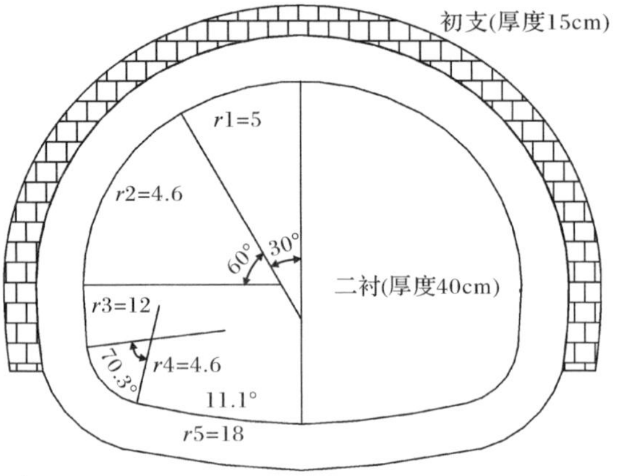

(a) 衬砌结构断面图

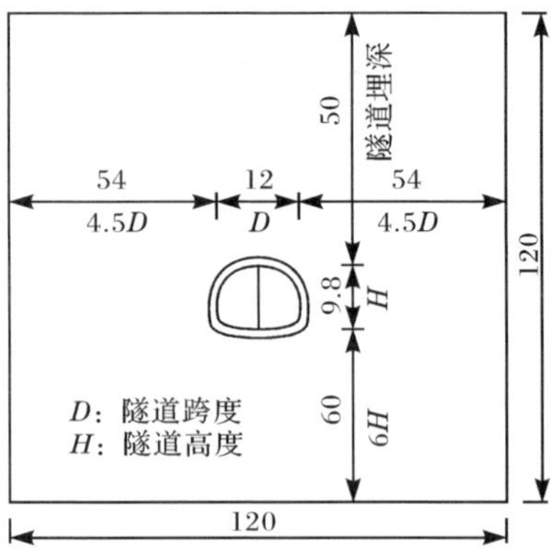

(b) 模型平面尺寸

图 7.4　计算模型平面示意图(单位:m)

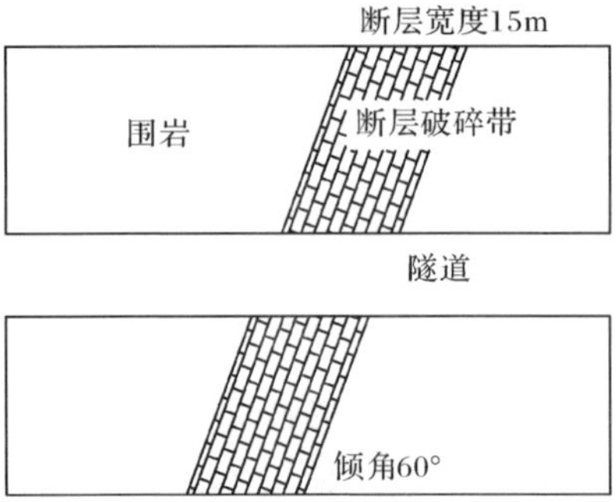

图 7.5　隧道走向与断层走向关系

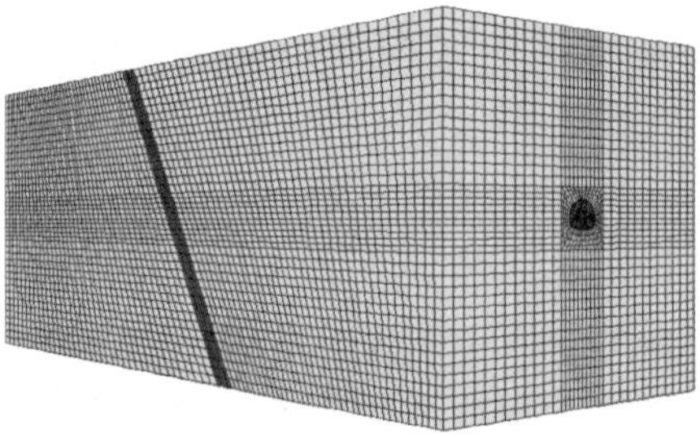

图 7.6　隧道计算模型

2. 隧道结构与围岩物理力学参数

隧道结构与围岩本构模型如表 7.1 所示，隧道结构与围岩材料物理参数如表7.2所示。模型侧边采用自由场边界，模型底部采用黏性边界。采取的阻尼形式为瑞利阻尼，取模型的自振频率作为瑞利阻尼的参数 1，临界阻尼比按经验取为 5%。

表 7.1　跨断层隧道模型的本构模型表

材料	本构模型
围岩及断层	莫尔-库仑模型
衬砌	各向同性弹性模型
初支	各向同性弹性模型

表 7.2　跨断层隧道模型材料参数表

材料	密度/(kg/m^3)	弹模/GPa	泊松比	内摩擦角/(°)	黏聚力/MPa	抗拉强度/MPa
围岩	2400	13	0.28	45	1.2	1
断层	1800	0.879	0.35	30	0.25	0.5
二衬	2500	30	0.20	—	—	—
初支	2200	22	0.23	—	—	—

经计算，模型的最大网格尺寸应小于 5m，本模型的最大网格尺寸为 3.2m，满足网格尺寸的要求。

3. 隧道监测方案

沿模型纵向取 3 个监测断面，距断层破碎带 100m 处的断面为监测断面 1，处于断层破碎带中间的断面为监测断面 2，距断层破碎带 50m 处的断面为监测断面 3。为了更好地分析在强震作用下隧道结构的变形及受力特征，借鉴目前交通隧道规范规定的监控量测测点分布形式。隧道结构的 8 个测点分布如图 7.7 所示。

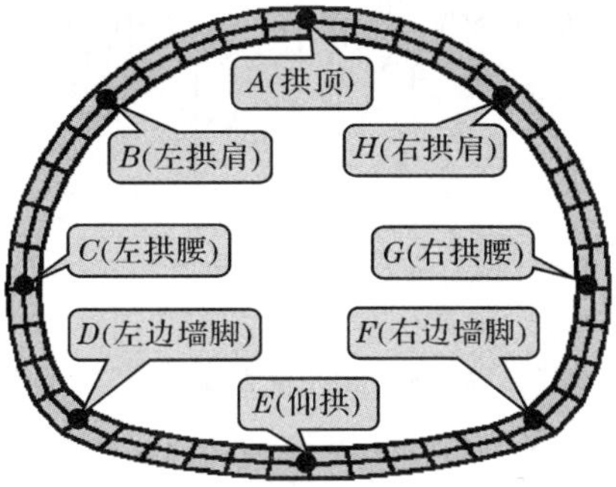

图 7.7　隧道结构监测点分布图

7.2.2　跨断层隧道地震动力响应规律

1. 隧道结构加速度

取监测断面 1 与监测断面 2 上的测点加速度进行对比分析，具体数据如表

7.3、图 7.8 和图 7.9 所示。

表 7.3　隧道断面衬砌各测点水平加速度(*g*)峰值汇总

断面	位置							
	拱顶	左拱肩	左拱腰	左墙脚	仰拱	右墙脚	右拱腰	右拱肩
1	0.590	0.504	0.521	0.518	0.491	0.513	0.487	0.502
	−0.598	−0.493	−0.456	−0.516	−0.503	−0.509	−0.520	−0.512
2	0.729	0.641	0.656	0.616	0.579	0.621	0.647	0.633
	−0.705	−0.613	−0.574	−0.623	−0.543	−0.611	−0.613	−0.622

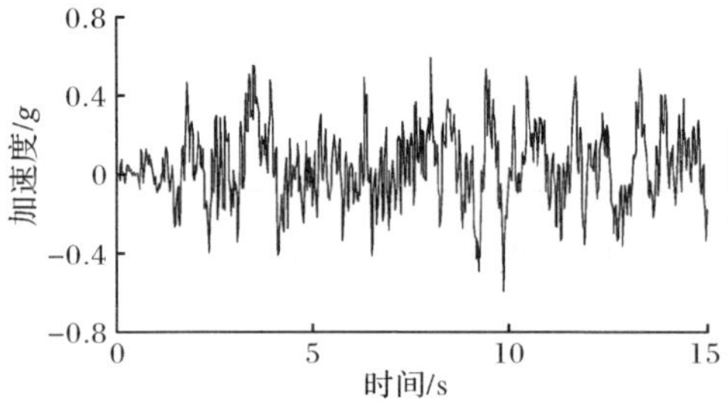

(a) 拱顶

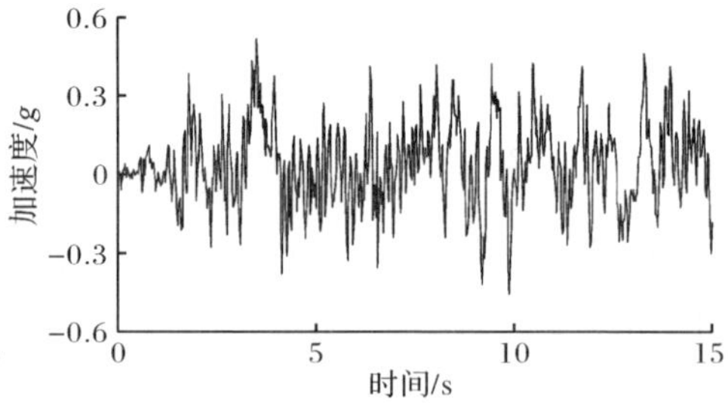

(b) 拱腰

图 7.8　距断层破碎带 100m 处断面监测点水平加速度时程

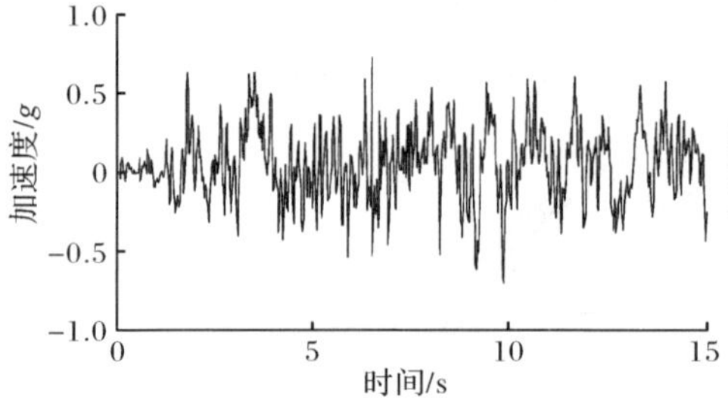

(a) 拱顶

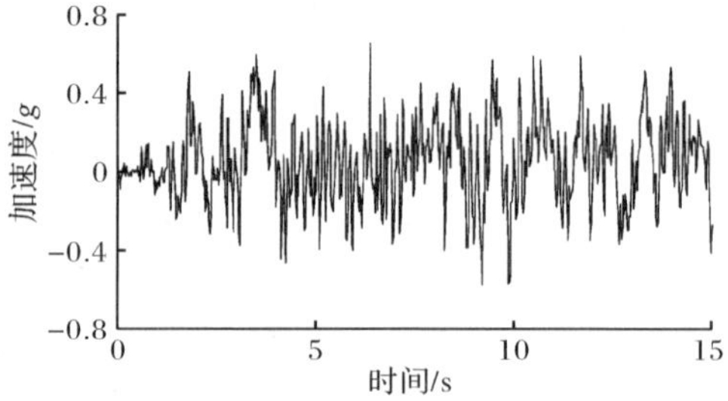

(b) 拱腰

图 7.9　断层破碎带中间断面监测点水平加速度时程

两个断面衬砌的加速度反应波形与输入地震波非常相似，且均呈放大效应，断层破碎带处，隧道衬砌的水平加速度明显比非断层破碎带处要大，拱顶和拱腰加速度反应最大；同时注意到断层破碎带处结构加速度峰值出现的时间与洞身不一致，而且加速度峰值正负符号与距破碎带 100m 处的洞身相比也不同(如断层处拱顶0.729*g*、6.52s，100m 处拱顶−0.598*g*、9.86s)，这说明了破碎带的存在一定程度上改变了隧道的动力效应。

2. 隧道结构位移

分析位移响应规律，选取 3 个典型断面，即距离断层破碎带 100m 处、50m 处和破碎带中间断面，结果如图 7.10 所示。

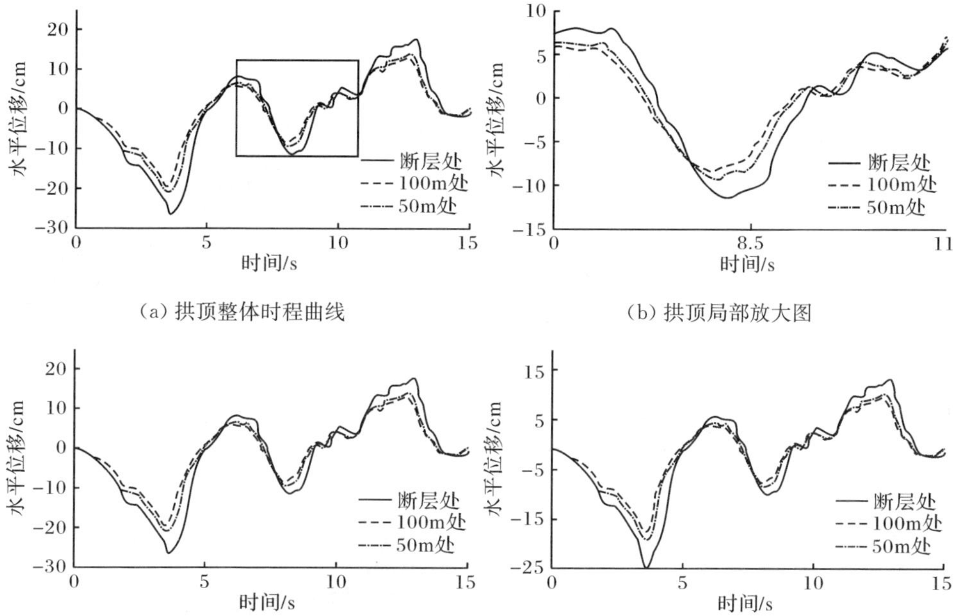

(a) 拱顶整体时程曲线　(b) 拱顶局部放大图

(c) 隧道左拱腰时程曲线　(d) 隧道仰拱时程曲线

图 7.10　隧道衬砌监测点水平位移响应曲线

由图 7.10 可知，隧道不同部位的绝对位移时程曲线变化趋势基本一致，说明隧道结构与周围岩土体在地震动作用下是同步运动的。从图中发现靠近断层破碎带位置隧道结构绝对位移增大，在破碎带处位移明显增大。通过时程曲线的局部放大图可以了解到，断层破碎带处衬砌的位移具有一定的滞后效应，而且拱顶存在明显的滞后效应，仰拱位置滞后效应不明显。

总之，在断层破碎带处，隧道衬砌的水平位移、水平加速度明显比非断层破碎带处要大，在隧道的拱顶部位，水平位移、水平加速度都比较大。

3. 隧道围岩及衬砌应力

从图 7.11 和图 7.12 可以看出，隧道二次衬砌在断层破碎带处内侧拱肩和边墙脚附近出现不同程度的正负剪应力集中现象，其中拱肩为正剪应力，边墙脚多为负剪应力，破碎带附近的衬砌应力分布则受到断层的影响而略有改变；而在断层破碎带处的衬砌拱肩和边墙脚部位出现较高的剪应力集中现象，整个剪应力值为 1.07～4.63MPa，最大负剪应力出现在右边墙脚。分析隧道外侧应力分布可以发现，在整个地震过程中，拱腰以上至拱顶均出现不同程度的剪应力集中现象，应当实时注意隧道的抗震薄弱部位。

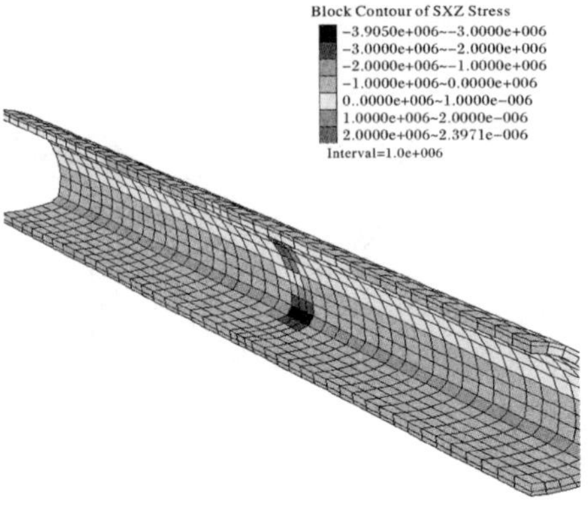

(a) 1s

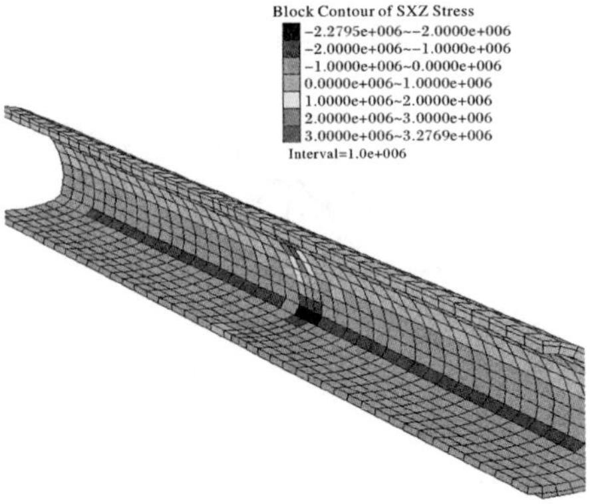

(b) 3s

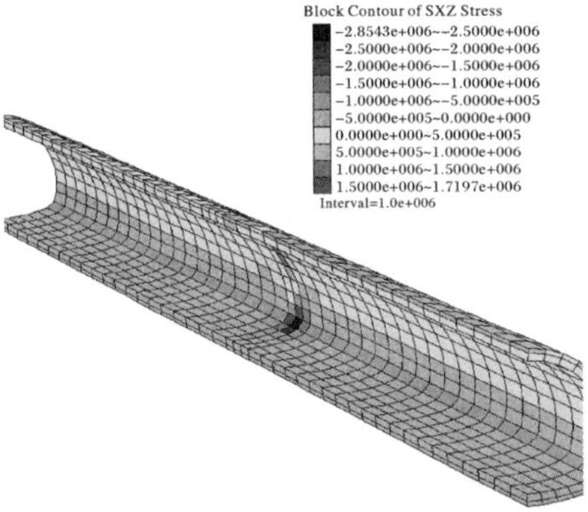

(c) 6s

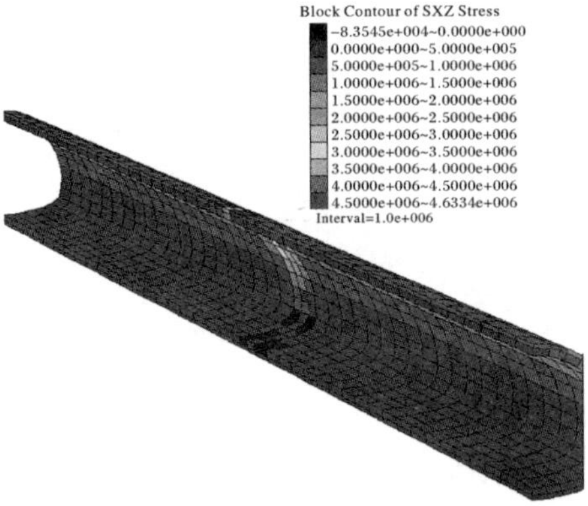

(d) 8s

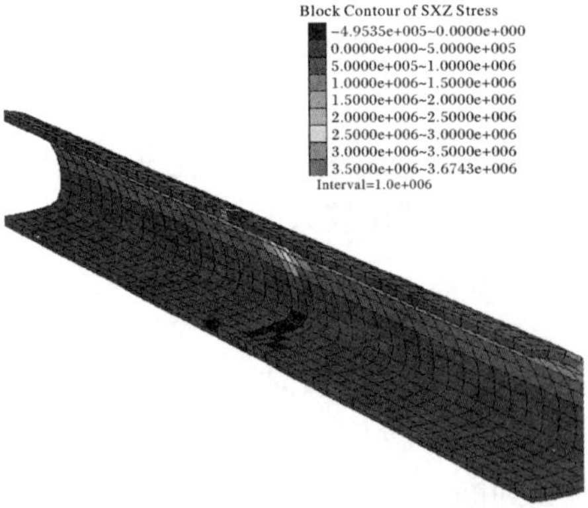

(e) 9s

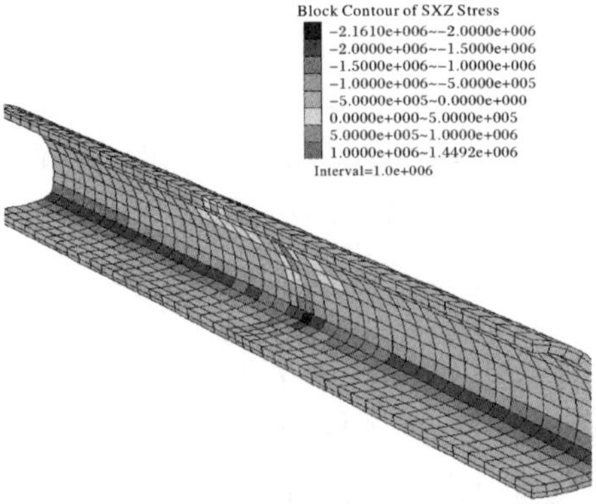

(f) 11s

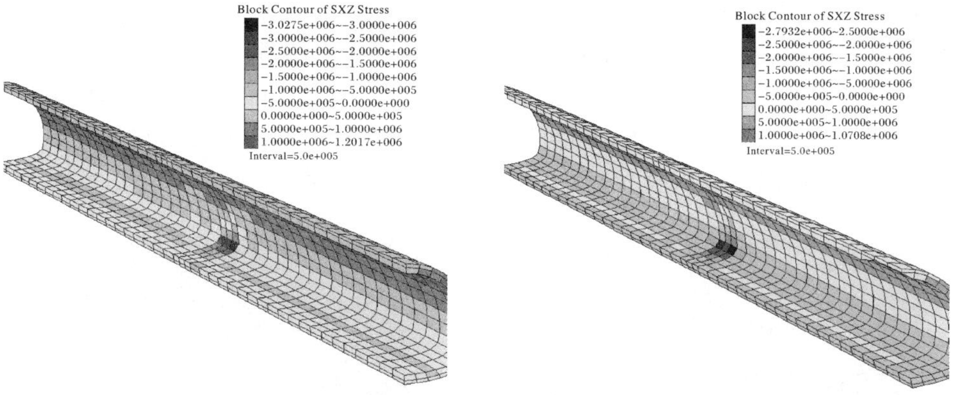

(g) 13s　　(h) 15s

图 7.11　在 15s 地震波作用下隧道衬砌剪应力分布图(半剖面)

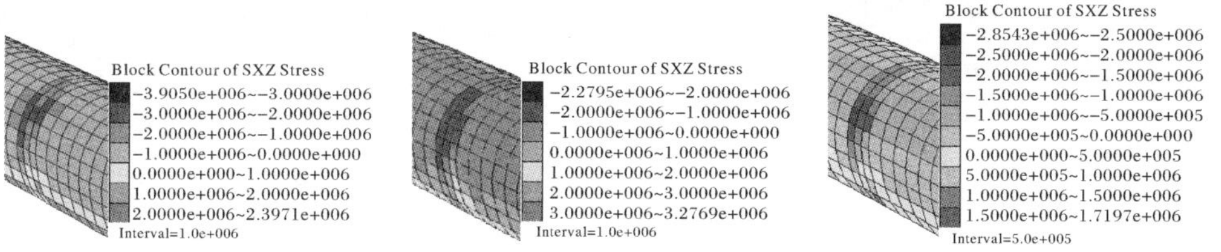

(a) 1s　　(b) 3s　　(c) 6s

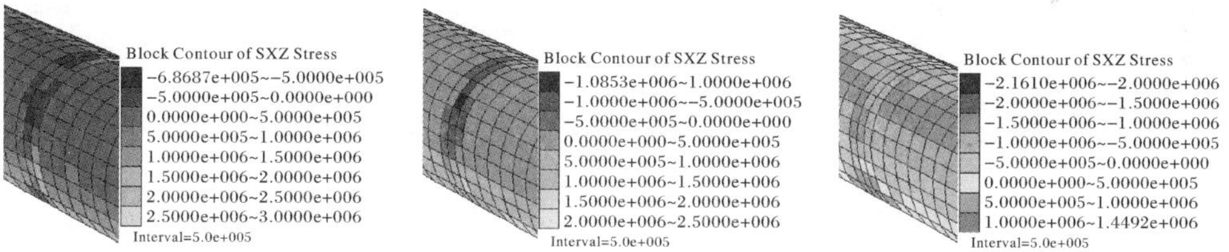

(d) 8s　　(e) 9s　　(f) 11s

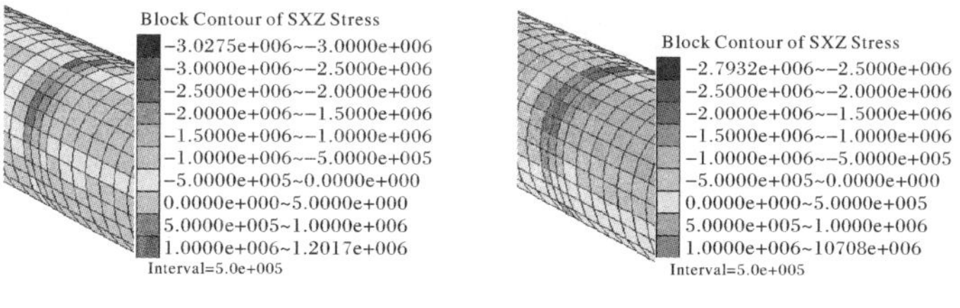

(g) 13s　　(h) 15s

图 7.12　在 15s 地震波作用下隧道衬砌剪应力分布图(断层处洞身部分截取)

隧道衬砌受力与围岩密切相关，围岩的应力状况从某种程度上反映出隧道的受力，从图 7.13 可知，隧道周边围岩在地震过程中出现不同程度的应力集中现象，主要表现在：在断层破碎带处隧道围岩拱肩和边墙脚附近出现正负剪应力集中，破碎带附近的围岩应力分布则受到断层的影响而略有改变，而在断层破碎带处的岩体由于破碎较为严重，对隧道的约束减弱，通过前面的分析可知此处产生较大的位移，可以发现该段一直处于相对较小的剪切应力状态。

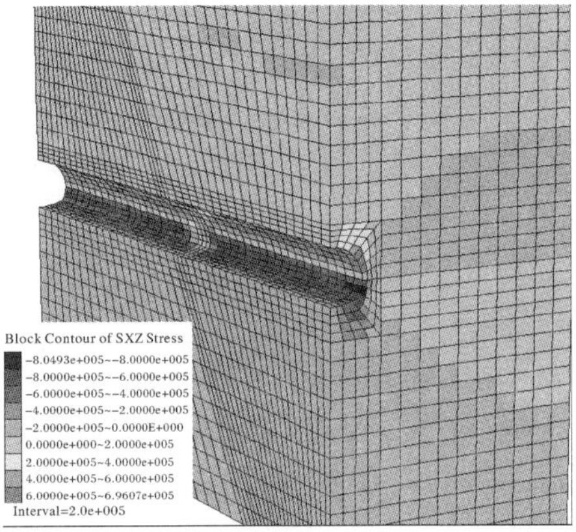

(a) 1s

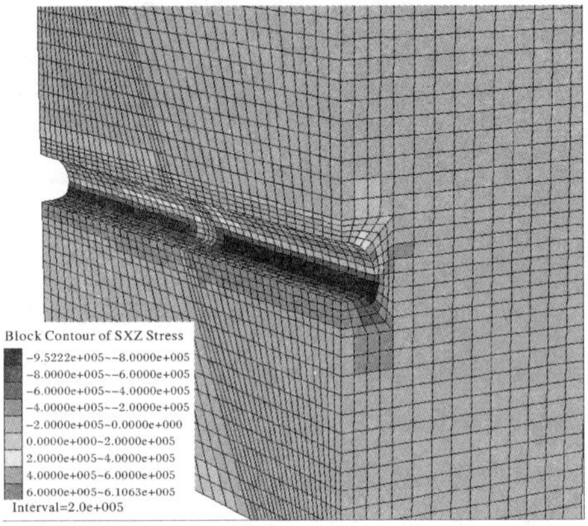

(b) 4s

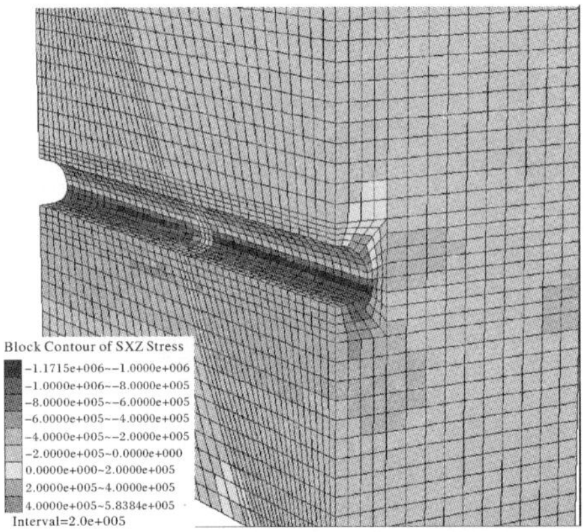

(c) 6s

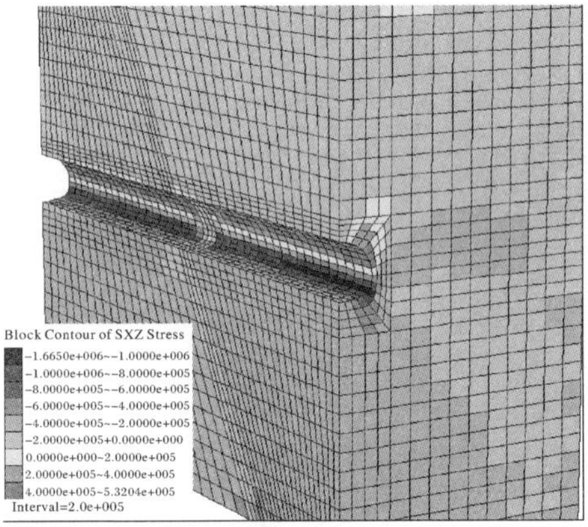

(d) 8s

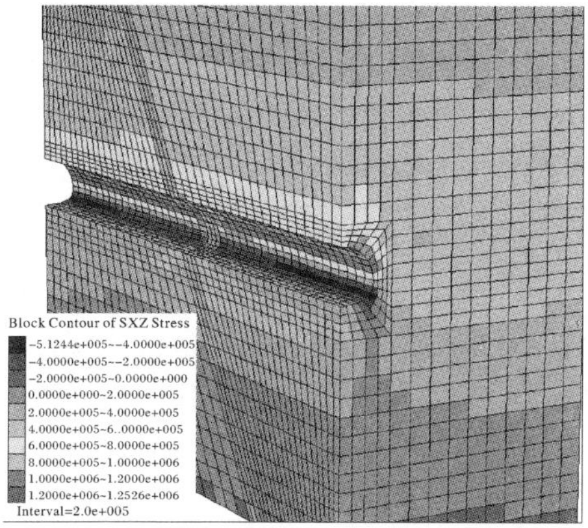

(e) 9s

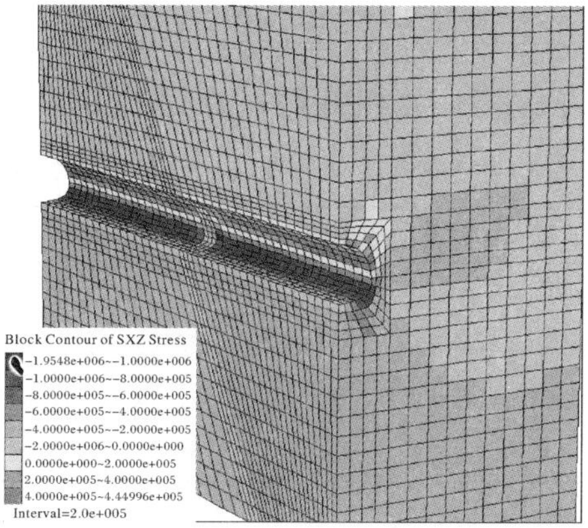

(f) 11s

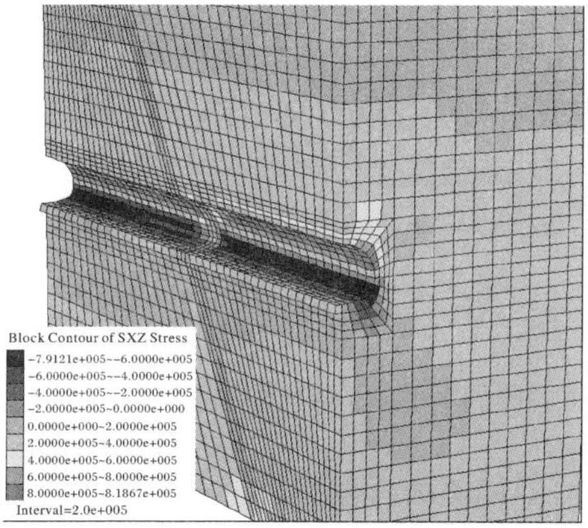

(g) 13s

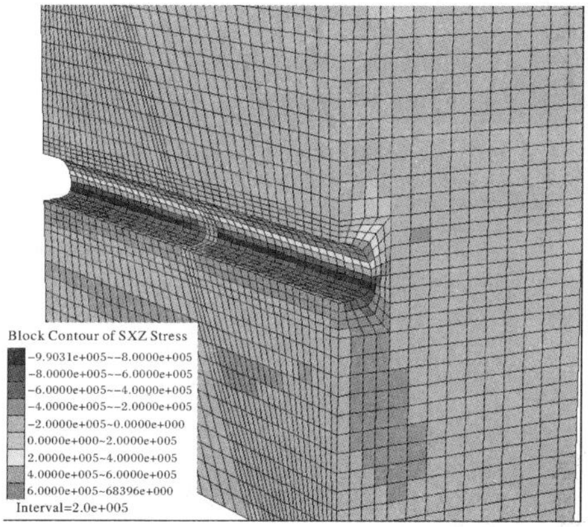

(h) 15s

图 7.13　在 15s 地震波作用下隧道围岩剪应力分布图

7.2.3　断层倾角对隧道结构地震动力响应的影响

为对比分析断层倾角对隧道结构地震动力响应的影响差异，取断层破碎带宽度 15m，隧道埋深为 50m，分别取断层倾角为 30°、45°、60°、90°(垂直正交)4 种工况进行研究，隧道边界取为沿隧道中线各向外取 60m，纵向长度取 300m，模型下部取仰拱以下 60m，围岩地质条件取 7.2.1 节中Ⅳ级围岩参数进行计算，其他隧道计算模型参数均与 7.2.1 节相同。

1. 隧道结构位移对比分析

从表 7.4 和图 7.14 可以看出以下两点:

表 7.4　监测断面 2 隧道各测点水平位移峰值汇总　(单位:cm)

工况	拱顶	左拱肩	左拱腰	左边墙脚	仰拱	右边墙脚	右拱腰	右拱肩
30°	30.80	30.51	29.64	28.33	25.72	28.21	28.72	29.91
45°	32.61	29.98	28.61	28.45	28.11	27.32	28.34	29.42
60°	29.52	28.31	27.72	27.32	26.17	26.41	27.91	28.26
90°	29.97	28.14	27.31	27.03	26.82	26.38	27.43	28.11

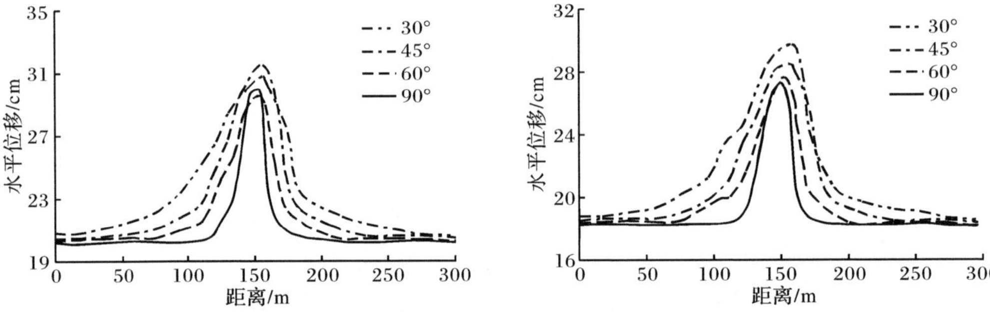

(a) 拱顶　(b) 左拱腰

图 7.14　不同工况监测断面 2 隧道各测点水平位移峰值曲线

(1) 从隧道结构位移纵向分布曲线上看,位移峰值在断层破碎带处达到最大值,随着断层倾角的增大,隧道位移响应影响范围有所减小,其中 30°工况下范围最大,90°工况最小,其他部位纵向分布曲线也呈相同的规律。

(2) 从各监测位置的位移峰值量值上看,拱腰、拱肩部位在倾角 30°时最大,而拱顶、边墙脚、仰拱在倾角 45°时最大,其余随角度增大基本呈减小趋势,注意到倾角 90°时拱顶、仰拱的位移峰值反而大于 60°时。

2. 隧道衬砌应力对比分析

本次计算隧道各监测部位的应力峰值汇总结果分别如表 7.5～表 7.7 所示。

表 7.5　断层带隧道衬砌最大主应力峰值对比　(单位:MPa)

工况	拱顶	左拱肩	左拱腰	左边墙脚	仰拱	右边墙脚	右拱腰	右拱肩
30°	2.86	5.53	5.12	6.41	3.14	6.54	5.08	5.47
45°	1.91	5.26	4.63	6.96	2.81	6.82	4.54	5.11

续表

工况	拱顶	左拱肩	左拱腰	左边墙脚	仰拱	右边墙脚	右拱腰	右拱肩
60°	1.61	4.96	3.02	6.71	1.76	6.61	3.10	4.88
90°	1.13	5.01	3.28	6.08	1.92	5.98	2.68	4.55

表 7.6　断层带隧道衬砌最小主应力峰值对比　(单位:MPa)

工况	拱顶	左拱肩	左拱腰	左边墙脚	仰拱	右边墙脚	右拱腰	右拱肩
30°	−2.60	−5.11	−4.65	−7.18	−3.47	−7.23	−4.63	−4.98
45°	−1.74	−4.72	−4.21	−7.49	−3.11	−7.54	−4.14	−4.66
60°	−1.43	−4.42	−2.99	−7.26	−1.96	−7.21	−2.92	−4.45
90°	−1.02	−4.58	−2.98	−6.89	−2.12	−6.61	−2.45	−4.13

表 7.7　断层带隧道衬砌剪应力峰值对比　(单位:MPa)

工况	拱顶	左拱肩	左拱腰	左边墙脚	仰拱	右边墙脚	右拱腰	右拱肩
30°	2.34	4.35	3.07	4.78	2.87	4.83	3.28	4.28
45°	1.98	4.03	3.21	4.60	2.12	4.52	3.11	3.98
60°	1.03	4.63	2.36	4.47	1.83	4.43	2.46	4.66
90°	0.89	3.84	1.77	3.98	1.08	3.74	1.99	3.63

以隧道左拱肩和左边墙脚为例,分析其主应力和剪应力沿隧道纵向分布规律,其他部位规律类似,不再赘述,如图 7.15～图 7.17 所示。

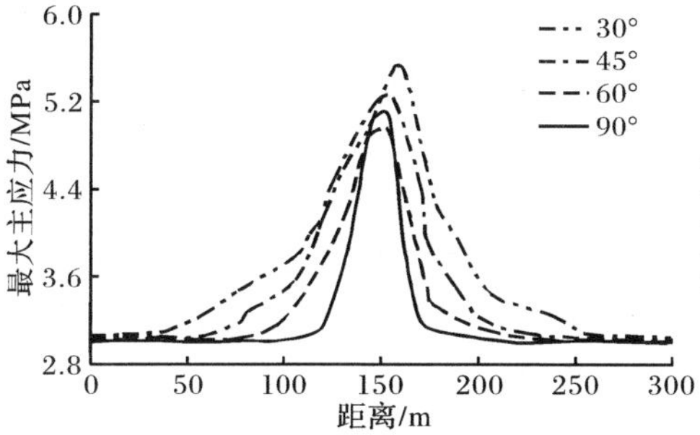

(a) 左拱肩

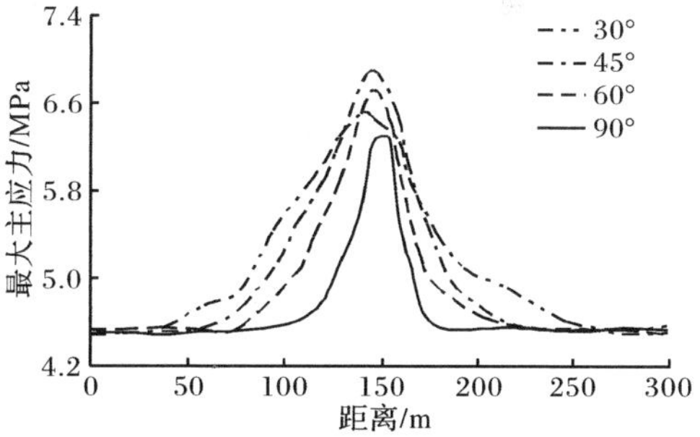

(b) 左边墙脚

图 7.15　衬砌最大主应力峰值沿纵向分布曲线

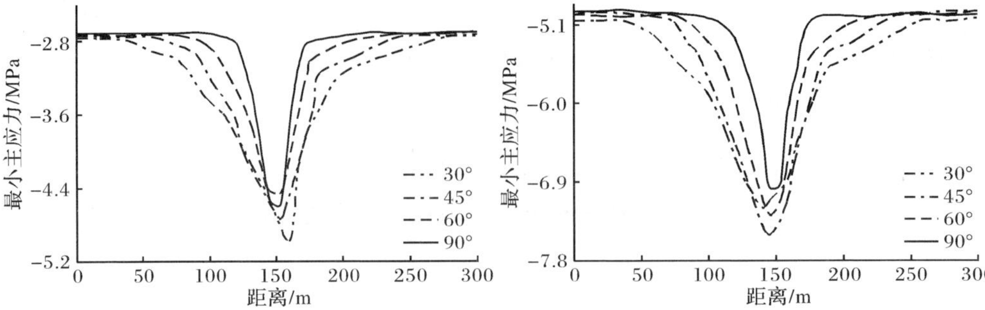

(a) 左拱肩　　(b) 左边墙脚

图 7.16　衬砌最小主应力峰值沿纵向分布曲线

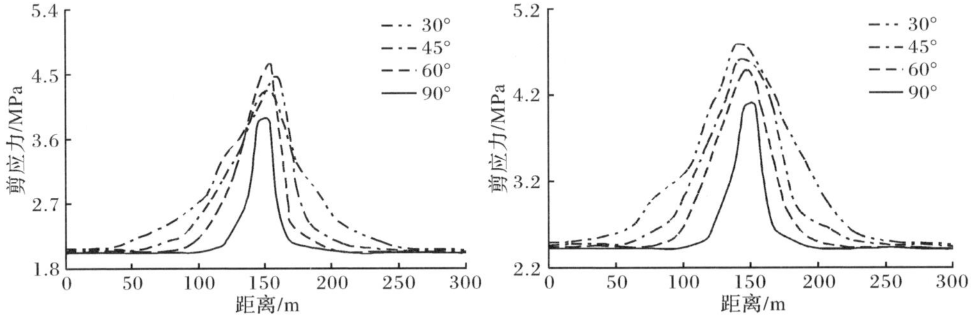

(a) 左拱肩　　(b) 左边墙脚

图 7.17　衬砌剪应力峰值沿纵向分布曲线

从计算结果可以看出，破碎带角度变化对衬砌应力响应状态有较大的影响，各部位主应力及剪应力分析比较如下：

(1) 从结构最大、最小主应力及剪应力峰值纵向分布来看，与结构位移分布规律类似，在接近断层破碎带时应力值明显增大；可以发现，小倾角断层破碎带应力相对变化较缓，但影响范围较大，大倾角断层破碎带应力变化大，但影响范围较小；在断层上盘变化相对平缓，而下盘应力变化急剧。

(2) 从结构应力量值上分析可以看出，最大、最小主应力除边墙脚在断层倾角45°时最大，其余部位都遵循随着断层倾角的增大而递减的规律，隧道结构拱部位置主要为受拉控制，而边墙脚位置则转为受压控制，与常规隧道洞身相比，此时剪应力一直处于较大的量值，说明断层破碎带隧道的剪切作用较为明显，因此需要防止在地震荷载下隧道产生张拉破坏和边墙脚的剪切压溃破坏。

3. 隧道围岩塑性区对比分析

图 7.18 为各工况下隧道围岩塑性区在地震响应结束后的分布情况。

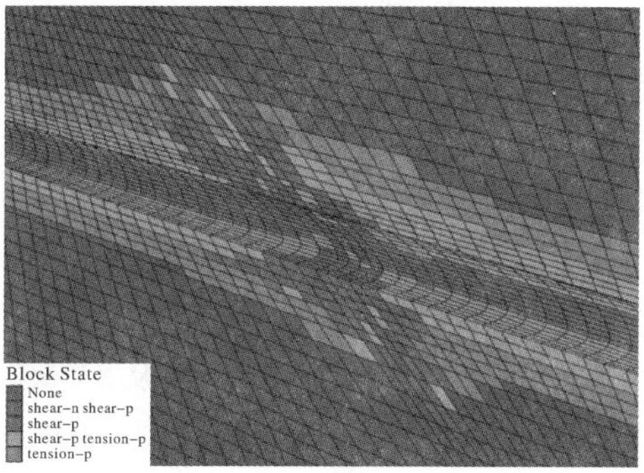

(a) 倾角 30°

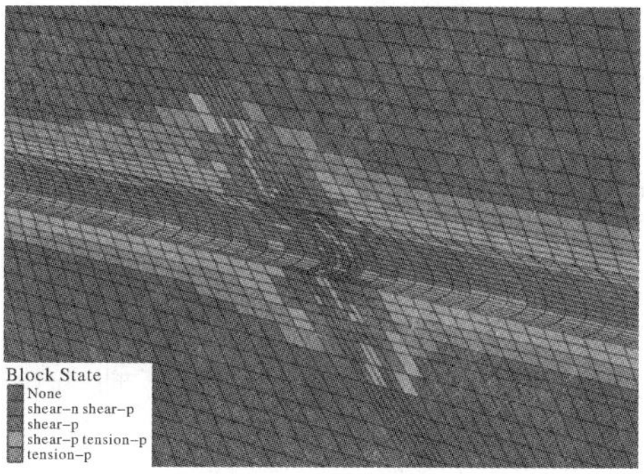

(b) 倾角 45°

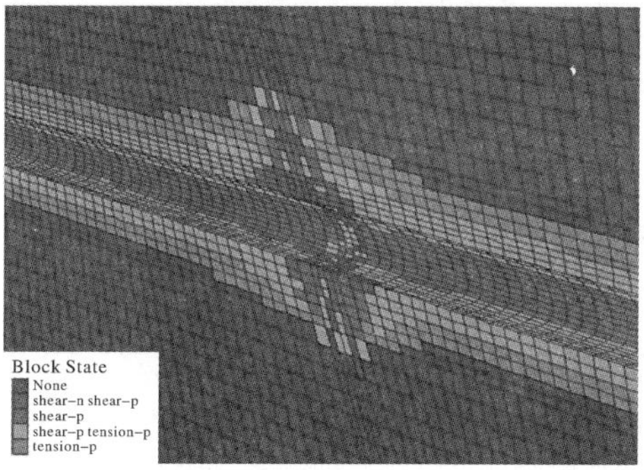

(c) 倾角 60°

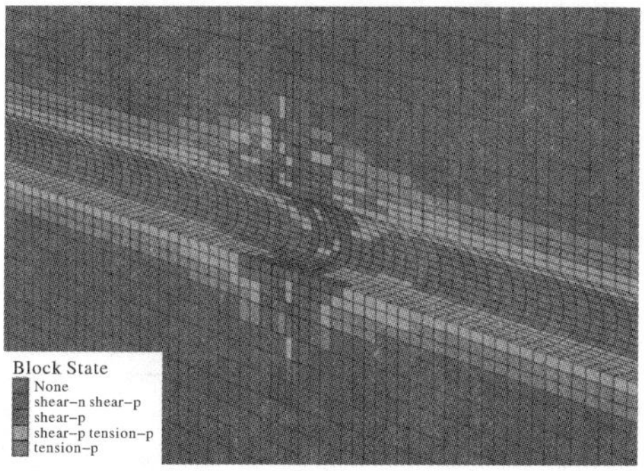

(d) 倾角 90°

图 7.18　不同工况下隧道围岩塑性区分布

从图 7.18 可以看出，隧道结构纵向稳定性问题与其穿越的断层密切相关，断层角度是其中一个很重要的影响因素。数值分析结果表明，断层与水平面夹角越小，断层对隧道应力和位移纵向分布扰动范围越大、越剧烈，隧道纵向越不稳定。

7.2.4　断层宽度对隧道地震动力响应的影响

为对比分析不同断层破碎带宽度对隧道地震动力响应的影响差异，取断层倾角为 60°，隧道埋深 50m，Ⅳ级围岩条件下，考虑断层破碎带宽度分别为 5m、15m、30m、40m 4 种工况进行研究，模型边界取为隧道中线各向外 60m，纵向长度取 300m，模型底部取仰拱以下 60m，其他计算条件同前，其他隧道计算模型参数均与

7.2.1 节相同。

1. 隧道结构位移对比分析

从表 7.8 和图 7.19 可以看出，在同一埋深、同一围岩条件下，破碎带的宽度对隧道地震动力位移响应存在较大的影响，得出如下结论：

(1) 衬砌位移峰值随断层破碎带宽度的增大而明显增大，结构位移峰值最大值仍然出现在拱顶部位，隧道各处位移峰值影响较小；当断层宽度分别为 5m、15m、30m、40m 时，断层处拱顶位移峰值分别比洞身稳定拱顶位移峰值增加了 14.6%、44.7%、62.7%、70.9%，放大随之递增。

(2) 当断层宽度从 5m 增大到 40m 时，拱顶的位移峰值增幅最大(从23.38cm到 35.56cm)，仰拱最小(从 20.92 到 29.33cm)；位移峰值之差也随着宽度的增加而增大；从纵断面分布上可以看出，宽度越大，其两侧的影响区域也呈明显增大趋势。

表 7.8　断层带处隧道衬砌各测点水平位移峰值汇总　　(单位:cm)

断层宽度	拱顶	左拱肩	左拱腰	左边墙脚	仰拱	右边墙脚	右拱腰	右拱肩
5m	23.38	22.82	21.50	21.31	20.92	21.46	21.38	23.19
15m	29.52	28.31	27.72	27.32	26.17	26.41	27.91	28.26
30m	33.19	31.26	30.55	29.13	28.43	29.06	30.76	31.29
40m	35.56	33.67	32.53	31.26	29.33	31.32	32.47	33.71

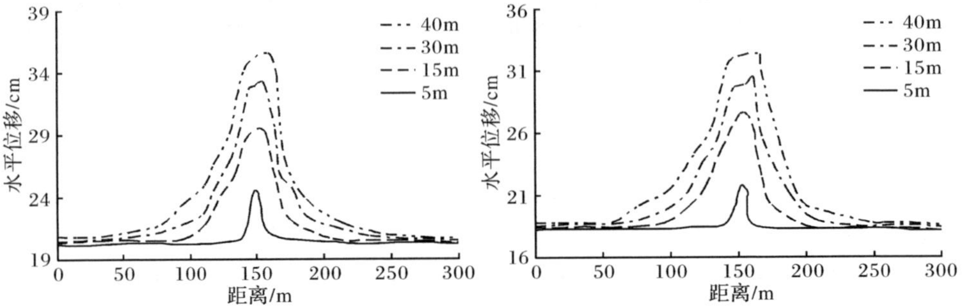

(a) 拱顶　　(b) 左拱腰

图 7.19　不同工况下隧道水平位移峰值变化曲线

2. 隧道衬砌应力对比分析

本次计算隧道各监测部位的应力峰值汇总结果如表 7.9～表 7.11 所示，不同工况下隧道衬砌应力峰值变化曲线如图 7.20～图 7.22 所示。

表 7.9　断层带隧道衬砌最大主应力峰值对比　　（单位：MPa）

断层宽度	拱顶	左拱肩	左拱腰	左边墙脚	仰拱	右边墙脚	右拱腰	右拱肩
5m	0.98	3.81	1.76	5.20	1.19	5.12	1.81	3.78
15m	1.61	4.96	3.02	6.71	1.76	6.61	3.10	4.88
30m	2.27	5.44	3.91	7.28	2.47	7.31	3.93	5.54
40m	2.99	5.98	4.13	7.56	2.81	7.60	4.23	5.96

表 7.10　断层带隧道衬砌最小主应力峰值对比　　（单位：MPa）

断层宽度	拱顶	左拱肩	左拱腰	左边墙脚	仰拱	右边墙脚	右拱腰	右拱肩
5m	−0.86	−3.49	−1.17	−5.66	−1.32	−5.67	−1.26	−3.31
15m	−1.43	−4.41	−2.99	−7.26	−1.96	−7.21	−2.93	−4.46
30m	−2.01	−4.87	−3.83	−7.78	−2.76	−7.82	−3.75	−4.93
40m	−2.76	−5.36	−4.07	−8.21	−3.01	−8.26	−4.18	−5.38

表 7.11　断层带隧道衬砌剪应力峰值对比　　（单位：MPa）

断层宽度	拱顶	左拱肩	左拱腰	左边墙脚	仰拱	右边墙脚	右拱腰	右拱肩
5m	0.76	2.87	1.07	3.33	1.01	3.21	1.16	2.68
15m	1.03	4.63	2.36	4.47	1.83	4.43	2.46	4.66
30m	1.94	4.87	3.61	5.15	2.48	5.19	3.64	4.91
40m	2.43	5.18	4.03	5.63	2.97	5.61	4.10	5.20

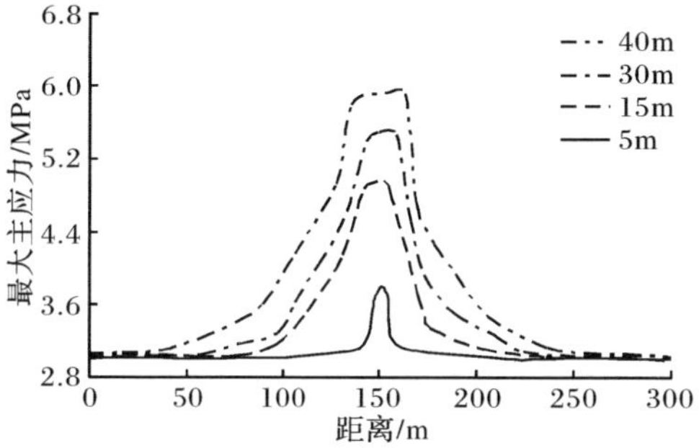

(a) 左拱肩

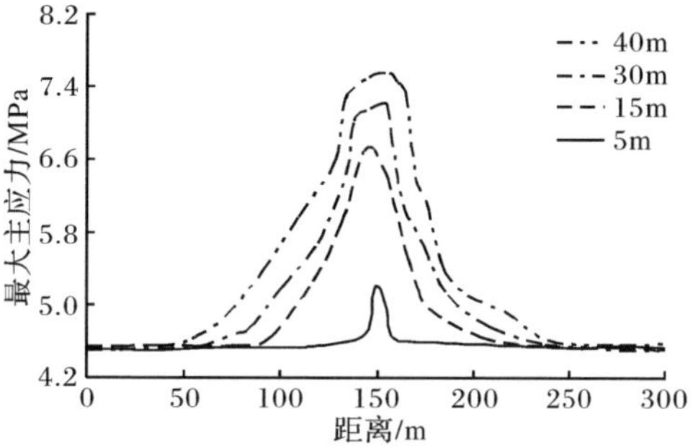

(b) 左边墙脚

图 7.20　不同工况隧道衬砌最大主应力峰值变化曲线

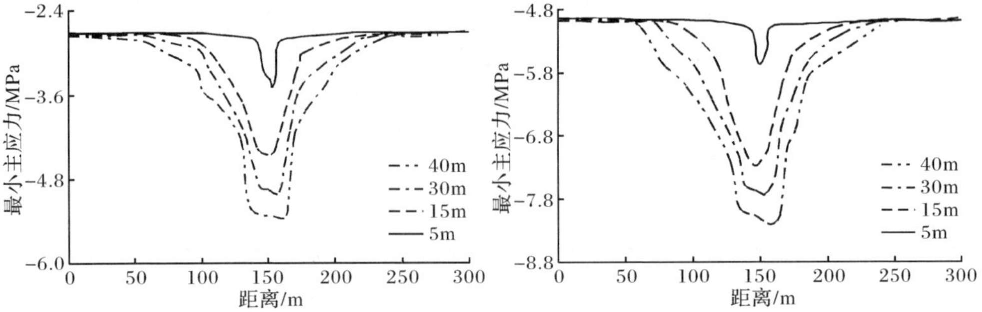

(a) 左拱肩　　(b) 左边墙脚

图 7.21　不同工况隧道衬砌最小主应力峰值变化曲线

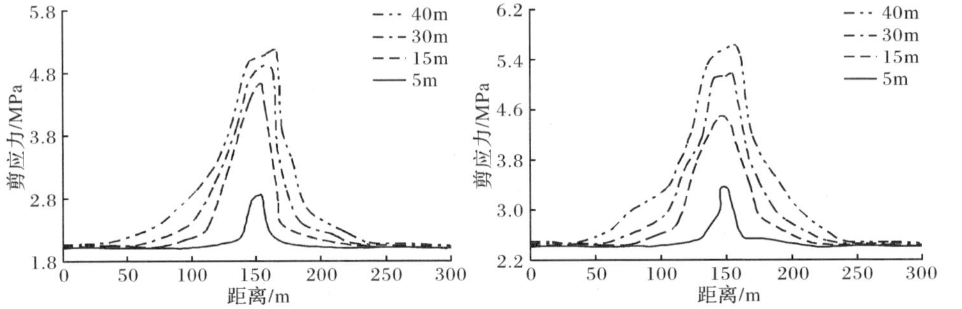

(a) 左拱肩　　(b) 左边墙脚

图 7.22　不同工况隧道衬砌剪应力峰值变化曲线

通过不同工况隧道衬砌应力峰值变化曲线分布图，可得如下结论：

(1) 隧道应力峰值在纵向分布曲线形式上相似，均在断层破碎带处开始出现明显增大的现象，其两侧一定范围内受到影响，随着破碎带宽度的增大，影响区域也有所增大。从隧道左拱肩和左边墙脚最大、最小主应力分布图可以看出，各工况下拱肩的影响区域略大于边墙脚。

(2) 断层破碎带宽度的增加没有改变断面部位的动力性质，隧道衬砌拱部位置主要为受拉控制，而边墙脚位置则转为受压控制；从分布曲线图中还可以发现，隧道应力峰值点基本都出现在破碎带内靠后，即断层的下盘位置，而且随着宽度的增大而越加明显，这与位移峰值分布规律是一致的，从某种程度上说明了在地震作用下断层破碎带的下盘附近为更加不利位置。

(3) 从隧道衬砌应力峰值上分析，宽 5m 断层条件下应力峰值影响较小，随着断层宽度增大，最大各测点应力峰值有明显增大；拱顶的应力峰值随着断层宽度增大比较敏感，最大、最小主应力及剪应力峰值分别增大了 205％、221％、219％。

3. 隧道围岩塑性区对比分析

图 7.23 显示了各工况下隧道围岩塑性区在地震波 15s 时的分布。

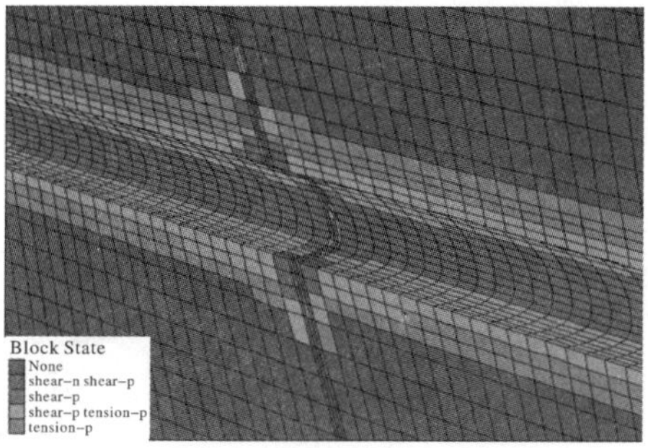

(a) 断层宽度 5m

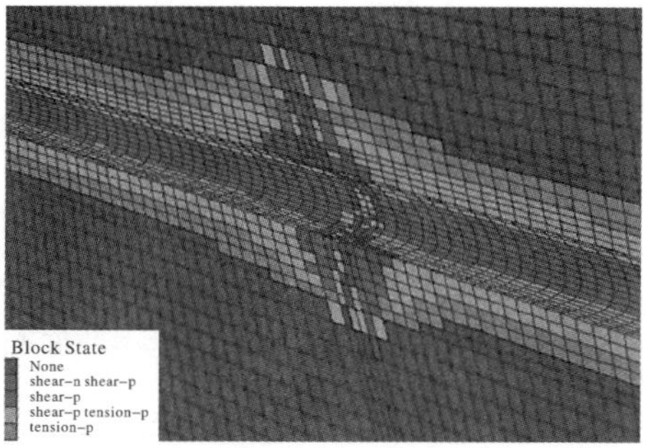

(b) 断层宽度 15m

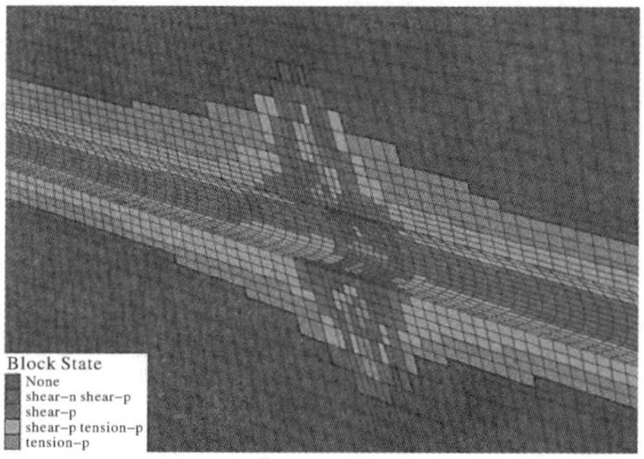

(c) 断层宽度 30m

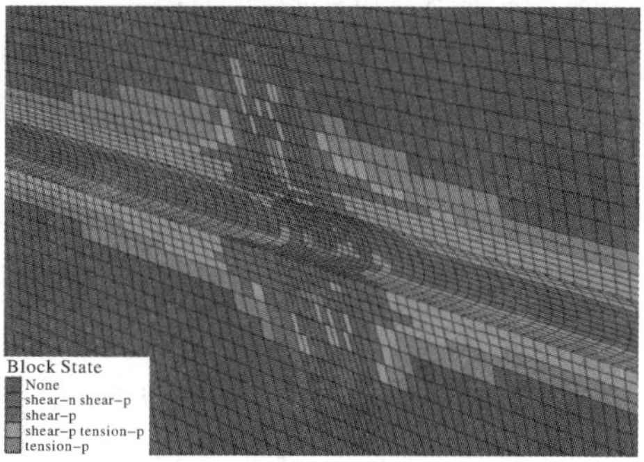

(d) 断层宽度 40m

图 7.23　不同工况条件下隧道围岩塑性区分布

通过对比各工况下塑性区分布图可以看出，当断层宽度为 5m 时，断层内出现一些破坏区域，前后受到的影响较小，只有附近的隧道围岩出现部分剪切破坏，对周边的影响较小；随着断层宽度的增大，这种破坏区域迅速扩大，断层破碎带内塑性破坏沿倾角向外侧扩展，同时破碎带两侧的围岩的塑性破坏区扩大，前后的影响范围随之增大，总之，隧道拱顶的围岩塑性区域大于仰拱区域。

7.2.5　变形缝对隧道结构地震动力响应的影响

在地震动作用下，为了减小断层地质条件变化而导致的衬砌受力的相互影响，可在隧道衬砌施工时按一定距离设置变形缝，通过变形缝可分段释放在地震过程中断层破碎带产生的变形能。为分析变形缝对隧道地震动力响应的差异，取断层倾角为 90°，隧道埋深为 50m，Ⅳ级围岩条件下，破碎带宽度为 15m 工况下进行研究，在断层破碎带起止处各设置一条变形缝，变形缝的物性参数：弹性模量为6.0MPa，泊松比为0.38，重度为10kN/m³，宽10cm，其他隧道计算模型参数同7.2.1节。

1. 隧道衬砌位移对比分析

表7.12为隧道衬砌各测点水平位移峰值。

表7.12 断层破碎带处隧道衬砌测点水平位移峰值对比 （单位：cm）

工况	拱顶	左拱肩	左拱腰	左边墙脚	仰拱
未设置变形缝	29.97	28.14	27.31	27.03	26.82
设置变形缝	35.81	35.32	34.95	34.14	33.83

从图7.24对比可以发现，在断层破碎带起止处设置变形缝对隧道衬砌变形产生了一定影响，得出以下结论：

(1) 由于隧道变形缝减弱了断层破碎带处的隧道结构之间的连接，隧道变形缝的存在减弱了隧道位移整体动力反应在纵向上的传递，地震波能量得到一定程度的释放，大大缓解了隧道结构破坏。

(2) 通过隧道衬砌位移峰值对比可知，设置变形缝后虽然位移峰值整体有明显增大，但断面各监测点间最大相对位移差值却有所减小(未设置变形缝：3.15cm，设置变形缝：1.98cm)，说明设置变形缝增大了隧道整体位移，减弱了地下结构在水平地震作用下的剪切振动。

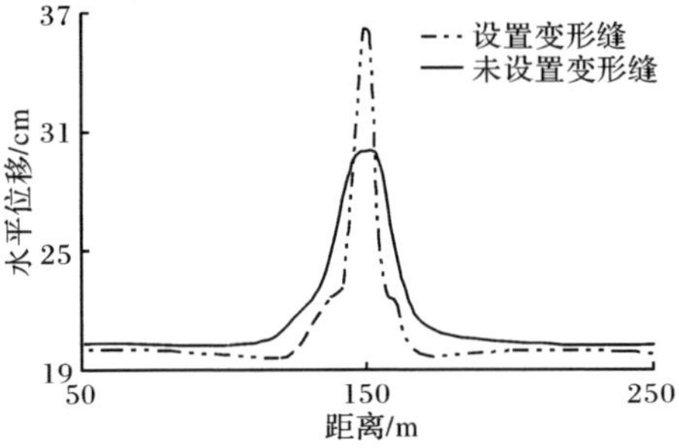

(a) 拱顶

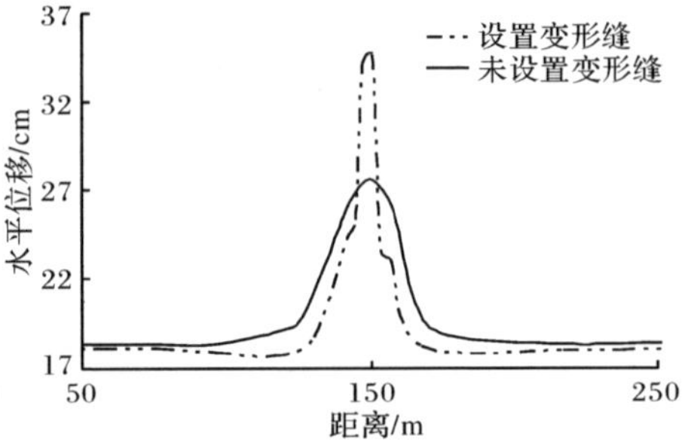

(b) 左拱腰

图7.24 不同工况下隧道水平位移峰值变化曲线

2. 隧道衬砌内力对比分析

表7.13为隧道衬砌内力峰值，图7.25为不同工况下隧道结构内力峰值变化曲线，表7.14为内力峰值汇总。

表 7.13　隧道衬砌内力峰值一览表

项目		位置							
		拱顶	左拱肩	左拱腰	左边墙脚	仰拱	右边墙脚	右拱腰	右拱肩
弯矩/(kN·m)	未设置变形缝	279.7	339.8	259.0	681.5	413.4	692.7	246.5	352.4
	设置变形缝	243.4	266.1	223.3	571.3	339.8	557.2	198.3	278.1
	比值/%	87.03	78.32	86.24	83.83	82.18	80.44	80.45	78.92
轴力/kN	未设置变形缝	3158.8	5346.6	3920.9	8465.5	1889.1	8398.7	4010.3	5543.7
	设置变形缝	1948.1	3984.0	2878.1	5765.2	1182.8	5611.2	2856.1	3860.5
	比值/%	61.67	74.51	73.41	68.10	62.61	66.81	71.22	69.64
剪力/kN	未设置变形缝	519.1	812.8	633.0	1086.0	346.5	1018.7	621.7	829.5
	设置变形缝	432.2	501.1	455.5	856.2	305.7	876.5	461.8	531.7
	比值/%	83.26	61.65	71.97	78.84	88.24	86.04	74.28	64.10

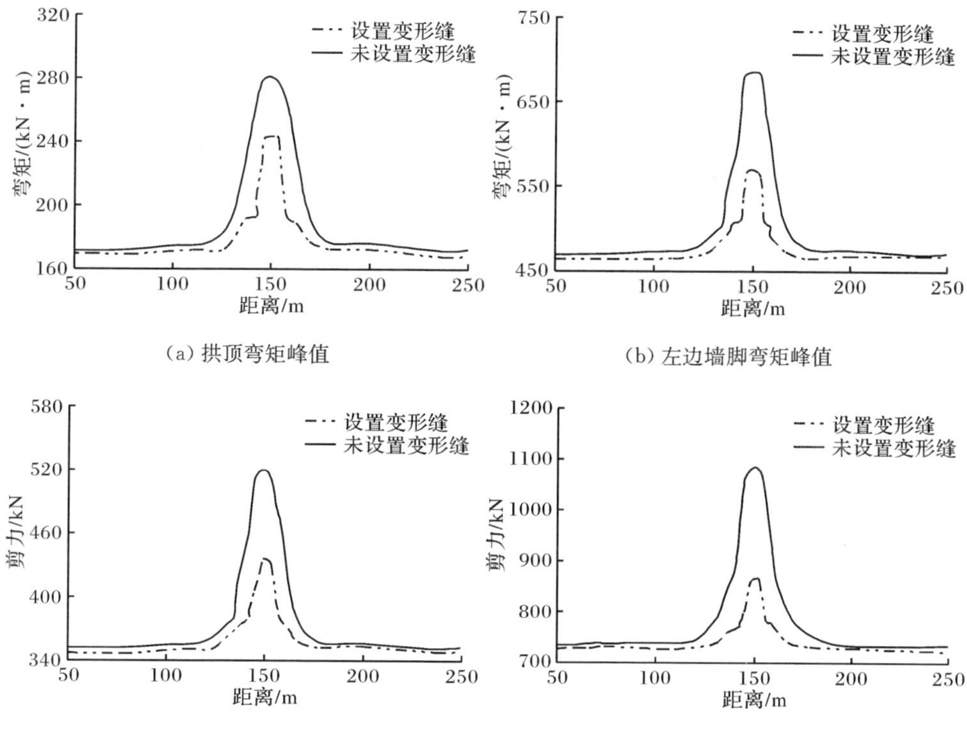

(a) 拱顶弯矩峰值　(b) 左边墙脚弯矩峰值

(c) 拱顶剪力峰值　(d) 左边墙脚剪力峰值

图 7.25　不同工况隧道结构内力峰值变化曲线

表 7.14　隧道衬砌内力峰值信息汇总表

项目	未设置变形缝			设置变形缝		
	弯矩	轴力	剪力	弯矩	轴力	剪力
数值大小	692.7kN·m	8465.5kN	1086.0kN	571.3kN·m	5765.2kN	876.5kN
发生时刻	6.74s	10.57s	10.57s	7.13s	11.58s	11.62s
位置	右边墙脚	左边墙脚	左边墙脚	左边墙脚	左边墙脚	右边墙脚

通过图 7.25 可以看出以下几点：

(1) 隧道设置变形缝后，起到了释放衬砌中变形能的作用，断层破碎带处隧道衬砌中的内力明显减小。从隧道结构内力变化趋势上看，衬砌弯矩基本减小为原来的 80%左右，轴力减小为原来的 70%左右，剪力减小为原来的 78%左右，轴力减小最为明显。总体而言，在断层破碎带设置变形缝能有效降低衬砌内力，特别是衬砌的轴力。

(2) 不同工况下隧道结构内力峰值变化曲线与位移纵向分布规律相似，隧道变形缝的存在减弱了隧道整体动力反应在纵向上的传递，在变形缝处产生突变，但是断层破碎带处内力峰值明显减小，影响区域有所减小，洞身段略小于未设置变形缝时。

(3) 隧道变形缝对隧道动力时程响应有一定影响，设置变形缝后内力峰值出现时刻有延迟现象，弯矩峰值约延迟 0.5s，轴力、剪力约延迟 1s，而且出现的位置也有左右部位的变化。

综上所述，设置变形缝使得隧道内力有所减小，但不足以抵抗地震荷载对隧道结构的损害，因此仍然需要采取加强支护的措施。

3. 隧道围岩塑性区对比分析

通过对比隧道设置变形缝前后塑性区分布图(图 7.26 和图 7.27)可以看出，在离隧道较远处围岩塑性破坏区域没有什么变化，而对在断层破碎带两侧塑性区分布有较大的影响，大大减小了两侧围岩的剪切破坏范围，同时破碎带附近隧道拱部围岩出现部分张拉破坏，而非先前的剪切破坏，在一定程度上减弱了破碎带隧道横断面上的剪切作用。

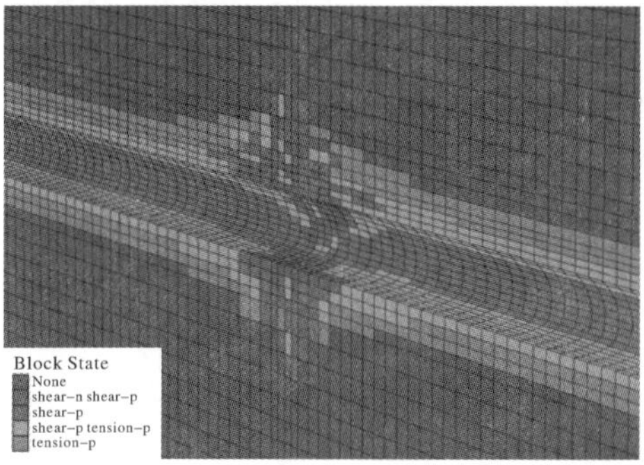

图 7.26　未设置变形缝时围岩塑性区分布

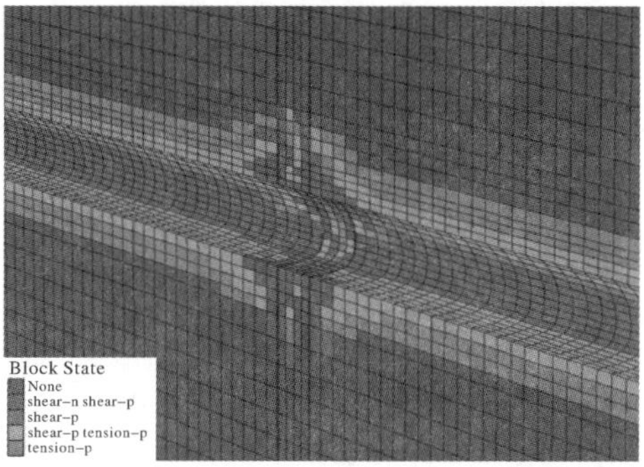

图 7.27　设置变形缝时围岩塑性区分布

7.3　跨断层山岭隧道横向地震动力响应

7.3.1　隧道计算模型建立

1. 隧道计算模型

隧道计算模型的几何参数见图 7.28，衬砌厚度为 40cm，隧道围岩及初期支护采用实体(solid)单元模拟，二次衬砌采用壳(shell)单元模拟，隧道围岩采用莫尔-库仑屈服准则及弹塑性增量本构关系，二次衬砌及初期支护采用弹性本构。软岩区域最大单元尺寸为 2.4m，硬岩区域最大单元尺寸为 4m，隧道计算模型见图 7.29。

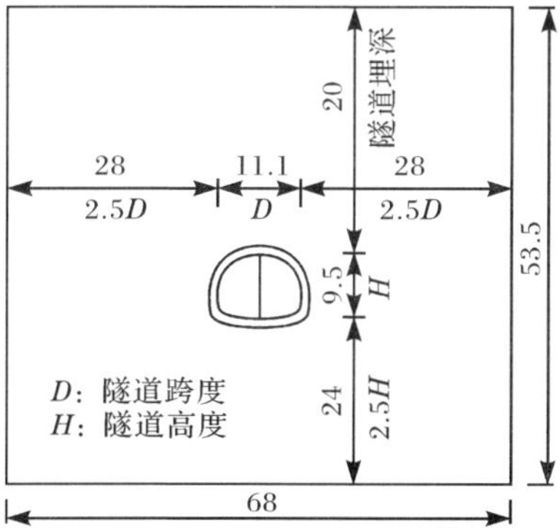

图 7.28　隧道模型横剖面图(单位:m)

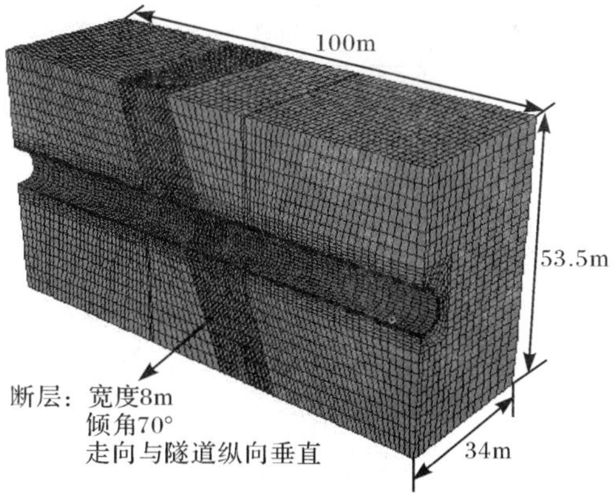

图 7.29　隧道计算模型

隧道计算模型在侧边采用自由场边界，底部采用黏性边界，阻尼形式为瑞利阻尼，取模型的自振频率作为瑞利阻尼的参数 1，临界阻尼比按经验取为 5%。在隧道计算模型中输入地震波主要为四川赛思特科技有限公司提供的超越概率为 2%的徐店子隧道地震波，见图 3.31(b)，考虑地震波能量分布特征及机时需要，取前 15s 地震波作为地震动荷载。材料参数如表 7.15 所示，其中非断层区域为Ⅳ级围岩，断层带区域为Ⅴ级围岩。

表 7.15 隧道围岩及衬砌参数一览表

材料	密度/(kg/m^3)	弹模/GPa	泊松比	内摩擦角/(°)	黏聚力/MPa	抗拉强度/MPa
普通段围岩	2200	3.65	0.3	33	0.45	1
断层处围岩	1800	1	0.35	30	0.25	0.5
二衬	2500	30	0.22	—	—	—
初支	2200	25	0.22	—	—	—

2. 隧道横断面测点及纵向监测断面布设

由于隧道衬砌不同部位的受力特性不同，在隧道横断面上布设 8 个测点、4 条测线，模型的横断面测点参见图 7.30。为了对比衬砌在断层处和距断层一定距离处的动力响应，沿隧道纵向布设 3 个监测断面，纵向监测断面参见图 7.31。

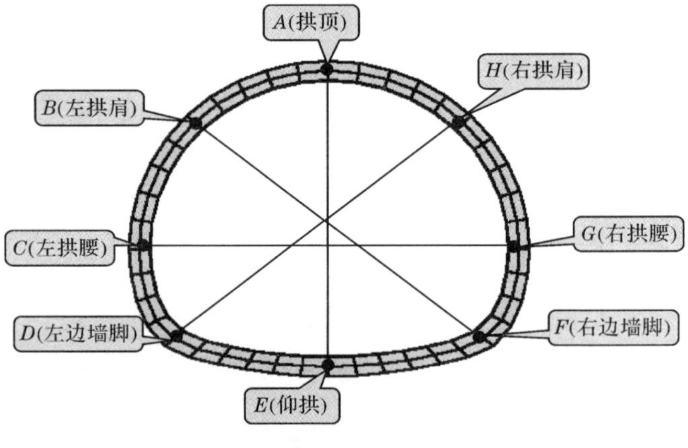

图 7.30 隧道衬砌横断面测点图

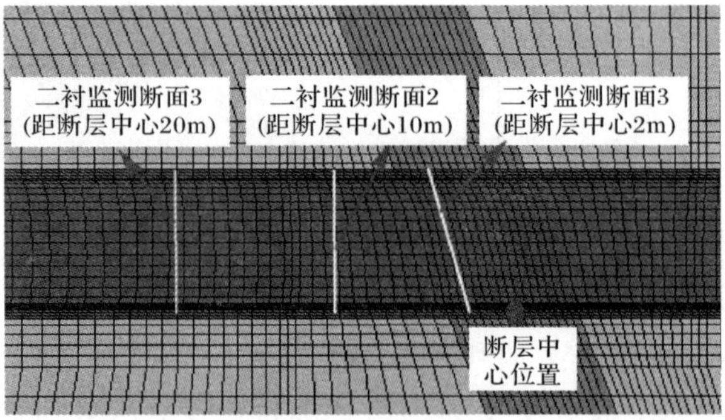

图 7.31 隧道衬砌纵向监测断面示意图

7.3.2　隧道结构横断面动力响应特性

1. 隧道变形特征

1）隧道结构水平测线与竖向测线相对位移变化规律

通过隧道衬砌竖向测线 AE 和水平测线 CG 的相对位移变化(图 7.32)，可以得出隧道结构的整体变形特征。

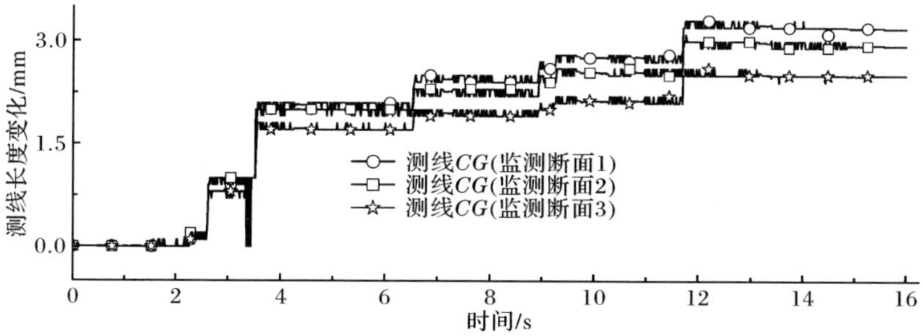

(a) 水平测线 CG

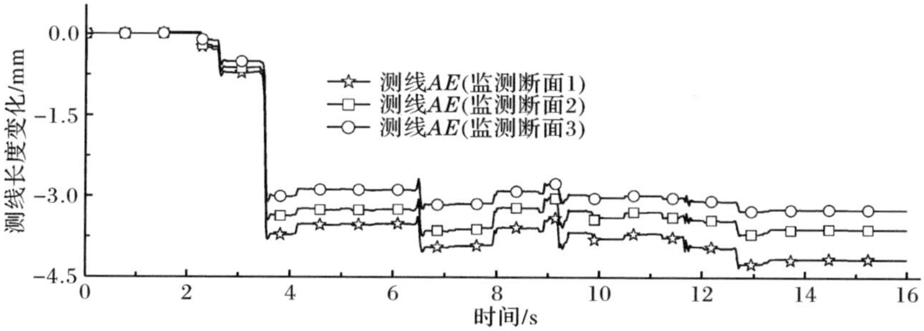

(b) 竖向测线 AE

图 7.32　不同监测断面隧道测线相对位移时程曲线

正值表示伸长，负值表示缩短

由图 7.32 可得出以下结论：

(1) 在整个地震动过程中，隧道测线 AE(高度)逐渐减小，测线 CG(宽度)逐渐增大，且震后均产生一定的残余变形。

(2) 由于断层处围岩破碎，隧道围岩对衬砌相对约束力较小，距断层越近，隧道结构相对位移变小。

2）隧道对角线方向相对位移变化规律

图 7.33 为不同监测断面隧道测线 BF、DH 相对位移时程曲线。

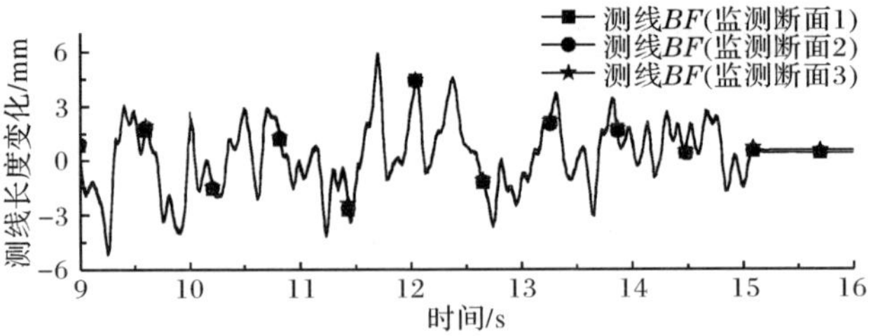

(a) 测线 *BF*

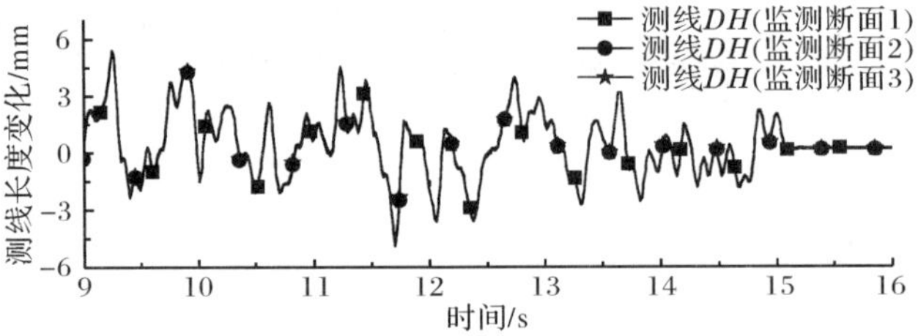

(b) 测线 *DH*

图 7.33　不同监测断面隧道测线 *BF*、*DH* 相对位移时程曲线

正值表示伸长,负值表示缩短

由图 7.33 可得出以下结论:

(1) 隧道两条斜测线的相对位移变化趋势呈相反的对称分布,即 *BF* 测线伸长时,*DH* 测线缩短,且同时达到相应的峰值状态。

(2) 受地震动的高频波动影响,对角线测线发生反复交替变化,与第 4 章强震区洞口段隧道结构对角线方向变形特征类似,同时在断层破碎带附近 3 个监测断面对角线相对位移大小是一致的,并且测线震后残余变形很小。

2. 隧道结构弯矩分析

基于前期的研究成果,选取断层破碎带处隧道结构受力最不利断面(图 7.31 断面 3)为参考断面,进行隧道结构弯矩动力响应分析。

1) 隧道结构弯矩时程曲线

由于隧道衬砌不同部位的地震响应特性差异很大,图 7.34 列出了在地震动过程中隧道结构弯矩时程曲线,可以详细了解衬砌在地震过程中的受力特征。

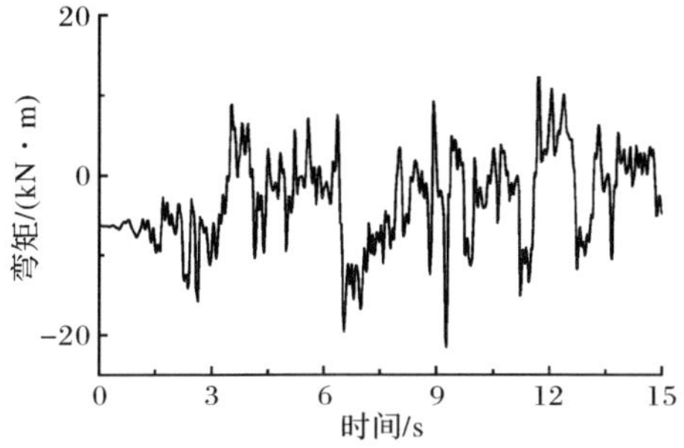

(a) 拱顶

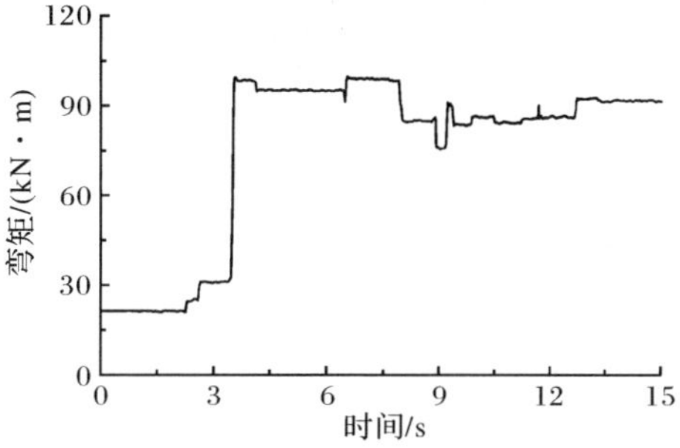

(b) 仰拱

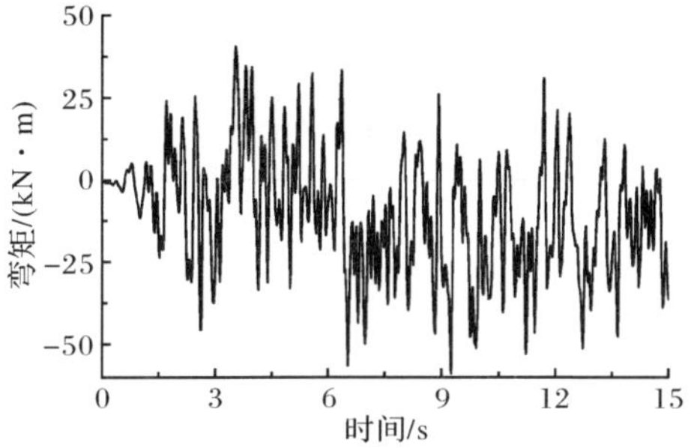

(c) 左拱肩

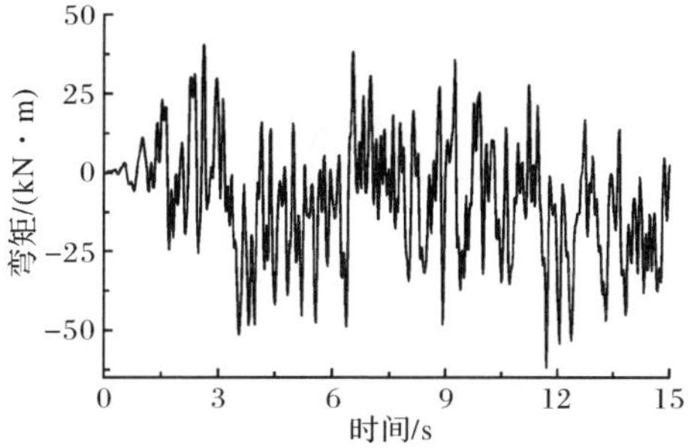

(d) 右拱肩

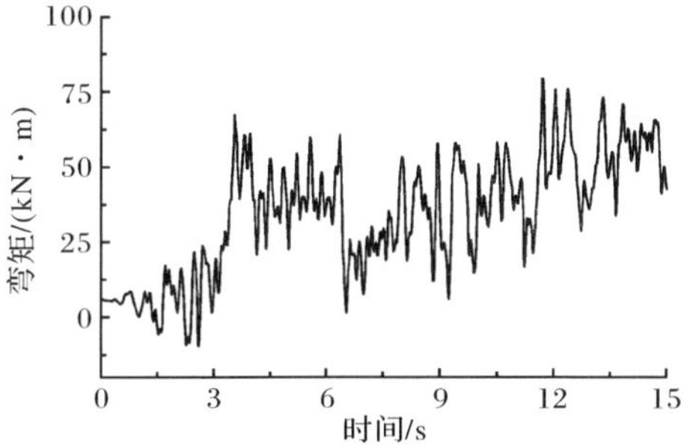

(e) 左拱腰

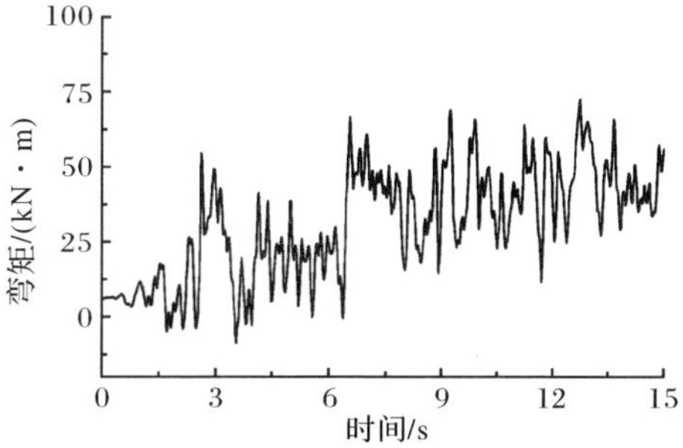

(f) 右拱腰

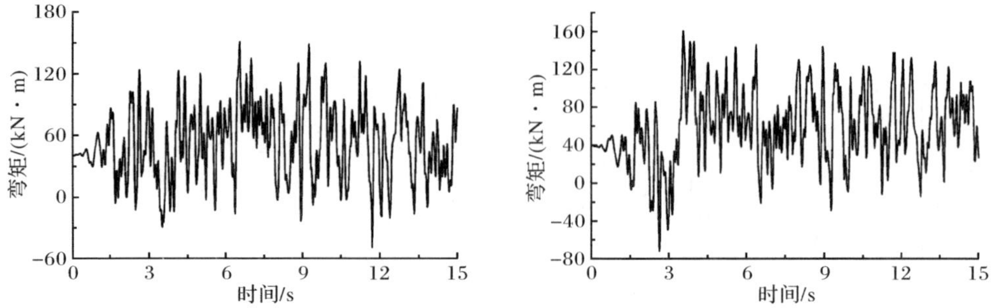

(g) 左边墙脚　　(h) 右边墙脚

图 7.34　监测断面 3 隧道结构弯矩时程曲线

弯矩以衬砌外侧受拉为正

表 7.16 给出了隧道衬砌监测断面 3(断层处)的各测点弯矩与二衬监测断面 1(非断层处)的各测点弯矩峰值。

表 7.16　隧道结构弯矩峰值及对应时刻一览表　(单位:kN · m)

测点	断层处断面 3		非断层处断面 1	
	正弯矩峰值	负弯矩峰值	正弯矩峰值	负弯矩峰值
拱顶	16	−21	22	−22
对应时刻	11.7s	9.3s	11.7s	9.3s
仰拱	100	—	—	−113
对应时刻	6.6s			6.6s
左拱腰	85	−10	104	−10
对应时刻	11.7s	2.6s	11.7s	2.6s
右拱腰	72	−9	90	−4
对应时刻	12.7s	1.7s	12.7s	3.6s
左拱肩	41	−59	37	−52
对应时刻	3.5s	9.3s	3.5s	9.3s
右拱肩	41	−62	33	−54
对应时刻	2.6s	11.7s	2.6s	11.7s
左边墙脚	151	−49	137	−62
对应时刻	6.6s	11.7s	6.6s	11.7s
右边墙脚	160	−72	153	−94
对应时刻	3.5s	2.6s	3.5s	2.6s

注:弯矩以外侧受拉为正。

为了分析震前、震中、震后衬砌弯矩的变化,表 7.17 列出了三种状态隧道结构弯矩峰值对比。

表 7.17　震前、震中及震后弯矩峰值比较　（单位：kN · m）

	震前弯矩	震中正弯矩	震中负弯矩	震后弯矩
拱顶	−6	16	−22	−2
仰拱	21	100	—	92
左拱腰	6	86	−10	53
右拱腰	6	72	−9	46
左拱肩	0	41	−59	−17
右拱肩	0	41	−62	−18
左边墙脚	40	151	−49	47
右边墙脚	40	161	−72	67

由图 7.34 及表 7.16、表 7.17 可得出以下结论：

(1) 隧道拱顶正负弯矩峰值接近，弯矩由震前的内侧受拉逐渐变为内侧受压，弯矩存在正负交替变化，变化幅度较小。

(2) 隧道仰拱在震前及震中均处于正弯矩（内侧受压、外侧受拉）状态，与非断层断面的受力状态完全相反，由此验证了汶川地震中龙溪隧道近断层附近多处出现路面隆起破坏现象（图 2.2）。

(3) 隧道拱腰处于正弯矩状态，弯矩在地震动过程中发生多次瞬变，正弯矩受力状态与拱腰发生压缩破坏的震害现象吻合。

(4) 隧道拱肩弯矩随时间发生明显的瞬变现象，受力状态类似循环往复加载，易发生疲劳破坏；拱肩承受较大的负弯矩且处于负弯矩的时段较长，与拱肩发生拉裂破坏的震害现象吻合。

(5) 隧道边墙脚以正弯矩为主（即外侧受拉、内侧受压）并伴有明显的增减交替变化，需考虑发生疲劳破坏的情况；正弯矩受力状态与边墙脚发生压缩破坏的震害现象吻合。

(6) 除了仰拱，断层处隧道拱顶和拱腰弯矩略小于非断层处，拱肩和边墙脚弯矩略大于非断层处，且震动响应基本一致。

2) 不同部位隧道结构弯矩的相关性

由图 7.34 可知，除了隧道仰拱和拱顶位置，衬砌其他位置测点的弯矩变化具有一定的相关性，如图 7.35 所示，具体如下：

(1) 隧道左右拱肩、左右拱腰、左右边墙脚弯矩的增减变化趋势相反，但弯矩极值对应的时刻基本一致。

(2) 隧道左边墙脚、右拱腰、右拱肩弯矩的增减变化及极值点对应时刻均一致。

(3) 隧道左拱肩、左拱腰、右边墙脚弯矩的增减变化及极值点对应时刻均一致。

(4) 对隧道弯矩极大值对比可知，拱腰、拱肩弯矩大小相当，边墙脚弯矩最大；拱腰、边墙脚以内侧受压为主，拱肩以内侧受拉为主。

(5) 由隧道结构弯矩变化幅度可知，拱腰变化幅度＜拱肩变化幅度＜边墙脚变化幅度。

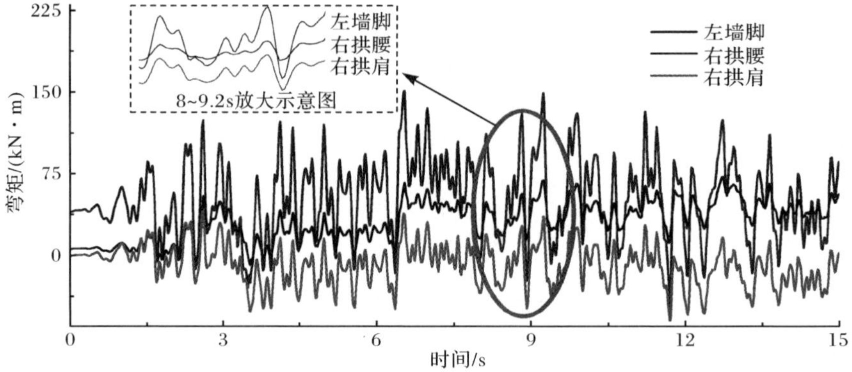

(a) 左边墙脚、右拱肩、右拱腰弯矩

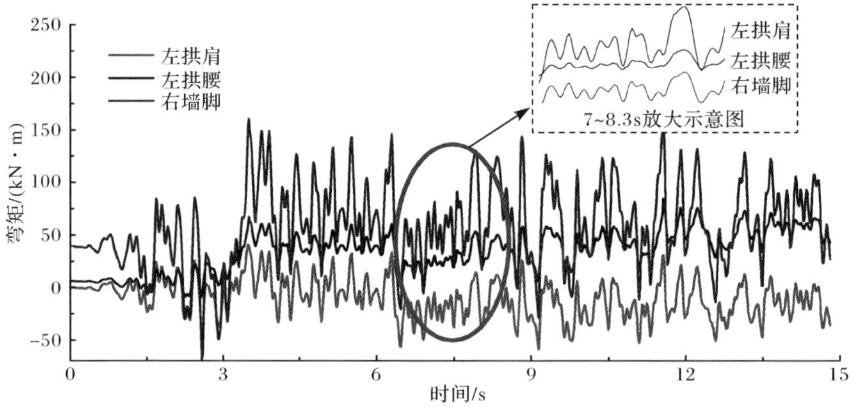

(b) 左拱肩、左拱腰、右边墙脚弯矩

图 7.35　衬砌横断面弯矩相关性示意图

弯矩以衬砌外侧受拉为正

3) 断层处和非断层处隧道仰拱弯矩分析

由图 7.36 可知，断层处仰拱在震前及震中处于内侧受压状态，与非断层处仰拱受力完全相反。同时也验证了一些专家学者的研究成果，在对跨断层隧道动力响应的研究中亦出现了此现象。

由于断层处隧址区大多为软弱破碎围岩，另外，岩性较好的非断层处围岩能够对隧道提供强有力的支撑和约束力，从而使得断层处围岩对隧道的约束远小于非断层处，出现了隧道结构与围岩刚度不匹配问题，从而在不同材料之间出现强制相对位移，造成隧道结构严重损坏。

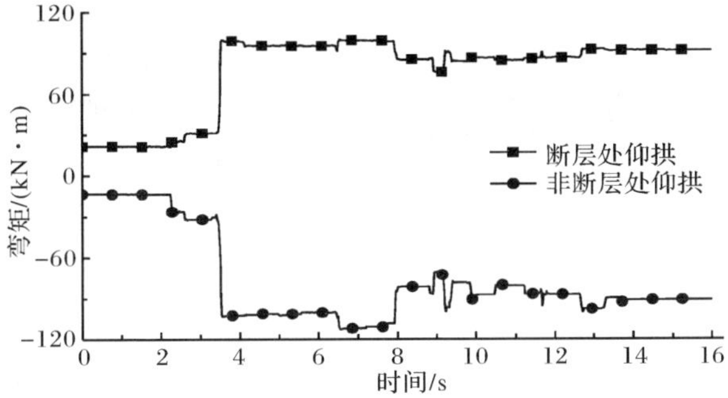

图 7.36　断层处与非断层处仰拱弯矩时程曲线

3. 隧道结构轴力分析

1）隧道结构轴力时程曲线

隧道衬砌不同部位轴力地震响应特性差异比较大，图 7.37 给出了地震动过程中不同部位隧道衬砌轴力时程曲线，从而可以了解衬砌轴力在地震过程中的变化特征。

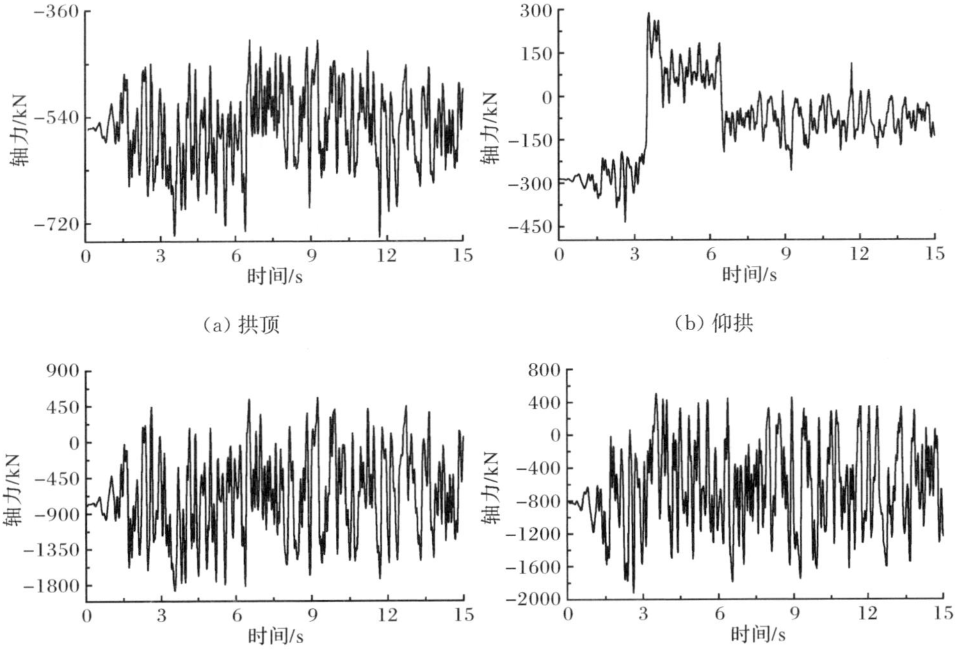

(a) 拱顶　　(b) 仰拱

(c) 左拱肩　　(d) 右拱肩

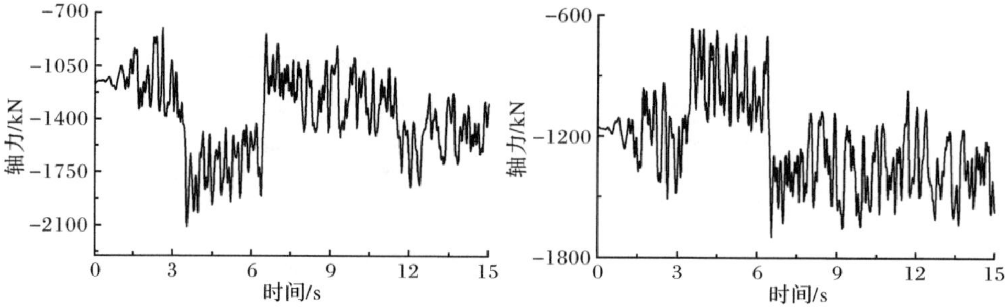

(e) 左拱腰　　(f) 右拱腰

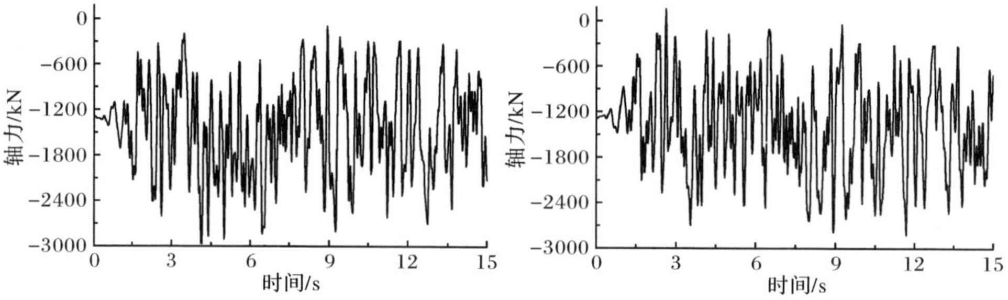

(g) 左边墙脚　　(h) 右边墙脚

图 7.37　监测断面 3 隧道衬砌轴力时程曲线

轴力以受拉为正

为了分析震前、震中、震后衬砌轴力的变化，表 7.18 列出了三种状态的轴力峰值。

表 7.18　不同时刻断层处衬砌轴力峰值一览表　　(单位:kN)

部位	震前轴力	震中正轴力峰值	地震中负轴力峰值	震后轴力
拱顶	－563	—	－743	－570
仰拱	－301	275	－449	－94
左拱腰	－1158	—	－2111	－1470
右拱腰	－1158	—	－1700	－1396
左拱肩	－803	555	－1872	－595
右拱肩	－803	562	－1919	－583
左边墙脚	－1294	0	－2976	－1400
右边墙脚	－1294	153	－2825	－1441

为了分析断层破碎带对隧道衬砌轴力的影响，表 7.19 列出了监测断面 3(断层处)和监测断面 1(非断层处)隧道衬砌轴力峰值。

表 7.19　主要测点轴力峰值及对应时刻　（单位:kN）

测点	断层处断面 3		非断层处断面 1	
	正轴力峰值	负轴力峰值	正轴力峰值	负轴力峰值
拱顶	—	−743	—	−746
对应时刻		11.7s		6.4s
仰拱	275	−450	321	−448
对应时刻	3.6s	2.6s	3.6s	2.6s
左拱腰	—	−2111	—	−2443
对应时刻		3.6s		3.6s
右拱腰	—	−1670	—	−1999
对应时刻		6.6s		6.6s
左拱肩	555	−1872	947	−2235
对应时刻	9.3s	3.5s	9.3s	3.5s
右拱肩	562	−1919	1003	−2229
对应时刻	11.7s	2.6s	11.7s	2.6s
左边墙脚	1	−2976	146	−3479
对应时刻	11.7s	4.1s	11.7s	4.1s
右边墙脚	153	−2825	420	−3159
对应时刻	2.6s	11.7s	2.6s	9s

注:轴力以受拉为正。

由图 7.37 及表 7.18、表 7.19 可得出以下结论：

(1) 隧道拱顶一直处于受压状态,轴力存在幅度较小的瞬变现象。

(2) 隧道仰拱轴力由震前的受压逐渐变为受拉状态,轴力大小随时间不断增大,不同时段的增加幅度不同,受拉状态与仰拱隆起的震害现象吻合。

(3) 隧道拱腰处于受压状态,轴力逐渐增加并伴有幅度较大的瞬变现象,受压状态与拱腰发生压缩破坏的震害现象吻合。

(4) 隧道拱肩轴力随时间发生明显的瞬变现象,且不同时段的变化幅度不同,受力状态类似循环往复加载,易发生疲劳破坏;拱肩处于受拉状态的时段较长,与拱肩发生拉裂破坏的震害现象吻合。

(5) 隧道边墙脚以承受压力为主,并伴有明显的瞬变现象,需考虑发生疲劳破坏的情况;轴力的变化规律与拱肩相似;受压状态与边墙脚发生压缩破坏的震害现象吻合。

(6) 由于断层处围岩比较破碎,围岩的震动变形较小且对衬砌的作用较弱,从而断层处衬砌的变形小于非断层处,所以断层处断面拱顶、拱腰及仰拱弯矩略小于非断层处,拱肩和边墙脚弯矩明显小于非断层处,但震动响应规律基本一致。

2) 隧道衬砌轴力的相关性

由图 7.37 可知,除了仰拱和拱顶位置,衬砌其他位置测点的轴力变化具有一定的相关性，为进一步分析地震力作用下衬砌受力特征，有必要对衬砌不同测点的轴力相关性进行研究。

由图 7.38 可以得出以下结论：

(1) 隧道左右拱肩、左右拱腰、左右边墙脚轴力的增减变化趋势相反，但弯矩极值对应的时刻基本一致。

(2) 左边墙脚、右拱腰、右拱肩轴力的变化趋势及极值点对应时刻均一致；左拱肩、左拱腰、右边墙脚轴力的变化趋势及极值点对应时刻均一致。

(3) 对轴力峰值进行对比可知，拱肩轴力<拱腰轴力<边墙脚轴力；对轴力变化幅度进行对比可知，拱肩和边墙脚变化幅度相当，拱腰变化幅度最小。

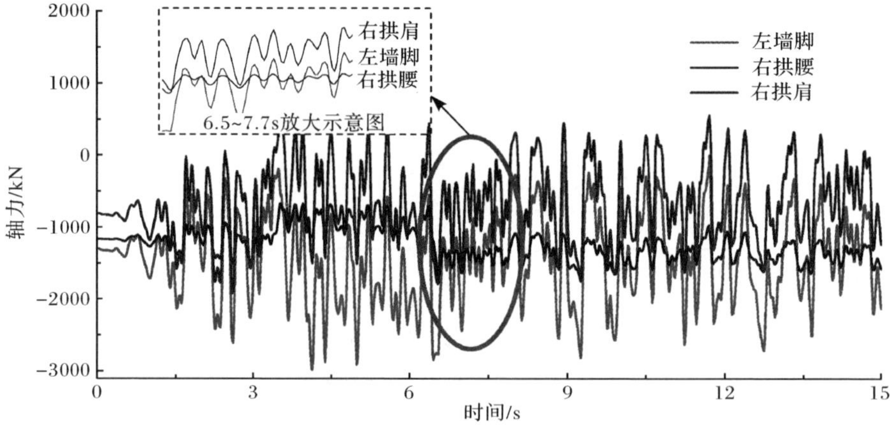

(a) 左边墙脚、右拱腰、右拱肩

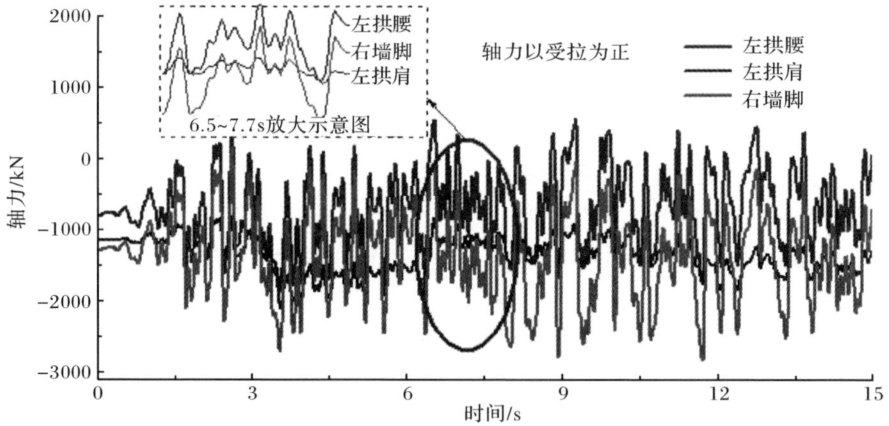

(b) 左拱肩、左拱腰、右边墙脚

图 7.38　不同部位隧道衬砌轴力相关性示意图

4. 隧道结构安全系数

隧道衬砌不同部位的地震响应特性差异很大，图 7.39 给出了整个地震动过程中不同部位隧道结构的安全系数时程曲线，可以全面分析隧道在整个地震过程中的安全性情况，判断结构的受力特征。

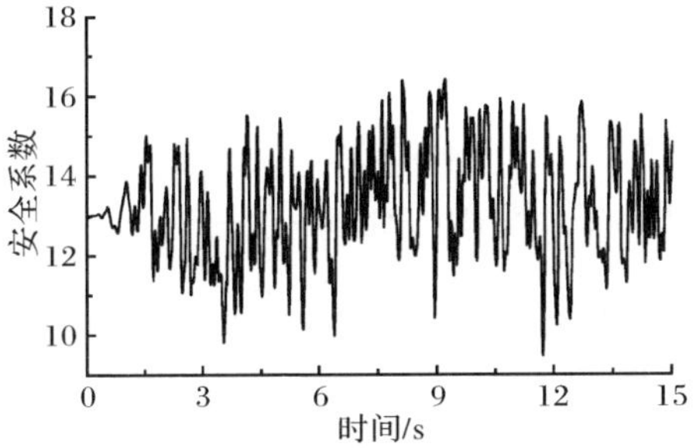

(a) 拱顶

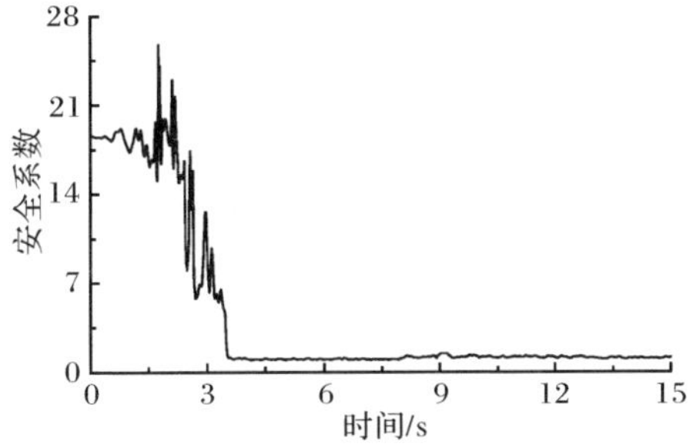

(b) 仰拱

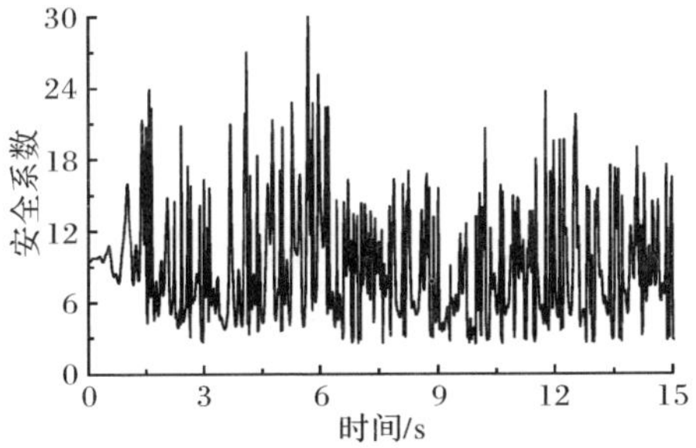

(c) 左拱肩

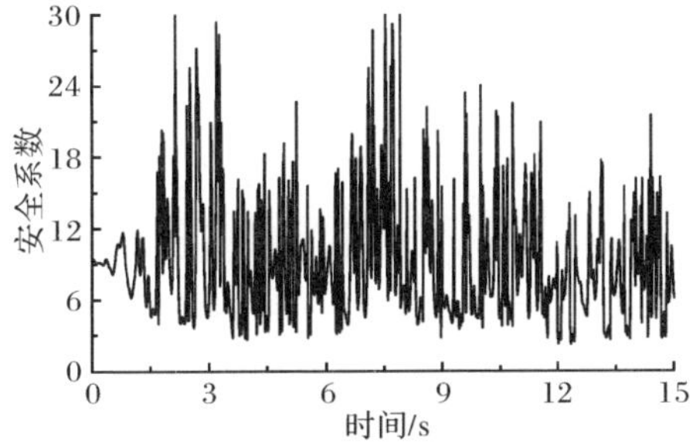

(d) 右拱肩

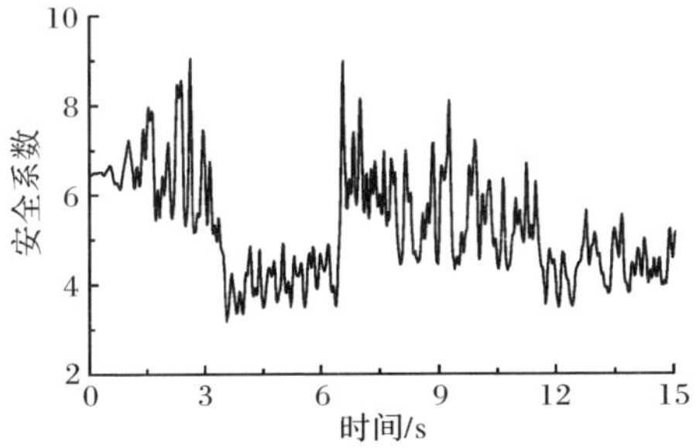

(e) 左拱腰

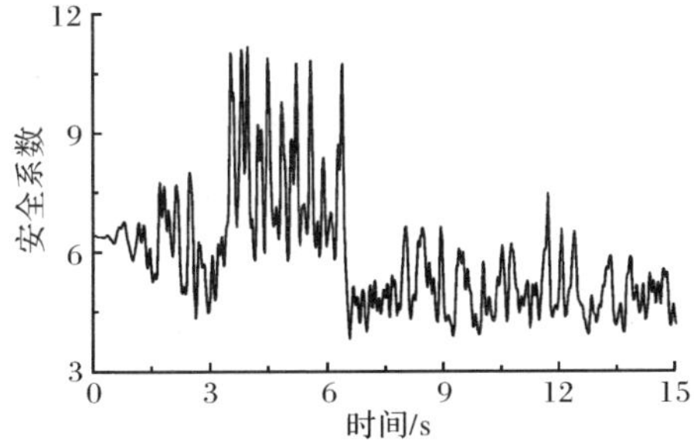

(f) 右拱腰

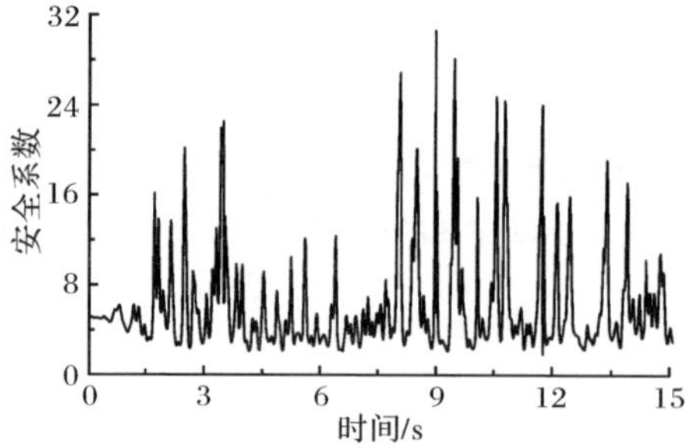

(g) 左边墙脚

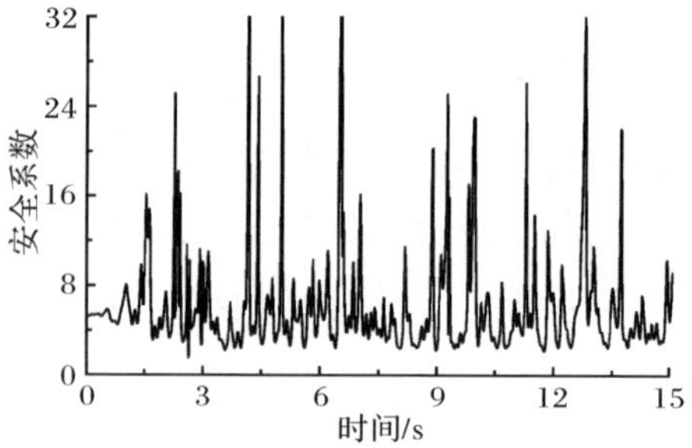

(h) 右边墙脚

图 7.39 监测断面 3 隧道不同部位安全系数时程曲线

为了分析断层对隧道结构安全性的影响，表 7.20 列出了二衬监测断面 3(断层处)和监测断面 1(非断层处)不同部位的安全系数最小值。

表 7.20 断层处与非断层处隧道结构最小安全系数对比表

部位	断层处断面 3 安全系数最小值	非断层处断面 1 安全系数最小值
拱顶	9.4	9.3
仰拱	1	0.8
左拱腰	3.2	2.7
右拱腰	3.8	3.2
左拱肩	2.5	2.6
右拱肩	2.2	3
左边墙脚	2	1.8
右边墙脚	1.5	1.2

为了分析震前、震中、震后隧道衬砌不同部位的安全系数变化，表 7.21 列出了三种状态的安全系数最小值。

表 7.21 不同时刻隧道结构安全系数对比一览表

	震前	震中最小值	减小百分比/%	震后	减小百分比/%
拱顶	13	9.4	27.7	13.1	−0.8
仰拱	18.5	1	94.6	1.1	94.1
左拱腰	6.4	3.2	50.0	4.5	29.7
右拱腰	6.4	3.8	40.6	4.8	25.0
左拱肩	9.5	2.5	73.7	2.8	70.5
右拱肩	9.5	2.2	76.8	2.9	69.5
左边墙脚	5.2	2	61.5	4.8	7.7
右边墙脚	5.2	1.5	71.2	4.4	15.4

由图 7.39 及表 7.20、表 7.21 可得出以下结论：

(1) 不同部位隧道结构安全系数在地震动过程中均存在波动(即增减往复变化)，其中拱肩和边墙脚部位波动频率和幅度较大，拱腰和拱顶部位波动频率和幅度较小。

(2) 在震前结构安全系数排列顺序：拱顶＞拱肩＞仰拱＞拱腰＞边墙脚，而且各部位的安全系数均满足《隧道设计规范》的规定。

(3) 在地震过程中，结构安全系数排列顺序：拱顶＞拱腰＞边墙脚＞拱肩＞仰拱，而且边墙脚、拱肩、仰拱的安全系数不能满足《隧道设计规范》(JTG D70—2004)的规定。

(4) 在震后结构安全系数排列顺序：拱顶＞拱肩＞拱腰＞边墙脚＞仰拱，且仰拱的安全系数不能满足规范的规定。

(5) 对结构安全系数减小百分比进行比较可知，地震对仰拱、拱肩、边墙脚安全性的影响大于拱顶和拱腰。

(6) 对隧道拱肩、拱腰、边墙脚部位，安全系数最小值在隧道左右两侧具有对称性质，即左侧和右侧相同。

5. 隧道结构瞬变弯矩及瞬变轴力分析

由于隧道结构弯矩、轴力在震动时间内存在高频波动(增减交替变化)，弯矩、轴力在很短的时间内即发生瞬变，这种瞬变极易引起结构的疲劳破坏，受力过程类似循环往复加载。对弯矩、轴力、安全系数峰值的分析仍然属于静态分析，无法对结构的动力响应特性即内力瞬变特性做出定性的评价，在此借鉴空气动力学瞬变压力的分析方法，提出瞬变弯矩、瞬变轴力的动力评价指标，对动力响应瞬变特性的定性分析进行初步探讨。

1) 确定隧道内力瞬变的时间间隔

隧道结构内力瞬变即内力在某一特定时间间隔所发生的弯矩变化最大值，对弯矩、轴力的分析可知，拱肩和边墙脚的弯矩、轴力瞬变最为显著，故取拱肩、边墙脚在 6～8s 的弯矩、轴力时程曲线(图 7.40)，分析内力发生瞬变的时间间隔。

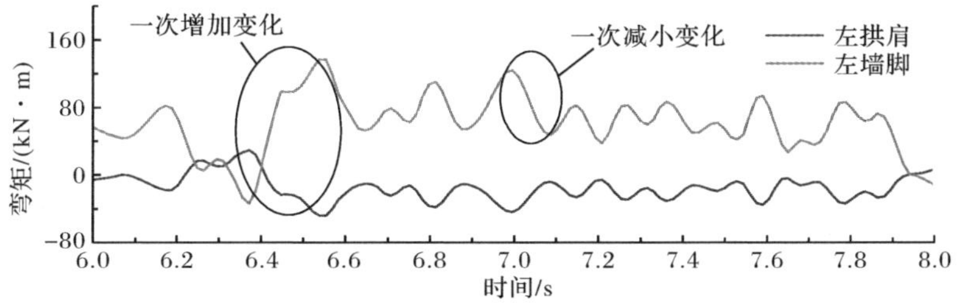

(a) 弯矩

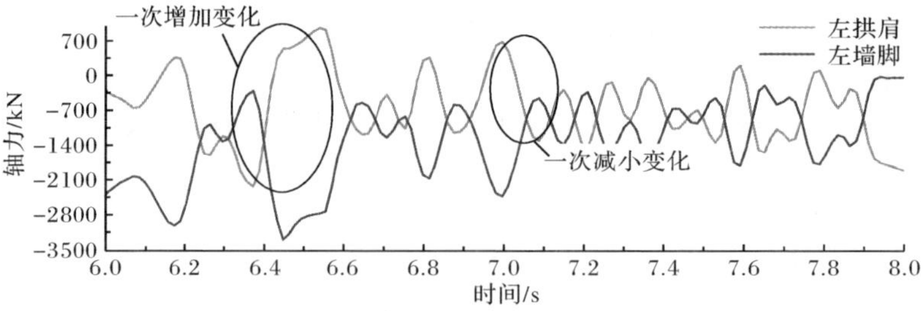

（b）轴力

图 7.40　地震波 6～8s 隧道拱肩与边墙脚内力时程曲线

由图 7.40 可知，隧道结构内力发生一次单调瞬变（即发生一次完整的增加变化或减小变化）所需的时间为 0.1～0.2s，要得出内力发生一次单调瞬变的幅值，取 0.2s 更为合理，故此处瞬变内力的时间间隔取为 0.2s。

2）隧道结构瞬变内力时程分析

（1）隧道结构弯矩时程曲线。

隧道结构瞬变弯矩时程曲线即以 0.2s 为时间间隔，依次计算瞬变弯矩所作的时程曲线。由于衬砌不同部位的弯矩变化不同，图 7.41 列出了隧道结构不同部位的瞬变弯矩时程曲线。

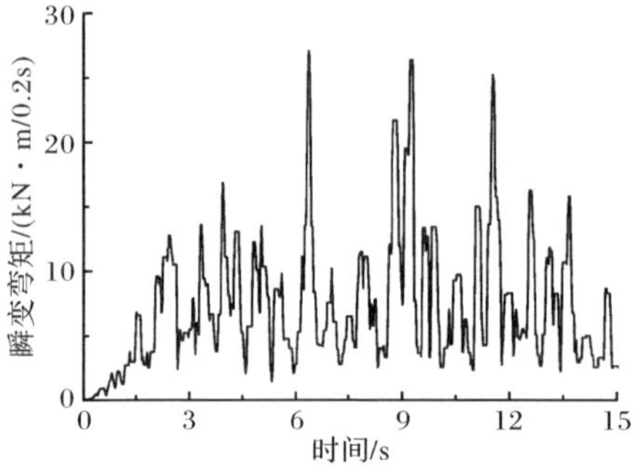

(a) 拱顶

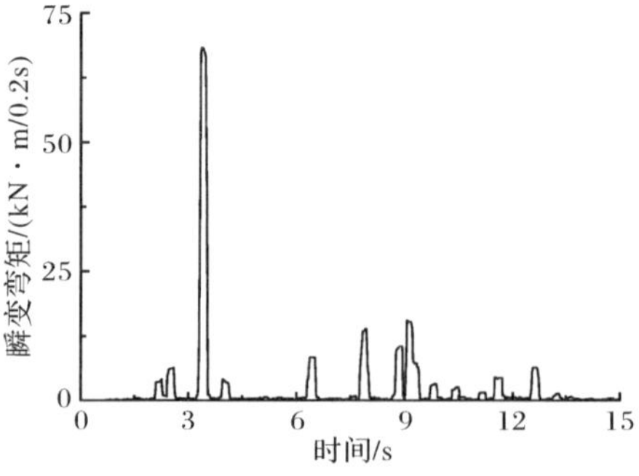

(b) 仰拱

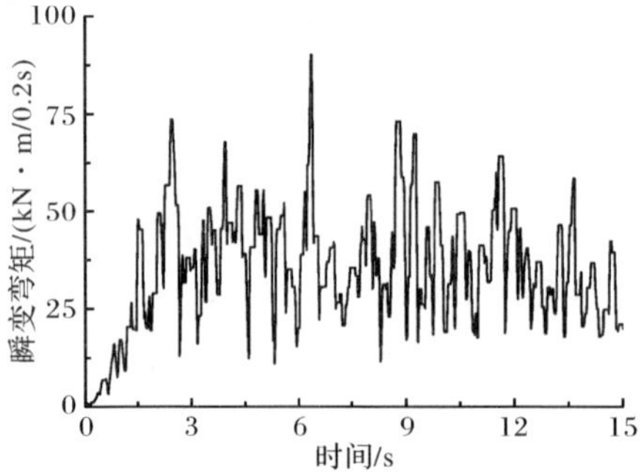

(c) 左拱肩

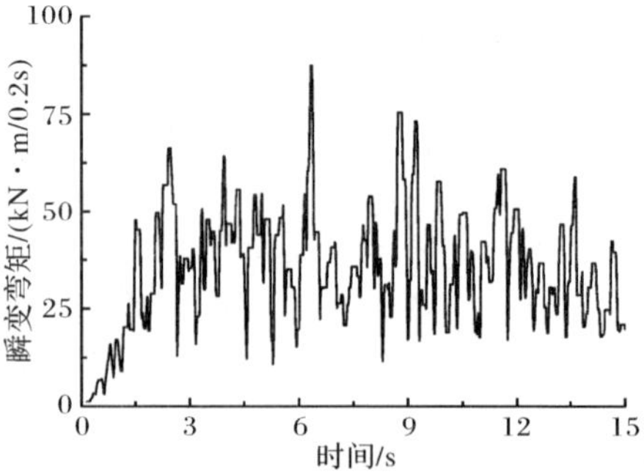

(d) 右拱肩

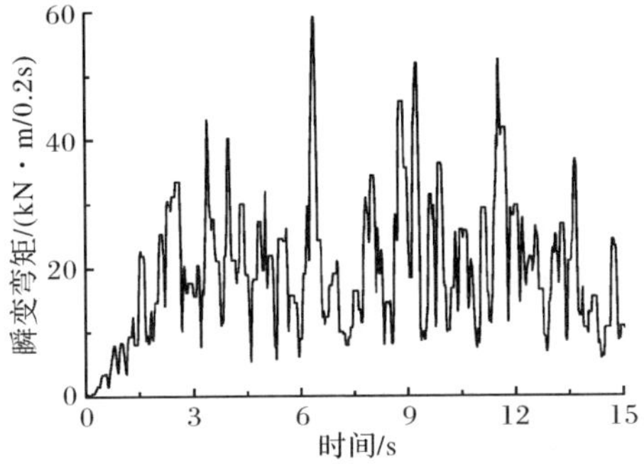

(e) 左拱腰

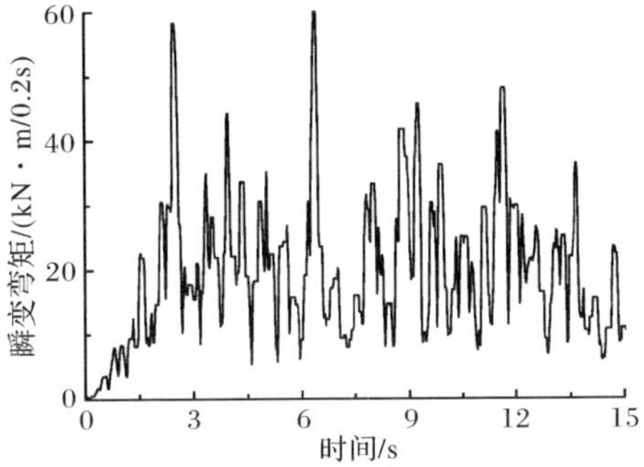

(f) 右拱腰

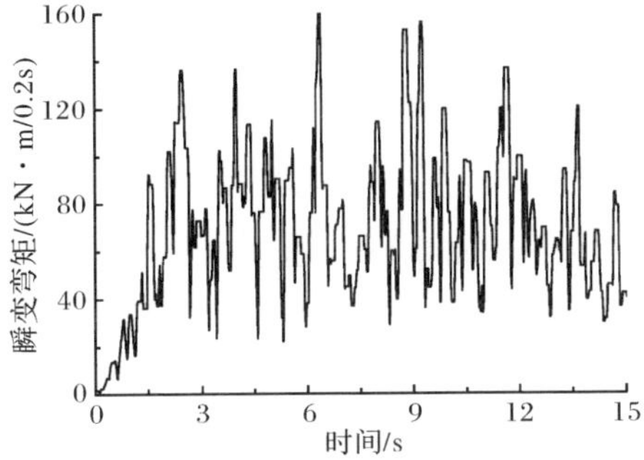

(g) 左边墙脚

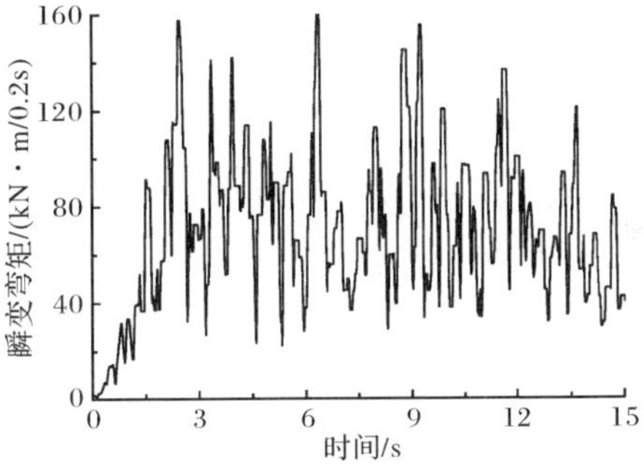

(h) 右边墙脚

图 7.41　监测断面 3 隧道结构瞬变弯矩时程曲线

由图 7.41 可知，各测点的瞬变弯矩虽然不同，但瞬变弯矩在整个时程上的分布具有一定的相似性，图 7.42 列出了不同部位隧道结构瞬变弯矩的对比。

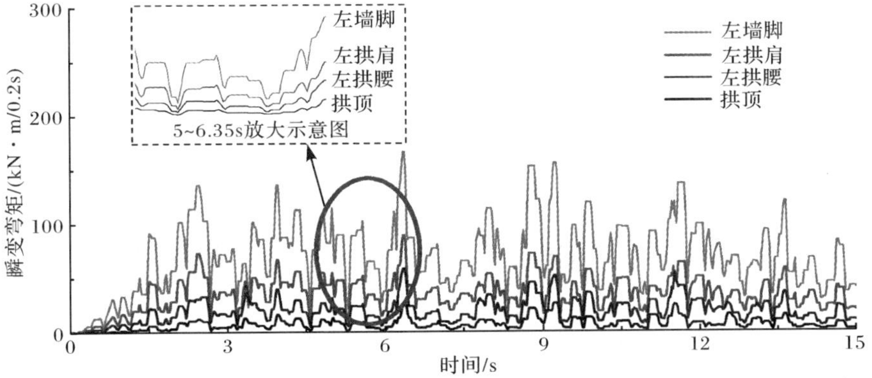

(a) 左边墙脚、左拱肩、左拱腰、拱顶

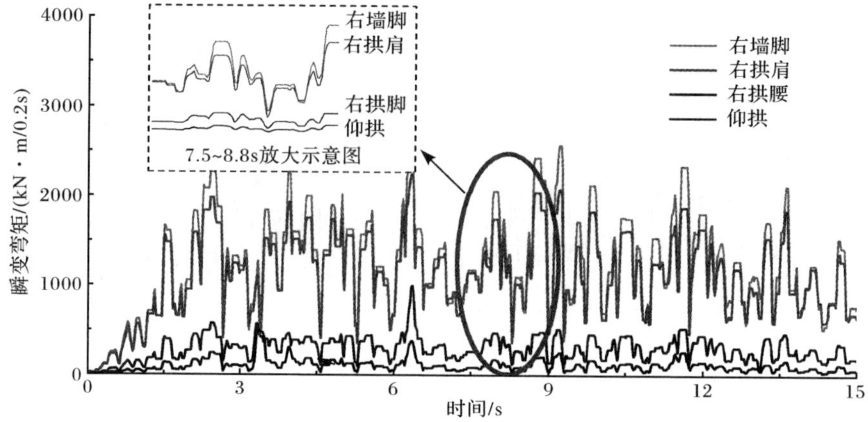

(b) 右边墙脚、右拱肩、右拱腰、仰拱

图 7.42　监测断面 3 隧道结构不同部位瞬变弯矩对比图

(2) 隧道结构瞬变轴力时程分析。

由于隧道结构不同部位的轴力变化较大，图 7.43 为隧道结构不同部位的瞬变轴力时程曲线。

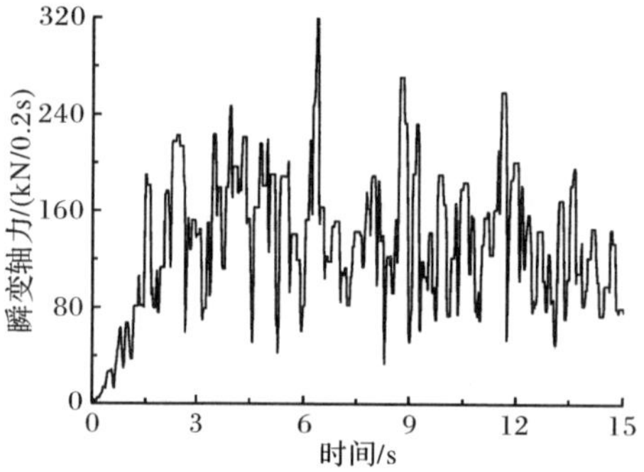

(a) 拱顶

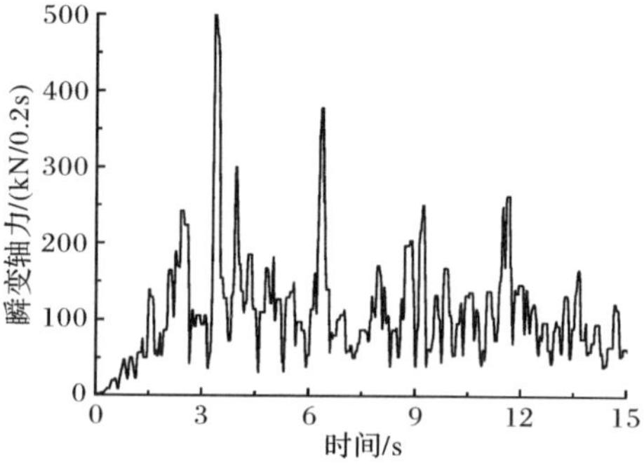

(b) 仰拱

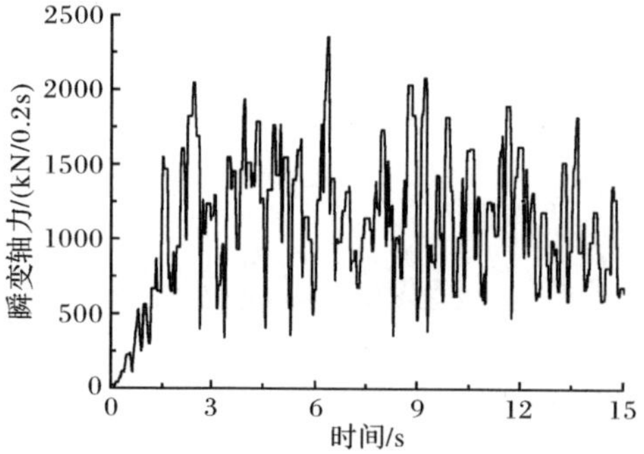

(c) 左拱肩

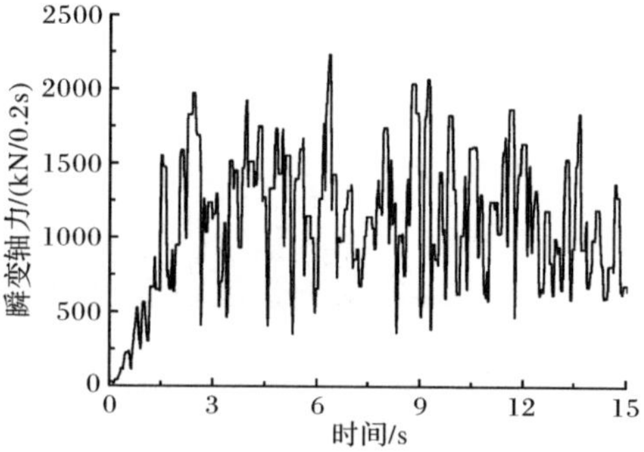

(d) 右拱肩

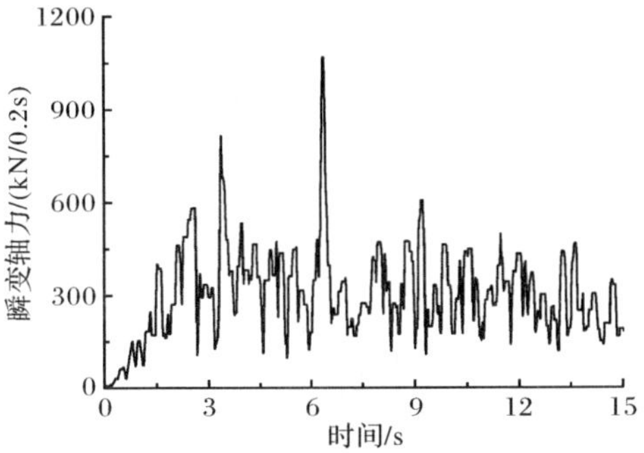

(e) 左拱腰

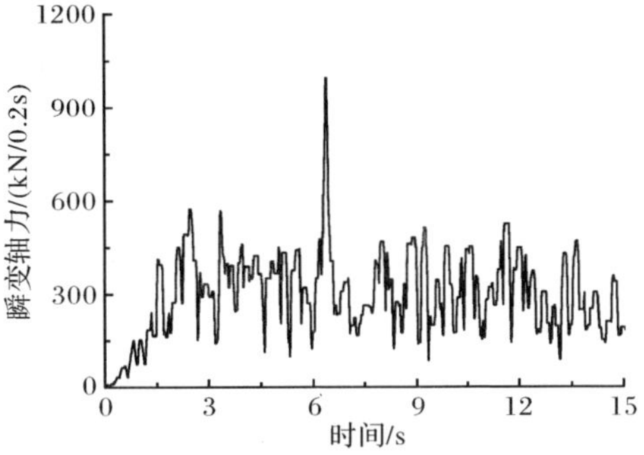

(f) 右拱腰

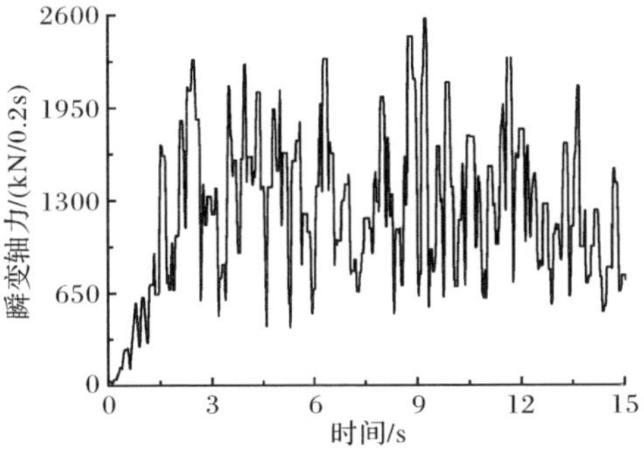

(g) 左边墙脚

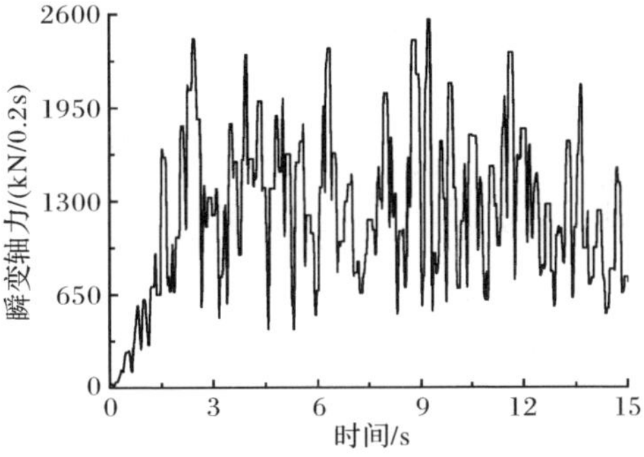

(h) 右边墙脚

图 7.43　监测断面 3 隧道结构不同部位瞬变轴力时程曲线

由图 7.43 可知，不同部位隧道结构瞬变轴力在整个时程上的分布具有一定的相似性，图 7.44 对隧道不同部位的瞬变轴力进行了对比。

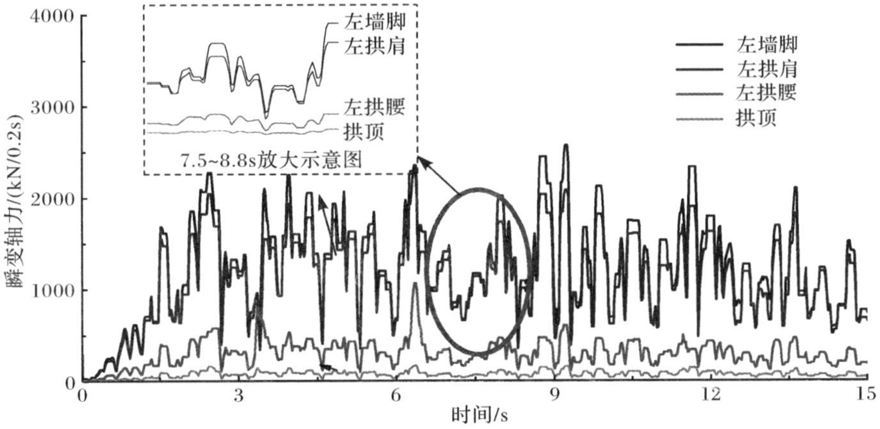

(a) 左边墙脚、左拱肩、左拱腰、拱顶

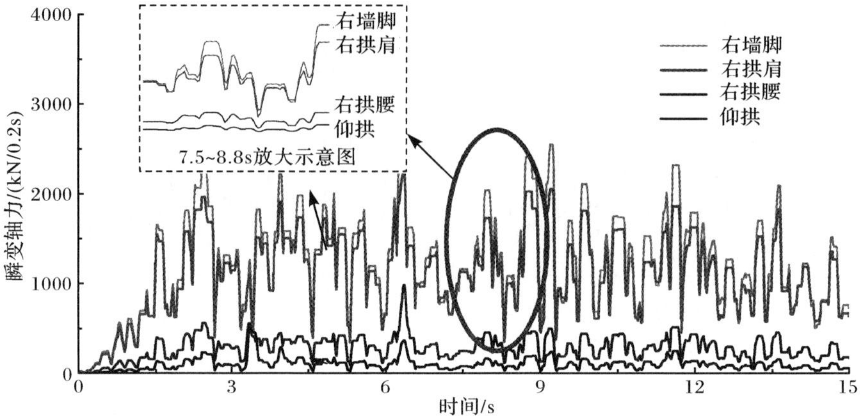

(b) 右边墙脚、右拱肩、右拱腰、仰拱

图 7.44 监测断面 3 二衬各测点瞬变轴力对比图

由图 7.42、图 7.44 及表 7.22 可以得出以下结论：

(1) 地震动过程中，隧道不同部位的弯矩、轴力均发生不同程度的瞬变过程(即增减往复变化)，且弯矩、轴力瞬变对应的时刻基本一致，说明不同部位隧道结构弯矩、轴力变化频率相同，但变化幅值存在一定差异。

(2) 隧道结构瞬变弯矩峰值对比可知：边墙脚＞拱肩＞拱腰＞仰拱＞拱顶；边墙脚的峰值明显大于其他部位。

(3) 隧道结构瞬变轴力峰值对比可知：拱肩＞边墙脚＞拱腰＞拱顶＞仰拱；拱肩、边墙脚的峰值比较接近且明显大于其他部位。

(4) 在隧道拱肩、拱腰、边墙脚部位，其瞬变弯矩、瞬变轴力峰值在隧道左右两侧具有对称性。

(5) 隧道结构瞬变弯矩、轴力峰值在断层处和非断层处断面非常接近。

表 7.22 不同监测断面隧道结构瞬变内力峰值及其时刻一览表

测点	断层处断面 3		非断层处断面 1	
	瞬变弯矩 /(kN·m/0.2s)	瞬变轴力 /(kN/0.2s)	瞬变弯矩 /(kN·m/0.2s)	瞬变轴力 /(kN/0.2s)
拱顶	27	323	36	468
对应时刻	6.4s	6.4s	6.4s	6.4s
仰拱	68	509	75	485
对应时刻	3.4s	3.4s	3.4s	6.4s
左拱腰	59	1066	69	1399
对应时刻	6.3s	6.3s	6.3s	6.3s

续表

测点	断层处断面 3		非断层处断面 1	
	瞬变弯矩/(kN·m/0.2s)	瞬变轴力/(kN/0.2s)	瞬变弯矩/(kN·m/0.2s)	瞬变轴力/(kN/0.2s)
右拱腰	67	993	73	1355
对应时刻	6.4s	6.4s	6.4s	6.4s
左拱肩	90	2357	77	3175
对应时刻	6.4s	6.3s	6.4s	6.3s
右拱肩	87	2234	72	3011
对应时刻	6.3s	6.3s	6.3s	6.3s
左边墙脚	167	2571	171	3035
对应时刻	6.4s	9.2s	6.3s	8.7s
右边墙脚	167	2563	169	3259
对应时刻	6.4s	9.2s	2.4s	2.4s

7.3.3　隧道结构纵向动力响应特性

1. 隧道拱顶水平位移的纵向分布

由于地震时的断层错动会造成衬砌沿纵向发生水平相对位移，因此，通过分析拱顶水平绝对位移沿纵向的分布特征(表 7.23)，能够比较直观地呈现断层错动对衬砌的影响。

表 7.23　隧道拱顶水平绝对位移及对应时刻一览表

纵向距离/m	最大值/m	对应时刻/s	最小值/m	对应时刻/s
30	0.6892	6	−1.03	3.4
36	0.6892	6	−1.03	3.4
40	0.6893	6	−1.03	3.4
44	0.6893	6	−1.03	3.4
48	0.6892	6	−1.03	3.4
52	0.6891	6	−1.03	3.4
56	0.689	6	−1.03	3.4
60	0.689	6	−1.029	3.4
64	0.6889	6	−1.029	3.4
70	0.6889	6	−1.029	3.4

注：纵向距离为监测位置距模型前端面的距离，断层在 48～56m 处。

由图 7.45 可知，在地震动过程中隧道结构发生左右运动，在向左偏移过程中，隧道在断层处发生错动，错动位置在断层与下盘的断层界面处，在随后的向右偏移过程中，隧道在断层处及附近区域均发生纵向相对位移。

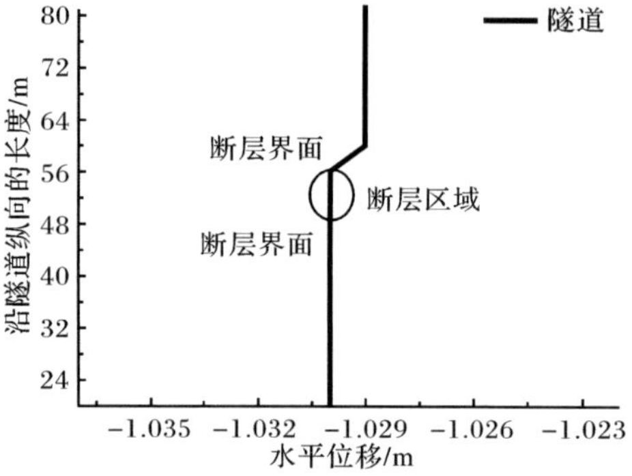

(a) 3.4s

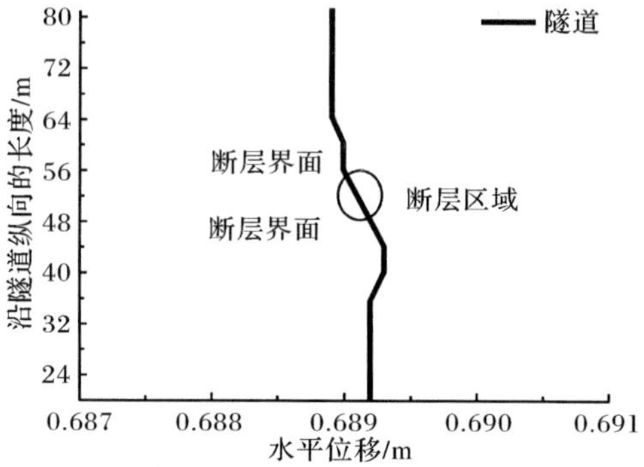

(b) 6s

图 7.45　拱顶水平位移沿纵向的分布

2. 隧道结构横向剪应力的纵向分布

根据已掌握的震害资料及相关学者的研究成果，岩土体在断层区域发生强制位移是引起隧道结构破坏的关键因素，隧道结构横向剪应力能够较好地反映结构的抗震性能，本部分主要对隧道结构横向剪应力进行分析。表 7.24 为不同监测断面处隧道结构横向剪应力峰值对比。

表 7.24　不同监测断面处隧道结构横向剪应力峰值对比表

断面	横向剪应力峰值/MPa	对应时刻/s	对应测点
1	0.5	4.1	仰拱
2	0.4	7.5	仰拱
3	1.1	4.1	仰拱

由图 7.46 可知，隧道结构横向剪应力在断层区域最大，与水平位移的纵向分布得到互相验证；在断层区域，隧道拱顶和仰拱的横向剪应力比其他部位更大。

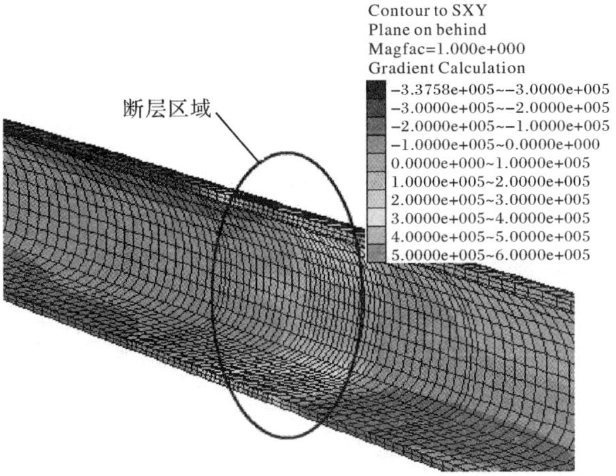

图 7.46　横向剪应力沿纵向分布的等值阴影图

7.4　穿越断层区山岭隧道柔性结构减震技术

7.4.1　跨断层隧道柔性减震结构的设计构思

根据跨断层隧道的震害形态及常规减震措施存在的问题，提出了柔性的减震结构，该结构的构思主要来自伊朗学者 Shahidi 提出的柔性结构减震思想及国内相关学者提出的跨断层隧道减震构造。

除了普通段隧道发生的衬砌开裂、掉块、压溃等震害形态，跨断层隧道的突出震害是围岩沿断层交界面发生错动所造成的衬砌错断，从而造成衬砌错台甚至垮塌，严重影响隧道畅通及净空要求。断层处隧道震害的严重程度与断层错动量、断层宽度、地震强度及隧道埋深呈正相关性，而其中的关键因素为断层错动量，这一点已被穿越非滑动断层（紫坪铺隧道）和滑动断层（龙溪隧道）的隧道震害所证实。同时，断层错动为强制位移，很难通过工程措施进行有效的控制。

由相关参考文献对震害形态的分析可知，断层错动位移量及错动方式是关系到跨断层隧道结构是否破坏的关键，只有基于这一点才能设计出有效的抗减震结构。

1. 跨断层隧道结构常用的减震措施

设置减震层和减震缝是跨断层隧道常用的减震措施并具有一定的减震效果，但也存在一定的局限性。在隧道二次衬砌与初期支护之间设置减震层，此措施能很好地减小围岩动力响应向衬砌的传递，但由于减震层厚度的限制，不能很好地解决断层错动位移对结构内力的影响，使得结构在断层处的横向剪应力急剧增加而发生破坏，尤其是错动量较大的断层。同理，在隧道纵向设置减震缝也能够很好地解决断层错动位移对衬砌内力的影响，即通过衬砌与断层同步移动错位来释放断层错动所产生的能量，从而减小衬砌内力，但由于减震缝长度短（2～3cm），无法解决断层错动位移对衬砌变形的影响，使得隧道在断层处发生错台，严重的会造成隧道的净空无法满足使用要求。

由此可见，在强震作用下，设置减震层和减震缝均很难解决跨断层隧道的抗减震问题，即减小断层错动对衬砌变形及内力的影响。本章根据震害调研的相关资料，提出一种柔性减震结构，可以有效提高地震时跨断层隧道的抗震性能。

2. 跨断层隧道柔性减震结构

借鉴国外学者柔性结构的减震思想及国内学者跨断层隧道减震构造的设计思路，综合减震层及减震缝的减震优势，提出跨断层隧道柔性减震结构，如图 7.47 所示。

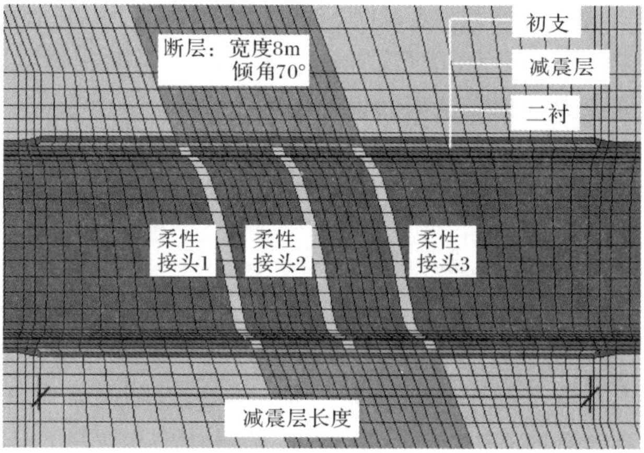

图 7.47　隧道柔性接头减震结构模型

隧道结构主要由减震层和柔性接头组成，在隧道初期支护与二次衬砌之间设置减震层，减震层材料主要考虑泡沫混凝土。强震作用下通过泡沫混凝土材料大量吸收地震波的能量，减小围岩动力响应向衬砌传递、内力峰值及瞬变幅度和频率，提高隧道结构的抗震性能。

柔性接头是链接不同的隧道衬砌段，即在断层破碎带将隧道衬砌分割为若干段，在不同衬砌段之间设置柔性接头。设置柔性接头能够满足隧道结构横向和纵向一定范围内的变形，提高隧道结构抗减震能力。隧道柔性接头设计法是通过减小隧道节段长度，使断层带及其两侧一定范围内的节段保持相对独立，各刚性隧道节段间采用刚度相对较小的柔性连接来实现。在断层错动时，破坏集中在连接部位或结构的局部，而不会导致结构整体性破坏，一方面可以适应断层的地震变形，另一方面可以使地震破坏局部化，避免结构发生整体破坏。

7.4.2　隧道柔性减震结构的关键参数优化

隧道柔性减震结构的结构和材料参数主要包括：减震层长度 L_j、减震层厚度 H_j、柔性接头长度 L_r、柔性接头间距、减震层与二衬的刚度比 β_j、柔性接头与二衬的刚度比 β_r。目前已有相关学者对跨断层隧道减震层厚度、二衬与减震层的刚度比进行了深入研究，提出减震层厚度取 10cm 比较合适，并开展了模型试验进行验证；减震层刚度与衬砌刚度之比 β_j 在 0.1～0.001 时，减震效果较好。根据 Shahidi 的研究，柔性接头与二衬的刚度比 β_r 取 0.1 比较合适；柔性接头应具有一定的长度，以保证衬砌错动在接头处沿纵向均匀分布，防止沿某一截面发生错台。柔性接头长度与多种因素相关，很难单独确定，本模型根据工程经验及震害情况，假设接头长度为 50cm。若能首先确定柔性接头间距、断层错动量及柔性接头曲率等参数，柔性接头长度可借鉴 Shahidi 给出的计算公式：

$$L_r = \Delta_u / (\phi_u \cdot L_p) \tag{7.1}$$

式中，L_r 为柔性接头长度，m；Δ_u 为相邻柔性接头的错动量，m；ϕ_u 为柔性接头的曲率，1/m；L_p 为相邻柔性接头间距，m。

目前，对于柔性接头的间距、减震层长度 L_j 这两个参数的分析比较少，需要对此进行初步优化。

1. 模型参数及计算工况

为了与 7.3 节无减震措施的计算模型进行对比分析，模型的几何边界、本构模型、材料参数、二衬和初支的几何参数、测点及监测断面均与 7.3 节的计算模型相同。隧道围岩与结构物理力学参数指标如表 7.25 所示。

表 7.25　隧道围岩及其结构力学参数表

材料	密度/(kg/m³)	弹模/GPa	泊松比	内摩擦角/(°)	黏聚力/MPa	抗拉强度/MPa
普通段围岩	2200	3.65	0.3	33	0.45	1
断层处围岩	1800	1	0.35	30	0.25	0.5
二衬	2500	30	0.22	—	—	—
初支	2200	25	0.22	—	—	—
减震层	800	0.3	0,32	—	—	—
柔性接头	1200	5	0.38	—	—	—

本部分主要优化参数为减震层长度 L_j 和柔性接头间距，选取减震层长度 L_j 为

3 倍断层宽度和 4 倍断层宽度，分析减震层长度对减震效果的影响。在断层破碎带区域，考虑断层两侧接触带设置柔性接头(图 7.47 柔性接头 1、3)和同时设置多个柔性接头两种情况，本部分隧道计算模型工况如表 7.26 所示。

表 7.26　计算工况及结构几何参数

工况	减震层长度	柔性接头 1	柔性接头 2	柔性接头 3
1	24m(3 倍断层宽度)	有	无	有
2	24m(3 倍断层宽度)	有	有	有
3	32m(4 倍断层宽度)	有	无	有
4	32m(4 倍断层宽度)	有	有	有

隧道模型横断面的测点仍然采用 8 点布置，参见图 7.30，为了对比衬砌在断层处和距断层一定距离处的动力响应，沿隧道纵向布设 3 个监测断面，纵向监测断面参见图 7.48。

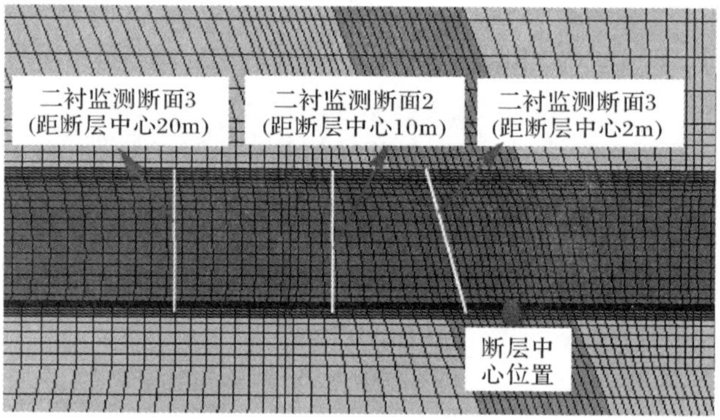

图 7.48　二衬纵向监测断面示意图

2. 隧道结构内力峰值对比

表 7.27 为不同工况隧道结构弯矩峰值。由表 7.27 可知，柔性接头间距对衬砌弯矩的影响很小，减震层长度对衬砌弯矩的影响也很小。

表 7.27　不同工况隧道结构弯矩峰值一览表　(单位:kN · m)

监测断面	工况 1	工况 2	工况 3	工况 4
断面 1 弯矩峰值	163	163	164	164
位置	右边墙脚	右边墙脚	右边墙脚	右边墙脚
对应时刻/s	3.6	3.6	3.6	3.6

续表

监测断面	工况 1	工况 2	工况 3	工况 4
断面 2 弯矩峰值	183	183	185	185
位置	右边墙脚	右边墙脚	右边墙脚	右边墙脚
对应时刻/s	3.6	3.6	3.6	3.6
断面 3 弯矩峰值	190	193	191	194
位置	右边墙脚	右边墙脚	右边墙脚	右边墙脚
对应时刻/s	3.6	11.7	11.7	11.7

由于衬砌轴力以受拉为正，而衬砌的抗拉能力明显弱于抗压能力，因此，必须对正轴力峰值和负轴力峰值分别进行分析。表 7.28 和表 7.29 分别为各工况隧道结构的负轴力峰值和正轴力峰值。

表 7.28 各工况隧道结构负轴力峰值比较 (单位：kN)

监测断面	工况 1	工况 2	工况 3	工况 4
断面 1 负轴力峰值	−3592	−3593	−3603	−3604
位置	左边墙脚	左边墙脚	左边墙脚	左边墙脚
对应时刻/s	4.1	4.1	4.1	4.1
断面 2 负轴力峰值	−2230	−2231	−2174	−2174
位置	左边墙脚	左边墙脚	左边墙脚	左边墙脚
对应时刻/s	4.1	4.1	4.1	4.1
断面 3 负轴力峰值	−2012	−2000	−2015	−2004
位置	左边墙脚	左边墙脚	左边墙脚	左边墙脚
对应时刻/s	4.1	4.1	4.1	4.1

表 7.29 各工况隧道结构正轴力峰值比较 (单位：kN)

监测断面	工况 1	工况 2	工况 3	工况 4
断面 1 正轴力峰值	1045	1045	1061	1061
位置	右拱肩	右拱肩	右拱肩	右拱肩
对应时刻/s	11.7	11.7	11.7	11.7
断面 2 正轴力峰值	279	280	259	260
位置	右拱肩	右拱肩	右拱肩	右拱肩
对应时刻/s	11.7	11.7	11.7	11.7
断面 3 正轴力峰值	16	69	19	72
位置	右拱肩	右拱肩	右拱肩	右拱肩
对应时刻/s	11.7	11.7	11.7	11.7

由表 7.28 和表 7.29 可知，各工况隧道结构正轴力峰值发生在衬砌右拱肩处，负轴力峰值发生在衬砌左边墙脚处，为分析减震层在整个地震动过程中的减震效果及纵向减震范围，有必要给出监测断面 1(无减震层)、监测断面 2(有减震层)的右拱肩和左边墙脚轴力时程分布，如图 7.49 和图 7.50 所示。

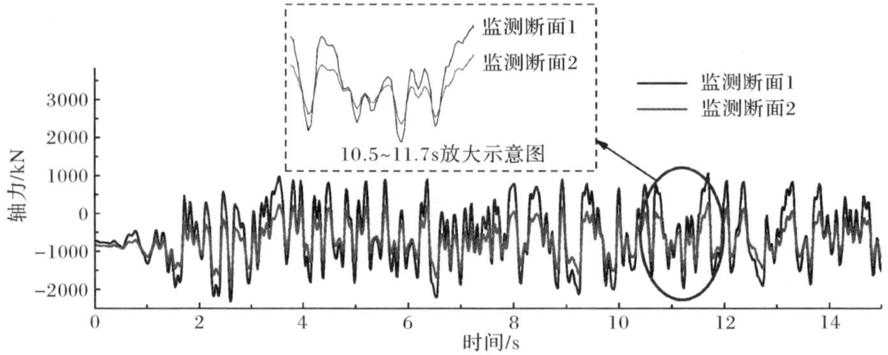

图 7.49　断面 1 与断面 2 右拱肩轴力时程对比图

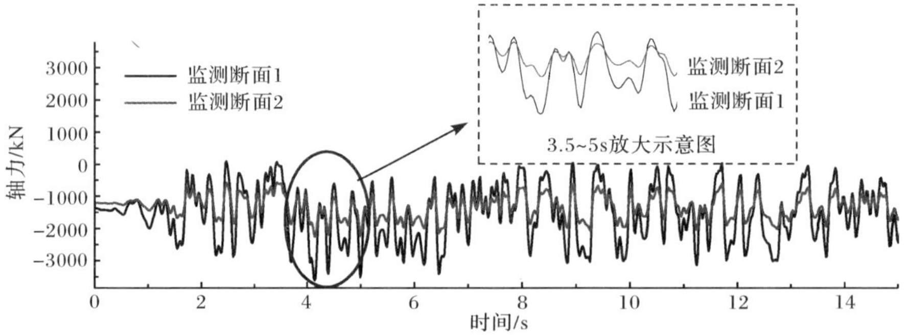

图 7.50　断面 1 与断面 2 左边墙脚轴力时程对比图

由表 7.28 和表 7.29 中工况 1 和工况 2 隧道结构轴力峰值对比可知，柔性接头间距对衬砌轴力影响较小。由图 7.49 和图 7.50 可知，监测断面 2(有减震层)的衬砌轴力远小于监测断面 1(无减震层)，但对比工况 1 和工况 3 可知，增加减震层长度对 3 个监测断面的衬砌轴力影响较小。由此可知，增加减震层长度仅能扩大减震区域，对有减震层区域和无减震层区域隧道衬砌轴力大小影响较小，即减震层只能减小其所在区段的衬砌轴力，且减小幅度与减震层长度无关。

3. 隧道结构横向剪应力对比

由表 7.30 可知，减小柔性接头间距能够有效降低断层处隧道结构横向剪应力峰值，在整个地震动过程中，柔性接头间距对横向剪应力的减震效果有一定影响。图7.51列出了工况1、3(柔性接头间距8m)和工况2、4(柔性接头间距4m)隧道右拱肩剪应力时程分布。

表7.30 各工况断层处结构横向剪应力峰值比较 (单位:MPa)

项目	工况1	工况2	工况3	工况4
横向剪应力最大值	−0.93	−0.76	−0.93	−0.76
对应时刻/s	4.1	4.1	4.1	4.1
对应测点	仰拱	仰拱	仰拱	仰拱

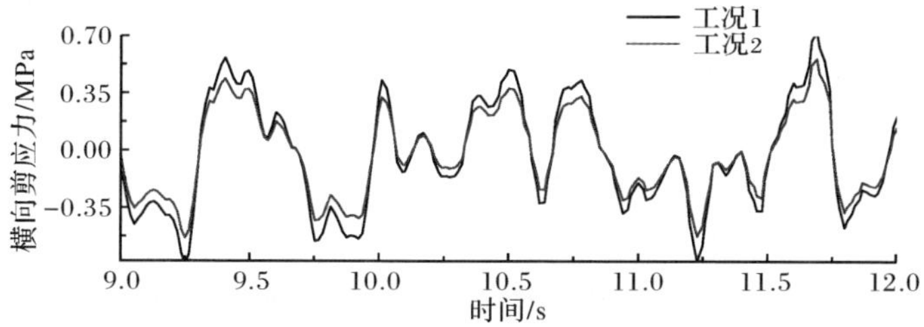

(a)

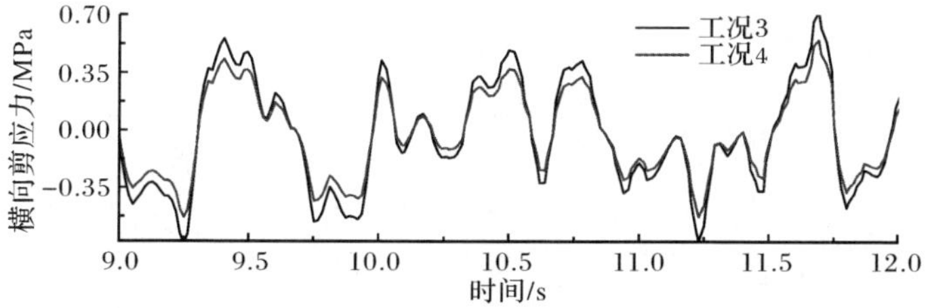

(b)

图7.51 各工况断层处横向剪应力时程对比图

由表7.30和图7.51可知,工况2隧道右拱肩横向剪应力峰值比工况1减小了23.4%,工况4右拱肩横向剪应力峰值比工况3减小了23.6%,由此可知,减小柔性接头间距即增加柔性接头2,能够有效降低断层处造成隧道严重破坏的横向剪应力;工况1和3隧道右拱肩横向剪应力峰值接近,说明减震层长度对隧道结构横向剪应力影响较小。

4. 隧道减震结构的参数优化分析

1) 确定减震层长度

通过对各工况隧道结构弯矩、轴力及断层处横向剪应力的分析可知,增加减震层长度仅能扩大减震区域,对有减震层衬砌和无减震层衬砌的内力大小没有影响，即减震层只能减小其所在区段的衬砌轴力，且减小幅度与减震层长度无关；并且断层处横向剪应力也与减震层长度无关。所以要确定减震层长度，只需确定断层沿纵向对衬砌的影响长度即可。

断层沿纵向对衬砌的影响长度与断层倾角、宽度、围岩性质、地震强度等因素有关，目前并没有深入细致的研究成果，很难清晰界定，只能根据经验估测选取。借鉴相关专家学者所得出的关于断层处隧道抗震设防长度的研究结论，建议选用工况 4 的减震层长度。

2）确定柔性接头间距

综上所述，减小柔性接头间距虽然对衬砌横断面上的弯矩、轴力影响较小，但能够有效降低造成隧道严重破坏的断层处横向剪应力，建议选用工况 4 的柔性接头间距。

同时对柔性接头减震结构的结构及材料参数进行优化，得出减震效果较好的隧道减震结构，具体参数如图 7.52 所示。

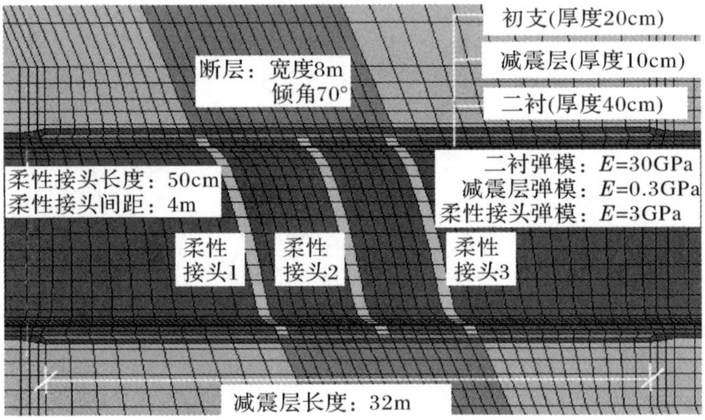

图 7.52　优化后隧道柔性接头减震结构模型及参数说明

7.4.3　柔性结构的减震机理探讨

目前，隧道工程的减震结构大多是凭经验设计、施工的，通过分析地震力对衬砌的作用机制、衬砌变形与内力的相关性，探讨柔性结构的减震原理，为进一步改进柔性结构的减震效果提供理论依据。

1. 地震力对衬砌的作用过程

隧道周边受围岩约束，结构所承受的水平地震荷载主要是通过围岩作用于衬砌，这种作用力主要由 4 部分构成。

（1）围岩压力：围岩在地震荷载下往复运动，势必造成围岩下沉并向隧道内收敛,从而对衬砌造成围岩压力。

(2) 围岩水平剪切力:剪切波由下往上传播,衬砌底部首先受到围岩的水平剪切力并追随围岩运动,从而衬砌底部而非衬砌两侧承受较大的左右往复水平剪切力(这一点可以通过隧道两侧减震层无法缓解内力瞬变频率所证实),如图7.53所示。

(3) 围岩与衬砌之间切向力:由于衬砌整体刚度远大于围岩,围岩底部水平剪切力使衬砌发生水平相对位移的同时,势必造成衬砌的旋转,进而造成周围围岩对衬砌的切向力,如图7.53所示。

(4) 断层处围岩横向剪切力:地震作用下,断层易沿某一破裂面发生错动,从而使衬砌承受较大的横向剪力。

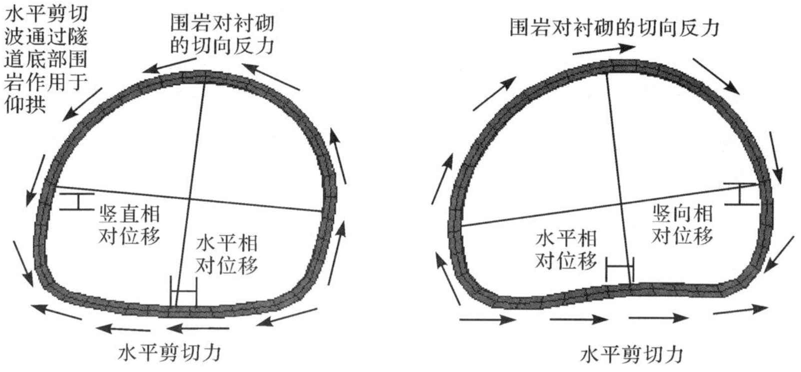

(a) 2.5s时　　(b) 7.5s时

图7.53 地震过程中衬砌受力状态示意图

2. 隧道衬砌变形特征与内力的相关性

1) 隧道衬砌变形特征

衬砌底部的水平剪切力使衬砌上部与下部发生水平相对位移,由于衬砌与围岩之间刚度不匹配,导致衬砌与围岩之间发生强制位移或错位,可能引起衬砌产生旋转的趋势。因此,衬砌在水平剪切波作用下的变形特征主要体现在两个方面:水平相对位移和旋转趋势造成的切向作用力。

2) 隧道变形特征与内力的相关性

在强震作用下,隧道水平相对位移交替变化导致拱形衬砌整体处于受压状态,是造成弯矩增大的主要原因;衬砌与围岩产生切向作用力是造成隧道结构轴力增大的主要因素。因此,衬砌弯矩主要与水平相对位移相关,轴力主要与衬砌的旋转运动相关。

3. 柔性结构对结构内力的减震原理

设置柔性结构主要通过减震层和柔性接头达到减震的目的，下面分别分析减震层和柔性接头的减震原理。

1）柔性结构中减震层的减震原理

（1）围岩压力的减震效果：衬砌周围的减震层通过自身变形，能够充分发挥围岩和初支的承载力，使围岩压力难以传递到二衬，从而降低围岩压力引起的二衬轴力。

（2）水平剪切力的减震效果：设置柔性结构中的减震层会引起衬砌弯矩的增加，说明减震层很难降低衬砌底部的水平剪切力，反而由于对衬砌的约束不足，加剧了水平剪切力引起的衬砌弯矩。进一步分析可知，衬砌底部减震层的失效主要是隧道自重和围岩反力造成的。

（3）结构与围岩之间切向力的减震效果：由于减震层对二衬的约束较弱，能够大大降低二衬旋转所承受的切向力，从而显著降低衬砌轴力，这一点与数值模拟得出的结果相吻合。

（4）横向剪切力的减震效果：由于减震层厚度的限制，无法通过大变形有效释放引起断层错动的地震能量，也就无法有效降低断层处的横向剪切力，这一点与数值模拟得出的结果相吻合。

总之，设置柔性结构中的减震层通过自身变形以减小围岩压力向二衬的传递，弱化对二衬的约束以减小衬砌旋转所承受的切向力，从而达到减震目的。这样的减震机制可以有效降低衬砌轴力，却由于对二衬约束不足而加剧水平剪切力引起的衬砌弯矩，但能够显著降低衬砌的拉压主应力，具有一定的减震效果，可以考虑采用该措施。

2）柔性结构中柔性接头的减震原理

根据实际工程经验和数值模拟的结果可知，柔性接头主要起缓解断层处横向剪切力的作用，主要是通过断层处的柔性接头与断层一起错动来释放断层错动所产生的能量，从而减小衬砌所承受的横向剪切力实现的。

第 8 章　强震区山岭隧道结构抗减震措施验证与分析

在地震工程研究领域，在非线性体系运动方程的建立和数值求解尚不完善的条件下，利用试验方法探索结构抗震能力是一条探讨的途径，为选择合理的支护方案以及发展有关的设计、施工理论提供依据。振动台模型试验能够实现多分量的地震波输入，可以得到地震反应的定量结果，是观察隧道结构破坏最为直观的方法，为研究者提供了有力的试验手段。但是因振动台台面尺寸和承载能力有限，试验结构在大多数情况下只能是缩尺模型。如何正确设计缩尺模型，并通过模型试验得出有关原型结构地震反应（包括破坏阶段反应）的结果，自然是地震模拟试验研究的重要内容。同时动力试验中，首先应该提出如何满足相似准则的相似材料的问题，包括隧道衬砌结构的相似材料和围岩的相似材料。相似材料的确定对保证试验结果的可靠性和准确性具有决定性作用，同时还影响试验的经济性问题等。

8.1　洞口段隧道结构动力特性及其减震效果试验研究

8.1.1　模型试验依托工程概况

针对雅泸高速公路沿线活动断裂发育、地形高差大、地震烈度大、风化作用强烈、地质条件差、地质灾害危害严重的特点，对雅泸高速公路修建中的隧道抗震、减震相关问题进行模型试验研究。模型试验依托工程为勒不果喇吉隧道工程，详细工况见 4.1.1 节。

8.1.2　模型试验振动台基本参数

模型试验的振动台必须按照振动台设备的台面尺寸、载重、运动参数等技术指标，确定模型试体的尺寸、自重、加载时间历程与加速度幅值，既能充分利用振动台的性能，又能获得必需的技术参数与试验数据，完成试验任务。模型设计除按满足振动台设备的技术性能要求，还应考虑试验加载和量测对模型在结构上的要求。

本次试验用振动台为西南交通大学牵引动力国家重点实验室的振动台，该振动台是由德国 SCHENCK 公司生产的双向两自由度的模拟地震振动台，其主要技术参数如表 8.1 所示。

表 8.1 振动台主要参数一览表

所属机构	西南交通大学牵引动力国家重点实验室
台面尺寸/m×m	2.5×2.5
最大载重/t	30
振动自由度数	双向两自由度
最大加速度/g	水平：1.0　竖向：1.0
最大速度/(cm/s)	水平：120　竖向：80
最大位移/cm	水平：±50　竖向：±50
工作频率/Hz	0.1～20

全部试验在专门制作的试验台架上进行，试验台架主要由 4 根约 150t 的立柱及横梁组成。按试验要求将模型箱放在振动台架上(图 8.1)，振动台的台面需要足够的刚度和承载力，以便台面的自振频率能够避开振动台的使用频率范围，以防自共振，一般要求台面的一阶频率高于$\sqrt{2}$倍的使用频率上限。振动台的台面应当尽可能地轻，以便可以获得更大的台面承载力或者更大的激振加速度，因此，本次模型试验从材料和经济方面考虑，采用钢板焊接而成的格栅结构，对局部进行了加强(作动器部位)。

模型试验的控制系统采用 Tektronix TDS2022，测试系统采用北京世纪兴元科技发展有限责任公司生产的“32 通道数字式动态信号测试系统”，加载系统为 SCHENCK(图 8.2)。

图 8.1 振动台与模型箱

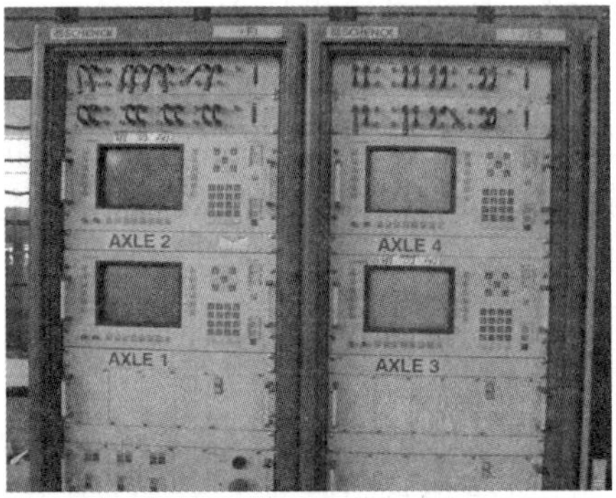

图 8.2 地震波加载系统

8.1.3 模型试验动力相似参数设计

根据相似理论分析，在几何尺寸、振动频率、应力、弹性模量等参数中，选取几何相似和弹性模量相似两个独立参数，其他参数均可依据此推出。

如果一个系统中的全部物理量可由另一个系统中相应的诸量乘以一个不变的无量纲数得到，这两个物理系统就是相似系统，所代表的现象就是相似现象，相似现象满足相似第一定理和相似第二定理。

1）几何相似参数 C_l 的确定

实际隧道工程的开挖宽度为 12.64m，开挖高度为 10.14m，试验振动台模型箱的最大尺寸为 6m（长）×3m（宽）×2m（高）。隧道的轴线与模型箱长度方向一致，隧道的截面方向与模型箱宽度方向一致。考虑到模型的边界效应，隧道模型两侧的宽度应在 2～3 倍隧道跨度，即模型箱宽度应在 6 倍隧道宽度以上，则模型的宽度应在 3m/6＝50cm 以下。因此，几何相似比 $C_l>1264/50=25.28$。同时，为了更好地反映实际震动过程，几何相似比尽量不要大于 40。据此，确定几何相似比 $C_l=30$。

2）密度相似比 C_ρ 的确定

密度相似比 C_ρ 主要考虑材料的容重情况，取材料 C_ρ 为混凝土与石膏材料的比值。混凝土的容重为 $2.3\times10^3\sim2.5\times10^3\text{kg/m}^3$，石膏容重为 $1.3\times10^3\sim2.0\times10^3\text{kg/m}^3$，可以添加石英砂调整其密度，取密度相似比 $C_\rho=\rho^{\text{p}}/\rho^{\text{m}}=1.5$。

3）弹模相似比（原型比模型）C_E 的确定

弹模相似比主要考虑试验材料的选取方便，取值为 15.0～20.0。隧道采用的衬砌结构为 C25 混凝土，弹模为 $2.8\times10^4\sim2.95\times10^4$MPa。模型采用的石膏的弹模为 $0.6\times10^4\sim1.0\times10^4$MPa。由此，确定弹模相似比（原型比模型）$C_E=45$。

根据相似关系可以导出模型试验中所涉及的物理量的相似常数，如表 8.2 所示。

表 8.2　模型试验常用相似关系一览表

类型	物理量	量纲	相似关系	相似比
材料特征	应力 σ	FL^{-2}	$C_\sigma=C_E$	45
	应变 ε	—	$C_\varepsilon=1$	1
	弹性模量 E	FL^{-2}	C_E	45
	质量密度 ρ	FTL^{-4}	$C_\rho=C_E/C_l$	1.5
几何特征	长度 l	L	C_l	30
	线位移 x	L	$C_l=C_x$	30
	时间 t	T	$C_t=C_l^{1/2}$	
	频率 f	T^{-1}	$C_f=C_l^{-1/2}$	
	速度 v	LT^{-1}	$C_v=C_l^{1/2}$	
	加速度 a	LT^{-2}	$C_a=1$	

8.1.4　试验相似材料配制

1. 围岩相似材料的配比及制备方法

1）围岩相似材料配比分析

根据《工程地质勘察报告》结果，勒不果喇吉隧道全长全部由Ⅴ级围岩组成，试验原型参数按地勘报告提供的岩性特征以围岩分类为基础，参考《公路隧道设计规范》(JTG 70—2004)，隧道原型物理力学参数见表 8.3。

表 8.3　原型围岩的物理力学参数

围岩级别	黏聚力 c/kPa	内摩擦角 φ/(°)	弹性模量 E/GPa	容重 γ/(kN/m^3)
Ⅴ级	20～200	20～27	1.3～6.0	17～20

试验材料配制选取两种配置方案，采用粉煤灰、河砂、机油等材料混合。粉煤灰是灰色或灰白色的粉状物，含水量大的粉煤灰呈灰黑色，它是一种具有较大内表面积的多孔结构，多半呈玻璃状，粉煤灰的多孔结构对水有较大的吸附能力，其主要物理性质有比重、松散干容重、孔隙率和细度等；砂(粗、细石英砂、河砂)主要控制其颗粒级配，调整其密实度和密度；机油主要作为黏结剂，综合调整岩土相似材料的 ρ、c、φ 值。

2）围岩材料试验及其结果

根据各级围岩原型参数及必须满足的相似关系，经正交试验数十次反复比选调配，最后选用不同比例的粉煤灰、河砂和机油的热融混合料作为围岩的相似材料，物理力学指标参考表 8.4。

表 8.4　围岩相似材料物理力学参数一览表

名称	黏聚力 c/kPa	内摩擦角 φ/(°)	弹性模量 E/MPa	容重 γ/(kN/m^3)
原型值	20～200	20～27	1.3×10^3～6.0×10^3	17～20
模型值	0.44～4.4	20～27	28.9～133	11.3～13.3
试验值	2.38	29.2	30.1	13

制备方法：将搅匀后的粉煤灰和细砂混合料加入容器内与机油充分混合，待冷却后碾细即成。此种材料能在本次试验的相似关系上良好地模拟围岩体，受湿度等环境影响很小，因此，必须严格控制容重的变化幅度，具体填料时以称重后的松散料均匀填入，然后用重锤反复锤压至预定刻度线，一旦成型即可满足动力条件下的各种试验。

2. 隧道结构模型相似材料配比

为了能够达到隧道抗震试验的要求，课题组的成员进行了大量的试验分析研究工作（正交试验），如表 8.5 所示。

表 8.5　正交试验因素位级表

因素	P(石膏)	B(重晶石粉)	Q(石英砂)	W(水)
位级一	0.5 份	3 份	0 份	$W=1.0P+0.12B+0.1Q$
位级二	1 份	5 份	0.5 份	$W=1.0P+0.12B+0.1Q$
位级三	1.5 份	8 份	1 份	$W=1.0P+0.12B+0.1Q$

通过正交试验，得出混凝土衬砌模型材料采用石膏（280 目）、石英砂、重晶石、水的比例为 1.0∶1.0∶1.8∶1.3。衬砌模型采用预制方法加工而成，石膏材料的力学指标取 1 周后的终凝值，其值可参考表 8.6。

表 8.6　隧道衬砌相似材料力学参数对比

测试参数	原型值(设计值)	模型值(理论值)	试验值	相似程度
密度/(g/cm^3)	2.5	1.67	1.70	满足
弹模/MPa	29.5	0.66	0.72	满足
强度/MPa	12.5	0.3	0.426	接近

8.1.5　模型试验方案

本次试验对Ⅴ级围岩的各种情况进行抗减震分析，共有三组工况，如表 8.7 所示。

表 8.7　模型试验方案一览表

试验工况	模拟位置	备注
1	洞口段	验证隧道单洞的抗震性能
2	洞口段	双洞错距洞口(无减震措施)，前后错距 80cm
3	洞口段	双洞错距洞口(单洞有减震措施)，前后错距 80cm

模型试验采用勒不果喇吉人工波作为振动台的输入波，取东西向的水平加速度记录作为振动台的输入波，该地震波的超越概率为 2%，原始加速度峰值为 0.67g，强震部分持时约为 20s，该地震波的加速度时程及其对应的傅里叶谱如图 8.3 所示，由其 FFT 曲线可以看出，该人工波的频宽较宽。

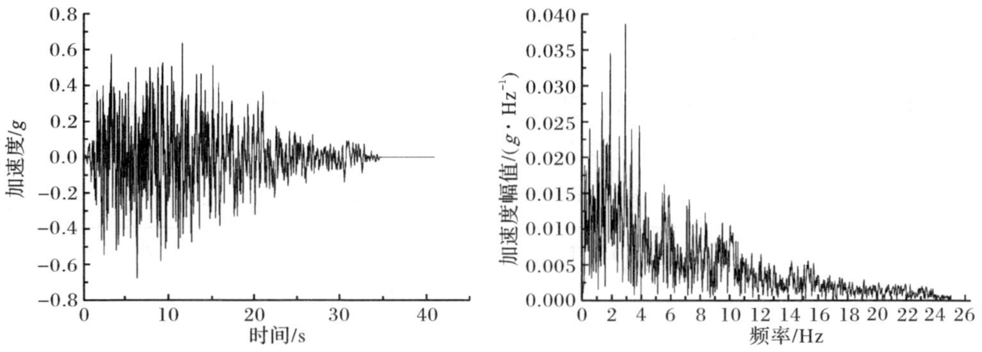

(a) 加速度时程曲线　　(b) 加速度傅里叶谱

图 8.3　勒不果人工波的加速度时程及其傅里叶谱

根据振动台及测试仪器的需要，对地震波进行了滤波处理。地震波输入方式为：施加激振力，即根据加速度地震波和试验材料的总体质量，得到油缸激振力的大小。根据相似理论得到，加速度相似比 $C_a=1$，即实际采集的地震波加速度与试验采用的加速度一致。

8.1.6　动力模型试验及结果分析

1. 工况 1 单洞隧道洞口段模型试验

1) 试验模型

本组试验主要对振动台的各项性能指标进行测试，同时对单洞隧道洞口段试验结构的破坏形态及其原因进行分析，隧道模型如图 8.4 所示。隧道衬砌模型应变片布置断面 1 位于离隧道洞口 30cm 处，断面 2 位于隧道中心位置，断面 3 位于距隧道端部 30cm 处，其中断面 1 作为主观测断面，断面 2 和 3 作为辅助断面。

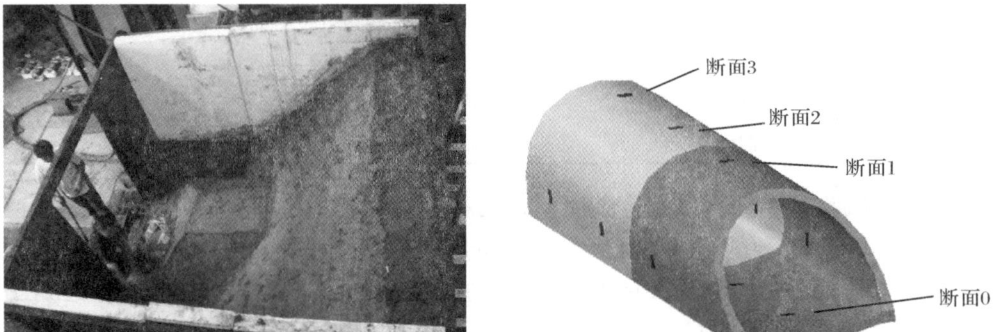

(a) 隧道整体模型　　(b) 隧道结构模型

图 8.4　工况 1 隧道振动台模型试验

本次模型试验的地震荷载的施加如表 8.8 所示，第一次输入加速度为 0.35g 的地震波后，在模型土表层出现一些微裂缝(0.2mm 左右)，衬砌结构未出现裂缝，因此，第二次输入加速度为 0.4g 的地震波，隧道结构出现微裂缝，为了观察最终隧道结构及模型土表层的破坏形态，输入加速度为 0.8g 的地震波，直至隧道模型出现严重破坏。

表 8.8　加载工况一览表

加载次序	1	2	3	4	5	6
台面输入加速度峰值/g	0.3	0.4	0.5	0.6	0.7	0.8

2) 振动台及模型箱加速度反应

当隧道模型试验台面输入加速度为 0.4g 时，在振动过程中，浅埋段模型土对输入地震波信号有放大效应，并有较明显的延迟现象；而且振动台台面输入地震动经过模型土介质传播后，其频谱特性有明显的改变，0～15Hz 频段的反应加强，高频成分的反应衰减。表 8.9 给出了各次加载下隧道仰供和模型箱外壁的加速度峰值。由表 8.9 可以看出，隧道仰供处加速度峰值比模型箱外壁大。将观测点加速度峰值与振动台台面输入的加速度峰值之比称为加速度反应的放大系数，简称为放大系数。

表 8.9　各次加载下隧道仰拱和模型箱外壁加速度反应

加载次序	隧道仰供处加速度峰值/g				模型箱外壁加速度峰值/g			
	横向		竖向		横向		竖向	
1	0.064	−0.069	0.38	−0.37	0.12	−0.12	0.31	−0.26
2	0.082	−0.082	0.46	−0.54	0.11	−0.11	0.39	−0.42
3	0.10	−0.087	0.54	−0.55	0.15	−0.19	0.49	−0.43
4	0.11	−0.10	0.63	−0.64	0.16	−0.18	0.55	−0.44
5	0.14	−0.10	0.81	−0.307	0.13	−0.16	0.68	−0.61
6	0.19	−0.13	1.05	−0.77	0.20	−0.17	1.01	−0.79

图 8.5 列出了加速度放大系数随台面输入地震动幅值的变化规律。可以看出，加速度放大系数随台面输入地震动幅值的增大而减小。在台面输入较小地震动时，仰拱的加速度峰值明显比台面的要大，这是因为随着台面输入加速度的变大，模型土在地震动作用下失去自稳能力，土体的阻尼比也随之变大，从而在循环荷载下土体耗散的能量也增多。

3) 隧道模型及模型土破坏形态分析

在发生地震时隧道模型及模型土的破坏过程是一个不断变化的、非线性的、累积性的复杂过程，包括模型或结构、模型土从出现裂缝至严重损坏的过程。

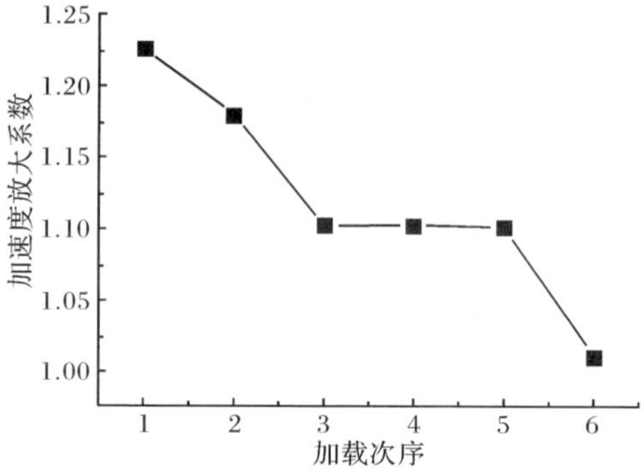

图 8.5　加速度放大系数随台面输入地震动幅值的变化

(1) 隧道结构破坏形态。

在六次激振过程中,隧道模型表面出现明显裂缝(图 8.6),模型土卸载后,发现在隧道模型搭接部位出现了明显的断裂,并且在出口端隧道模型左边墙中部出现了明显的剪切破坏,在拱顶部位出现了较多的微裂缝。由于本工况的模型试验是多次激振,图中显示的是模型最终的破坏形态。

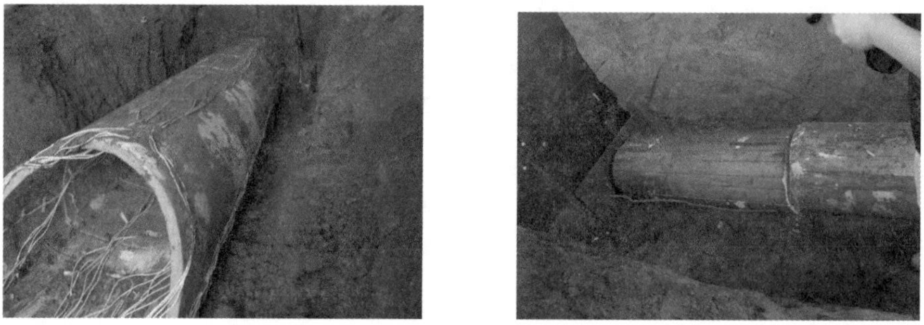

图 8.6　隧道模型振动后破坏

(2) 隧道模型土破坏形态。

在地震动过程中,当输入加速度为 0.35g 时,在隧道模型左上侧中线偏 45°位置首先出现拉裂性裂缝,如图 8.7(a)所示;当输入加速度为 0.4g 时,模型土表面出现了较多裂纹,同时在隧道模型左上侧中线偏 45°位置也出现裂缝,如图 8.7(b)所示。当隧道洞口段覆盖层厚度小于 6.4m(模型土覆盖层厚 21.3cm),且如图 8.7(b)所示隧道两侧无靠山侧时,可以考虑路堑施工或进行注浆护坡处理,避免由于地震波在地面的放大效应而导致隧道结构和地表出现次生灾害破坏。

(a) 正面图

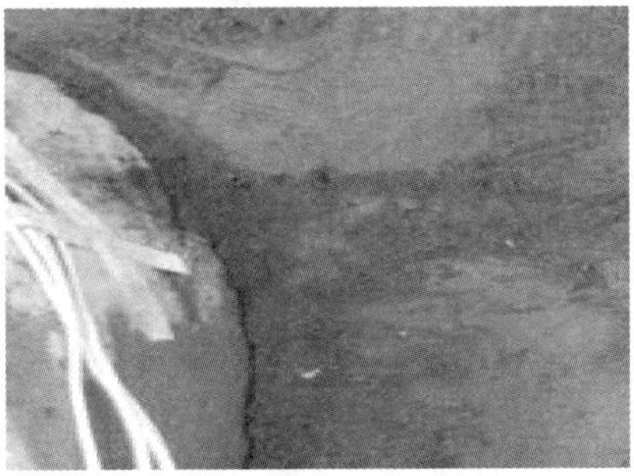

(b) 侧面图

图 8.7　工况 1 隧道模型土表面地震裂缝

在地震动过程中，洞口段的隧道模型与模型土之间出现了一定的空隙（图 8.7(b)），隧道模型两侧出现较大空隙，隧道模型容易出现惯性力破坏，洞口结构之所以有惯性力破坏的现象发生，主要是因为地下结构与地层之间出现了空隙而削弱了地层的约束作用，实际上相当于提高了衬砌结构的相对质量密度，造成其分担的地震惯性力超过了极限，因此，处于地层约束较弱的洞口及浅埋地段，破坏发生的概率一般较高。

2. 工况 2 双洞隧道洞口段模型试验

1）试验模型

在双洞的中心距为 80cm，两洞口的前后错距为 80cm，没有采取减震措施，隧道振动台模型试验工况 2 三维示意图如图 8.8 所示，隧道衬砌模型应变片布置如图 8.9所示。右洞断面 1 位于离隧道洞口 30cm 处，断面 2 位于隧道中心位置，断面 3 位于距隧道端部 30cm 处，其中断面 1 作为主观测断面，断面 2 和 3 作为辅助断面。

图 8.8　隧道振动台模型试验工况 2 三维示意图

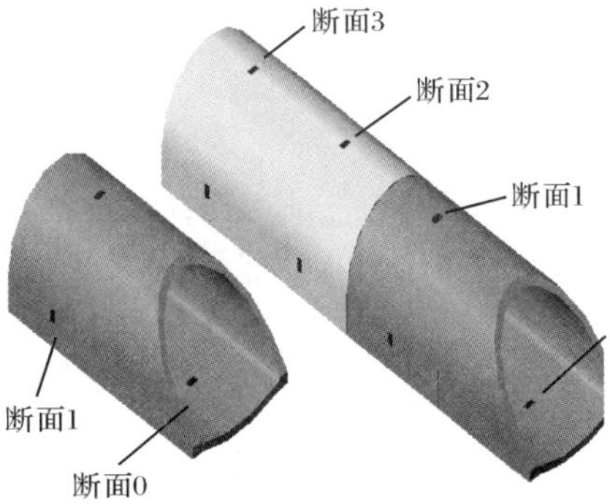

图 8.9　工况 2 隧道模型测点示意图

2）隧道结构的应变反应分析

图 8.10 给出了主断面 1 各测点的应变时程曲线，可以看出，隧道结构各测点应变基线在地震动过程中发生了偏移，且在地震动结束后并不能消除。造成这一现象的主要原因是隧道结构在地震载荷作用下发生了永久变形，从而使结构产生了附加应变。

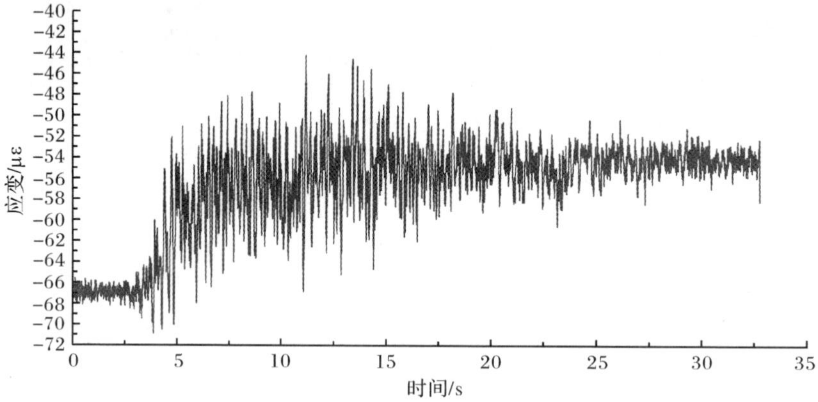

(a) 拱顶外侧

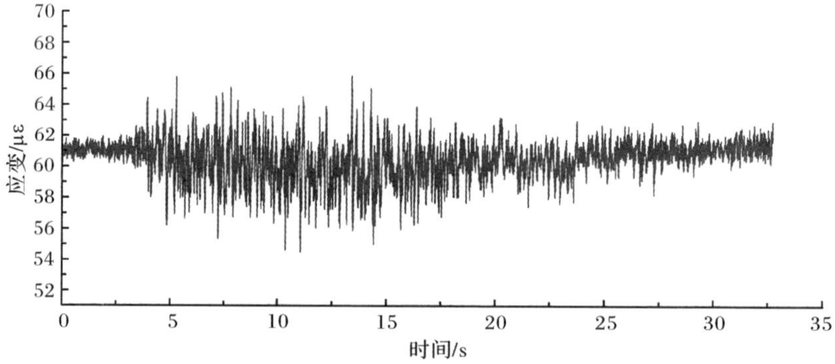

(b) 左墙脚内侧

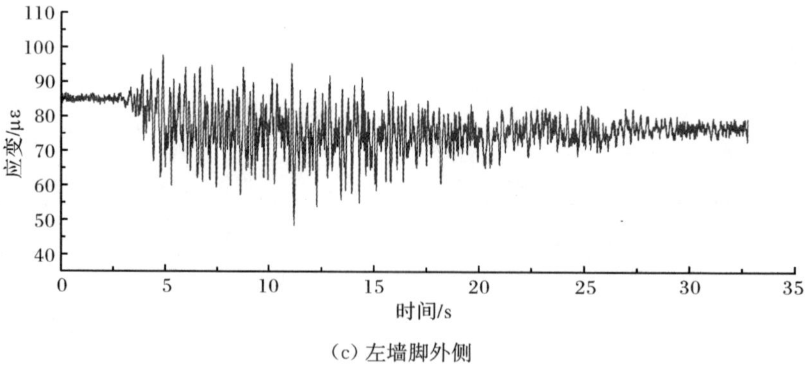

(c) 左墙脚外侧

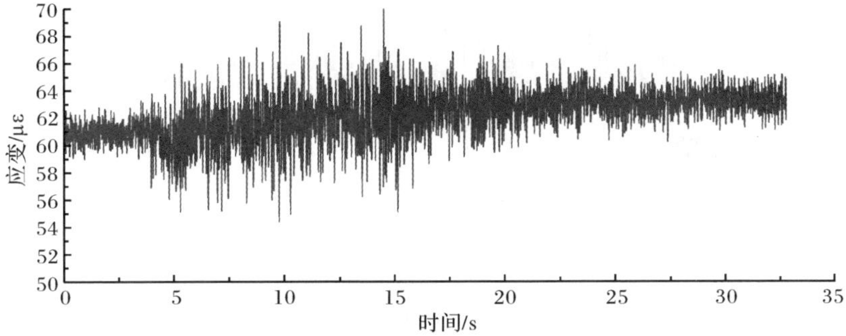

(d) 仰拱内侧

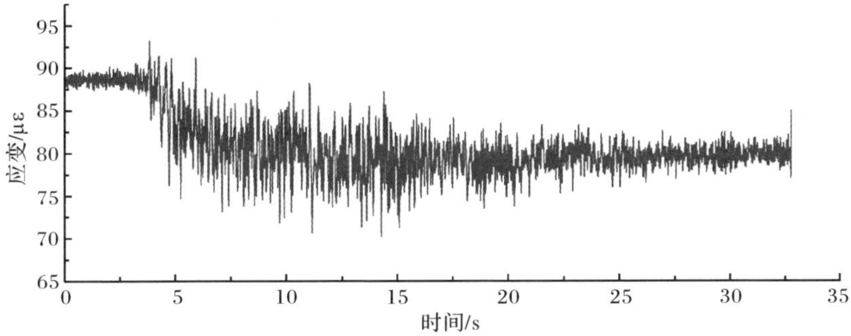

(e) 仰拱外侧

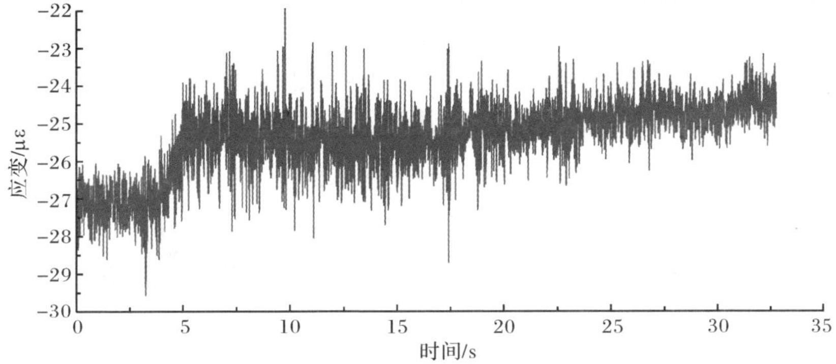

(f) 右墙脚内侧

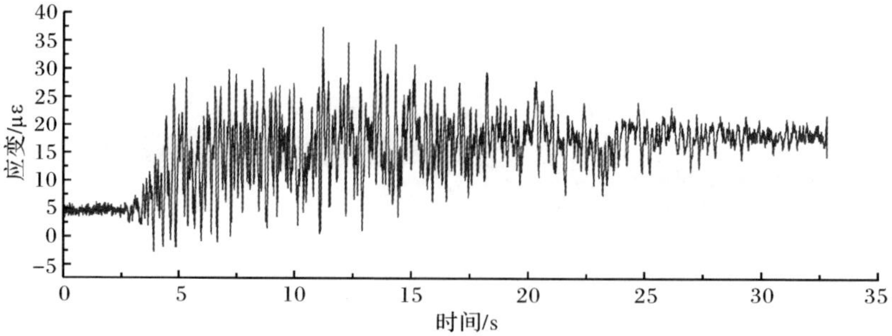

(g) 右墙脚外侧

图 8.10 工况 2 隧道结构各测点应变时程曲线

由图 8.10 可知，当台面输入加速度为 0.4g 时(相当于 9 度)，工况 2 大部分测点的最终应变均小于初始应变，说明在地震过程中，隧道结构与模型之间出现了一定的空隙，使结构承受的荷载减小。由表 8.10 看出，隧道结构外侧各测点的最大应变幅值大于内侧，其中边墙的最大应变幅值相差最大，拱顶最大相对应变幅值为 25με。

表 8.10 工况 2 断面 1 各测点最大应变幅值一览表

位置	拱顶内	拱顶外	左边墙内	左边墙外	仰拱内	仰拱外	右边墙内	右边墙外
最大应变幅值/με	25	—	11	50	14	25	6	36

3) 隧道结构内力响应分析

(1) 隧道结构弯矩。

由图 8.11 可知，隧道左边墙附近的最大弯矩幅值为 7.3kN · m，右边墙的最大弯矩幅值为 1.4kN · m，仰拱的最大弯矩幅值为 7.3kN · m(拱顶测点应变片失效)，由此说明，在高烈度地震区隧道结构的两侧边墙破坏的可能性最大，并且靠近震源一侧的边墙(脚)弯矩幅值最大，并且沿着某一轴线进行上下波动。

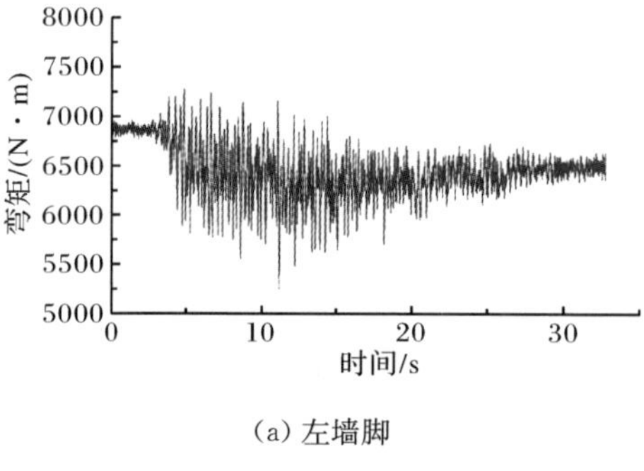

(a) 左墙脚

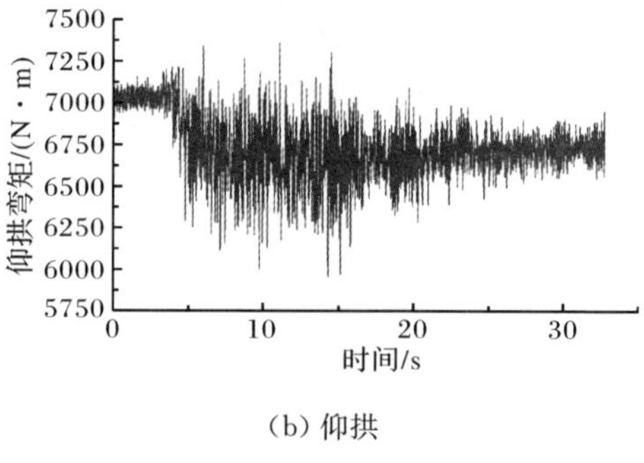

(b) 仰拱

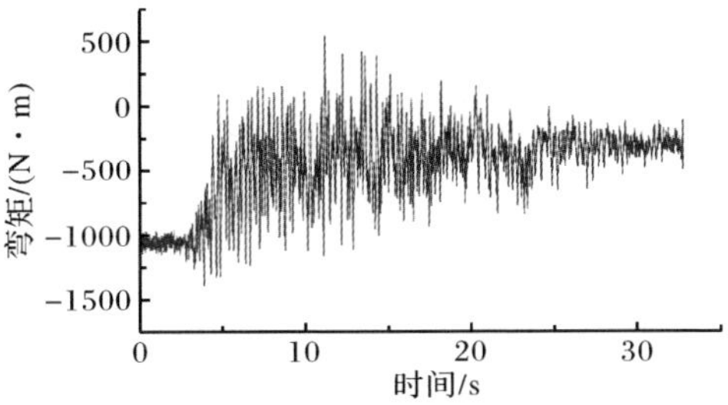

(c) 右墙脚

图 8.11　主观测断面各测点弯矩时程曲线

(2) 隧道结构轴力。

从图 8.12 可以看出，隧道右边墙的最大轴力幅值为 2.98kN，其次为左边墙部位(1.93kN)。从图 8.13 可以看出，隧道结构的最大内力幅值均出现在左边墙附近，并在仰拱部位出现拉压应变，说明左边墙脚部位是抗震薄弱环节，仰拱易出现剪裂破坏，应采取相应措施加强该部位的抗震性能。

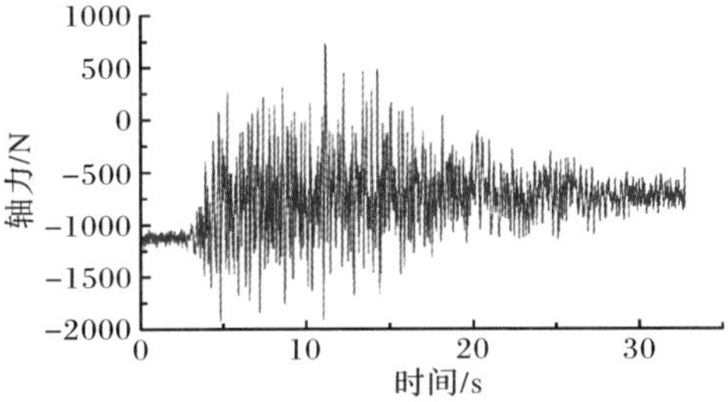

(a) 左墙脚

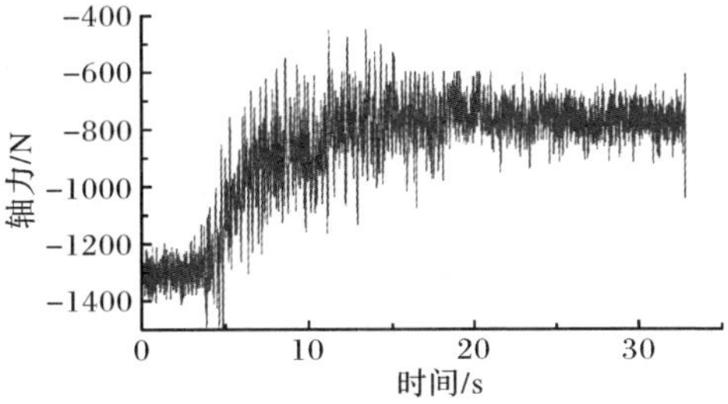

(b) 仰拱

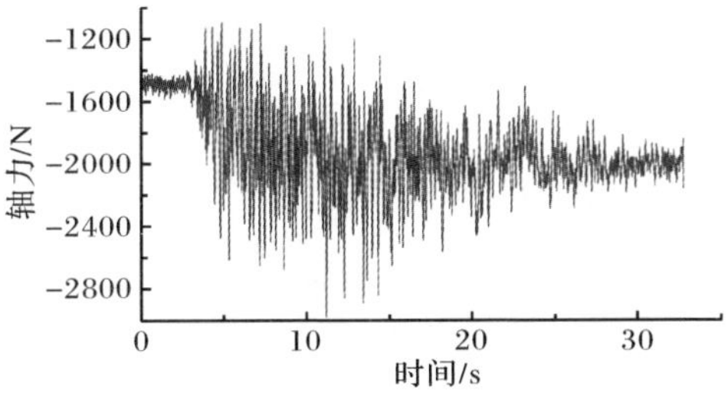

(c) 右墙脚

图 8.12　主观测断面各测点轴力时程曲线

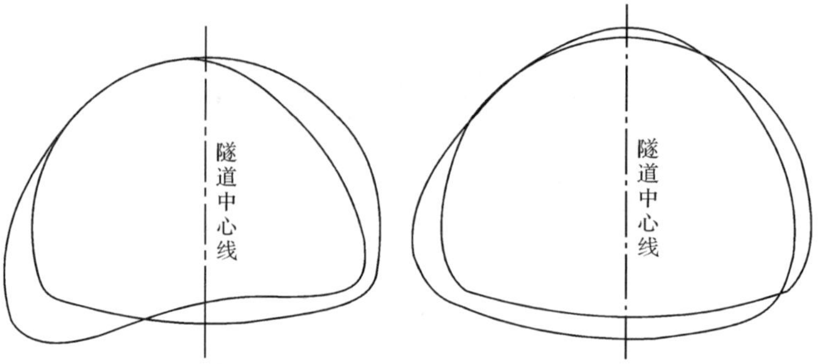

(a) 10.308s 时弯矩形态图　　(b) 10.308s 时轴力形态图

图 8.13　主观测断面隧道结构内力变化形态图(左边墙最大幅值时刻)

4) 隧道模型及模型土破坏形态分析

(1) 隧道结构破坏形态。

当振动台台面输入加速度为 0.4g 时，发现隧道结构出现小裂缝，开裂部位发生在右洞隧道拱顶左偏 45°位置和隧道左边墙脚附近(图 8.14)；地震动结束后，在隧道洞口段结构出现纵向裂缝、斜向裂缝，边墙脚出现剪切性裂缝。主要是由于在隧道洞口段结构刚度远大于模型土刚度，在发生地震时模型土的变位对隧道结构产生强制变形，同时在隧道洞口段地震惯性力的作用明显。

在洞口段与洞身段搭接处发生破坏(图 8.14)，洞身段模型出现较多微裂缝，卸载后完全破碎，当输入激振力方向与隧道轴线正交时，隧道洞口段衬砌还会受到沿纵向的弯曲作用力，在设计中应考虑到这种情况，设置抗震变形缝的措施是合理的。

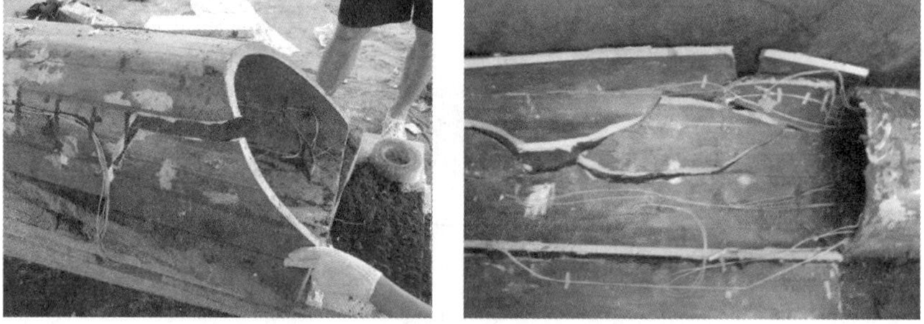

(a) 洞口一侧　　(b) 洞身一侧

图 8.14　隧道衬砌模型开裂

由本次试验发现，隧道左洞衬砌在地震动过程中只出现了少量微裂缝，说明在高烈度地震区隧道结构洞口段设计易早出洞(常规隧道早进洞晚出洞),避免了隧道结构遭受破坏。

(2) 隧道模型土破坏形态。

在地震动过程中,模型土表面出现了较多裂纹,如图 8.15 所示,裂纹首先从隧道拱顶两侧 45°位置沿模型土向上发展,与工况 1 模型土表层破坏形态相似,造成这一裂纹的主要原因是模型土与结构的动力相互作用。从图 8.15 可以看出,右洞上方模型土表层裂纹明显多于左洞,并且在前方模型土裂纹方向基本与隧道纵向成 45°,右洞靠近边界一侧的裂纹少于临空一侧。在隧道洞口,仰坡出现少量微裂纹,有少量砂土因振松而掉落在洞口,地震波输入结束后,洞口仰坡和两侧坡体的裂纹开裂加重。

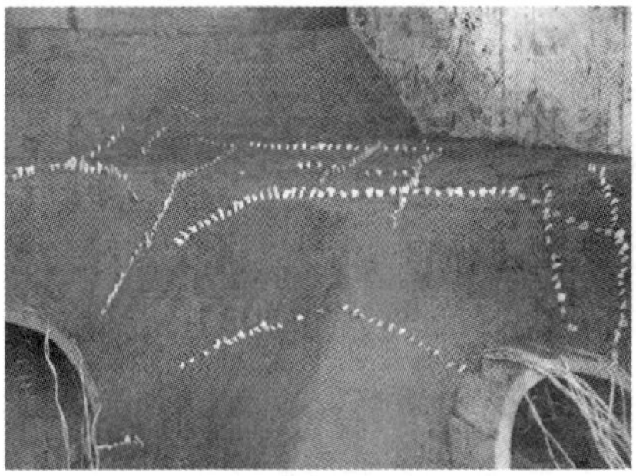

(a) 正视图

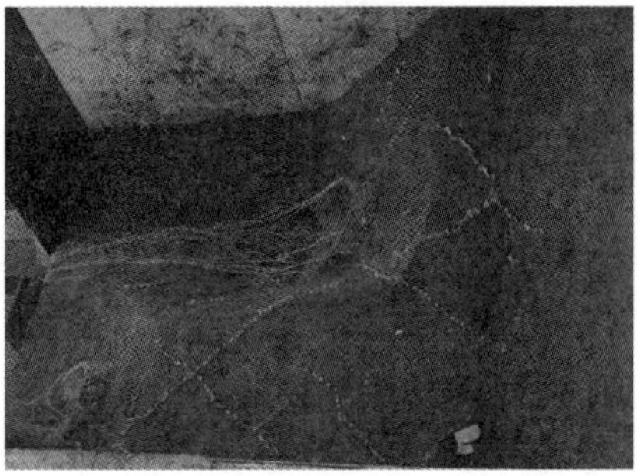

(b) 平视图

图 8.15　隧道模型土开裂

由于两洞室相距比较近,模型土表层出现贯通裂缝。隧道浅埋段覆盖层厚度为 21.3cm(实际覆盖层厚 6.39m),随着隧道覆盖层厚度的增加,裂缝的数量明显减少,说明在高烈度地震区隧道洞口段施工时,隧道浅埋段覆盖层如果小于6.4m,可以考虑隧道设计为路堑施工或注浆护坡。在设计和施工中,应特别注意右洞仰坡和左侧坡体的坡度不能超过 45°,并且考虑到洞口段岩体较破碎,对仰坡及侧边坡采取一定的喷锚护坡措施,特别是不良地质段,以防止地震动引起的滑坡等次生灾害。

3. 工况 3 双洞隧道洞口段模型试验

1) 试验模型

试验模型如图 8.16 所示,其中减震层为海绵橡胶材料,厚度为 0.8cm。振动台台面输入加速度为 0.4g。

(a) 整体模型

(b) 隧道减震层与结构模型

图 8.16　工况 3 试验模型及减震层

2) 隧道结构的应变反应分析

图 8.17 给出了主断面 1 各测点的应变时程曲线，可以看出，结构各测点应变基线在地震动过程中发生了偏移，产生残余应变。

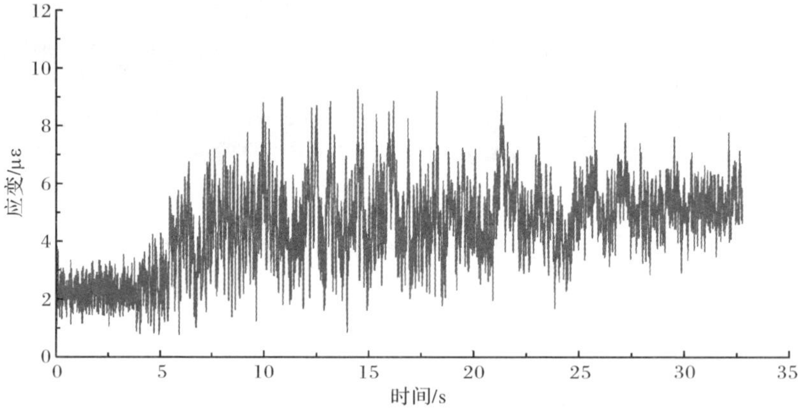

(a) 拱顶内侧

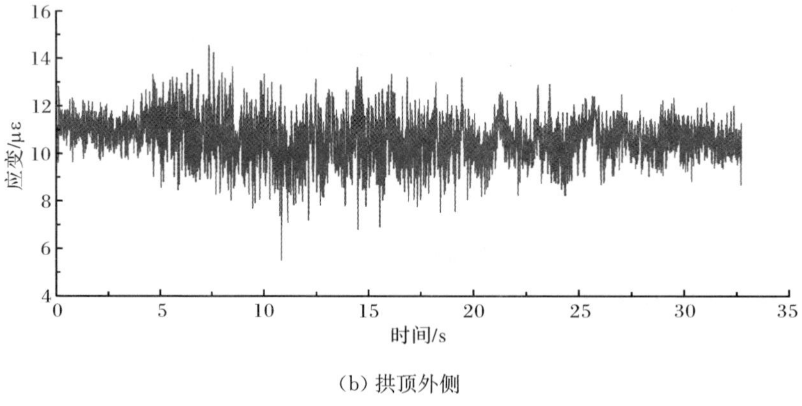

(b) 拱顶外侧

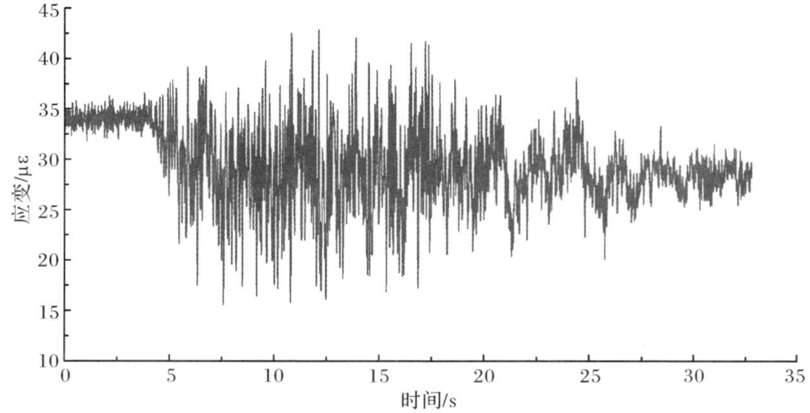

(c) 左墙脚内侧

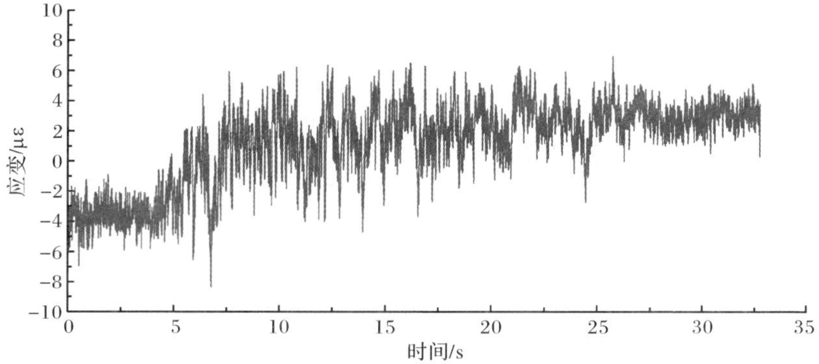

(d) 左墙脚外侧

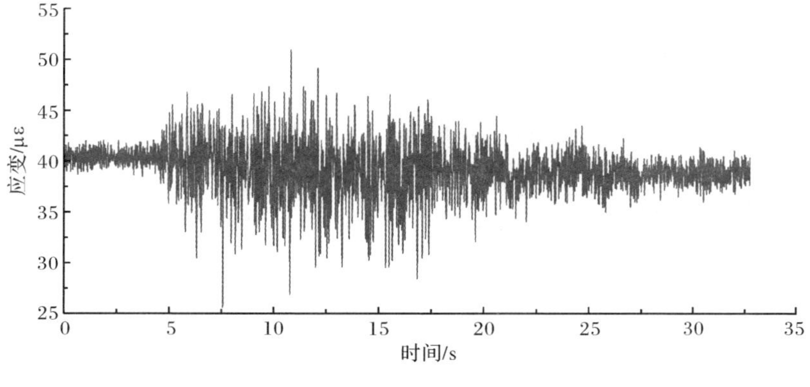

(e) 仰拱内侧

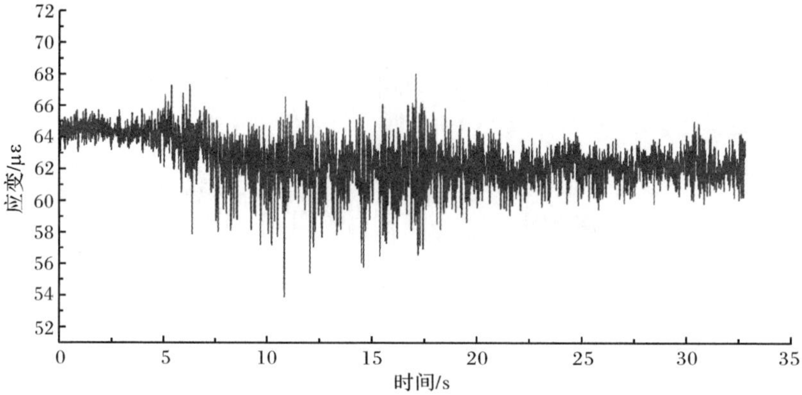

(f) 仰拱外侧

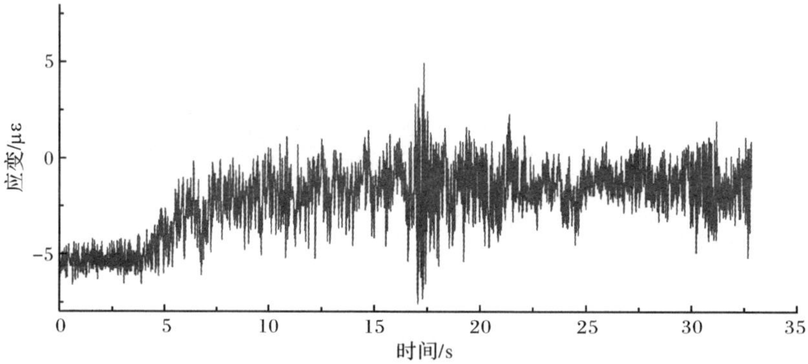

(g) 右墙脚内侧

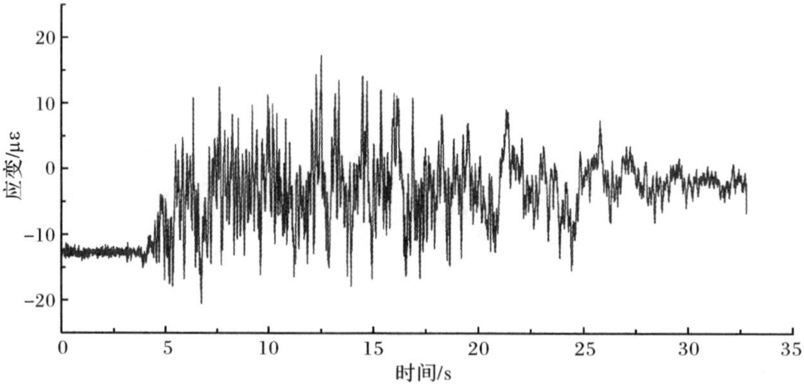

(h) 右墙脚外侧

图 8.17　主观测断面各测点应变时程曲线

由图 8.17 可以看出，当台面输入加速度为 0.4g 时（相当于 9 度），工况 3 采取减震措施后，拱顶的最大应变幅值明显减小（表 8.11），仰拱外侧的应变幅值减小而内侧增大，与工况 2 相反，隧道结构外侧的应变幅值明显小于内侧，由此说明在隧道洞口段实施减震措施对结构的减震有明显效果，但隧道两侧边墙测点内外最大应变幅值相差较大，应注意边墙的内力变化。

表 8.11　工况 3 断面 1 各测点最大应变幅值一览表

位置	拱顶内	拱顶外	左边墙内	左边墙外	仰拱内	仰拱外	右边墙内	右边墙外
最大应变幅值/με	8	9	28	12	25	12	8	35

图 8.18 给出了最大应变幅值沿隧道纵向的变化规律，可以看出，最大应变随距洞口距离的增大而增大。图 8.19 给出了相对动应变沿隧道纵向的变化规律，可以看出，相对动应变随距洞口距离的增大而减小。

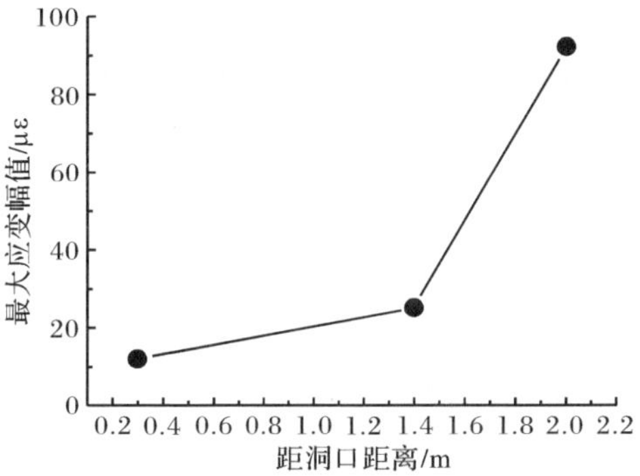

图 8.18　最大应变幅值随距洞口距离的变化

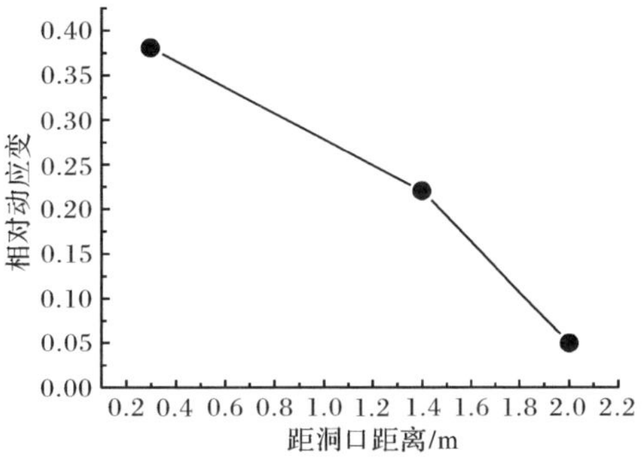

图 8.19　相对动应变随距洞口距离的变化

3）隧道结构内力响应分析

（1）隧道结构弯矩。

由图 8.20 可知，在主观测断面处，隧道最大弯矩幅值出现在左边墙附近（2.1kN·m 左右），其次为仰拱（1.58kN·m），而拱顶的弯矩幅值最小（0.58kN·m），由此说明在高烈度地震区，隧道结构的两侧边墙破坏的可能性最大，并且与工况 2 隧道结构内力反应基本是一致的。

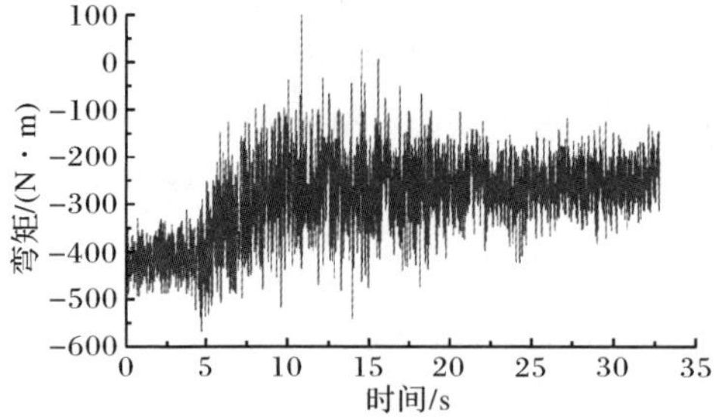

(a) 拱顶

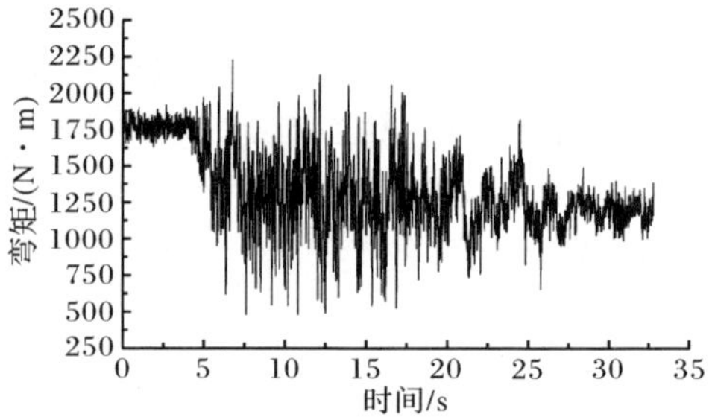

(b) 左墙脚

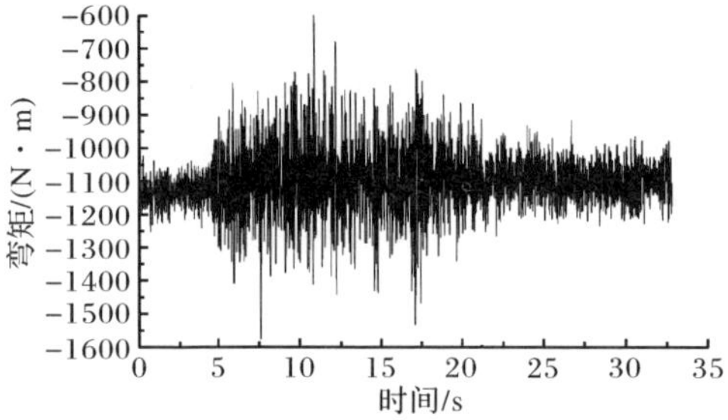

(c) 仰拱

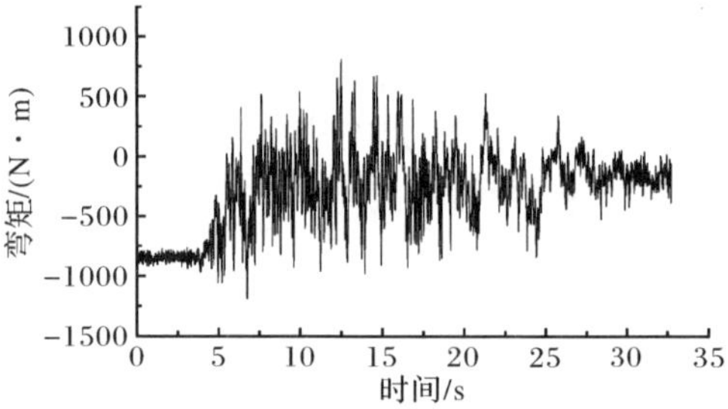

(d) 右墙脚

图 8.20　隧道主观测断面各测点弯矩时程曲线

(2) 隧道结构轴力。

从图 8.21 和表 8.12 分析,隧道最大轴力幅值出现在左边墙附近(2.1kN),最小轴力幅值出现在拱顶部位(1.0kN),并且与工况 2 隧道结构内力反应基本是一致的。这可能主要因为隧道拱顶部位与模型土接触比较密实,不易破坏,而在隧道两侧边墙附近,结构内力变化比较大(图 8.22),结构与模型土对地震动的响应是不一致的,导致两者之间出现较大空隙,削弱了模型土对结构的约束作用,隧道结构将承受更大的地震惯性力,因此,建议在隧道施工过程中,对隧道两侧边墙重点进行注浆加固,改善结构与围岩之间的匹配关系。

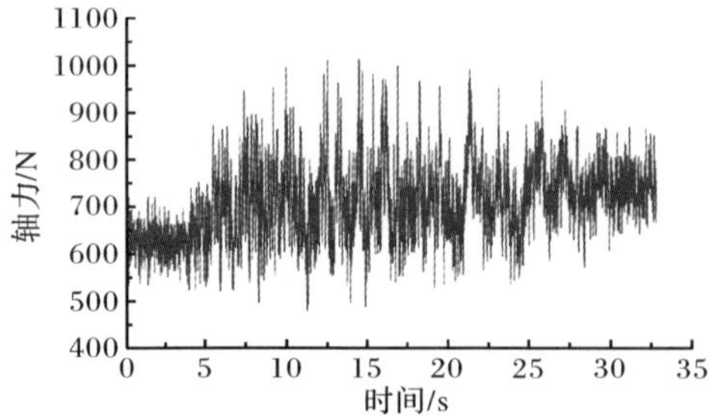

(a) 拱顶

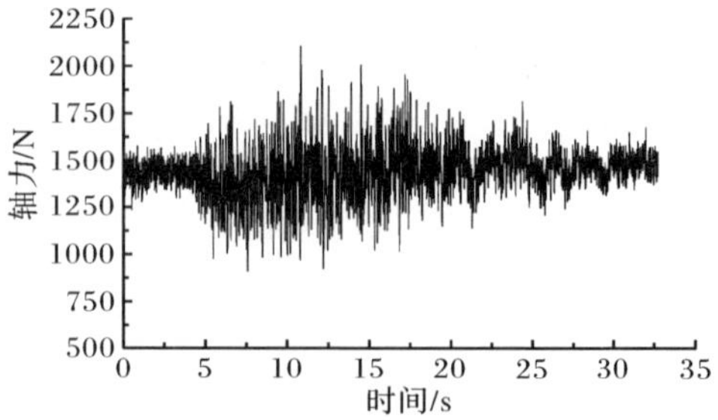

(b) 左墙脚

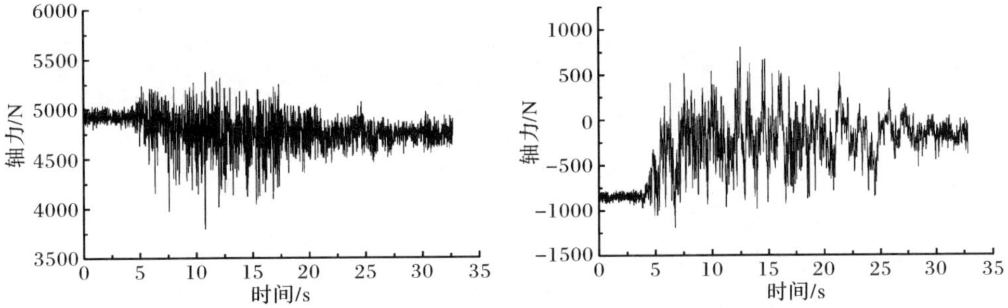

（c）仰拱　　（d）右墙脚

图 8.21　主观测断面各测点轴力时程曲线

表 8.12　工况 3 断面 1 各测点最大内力幅值一览表

位置	拱顶	左边墙	仰拱	右边墙
最大弯矩幅值/(kN·m)	0.58	2.10	1.58	1.2
最大轴力幅值/kN	1.06	2.1	3.8	1.1

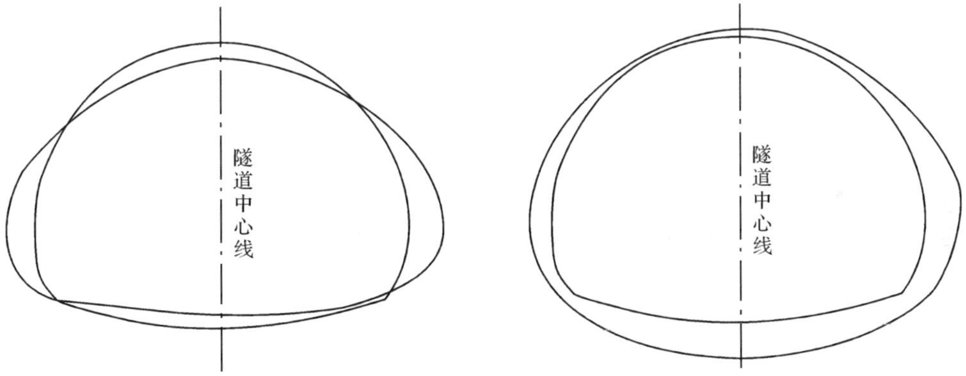

(a) 12.568s 时弯矩形态图　　(b) 12.568s 时轴力形态图

图 8.22　主观测断面隧道结构内力变化形态图(右边墙最大幅值时刻)

4）隧道模型及模型土破坏形态分析

(1) 隧道结构破坏形态。

当隧道模型采取减震措施后，在地震动过程中，有多处纵向裂缝和环向裂缝，并有较多的微裂缝发育，开裂部位同样发生在右洞隧道拱顶左偏 45°位置(图 8.23)。在隧道仰拱部位出现多条纵向裂缝、斜向裂缝，边墙脚出现剪切裂缝，隧道其他部位出现较多的微裂缝，而仰拱的破坏较严重，主要是因为在隧道仰拱底部未设置减震材料。

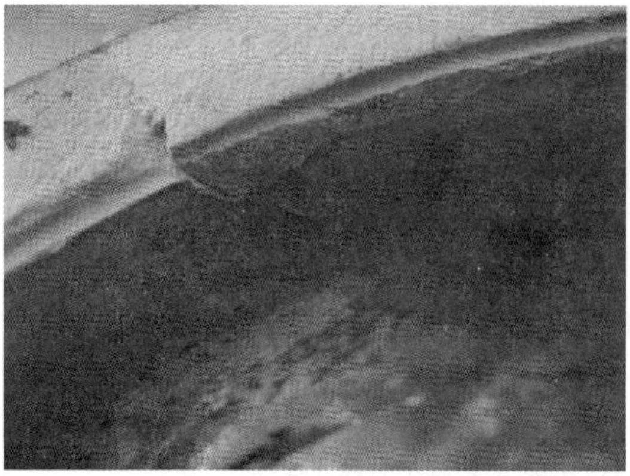

(a) 隧道拱腰部位出现纵向裂缝

(b) 振动试验后模型

图 8.23　隧道模型结构开裂

虽然隧道结构出现了 20 多处微裂缝，但隧道结构能够完好无损地从振动台上整体移动下来，只有在隧道仰拱部位出现了破坏，相对工况 2 隧道结构的破坏形态，说明隧道洞口段的减震措施是非常有效的。

(2) 隧道模型土破坏形态。

在地震动过程中，模型土表面出现了较少裂纹(图 8.24)，裂纹也是首先从隧道拱顶两侧 45°位置沿模型土向上发展，与工况 2 隧道模型裂缝发展规律基本一致，造成这一裂纹的主要原因是模型土与结构的相互作用，对比隧道模型试验工况 2(图 8.15)，工况 3 隧道减震试验模型土表层裂缝较小并且数量也小得多，也就是说在隧道洞口段适当采取一定的减震措施，对隧道减震效果是比较明显的。

图 8.24　工况 3 模型土开裂

4. 有无减震层隧道模型试验对比分析

1) 模型土裂缝形态分析

(1) 在隧道边、仰坡上，裂缝出现部位基本一致。隧道仰坡斜向 45°位置均出现较大裂缝，但裂缝发展的长度和深度不同。工况 2 模型仰坡裂缝长、宽且深，而工况 3 模型仰坡裂缝短、窄且浅。短隧道边、仰坡在两种工况的模型中，其裂缝的分布情况基本相同。

(2) 表层模型土裂缝均呈“X”形分布，但分布数量及开裂程度有较大差异。工况 2 表层裂缝数量多，密度大，贯通裂缝多且开裂宽度大，最大裂缝宽度为 3.5mm；工况 3 表层裂缝相对较少，分布稀疏，贯通裂缝少且宽度较小，最大裂缝宽度为 1.0mm。

(3) 模型土表层首次出现裂缝部位不同。在地震动荷载施加过程中，工况 2 模型裂缝首先出现在长短隧道边坡相交的位置(图 8.25 中 A 处)，工况 3 模型裂缝首先出现在长隧道洞口仰坡上(图 8.25 中 B 处)。

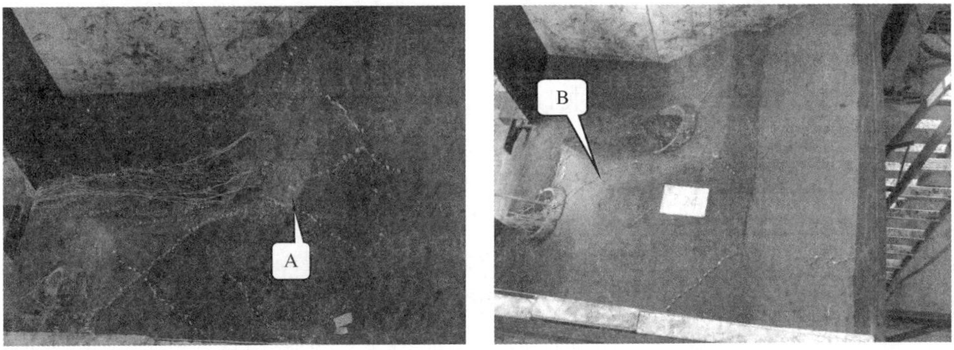

(a) 工况 2(无减震层)　　(b) 工况 3(有减震层)

图 8.25　隧道洞口段模型土破坏形态图

2) 隧道结构裂缝形态分析

由于衬砌裂缝开裂较小，从裂缝图片很难清晰地看到裂缝分布形态，因此将衬砌局部裂缝图片与裂缝的素描图相结合来说明裂缝分布形态(图 8.26)。

(1) 在有、无减震层的两种工况下，衬砌裂缝分布形态基本一致；衬砌裂缝首先出现在隧道拱腰处(与模型土裂缝发展一致)，同时隧道边墙脚处也是裂缝多发部位。

(2) 两种工况的裂缝出现的数量、贯通程度、开裂宽度明显不同。工况 2 中衬砌的裂缝数量多、裂缝宽度大、贯通程度高，裂缝最大宽度约为 1.5mm，出现在长隧道洞口；工况 3 中衬砌无贯通裂缝出现，最长裂缝约为 35cm，出现在短隧道墙脚处,裂缝最大宽度约为 1.0mm。

(3) 工况 2 隧道衬砌有环向裂缝出现,而工况 3 无环向裂缝。减震层的设置能够使衬砌与围岩之间的相互作用力分布趋于合理,并能够在一定程度上减小作用在衬砌上的作用力,明显减少了岩土体与结构的裂缝数量,隧道结构抗震性能大大提高。

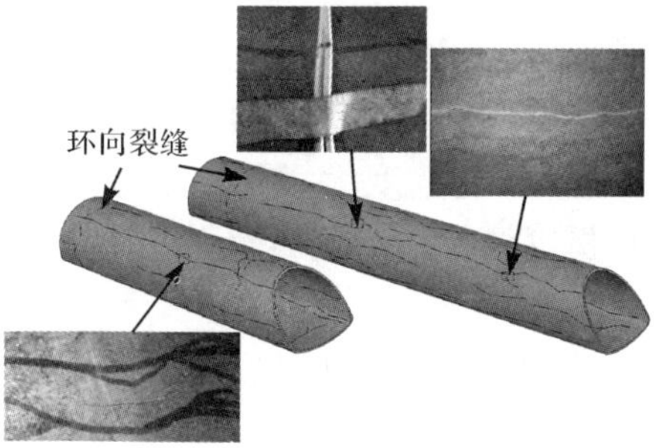

(a) 工况 2(无减震层)

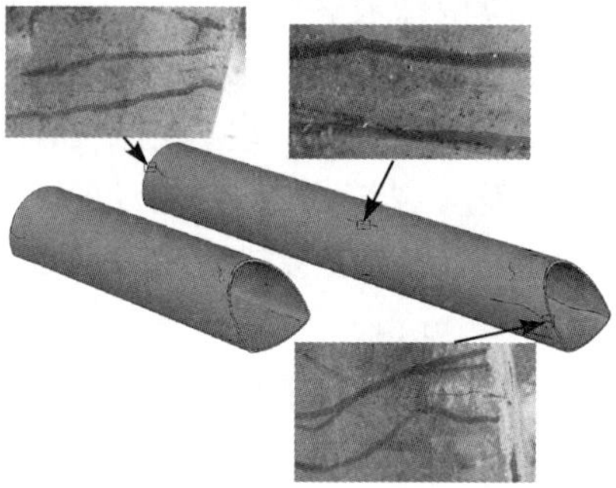

(b) 工况 3(有减震层)

图 8.26　隧道洞口段结构破坏形态图

综上所述,隧道模型土(两种工况)的仰坡面均出现了不同程度的裂缝,并且裂缝发展都是首先从隧道拱腰斜向上发展。隧道模型土表层裂缝呈"X"形分布,主要是围岩发生水平剪切破坏而表现出来的宏观现象。在有、无减震层的两种工况下,衬砌裂缝出现位置的分布情况基本一致,但无减震层隧道衬砌出现环向裂缝,有减震层的隧道衬砌无环向裂缝。在隧道模型设置减震层后,隧道结构及模型土的裂缝数量明显少于无减震层的情况,隧道结构抗震性能大大提高。

本次模型试验中隧道结构破坏形态与四川 5 · 12 汶川地震中隧道震害形态分布基本一致,尤其在浅埋段经常出现网状裂缝,说明试验结果是可信的。

8.2　跨断层隧道结构抗减震措施振动台试验研究

8.2.1　依托工程概况

试验依托都汶高速公路龙洞子隧道,该隧道为双洞,左洞长 1070m,右洞长 1024m,隧道最大埋深 173m,属龙门山断褶强烈侵蚀中山区,为岷江流域高山峡谷地带。岩体受构造影响严重,岩体较为破碎,节理裂隙较发育。隧道共跨越 4 个断层,F2 和 F5 断层位于隧道洞口处,F3 和 F4 断层穿过隧道结构的洞身段。隧道依次穿越的断裂构造如下。

(1) F3 和 F4 断层。分别位于白岩山背斜轴部北西侧和南东侧，均为走向逆冲断层，上下盘均为黄龙组石灰岩。断层面光滑平直，见明显擦痕，有 0.5～0.6m 方解石脉。断层碎裂岩宽 3～5m，呈半胶结碎裂结构，如图 8.27 所示。

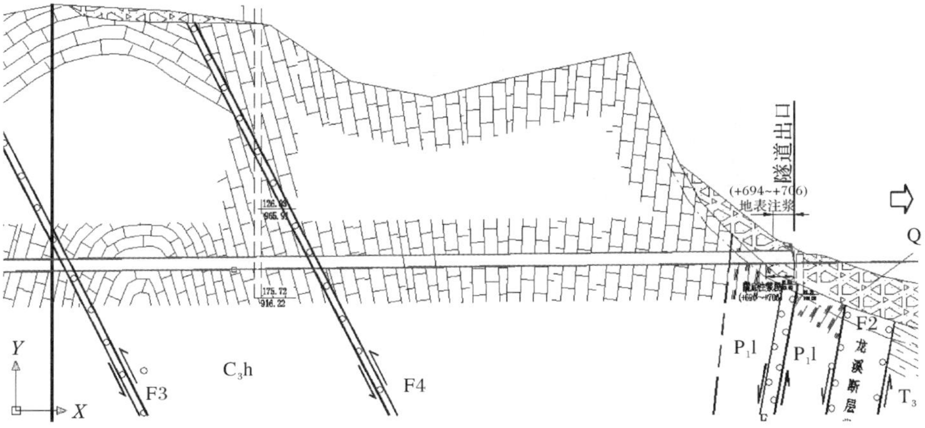

图 8.27　龙洞子隧道纵断面

(2) F5 断层。F5 断层位于隧道出口段槽状地形中，北西侧靠近龙溪断层(F2)，为龙溪断层派生的次级正断层。其上下盘均为梁山组灰黑色炭质泥岩，断层破碎带宽 10m 左右，对隧道出口段围岩稳定性有一定影响。

(3) 龙溪断层(F2)。F2 断层为区域性大断裂，是隧址区的主要断裂，位于隧道出口带。断层上盘为二叠系及石炭系地层，下盘为三叠系须家河组地层。断层带宽 20～100m，由灰岩炭质泥岩构造透镜体和断片组成，沿断层带形成一槽状地貌，上盘石灰岩多形成陡崖陡坎地貌。隧道出口带正处于该断层带较窄地段，该处断层带宽约 20 余米，对隧道出口段影响较大。

振动台试验模拟对象为龙洞子隧道跨 F3 和 F4 断层的洞身区段。实际断层面光滑平直，见明显擦痕，断层碎裂岩宽 2～5m，倾角为 82°，走向与隧道轴线基本垂直。为了尽可能降低变量对试验结果的影响，突出抗减震措施对特殊情况的适应能力，进而推广到一般情况。同时，又最大限度地遵照依托工程的实际情况。在试验中模拟的断层宽度为 2.5m，倾角为 90°，走向与隧道轴线垂直。

8.2.2　振动台模型试验概况

本次试验所用振动台为中国地震局工程力学研究所地震工程与工程振动开放实验室的振动台(图 8.28)，实验室的地震模拟振动台是电液伺服，可同时或单独模拟三向地震动。配套有先进的 Pacific Instruments 高性能动态信号采集系统，实现对加速度和应变数据等多达 128 个输入通道的独立采样。同时采用

SigLab 数据采集器进行辅助采集，其主要技术参数如表 8.13 所示。

图 8.28 模型箱固定在振动台上

表 8.13 振动台主要参数

所属机构	中国地震局工程力学研究所
台面尺寸/m×m	5.0×5.0
频率范围/Hz	0.5～40
振动自由度数	三向六自由度
最大模型重量/t	30
最大位移/mm	水平：±80，竖向：±50
最大速度/(mm/s)	水平：±600，竖向：300
最大加速度/g	水平：1.0，竖向：0.7
最大倾覆力矩/(t·m)	75

模型试验振动台的控制系统由数据采集系统和加载系统两部分构成，如图 8.29和图 8.30 所示，其中数据采集系统采用 Pacific Instruments 生产的“128通道数字式动态信号测试系统”。

8.2.3 模型试验动力相似关系

考虑到振动台试验设备的性能、模型材料的特性与模型制作技术等方面的限制，完全恪守严格相似模型是不可能的。同时，由于隧道结构模型的尺寸较小，且深埋于模型土中，不易在模型上附加对结构刚度无影响的重量来弥补模型质量密度的不足以实现人工质量模型。振动台模型试验是对围岩大变形和隧道结构动力破坏机理进行研究，应保持结构模型材料抗力、阻尼特性、应力-应变关系和惯

图 8.29　数据采集系统输出设备

图 8.30　数据采集系统信号输入通道

性力与原型材料相似。因此,本系列试验忽略重力效应的影响,采用重力失真模型。

为了确定模型箱边界效应的影响,对试验模型进行了三维数值分析。根据计算结果、模型箱尺寸与隧道原型尺寸,确定了试验的几何相似比为 1∶25。根据 Bukingham π 定理以及重力失真模型对试验相似比的要求,以长度、质量密度和弹性模量为基本物理量,推导其他物理量,模型系统中各项物理量的相似关系如表 8.14 所示。

表 8.14　模型试验相似关系与相似比

物理量	相似关系	相似比
长度 l	C_l	1/25
密度 ρ	C_ρ	1/1.5
弹性模量 E	C_E	1/45
应变 ε	C_ε	1/1
应力 σ	$C_\sigma = C_E C_\varepsilon$	1/45
泊松比 μ	C_μ	1/1
时间 t	$C_t = C_l (C_\rho / C_E)^{1/2}$	1/4.56
频率 f	$C_f = 1/ C_t$	4.56
位移 d	$C_d = C_l$	1/25
速度 v	$C_v = (C_E / C_\rho)^{1/2}$	1/5.5
加速度 a	$C_a = C_E / (C_l C_\rho)$	1/1.2

8.2.4 模型试验的相似材料

1) 围岩相似材料的力学参数

按照本次模型试验的设计要求，从最不利情况考虑，围岩按照Ⅴ级围岩的参数取值。参照《公路隧道设计规范》，对Ⅴ级围岩及相似材料物理力学参数取值，见表 8.15。

表 8.15 Ⅴ级围岩的物理力学指标

参数类别	密度 $\rho/(\mathrm{g/cm^3})$	黏聚力 c/kPa	内摩擦角 $\varphi/(°)$
原型	1.7～2.0	50～200	20～27
模型	1.21～1.43	1.19～4.76	20～27
相似比	1.4	42	1

2) 围岩相似材料配比设计

通过参考课题组以前隧道抗震模型试验的结果，围岩的 c、φ 值主要由机油和河沙确定，粉煤灰对其影响不大，而且机油含量在 12%左右，河砂含量在 30%左右。按照正交试验设计方法，对河砂(25%、30%和 35%)和机油(10%、12%、14%)分别设计三个水平，粉煤灰作为因变量考虑。共设计 9 组试验，如表 8.16 所示。

表 8.16 试验配比设计表

试验编号	粉煤灰含量/%	河沙含量/%	机油含量/%
1	65	25	10
2	63	25	12
3	61	25	14
4	60	30	10
5	58	30	12
6	56	30	14
7	55	35	10
8	53	35	12
9	51	35	14

3) 正交试验过程与结果

正式试验之前，试验小组设计了几个具有代表性的配比，用环刀法测量其松散状态下的密度，大约为 1.3g/cm^3，每次试验时所取的试样质量均为 85g，环刀容量为 60cm^3，密度约为 1.41g/cm^3。为了得到较好的试验结果，每个配比制作 5 个土样进行试验，选取的垂直压力值分别为 50kPa、100kPa、150kPa、200kPa 和

250kPa。然后根据试验结果进行曲线拟合得到 c、φ 值。试验过程如图 8.31 所示，试验结果如表 8.17 所示。

(a) 直剪试验整体流程

(b) 环刀法制作土样

图 8.31　围岩相似材料直剪试验

表 8.17　模型材料直剪试验结果

试验编号	粉煤灰含量/%	河沙含量/%	机油含量/%	黏聚力 c/kPa	内摩擦角 φ/(°)
1	65	25	10	−3.99	22.3
2	63	25	12	−2.85	20.7
3	61	25	14	0.95	21.2
4	60	30	10	1.14	21.6
5	58	30	12	3.71	20.3
6	56	30	14	2.38	20.5
7	55	35	10	2.47	17.6
8	53	35	12	0.57	17.7
9	51	35	14	1.33	19.5

根据试验结果并考虑到机油的挥发性，最后决定采用的配比为第 6 组，即粉煤灰含量为 56%，河沙含量为 30%，机油含量为 14%。为了确保配比的可靠性，对第 6 组配比再次进行了三次试验，试验结果如表 8.17 所示。其最终结果可取值 $c=3.0\text{kPa}$，$\varphi=21°$。

4) 微粒混凝土相似材料配比与预制方法

本系列试验中衬砌材料选用微粒混凝土，微粒混凝土是以中砂代替普通混凝土中的骨料，以一定的水灰比和配合比组成的新型模型材料，其弹性模量和抗压强度与普通混凝土相比较低，有利于模型相似率的实现。本次试验中制作的微粒混凝土的衬砌模型，水泥与中砂的质量比为 1∶6，水灰比为 1∶1。

模型在制作过程中预留微粒混凝土的立方体试块(试块尺寸:70.7mm×70.7mm×70.7mm)和棱柱体试块(试块尺寸:70.7mm×70.7mm×141.4mm),进行了28天龄期的与模型同等条件的养护。模型试块的立方体抗压强度试验结果和棱柱体抗压弹性模量的试验结果分别列于表8.18和表8.19中。试验结果表明,按照配合比为1∶6所配置的微粒混凝土的轴心抗压强度标准值和弹性模量,总体上满足相似比的要求。

表8.18 微粒混凝土立方体试块的轴心抗压强度实测值

编号	试块尺寸/mm×mm×mm	破坏荷载/kN	轴心抗压强度标准值/MPa
1	70.7×70.7×70.7	30.6	6.13
2		25.3	5.07
3		28.3	5.66
4		27.4	5.48
5		26.4	5.27
6		29.4	5.88
平均值		27.9	5.58

表8.19 微粒混凝土棱柱体试块的抗压弹性模量实测值

编号	试块尺寸/mm×mm×mm	破坏荷载/kN	弹性模量/MPa
1	70.7×70.7×141.4	29.4	0.98×10^4
2		29.1	0.90×10^4
3		34.7	0.96×10^4
4		30.3	1.03×10^4
5		32.8	1.04×10^4
6		29.9	0.88×10^4
平均值		31.0	0.97×10^4

8.2.5 模型试验方案

1. 试验方案说明

为了突出研究可变形抗减震措施的效果,在制定试验方案时采用对比的思路进行设计，以达到明确其作用机理与改进的目的。为此，本系列试验分为隧道结构跨断层部位不设置抗减震措施、设置减震缝与设置套管式可变结构 3 种方案的两组试验，试验工况如表 8.20 所示。

表 8.20　模型试验工况表

试验工况	断层倾角/(°)	概况
1	90	隧道洞身穿越断层与设置减震缝的抗减震效果对比
2	90	在穿越断层部位设置减震缝与减震层的减震效果对比
3	90	穿越断层与设置套管式可变结构抗减震效果对比

1) 工况 1 设置减震缝

在试验中，将隧道结构分为四段(A～D)进行浇筑，不同衬砌段之间通过环氧树脂植筋胶连接成整体(图 8.32)。其中 1-1 截面所在的模型土底部采用了断层滑动装置(图 8.33)，以实现断层两侧围岩相互错动(两组试验均设置了该装置)。

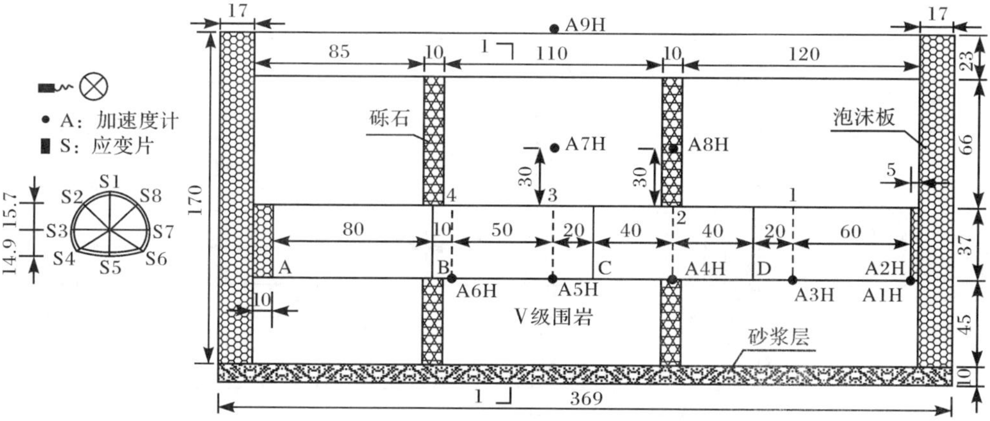

图 8.32　工况 1 振动台模型箱纵剖面图(单位：cm)

图中传感器编号首字母 A 代表加速度计，H 代表加速度计为水平放置，垂直于隧道结构轴线且与激震方向平行

本组试验的应变片共设置 4 个断面，全部为全环贴置，即断面所在位置衬砌内外表面各贴 8 个应变片。1 号与 2 号加速度计均水平放置，3～5 号加速度计用于监测断层对隧道结构动力响应的影响范围，6 号加速度计用于监测隧道结构上设置减震缝的减震效果，7 号加速度计用于监测两断层之间模型土的动力响应特征，8 号加速度计用于监测断层内部的动力响应特征，二者的监测结果可以进行比较。9 号加速度计固定于模型箱边沿。

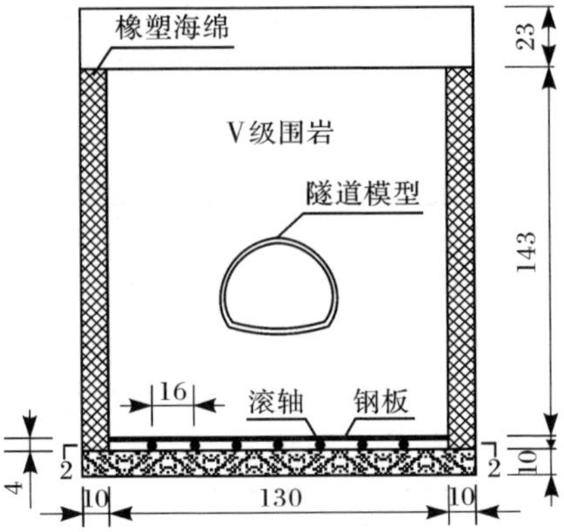

图 8.33　1-1 截面方案图(单位:cm)

2）工况 2 设置减震缝与减震层

在工况 2 中 C 段衬砌中部的外围包裹了一层厚度为 5cm、长度为 40cm 的橡塑海绵,用来模拟减震层(图 8.34),同时在试验中设置了减震缝。

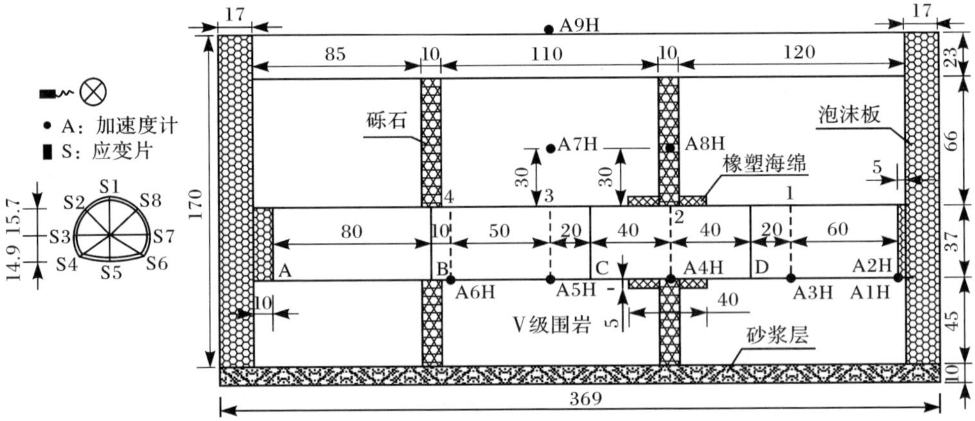

图 8.34　工况 2 振动台模型箱纵剖面图(单位:cm)

本组试验的应变片共设置 4 个断面,全部为全环贴置,即断面所在位置的衬砌内外表面各贴 8 个应变片,同样设置 9 个加速度计。

3）工况 3 设置隧道可变结构

工况 3 中引入隧道抗减震措施之一的套管式可变结构,其中直径较小的 A 段衬砌套入 B 段衬砌 25cm,A 段与 B 段衬砌之间的间隙用模拟减震层的橡塑海绵填充,左侧断层刚好跨越该套管结构(图 8.35)。该组试验用于比较研究隧道穿越断层的部位设置套管式可变结构与未设置抗减震措施的地震动力响应的差异。

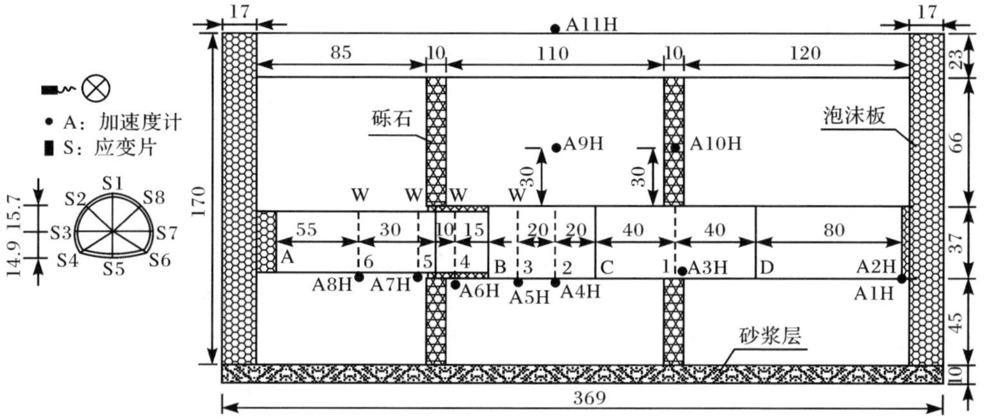

图 8.35　第 3 组试验方案图(单位:cm)

本组试验的应变片共设置 6 个断面,其中 1 号和 2 号断面为全环贴置,3～6 号断面仅在衬砌模型外表面贴置了 8 个应变片,同时设置 11 个加速度计。

2. 试验加载

本系列试验选取了在汶川地震中记录到的卧龙地震波东西向分量作为台面输入,与隧道轴线垂直的水平方向进行激震,地震波的加速度峰值与持时均根据相似关系进行了调整。地震加速度时程曲线如图 8.36 所示,地震波加速度傅里叶谱如图 8.37 所示。地震动的加速度峰值按照 0.2g、0.4g、0.6g、0.8g 和 1.0g 由小到大逐级增加,分别模拟不同地震烈度情况下隧道结构的破坏过程。

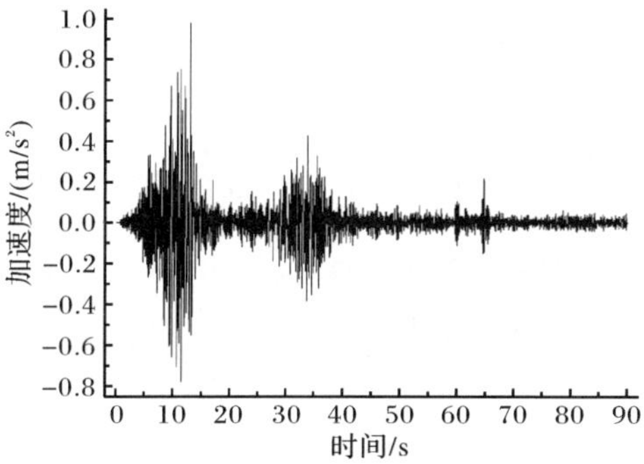

图 8.36　东西向卧龙地震波加速度时程

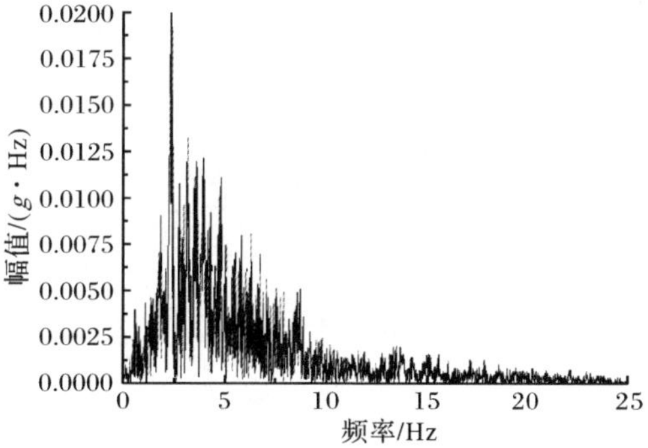

图 8.37　东西向卧龙地震波加速度傅里叶谱

8.2.6 模型试验结果分析

1. 模型土破坏情况

1) 工况 1 模型土破坏情况

观测试验过程的摄像资料显示,为实现断层错动而设置的装置工作状况较为理想。从模型箱顶部所拍摄的照片来看,在加载系统施加到地震加速度为 0.4g 时,位于错动装置上部的模型土已经产生裂缝(图 8.38 和图 8.39)。与激振方向平行的裂缝说明断层错动效果理想,贴近橡塑海绵的模型土碎裂情况较为严重说明橡塑海绵辅助错动的回弹能力较强。各组试验的上部围岩开裂趋势大致相似,仅开裂的大小有较小的变化。

图 8.38　错动装置上部模型土的裂缝图

图 8.39　橡塑海绵与模型土

模型箱设置钢板一侧宽度方向的模型土,如图 8.40 所示,从该模型土上部的裂缝发展来看,与激振方向平行的裂缝较多,证明断层的错动效果较为理想。两侧的裂缝宽度比中间的大,且两侧裂缝较为发展,也能说明位于衬砌模型拱顶上方的围岩沉降明显小于远离衬砌模型的围岩沉降。

(a) 模型土表层裂缝　　(b) 模型箱

图 8.40　模型箱钢板一侧的模型土

2）工况 2 模型土破坏情况

从模型箱顶部拍摄照片来看，错动装置上部的围岩产生的裂缝与激振方向平行(图 8.41)，说明断层错动效果理想，该处裂缝与试验四相应位置处裂缝极为相似。贴近橡塑海绵的围岩碎裂情况严重，说明橡塑海绵辅助错动的回弹能力较强(图 8.42)。

图 8.41　错动装置上部模型土的裂缝

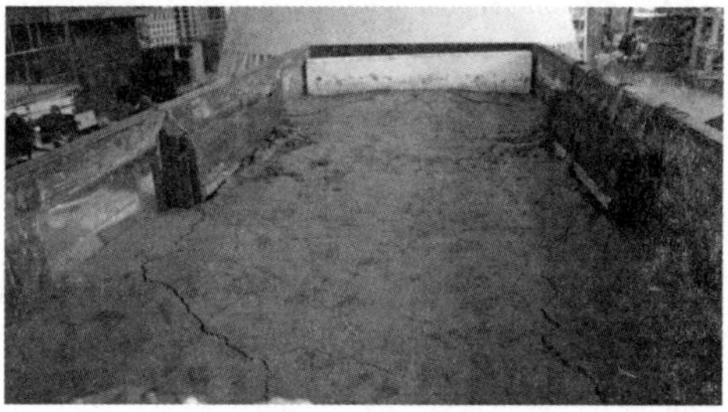

图 8.42　橡塑海绵与模型土

在试验过程中，位于模型箱两侧宽度上部的模型土也出现了极具特点的裂缝发展。首先是位于模型箱原本开口一侧的模型土(图 8.43)，由于激振方向与图 8.43中卷尺伸长方向一致，模型土震动后会有下沉，但位于衬砌模型拱顶上方的围岩沉降明显小于远离衬砌模型的围岩沉降，出现叠加型“人”字裂缝。

其次是模型箱设置钢板一侧宽度的模型土(图 8.44)，从该模型土上部的裂缝发展来看，与激振方向平行的细微裂缝较多，证明断层的错动效果较为理想。两侧的裂缝宽度比中间的大，且两侧裂缝较为发展，也能说明位于衬砌模型拱顶上方的围岩沉降明显小于远离衬砌模型的围岩沉降。两条沿隧道轴线走向的裂缝较宽，该两裂缝是由橡塑海绵处的模型土破碎带发展而来的。

图 8.43　模型箱开口一侧的模型土上部裂缝

图 8.44　模型箱钢板一侧的模型土上部裂缝

再次是从模型箱安置有玻璃一面观测来看，模型箱中围岩整体有约 7cm 的沉降(如图 8.45 标尺显示)，但是断层错动后的位置依然保持良好(如图 8.46 标志线位置)。

图 8.45 模型土整体沉降

图 8.46 断层位置标志线

3) 工况 3 模型土破坏情况

从模型箱顶部所拍摄的照片来看，在加载系统施加到地震加速度为 0.4g 时，位于错动装置上部的围岩已经产生裂缝(图 8.47 和图 8.48)。与激振方向平行的裂缝可以说明断层错动效果理想，贴近橡塑海绵的围岩碎裂情况严重可以说明橡塑海绵辅助错动的回弹能力较强。

图 8.47 错动装置上部模型土的裂缝

图 8.48 橡塑海绵与模型土

在试验过程中，位于模型箱两侧宽度上部的模型土也出现了极具特点的裂缝发展。首先是位于模型箱开口一侧的模型土(图 8.49)，由于激振方向与图 8.49 中卷尺伸长方向一致，模型土震动后会有些许沉降，但位于衬砌模型拱顶上方的围岩沉降明显小于远离衬砌模型的围岩沉降，出现叠加型"人"字裂缝。

其次是模型箱设置钢板一侧宽度的模型土(图 8.50)，从该模型土上部的裂缝发展来看，与激振方向平行或斜交的裂缝较多，证明断层的错动效果较为理想。两侧的裂缝宽度比中间的大，且两侧裂缝较为发展，也能说明位于衬砌模型拱顶上方的围岩沉降明显小于远离衬砌模型的围岩沉降。

再次是从模型箱安置有玻璃一面观测来看，模型箱中围岩整体有约 6cm 的沉降(如图 8.51 标尺)，但是断层错动后的位置依然保持良好(如图 8.52 标志线位置)。

图 8.49　模型箱开口一侧的模型土上部裂缝

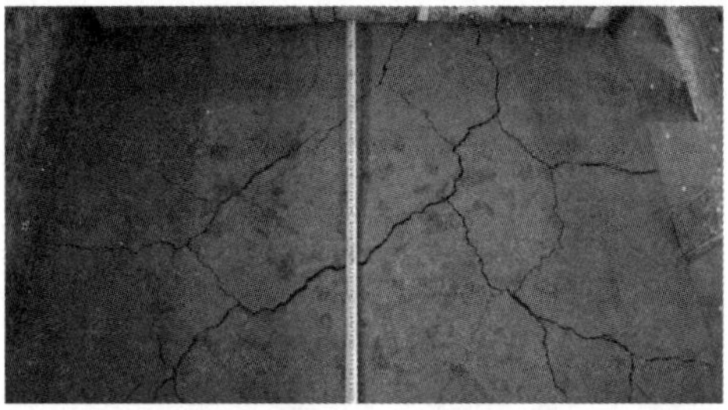

图 8.50　模型箱钢板一侧的模型土裂缝

图 8.51　模型土整体沉降标尺

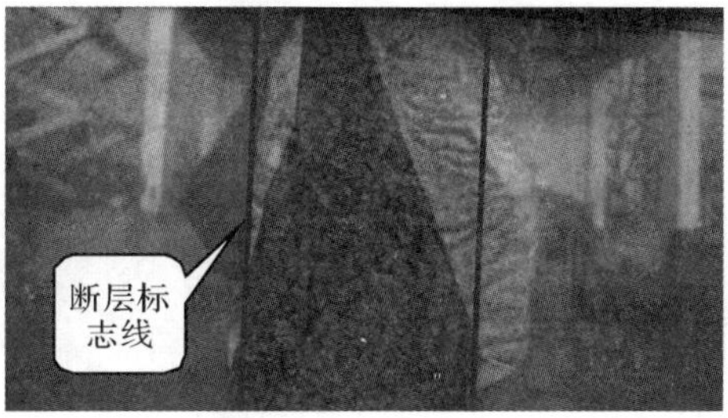

图 8.52　断层位置标志线

2. 隧道模型开裂情况

1) 工况 1 衬砌开裂情况

本系列试验全程采用先进的模型内外部观测系统，可以详细记录模型土与隧道结构的破坏过程和最终形态。试验结束后将隧道结构完整取出，在内外表面辅以手工标示裂纹的方法加强最终破坏形态的再现，为隧道结构在地震作用下采用可变形抗减震措施的破坏机理研究提供了真实和直观的研究资料。

通过分析工况 1 中 C 段衬砌的裂纹现象，考察隧道结构在无抗减震措施情况下的破坏形态，如图 8.53 所示。从图 8.53(a)可看出，隧道的拱脚部位在地震作用下发生露筋破坏，损毁严重；仰拱严重隆起；拱顶混凝土大面积脱落；裂纹遍布除拱肩外的隧道横断面所有部位。因此，跨断层的隧道结构施作抗减震措施是很有必要的。

采用减震缝措施后(图 8.53(b)和(c))，裂缝出现的位置有向一定部位集中的趋势。B 段衬砌的裂缝集中于拱顶和仰拱部位，仰拱依然隆起破坏，但拱脚仅有裂缝，未被损毁。此外，拱肩处也有少量裂缝。A 段衬砌同样是构成减震缝的一部分，但裂缝数量比 B 段衬砌少，主要集中于仰拱和右侧拱肩，拱脚部位依然出现裂缝，但未被损毁。对于该断面类型的隧道结构，拱脚处曲率比较大，易产生应力集中,减震缝的存在可以使隧道结构发生相对变位,减小内力的作用。因此,A、B两段衬砌拱脚仅为开裂,而C段衬砌拱脚却损毁。

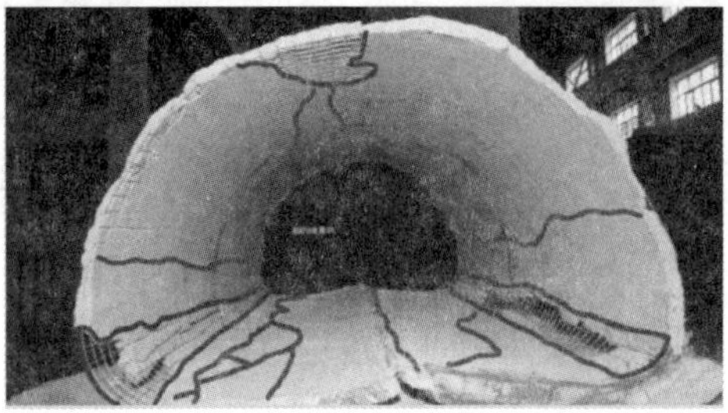

(a) C段衬砌裂纹

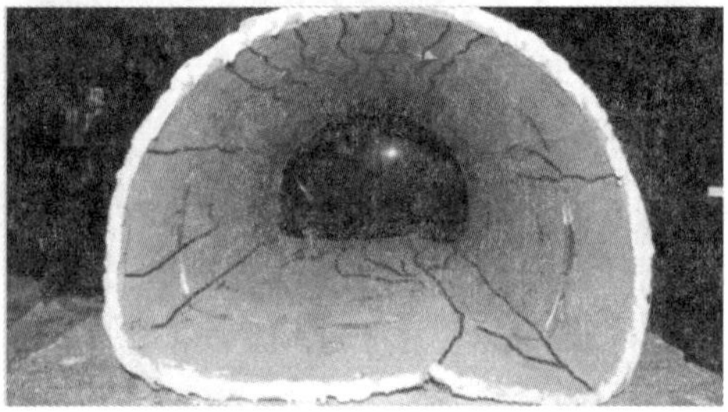

(b) B段衬砌(与A段衬砌连接端)

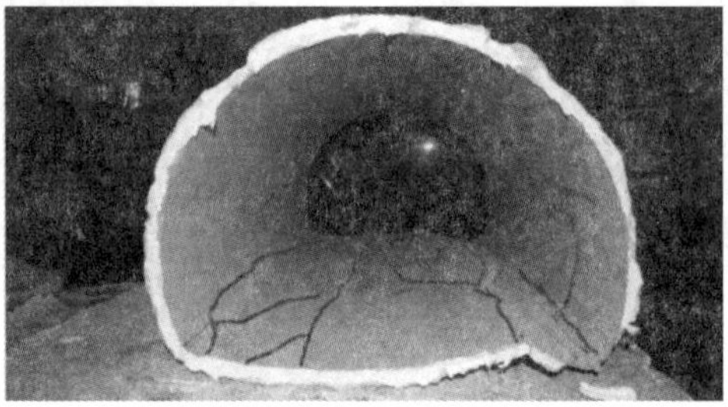

(c) A段衬砌裂纹

图 8.53　工况1隧道衬砌裂缝分布

但是减震缝的存在并不能改变仰拱破坏的情况。这是因为仰拱的半径较大,且承受隧道结构与上覆围岩的重量,易产生较大弯矩而发生破坏。鉴于试验的激振方向为垂直于隧道结构轴线的水平向,隧道结构会随着围岩发生往复的剪切变形,从而引起结构横断面上产生正负交替的附加弯矩,造成了拱肩发生开裂。有减震缝的结构段受约束少,自身发生剪切变形更加明显。因此,A、B两段衬砌在拱肩的裂缝都是贯通裂缝,而C段衬砌在拱肩为非贯通裂缝。

2) 工况2衬砌开裂情况

试验中B段衬砌的AB连接端采用白色的硅胶覆盖表层,与A段衬砌一起构成了跨断层的减震缝结构,如图8.54所示。B段衬砌的BC连接端采用红褐色的环氧树脂植筋胶与C段衬砌相连成一个整体,如图8.55所示。由于减震缝的存在,A、B两段衬砌构成的隧道结构并非一个整体,在地震过程中,减震缝发挥作用,A段与B段衬砌可以随着模型土振动和断层错动发生相应的变位,从而减小衬砌的内力,破坏程度比BC连接端轻微。BC连接端在地震过程中除了受到模型土的约束,还因其构成隧道结构的各段衬砌之间沿隧道轴线方向互相约束,产生较大内力,因此破坏严重。

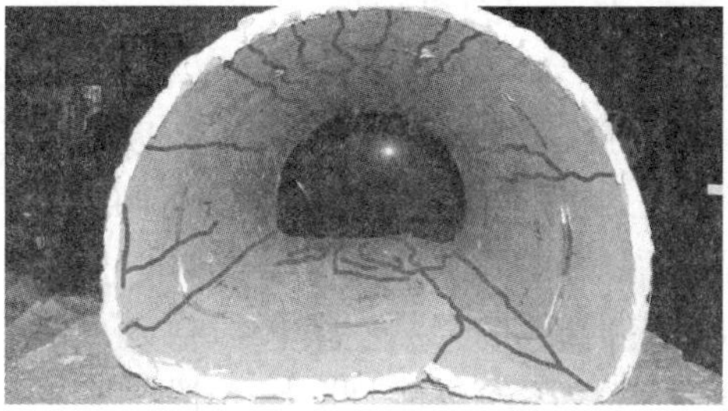

图 8.54　工况 2 的 B 段衬砌与 A 段衬砌连接端

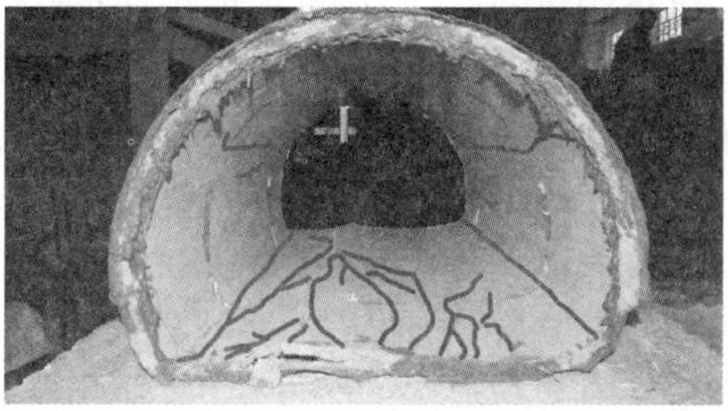

图 8.55　工况 2 的 B 段衬砌与 C 段衬砌连接端

相对工况 1 衬砌的裂缝开展情况，工况 2 的 C 衬砌由于受到减震层良好的保护，仅在外部拱脚部位有纵向非贯通裂纹，以及仰拱部位有纵向贯通裂纹，其他部位未见破坏，如图 8.56 所示。在减震层覆盖部位(未被模型土浸染的白色部分)也没有出现因断层错动产生的环向裂缝。内部的贯通裂缝集中出现在拱脚和仰拱，拱脚处的圆弧半径较小，易出现应力集中发生破坏；仰拱的圆弧半径很大，但同时受到上覆模型土和隧道结构的压力，易产生较大弯矩而发生破坏。两侧拱肩均是非贯通裂缝，说明减震层对隧道结构横断面的保护是有效的。

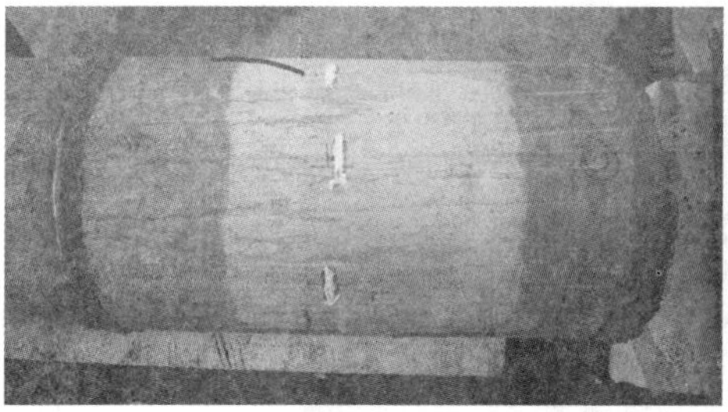

(a) C 段衬砌外部裂纹

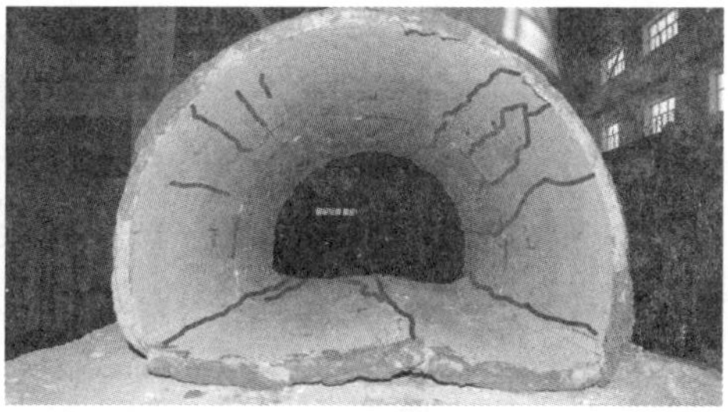

(b) C 段衬砌内部裂纹

图 8.56　工况 2 隧道衬砌裂缝分布图

通过比较隧道结构跨断层区段采用减震缝和减震层的破坏现象可以发现，拱脚和仰拱部位均产生了贯通性的破坏。但总体来看，采用减震缝比采用减震层的隧道结构破坏更为严重，特别是在拱顶和拱肩部位。因此，采用减震层可以使隧道结构获得更好的抗减震效果。

3) 工况 3 衬砌开裂情况

与工况 1 试验结果类似，不采用抗减震措施的工况 3 的 C 段衬砌拱脚和仰拱损毁严重。裂纹遍布除两侧拱肩外的横断面其他部位，且都是贯通裂缝，如图 8.57 所示。工况 3 的 B 段衬砌作为主套管，拱脚处混凝土大面积脱落，完全破坏；

仰拱极为碎裂，已变形呈平板状，但衬砌横断面上部的裂纹较少(图 8.57(b))。分析认为，B 段衬砌的仰拱和拱脚不仅要承受上覆围岩和自身上部结构的重量，还要承受 A 段衬砌的重量，因此，其拱脚和仰拱损坏最为严重。由于 A、B 两段衬砌之间还存在橡塑海绵作为缓冲材料，B 段衬砌上部破坏较轻，A 段衬砌仅在仰拱靠近拱脚处有一条贯通裂缝，是所分析衬砌中最为完好的一段(图 8.57(c))。分析认为，断面的减小增加了 A 段衬砌的整体刚度，使得破坏不易发生；A 段衬砌的被套部分还有橡塑海绵的缓冲保护，进一步降低了被破坏的可能；此外，A 段衬砌的仰拱仅需承受自身上部结构的重量，上覆围岩的重量由主套管承担，并不作用其上，因此，仰拱部位仅为轻微开裂。

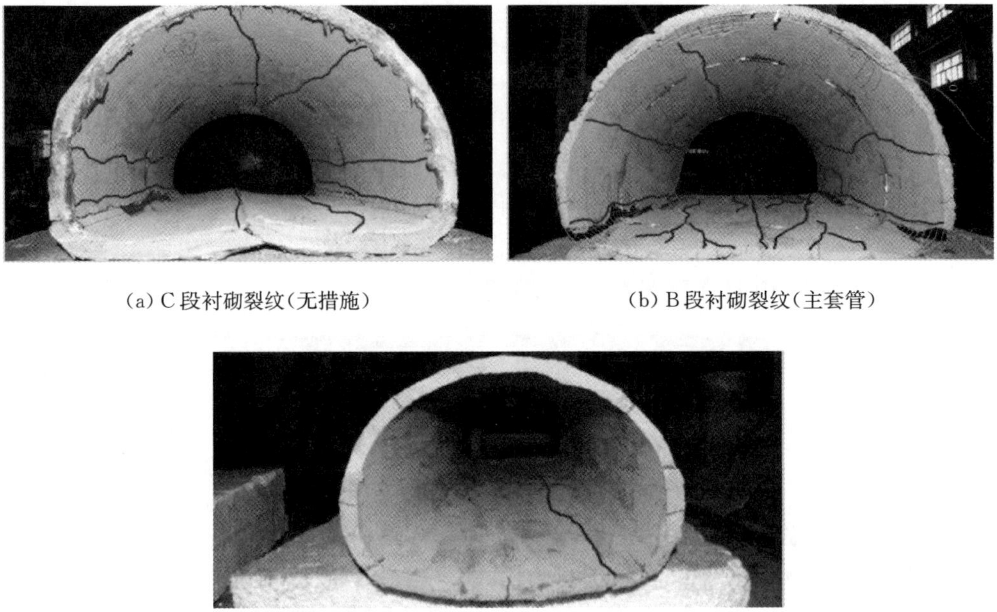

(a) C 段衬砌裂纹(无措施)　　(b) B 段衬砌裂纹(主套管)

(b) A 段衬砌裂纹(被套管)

图 8.57　工况 3 隧道衬砌裂缝分布图

3. 可变形抗减震措施的地震加速度响应

本系列模型试验测点布置及加载工况较多，下面只列出加载地震加速度峰值为 1.0g 的情况下具有代表性测点的记录数据。通过比较第一组试验中的 A4 和 A6 加速度计数据可以分析隧道结构跨断层区段设置减震缝的效果；通过比较第二组试验中的 A3、A6 和 A7 加速度计数据可以分析套管式可变形结构对隧道模型地震加速度响应的影响及其作用，如表 8.21 和表 8.22 所示。

表 8.21　减震缝的地震加速度响应

比较项目	A4 加速度计(无措施)	A6 加速度计(减震缝)
最大值/(m/s²)	1.01	1.47
采集时间/s	15.23	38.28
最小值/(m/s²)	−1.01	−1.32
采集时间/s	38.44	12.71
平均值/(m/s²)	0.039	0.066

表 8.22　套管式可变形结构的地震加速度响应

比较项目	A3 加速度计(无措施)	A6 加速度计(主套管)	A7 加速度计(被套管)
最大值/(m/s²)	0.98	1.33	0.86
采集时间/s	13.45	38.03	38.02
最小值/(m/s²)	−1.03	−1.26	−0.82
采集时间/s	16.62	38.24	13.45
平均值/(m/s²)	0.041	0.062	0.028

注:表中最大与最小值分别表示监测点加速度时程曲线正负的极值;表中平均值为加速度时程曲线各点绝对值的平均值。

根据表 8.21 中工况 1 的试验数据,A4 加速度计处不设置抗减震措施,其采集到的加速度最大值比设置减震缝处的 A6 加速度计小 31.3%,最小值比 A6 加速度计小 23.5%,平均值比 A6 加速度计小 40.9%。尽管 A4 加速度计受到强烈的断层错动影响,但是 B、C、D 三段衬砌作为一个整体,在地震动过程中随着模型系统做整体运动,而且隧道结构最终并未因断层错动而被完全剪坏,故 A4 加速度计峰值与振动台台面输入的地震加速度峰值(1.0g)接近。A6 加速度计位于减震缝处,受断层与减震缝的联合作用,减震缝随着断层的错动发生变位,原本地震传递给隧道结构的能量被减震缝耗散,耗散掉的能量其中有一部分转化为减震缝两侧隧道结构产生相对变位过程中的动能,这同时导致了 A6 加速度计采集到的加速度峰值比台面输入加速度峰值大 32.0%。

工况 3 中的 A3 加速度计与工况 1 的 A4 加速度计情况相同,其采集到的加速度峰值接近台面输入的地震加速度峰值(1.0g),且最大、最小和平均值介于 A6 和 A7 加速度计数值之间。用于监测主套管地震加速度响应的 A6 加速度计最大值比 A3 加速度计大 26.3%,最小值比 A3 加速度计大 18.3%,平均值比 A3 加速度计大 33.9%。主套管结构在该可变形抗减震系统中用于保护被套管,主套管与被套管可以发生相对变位以耗散掉地震传递给隧道结构的能量,但是二者之间又存在相互约束的关系。因此,主套管受到被套管以及其中橡塑海绵减震层的约束,其地震加速度比单纯采用减震缝略小。

工况 3 试验中 A6 加速度计最大值比工况 1 试验中 A6 加速度计小 9.5%，最小值小 4.5%，平均值小 6.1%。与之对应，被套管结构受到主套管与其中橡塑海绵减震层的保护，加速度计采集到的数值为所分析的五个加速度计中最小的。其中，A7 加速度计最大值比无措施下的 A3 加速度计小 12.3%，最小值比 A3 加速度计小 20.4%，平均值比 A3 加速度计小 31.7%。

通过对以上数据的比较分析，很显然采用套管式可变形抗减震措施并非简单的牺牲主套管而保全被套管，这种可变形结构的抗减震效果好于单纯采用减震缝结构。设置套管式结构，使得原本的围岩—衬砌结构体系改变为围岩—衬砌—减震层—衬砌结构体系，增强了隧道结构的抗减震性能。从实际工程考虑，套管式结构既解决了减震缝防水性差的问题，又改正了因减震缝存在，隧道结构分段完全独立，不利于震后修复的缺陷。

4. 隧道可变抗减震措施的地震动应变响应

1）隧道结构减震缝与减震层的减震效果分析

通过在隧道监测断面 2 号和 4 号贴置的应变片获得隧道结构的应变值，与加速度计获得的数据相结合分析，可以更为全面和立体地评价跨断层隧道抗减震措施的效果。隧道结构 2 号与 4 号断面的应变极值如表 8.23 所示。

表 8.23 振动台试验中的隧道结构应变极值 （单位：με）

监测位置	工况 1		工况 2	
	2 号断面（无措施）	4 号断面（减震缝）	2 号断面（减震层）	4 号断面（减震缝）
拱顶	569.56	480.90	146.87	472.90
拱肩	286.76	517.30	369.52	532.33
边墙	563.68	423.26	131.95	440.51
拱脚	747.32	597.58	393.69	577.19
仰拱	582.91	533.11	469.23	521.75

注：拱肩、边墙和拱脚处的应变值为引起隧道结构破坏或最后一次加载过程中，左右两侧相应位置处的应变较大值。

根据隧道模型采用的砂浆混凝土试块抗压强度测试数据，产生 300με 则材料发生破坏。根据表 8.23 分析，不采用抗减震措施的断面应变值最大，破坏最为严重，但拱肩部位未发生破坏。采用减震缝的两个监测断面应变数值非常接近，比不采用抗减震措施的断面应变平均值低 18.1%，但是监测点全部发生破坏。因此，要使得减震缝措施达到理想的减震效果，还需提高隧道衬砌混凝土的强度。减震层断面应变平均值比减震缝断面低 32.2%，比无抗减震措施断面低 56.1%，而且减震层断面各处应变值均比减震缝断面小，也比除拱肩外的无措施断面各处应变值小。

由此可见，减震层的存在可以全面降低监测断面不同位置的应变值，比减震缝的减震效果理想，但是拱肩、拱脚和仰拱处依然发生破坏。纵观四个监测断面，拱肩、拱脚和仰拱的应变值均比拱顶和边墙大，说明拱肩、拱脚和仰拱是隧道结构抗震加固的重点部位。

2）隧道可变结构减震效果分析

通过比较工况 1 试验中与加速度计位置对应的 2 号和 4 号应变监测断面，以及工况 3 中同样与加速度计位置对应的 1 号、4 号和 5 号应变监测断面获取数据，可以更为深入和详细地评价跨断层隧道可变形抗减震措施的效果。各监测断面应变值如表 8.24 所示。

表 8.24　振动台试验中的隧道结构应变极值　（单位：με）

监测位置	工况 1		工况 3		
	2 号断面（无措施）	4 号断面（减震缝）	1 号断面（无措施）	4 号断面（主套管）	5 号断面（被套管）
拱顶	569.56	480.90	515.61	349.50	137.50
拱肩	287.76	517.30	211.03	265.99	251.08
边墙	563.68	423.26	517.71	402.85	212.46
拱脚	747.32	597.58	753.23	777.72	323.16
仰拱	582.91	533.11	522.34	640.51	284.29

注：拱肩、边墙和拱脚处的应变值为引起隧道结构破坏或最后一次加载过程中，左右两侧相应位置处的应变较大值。

根据其试块的抗压强度测试数据，材料产生 300με 即发生开裂。第 1 组试验中无抗减震措施的 2 号断面除拱肩，其余部位全部发生破坏。采用减震缝的 4 号断面除拱肩，其余部位应变平均值比 2 号断面低 17.4%，但监测点全部发生破坏。因此，要使得减震缝措施达到理想的减震效果，还需提高隧道衬砌混凝土的强度。

第 3 组试验中无抗减震措施的 1 号断面与第 1 组试验中的 2 号断面情况相同，除拱肩，其余部位破坏严重，具体的应变值也与 2 号断面接近。采用套管式可变结构的 4 号和 5 号断面差别较大，位于主套管上的 4 号断面，拱脚和仰拱的破坏程度比无措施和减震缝情况下严重；拱顶和边墙虽然发生破坏，但应变值均比无措施和减震缝情况下小；拱肩部位仍然未发生破坏。位于被套管上的 5 号断面，除拱脚处发生轻微破坏，其余部位均未达到发生破坏的条件，其上各监测点应变平均值比无措施情况下小 52.0%，比采用减震缝小 50.6%。

由此可见，采用套管式可变结构对保护主套管的上部结构和被套管是有利的，但是对主套管的拱脚和仰拱不利。总体来讲，套管式可变结构比减震缝的减震效果理想，但是不论采用何种抗减震措施，隧道结构的拱脚和仰拱均破坏严重。因此，拱脚和仰拱是隧道结构抗震加固的重点部位。

8.3 强震区山岭隧道振动台模型试验相关技术问题

对于强震区隧道抗减震技术研究，西南交通大学进行了多次动力模型试验研究，取得了可信的结果，主要结合动力模型试验中出现的问题进行了分析，得出了一些有益的结论。在振动台模型试验中一些需要注意到的问题比较多，本节简单介绍几个问题。

8.3.1 振动台模型箱设计

全部试验在专门制作的振动台架上进行，按试验要求将模型箱放在振动台架上，振动台的台面需要足够的刚度和承载力，以便台面的自振频率能够避开振动台的使用频率范围，以防共振。在模型箱设计时，专门对模型箱结构进行了模态分析，以确保其一阶自振频率远离相似材料的自振频率，满足试验要求。

1) 模型箱的设计要求

在模拟半无限场地问题时，用于盛土的模型箱的边界对激振可形成反射波，使模型土的振动与自由场地中波传播问题有很大差异。同时，由于模型箱内表面与模型土之间存在摩擦力，使模型在低应力水平下(未克服摩擦力之前)刚度变大。此外，模型箱围护材料对模型土应变有一定的约束作用，使模型土不能自由变形。因此，设计模型箱时应注意力求最大限度地减小边界效应的影响。

本次试验设计中，针对模型箱结构的组成开展研究工作制定的要求如下：

(1) 结构牢固，以免箱体在激振过程中失稳破坏。

(2) 边界条件明确简单，力求使模型土与边界面的接触条件可模拟原型场地土的地震响应的性状，可根据在试验过程中采集的量测信息建立分析理论。

(3) 模型土数量适度，以免整个试验系统超出振动台最大承载能力。

(4) 避免模型箱与模型土因自振频率相近而使二者发生共振，由此影响理论分析成果的合理性。

2) 模型箱尺寸设计

根据试验台的情况及试验设备安装的方便，8.1 节采用的振动台模型土尺寸为：模型箱高度 2.0m，隧道横断面方向净宽 2.5m，隧道模型纵向净长度 2.5m，如图 8.58 和图 8.59 所示。

图 8.58　模型箱三维图形显示

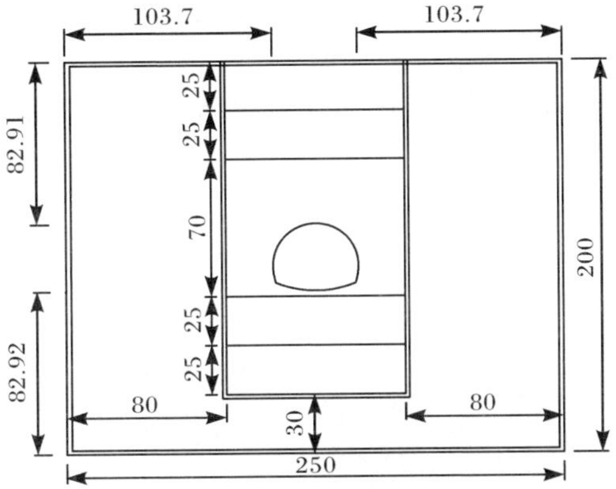

图 8.59　模型箱尺寸图形(单位:cm)

根据振动台的情况及试验设备安装的要求,在 8.2 节中采用的模型箱尺寸为:模型箱高度 1.8m,宽度 1.5m,长度 3.65m,如图 8.60 和图 8.61 所示。

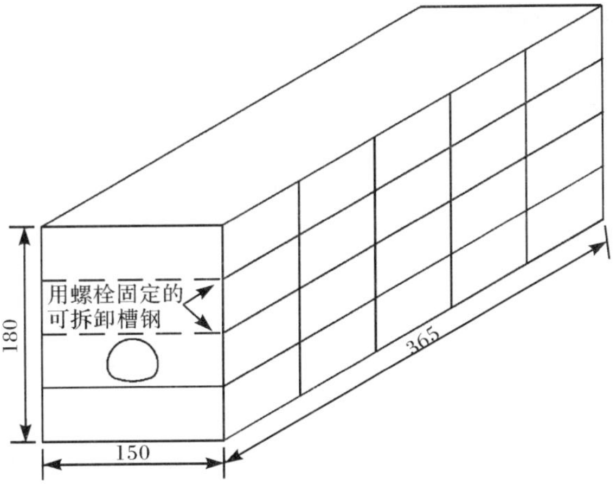

图 8.60　模型箱整体效果图(单位:cm)

图 8.61　模型箱实物图

3）模型箱进行设计时需考虑的问题

（1）模型箱的自振频率。

为防止模型箱和模型土因自振频率接近而发生共振，在确定模型箱刚性结构的形式前，对不同加固形式下模型箱的自振频率进行了比较计算，以确保其一阶自振频率远离模型土的一阶自振频率。在模型箱（图 8.62）设计时，专门对模型进行了模态分析（图 8.63），计算出模型箱的一阶自振频率为 83Hz，模型土的一阶自振频率为 15～20Hz，满足试验要求。

图 8.62　振动台模型箱照片

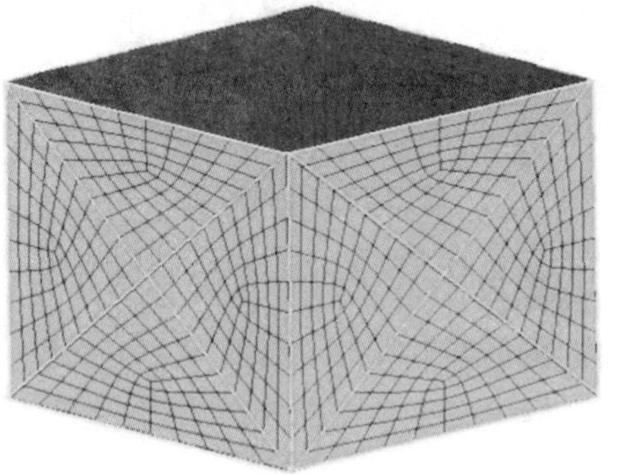

图 8.63　模型箱自振频率计算模型

（2）模型箱边界处理。

为了减小箱壁与土体的接触面上的摩擦阻力及降低反射波对模型试验测试结果的影响，模型箱采用的边界为刚性固定边界，激振方向上刚性边界的内侧衬有柔性材料。

在 8.1 节中，在与水平振动方向垂直的方向上，箱体内壁均衬有厚 100mm 的聚苯乙烯泡沫塑料。泡沫塑料属普通工业塑料，其中模塑聚苯乙烯、模塑硬质聚氯乙烯及硬质聚氨酯泡沫塑料有质量轻、弹性好、具有一定的刚度且价格相对低廉等特点。三种材料的基本物性参数如表 8.25 所示。本次试验拟将压缩特性最好的模塑聚苯乙烯泡沫塑料用做模型箱的内衬材料。

表 8.25　三种泡沫塑料的物性参数表

产品种类	材料性能		
	密度/(kg/m^3)	厚度压缩 10%时的压缩应力/MPa	吸水率/%
模塑聚苯乙烯泡沫塑料	15	0.09	6.0
模塑硬质聚氯乙烯泡沫塑料	45	0.18	2.5
硬质聚氨酯泡沫塑料	40	0.16	3.8

在模型箱底部焊有 5mm×5mm 的角钢，铺设一层碎石，用以增大接触面上的

摩擦阻力，以免激振时模型体底板发生相对滑移，如图 8.64 和图 8.65 所示。考虑到隧道衬砌模型的长度有限，为了减小模型箱后端对衬砌的边界效应，安放衬砌时，在衬砌与后端钢板之间放入减摩板（减小摩擦的板的简称），减摩板由有机玻璃板制成。放入减摩板之前，在其表面和模型箱钢板均涂抹凡士林。

图 8.64　模型箱减震缓冲塑料泡沫层施作

图 8.65　模型箱底面碎石层

在 8.2 节中，由于模型箱由钢材焊接而成，为了减小模型箱在试验过程中的影响，在模型箱内部与激振方向垂直的两侧壁上铺设了一层聚乙烯薄膜。模型箱内部与激振方向平行的两侧壁各铺设了一层 10cm 厚的聚苯乙烯泡沫塑料，以减小模型箱端部的影响。模型箱底部原本有一层约 6cm 厚的砂浆混凝土垫层，可以防止试验中模型土与模型箱发生的相对滑移，如图 8.66 所示。

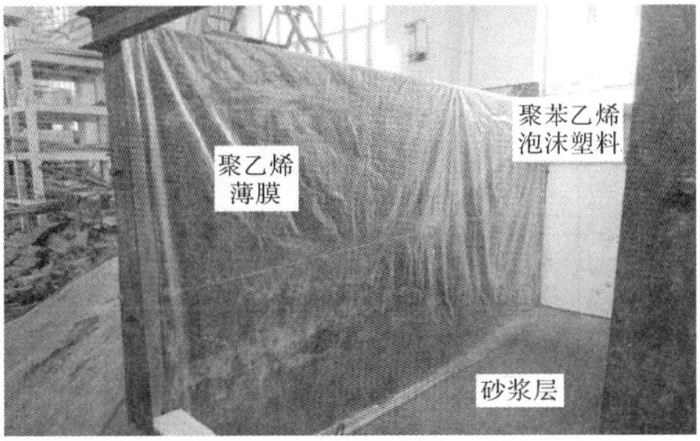

图 8.66　模型箱边界效应消除措施

8.3.2 模型试验相似参数及材料确定

隧道动力模型试验主要目的是验证数值模拟结果的正确性，观测和分析模型及围岩材料的破坏形态及其破坏机理，由此确定模型试验相似关系的原则如下：

(1) 由于结构动力相似条件要求苛刻，确定一个几何参数的相似比无法推导出其他参数的相似关系，因此根据相似理论及相似关系，将模型的几何相似比和弹性模量相似比作为模型设计的独立参数。

(2) 动力模型试验需考虑振动台的性能、模型制作和维护条件、试验设备起吊能力和模型安装工艺要求等因素对试验实施的制约，确定试验相应的相似关系。

1. 围岩相似材料配比

围岩相似材料原材料一般由骨料、胶结材料和辅助材料三类材料组成，根据围岩原型参数及模型试验相似关系，选用试验材料粉煤灰（F类、二级）、河砂（细砂）和机油（40[#]）经正交试验数十次反复比选调配，最后按照一定的相似比进行配制而成。

选择机油作为胶结剂，是因为机油的胶结性较弱，能降低成型材料的强度模拟原型材料。辅助料粉煤灰的主要作用是调节相似材料的容重，而且其微粒呈球形，具有较大的表面张力，能够吸附较多的机油，有利于所配制的相似材料的稳定。但同时也存在天气变化（模型试验在8月份进行），考虑机油的挥发可能影响相似材料的力学特性，因此必须对相似材料中机油的挥发问题进行研究。图8.67为围岩相似材料机油挥发时态曲线。

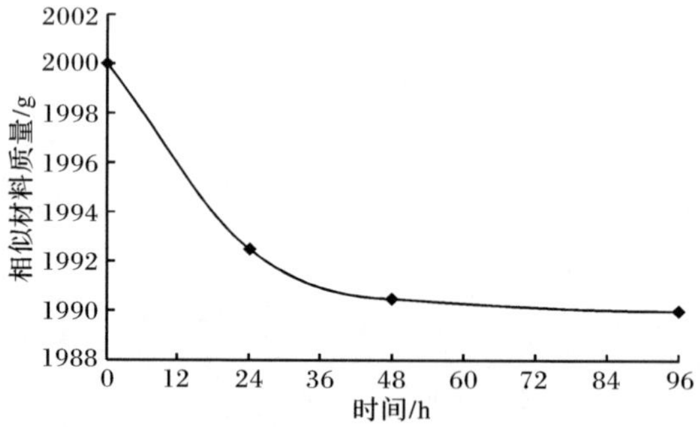

图8.67 围岩相似材料机油挥发时态曲线

从图8.67可以看出，机油挥发在48h后便趋于稳定，在48h内的挥发量占总挥发量的91.5%。因此，在正式配制抗震模型试验所需围岩相似材料时，机油用量应把48h内的挥发量考虑在内，即机油用量应增加57.7‰（挥发量占总机油量)。虽然 48h 后机油仍在挥发,但其量仅为机油总量的 5‰左右,基本不会对围岩相似材料的性质产生影响。

隧道围岩相似材料在振动台上进行填筑、压实等工作。填筑压实后,应静置 24h 待自平衡后才可进行模拟震动试验,此时的机油含量刚好能达到配制的围岩相似材料中所要求值,保证了试验结果可靠性。

2. 模筑混凝土相似材料配制方法

对于动力结构模型,给模型材料的弹性模量、密度提出了更为严格的要求,为 $\left(\frac{g\rho l}{E}\right)_{\mathrm{m}}=\left(\frac{g\rho l}{E}\right)_{\mathrm{p}}$,即$\frac{C_E}{C_g C_\rho}=C_l$。对于一般模型,由 $C_g=1$,可以推出$\frac{C_E}{C_\rho}=C_l$,则要求模型材料的弹性模量较低,而密度较大,这是很难满足的。为了能够达到隧道抗震试验的要求,本次试验进行了大量的试验分析研究。通过正交试验,得出混凝土衬砌的相似材料采用石膏、石英砂、重晶石、水按一定比例配制可以满足试验要求,个别相似参数做了最大限度接近,达到了试验要求的条件。

1) 模型成型方式

浇筑成型:主要用于纯石膏材料。其步骤为:浇筑—自然干燥—拆模—烘干(温度不宜超 600℃)或自然干燥。这种成型法渗水较多、不易干燥、成型周期短,但一般而言模型表面较平整,易于粘贴应变片。

2) 隧道结构模型(石膏类材料)的干燥判别及表面防潮处理

第一步模型干燥,石膏类材料在天然条件下易吸潮,而此类材料的力学性质对含水量的变化极为敏感。试验时,模型的干燥度用其表面绝缘度来判别,一般当绝缘电阻达到 200～500MΩ 时,认为模型已干燥。

第二步隧道模型打磨防潮,模型干燥后,为防止其在试验前或试验过程中再度受潮,应对模型表面进行防潮处理。通常的做法是在模型表面刷抹一层很薄的清漆,对要粘贴应变片的模型表面,应先用细砂纸将其打磨平整光滑,然后再做防潮处理。

第三步模型的黏结,根据模型箱的长度,衬砌模型的长度为 250cm,由于各种条件的限制,一次性浇筑模型长度为 125cm,因此模型需要进行黏结工作,同时可以模拟隧道横通道、竖井、斜井与主隧道交接部位(图 8.68)。

对黏合剂的要求是,具有一定的黏结强度(以略低于模型材料强度为佳),弹性模量与模型材料的弹性模量相近,固化后性能稳定,(对破坏试验而言)在模型破坏时,断裂线能穿过黏结面,以保证模型的破坏形态与原型一致。

3) 其他因素

为了确保试验结果的真实、可靠,隧道衬砌模型配比试验中有两个影响因素的需要考虑。

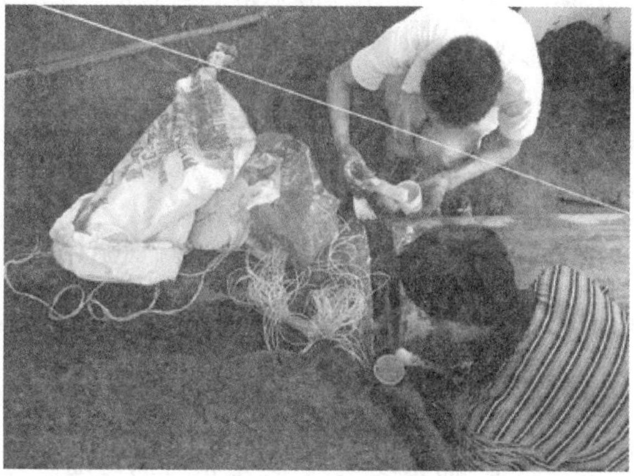

图 8.68　模型黏结照片

(1) 不同干燥路径对石膏试件强度的影响。

石膏类材料在天然条件下易吸潮,而此类材料的力学性质对含水量的变化极为敏感。试验时,模型的干燥度用其表面绝缘度来判别,一般当绝缘电阻达到200～500MΩ 时,认为模型已干燥。

在制作隧道衬砌模型时,天气的变化(阴雨天)对隧道模型强度的影响较大,因此充分考虑了不同干燥路径的影响。由图 8.69 可以看出,自然风干条件下的试件强度在一周内要小于高温烘干条件下的强度,但在自然状态下的模型强度恰好满足动力试验要求。为了能够准确观测隧道模型破坏形态,本次试验所用隧道模型均提前一周浇筑,自然风干而成。

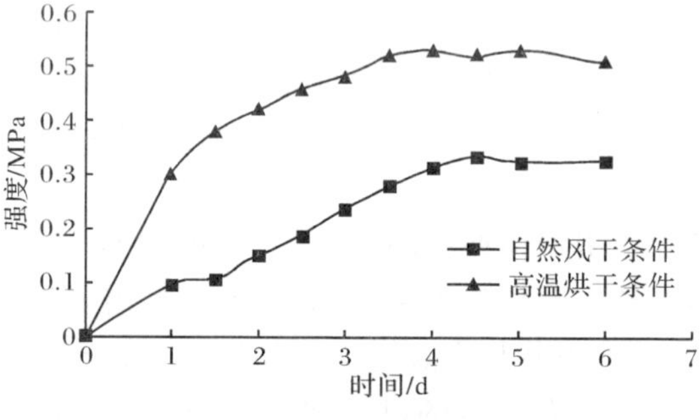

图 8.69　不同干燥路径对试验强度的影响曲线

(2) 隧道模型(石膏试件)表面刷清漆对其力学行为的影响。

石膏类材料易吸潮,为防止其在试验前或试验过程中再度受潮,应对模型表面进行防潮处理。通常的做法是在模型表面刷抹一层很薄的清漆,同时光滑表面可以模拟防水层的力学效应。但在模型表层刷清漆后，必将影响其强度变化，因此本次试验专门对此进行了研究。图 8.70 为试件表层清漆对试验强度的影响曲线。

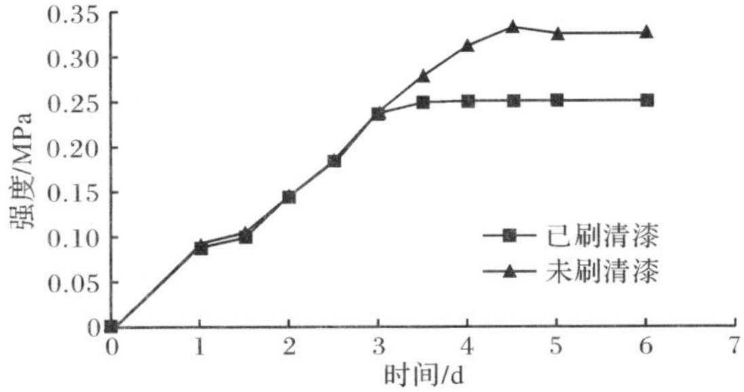

图 8.70　试件表层清漆对试验强度的影响曲线

从图 8.70 可以看出，在试件表层刷清漆后对强度的影响较大，试件自然风干至第 4 天时，两者强度有明显变化，这是由于试件刷清漆后，试件内部水分挥发较慢，在短时间内其强度无法达到试验要求。因此在隧道模型浇筑完成后，自然风干至第 4 天时(强度初步达到本次模型的试验要求)，再进行刷清漆工序。

8.3.3　模型试验测试注意问题

在振动台结构动力试验中，加速度和位移测点一般均应布置在加速度和位移反应最大的部位，应变量测宜优先布置在结构体受力和变形最大的部位。传感器的连接导线应牢固固定在被测结构体上，从物体运动较小的方向引出。

为了验证沿隧道纵向的应变响应规律，设置了辅助断面，传感器设置位置的确定原则如下：

(1) 横向观测断面的数量须多于 2 个，并以其中之一为主观测断面，余为辅助观测断面。在主观测断面上设置的传感器应多于辅助观测断面，在辅助观测断面上设置的传感器应与主观测断面位置相同，以便相互比较。

(2) 在主观测断面上，对部分构件的同一关键部位重复布设传感器(应变片)，以便通过对比进一步检验在本次试验中传感器的量测精度和可靠性。

(3) 在结构模型与端墙相近的部位上布设少量传感器，以便通过对比检验端墙对结构受力变形状态产生影响的范围。

根据试验测试要求，主要对隧道结构的动力响应进行测试及模型的破坏形态进行观察，同时试验采用的压电式加速度传感器，了解隧道模型的加速度与振动台输出的加速度的变化情况以及隧道结构的放大效应，测点布设示意图详见图 8.71。

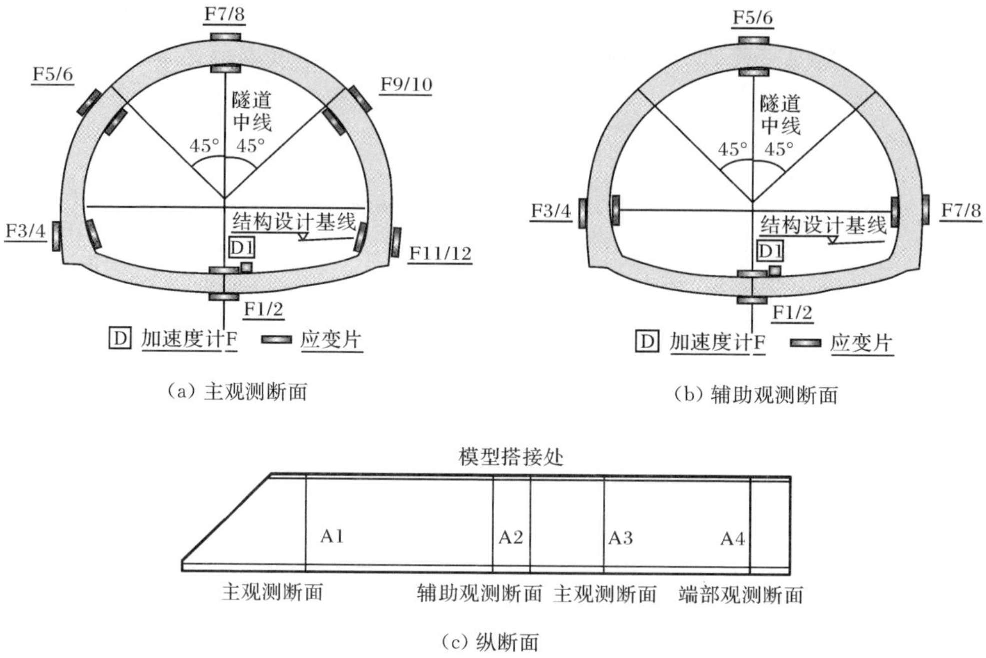

图 8.71　隧道模型量测断面布设图

考虑模型试验几何相似比的关系，模型内空间较小而给量测仪器的设置带来一定的困难，同时采用 5mm×2mm 泊式胶基电阻应变片可以等效实际工程中施加了 150mm×60mm 刚性材料加固，显著改变了结构的局部刚度，因此，在隧道抗减震模型试验中，在保证测试数据有效和能够达到试验目的的前提下，尽量简化测试仪器的数量，以减小测试仪器对隧道模型结构的影响。

8.3.4　振动台隧道断层模型设计

为了实现激振后断层的错动，首先在模型箱底部的砂浆层上搁置一厚度为 2cm 的细木工板，在细木工板上钉上截面为 3cm×2cm 的木条用以避免滚轴错位，在木条之间放上滚轴，再在滚轴上搁置一厚度为 1cm 的钢板用以承受上覆围岩的重量，如图 8.72 所示。试验过程中的该系列装置如图 8.73～图 8.75 所示。

目前所做的关于断层的振动台试验，最为理想的是采用两个振动台上各自固定一个模型箱，两个模型箱之间不连接的部分模拟断层错动，但是这种方法忽略了断层的本质特性，不能完全还原真实的断层地震动效果。采用同一个模型箱可以修复这个不足，但是由于边界条件的限制，断层错动效果不尽如人意。本系列试验所设计的方案正是吸取了这两种方法的优点，兼顾了断层本质特性与错动效果，为有限条件下单一振动台实现断层对地下工程动力的影响研究提供了参考，从监测录像来看,试验效果较为理想。

图 8.72　放置木条隔断与滚轴的模板图

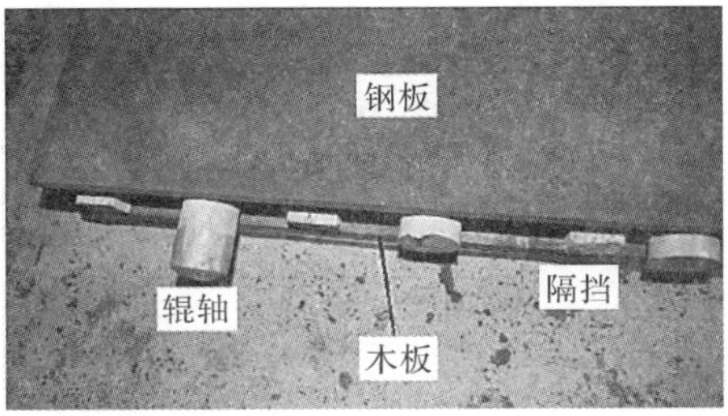

图 8.73　滑动装置施工完毕

图 8.74　固定于模型箱两侧的橡塑海绵

图 8.75　两断层与之间围岩实物图

第9章　强震区穿越断层山岭隧道抗减震措施应用

9.1　跨断层山岭隧道结构震害特征

隧道本身具有较好的抗震性能，但当其位于断层破碎带地段时，受断层的影响，造成拱效应，从而降低或瞬间失去了岩压自持力，使隧道的线性构造发生剪切变形而破坏。这种突然的变位方式通常被限制在一个狭小的范围内，但引起的隧道破坏是灾难性的。此外，断层破碎带常处在地震频发区域，强烈的地壳运动、地壳应变能的释放与调整扩大了地层断裂分布的范围，在围岩压力与地震动力作用下，隧道衬砌极易产生震害。

除了普通段隧道发生的衬砌开裂、掉块、压溃等震害形态，跨断层隧道的突出震害是围岩沿断层交界面发生错动所造成的衬砌错断，从而造成衬砌错台甚至垮塌，严重影响隧道畅通及净空要求。断层处隧道震害的严重程度与断层错动量、断层宽度、地震强度及隧道埋深呈正相关性，而其中的关键因素为断层错动量，这一点已被穿越非滑动断层（紫坪铺隧道）和滑动断层（龙溪隧道）的隧道震害所证实。同时，断层错动为强制位移，即很难通过工程措施进行有效的控制。

下面通过两次不同地震简单分析穿越断层隧道结构震害形态。

9.1.1　阪神大地震跨断层隧道震害情况

阪神大地震是1995年1月17日发生在日本兵库县南部的地震，震源东经135°，北纬34°36′，震级7.2。表9.1列出了阪神大地震造成的日本兵库县南部山岭隧道震害情况。

隧道震害形态主要为：①隧道出现拱顶剪切裂缝及多出剥落现象；②在隧道起拱线附近产生压缩性裂缝、衬砌剥落；③横断面方向环状接缝处部落共12处，多处衬砌裂缝的出现与地震力作用方向、地质条件以及衬砌构造有关。

在表9.1中，日本六甲隧道的隧址区围岩以中生代花岗岩为主，总长度超过16km，在施工过程中遇到多处有承压水的断层破碎带。六甲隧道震害位置与施工时遭遇承压水或伴随有断层黏土的断层破碎带位置基本一致，如图9.1所示。

表 9.1　阪神大地震造成的日本兵库县南部山岭隧道震害情况

编号	受灾程度	隧道名称	种类 1	种类 2	单复线	长度/m	埋深/m	衬砌类型(厚度/cm)	宽，高/m	地形、地质(著名断层)	受灾状况
1	A	六甲	铁路	山阳新干线	复线	16250	460	C	9.6，8.7	六甲型花岗岩类(甲阳、芦屋、五助桥、大月、布引断层)	拱顶剪裂缝、剥落、边墙、拱接缝处压碎、剥落，仰拱隆起
2	B	神户	铁路	山阳新干线	复线	7970	272	C	9.6，8.1	布引花岗岩闪绿岩构成基岩，自须磨工区神户层群(布引断层)	拱肩裂缝，涌水量增加，接缝轻微剥落
6		长坂	铁路	山阳新干线	复线	625	20	C	9.6，8.1	大阪层群-砂层、泥岩、砾岩	施工缝轻微剥落
10	A	东山	铁路	有马线	复线	141	4～8	CB，C	8.4，6.5	大阪层群-泥岩(会下山断层)	拱肩隧道轴向剥落，隧道洞口壁面以往裂缝开口
11	A	会下山	铁路	有马线	复线	253	2～1125	CB，C	8.1，6.2	大阪层群-砂岩、泥岩(会下山断层)	洞口上部道路路面裂缝
12	A	有马	铁路	有马线	单线	450	6～435	CB，C	4.6，5.8	有马层群-流纹岩	原有裂缝(受拉裂缝)延伸
13	B	五社	铁路	三田线	单线	115	40	C	4.6，5.8		衬砌混凝土裂缝
* 14	A	北神	铁路	北神急行线	复线	6983	350	R(35)	8.4，6.93	花岗岩(布引断层)	衬砌混凝土裂缝受压破坏剥落，裂缝宽度增大
* 15	A	盘瀑	公路	西宫收费公路	双车道	1743	20～250	C(30) R(35)	8.8，6.3	六甲型花岗岩类(五助桥 F1 断层)	钢筋压曲、压坏，混凝土剥落，路其凸起，环向裂缝多处

续表

编号	受灾程度	隧道名称	种类1	种类2	单复线	长度/m	埋深/m	衬砌类型(厚度/cm)	宽,高/m	地形、地质(著名断层)	受灾状况
*16	B	舞子(上行)	公路	本州四国联络道路	3车道	3293	4～50	C	14.7,7.9	大阪层群(砾岩层)-花岗岩	裂缝,拱顶沉降,临时仰拱裂缝,工作面喷混凝土部分剥落
*17	B	舞子(下行)	公路	同上	3车道	3250	4～50	C	14.7,9.9	大阪层群(砾岩层)-花岗岩	裂缝,拱顶沉降,临时仰拱裂缝,工作面喷混凝土部分剥落
18	A	布引(上行)	公路	山麓支线	双车道	3032	260	C(75)	9.5,7.6	破碎花岗岩	起拱线附近衬砌混凝土剥落,环状裂缝
*19	B	第二布引	公路	山麓支线	双车道	3032	240	C	9.5,7.4	花岗岩	部分两侧检查道路沉降
24	B	鸭越第二	公路	山麓支线	双车道	207	40	C	10.4,7.6	花岗岩	接缝错开,剥落
27	B	新神户	公路	收费公路	双车道	6910	330	C(50)	9.3,7.5	花岗岩(布引断层)	接缝错开,剥落
*28	B	第二神户	公路	收费公路	双车道	7175	330	C(60)	9.5,7.2	花岗岩	接缝错开,有剥落,环状裂缝
29	A	唐柜	公路	收费公路	双车道	1245	145	C	9.7	流纹岩质凝灰岩	接缝错开,剥落,裂缝
32	B	六甲山	公路	收费公路	双车道	2843	280	C	10.1,6.7	花岗岩	接缝错开,剥落裂缝(环状)
34	B	ひすとり	公路	收费公路	双车道	452	67	C	9.7	花岗岩	接缝错开,剥落
*35	A	盐屋谷川	水道	河道	双车道	1705	4～80	C	13.2	大阪层群、六甲花岗岩	衬砌混凝土施工缝张开,裂缝在断层部分8cm错位

续表

编号	受灾程度	隧道名称	种类 1	种类 2	单复线	长度/m	埋深/m	衬砌类型(厚度/cm)	宽,高/m	地形、地质(著名断层)	受灾状况
47	B	宝冢东(上行)	高速公路	中团自动车道	3 车道	364	62	C(80)	13.2,8.2	燧石	施工缝处剥落
48	B	宝冢东(下行)	同上	同上	3 车道	362	59	C(80)	13.2,8.2	石	施工缝处剥落
49	B	宝冢西(上行)	同上	同上	3 车道	347	42	C(80)	13.2,8.2	花岗岩	施工缝错开、剥落
50	B	宝冢西(下行)	同上	同上	3 车道	244	42	C(80)	13.2,8.2	花岗岩	施工缝错开、剥落
52	B	高仓山第二(上行)	同上	第二神明	双车道	538	86	C(50)		花岗岩	施工缝剥落,拱肩部裂缝
*53	B	高仓山(下行)	同上	第二神明	双车道	579	87	C(30)	10.2,7.5	六甲花岗岩	剥落、裂缝
54	B	月见山(上行)	同上	第二神明	双车道	236	43	C(80)	9.1,7.7		左右拱肩部纵向裂缝
55	B	月见山(下行)	同上	第二神明	双车道	228	34	C(80)	9.1,7.7		左右拱肩部纵向裂缝
109	A	会见山	河道	新凑川		670	37	BR,ST	6.7,7.6	花岗岩(会下山断层)	砖剥离、剥落、龟裂,洞口坍塌
110	A	本山横坑		共同沟		344	96			花岗岩	拱顶、边墙、拱肩损伤
111	A	千划引水道	上水道	A～C 线		4900	2-25	C	1.5,1.9	花岗岩、神户层群、回填土	剥落、龟裂、顶端压坏

注:受灾程度——A:需要加强,修补受灾处;B:无需加强,修补的轻微受灾处;衬砌——C:混凝土;CB:混凝土块;RC:钢筋混凝土;ST:石砌;* 表示由新奥法施工。

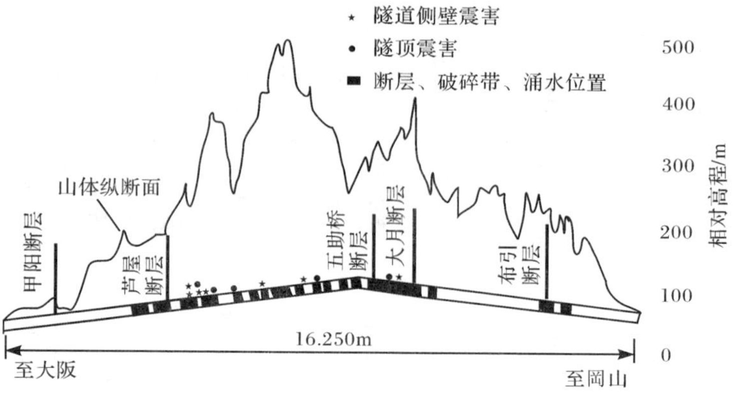

图 9.1　六甲隧道受灾位置纵断面图

盘瀑隧道的受灾状况为:在断层黏土处,从拱一直到边墙 3m 宽的混凝土衬砌(无仰拱、无筋)破坏、崩落;与此相距 80m 的另一断层黏土处,边墙衬砌(有仰拱,有筋)压坏,钢筋压曲,从铺装板抬起现象判断,作用有强大的向上垂直力,该处混凝土仰拱沿断层黏土产生裂缝。

盐屋谷川隧洞在下游洞口附近接近须磨断层,中间与横尾山断层交叉,在前一断层附近产生环状裂缝,与后一断层交叉处,隧道西北侧衬砌相对向右 8cm、向上 5cm 错位,拱、墙、仰拱裂缝在 10.5m 区间产生,喷混凝土也产生与混凝土衬砌同样的破损。从表 9.1 中可以看出,兵库县南部地震导致山岭隧道受灾的一大特征是大部分的灾害都伴随有断层黏土,并在断层破碎带发生。

9.1.2　汶川地震跨断层山岭隧道震害情况

1. 跨断层破碎带隧道震害统计

2008 年四川省汶川县发生 8.0 级特大地震,属浅源地震,震中地震烈度最大达 9 度。这次地震构筑物在地震中也受到了严重的破坏,包括公路交通系统严重破坏。震害较严重的隧道中大部分穿越断层破碎带,其中对 6 座隧道进行了详细分析,如表 9.2 所示。

表 9.2　穿断层破碎带部分隧道震害情况统计表

隧道及断层	地震烈度	断层破碎带宽度/m	是否错动	埋深/m	断臂倾角/(°)	围岩级别	最严重破坏类型	震害影响段宽/m
酒家垭 F1	9	64	是	141	57	Ⅴ(破碎带) Ⅲ(上下盘)	二衬垮塌	85

续表

隧道及断层	地震烈度	断层破碎带宽度/m	是否错动	埋深/m	断臂倾角/(°)	围岩级别	最严重破坏类型	震害影响段宽/m
友谊 F1	10	0.5	是	54	66	Ⅴ(破碎带) Ⅳ,Ⅴ(上下盘)	二衬垮塌	50
白云顶 F1	10		是	25	42	Ⅴ(破碎带) Ⅴ(上下盘)	二衬垮塌	29
紫坪铺 F10	11	3	是	242		Ⅴ(破碎带) Ⅳ,Ⅴ(上下盘)	二衬开裂	70
龙洞子 F5	11	10	是	15		Ⅴ(破碎带) Ⅴ(上下盘)	衬砌错台	68
龙溪 F8	11	10	是	230	82	Ⅴ(破碎带) Ⅴ(上下盘)	隧道垮塌	200

按断层破碎带两侧上下盘围岩级别不同进行统计，着重调研了隧道衬砌垮塌、钢筋扭曲等严重的震害，如表 9.3 所示。

表 9.3　断层破碎带段隧道结构震害统计

上下盘围岩级别	震害类型	二衬垮塌	隧道垮塌
Ⅲ级	震害长度/m	25	
	震害比例/%	24.51	
Ⅳ级	震害长度/m	238	
	震害比例/%	42.81	
Ⅴ级	震害长度/m	153	261
	震害比例/%	14.49	24.55

由表 9.2 和表 9.3 可看出以下两点：

(1) 断层错动是引起断层破碎带段隧道结构震害严重的主要原因。紫坪铺隧道 F10 断层未出现错动，没有出现如二衬垮塌或隧道垮塌的破坏形式，与普通段隧道衬砌破坏形式相似，只是开裂更严重。友谊隧道 F1 断层发生错动，出现了二衬垮塌的破坏形式。

(2) 断层上下盘及破碎带围岩条件软弱是引起断层破碎带段隧道结构震害严重的另外一个原因。统计结果显示，当断层上下盘围岩为Ⅲ级时，最严重的震害类型为二衬垮塌，长度比例为 24.51%；当断层上下盘围岩为Ⅳ级时，最严重的震害类型是二衬垮塌，长度比例为 42.81%；当断层上下盘围岩为Ⅴ级时，最严重的震害类型是隧道垮塌，长度比例为 24.55% 。

1）隧道断层破碎带段拱部衬砌震害类型及比例

都映高速和 G213 线都映段公路隧道断层破碎带段拱部衬砌震害类型及比例如表 9.4 所示。

表 9.4　隧道断层破碎带段拱部衬砌的震害类型及比例　（单位：%）

线路	衬砌开裂	衬砌垮塌	混凝土剥落	渗水
都映高速公路	19.40	6.09	2.66	0.73
G213 线都映公路	1.10	27.70	2.22	

2）隧道断层破碎带段边墙衬砌震害类型及比例

都映高速公路隧道断层破碎带段拱部衬砌的震害类型以衬砌开裂为主，占总长的 19.40%；G213 线都映段公路隧道断层破碎带段拱部衬砌的震害类型以衬砌垮塌为主，占总长的 27.70%。都映高速和 G213 线都映段公路隧道断层破碎带段左右边墙衬砌震害类型及比例如表 9.5 所示。

表 9.5　隧道断层破碎带段边墙衬砌的震害类型及比例　（单位：%）

线路	边墙部位	衬砌开裂	衬砌垮塌	衬砌剥落	渗水
都映高速公路	左边墙	9.92		0.47	0.55
	右边墙	7.87	1.24	0.36	0.36
G213 线都映公路	左边墙	0.55	27.70		
	右边墙	1.10	27.70	1.66	

注：都映高速另有少量的混凝土掉块，左边墙为 0.14% ，右边墙无。

由表 9.5 可知，都映高速公路隧道断层破碎带段左右边墙衬砌的震害类型均以衬砌开裂为主，分别占总长的 9.92%和 7.87%；G213 线都映公路隧道断层破碎带段左右边墙衬砌的震害类型均以衬砌垮塌为主，均占总长的 27.70%。

3）隧道断层破碎带段仰拱震害类型及比例

都映高速公路隧道断层破碎带段仰拱震害类型及比例如表 9.6 所示。G213 线都映公路隧道断层破碎带段仰拱无破坏。

表 9.6　都映高速公路隧道断层破碎带段仰拱的震害类型及比例（单位：%）

震害类型	路面开裂	仰拱错台	W
占总长比例	12.58	0.07	5.47

注：W 为中央排水沟上覆仰拱填充、混凝土隆起。

由表 9.6 可知，都映高速公路隧道断层破碎带段仰拱的震害类型以路面开裂为主，占总长的 12.58%。

2. 重点隧道工程震害分析

主要考虑震害比较严重的都江堰—汶川公路多座隧道以及剑阁—青川公路酒家垭隧道的震害情况。

1) 都江堰—汶川公路隧道震害

都江堰—汶川公路(简称都汶公路)共有隧道 11 座，其中高速路段 3 座，二级路段 7 座，映秀镇卧龙连接线 1 座。在汶川地震中，这些隧道不同程度受到损坏，特别是震中区附近的烧火坪隧道、龙溪隧道(图 9.2)、龙洞子隧道和紫坪铺隧道(图 9.3)损坏较为严重。

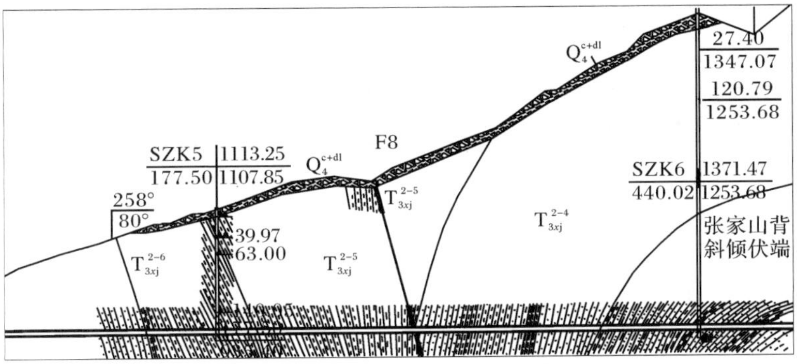

图 9.2　龙溪隧道左线洞口段地质纵断面图

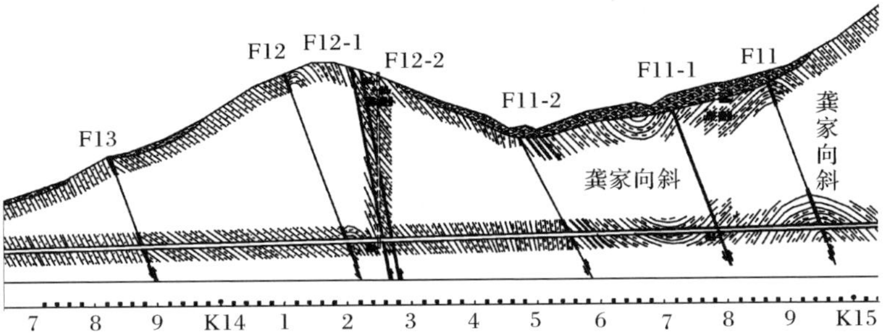

图 9.3　紫坪铺隧道左线 F11、F12 断层带地质纵断面图

高速路段的三座隧道震害非常严重，而且在洞内次级断裂带两侧一定范围内，震害特别显著。例如，龙溪隧道左洞发育 F8 断层，震后发现在该断层两侧 100m 范围内出现二衬混凝土坍落、开裂、错台及仰拱隆起(最大达 60cm)等严重震害现象。紫坪铺隧道左线 LK14＋770～LK14＋850 段仰拱出现横向和纵向开

裂，裂缝宽度为 30mm；LK14＋835～LK14＋850 段拱腰及拱顶二衬发生斜向和纵向开裂，裂缝宽 1～8mm，长 5～12m，该段正好是 F11-2 断层通过的地方。紫坪铺隧道左线 LK14＋880～LK14＋925 段二衬混凝土脱落，密集出现多条横向和斜向混凝土开裂，这一地带也恰好是 F11 断层发育的地带。

以都汶路的相关隧道震害作素描及图片，见图 9.4～图 9.12 分析说明。

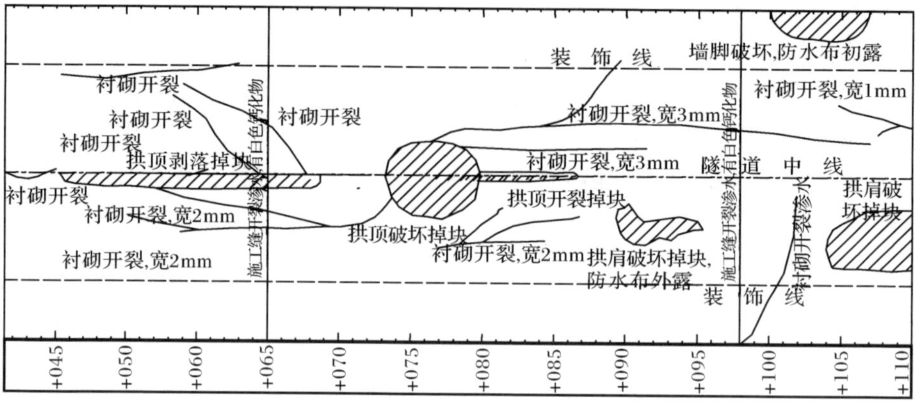

图 9.4　龙溪隧道衬砌混凝土坍落、开裂分布图

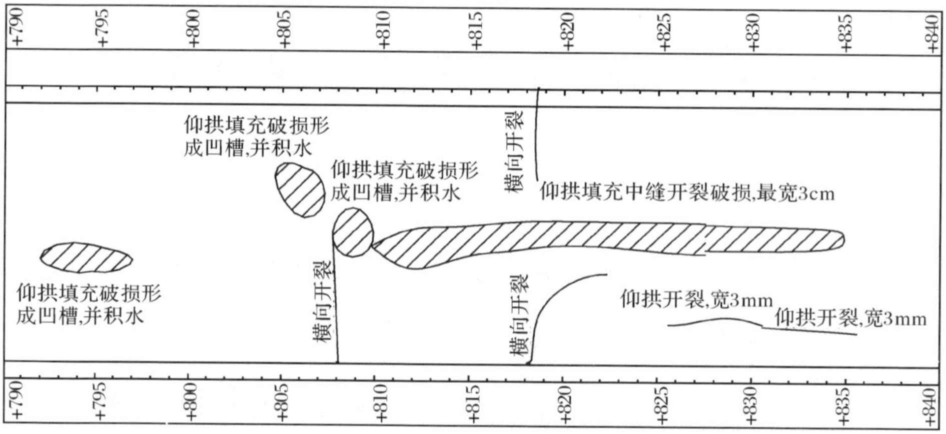

图 9.5　紫坪铺隧道仰拱路面横向和纵向开裂分布图

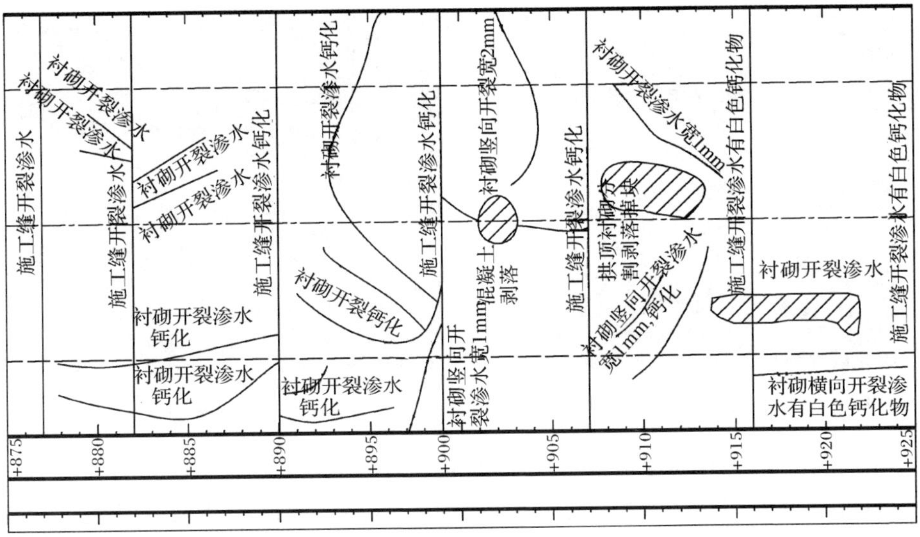

图 9.6 紫坪铺隧道混凝土脱落及开裂分布图

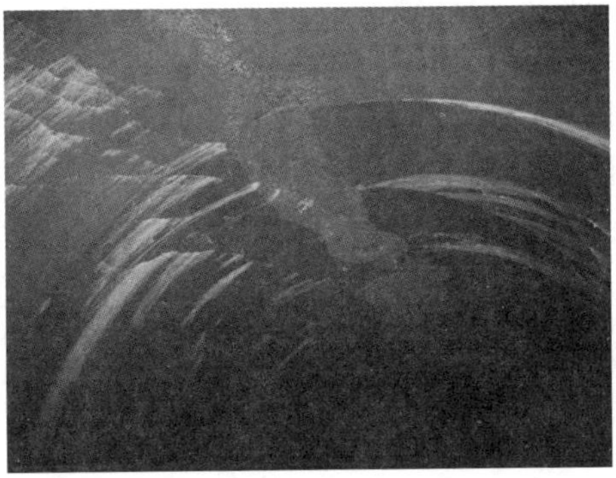

图 9.7 衬砌拱顶纵向混凝土剥落、渗水

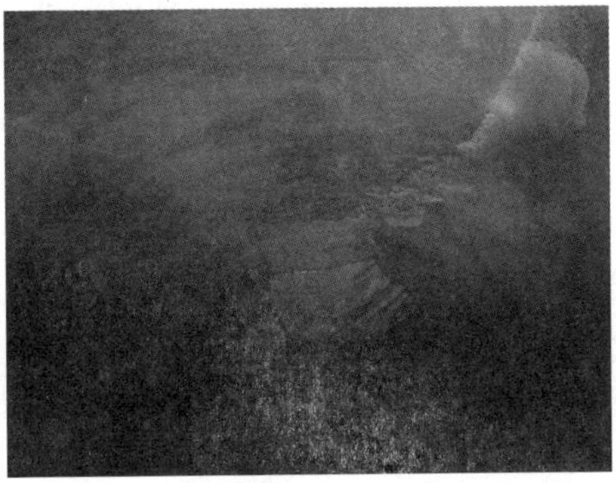

图 9.8 拱顶掉块、防水层破坏

图 9.9 拱肩素混凝土掉块、防水层出露

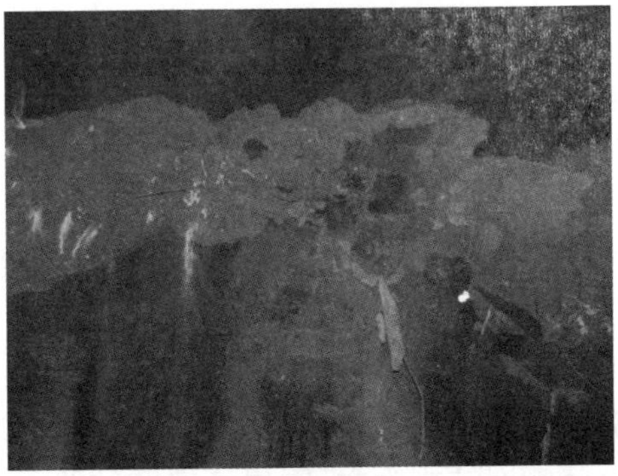

图 9.10 衬砌剥落渗水

图 9.11　边墙脚初支开裂、剥离

图 9.12　仰拱隆起、张裂

穿越断层破碎带隧道工程在地震动作用下，由于岩土体拱效应的降低或瞬间失去围岩自承力，在强大横向剪切力的作用下，隧道线性结构很容易发生剪切破坏。围岩的扰动、失稳致使隧道衬砌开裂、施工缝处错台、防水能力下降、渗漏水等多种震害现象的发生。

该隧道跨断层段主要出现的震害形态如下：

(1) 在施工缝处隧道衬砌易产生错台，同时在一定程度上也起到了释放地震能量的作用，但是同时注意到施工缝处环间、拱部出现多处裂缝、渗水现象。

(2) 隧道拱部易产生破坏，如掉块、剥落、坍塌等现象。

(3) 素混凝土衬砌易产生大面积掉块、坍落，因此在高烈度地震区推荐采用钢筋混凝土衬砌，提高隧道结构的抗震能力。

(4) 隧道边墙脚出现不同程度破裂、开裂剥离现象。

2) 剑阁—青川公路酒家垭隧道的震害情况

酒家垭隧道位于四川省广元市青川县境内，该工程全长 3015m，连接线长 733m，汶川大地震中严重损坏段占已施工段全长的 50.60%，隧道损害极其严重。

隧址区处于龙门山构造带北段后龙门山滑脱——逆冲推覆构造带内，区域地质构造较复杂。区内褶曲不发育，总体表现为一单斜构造。断层、节理裂隙发育，岩体破碎。断层均向 NW 倾斜，主要断层有区域性走向断层 F1、F2、F3、F4 和次级断层 F5、F6。其中 F1 断层破碎带宽达 60m，F2～F4 断层破碎带约 10m，这些区域性断裂与隧道轴线呈大角度相交。

(1) 隧道进口段岩土体破碎，同时受次级断层影响甚大，破坏严重，主要发生拱腰以上部位坍塌，如图 9.13 所示。

地质情况说明：该段岩层走向与隧道轴线呈大角度相交，岩层倾向东 315°～330°，倾角为 40°～50°。受构造影响较重，有次级小断裂，发育两组构造节理，以块碎状镶嵌结构为主，围岩稳定性较差。

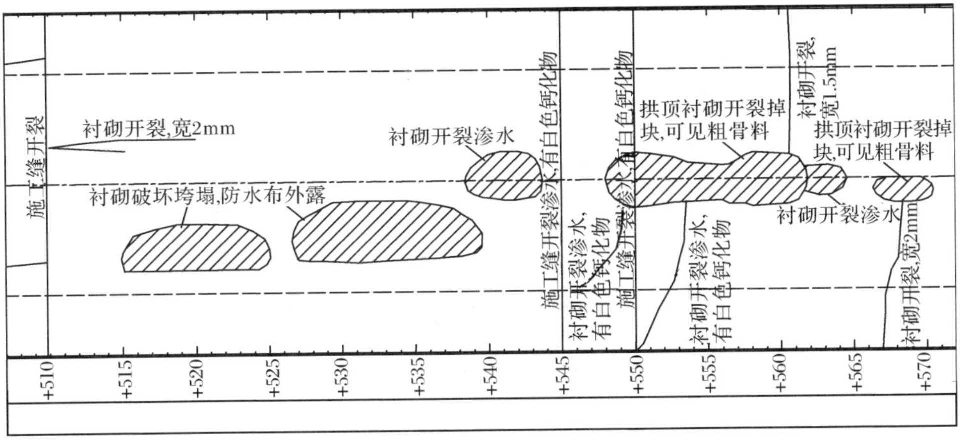

图 9.13　隧道进口浅埋段拱部坍塌段分布图

洞口段地震反应较大,上覆土体破碎加上次级小断裂的影响,多出现拱部坍塌、开裂掉块现象,钢筋混凝土衬砌剥落可见粗骨料,同时施工缝起止处出现衬砌裂缝部分并向拱部延伸。

(2) 在 F1 断层带附近初支发生严重变形侵限,洞内衬砌结构破坏程度最为严重,如图 9.14 和图 9.15 所示,F2 断层带 K39+790 拱顶处初期支护破坏,围岩发生坍塌。

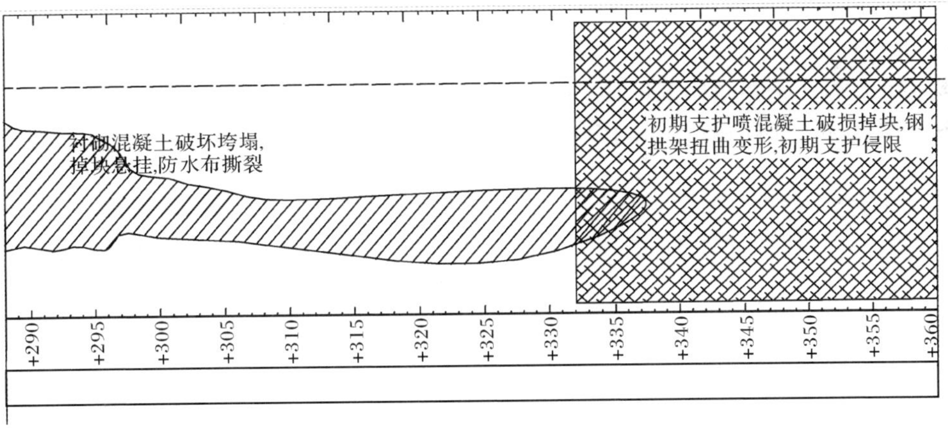

图 9.14　F1 断层带隧道衬砌开裂及初支变形侵限分布图

F1 断层带地质情况:断层倾向 323°,倾角 57°,断层破碎带约 10m,为黑色炭化断层泥及挤压构造碎裂岩、石英脉组成。断层两侧岩体破碎,裂隙发育,围岩稳定性差,断层带可能有淋水或小股涌水。

地震前隧道开挖至该断层带附近,震害主要表现在:掌子面出现塌方,初支钢

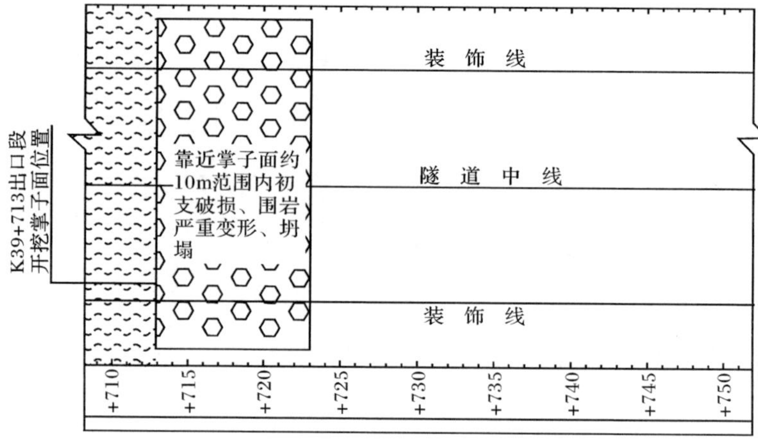

图 9.15　F1 断层影响带隧道掌子面塌方、初支变形侵限分布图

架严重扭曲变形破坏，同时边墙脚破坏，伴随有破碎带断层泥、破碎岩涌入洞内；已经施设二衬段拱部出现开裂、坍塌现象，防水层出露失效。

(3) F4 断层带地质情况：为区域性走向逆断层，隧道轴线与断层呈大角度相交，断层倾角约 46°，断层破碎带约 10m，由断层泥、糜棱岩、碎裂岩、石英脉等组成。断层两侧岩体破碎，裂隙发育，围岩稳定性差。

F4 断层带隧道衬砌拱部发生开裂掉块，隧底发生了错台现象。该段衬砌开裂较为严重，在边墙部位出现纵横交叉裂缝；拱肩出现一处衬砌破坏、掉块，钢筋外露；边墙脚附近出现衬砌开裂，两施工缝间出现衬砌纵向裂缝贯通；衬砌环向裂缝多由边墙脚开始并向拱部延伸，个别出现贯通；仰拱路面结构出现少数开裂，部分错台，多从边墙脚向路面中间发展，如图 9.16～图 9.20 所示。

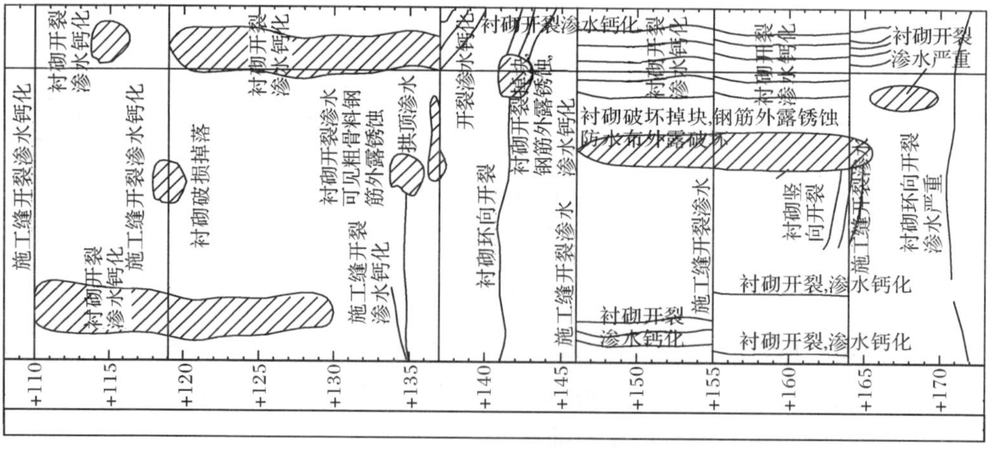

(a) 衬砌开裂及掉块展示

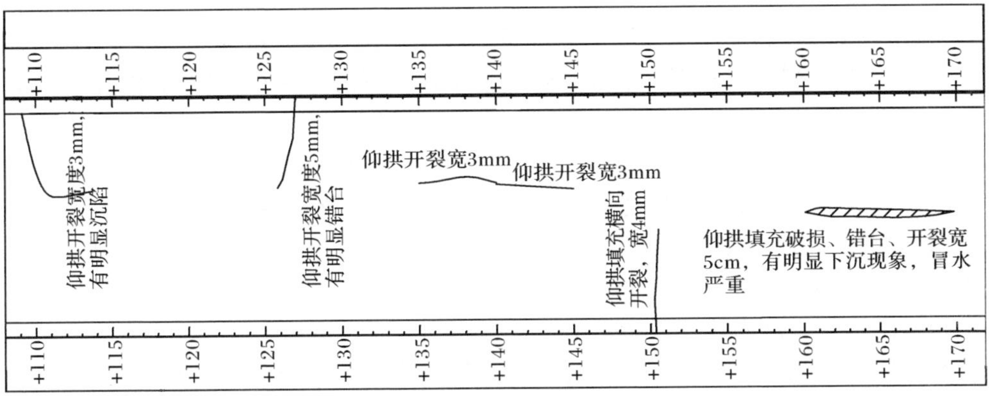

(b) 仰拱路面破坏展示

图 9.16　F4 断层带隧道震害分布图

图 9.17　仰拱错台、隆起破坏

图 9.18　衬砌网状裂缝

图 9.19　顶部衬砌钢筋扭曲变形

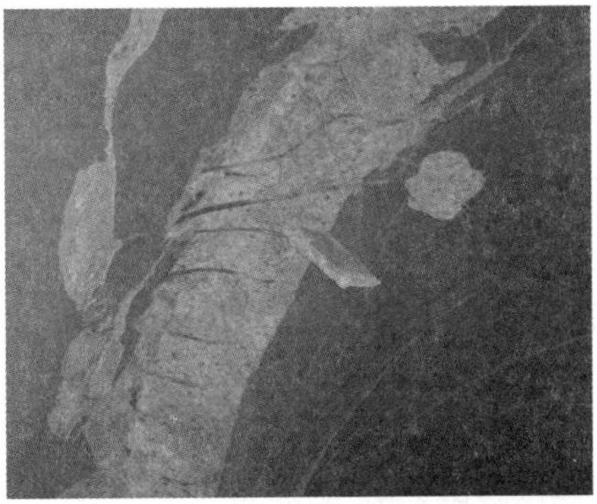

图 9.20　衬砌拱肩错台，钢筋扭曲

通过隧道震害调研分析，可得出以下几点。

(1) 穿经断层、活断层或断层破碎带的隧道结构在地震中会受到严重的损害。

(2) 钢筋混凝土衬砌的耐震性能优于混凝土、石料、砖和木质衬砌；整体式衬砌的耐震性能优于拼装式衬砌；柔度较大的衬砌耐震性能优于刚度较大的衬砌。

综上所述，引起断层破碎带段隧道结构震害的原因是：断层错动、围岩条件软弱及断层破碎带宽度。汶川特大地震发生后，多条穿越断层破碎带隧道遭受严重损伤，如都汶高速公路龙溪隧道，该隧道位于震中映秀镇附近，映秀大断裂(F3)与龙溪断裂(F2)之间，因地层的直接错动而造成隧道上下相对位移约 1m 的错动变形和衬砌拱部塌落而丧失功能。在震害调查中，通过震害分布图，发现断层破碎带及两侧一定范围内比临近区段的震害面积或严重震害类型(如垮塌、掉块)的比例有明显的增加，在隧道震害分布图上将此范围标示出来，两条标示线内的隧道段结构就是断层破碎带震害影响段隧道结构，简称“断层破碎带段隧道结构”，如图 9.21 所示。

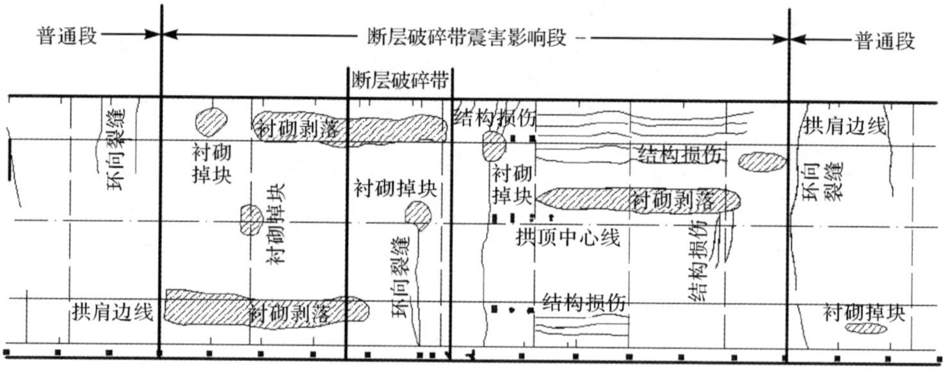

图 9.21　隧道断层破碎带震害影响段

9.2　穿越不良地质段隧道抗减震结构形式

在软弱破碎带地段(特别是断层)隧道围岩的地质条件千差万别，在强震区隧道穿越不良地质段时，需要在不良地质段两侧一定范围内采取相应的抗减震设防措施或研发新型隧道抗震结构，以保障隧道结构的整体安全。纵观国内外关于穿越活动断层隧道工程的设计研究，针对穿越断裂破裂带隧道的抗震研究相对较多，相应的工程应对措施也相对比较成熟，而目前关于穿越断层隧道结构的抗错断设计研究比较少。

活动断层对深埋隧道工程的影响主要表现在两个方面，即活动断层对地应力场的影响和活动断层运动模式对隧道围岩稳定性的影响。其中活动断层的运动模式是影响工程稳定性及安全性的重要因素。运动形式可分为黏滑和蠕滑两种运动，地震时断层快速破裂就是一种黏滑错动，蠕滑是不伴随地震断裂的缓慢错动，它是弹性应变积累和地震形成的抑制因素。对地下工程的影响主要表现为：岩体振动引起的破坏（即抗震问题）、断层活动造成的破坏（即抗断问题）。

纵观国内外穿越活动断层隧道工程设计经验，隧道工程抗断防护设计可以归纳为“预加固设计”、“隔离效能设计”、“铰接设计”及“超挖设计”四大类，隧道工程常采用以下几种设计方法。

1）加固围岩的设计方法——预加固设计

本方法属于刚性设计，就是通过锚杆、超前小导管、围岩注浆加固等措施增大隧道衬砌结构刚度，增强破碎带区段内隧道和围岩整体性。隧道围岩注浆加固可以提高围岩强度和抗震性能，同时可以减小因围岩条件不同而造成隧道结构的不均匀地震变形。西南交通大学高波教授课题组对隧道围岩处理提出了全环间隔注浆、全环接触注浆和局部注浆三种注浆加固方式（图 4.21），并针对提出的三种不同注浆加固形式，进行了隧道结构的抗震性能对比分析，获得了不同地质条件下三种加固方式的隧道结构动力响应规律，得出了采取全环间隔围岩注浆加固措施可以有效提高隧道结构抗震性能的结论。

2）设置减震层的设计方法——隔离效能设计

该方法属于柔性设计，是指通过在围岩和隧道结构之间设置减震层，或在隧道结构上设置减震缝等措施，减小隧道结构的刚度，使隧道更容易跟随围岩的变形而变形，减小隧道结构的地震反应。设置减震层的基本构想是：在隧道衬砌的外周和地层之间设置减震层（橡胶材料或泡沫混凝土），使原有的衬砌—围岩系统变为衬砌—减震层—围岩系统，通过减震层将衬砌与围岩介质隔开，从而减小或改变地震波对结构作用的强度和方式。其设计思路是外柔内刚，尽可能将地层蠕变和地震引起突变的位移吸收消化在初期支护和中间的缓冲层上，从而不影响二次衬砌正常的使用功能（图 9.22）。

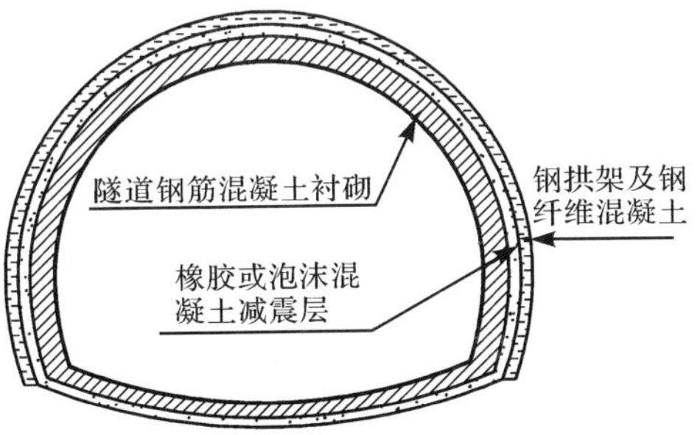

（a）隧道结构减震层设计

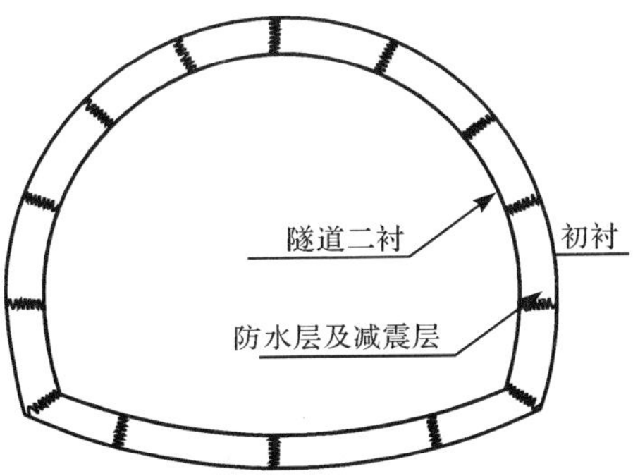

（b）简化力学模型示意图

图 9.22　隔离消能设计及其力学模型

该方法是通过在围岩和衬砌结构之间设置某种材料或改变衬砌外侧一定范围内的围岩力学属性，并对这些材料的刚度进行适当调整，能够达到减小衬砌结构动力响应的目的。隧道结构减震的效果与其刚度、厚度、长度及位置分布等因素密切相关，大面积实施易造成隧道工程投资成本大幅度增加、工期延长，在断裂带、围岩急剧变化处等不良地质段处隧道结构易造成拉裂或剪裂破坏。日本建设省通过三维振动台试验，研究了衬砌周围设置减震层的有效性，试验模拟了软岩向硬岩过渡时，设置减震层和不设置减震层隧道受力情况，有减震层的隧道应力比无减震层减少了 30%。国内众多研究学者研究结果显示，减震层的设置能够明显提高山岭隧道结构的抗震性能。

目前，隧道减震层一般采用橡胶或泡沫混凝土材料，减震层不但要能减弱震时围岩对衬砌的约束作用，而且还能吸收衬砌与围岩之间反复循环的动应变或相对动位移，所以减震层要具有一定的刚度和阻尼，可以传递径向力，甚至可以传递切向力和扭矩。在隧道衬砌的外周边和围岩之间设一种低弹模、低密度的材料层，减小地震动对地下结构的动力响应。

3）设置柔性接头的设计方法——铰接设计

隧道铰接设计法，即在断层带中将隧道结构设计修改成具有链条铰链一样的特性，隧道结构分为多个节段，节段之间设置柔性接头，如图 9.23 所示。隧道铰接设计法是通过减小隧道节段长度，使断层带及其两侧一定范围内的节段保持相对独立，各刚性隧道节段间采用刚度相对较小的柔性连接来实现。在断层错动时，破坏集中在连接部位或结构的局部，而不会导致结构整体性破坏。一方面可以适应断层的地震变形；另一方面可以使地震破坏局部化，避免结构发生整体破坏。

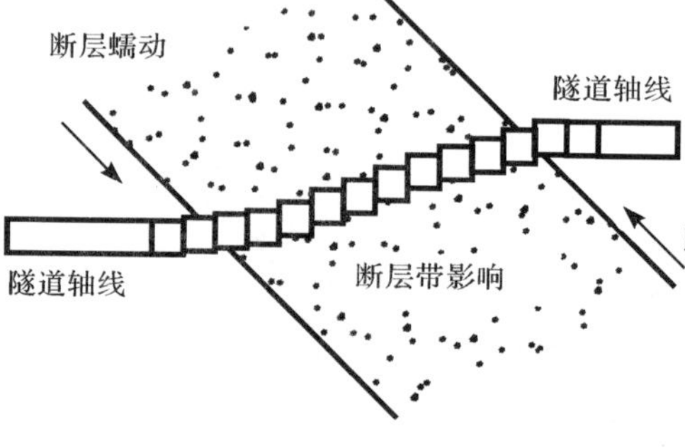

图 9.23　隧道衬砌铰接设计示意图

2002 年 Walter 和 Russo 在土耳其 Bolu 公路隧道活动断层附近提出了隧道衬砌节间采用刚度相对较小的柔性连接的抗断防护设计。2005 年 Shahidi 在希腊的 Koohrang-Ⅲ输水压力隧道工程中也采用了相同的设计方法（图 9.24）。在西藏墨脱公路嘎隆拉隧道工程，跨断层段隧道衬砌采用柔性接头设计，初期支护与二次衬砌之间设置减震层。

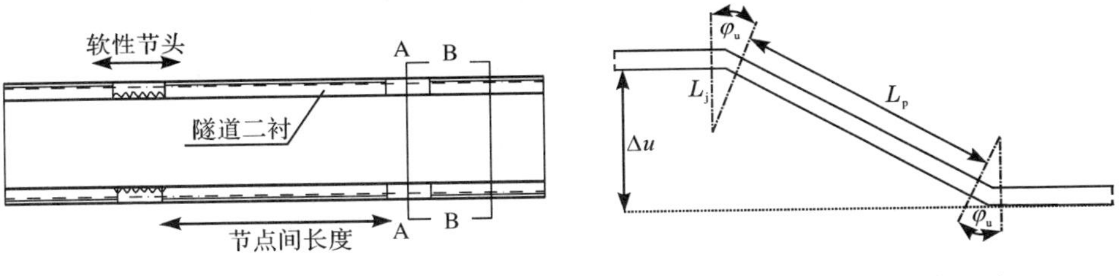

(a) 隧道可变结构示意图　　(b) 软塑性接头纵断面图

图 9.24　跨断层破碎带隧道可变结构示意图

此设计方法在刚度急剧变化处能够较好地达到抗减震的目的，隧道结构能够较好地适应地震波的横向剪切变形，但对于地震波纵向拉伸变形，该设计方法存在一定的缺陷，在节段处易形成新的塌方。

4) 断面扩挖的设计方法——超挖设计

隧道断面扩挖法是根据地震引起断层的可能最大位错量，决定扩大隧道断面尺寸。在地震后，扩大的隧道断面尺寸可以保证断面的净空面积，为后续修复提供冗余空间，扩挖量主要依据地震烈度、围岩条件和隧道断面等多种因素综合确定。扩挖设计属于被动设计理念，假定隧道断面在强震作用下沿断层错动面发生永久变形为前提，超挖量主要依据活动断层的错动方式及错动量确定。

1994 年 Caulfield 等在美国加利福尼亚南部的克莱尔蒙特输水压力隧道工程中，采取了扩大隧道断面尺寸、减小衬砌节段长度及节段间设置剪切缝的抗断措施。2004 年，我国横穿祁连山东麓的乌鞘岭特长铁路隧道建设中穿越活动断层首次采用了“扩挖”设计（图 9.25），在主断层内衬砌结构采用圆形断面双层衬砌，并在内外衬砌间预留活动断层预计的百年位移量（水平 250mm、垂直 50mm）以保证隧道横断面的净空面积，尽可能减小错动导致的隧道结构破坏。该设计方法能够满足隧道结构的各种不均匀变形，保证隧道净空断面。

“超挖设计”已在美国旧金山海湾区快速运输系统的伯克利希尔斯隧道得到应用。在伯克利希尔斯隧道工程中，直径为 20 英尺①（横跨起拱线 6.096m）的马蹄形隧道在掘进时穿过了 Hayward 断层，其中有一 S 形断层位移。该隧道直径超挖了 1 英尺（1 英尺＝0.3048m），允许断层位移可能引起的运动，并且将隧道用中心距为 2 英尺埋在已浇筑混凝土内的钢肋加以衬砌。PBQD 的 Tom Kuesel 认为：“这种结构在横穿隧道的断层位移过程中允许肋间相对运动，即使混凝土衬砌

① 1ft（英尺）＝3.048×10^{-1}m。

有严重的裂缝，而隧道的横断面却没有变形”。这一段隧道中的轨道是铺设在必要时能够取出重新铺轨的木质轨枕(枕木)上的，即使在隧道轴线上发生偏转，也能调整成平缓的 S 形线。Hayward 断层每年的蠕动量为 1 英尺的几分之一，为了确定断层位移对衬砌的影响方式，在安装以后的 25 年对衬砌做了检验。由于衬砌总是要收缩的，所以钢肋的存在会导致混凝土产生裂缝。已经发现，要将钢肋周围因混凝土收缩产生的裂缝与地震活动引起的裂缝区别开来很难。火车一直以 73km/h 的速度在隧道中运行，至今没有遇到任何困难。

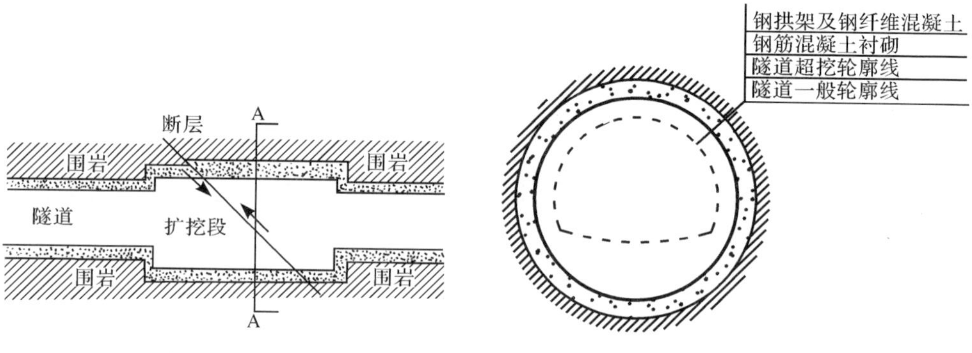

(a) 隧道超挖断纵断面　　(b) A-A 横断面

图 9.25　隧道横断面超挖设计示意图

在断层带宽度较小的情况下，“扩挖”设计无疑是比较简单有效的抗断防护对策，但如果隧道通过断层带的区间较长，扩大横断面开挖面积将会显著增加工程造价，延长隧道建设工期。同时，隧道扩挖段增加了结构形状的突变，其惯性力增大，强震发生时易发生破坏。因此，改变传统隧道结构的设计形式，增强隧道结构整体抗震性能是关键。

总结起来，在高烈度地震区穿越断层破碎带山岭隧道抗减震技术可归纳为“抗”、“减”、“让”三个字，即：提高衬砌自身刚度，抵抗地震破坏荷载；改善围岩地质条件，减弱地震荷载传递；允许隧道衬砌随地震永久变位，释放地震变形能。

9.3　强震区跨断层隧道抗震型结构的工程应用

9.3.1　乌鞘岭隧道跨断层超挖设计

乌鞘岭隧道按照“超挖设计”进行隧道结构设计，鞘岭隧道经过地区褶皱构造和断裂构造发育，断裂构造主要为区域性大断裂，由南向北依次分布有 F4、F5、F6、F7 断层，其中 F7 断层为本隧道遇到的最复杂的断层，断层走向为北西西向，倾向南，倾角 70°，前期为逆断层，后期表现为左旋逆走滑断层。断带物质主要由断层泥砾及碎裂岩组成，松散破碎，风化严重。该断层为工程活动性断层，全新世的平均水平滑动速率为 2.08～2.5mm/a，平均垂直滑动速率为 0.06～0.027mm/a。F7 活动性断层地段属地震多发带，具有准周期性，最大震级为 7.5 级左右，隧道通过工程活动性断层，受构造挤压影响，残余应力较大。为适应工程地质和水文地质条件，该活动断层段按圆形结构断面进行设计，进行"超挖设计"，每隔 25m 设一道变形缝。内轮廓直径为 8.76m(预留活动性断层预计的百年位移量)，采用钢筋混凝土衬砌结构(图 9.26)。

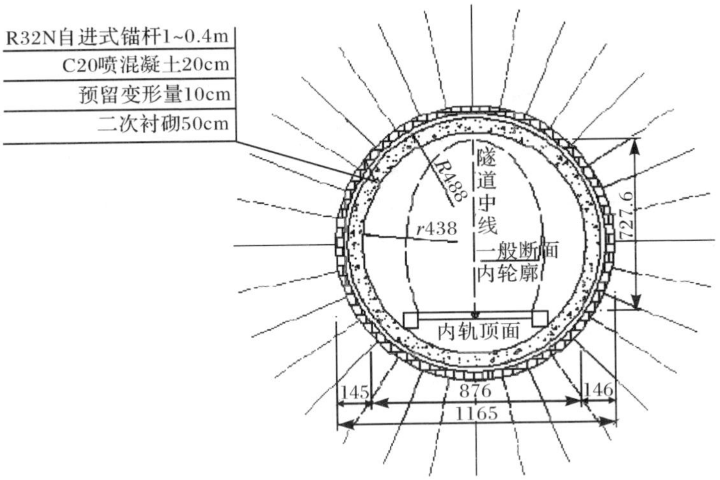

图 9.26　F7 活动性断层带衬砌断面示意(单位：cm)

9.3.2　土耳其 Bolu 公路隧道铰接设计

在 1999 年土耳其 Bolu 隧道建设之前，世界上几乎没有应对突发断层错动的公路隧道结构设计实例。土耳其 Bolu 隧道是一座长 3.0km 的双洞高速公路隧道，隧道轴线穿越 Zekidagi 和 Bakacak 活动断层。其中，Zekidagi 活动断层在左洞桩号 62＋430 和右洞桩号 52＋350 处与隧道轴线接近正交，影响范围为 25～30m，在 6～6.25 级地震时潜在的错动位移为 0.15～0.25m，Bakacak 活动断层在两处与隧道轴线呈 40°相交，分别是左洞桩号 62＋800 和 62＋900 及右洞桩号 52＋730～52＋800，影响范围约 100m，在 6～6.25 级地震时潜在错动位移达 0.5m。

穿越活动断层带时，采用了"铰接设计"的理念，即减小衬砌节段的长度，使得断层带及其边界外一定范围内的衬砌结构保持相对独立，在节段间设置刚度相对较小的连接，使得在断层错动时，力学行为主要发生在连接部位。在此情况下，断裂错动引发的破坏主要发生在衬砌结构较小范围内，不会导致大面积的衬砌结构破坏。

基于衬砌节长、宽比为 1/2～1/3 的考虑，衬砌节长度设计为 4.4m，两侧设置 BPT（阶梯导坑，混凝土回填）衬砌结构为三层：①锚杆＋40cm 喷射钢纤维混凝土；②80cm 钢纤维混凝土（弹性模量 E＝40MPa）；③60cm 钢筋混凝土。仰拱采用钢筋混凝土浇筑，穿越断层带时隧道衬砌结构设计如图 9.27 所示。

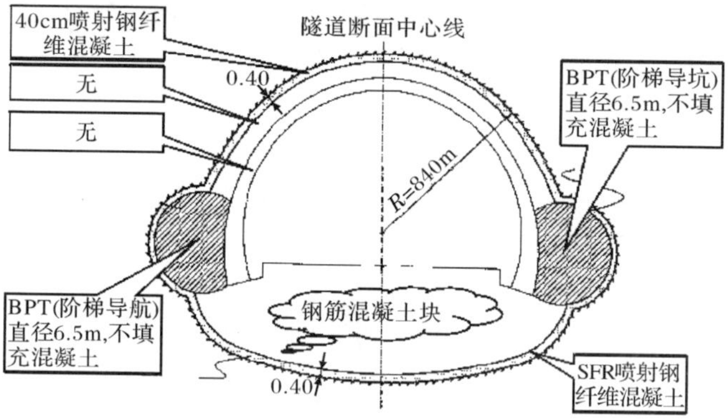

(a) Bolu 隧道穿越活动断层带衬砌节段间连接断面图

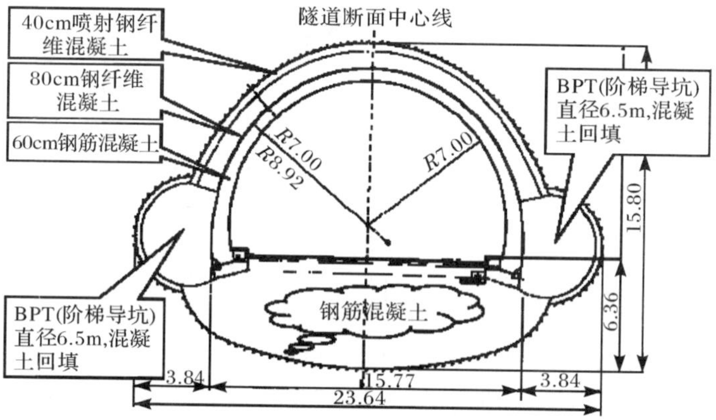

(b) Bolu 隧道穿越活动断层带衬砌断面图

图 9.27　土耳其 Bolu 隧道抗断设计

9.4　雅西高速公路跨断层扯羊隧道结构隔离效能设计

9.4.1　过断层带隧道结构设计方案研究

一般情况下，隧道结构被岩土层所包围，地震发生时隧道结构随围岩一起运动,人们通常认为地震对地下结构(明、暗挖隧道,地铁车站)影响很小,直到近期发生的几次大地震证明这种观点是不正确的。20 世纪以来从世界地震震害资料可知,当地震烈度达 7 度时,就有隧道发生轻微破坏的先例,且洞身修复极其困难,甚至中断行车,给国民经济造成重大的损失。

越来越多的研究人员和工程技术人员开始关注和研究隧道与地下工程的震害及抗震问题,尤其是在断层带附近,隧道结构震害是非常严重的。因此,在活动断层区修建隧道时,设置隧道衬砌抗减震构造是非常有必要的。

1) 跨断层隧道隔离效能设计思路

该隧道结构抗减震设计目的是减小活动断层对隧道的影响,有效地提高隧道的抗减震性能。跨活动断层隧道抗减震结构主要包括内衬、泡沫混凝土和外衬,其特征是:在岩体活动断层部位处设置沿隧道纵向活动断层两侧延伸的减震区,该减震区由填充在内衬和外衬之间的泡沫混凝土层构成。

跨断层隧道抗减震构造措施的优点是能有效地吸收地震能量、抵抗主要地震荷载,并阻止活动断层区荷载的纵向传递,减小活动断层对隧道的影响,因此具有良好的抗减震效果,从而保证跨活动断层隧道衬砌结构的安全。

2) 隧道结构构造

第一部分跨活动断层隧道抗减震构造:隧道外衬为喷射混凝土层或钢筋混凝土层,内衬为钢筋混凝土层,中间是泡沫混凝土填充材料。由于泡沫混凝土层具有一定的弹性模量,在地震发生时,减震区能有效地吸收地震能量,并允许活动断层有一定的位移量,因此可减小活动断层对隧道的影响,有效地提高隧道的抗减震性能。为进一步提高抗减震构造的抗压强度和弯曲强度,所述泡沫混凝土层、钢筋混凝土层内沿其周向间隔埋设有加强钢筋,各加强钢筋沿隧道纵向延伸。

第二部分加固段构造:减震区两侧沿着隧道纵向设置加固区,加固区由内衬、混凝土加固层和外衬构成(图 9.28),同时在混凝土加固区端部设置环向的减震缝。

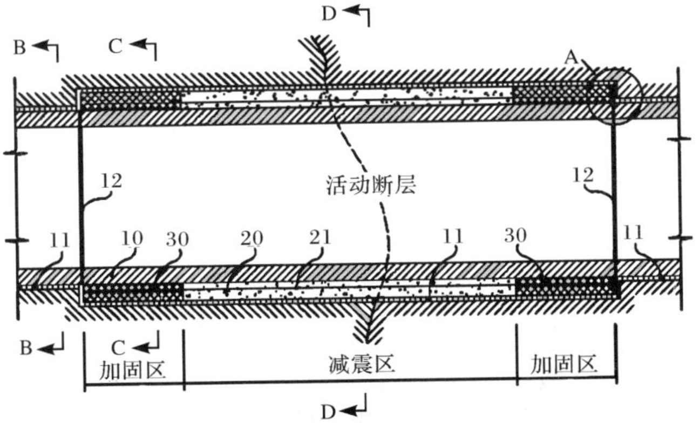

(a) 隧道结构纵剖面图

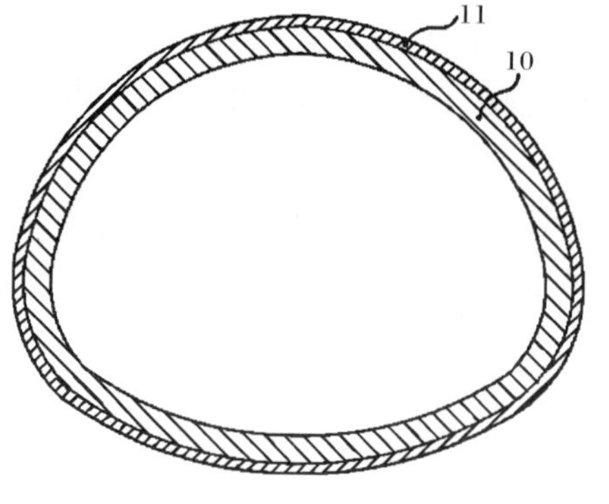

(b) B-B 线横断面构造示意图

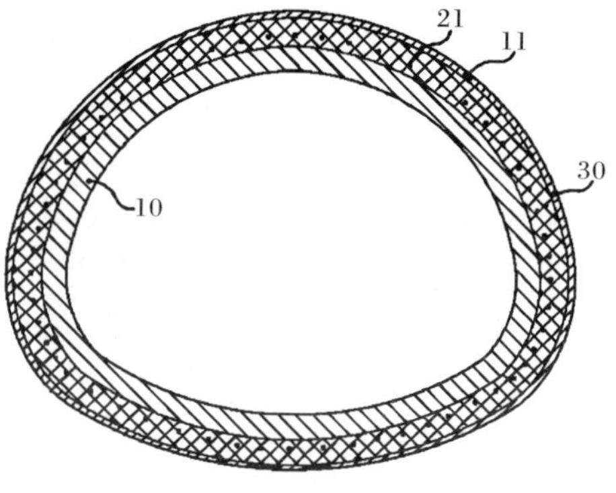

(c) C-C 线横断面构造示意图

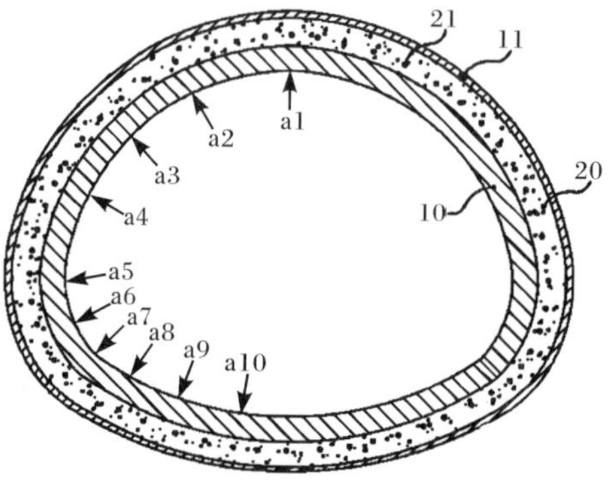

(d) D-D 线横断面构造示意图

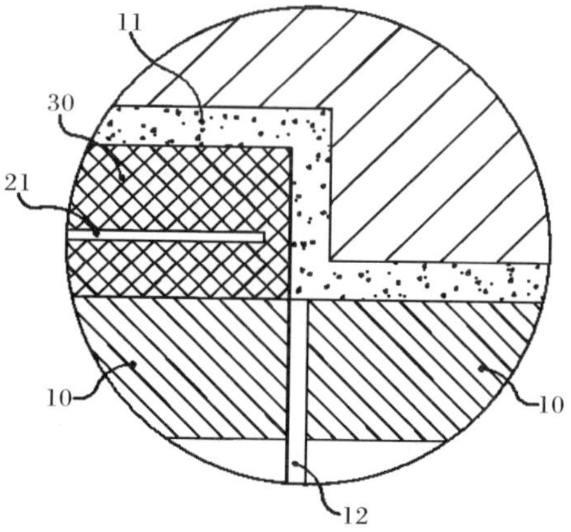

(e) A 局部的放大示意图

图 9.28　跨断层山岭隧道结构隔离效能设计((d)中 a1～a10 表示断层位置监测截面的监测点)
10. 内衬;11. 外衬;12. 减震缝;20. 泡沫混凝土层;22. 加强钢筋;30. 钢筋凝土层

第三部分普通隧道结构段:主要由隧道初期支护和钢筋混凝土衬砌结构组成。

通常,跨断层隧道减震区长度设置为 5～8m,加固区长度为 3～5m。所述泡沫混凝土层、钢筋凝土层的厚度为 0.25～0.5m。泡沫混凝土弹性模量一般为 0.3～1.2GPa,干密度为 400～1600kg/m,抗压强度为 0.5～10.0MPa,弯曲强度为 0.1～0.7MPa。加强钢筋选用直径 32mm,减震缝的宽度为 1～3cm。

跨断层隧道结构设计,能够有效地吸收地震能量、抵抗主要地震荷载,减少活动断层区荷载的纵向传递,减小活动断层对隧道的影响,因此具有良好的抗减震效果,从而保证跨活动断层隧道衬砌结构的安全。

9.4.2　跨断层隧道结构数值模拟分析

1. 依托工程概况

雅泸高速公路起于成雅高速公路，止于泸黄高速公路，线路全长 240.378km，设计速度为 80km/h，线路地形地质条件十分复杂。扯羊隧道所经地区的地震烈度为 9 度，地震动加速度峰值为 0.40g，地震动反应谱特征周期为 0.40s。扯羊隧道位于凉山州冕宁县彝海乡与曹古乡境内，隧道进口位于彝海乡勒帕河左岸谷坡，出口位于曹古乡扯羊河右岸谷坡；隧道进、出口有 G108 国道(二级公路)，轴线右侧 150～230m 为在建的 G108 国道扯羊隧道(二级公路)。扯羊隧道左线全长 1755m，右线全长 1730m，最大埋深约为 242m。扯羊隧道横断面图和地质纵断面图分别如图 9.29 和图 9.30 所示。

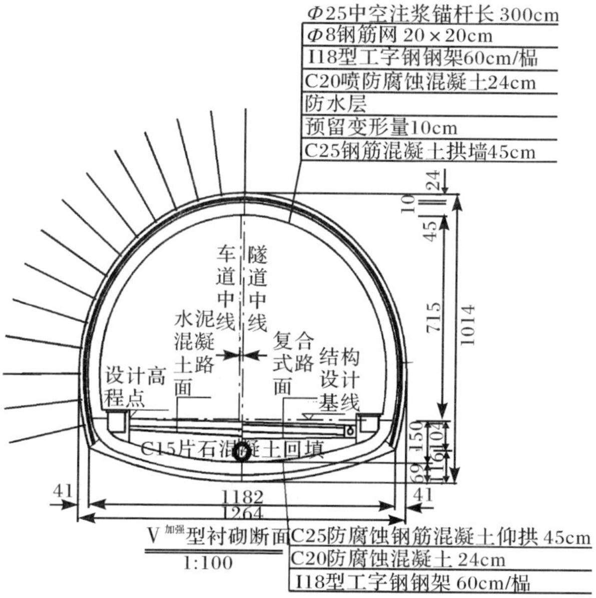

图 9.29　扯羊隧道横断面图(单位：cm)

根据地面调查及钻孔揭露，场地出露的地层有新生界第四系全新统人工堆积层(Q_4^{ml})、坡残积层(Q_4^{dl+el})、第四系全新统冲洪积层(Q_4^{al+pl})及中生界白果湾群(T3～J1bg)粉砂质泥岩、粉砂岩。测区大地构造属川滇南北向构造带北段及与滇藏歹字型构造中部相复合地段。川滇南北向构造带主要形迹为一系列近南北向断裂、岩浆岩体。隧道进口 K195＋800 段与区域性的安宁河断裂束之东侧的姑鲁沟—盐井沟断层北段相交，隧址区距安宁河断主干断裂约 4km。受构造的影响和

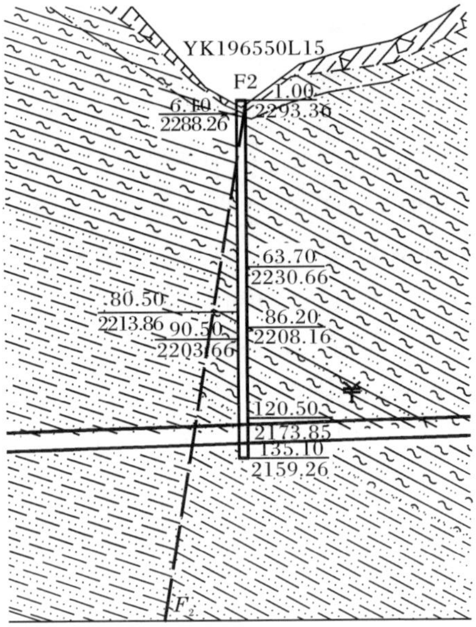

图 9.30　扯羊隧道地质纵断面图

作用,岩石发生轻微变质,岩层挤压破碎、拖拉褶曲明显。

2. 隧道数值模拟

在隧道穿越断层破碎带,需要实现隧道结构正常使用阶段的安全性与地震发生时的大变形吸收能力的合理均衡,确保隧道安全运营。据此,提出如下过断层方案:

(1) 在断层滑移面两侧设置双二衬,加强断层面附近区段的隧道抗震性能。

(2) 在双二衬加强支护中间,预留减震填充空间,并配强筋(取 Φ32 的钢筋)。

(3) 在预留的减震填充空间内,充填减震材料:选取泡沫混凝土。

1) 隧道计算模型的建立

根据扯羊隧道雅安端洞口的地形及地质条件,并考虑到动力计算的边界效应问题,洞口模拟水平方向范围 60m,纵向沿隧道洞轴线方向 30m,顶部按照实际地质条件进行适当简化模拟,隧道模型高 50m。跨断层隧道结构模型如图 9.31 所示。

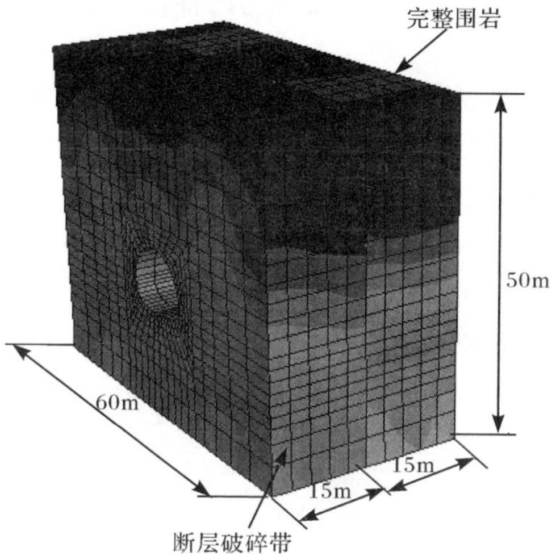

(a) 隧道结构模型

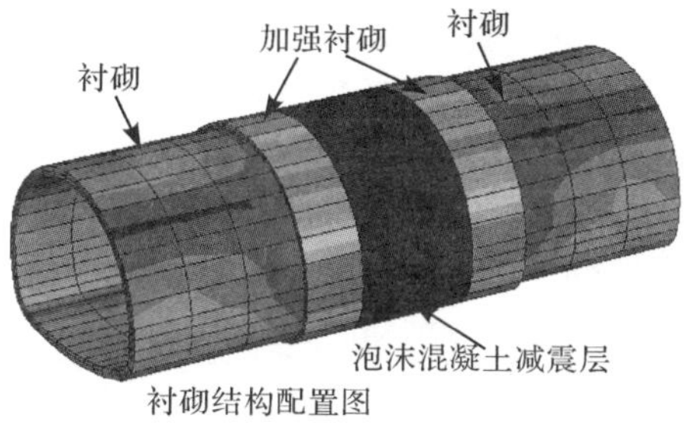

(b) 隧道断层两侧的加强措施示意图

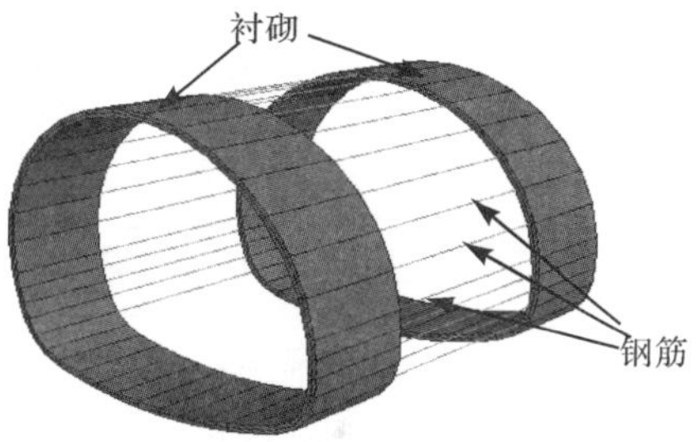

(c) 加强段配筋布置示意图

图 9.31　跨断层隧道结构模型图

在模型计算时，考虑模型边界采用黏性边界条件，首先进行无加固措施的隧道结构动力计算，围岩及衬砌结构的计算参数如表 9.7 所示。

表 9.7　跨断层隧道结构及围岩物理力学参数指标一览表

计算参数	密度 /(kg/m^3)	弹模 /GPa	泊松比	黏聚力 /kPa	摩擦角 /(°)
岩体	2490	2.25	0.24	1000	34
破碎带	2000	1.2	0.4	50	33
衬砌	2600	28	0.15	—	—
钢筋	7800	210	0.25	—	—
泡沫混凝土	1000	1.0	0.3	—	—

跨断层隧道结构数值计算的工况设置为两种：

(1) 工况 1。无减震措施，隧道结构为一层衬砌，衬砌厚度为 45cm。

(2) 工况 2。有减震措施，除了隧道外衬，在断层面两侧设置 6m 的加强支护结构(厚度为 25cm)。在断层区设置泡沫混凝土减震结构(厚度为 25cm)，减震层宽度为 6m。同时，在减震层中配置 Φ32 加强钢筋。

为了分析隧道结构的安全稳定性，主要对隧道结构关键部位的弯矩进行分析，如图 9.32 所示隧道结构的测点分布图，在隧道周边共设置 10 个测点，对隧道结构弯矩峰值进行分析研究。

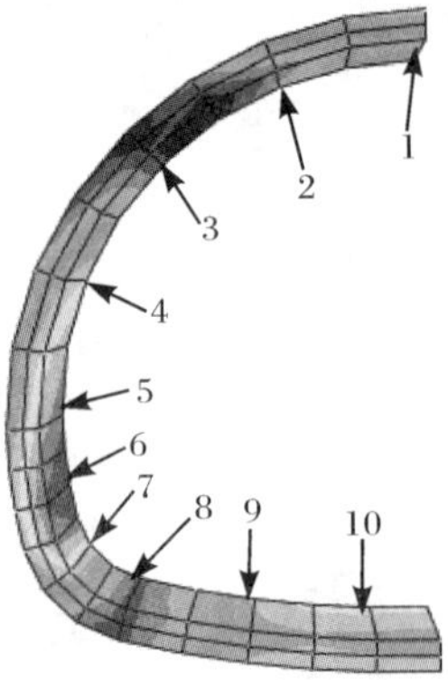

图 9.32　断层分界面处衬砌结构监测截面编号图

2) 隧道结构动力响应分析

(1) 隧道结构弯矩分析。

从表 9.8 可以看出，设置减震措施以后，可以将弯矩降低 10%～20%，但是会使衬砌结构的轴力和剪力有所增加。

表 9.8　设置减震层前后衬砌结构内弯矩对比(单位长度衬砌截面上的弯矩)

工况	弯矩/(10^6N·m)									
	1	2	3	4	5	6	7	8	9	10
无减震层	1.38	1.10	−0.27	−1.30	−1.45	−1.90	−1.70	−1.10	1.63	1.68
有减震层	1.05	0.97	−0.02	−1.05	−1.33	−1.48	−1.45	−0.25	1.25	1.35
降低率/%	24.1	12.1	93.8	19.2	8.0	21.9	14.7	77.3	23.5	19.8

(2) 隧道动力响应分析。

地震过程中，断层处衬砌始终出现应力集中，最大拉应力出现在右拱肩，量值约为 5.0MPa；最大压应力出现在右墙脚，为 3.02MPa。断层处围岩将产生剪切破坏，断层处围岩塑性区沿断层面向周边发展，设置滑移结构明显减小断层处结构的拉应力，而压应力有所增加(表 9.9)。

表 9.9　跨断层带隧道洞身段剪应力峰值列表

项目		最大值/MPa	最大值时刻/s	发生位置
无减震设计	拉应力	4.993	8	隧道右拱肩
	压应力	−3.02	6	隧道右墙脚
有减震设计	拉应力	3.67	12	隧道右拱肩
	压应力	−3.97	6	隧道右墙脚

因此，为了保障隧道安全，减小和缓解隧道在活动断层带的破坏程度，有必要在断层附近设置可变结构及采取一定的吸能隧道减震层。

9.4.3　跨断层隧道减震构造措施应用

隧道区域穿越活动断层带，为以后的运营安全及后期的治理带来巨大隐患。在汶川地震发生时，该隧道尚未修通，未穿越活动断层区域，但是这更引起了相关领导及工程技术人员的重视。

结合雅西高速公路扯羊隧道工程实际及泡沫混凝土结构吸能的基本原理，提出过活动断层的工程措施。通过现场调研和工程操作实施论证，将与设计单位合作，提出设计施工图纸，并应用于扯羊隧道工程中(图 9.33～图 9.38)。

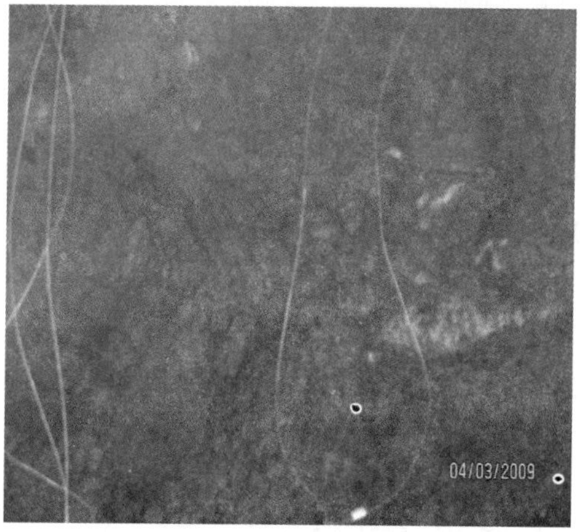

图 9.33　扯羊隧道断层带围岩条件照片

图 9.34　扯羊隧道的施工现场研讨会

与四川省交通运输厅公路规划勘察设计研究院进行联合，在隧道里程 K196+519～531 处，设计了跨断层隧道衬砌结构图(图 9.35)。在围岩发生突变界面处，适当扩大隧道断面尺寸，采用三层衬砌(内衬、减震层和外衬)，内衬设计抗震缝(衬砌中的纵向钢筋断开)，内、外衬间减震层设计为多孔材料(泡沫混凝土)(图

9.35)，并在泡沫混凝土中进行配筋，钢筋在隧道伸缩节头处断开相互搭接，中间用钢管搭接，钢管与钢筋之间用沥青进行固结(图 9.36)，并在不良地质段两侧一定范围内设置抗震缝。

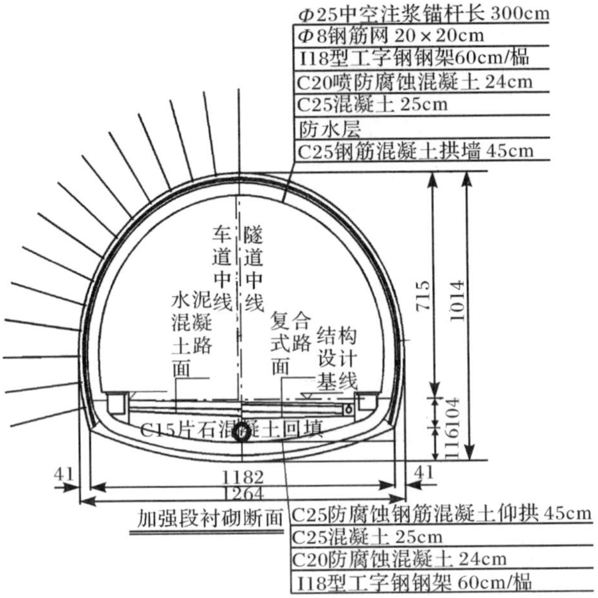

(a) 隧道加强段衬砌断面图

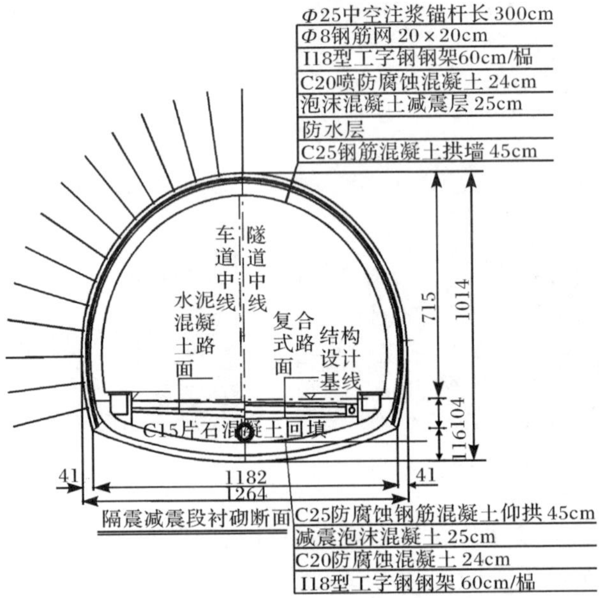

(b) 隧道间隔震衬砌断面图

图 9.35　跨断层扯羊隧道结构横断面图(单位:cm)

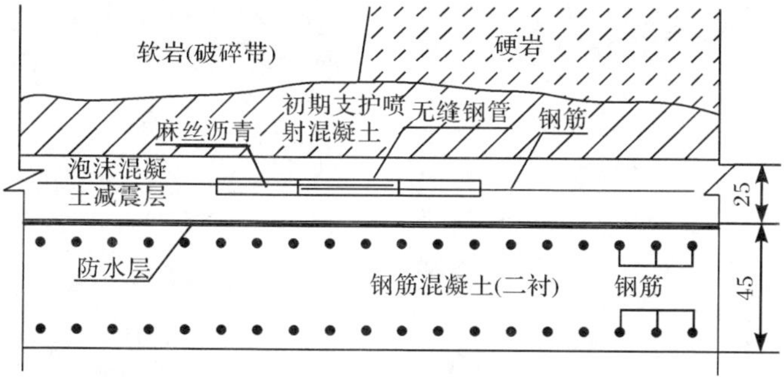

(a) 断层附近隧道局部结构图

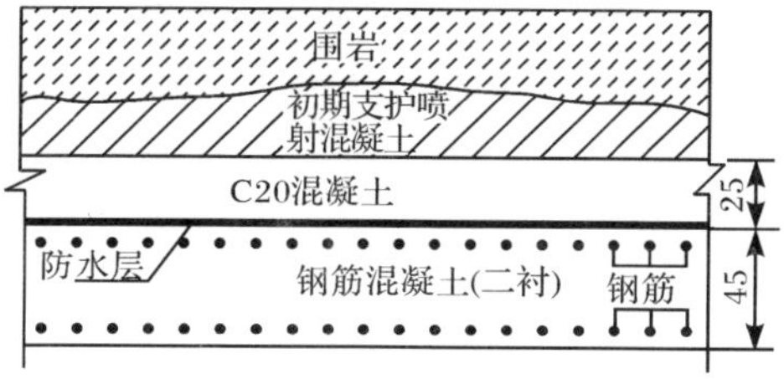

(b) 加强段隧道局部结构图

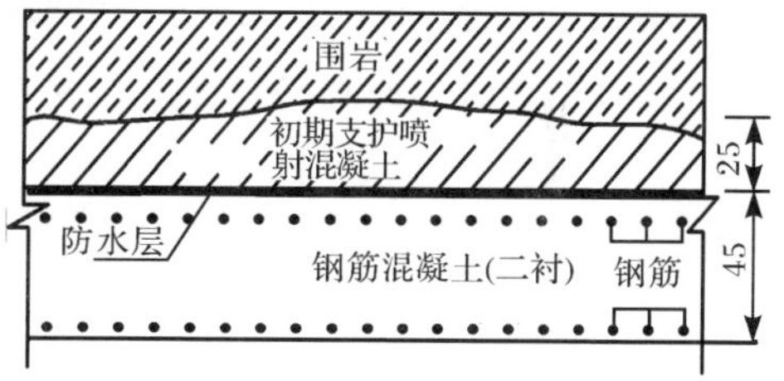

(c) 普通段隧道局部图

图 9.36 跨断层扯羊隧道衬砌结构局部断面图(单位:cm)

项目组围绕活动断裂区内隧道跨越活动断层这一工程技术难点深入研究,与设计单位、施工单位、业主单位细致沟通、通力合作,开展了大量的调研、分析工作,在综合分析工程的可实施性、结构的安全性、工程建设成本的基础上,提出了跨活动断层隧道抗减震构造形式,并在扯羊隧道工程中得以实施,形成了相应的研究成果,申请并获批专利发明技术。

依托工程对科研提供了试验及检验的场所,满足了课题研究的需要。同时,结合课题研究阶段性成果也为项目的安全实施提供了重要的技术保障。

该示范工程所形成的技术成果,不仅为示范工程项目的顺利实施提供了重要的技术保障,同时,所形成的技术成果和专利技术也对相似工程具有重要参考价值,对于保障高烈度地震区隧道的安全,减少研究经费的重复投入、节省建设成本,都有重要意义。

图 9.37　跨断层扯羊隧道结构施工现场

图 9.38　扯羊隧道结构应力现场测试

参考文献

曹小平.2013.强震作用下山岭隧道洞口段地震响应分析及减震措施研究.兰州:兰州交通大学博士学位论文.

陈贵红,李海清,钟勇,等.2008.国道213线都江堰至汶川段隧道震害调查与分析.西南公路,4:114-119.

陈乐生,庄卫林,赵河清,等.2012.汶川地震公路震害调查——隧道.北京:人民交通出版社.

崔光耀.2013.断裂黏滑隧道减震缝减震技术模型试验研究.岩石力学与工程学报,32(8):1603-1609.

崔光耀.2012.隧道洞口浅埋段和断裂粘滑段抗震设计计算方法及试验研究.成都:西南交通大学博士学位论文.

崔光耀,王明年,林国进,等.2011.汶川地震区典型公路隧道衬砌震害类型统计分析.中国地质灾害与防治学报,(01):122-127.

崔光耀,王明年,于丽,等.2013.汶川地震断层破碎带段隧道结构震害分析及震害机理研究.土木工程学报,(11):122-127.

大崎顺彦.1980.地震动的谱分析入门.吕敏申,谢礼立译.北京:地震出版社.

高波,王峥峥,袁松,等.2009.汶川地震公路隧道震害启示.西南交通大学学报,44(3):336-342.

高峰.2003.地下结构动力分析若干问题研究.成都:西南交通大学博士学位论文.

高峰,石玉成,严松宏,等.2006.隧道洞口段的抗震设防长度.中国公路学报,19(3):65-69.

耿萍.2014.穿越断层破碎带隧道合理抗震设防长度研究.岩石力学与工程学报,33(02):358-367.

耿萍.2012.铁路隧道抗震计算方法研究.成都:西南交通大学博士学位论文.

宫必宁,赵大鹏.2002.地下结构与土动力相互作用试验研究.三峡大学学报,(6):493-496.

何川.2013.隧道穿越断层破碎带震害机理研究.岩土工程学报,36(3):10-26.

胡聿贤.1986.考虑相位谱的人造地振动反应谱拟合.地震工程与工程振动,(02):37-51.

吉随旺,唐永建,胡德贵,等.2009.四川省汶川地震灾区干线公路典型震害特征分析.岩石力学与工程学报,28(6):1250-1260.

季倩倩.2002.地铁车站结构振动台试验研究.上海:同济大学博士学位论文.

蒋树屏,文栋良,郑升宝.2011.嘎隆拉隧道洞口段地震响应大型振动台模型试验研究.岩石力学与工程学报,(04):649-656.

焦长洲.2008.地震作用下隧道式复合锚锭动力响应分析.成都:西南交通大学博士学位论文.

靳宗震.2014.跨断层隧道减震结构地震动力响应研究.成都:西南交通大学硕士学位论文.

李伯松,陈晶,冯进技.1998.爆炸震动作用下钢丝绳减震地板动力分析.防护工程,(4):23-27.

李伯松,张尤德,陈晶.1985.冲击震动作用下砂垫层减震性能的试验研究.中国人民解放军八九〇〇二部队资料.

李海清.2008.隧道工程震害处治对策//汶川大地震与四川公路隧道建设研讨会,成都.

李建波.2005.结构-地基动力相互作用的时域数值分析方法研究.大连:大连理工大学博士学位

论文.
李乔,赵世春. 2008. 汶川大地震工程震害分析. 成都:西南交通大学出版社.
李天斌. 2008. 汶川特大地震中山岭隧道变形破坏特征及影响因素分析. 工程地质学报,16(6):742-750.
李育枢. 2006. 山岭隧道地震动力响应及减震措施研究. 上海:同济大学博士学位论文.
林皋. 1990. 地下结构抗震分析综述(上). 世界地震工程,6(2):1-9.
林皋. 1990. 地下结构抗震分析综述(下). 世界地震工程,6(3):1-10.
林皋,梁青槐. 1996. 地下结构的抗震设计. 土木工程学报,29(1):15-24.
刘恺. 2011. 成兰线跨断层隧道的错动破坏机理研究及地震动力响应分析. 北京:北京交通大学硕士学位论文.
刘培森. 1990. 应用傅里叶变换. 北京:北京理工大学出版社.
路仕洋. 2008. 宝成铁路宝鸡—广元段隧道震害的调查与分析. 国防交通工程与技术,(6):59-61.
潘昌实. 1996. 隧道及地下结构物抗震问题的研究概况. 世界隧道,(5):7-16.
潘昌实. 1990. 隧道地震灾害综述. 隧道及地下工程,11(2):1-9.
潘文杰. 2000. 傅里叶分析及其应用. 北京:北京大学出版社.
钱七虎,何川,晏启祥,等. 2009. 隧道工程动力响应特性与汶川地震隧道震害分析及启示//汶川大地震工程震害调查分析与研究.
邱法维. 2000. 结构抗震实验方法. 北京:科学出版社.
仇文革. 2012. 高压缩性混凝土材料在隧道穿越断层带的应用及减震效果研究. 材料导报B:研究篇,26(10):154-157.
邵根大,骆文海等. 1990. 强地震作用下铁路隧道衬砌耐震性的研究. 北京:铁道部科学研究院.
申玉生. 2012. 强震区不良地质段隧道可变结构抗减震技术研究. 土木工程前沿动态,(03):23-27.
申玉生,高波,胡邦,等. 2011. 强震区山岭隧道围岩全环间隔注浆预加固的方案研究. 土木工程学报,(S1):186-191.
申玉生,高波,王英学. 2009. 强震区山岭隧道洞口段的结构动力特性研究. 岩石力学与工程学报,28(增1):3131-3136.
申玉生,高波,王峥峥. 2009. 强震区山岭隧道振动台模型试验破坏形态分析. 工程力学,26(增1):62-66.
申玉生,高波,王峥峥,等. 2008. 高烈度地震区山岭隧道模型试验研究. 现代隧道技术,05:38-43.
四川省交通厅公路规划勘察设计研究院. 2008. 国道317、213线都江堰至汶川公路高速路段地震灾后恢复重建方案设计汇报材料. 成都:四川省交通厅公路规划勘察设计研究院.
四川省交通厅公路规划勘察设计研究院. 2007. 四川省雅安经石棉至泸沽高速公路两阶段施工图设计文件.
四川省交通厅交通勘察设计研究院. 2008. G213映秀至汶川段老路调查、检测、评估、设计报告. 成都:四川省交通厅交通勘察设计研究院.

孙建春.2010.山岭隧道仰坡地震动力响应及减震措施研究.成都:西南交通大学硕士学位论文.
孙均,张庆贺.1984.设置垫层的地下结构的抗爆动态相应.同济大学资料.
孙铁成,高波.2007.地下结构抗震减震措施与研究方法探讨.现代隧道技术,01:1-5.
孙有为,李平,薄景山,等.2010.汶川特大地震龙溪隧道震害与原因浅析.世界地震工程,(S1):187-191.
王连广,张海霞,吴利权.2003.钢骨高强混凝土框架结构非线性地震反应分析.沈阳建筑工程学院学报(自然科学版),19(4):247-249.
王明年.1999.高地震区地下结构减震技术原理的研究.成都:西南交通大学博士学位论文.
王明年,关宝树.1999.地下结构是免震结构.工程力学(增刊),(01):802-807.
王明年,林国进,于丽,等.2012.隧道抗震与减震.北京:科学出版社.
王维嘉.2012.公路隧道洞口段震害机理及抗减震措施研究.成都:西南交通大学硕士学位论文.
王秀英,刘维宁,张弥.2003.地下结构震害类型及机理研究.中国安全科学学报,13(3):55-58.
王以军.2005.国道318线黄草坪隧道地震动力响应及减震措施研究.成都:成都理工大学硕士学位论文.
王英学.2009.跨活动断层隧道抗减震构造:中国,200910058875.6.
王峥峥.2009.跨断层隧道结构非线性地震损伤反应分析.成都:西南交通大学博士学位论文.
王正松.2009.双连拱隧道洞口段地震动力响应及减震措施研究.成都:西南交通大学硕士学位论文.
王志杰.1996.地震区隧道洞口段减震模式研究.成都:西南交通大学硕士学位论文.
文栋良.2010.高烈度地震区隧道洞口段地震动力响应及减震措施研究.重庆:重庆交通大学硕士学位论文.
吴耀宗.2011.强震区公路隧道结构安全模糊综合评判方法的研究.成都:西南交通大学硕士学位论文.
肖强,陈小良,辛建平,等.2013.隧道抗震减震的研究进展.重庆建筑,(03):9-13.
熊良宵.2006.活断层地区隧道抗震问题的数值模拟研究.成都:成都理工大学硕士学位论文.
徐德玺,谭认.2008.汶川大地震对都汶公路的破坏及原因简析.西南公路,4:152-165.
许学忠,楼沩涛.1997.地下封闭爆炸地震场砂垫层组合减震性能分析.防护工程,(2):35-39.
晏启祥,马婷婷,吴林,等.2010.反应位移法在盾构隧道横向抗震分析中的应用.铁道建筑,(09):48-51.
杨春田.1996.日本阪神地震地铁工程的震害分析.工程抗震,(2):40-42.
杨林德,季倩倩,郑永来.2003.软土地铁车站结构的振动台模型试验.现代隧道技术,(1):7-11.
杨明松.2011.高烈度地震区山岭隧道典型洞口形式地震动力响应研究.北京:北京交通大学硕士学位论文.
杨志华,兰恒星.2013.强震作用下穿越断层隧道围岩力学响应研究.工程地质学报,21(02):171-180.
于媛媛.2013.山岭隧道衬砌结构震害机理研究.北京:中国地震局工程力学研究所博士学位论文.
袁文忠.1996.相似理论与静力学模型试验.成都:西南交通大学出版社.

臧万军,王峥峥.2014.山岭隧道洞身段震害规律与地震风险模糊综合评价分析.现代隧道技术,(01):45-53.
翟加生.2013.高烈度地震区山岭隧道减震措施的优化分析.成都:西南交通大学博士学位论文.
张广洋.2008."5.12"汶川大地震与都汶公路隧道震害//汶川大地震与四川公路隧道建设研讨会,成都.
赵淑红.2003.时频分析方法及其在地震波数据处理中的应用.西安:长安大学博士学位论文.
郑永来,杨林德.1999.地下结构震害与抗震对策.工程抗震,4:23-28.
郑永来,杨林德,李文艺,等.2005.地下结构抗震.上海:同济大学出版社.
中华人民共和国行业标准.2004.公路隧道设计规范(JTG D70—2004).北京:人民交通出版社.
周德培.2001.高烈度地震区浅埋大跨隧道施工技术及抗震材料.现代隧道技术,38(2):1-4.
周德培.1998.强震区隧道洞口段的动力特性研究.地震工程与工程振动,18(1):124-130.
周林聪,陈龙珠,宫必宁.2005.地下结构地震模拟振动台试验研究.地下空间与工程学报,1(2):182-187.
周荣军,何玉林.2005.北京至昆明高速公路四川境雅安至泸沽项目地震安全性评价报告.
周雍年,章文波,于海英.1997.数字强震记录的长周期误差分析.地震工程与工程振动,(2):1-9.
朱长安.2012.断层破碎带隧道地震反应规律的数值模拟研究.公路,(04):254-259.
朱长安,高波.2008.强震区隧道洞口段振动台模型试验研究.现代隧道技术,01:48-53.
朱永全.2008.109号隧道地震灾害与加固处理的思考.国防交通工程与技术,(4):1-4.
朱永生.2006.浅埋隧道地震动力相应数值模拟分析研究.成都:西南交通大学硕士学位论文.
庄海洋.2006.土-地下结构非线性动力相互作用及其大型振动台试验研究.南京:南京工业大学博士学位论文.
邹成路.2014.穿越软硬交界面隧道洞口结构动力响应及其抗减震措施研究.成都:西南交通大学硕士学位论文.
Chen T,Gao B,Shen Y S,et al. 2013. Damage pattern analysis of tunnels in highly seismic region based on shaking table test. World Tunnel Congress: Underground-The Way to the Future, WTC,5:1123-1129.
Department of the Army Technical Manual TM5-855-1. 1989. Fundamentals of Protective Design for Conventional Weapons. Washington DC: Headquarters Department of the Army.
Dowding C H. 1979. Earthquake stability of rock tunnels. Tunnels and Tunneling International, 11(5):15-20.
Dowding C H,Rozen A. 1978. Damage to rock tunnels from earthquake shaking. Journal of the Geotechnical Engineering Division,ASCE,104:175-191.
Goto Y,Matsuda Y,Ejiri J,et al. 1988. Influence of distance between juxtaposed shield tunnels on their seismic responses//Proceedings of 9th World Conference on Earthquake Eng,Tokyo: 569-574.
Huang N E,Shen Z,Long S R,et al. 1998. The empirical mode decomposition and Hilbert spectrum for non-linear and non-stationary time series analysis. Proceedings of the Royal Society of

London Series A-Mathematical physical and Engineering Sciences,454:903-995.

Huang N E,Zheng S,Long S R. 1999. A new view of nonlinear water waves:The Hilbert spectrum. Annual Review of Fluid Mechanics,31:417-457.

Igusa T,Kureeghian A D. 1988. Response of uncertain system to stochastic excitation. Journal of Engineering Mechanics,ASCE,5:812-832.

Iida H. 1997. Damage and restoration of Daikai station of Kobe rapid transit railway. Japanese Railway Engineering,36(2):24-27.

Itasca Consulting Group Inc. 2005. FLAC-3D,Version3. 00,Users' Manual. USA:Itasca Consulting Group Inc.

John C M S, Zahrah T F. 1987. Aseismic design of underground structures. Tunnelling and Underground Space Technology,2(2):165-197.

Lysmer J,Kuhlemeyer R L. 1972. Finite dynamic model for infinite media. Journal of the Engineering Mechanics,ASCE,98(1):85-105.

Lysmer J,Kulemeyer R L. 1969. Finite dynamic model for infinite media. Journal of Engineering Mechanics,ASCE,120(95):759-877.

Masaru T. 1997. Damage done by the great earthquake disaster of the Hanshin-Awaji district to the kobe municipal subway system and restoration works of the damage. Japanese Railway Engineering,(137):19-23.

Okamoto S. 1997. Behaves of submerged tunnels during earthquake. Proceeding of the fifth WCEE,(1):544-553.

Okamoto S. 1984. Introduction to Earthquake Engineering:Tokyo:Tokyo University Press.

Sharma S,Judd W R. 1992. 地震对地下洞室的破坏. 地下空间,12(4):335-344.

Shen Y S,Gao B,Joshua L,et al. 2013. Aseismic analysis of circular deep grouting for tunnel surrounding rock in strong earthquake zone. Geotechnical Special Publication IACGE(ASCE), 232:625-634.

Shen Y S,Gao B,Wang Y X. 2009. Analyses on tunnel failure mode and mechanism during wenchuan earthquake. International Conference on Earthquake Engineering:The 1st Anniversary of Wenchuan Earthquake,5:568-573.

Shen Y S,Gao B,Wen Y M. 2012. A Study on Failure Mode and Damage Mechanism of Mountain Tunnel in Wenchuan Earthquake Zone. Bangkok:World Tunnel Congress.

Shen Y S,Gao B,Yang X M,et al. 2014. Seismic damage mechanism and dynamic deformation characteristic analysis of mountain tunnel after Wenchuan earthquake. Engineering Geology, 180:85-98.

Shukla D K, Rizzo P C, Stephenson D E. 1980. Earthquake load analysisof tunnels and shafts. Proceeding of the Seventh World Conference on Earthquake Enginnering,8:20-28.

Thomas R, Kuesel F. 1969. Earthquake design criteria for subways. Journal of the Structural Division,95:1213-1231.

Tujillo D M,Carter A L. 1982. A new approach to the integration of accelerometer data. Earthquake Engineering and Structural Dynamic,10:529-535.

Wang W L,Wang T T,Su J J,et al. 2001. Assessment of damage in mountain tunnels due to the Taiwan Chi Chi Earthquake. Tunneling and Underground Space Technology,16(3):133-150.

Wang Z Z,Zhang Z. 2013. Seismic damage classification and risk assessment of mountain tunnels with a validation for the 2008 Wenchuan earthquake. Soil Dynamics and Earthquake Engineering,45:45-55.

Yakovlevich D I,Borisovna M J. 1978. Behavior of tunnel liner model on seismic platform. Ⅵ Sump on Earthquake Engineering,University of Roorkee,(1):379-382.

Zhu X,Shen Z,Eckennann S D,et al. 1997. Gravity wave characteristics in the middle atmosphere derived from the empirical mode decomposition method. Journal of Geophysical Research: Atmphere,102(D14):516-545.

遗传与育种学实验指导

朱冬发　编著

科 学 出 版 社
北　京

内 容 简 介

根据遗传与育种学实验教学的要求，兼顾学科发展趋势，本书选编了27个实验，内容涉及经典遗传、细胞遗传、微生物遗传、数量遗传和分子遗传等。附录包括玻璃器皿洗涤、灭菌、同工酶谱染色、显微镜使用及显微摄影术等，为师生提供必需的参考资料。全书既有验证性实验，也有设计性实验和综合性实验，使学生能够从不同层次、水平掌握遗传与育种学研究的方法和手段，培养学生的动手操作能力和分析、解决实际问题的能力。

本书可供高等院校生物科学和水产科学相关专业师生使用，也可作为中学生物学教师等相关人员的参考用书。

图书在版编目(CIP)数据

遗传与育种学实验指导／朱冬发编著. —北京：科学出版社，2011.9

ISBN 978-7-03-032148-0

Ⅰ.①遗… Ⅱ.①朱… Ⅲ.①实验遗传学②遗传育种-实验 Ⅳ.①Q3-3②S33-33

中国版本图书馆CIP数据核字(2011)第170405号

责任编辑：陈 露 朱 灵／责任校对：刘珊珊
责任印制：刘 学／封面设计：殷 靓

科学出版社出版
北京东黄城根北街16号
邮政编码：100717
http://www.sciencep.com
江苏省句容市排印厂印刷
科学出版社发行 各地新华书店经销

*

2011年9月第 一 版 开本：B5(720×1000)
2011年9月第一次印刷 印张：7 1/4
印数：1—2 500 字数：134 000

定价：17.00 元

前　　言

本实验指导是针对高等院校生物学科和水产学科相关专业的本科生而编写的。遗传与育种学实验是配合遗传与育种学理论教学而设置的一门独立的专业基础课程，是水产养殖学实验体系中重要的、必不可少的组成部分。该课程旨在通过实验课的教学，使学生加深对遗传与育种学基本概念和理论的理解，激发学生探索遗传学规律和掌握育种学方法的兴趣，培养学生观察遗传和变异现象、分析和解决遗传与育种学相关实际问题的能力，锻炼学生创新思维能力和动手操作能力。

总结多年遗传与育种学实验教学实践，参考近 20 年来国内外多个版本的相关实验教材和多篇科研、教研论文，根据遗传与育种学实验教学的要求，兼顾学科发展趋势和国内水产院系的实验教学条件，本实验指导选择编写了减数分裂、果蝇杂交、染色体标本制备、多倍体诱导、有性杂交、细菌局限性转导、DNA 提取和 PCR 扩增、同工酶 PAGE 分析和 ABO 血型群体遗传学分析等 27 个实验。这些实验项目涵盖了经典遗传、细胞遗传、微生物遗传、数量遗传和分子遗传等方面的内容，既有遗传学基本规律的验证性实验，也有锻炼学生遗传分析能力的设计性实验和综合性实验，使学生能够从不同层次、水平掌握遗传与育种学研究的方法和手段。

鉴于实验课时、实验教学条件和实验材料的不同，各水产院系可以根据实际情况酌情选择。本实验指导附录中列有的玻璃器皿洗涤、灭菌、同工酶谱染色方法、显微镜使用及显微摄影术等，为保证实验教学环节的顺利进行提供了必要的参考资料。本实验指导中每个实验结构的设计统一、新颖，要求学生课前务必预习实验原理和主要内容，实验中认真操作、细致观察、翔实记录、独立思考，课后提交规范的实验报告并通过文献调研独立解答思考题。

由于时间仓促和编者经验、水平有限，本实验指导难免有不妥和不足之处，期望广大读者给予批评、指正。

朱冬发
2011 年 6 月

目　　录

前言
一、遗传与育种学实验课的要求 …… 1
二、遗传与育种学实验报告的写作要求 …… 2
实验一　有丝分裂 …… 3
实验二　减数分裂 …… 7
实验三　果蝇的麻醉、主要性状观察和雌雄的鉴别 …… 13
实验四　果蝇的培养 …… 17
实验五　果蝇单因子杂交实验 …… 20
实验六　果蝇的两对因子的自由组合 …… 23
实验七　果蝇的伴性遗传 …… 26
实验八　果蝇的三点测验——基因的连锁交换规律 …… 30
实验九　果蝇唾腺染色体的制作与观察 …… 33
实验十　动物骨髓细胞染色体标本的制备与观察 …… 36
实验十一　染色体核型分析 …… 39
实验十二　植物多倍体的诱导和鉴定 …… 42
实验十三　甲壳动物四倍体的人工诱导 …… 45
实验十四　姐妹染色单体差别染色的方法 …… 47
实验十五　人类X染色质的观察 …… 50
实验十六　植物有性杂交 …… 52
实验十七　粗糙链孢霉的分离和交换 …… 55
实验十八　大肠杆菌杂交实验 …… 58
实验十九　细菌局限性转导 …… 62
实验二十　质粒DNA的提取及纯化 …… 66
实验二十一　琼脂糖凝胶电泳检测DNA …… 69
实验二十二　重组质粒的构建、转化和筛选 …… 71
实验二十三　动物细胞DNA的提取和PCR扩增 …… 76
实验二十四　动物单个基因组织表达分析 …… 80

实验二十五 鱼类同工酶 PAGE 分析 …… 83
实验二十六 人类 ABO 血型的群体遗传学分析 …… 87
实验二十七 人体皮纹的遗传分析 …… 89

附录Ⅰ 玻璃器皿的洗涤 …… 96
附录Ⅱ 灭菌 …… 97
附录Ⅲ 不同的 χ^2 值及自由度的 P 值表 …… 98
附录Ⅳ 几种同工酶谱的染色方法 …… 99
附录Ⅴ 显微镜的结构、使用及显微摄影术 …… 102
主要参考文献 …… 107

一、遗传与育种学实验课的要求

1. 实验前须认真预习实验内容及有关的理论课讲授内容，画出实验步骤流程图，标示出重点和难点。

2. 提前5分钟进入实验室，携带必需的实验用具和文具。不早退，不无故缺课，有病或有事须请假。

3. 自觉遵守课堂纪律，不大声喧哗和随意走动，保持实验室安静、整洁。

4. 按照实验教师的讲解规范地进行实验操作，做到既能独立操作又能与同组同学团结协作，尤其是有些实验项目需连续数日才能完成。

5. 实验现象和实验结果要仔细观察、翔实记录，遇到疑难问题能主动请教，按时完成和提交实验报告。

6. 爱护仪器和设备，如有损坏或缺失，及时向实验教师报告并说明原因，使用贵重仪器和设备，要在教师指导下操作并做好使用记录。

7. 节约药品和材料，做到按需、按量取用。用过的废物、废液和材料应倒入指定的盛留器中。

8. 公用试剂和实验用具用后要及时放回原处，以免影响其他同学使用。

9. 严格遵守学校和学院制定的实验室安全规章，加强自我保护。遇到异常情况及时报告并听从实验教师的安排、处置。

10. 实验完毕后应将台面整理干净，仪器归位，用过的器皿洗净后放回原处。值日生还要做好实验室的清洁卫生工作。

二、遗传与育种学实验报告的写作要求

1. 实验报告的写作原则

（1）完整性原则：实验报告一般应包括实验题目、实验目的、实验原理、材料与方法、实验结果、讨论和结论等部分。

（2）客观公正性原则：认真仔细地观察实验现象，客观翔实地记录实验结果，有根有据地展开分析讨论，诚实公正地报告实验结论。

（3）正确性原则：实验报告中的原理、方法、结果和结论部分必须正确无误，他人按照给定的条件重复实验应该能观察到同样的实验现象并得出一致的实验结果和结论。

（4）可读性原则：实验报告的表达方式必须正确、规范，做到语句通顺、简洁扼要。

2. 实验报告的写作格式（采用学院统一印制的实验报告纸）

（1）实验题目：置顶、居中。

（2）实验目的：力求简明扼要。

（3）实验原理：主要包括该实验项目所涉及的基本概念和基本理论。

（4）材料与方法：力求准确、简要，便于他人重复使用。

（5）实验结果：这是实验报告的主体内容之一。务必做到现象描述客观翔实；图表制作真实规范；统计分析科学准确。

图的位置一般偏左，右侧作引线及注字。各部分结构的深浅、明暗用疏密不同但大小均匀的黑点表示；注字引线应水平伸出，不能交叉；图序和图题应写在图下面。

（6）讨论：应以实验结果为基础，有根有据、有的放矢地展开分析、讨论，包括影响实验结果的因素、实验结果与理论预测结果的异同、实验操作注意事项、成功的体会和失败的原因等内容。

（7）结论：应简洁、中肯。

（8）其他：有些实验报告可能还需要附上实验的原始数据、原始电泳图谱或显微照片、参考文献等。

实验一 有丝分裂

【实验目的】

1. 掌握植物根尖压片方法。

2. 了解植物细胞有丝分裂各个时期的形态特征及染色体行为。

【实验原理】

有丝分裂是生物个体生长和细胞分化的基础。在有丝分裂过程中，每次核分裂前必须进行一次染色体的复制。在分裂时，每条染色体分裂为两条子染色体，平均分配给两个子细胞。所以，有丝分裂是等分式分裂，使子细胞与母细胞在遗传组成的数量与质量上完全一致，保证了性状发育和遗传的稳定性。有丝分裂时，染色体呈现连续、动态的变化，一般分为间期、前期、中期、后期和末期5个时期(图1-1)。

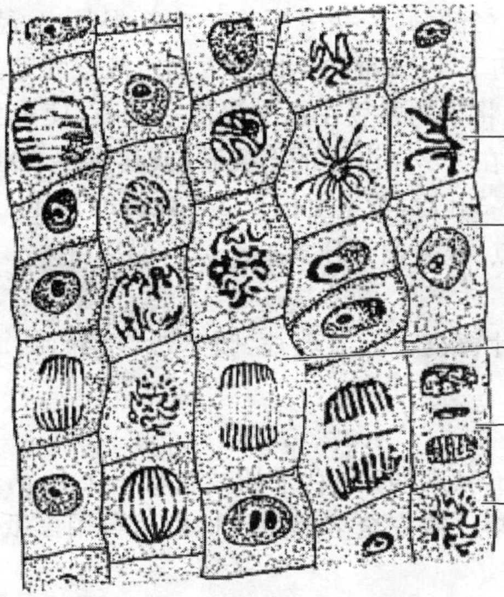

图1-1　洋葱根尖细胞(示有丝分裂各期)

高等植物有丝分裂主要发生在根尖、茎生长点及幼叶等部位的分生组织。其中根尖取材容易，操作和鉴定方便。最常用的有丝分裂制片方法是压片法，即将经过处理的动植物材料放在载玻片和盖玻片之间，施加一定的压力使材料分散开来的一种方法。通过对根尖进行秋水仙素溶液预处理、固定、解离、染色和压片，可在显微镜下观察到大量处于有丝分裂各个时期的细胞和染色体。有丝分裂中期的染色体具有典型的形态特征，并易于计数。

秋水仙素(colchicine)是一种生物碱，分子式为 $C_{22}H_{25}NO_6 + 3/2\ H_2O$。因最初是由百合科植物秋水仙(*Colchium autumale*)中提炼出来的而得名。秋水仙素呈黄色针状结晶，熔点为 157℃，易溶于水、乙醇和氯仿，味苦，有毒。适当浓度的秋水仙素处理能抑制有丝分裂，破坏纺锤体，使染色体停滞在分裂中期，便于进行染色体的分析研究。卡诺氏液固定能防止细胞自溶、腐败、收缩(或膨胀)，尽量保持生活时的形态结构；能使细胞中蛋白质、脂肪、糖和酶等成分转变为不溶物质；能使组织内各种物质成分产生不同的折光率，便于观察；能使不同组织成分对染料有不同的亲和力，便于染色。通过对植物组织进行酸处理，可除去细胞间的果胶层，并使细胞软化，便于细胞分开，有利于压片和染色。

【实验材料、仪器和试剂】

1. 实验材料

洋葱($2n$ =16)根尖或蚕豆($2n$ =12)根尖。

(1) 洋葱根尖的培养：剪去洋葱老根，放在盛有水的广口瓶上，使水浸到鳞茎下部，在黑暗条件下培养(25℃)，1～2 d 后有许多新根长出，待新根长到 1～2 cm 时，于上午 11～12 点间切下 1 cm 根尖迅速投入固定液中固定。

(2) 蚕豆根尖培养：将干的蚕豆在水中浸泡一昼夜，使蚕豆充分吸水，种皮膨胀，然后将种子整齐地埋在 3～4 cm 厚的石英砂(或其他砂子)里，上覆盖薄薄一层石英砂，淋上少量水。2～3 d 后，待蚕豆根长 2～3 cm 时固定。用这种方法发的蚕豆根具有白、直、尖的特点，分裂相十分多。

2. 仪器设备

显微镜、镊子、解剖针、载玻片、盖玻片、吸水纸、培养皿、酒精灯、纱布、铁笔、火柴。

3. 试剂

(1) 0.5～1.0 mg/ml 秋水仙素：秋水仙碱 0.05～0.10 g，蒸馏水 100 ml，配制时可用少许 95%乙醇助溶。待完全溶解后将棕色瓶再用黑纸包起来，在 4℃冰箱中避光保存备用。

(2) 醋酸酒精固定液：醋酸酒精固定液也称卡诺氏液(Carnoy)，是常用的植物材料的固定液。以冰醋酸∶无水酒精=1∶3 的比例混合即成。须现配现用。

(3) 各种浓度的酒精：一般用 95%浓度的酒精稀释配制各种浓度的酒精。稀释配制方法是先将 95%浓度的酒精倒入量筒，其量和将要稀释配制的酒精的百分比相等，然后将蒸馏水加到 95 ml，就得到所要配制的浓度的酒精。

(4) 1 mol/L HCl：取浓盐酸(36%～38%)82.15 ml 加蒸馏水到 1 000 ml，摇匀。

(5) 醋酸洋红染液：45%醋酸 100 ml 加热煮沸，移去火苗，加入 1 g 洋红粉末。轻微搅动，防止溅沸，再煮 1～2 min 即可，这时可悬入一枚生锈的小铁钉于染液中，过 1 min 取出，使染色液中略具铁质，或加入氢氧化铁的 50%的醋酸饱和液1～2 滴(不能多加，以免产生沉淀)，静止 2 h 后过滤于一棕色试剂瓶中，贮存备用。

【实验方法和步骤】

1. 预处理

将剪取的根尖浸入 0.5～1.0 mg/ml 秋水仙素溶液中室温处理 2～4 h。这对抑制纺锤体活动效果明显，易获得较多的中期分裂相。而且能使染色体收缩较直，有利于染色体的观察。

2. 固定

将根尖放入卡诺固定液中固定 3～24 h(固定液用量应为材料体积的 15 倍以上)，随后依次投入 90%、80%酒精中各 30 min，最后投入 70%酒精待用。或再换入一次 70%酒精，在冰箱中较长时间保存备用。经过较长时间保存的材料，在实验前可以用固定液再处理一次。

固定时间最好在分裂高峰，一般认为植物根的有丝分裂是有高峰的，如洋葱一般在中午 12 时左右，禾谷类植物上午 10～11 时许，蚕豆在下午 4～5 时，晚上 11～12 时两次高峰，但也有观点认为没有固定的高峰。

3. 解离

取已固定过的材料放入 1 mol/L HCl 解离液中，置于 60℃水浴锅中解离到根尖透明为止(6～15 min)。或在浓盐酸∶酒精 =1∶1 的解离液中解离 3～10 min。不同材料所需的解离时间不同。酸解是本实验成败的一个关键。

4. 水洗

将解离后的材料转入装有蒸馏水或清水的烧杯内，换水洗 3～5 次，或流水冲洗 10 min，将盐酸洗净，以利于染色。

5. 染色及压片

取一干净的载玻片，用刀片截取根尖生长点部分(乳白色部分)置于载玻片上，加 1～2 滴醋酸洋红染液，用解剖针或镊子轻轻捣碎组织，然后盖上盖玻片，左手食指按住盖玻片一角，防止盖玻片滑动，右手用解剖针以尖端垂直轻击盖玻片下的材料，使材料分散。敲时先在酒精灯上轻微加热(以使材料软化和增强染色效果)，以后边敲边在酒精灯上微微加热(切勿使染液沸腾)，以促进材料着色和分散。敲至材料均匀地分布在载玻片上为止。然后将载玻片翻过来，使盖玻片朝下，放到铺在水平桌面的一张吸水纸上，用大拇指对准盖片部位垂直用力一压，这时切勿使盖玻片移动，从而使染色体压散，并处于同一平面。若盖玻片下有气泡，可在盖玻片边缘加一点染液。

6. 观察

选取细胞分散的视野，观察有丝分裂的各个时期。

(1) 间期(interphase)：细胞核着色均匀，看不到染色体。间期染色体伸长成细丝状结构，不容易被染色，所以只能看到分散的，呈网状的染色质，核膜、核仁都存在。间期又可分为 G_1 期(gap1)、S 期(synthesis)和 G_2 期(gap2)。G_1 期是从上次细胞分裂结束到下次染色体复制开始的这段时间，主要进行细胞生长和制造一些细胞功能物质。高度分化的成熟细胞，如脑细胞，在此期处于停滞状态，一般不再进行分裂，特称 G_0 期(gap0)。S 期细胞进行 DNA 复制。G_2 期是从染色体 DNA 复制结束到细胞开始进行分裂的这段时间。因此，间期是细胞为分裂进行物质和能量的准备时期，表面上看细胞处于静止状态，实际上细胞核内部正在进行复杂的过程，如 DNA 合成、染色体复制等。

(2) 前期(prophase)：染色丝经螺旋化逐渐缩短而加粗，逐渐可以看到清晰的染色体。由于经过了染色体复制，此时每条染色体有一个着丝粒和纵向并列的两条染色单体，但在显微镜下还看不到染色体单体，前期将要结束时，染色体缩短几乎到达极点，与此同时，核仁、核膜逐渐消失。

(3) 中期(metaphase)：核仁和核膜的解体是进入中期的标志。中期的染色体浓缩得很短，形态特征典型，这时染色体开始向赤道面移动，最后排列在赤道面上，并出现纺锤丝，纺锤丝连接着染色体的着丝点。中期是进行染色体分析的最佳时期。

(4) 后期(anaphase)：每一染色体的着丝粒一分为二，着丝粒分开后纵列的染色单体也跟着分开，并在纺锤丝的作用下有序地向两极移动，这样就完成了每一条染色体有规则的分裂。此期，在细胞的两极各有一组染色体，每组和原来细胞的染色体数一样。

(5) 末期(telophase)：两组子染色体到达两极后，染色体的螺旋结构逐渐消失，最后重新形成核膜，出现核仁。

植物细胞中，在原来赤道板的位置上出现一个细胞板，经过胞质分裂(cytokinesis)把细胞分为两个子细胞。动物细胞的胞质分裂则依赖于收缩环在赤道板区域不断收缩缢裂，最后形成两个子细胞。在胞质分裂中，细胞质中的细胞器也被分到两个子细胞中。

通过以上几个步骤，细胞完成了一次有丝分裂过程，但有丝分裂是一个连续的过程，人为地把它分为前、中、后、末期，只是为了便于研究。

【思考题】

1. 绘制你所看到的图像并说明分别是有丝分裂的哪一时期。
2. 试分析哪些步骤有利于染色体的分散。

实验二　减 数 分 裂

【实验目的】

1. 了解动物的生殖细胞形成过程中的减数分裂，观察并熟悉各个时期的特征及染色体行为。

2. 掌握减数分裂制片方法和技术。

【实验原理】

减数分裂是有性生殖的生物在形成配子过程中发生的一种特殊方式的细胞分裂。有两个重要特点：① 连续进行两次核分裂，染色体只复制一次，结果形成的四个子细胞染色体的数目比母细胞的染色体数目减少一半，故称减数分裂。② 第一次分裂的前期较长，包括细线期、偶线期、粗线期、双线期和终变期五个时期。前期Ⅰ变化复杂，包括同源染色体的配对联会、交换与分离等。减数分裂和受精过程交替进行，使不同生物类型的染色体数目和遗传性状有规律地保持相对稳定。同源染色体的配对、交换、分离和非同源染色体的自由组合，是遗传学分离、自由组合及连锁交换规律的细胞学基础，提供了亲本产生配子的多样性，导致了生物变异，为有性杂交育种提供了基础。因此，我们可以通过对减数分裂过程中染色体的动态变化的观察加深对减数分裂过程的认识，并且为杂交的细胞学分析、物种间亲缘关系的鉴定等提供可靠的依据。

减数分裂各时期的主要特征如下(以雄性蝗虫为例)。

1. 第一次减数分裂

(1) 前期Ⅰ

① 细线期(lepototene)：染色质浓缩、凝集呈细长的染色丝，相互缠绕成团，首尾难分，核仁明显。此时，染色体已在S期复制，每一染色体已有两个染色单体，但此期尚看不出是成双的。

② 偶线期(zygotene)：与细线期无多大变化，各对同源染色体开始配对(联会，synapsis)，称二价体。结果细胞中的染色体由 $2n$ 条单价体变成了 n 条二价体。尽管此时染色体比细线期清楚，但染色体仍细长，所以并不能辨清染色体数目(图2-1)。

③ 粗线期(pachytene)：又称重组期。同源染色体配对完毕，配对的染色体进一步缩短加粗。每个二价体有两个着丝粒。由于每个染色体早已复制为二，二价体实际上是由四个染色单体所组成。在此期，同源染色体的非姐妹染色单体之间可以发生局部交叉和交换，从而导致基因之间的交换与重组。此时已经能够辨别

染色体的头尾，因而可以进行染色体计数(图 2-2)。

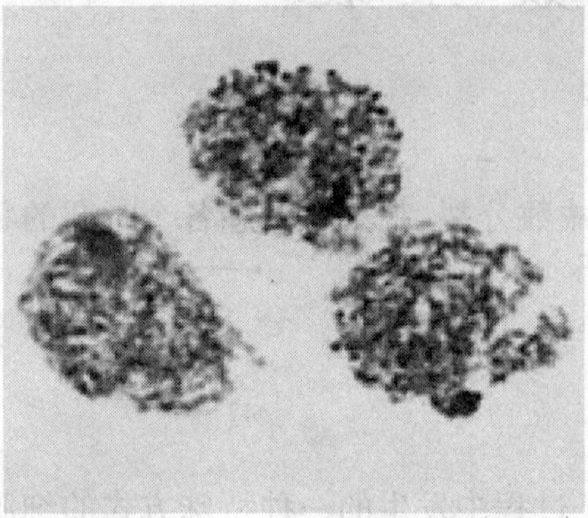

图 2-1 偶线期

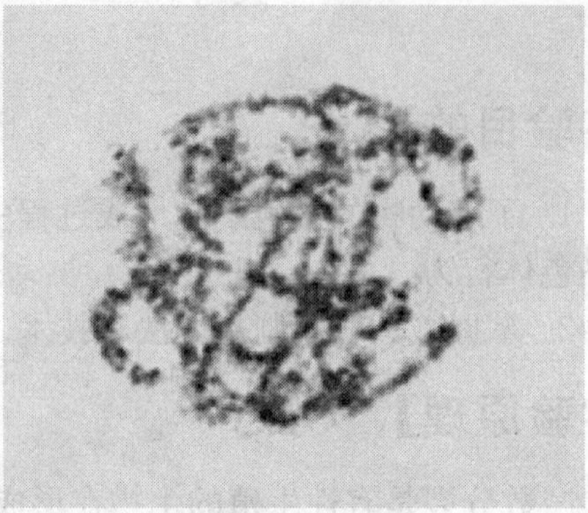

图 2-2 粗线期

④ 双线期(diplotene)：染色体再进一步缩短变粗，螺旋化程度加深。同源染色体开始因相互排斥而分开，但由于同源染色体之间的交换尚未完成，因而在不同的二价体上，在不同的部位，不同程度出现交叉现象，使二价体成为“X”、“V”、“8”、“0”等不同形状(图 2-3)。

⑤ 终变期(diakinesis)：又称再凝集期。双线期到终变期的过渡表现为染色体的继续缩短和交叉端移，交叉数目减少。典型的终变期，染色体达到高度的浓缩和螺旋化，同源染色体仍有交叉联系着。核仁、核膜最终消失(图 2-4)。此时的染色体计数最为方便、准确。

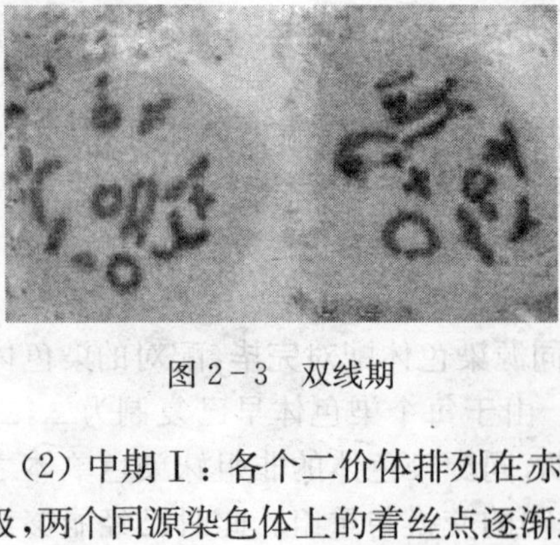

图 2-3 双线期

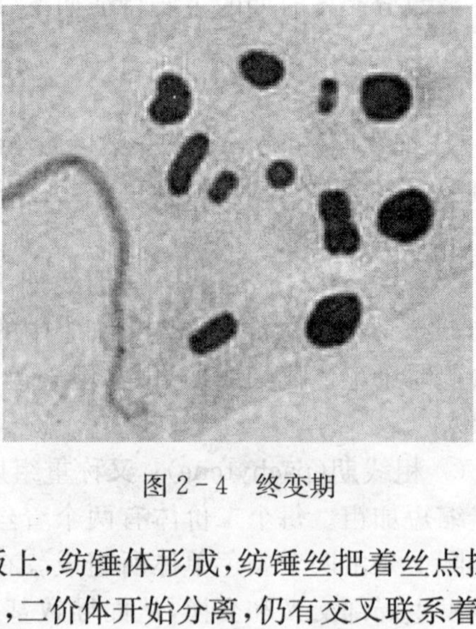

图 2-4 终变期

(2) 中期Ⅰ：各个二价体排列在赤道板上，纺锤体形成，纺锤丝把着丝点拉向双极，两个同源染色体上的着丝点逐渐远离，二价体开始分离，仍有交叉联系着，不过交叉数已大为减少，一般都移向端部(图 2－5)。如果制备的细胞是从极面压成的标本，则可以看到同源染色体排列成环形。

(3) 后期Ⅰ：双价体中的两条同源染色体分开，在纺锤丝的牵引作用下分别向两极移动，因着丝粒的位置不同，后期染色体会呈现各种不同的形状。此时每个染色体的着丝粒尚没分裂，每个染色体都仍带有两条染色单体。每一极得到每对同源染色体中的一个，实现了染色体数目的减半(图 2－6)。因此第一次减数分裂是真正的减数分裂。

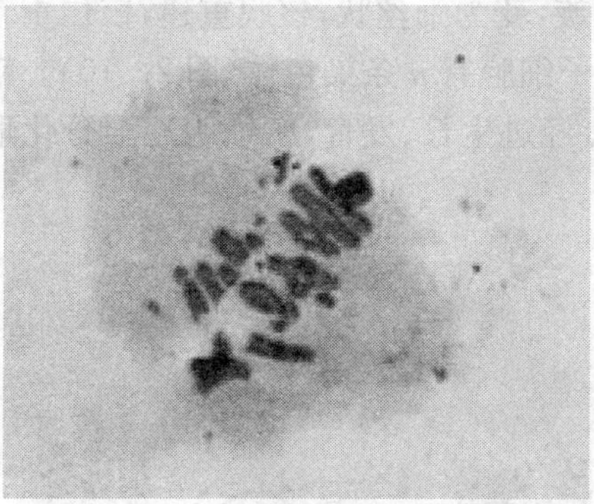

图 2－5 中期Ⅰ

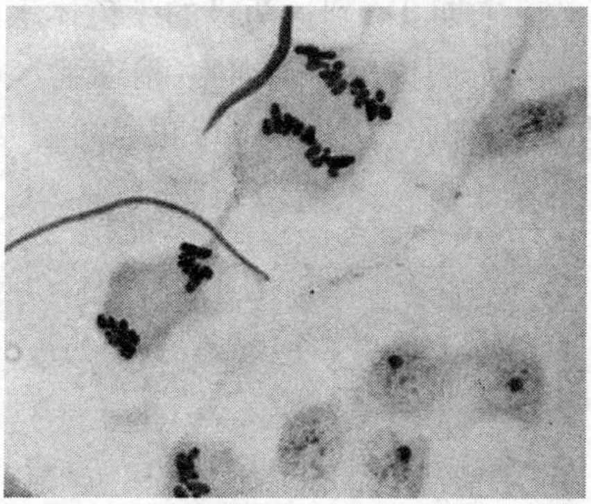

图 2－6 后期Ⅰ

(4) 末期Ⅰ：移向两极的染色体解螺旋，又呈细丝状，核膜重建，核仁形成。经过胞质分裂，成为两个较小的子细胞(次级精母细胞)(图 2－7)。

在蚕豆等双子叶植物中，细胞质并不分裂，两个新的细胞核仍然停留在共同的细胞质中，而单子叶植物胞质分裂形成两个子细胞。

(5) 间期：在第二次减数分裂开始以前，两个子细胞进入间期。但大多数动物细胞分裂不经过间期，直接进入第二次减数分裂的晚前期。

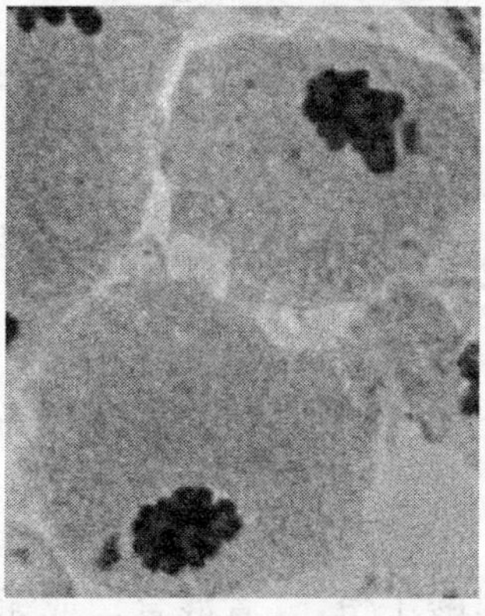

图 2－7 末期Ⅰ

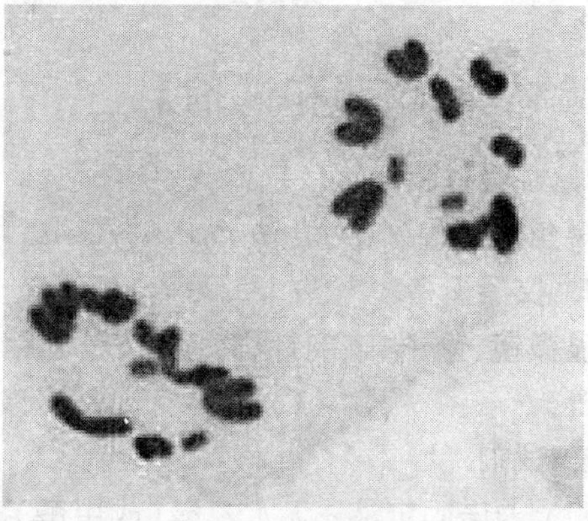

2－8 中期Ⅱ

2. 第二次减数分裂

(1) 前期Ⅱ：染色体缩短变粗，和有丝分裂前期一样，每一染色体具有两条染色单体，所不同的是只有 n 条染色体。前期快结束时，核仁、核膜消失。

(2) 中期Ⅱ：染色体具有两个染色单体，缩短，排列在各个细胞的赤道板上(图 2-8)。

(3) 后期Ⅱ：每个染色体的着丝粒纵裂，姐妹染色单体开始分离移向两极，每极含 n 条染色体(图 2-9)。

(4) 末期Ⅱ：到达两极的染色体逐渐解旋，变为细丝状，核膜重建，核仁重新形成。胞质分裂为两个子细胞(精细胞)，每个子细胞有 n 条染色体(图 2-10)。精细胞呈圆形，细胞较小，形态与间期细胞类似。经过生长、发育，精细胞逐渐分化形成梭形的精子。

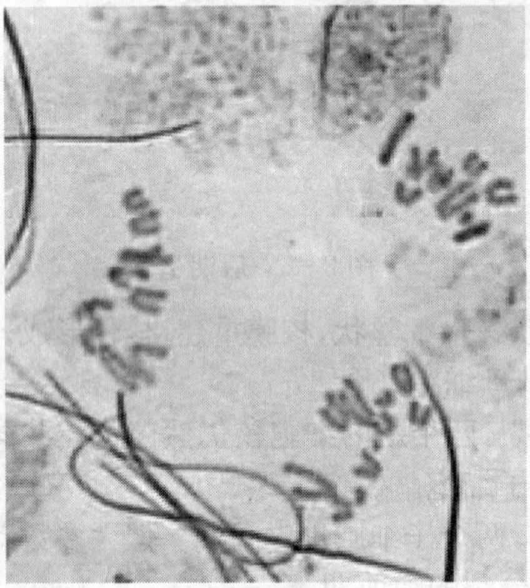

图 2-9　后期Ⅱ

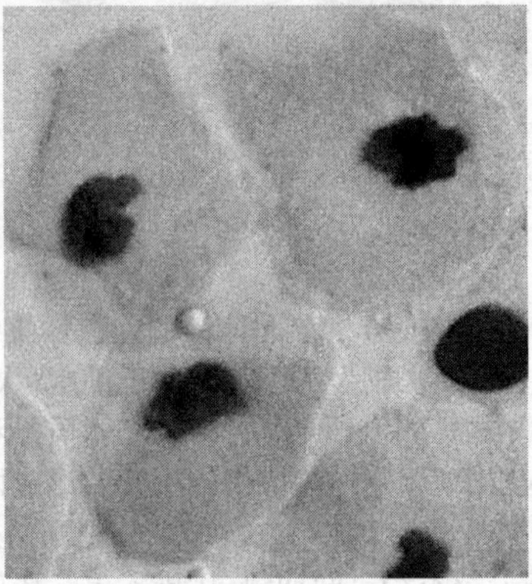

图 2-10　末期Ⅱ

【实验材料、仪器和试剂】

1. 实验材料

短角斑腿蝗(*Catantops brachycerus*，♀，$2n=24$；♂，$2n=23$)精巢。

2. 仪器设备

显微镜、镊子、解剖针、载玻片、盖玻片、吸水纸、培养皿、染色板、酒精灯、火柴、铁笔等。

3. 试剂

(1) 卡诺固定液：无水乙醇(或甲醇)3 份，冰醋酸 1 份，二者混合。或无水乙醇 6 份，二氯甲烷 3 份，冰醋酸 1 份，三者混合。

(2) 各种浓度的酒精：一般用 95％的酒精稀释配制各种浓度的酒精。稀释配制方法是先将 95％的酒精倒入量筒，其量和将要稀释配制的酒精的百分比相等，然后将蒸馏水加到 95 ml，就得到所要配制的浓度的酒精。

(3) 醋酸洋红染液：45％醋酸 100 ml 加热煮沸，移去火苗，加入 1 g 洋红粉末。轻微搅动，防止溅沸，再煮 1～2 min 即可，这时可悬入一枚生锈的小铁钉于染液中，过 1 min 取出，使染色液中略具铁质，或加入氢氧化铁的 50％的醋酸饱和液 1～2 滴(不能多加，以免产生沉淀)，静止 2 h 后过滤于一棕色试剂瓶中，贮存备用。

【实验方法和步骤】

1. 固定

采集短角斑腿蝗雄虫(雌性蝗虫身体的尾部有产卵器，产卵器由 3 对瓣组成，因此从腹面看尾部外形是分叉的；而雄性的蝗虫尾部有外生殖板，从腹面看尾部外形是不分叉的一个尖状的板)。用镊子夹住雄虫尾部向外拉，可见一团黄色精巢，由许多丝状精细管栉比排列而成。解剖镜下剔除其他粘连组分，将精巢放到卡诺固定液中固定 1.5～3 h，换入到 70％酒精溶液中。

2. 染色

将醋酸洋红滴在染色板内，取固定好的 2～3 根精巢小管在醋酸洋红中染色 20 min 以上。

3. 制片

用解剖针从精巢上挑取几条精细管放在载片中央，加少许染液。指压法压片，并可用铁笔在盖片上轻轻敲击十几下，可边敲边在酒精灯上烘一下，每次烘要很快在火焰上掠过，烘的次数要看染色体颜色而定，染色以染色体色深而细胞质较浅为宜。

4. 镜检观察(图 2－11)

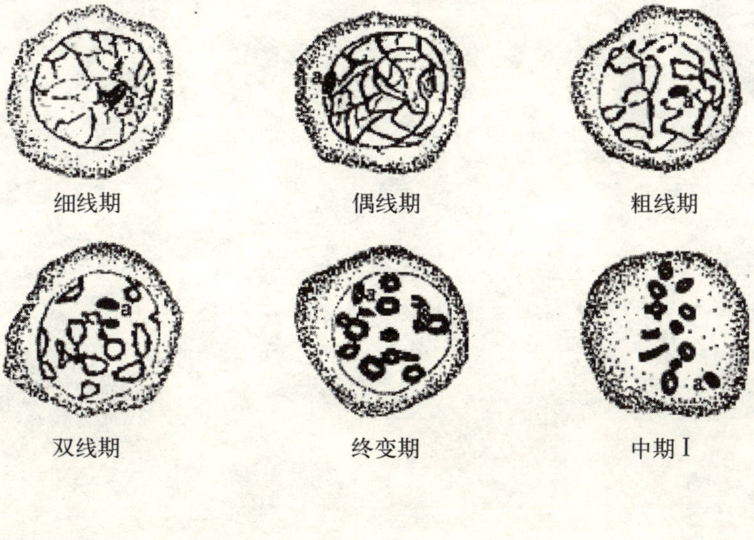

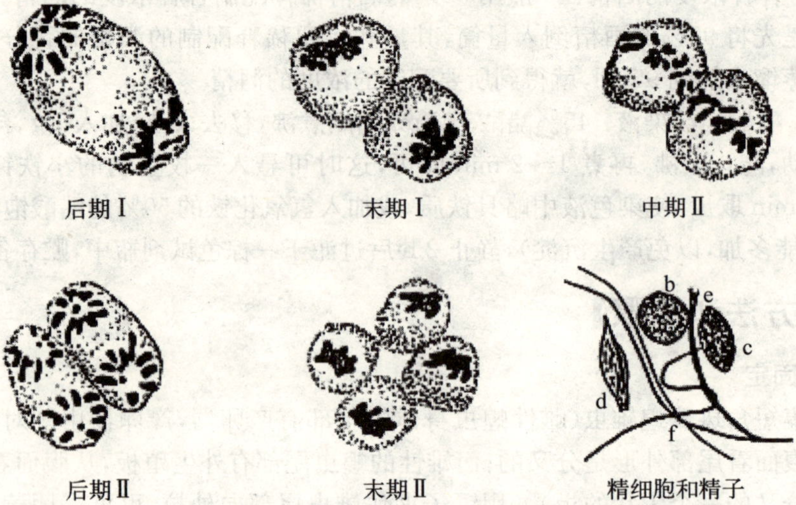

图 2-11　蝗虫精母细胞减数分裂

【思考题】

1. 绘制你所看到的分裂现象并说明分别是减数分裂的哪一期。
2. 减数分裂和有丝分裂有何不同？
3. 减数分裂在生物进化中有什么意义？

实验三　果蝇的麻醉、主要性状观察和雌雄的鉴别

【实验目的】

1. 掌握果蝇的麻醉方法。
2. 掌握不同品系果蝇的识别和性别鉴定方法。

【实验原理】

果蝇(*Drosophila melanogaster*)属昆虫纲双翅目昆虫，它的生活史从受精卵开始，经历幼虫、蛹和成虫阶段，因此是完全变态。“*Drosophila*”是属名，拉丁文的意思是喜欢露水，它的种名“*melanogaster*”是黑色消化道的意思。在这类果蝇幼虫腹部的一侧可见到黑色的消化道，由此称为黑腹果蝇。果蝇具有生长迅速、生活史短(25℃下 9～10 d 就可完成 1 个世代)、繁殖率高、染色体数少、饲养简便、突变性状多达 400 个以上且多数是便于观察的形态变异等优点，是遗传学研究的良好材料。对其染色体组成和表型、基因编码和定位的认识，是其他生物无法比拟的。基于清晰的遗传背景和便捷的遗传操作，果蝇作为一种理想的模式生物在发育生物学、生物化学和分子生物学等领域也都占据了不可替代的位置。

【实验材料、仪器和试剂】

1. 实验材料

果蝇的 5 种品系(表 3－1)。

表 3－1　果蝇的 5 种品系及主要特征

品　　系	眼　　色	翅　　膀	刚　　毛	体　　色
野生型	红	长翅(超过身体)	直	灰
残翅	红	残翅(残存一点翅)	直	灰
小翅	白	小翅(与身体齐平)	焦刚毛	灰
黑檀体	红	长翅	直	黑檀体
白眼	白	长翅	直	灰

2. 仪器设备

毛笔、白瓷板、试管、载玻片、海绵板、显微镜。

3. 试剂

乙醚。

【实验方法和步骤】

1. 果蝇的麻醉

在实验过程中，为了便于进行检查、杂交和统计子代数目，可用乙醚对果蝇进行麻醉处理，使它呈静止状态。麻醉的深度视实验的要求而定，做观察和统计数目的可深度致死麻醉，当果蝇翅膀上翘45°时，表示已经死亡。但麻醉鉴别后要继续培养留做种蝇的要轻度麻醉，避免麻醉致死。

拔去麻醉瓶（瓶口应与培养瓶大小相仿）的小口橡皮塞，滴入数滴乙醚（注意不能太多，以免使乙醚流入瓶内）再塞上橡皮塞。将装有果蝇的试管或培养瓶在海绵板上轻轻敲击几下，使果蝇都集中在底部。然后迅速拔去棉塞，插入麻醉瓶大口，拍打试管和麻醉瓶，使果蝇全部倒入麻醉瓶（内壁上不能有液滴），然后迅速盖上麻醉瓶盖子。麻醉到一定程度（果蝇从瓶壁上纷纷落到瓶底），把果蝇倒在白瓷板上检查。若中途苏醒，可在其旁滴一滴乙醚使其再次麻醉。弃用的果蝇要处死，放入死蝇盛器中，以免实验果蝇逃逸室外。

进行杂交试验时，为避免麻醉的果蝇直接掉落于培养基表面而黏着于培养基表面致死，可将培养瓶横放，用毛笔的笔尖将麻醉的果蝇黏取倒于瓶壁，待其苏醒后再将培养瓶正立。

2. 鉴定果蝇各品系和雌雄的性别

果蝇具有丰富的外表形态差异，包括眼色、眼形、翅形和刚毛形状等，请利用上课所提供的材料，比对图3-1～图3-6进行观察。此外，雌雄性别的鉴定（图3-7，图3-8，表3-2）是进行果蝇杂交实验的基础，务必掌握。

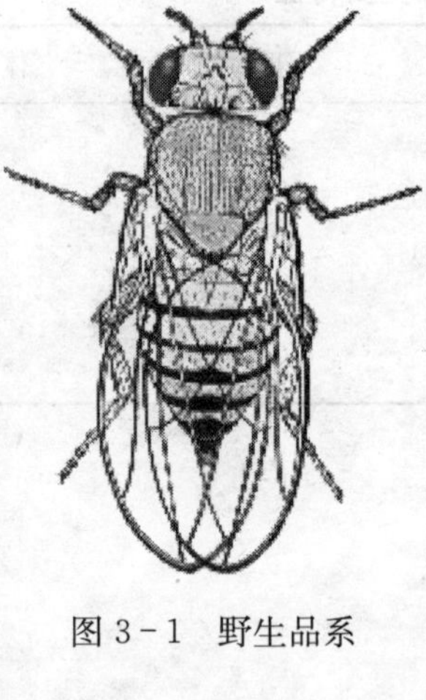

图3-1　野生品系

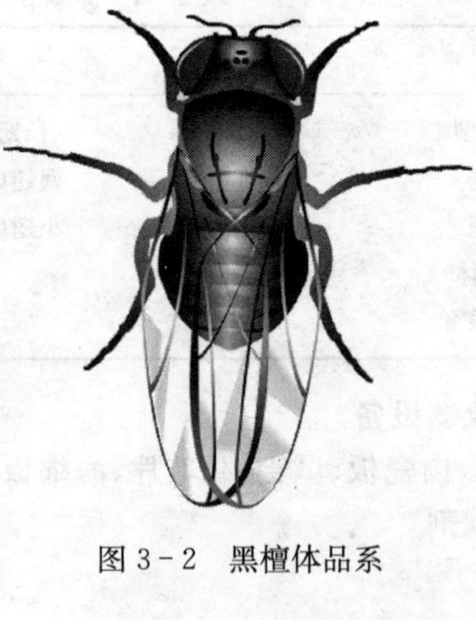

图3-2　黑檀体品系

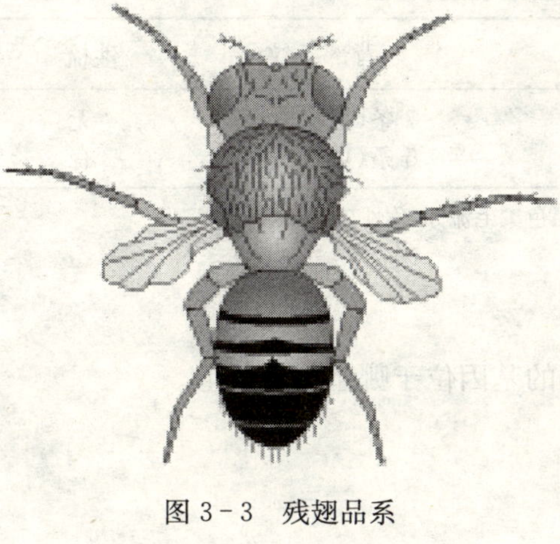

图 3－3　残翅品系

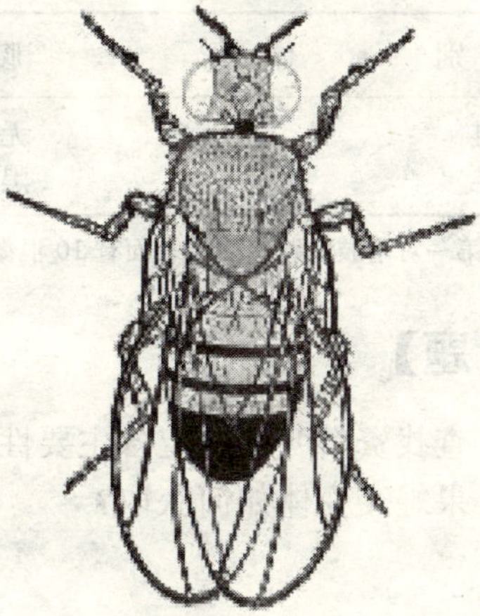

图 3－4　白眼品系

图 3－5　小翅品系

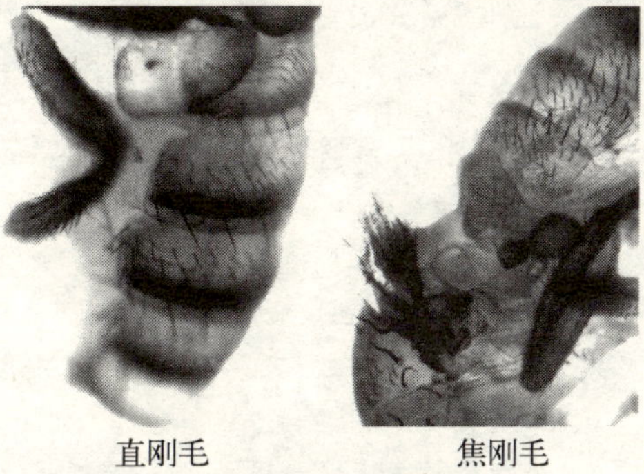

图 3－6　焦刚毛

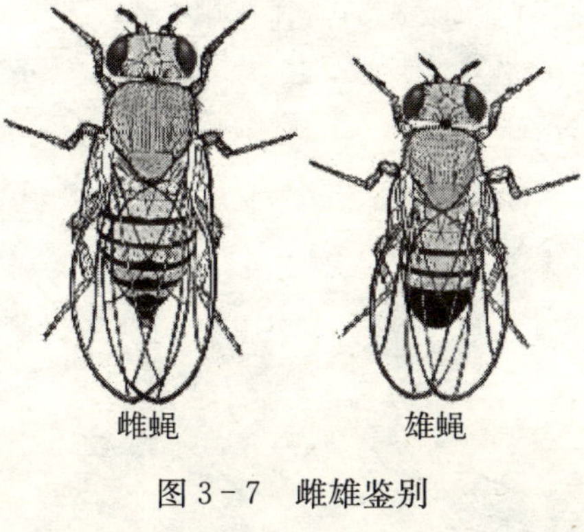

图 3－7　雌雄鉴别

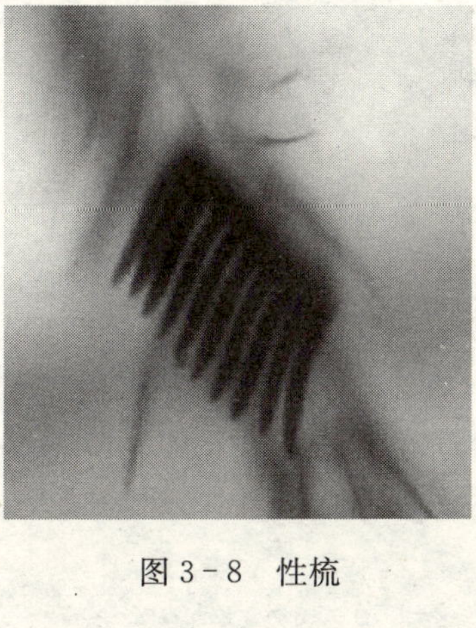

图 3－8　性梳

表 3-2 果蝇雌雄鉴别的主要特征

性　别	体　形	腹部末端	背部条纹	性梳*
雌	大	无色、端尖	7 条(可见 5 条)	无
雄	小	黑色、钝圆	5 条(可见 3 条)	有

* 雄果蝇第一对附肢的跗节前端表面有 10 根像梳子的黑色鬃毛流苏，称性梳(sex comb)。

【思考题】

1. 查找资料明确决定各主要性状特征的基因位于哪条染色体上。
2. 果蝇突变体如何获取?

实验四 果蝇的培养

【实验目的】

1. 掌握用人工饲料培养果蝇的方法。
2. 了解果蝇的生活史。

【实验原理】

1. 果蝇的生活史

果蝇的生活周期包括卵、幼虫、蛹和成虫四个完全变态的发育阶段，其中幼虫又分为一龄、二龄及三龄三个时期（图 4－1）。从初生卵发育至新羽化的成虫为一个完整的发育周期，在 25℃、60％相对湿度条件下，大约为 10 d。值得注意的是羽化后的雌蝇一般需要 8～12 h 才能进行交配，所以孵化 8 h 内的雌蝇一定是处女蝇。

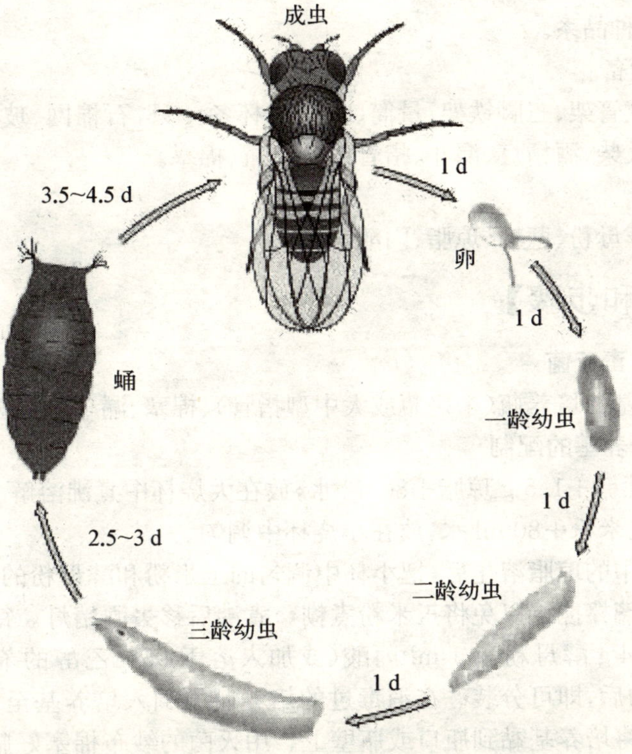

图 4－1 果蝇的生活史（25℃）

2. 果蝇的生活周期和温度的关系

果蝇的生活周期长短与温度关系密切(表 4－1),30℃以上会引起不育和死亡或产生不正常的形态。低温则使它生活周期延长,同时生活力也减低。20～25℃是果蝇的最适生长温度,所以一般在恒温箱中培养果蝇。

表 4－1　野生果蝇在不同温度下的各个发育阶段所需生长天数

发育阶段	10℃	15℃	20℃	25℃	30℃
卵→幼虫			8	4.5	4
蛹→成虫	57	18	6.3	4.2	3.4
合计(d)			15	10	7～8

3. 果蝇的培养基

果蝇的食物主要是酵母。所以凡是能使酵母发酵的基质都能做培养基。目前常用、且效果较好的是玉米粉培养基。

【实验材料、仪器和试剂】

1. 实验材料

果蝇的 5 种品系。

2. 仪器设备

铁架子、试管架、三脚铁架、量筒、大小烧杯各一只,石棉网、玻棒、带一节橡皮的玻璃滴管、火柴、酒精灯、漏斗、指管或牛奶瓶、棉塞。

3. 试剂

玉米粉,酵母粉、蔗糖、琼脂、丙酸。

【实验方法和步骤】

1. 物品消毒灭菌

分装培养基的培养瓶(牛奶瓶或大中型指管)、棉塞、漏斗等都必须消毒灭菌。

2. 玉米培养基的配制

A：13 g 蔗糖＋1.5 g 琼脂＋80 ml 水,放在大烧杯中煮沸溶解。

B：17 g 玉米粉＋80 ml 水,放在小烧杯中调匀。

待大烧杯中的琼脂溶化后,把小杯中调匀的玉米粉和酵母粉的混合液倒入,加热时不断用玻璃棒搅拌以免将玉米粉煮糊。煮沸后移去酒精灯。待稍降温后再往大烧杯中加 1.4 g 酵母粉和 1 ml 丙酸(或加入溶于 95%乙醇的苯甲酸少许以防腐)。搅拌调匀后,即可分装。在消毒过的培养瓶中倒入培养基至 1.5～2 cm 厚,分装时注意勿将培养基黏到瓶口或瓶壁上。用灭菌的纱布棉塞好瓶口,冷却待用。注意,刚配制好的培养基放凉后在瓶壁上会有许多水滴。这时如果把果蝇放进去,水滴就可能将果蝇的翅膀黏住，因此可将培养瓶在温箱内倒放 1～2 d，待水分蒸发后再用。

配好的培养基如果暂时不用，可以放在 4℃下贮存。

3. 果蝇培养

待培养基完全凝固，表面坚硬时再行接种，培养基太软会黏住果蝇致其死亡。25℃是果蝇生长发育最适温度；30℃以上可使果蝇致死；10～20℃下果蝇生活周期延长；低于 10℃则影响果蝇生活力和繁殖力。我们可以利用这一特点来调节果蝇生长的速度，控制其群体的大小。如原种培养旨在保种，可先在 22℃下培养一周，当幼虫出来后可将温度调至 18～19℃下培养，每 3～4 周换一次培养基；杂交实验时需要较大的群体，可将培养温度设为 25℃；做唾腺染色体实验时培养温度一般为 20℃左右，因为较低的温度可使幼虫长得较大。

【思考题】

制备培养基时，为什么等培养基稍干时要将培养瓶倒放 1～2 天？

实验五　果蝇单因子杂交实验

【实验目的】

1. 验证和加深理解分离规律。
2. 掌握果蝇单因子的杂交方法。
3. 掌握杂交结果的统计处理方法。

【实验原理】

一对等位基因在杂合状态(如 Aa)中保持相对的独立性，而在减数分裂形成配子时，又按原样分配到不同的配子中去。理论上配子的分离比是 1∶1，子一代杂合体自交后代表现的基因型分离比为 AA∶Aa∶aa 是 1∶2∶1。若显性完全，子二代的表型分离比是 3∶1。这就是分离定律。

【实验材料、仪器和试剂】

1. 实验材料

野生型果蝇、残翅果蝇。

2. 仪器设备

麻醉瓶、白瓷板、毛笔、镊子、带有培养基的试管、显微镜、双筒解剖镜、放大镜、载玻片等。

3. 试剂

酒精棉球、乙醚、培养基。

【实验方法和步骤】

1. 收集处女蝇

用于杂交的亲本雌蝇应该是未经交尾的处女蝇，这样才能保证杂交结果按照实验者所设计的路线进行。通过致死麻醉杀死亲本留下蛹，以获处女蝇。一般来说，刚羽化出来的果蝇在 8～12 h 内是不进行交配的，所以孵化 8 h 内的雌蝇一定是处女蝇。为了操作方便，可以在每天晚上 10～11 时将培养瓶内的成蝇杀死，次日早晨收集处女蝇。在实验前 2～3 d 陆续麻醉、收集野生型和残翅的处女蝇，数目视实验需要而定。

2. 杂交

选取残翅果蝇(vg/vg)和野生型(长翅)果蝇(＋/＋)亲本进行杂交，正交和反交两种组合各一瓶，每瓶雌雄蝇各 5～10 个。25℃恒温培养。雌蝇一定要是处女蝇。

正交：长翅(♀,+/+) × 残翅(♂,vg/vg)；

反交：残翅(♀,vg/vg) × 长翅(♂,+/+)。

贴上标签,写上亲本、交配日期与实验者姓名。

第二天检查培养瓶,亲蝇如有死亡应及时补充。

3. 移走亲本

7～8 d后,F_1 幼虫出现,即可移去亲本果蝇(一定要除干净)。

4. 检查 F_1 的翅膀形状

待 F_1 成虫出来后,观察 F_1 的翅膀形状,连续检查 2～3 d(表 5-1)。根据理论,不管正交还是反交,雌蝇和雄蝇都是长翅;若出现残翅,说明实验时没有选好处女蝇或者雌雄蝇鉴别有误,重新选择亲本进行杂交。

表 5-1 F_1 的统计

统计日期	长翅(♀)×残翅(♂)		残翅(♀)×长翅(♂)	
	长翅数	残翅数	长翅数	残翅数
合　计				

5. F_1 果蝇自交

在一个新鲜培养瓶内,放 5～10 对 F_1 果蝇自交,这里雌蝇不必处女蝇。正交和反交各一瓶,贴上标鉴。

6. 移走 F_1

7～8 d后移去 F_1。

7. 检查 F_2 的翅膀形状

在 F_2 果蝇出现后,鉴定野生型和残翅,进行统计。

8. 统计分析

每隔 1～2 d统计一次,连续统计(要坚持一出现 F_2 就统计)6～7 d(表 5-2),每个实验小组统计 100～200 只,被统计过的果蝇放到死蝇盛留器中。按照所配制的杂交组合,提出理论假设并根据实验结果进行 χ^2 测验(表 5-3)。

表 5-2 F_2 的统计

统计日期	长翅(♀)×残翅(♂)		残翅(♀)×长翅(♂)	
	长翅数	残翅数	长翅数	残翅数
合　计				

表 5-3 χ^2 测验

	长翅(+)	残翅(vg)	合 计
实际观察数(O)			
预期数(C)			
偏差($O-C$)			
$(O-C)^2/C$			
$\chi^2=\sum(O-C)^2/C=$			
$P=$			

注意：无论是对 F_1 还是对 F_2 进行统计，都要及时进行以避免陆续羽化出来的果蝇在培养瓶内交尾、产卵。因此要求实验者不断进行观察，只要有羽化出来的果蝇就及时取出鉴别、统计。统计长翅和残翅数目时，可以把正交和反交合并。

【思考题】

1. F_1 果蝇自交，雌蝇为什么不必特别收集处女蝇？
2. 如何设计实验验证 F_1 将产生同等数目的+和 vg 配子？

实验六　果蝇的两对因子的自由组合

【实验目的】

验证孟德尔第二定律——自由组合定律。

【实验原理】

根据孟德尔自由组合定律，位于非同源染色体上的两对(或两对以上)非等位基因的分离是独立的，配子间的结合又是自由组合的。所以，F_2 代中会出现 9 种基因型，4 种表现型，表现型比例为 9∶3∶3∶1。

果蝇的长翅和残翅是一对相对性状，由位于第二染色体上的基因＋/*vg* 所决定；灰身和黑檀体是另一对相对性状，由位于第三染色体上的基因＋/*e* 所决定，属常染色体遗传。把长翅黑檀体雌蝇(＋＋ee)与残翅灰身(vgvg＋＋)的雄蝇杂交或进行反交，F_1 代全部为长翅灰身。将 F_1 代雌雄果蝇相互杂交，F_2 代产生性状分离，出现了四种表型(图 6－1)。

P：　长翅黑檀体(++ee)×残翅灰身(vgvg++)

↓

F_1：　长翅灰身(+vg+e)

↓　♀、♂相互杂交

F_2：　9长灰∶3长黑∶3残灰∶1残黑

图 6－1　果蝇的两对因子的自由组合

其中，表型相同个体，基因型不一定相同，如长翅灰身的一群个体包括＋＋＋＋、＋vg＋＋、＋＋＋e，＋vg＋e 四种不同基因型，这四种基因型单从表型上是无法区分的。

这个实验验证了孟德尔第二定律——不同染色体上的基因在形成配子时是自由组合。

【实验材料、仪器和试剂】

1. 实验材料

黑檀体和残翅果蝇品系。

2. 仪器设备

麻醉瓶、白瓷板、毛笔、镊子、带有培养基的指管、显微镜、双筒解剖镜、放大镜、载玻片等。

3. 试剂

酒精棉球、乙醚、培养基。

【实验方法和步骤】

1. 实验前先收集黑檀体和残翅果蝇品系的处女蝇。

2. 选择残翅灰身和长翅黑檀体果蝇作亲本，正交和反交各做一组，每瓶雌雄蝇各5～10只，贴好标签。雌蝇必须是处女蝇。第2天检查培养瓶，亲蝇如有死亡应及时补充。

正交：残翅灰体(♀)×长翅黑檀体(♂)

反交：长翅黑檀体(♀)×残翅灰体(♂)

3. 7～8 d后，F_1幼虫出现，即可移去亲本果蝇(一定移除干净)。

4. 再过4～5 d，待F_1成蝇出来后，观察F_1的翅形和体色。根据理论，不管是正交还是反交，F_1应该都是长翅灰体。若发现其他表型的果蝇，说明实验时没有选好处女蝇或者雌雄蝇鉴别有误，不能再做下去，重新选择亲本进行杂交。

5. 在一个新鲜培养瓶内，放入5～10对F_1果蝇自交，雌蝇不必处女蝇。正交和反交各一瓶，贴上标鉴，移至25℃恒温箱内培养。

6. 7～8 d后，F_2幼虫出现，移去F_1亲本。

7. 再过4～5 d后，F_2成蝇出现，开始观察和统计。

8. 每隔1～2 d统计一次，连续统计(要坚持一出现F_2就统计)6～8 d(表6-1)，每个实验小组统计100～200只，被统计过的果蝇放到死蝇盛留器中。

注意：统计长灰、长黑、残灰和残黑数目时，可以把正交和反交合并。

表6-1 F_2的统计

统计日期	长灰	长黑	残灰	残黑
合计				

表6-2 χ^2测验

	长灰	长黑	残灰	残黑	合计
实际观察数(*O*)					
预期数(*C*)					

续　表

	长灰	长黑	残灰	残黑	合计
偏差($O-C$)					
$(O-C)^2/C$					
$\chi^2=\sum(O-C)^2/C=$					
$P=$					

【思考题】

如果分别针对 F_2 雌性和雄性个体进行统计分析，自由组合规律的验证结论有否不同？

实验七　果蝇的伴性遗传

【实验目的】

1. 理解伴性基因控制性状的遗传学原理。
2. 了解伴性遗传与常染色体遗传的区别。
3. 掌握伴性性状的杂交实验方法和伴性性状的遗传规律。

【实验原理】

性染色体是指直接与性别有关的一对或一个染色体。果蝇属 XY 型生物，共有四对染色体，第 1 对为性染色体，其余三对为常染色体。性染色体上基因所控制的性状在遗传方式上与常染色体上基因有所不同，性染色体基因随性染色体而传递，所以它们所决定的性状与雌雄性别相关，这种遗传方式称为伴性遗传。遗传上支配性状的基因位于 X 染色体上的称作 X 连锁，支配性状的基因位于 Y 染色体上的称作 Y 连锁，但 Y 染色体上基因极少，故一般为 X 连锁。

果蝇的红眼与白眼是一对相对性状，分别由 X 染色体上的基因$+$与 W(或 X^+ 与 X^W)决定，X^+ 对 X^W 是显性。因为雌蝇的性染色体组成是 XX，雄蝇的染色体组成是 XY，而 Y 染色体没有相对应的基因，所以红眼果蝇与白眼果蝇杂交时，正交与反交的结果不同。当红眼雌蝇与白眼雄蝇杂交时，无论雌雄均为红眼，F_2 中红眼∶白眼 ＝3∶1，但雌蝇全为红眼，雄蝇中红眼∶白眼 ＝1∶1；反交时，F_1 中雌蝇为红眼，雄蝇为白眼，F_2 中红眼∶白眼 ＝1∶1，雌蝇和雄蝇中的红眼与白眼的比例均为 1∶1(图 7－1)。

	正交	反交
P	红眼♀×白眼♂	白眼♀×红眼♂
	↓	↓
F_1	红眼♀、♂	红眼♀、白眼♂
	↓	↓
F_2	红眼♀　红眼♂　白眼♂ 2　∶　1　∶　1	½红眼♀　½红眼♂ ½白眼♀　½白眼♂

图 7－1　果蝇的伴性遗传

【实验材料、仪器和试剂】

1. 实验材料

红眼果蝇(野生型)和白眼果蝇品系。

2. 仪器设备

麻醉瓶、白瓷板、毛笔、镊子、带有培养基的指管、显微镜、双筒解剖镜、放大镜、载玻片等。

3. 试剂

酒精棉球、乙醚、培养基。

【实验方法和步骤】

1. 实验前先收集红眼果蝇和白眼果蝇品系的处女蝇各 5～10 只。

2. 选择红眼和白眼果蝇作亲本,正、反交各一瓶,贴好标签,将杂交瓶放在25℃恒温箱中培养。雌蝇必须是处女蝇。第二天检查培养瓶,亲蝇如有死亡应及时补充。

正交:红眼(♀:$X^{+}X^{+}$) × 白眼(♂:$X^{w}Y$)

反交:白眼(♀:$X^{w}X^{w}$) × 红眼(♂:$X^{+}Y$)

3. 7～8 d 后,F_1 幼虫出现,即可移去亲本果蝇(一定要移除干净)。

4. 再过 4～5 d,待 F_1 成蝇出来后,用放大镜观察 F_1 的眼色(表 7－1,表 7－2)。如与图 7－1 理论推算不符,说明实验操作有误(处女蝇是非处女蝇),不能再做下去,重新选择亲本进行杂交。

表 7－1　正交[红眼($X^{+}X^{+}$)♀× 白眼($X^{w}Y$) ♂]F_1 的统计

统计日期	各类果蝇的数目			
	红眼♀	白眼♀	红眼♂	白眼♂
合　计				

表 7－2　反交[白眼($X^{w}X^{w}$)♀ × 红眼($X^{+}Y$)♂]F_1 的统计

统计日期	各类果蝇的数目			
	红眼♀	白眼♀	红眼♂	白眼♂
合　计				

5. 把 5～10 对 F_1 雌雄果蝇自交，正、反交各一瓶，贴上标签，移至 25℃恒温箱内培养。

6. 7～8 d 后，F_2 幼虫出现，移去 F_1 代亲本。

7. 再过 4～5 d 后，F_2 代成蝇出现，麻醉后倒在白瓷板上观察眼色和性别，进行统计。

8. 每隔 1～2 d 统计一次，连续统计（要坚持一出现 F_2 就统计）6～8 d（表 7－3～表 7－6），统计总数约 200～300 只。被统计过的果蝇放到死蝇盛留器中。

表 7－3　正交 F_2 的统计

统计日期	各类果蝇的数目			
	红眼♀	白眼♀	红眼♂	白眼♂
合　计				

表 7－4　正交的 χ^2 测验

	红眼♀	白眼♀	红眼♂	白眼♂	合　计
实际观察数(O)					
预期数(C)					
偏差($O-C$)					
$(O-C)^2/C$					

$\chi^2=\sum(O-C)^2/C=$

$P=$

表 7－5　反交 F_2 的统计

统计日期	各类果蝇的数目			
	红眼♀	白眼♀	红眼♂	白眼♂
合　计				

表 7－6　反交的 χ^2 测验

	红眼♀	白眼♀	红眼♂	白眼♂	合　计
实际观察数(O)					
预期数(C)					

续　表

	红眼♀	白眼♀	红眼♂	白眼♂	合　计
偏差$(O-C)$ $(O-C)^2/C$					
$\chi^2=\sum(O-C)^2/C=$ $P=$					

【思考题】

1. 伴性遗传和常染色体遗传有什么不同？

2. 假设控制红白眼色的基因位于常染色体上，那么，正反交的结果又将如何呢？

实验八　果蝇的三点测验——基因的连锁交换规律

【实验目的】

1. 掌握基因连锁交换的原理。
2. 掌握重组值和图距的计算及遗传学基因作图的方法。

【实验原理】

同一条染色体上的基因是连锁遗传的，而同源染色体上基因之间可以发生一定频率的交换，在子代中产生与亲本表型不同的重组型，重组值的大小反映了基因之间的距离远近。基因图距就是通过重组值的测定而得到的。如果基因之间座位相距很近，可把重组值等同于交换值，去掉重组值的百分比后，就可作为基因间的图距，应用于遗传学基因图的绘制。若基因间相距较远，两个基因间往往发生两次以上的交换，这时不能简单把重组值看作交换值，否则交换值将被低估，图距被缩小，需利用实验数据进行校正。根据这个原理，可以确定一系列基因在染色体上的相对位置。例如 a、b、c 三个基因是连锁的，要测定三个基因的相对位置可以用野生型果蝇（＋＋＋，表示三个野生型基因）与三隐性果蝇（a b c，表示三个突变隐性基因）杂交，制成三因子杂交种 a b c/＋＋＋，再把雌性杂交种与三隐性个体测交，由于基因间的交换，从而在下代中得到 8 种不同表型的果蝇（图 8－1），这样经过数据处理，一次试验就可以测出三个连锁基因的距离和顺序，这种方法叫做三点测交或三点试验。三点测交是绘制遗传学图的基本方法之一，它通过对同一染色体上的三个非等位基因的交换行为来验证基因是在染色体上呈直线排列的。

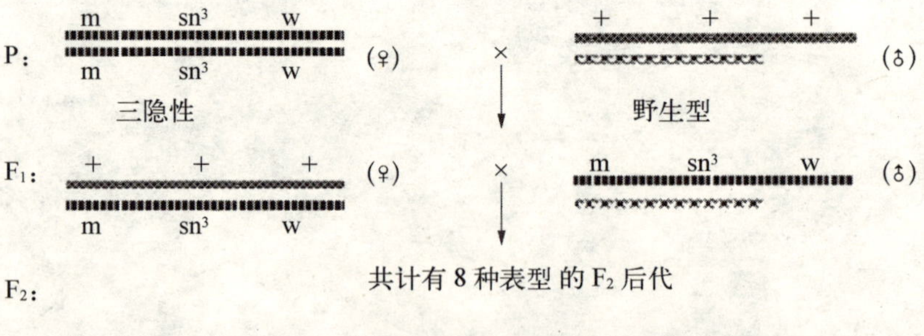

图 8－1　三点测交实验中得到测交后代的交配方案

本实验选用小翅品系作为三隐性个体，表型为小翅、白眼和焦刚毛，分别由位于 X 染色体上的三个隐性基因 m、w 和 sn^3 决定；野生型果蝇的表型是长翅、红眼和直刚毛，由相应的基因＋、＋和＋所决定。先将野生型果蝇与三隐性果蝇杂交，得到的 F_1 中雌蝇为三因子杂种（m w sn^3/＋＋＋），雄蝇为三隐性个体，二者之间相互杂交实际上就是三点测交，统计测交后代数目进行数据处理，就可以确定三个连锁基因之间的距离和顺序。

【实验材料、仪器和试剂】

1. 实验材料

野生型和小翅果蝇品系。

2. 仪器设备

麻醉瓶、白瓷板、毛笔、镊子、带有培养基的指管、显微镜、双筒解剖镜、放大镜、载玻片等。

3. 试剂

酒精棉球、乙醚、培养基。

【实验方法和步骤】

1. 在实验前收集三隐性（小翅、白眼、焦刚毛）个体（即小翅品系）处女蝇为母本，每培养瓶 5～10 只。

2. 挑出 5～10 只野生型雄蝇放到盛有处女蝇的培养瓶中进行杂交，贴好标签，在 25℃中培养。

3. 7～8 d 后，F_1 幼虫出现，即可移去亲本果蝇（一定移除干净）。

4. 再过 4～5 d，待 F_1 成蝇出来后，进行观察。根据理论，F_1 雌蝇表型全部是野生型，雄蝇都是三隐性。

5. 在 2 个新鲜培养瓶内，各放 5～10 对 F_1 果蝇自交，雌蝇不必要求是处女蝇。贴上标签，移至 25℃恒温箱内培养。

6. 7～8 d 后，F_2 幼虫出现，移去 F_1 亲本。

7. 再过 4～5 d 后，F_2 成蝇出现，开始观察。将果蝇麻醉，倒在白瓷板上，首先把果蝇按眼色翅形分为四类，即白小、白长、红小、红长。然后在显微镜下逐个检查果蝇的刚毛，将以上四类果蝇每类再分为直刚毛和焦刚毛，8 类果蝇分别计数。

8. 每隔 1～2 d 统计一次，连续统计（要坚持一出现 F_2 就统计）6～8 d（表 8－1），要求至少统计 250 只果蝇。因为群体越大，重组值越精确。也可以将几个组的数字相加，用来计算重组值。被统计过的果蝇放到死蝇盛留器中。

9. 填写“基因重组发生位置”一栏，因为测交亲本是三隐性，所以基因间若有交换，便可以在表型上显示出来. 因而从测交后代的表型便可推知某两个基因间是否重组。

表 8-1　三点测交试验的 F_2 代 8 种表型数据统计

测交后代表型	观察数	比　例	基因重组发生位置		
			$m-sn^3$	$m-w$	$w-sn^3$
白、小、直					
白、小、焦					
白、长、直					
白、长、焦					
红、小、直					
红、小、焦					
红、长、直					
红、长、焦					
总　计					
重组数					

10. 计算基因间的重组值；画遗传图。

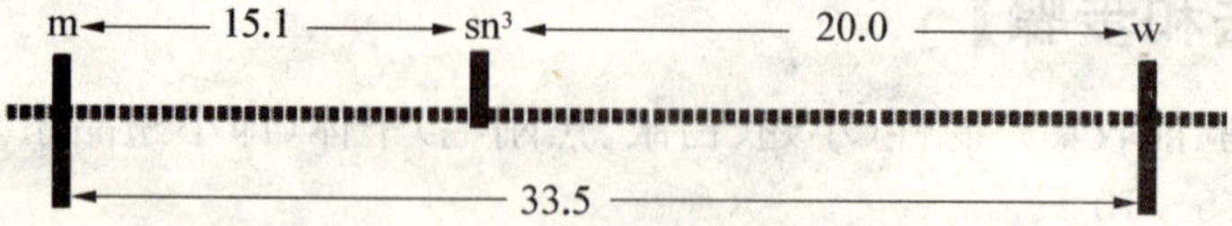

图 8-2　m、sn^3 和 w 这 3 个基因的连锁图

11. 计算交换值和双交换值；计算并发率、干涉率。

如果两基因间的单交换并不影响邻近两个基因的单交换，那么预期的双交换频率应等于两个单交换频率的乘积。但实际上观察到的双交换频率往往低于预期值，因为每发生一次单交换，它邻近也发生一次交换的机会就减少一些，这叫做干涉，一般用并发率表示干涉的大小。

$$并发率 = 观察到的双交换频率/两个单交换频率的乘积$$

$$干涉率 = 1 - 并发率$$

【思考题】

1. 用野生型雌蝇跟白眼、焦刚毛、小翅雄蝇杂交，三点测交试验能否成功？你怎样设计？

2. 在遗传图谱上，一些基因之间的距离远远超过 50 cM，而重组值最大为 50%。如何解释？

实验九 果蝇唾腺染色体的制作与观察

【实验目的】

1. 观察果蝇唾腺细胞的巨大染色体。
2. 练习果蝇幼虫唾腺分离技术及唾腺染色体制片方法。

【实验原理】

双翅目昆虫(果蝇、摇蚊等)幼虫期的唾腺(salivary gland)细胞体积增大,但细胞不分裂。同源染色体会相互配对,与减数分裂前期Ⅰ发生的联会相类似,称体细胞配对(拟联会)(somatic synapsis)。四对染色体的着丝粒以一定方式结合形成染色中心。同源染色体的两条臂紧密结合,自由伸展。因此唾腺细胞染色体数看不出 $2n$ 的染色体数,只能观察到从染色中心向空间伸展的染色体臂。果蝇唾腺染色体是永久性间期染色体,由于间期染色体不螺旋化,而且不断地进行复制和分裂,但复制的产物并不分离,通过这种核内有丝分裂逐步形成为巨大的多线染色体(poletene chromosome),它可以由 4 096 条染色质纤丝组成,比其他体细胞染色体大 100～200 倍,宽 5 μm,长 400 μm,是目前已知的最大染色体。经染色后,多线染色体上有明显的深浅、密疏不同的横纹,这些横纹的数目、大小和位置是恒定的,代表着果蝇等昆虫的种的特征。细胞遗传学研究已经证明多线染色体的横纹与某些特定的基因相联系。由于这些横纹的存在,染色体上发生缺失、重复、倒位、易位等很容易在唾液腺染色体上识别出来。因此,唾液腺染色体是研究重复、倒位、易位和缺失等染色体畸变的好材料。

【实验材料、仪器和试剂】

1. 实验材料

果蝇的三龄幼虫(行动迟缓、肥大,一般爬上管壁)。

2. 仪器设备

解剖镜、显微镜、镊子、解剖针、盖玻片、吸水纸。

3. 试剂

(1) 醋酸洋红:45%醋酸 100 ml 加热煮沸,移去火苗,加入 1 g 洋红粉末。轻微搅动,防止溅沸,再煮 1～2 min 即可,这时可悬入一枚生锈的小铁钉于染液中,过 1 min 取出,使染色液中略具铁质,或加入氢氧化铁的 50%的醋酸饱和液 1～2 滴(不能多加,以免产生沉淀),静止 2 h 后过滤于一棕色试剂瓶中,贮存备用。

(2) 45%醋酸。

(3) 生理盐水(0.7%氯化钠)：称取 0.7 g NaCl,加蒸馏水至 100 ml。

(4) 1 mol/L HCl：取浓盐酸(36%～38%)82.15 ml 加蒸馏水到 1 000 ml,摇匀。

(5) 蒸馏水。

【实验方法和步骤】

1. 幼虫的培养

为了在解剖镜下便于操作,使用的幼虫应发育充分而且个体较大。为此,培养瓶中放置的亲本不宜过多,以防产生过多的卵而造成养分不足影响果蝇的生长发育;培养温度应较正常培养时稍低,一般控制在 16～20℃。因为低温下生长的果蝇个体较大。实验时从培养瓶的瓶壁上挑选那些发育良好、行动迟缓、个体肥大的幼虫。

2. 剖取唾腺

将三龄幼虫从瓶内用镊子或解剖针挑到滴有生理盐水的载玻片上,在解剖镜下进行观察。由于果蝇幼虫为白色,为了增大反差便于观察,应将载物台的黑色面朝上。在解剖果蝇幼虫唾腺时要注意解剖镜的放大倍数需适宜,倍数过大虽然清晰但视野过小,不便操作;倍数过小视野虽然大但观察效果不理想。两手各持一解剖针,左手一针按住幼虫末端的 1/3 处,以固定幼虫;右手一针按住幼虫不断作伸缩状的头部(有一黑点,即口器)正中,用力向右拉,把头部从身体拉开,唾腺随之拉出。腺体为半透明,呈茄子状(图 9－1),位于食道两侧,中间是神经球。果蝇幼虫唾腺是由单层细胞构成的,因此在解剖镜下可以看出其细胞界限。腺体拉出后,耐心的分离腺体,尽可能把边上的乳白色脂肪剔除以防影响制片的质量。

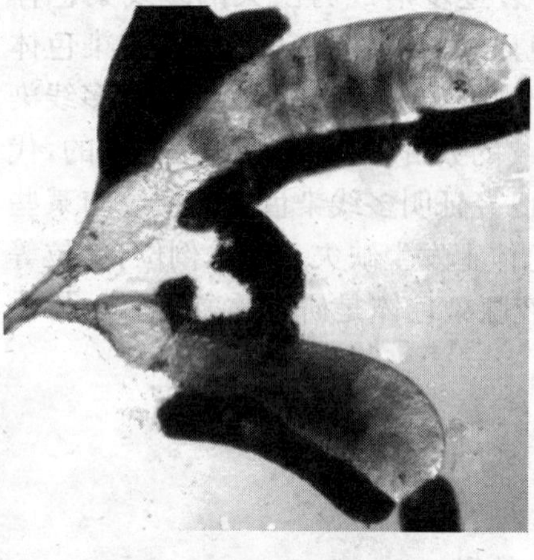

图 9－1　囊状茄子形唾腺

3. 解离

用滤纸条吸去多余的生理盐水,在剥净的唾腺上滴一滴 1 mol/L HCl 解离 2～3 min,解离完毕用滤纸条吸去盐酸,吸取少许蒸馏水换洗 3 次,前 2 次每次 1～2 min,最后一次让唾腺在蒸馏水中低渗 20 min,使唾腺细胞充分吸水膨胀,这样染色体能较好地分散开。

4. 染色和压片

用滤纸条吸去多余的蒸馏水,滴加醋酸洋红固定染色 15 min 左右,加干净的盖片，可在酒精灯上轻微加热。在盖片上覆一吸水纸，用左手按住盖片，右手用笔头或解剖针柄在盖片上轻轻敲击。最后用大拇指压片。用力要合适，将唾腺细胞压破，使染色体伸展开但又没造成染色体的断裂或重叠为宜。

5. 镜检

先低倍镜进行观察，找到好的分裂相后再转用高倍镜观察。普通果蝇有 8 条染色体，由于其处于配对状态，所以在显微镜下最多只能看到 4 对：第一对染色体 X 组成一长条；第二对与第三对染色体都以各自的着丝粒部位相聚集，形成一个染色中心，同时伸展出左右两臂；第四对染色体很小，不易观察到。故染色后，可以观察到一个染色较深的染色中心和由此向外辐射出的 5 条染色体臂：X、ⅡL、ⅡR、ⅢL和ⅢR（图 9－2，图 9－3）。雄果蝇唾腺细胞中的 X 染色体臂比雌果蝇的稍细。在染色体臂上可观察到许多明暗相间的带。

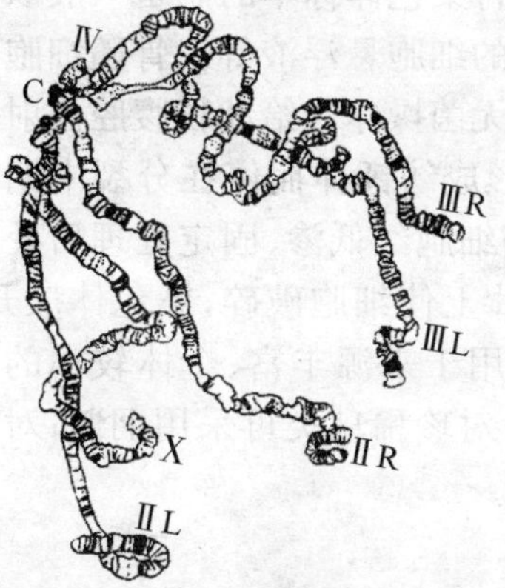

图 9－2　唾腺染色体模式图

图 9－3　显微镜下的唾腺染色体

6. 发现好的片子，可做永久片

（1）用 45％醋酸脱去盖片。

（2）在无水酒精中浸 1 min，用吸水纸吸干盖片上的余液。

（3）再在无水酒精中浸 1 min。

（4）在二甲苯中浸 3 min。

（5）中性树胶封片。

【思考题】

1. 绘制你所观察到的果蝇唾腺染色体图像并看能否确定染色体数目。

2. 什么是染色中心？

3. 利用多线染色体可以进行哪些遗传学研究？

实验十　动物骨髓细胞染色体标本的制备与观察

【实验目的】

1. 掌握动物骨髓细胞染色体标本空气干燥法制备的基本过程及相关原理。
2. 观察实验动物染色体的形态特征，统计染色体数目。

【实验原理】

染色体标本的制备是细胞遗传学研究最基本的技术，是进一步开展染色体分带、组型分析、原位杂交和遗传毒理检测的基础。进行染色体标本的制备一般取自细胞分裂旺盛的组织，如骨髓、淋巴细胞及人工培养的细胞悬浮液等。骨髓细胞有丝分裂的指数高，可以直接获得大量中期细胞，无需无菌操作。给动物腹腔注射一定剂量的秋水仙素可使许多正在分裂的细胞不能形成纺锤体而停在分裂中期状态，同时染色体适当缩短，轮廓较清晰。收集的骨髓细胞经低渗、固定处理后处于高度膨胀状态。再将细胞悬浮液滴在预冷的载玻片上使细胞破碎，染色体散开。Giemsa 染色后即可清楚地观察到染色体。此法适用于来源丰富、个体较小的动物。对大型动物，可以采取骨髓穿刺来获得红骨髓；对珍稀鸟类可采用羽髓；对人类，可通过外周血培养法获取细胞材料。

【实验材料、仪器和试剂】

1. 实验材料

小白鼠(*Mus musculus*)($2n=40$)。有时也可采用沼泽绿牛蛙(*Rana grylio*)($2n=26$)或中华大蟾蜍(*Bufo bufo gargarizans*)($2n=22$)。

2. 仪器设备

解剖盘、解剖刀、剪刀、注射器(1 ml 或 5 ml)、离心机、显微镜、刻度离心管(10 ml)、载玻片(冷冻)、烧杯(400 ml)、量筒(100 ml)、镊子、乳头吸管、恒温水浴箱、记号笔、小块纱布、天平、试管架。

3. 试剂

(1) 1 mg/ml(或 200 μg/ml)秋水仙素：秋水仙碱 0.1 g，蒸馏水 100 ml，配制时可用少许 95%乙醇助溶。待完全溶解后将棕色瓶再用黑纸包装起来，4℃冰箱中避光保存备用。

(2) 低渗液(0.075 mol/L KCl)：KCl 5.6 g，蒸馏水 1 000 ml。

(3) 卡诺氏固定液(现配)：无水乙醇(或甲醇)3 份，冰醋酸 1 份，二者混合。

或无水乙醇 6 份，二氯甲烷 3 份，冰醋酸 1 份，三者混合。

(4) 0.85%生理盐水：称取 0.85 g NaCl，加蒸馏水至 100ml。或 2.2%柠檬酸钠溶液：柠檬酸钠 2.2 g。蒸馏水 100 ml。

(5) Giemsa 染液原液：将 1 g Giemsa 染粉倒入研钵，加几滴甘油研磨 30 min 以上至无颗粒为止，再加甘油总量共计 33 ml，放入 60～65℃保温箱中保温 2 h，然后加入 45 ml 甲醇充分搅拌均匀，用滤纸过滤，保存于棕色瓶中作为原液备用。原液保存时间越长越好，用时以磷酸缓冲液稀释。

(6) 0.01 mol/L 磷酸缓冲液(pH6.8)。

【实验方法和步骤】

1. 秋水仙素处理

小白鼠：按 4 μg/g 体重的剂量，腹腔注射秋水仙素(勿伤内脏)，3～5 h 后取材。

沼泽绿牛蛙：考虑到两栖类是变温动物，气温低时，代谢慢，分裂相较少，所以一般在气温较高的季节做此实验。如果气温较低，可先在约 25℃下培养约 1 周再行秋水仙素处理。按 30 μg/g 体重的剂量，腹腔注射秋水仙素，7～8 h 后取材。

注意：秋水仙素水溶液剧毒，操作时宜小心，勿沾到皮肤上。

2. 取股骨

用断颈法(左手拇指和食指按住头部，右手拇指和食指掐住颈部用力向后拉断脊髓)处死小白鼠，剪开后腿皮毛取出股骨(或用双毁髓法处死沼泽绿牛蛙后解剖出股骨)。剪除肌肉后用纱布包在股骨上反复拧搓以除净其上的肌肉碎渣和结缔组织。

3. 取骨髓细胞

剪开股骨的两端，用注射器吸取 2.2%柠檬酸钠溶液(牛蛙股骨则吸取 0.85%生理盐水)插入股骨的一端，缓慢冲洗骨髓腔将骨髓细胞从股骨另一端冲入离心管内，并用吸管反复吸打使分散成单个细胞。冲洗液经 1 000 r/min 离心 10 min，弃上清液。

注意：剪除股骨两端骨骺时，要适当，不可过多或过少。

4. 低渗

在离心管中加入 0.075 mol/L KCl 5 ml，用吸管吹打均匀，37℃(牛蛙细胞则为 25℃)恒温水浴低渗 20～30 min ，1 000 r/min 离心 10 min，弃上清液。

5. 固定

沿离心管壁缓慢加入新配制的固定液 5 ml，马上轻微反复吸打以吹散细胞团，静置固定 10～20 min，1 000 r/min 离心 10 min 后弃上清液。再如此重复固定 1 次。离心后吸去上层固定液，视管底细胞的多寡加入少量新配固定液，大约 5 倍于细胞团体积，轻轻吸打使成细胞悬液。

6. 滴片

取事先在冰箱中预冷的载玻片，将 3～4 张载玻片并排摆在一起。迅速用吸管吸取细胞悬液距离冷载玻片 50 cm 以上的高度进行滴片，每张载玻片上滴 2～3 滴细胞悬液，并立即用嘴向同一方向吹，使细胞染色体散开。

7. 干燥

空气中自然干燥或用酒精灯外焰微微烘烤至干燥，但不可使细胞悬液沸腾。

8. 染色

将 Giemsa 染液(Giemsa 原液：0.01 mol/L 磷酸缓冲液 ＝1：10)滴在干燥好的载玻片上染色 20～30 min(不可形成气泡)，用蒸馏水或自来水细流冲洗玻片上的染液(但不可直接冲洗着色处)。滤纸吸干或自然晾干后待检。

9. 镜检

低倍镜下寻找中期分裂相(图 10－1)，然后转高倍镜和油镜观察染色体的形态，统计染色体的数目。好的标本可制成永久片。

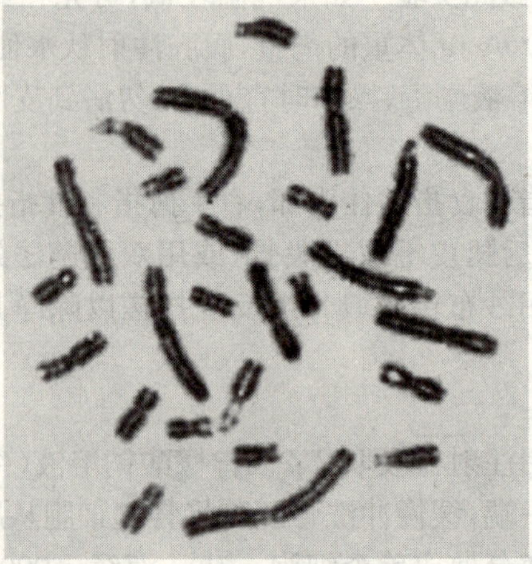

图 10－1　牛蛙骨髓细胞中期分裂相

【思考题】

1. 简述实验动物染色体的特点。
2. 总结影响染色体制片效果的因素。

实验十一　染色体核型分析

【实验目的】

观察几种生物染色体标本中染色体的数目、大小及形态结构，识别同源染色体、染色单体、着丝粒（主缢痕）、次缢痕、随体等，掌握核型分析的方法。

【实验原理】

核型（又名染色体组型）指细胞有丝分裂中期染色体的数目、大小和形态特征等情况的总和。任何生物都有特定的核型，因此可以用核型代表生物的不同类型和特征。1922 年，Delaunay 曾把核型作为系统学和分类学的单位，并认为染色体的缩短是核型的进化结果。核型分析（karyotype analysis）是在对染色体的长度进行测量和计算的基础上，分组、配对、排序并进行形态分析的过程，即是对一个物种染色体组形态特征等信息所进行的系统整理、总结。识别染色体重要是根据其长度和着丝粒的位置。染色体的长度一般以相对长度表示，着丝粒的位置以着丝粒指数或臂比表示。

$$\text{染色体相对长度} = \frac{\text{待测的单条染色体长度}}{\text{整套染色体组的总长度}} \times 100\%$$

$$\text{着丝粒指数} = \frac{\text{短臂长度}}{\text{该染色体全长}} \times 100$$

$$\text{臂比} = \frac{\text{长臂长度}(q)}{\text{短臂长度}(p)}$$

根据着丝粒的位置，可将中期染色体分为 4 类（表 11－1）：① 中着丝粒染色体（metacentric chromosome，m）；② 亚中着丝粒染色体（submetacentric chromosome，sm）；③ 亚端着丝粒染色体（subtelacentric chromosome，st）；④ 端着丝粒染色体（telacentric chromosome，t）。

表 11－1　根据臂比对染色体的分类

臂　比	染 色 体 类 型	代表符号
1.0 ～ 1.7	中着丝粒染色体	m
1.7 ～ 3.0	亚中着丝粒染色体	sm
3.0 ～ 7.0	亚端着丝粒染色体	st
7.0 以上	端着丝粒染色体	t

如果能考量染色体带型特征则能进一步提高核型分析的准确性和可行性。

【实验材料、仪器和试剂】

分散良好的中期细胞染色体照片 2 张(人或小白鼠或两栖类,以下以人为例)(图 11-1)、镊子、剪刀、计算器、铅笔、坐标纸、绘图纸、胶水、直尺等。

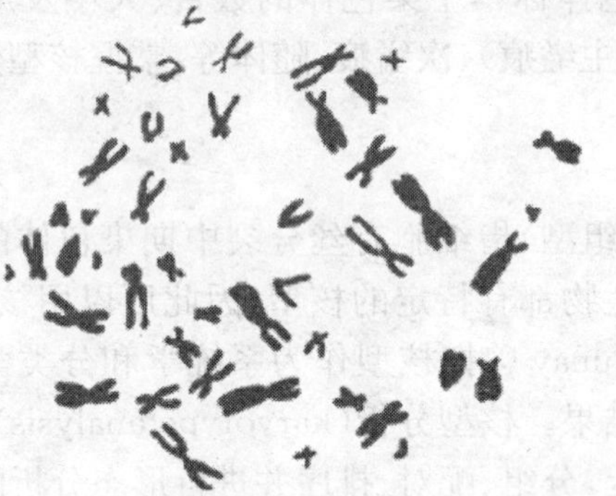

图 11-1 显微镜下的人类中期染色体

【实验方法和步骤】

1. 剪图

把照片上的染色体逐一剪下,摆放在一张坐标纸上。先依据目测以染色体长度为标准,按从长到短顺序排列起来,使短臂向上。等长的染色体,则把短臂较长者排前,较短者排后,随体染色体排在最后。

2. 配对

借助坐标纸上的标尺,按上述规则进行精细的调整。识别同源染色体并进行配对、编号。

3. 粘贴

在绘图纸的上部留出贴原始染色体照片的空间,下部用于粘贴核型图。将在坐标纸上已配对、编号的染色体逐条移到绘图纸上,排列时把各对染色体的着丝粒排在一条直线上。按照《人类细胞遗传学命名国际体制》标准,将人类的染色体依其相对长度递减的次序和着丝粒的位置划分为如下 7 组进行粘贴:

A 组(第 1~3 号):最大的一组染色体,着丝粒在中部或几乎在中部。

B 组(第 4~5 号):大的亚中着丝粒染色体,具明显的长、短臂。

C 组(第 6~12 号,X):中等大小的亚中着丝粒染色体。其中,第 9 号长臂上有一个较明显的次缢痕;第 11 号长臂上偶尔也有一个次缢痕。该组染色体着丝粒指数高于 B 组。

X染色体大小界于第7号和第8号间。在女性细胞中，其中一个X染色体常呈现一种特殊的“细毛状”外形。

D组(第13～15号)：中等大小的端着丝粒染色体，重要形态特征是随体。随体是一对着色很深的小球，处于短臂末端。该组着丝粒指数最低。

E组(第16～18号)：第16号为相对较短的中着丝粒染色体，在接近着丝粒处常有一长臂次缢痕；第17～18号为相对较短的亚中着丝粒，其中第18号短臂很小。

F组(第19～20号)：短的中着丝粒染色体，形似“小梅花”。

G组(第21～22号，Y)：小的端着丝粒染色体。第21～22号短臂上可有随体。

Y染色体识别有以下特征：① 呈异固缩状态，着色更深；② 两条染色单体一般不作交叉状，而是平行靠拢；③ 无随体；④ 长臂的端部模糊不清，呈“细毛状”。

注意：性染色体X、Y可单独排列。

4. 测量、计算、列表

用直尺准确测量每号染色体的总长度、长臂和短臂长度，计算相对长度、着丝粒指数和臂比，判定各号染色体类型，并列表。

【思考题】

从遗传和进化的角度说明近缘物种染色体数目、形态差异的潜在意义。

实验十二　植物多倍体的诱导和鉴定

【实验目的】

1. 了解人工诱导多倍体植物的原理、方法及其在植物育种上的意义。
2. 掌握用秋水仙素诱导植物多倍体的技术和多倍体的直接鉴定方法。

【实验原理】

生物体的细胞核中都有相对恒定的染色体数目，这是物种的基本特征之一。遗传学上把一个配子的染色体数称为染色体组，用 n 表示。具有两套染色体组的生物称为二倍体，以 $2n$ 表示。如人 $2n=46$，牛蛙 $2n=26$，洋葱 $2n=16$，蚕豆 $2n=12$。植物多倍体是指体细胞中含有 3 个或 3 个以上染色体组的个体。自然界中有许多植物是多倍体，如普通小麦是异源六倍体。多倍体产生的途径除自然发生外，也可采用温度休克和 X 射线辐射等物理方法及秋水仙素、异生长素和富民农等化学药物处理方法。其中以秋水仙素溶液处理方法应用最广泛，效果最好。

1937 年美国学者 A. F. Blakeslee 等率先用秋水仙素加倍曼陀罗的染色体数并获得成功。秋水仙素的主要作用是抑制细胞分裂的纺锤体的形成(但不影响染色体复制)，使染色体不能向两极移动而被阻止在细胞分裂中期，从而产生染色体数目加倍的细胞核。若染色体加倍的细胞继续分裂，就形成多倍性的组织。由多倍性组织分化产生的性细胞，所产生的配子是多倍性的，因而可以通过有丝分裂繁殖方式把多倍体繁殖下去。秋水仙素的另一个作用是抑制有丝分裂，破坏纺锤体，使染色体停滞在分裂中期，便于进行染色体的分析研究。一般用于中期核型分析时使用较高浓度的秋水仙素，而用于产生多倍体时使用较低浓度的秋水仙素。

多倍体是变异发生的重要途径之一，已成功地应用于植物育种。用人工方法

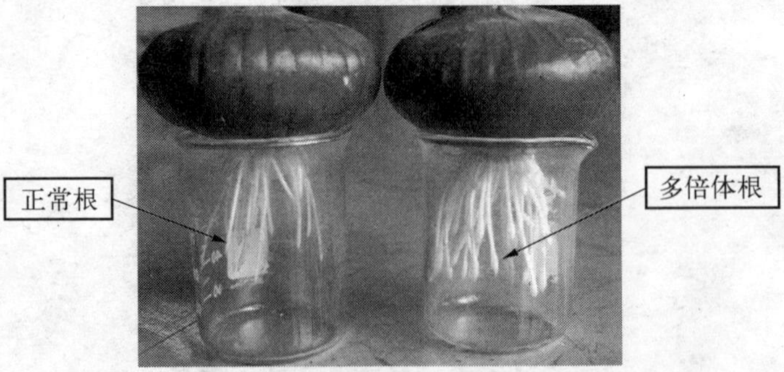

图 12 - 1　洋葱正常根和多倍体根

诱发的多倍体，可以得到一般二倍体所没有的优良经济性状，如粒大、穗长、抗病性强等。三倍体西瓜、三倍体甜菜和八倍体小黑麦等都已在生产上得到广泛的应用(图 12-1)。

植物多倍体的直接鉴定方法是观测根尖、茎尖分生组织或花粉母细胞的染色体数目，这是一种细胞学鉴定方法。也可通过观测叶片气孔、保卫细胞、花、果实、种子的形态，花粉粒大小及育性等性状的变异进行间接形态学鉴定。

【实验材料、仪器和试剂】

1. 实验材料

洋葱(*Allium cepa*，$2n=16$)或蚕豆(*Vicia faba*，$2n=12$)种子。

2. 仪器设备

显微镜、载玻片、盖玻片、镊子、解剖针、刀片、吸水纸、酒精灯、火柴、纱布、水浴锅、广口瓶。

3. 试剂

(1) 0.1～1.0 mg/ml 秋水仙碱溶液：秋水仙碱 0.01～0.10 g，蒸馏水 100 ml，配制时可用少许 95%乙醇助溶。待完全溶解后将棕色瓶再用黑纸包装起来，4℃冰箱中避光保存备用。

(2) 1 mol/L HCl：取浓盐配(36%～38%)82.5 ml 加蒸馏水到 1 000 ml，摇匀。

(3) 醋酸洋红染液：取 45%醋酸溶液 100 ml 放入锥形瓶加热煮沸，移去火苗，加入洋红粉末 0.5～1.0 g。轻微搅动，防止溅沸，煮沸约 5 min 或加回流煮沸 12 h，冷却后进行过滤，再加入 $Fe(OH)_3$ 的 50%的醋酸饱和液 1～2 滴(不能多加，以免产生沉淀)，直到此液变为暗红色但不发生沉淀为止。也可悬入一枚生锈的小铁钉于染液中，过 1 min 取出，使染色剂略具铁质、增进染色性能。静止 2 h 后过滤，滤液放入棕色瓶中遮光密封贮存备用。

(4) 卡诺氏液(现配)：无水乙醇(或甲醇)3 份，冰醋酸 1 份，二者混合。或无水乙醇 6 份，二氯甲烷 3 份，冰醋酸 1 份，三者混合。

(5) 各种浓度的酒精：一般用 95%酒精稀释配制各种浓度的酒精。稀释配制方法是先将 95%酒精倒入量筒，其量和将要稀释配制的酒精的百分比相等，然后将蒸馏水加到 95 ml，就得到所要配制的浓度的酒精。

【实验方法和步骤】

1. 多倍体的诱发

先剪去洋葱老根，然后置于盛满水的广口瓶上，等新根长出并达到约 2 cm 长后，再移到盛有 0.1～1.0 mg/ml 秋水仙素溶液中，直到根尖膨大为止(约 2～3 d)。

或将发芽 1 d 以上的蚕豆种子(胚根长 1～2 cm 左右)，浸入 0.1～1.0 mg/ml 秋水仙素溶液内，置于 25℃恒温箱中培养，直到根类膨大为止(3～4 d)。

注意：秋水仙素为剧毒药品，实验中不要沾到皮肤上、眼睛中。如果沾到皮肤上，应用大量自来水冲洗。

2. 固定和保存

将根尖放入卡诺氏固定液中固定 3～24 h，随后依次在 90%和 80%酒精中放 30 min，最后投入 70%酒精中备用。长期保存时须更换 70%酒精。

3. 解离

1 mol/L HCl 中 60℃水浴锅内解离到根尖透明为止(6～15 min)。

4. 染色体制片

将解离后的材料水洗 3～5 次，以利染色。取一干净载玻片，用刀片截取根尖生长点部分(乳白色)置于玻片上，加 1～2 滴醋酸洋红染液，用解剖针或镊子轻轻捣碎组织，然加盖上盖玻片，用笔头垂直轻击盖玻片下的材料使之分散。敲时可先在酒精灯上微微加热(勿使染液沸腾)，以促进材料着色和分散。然后用大拇指垂直用力压一下盖玻片(切勿滑动)使染色体压散。

5. 观察、鉴定多倍体细胞

选取有丝分裂中期相进行观察，通过计算染色体数目鉴定多倍体细胞。绘制多倍体细胞图像。

【思考题】

1. 许多染色体畸变的类型可以通过多倍体传递下去，且多倍体植物对环境具有更强的适应性，为什么？
2. 使用秋水仙素诱导多倍体时应该注意哪些问题？

实验十三　甲壳动物四倍体的人工诱导

【实验目的】

1. 掌握 6 -二甲基氨基嘌呤(6 - DMAP)处理诱导虾蟹类四倍体的方法。

2. 了解水产动物四倍体人工诱导技术建立的意义。

【实验原理】

对于水产养殖业,多倍体诱导是一项具有重要经济价值的生物技术。三倍体水产动物一般具有个体大、生长快、肉质好和成活率高等优良性状,而且三倍体高度不育,用于放流不会干扰自然种群的种质资源。但三倍体须年年育种,这极大地阻碍了它在生产上的推广应用。而四倍体则一般具有正常繁育的能力,与二倍体杂交有产生 100%三倍体的潜能,使三倍体的获取变得更加安全、简便和易于大规模推广。要解决当前虾蟹类养殖群体性早熟和抗逆性差等难题,一条重要的途径就是实现多倍体化,获得抗逆性强、生长快、个体大的虾蟹类新品种。

在多倍体诱导方法上,传统的化学药物处理法使用的是细胞松弛素 B(CB)。CB 是一种微丝抑制剂,能破坏肌动蛋白纤维,阻止分裂沟的形成,抑制胞质分裂,因而是比较理想的染色体加倍药物。但 CB 是一种剧毒的、可致癌的化学药物,对研究者本身和环境的危害较大,而且价格昂贵,不宜在生产上广泛使用。6 - DMAP 是一种嘌呤霉素类似物,能导致微管解聚和纺锤体解散(Szollsi et al.,1991),可以作为替代 CB 的高效、安全的化学诱导剂。

【实验材料、仪器和试剂】

1. 实验材料

三疣梭子蟹(*Portunus trituberculatus*)。

2. 仪器设备

水泥养殖池、比重计、温度计、300 目绢筛、离心机、Coulter - Epics - XL 型流式细胞仪。

3. 试剂

含 66.7 mg/L 6 - DMAP 的海水、含 0.01% DMSO(二甲基亚砜)的海水、50 μg/ml DAPI(二氨基苯基吲哚)。

【实验方法和步骤】

1. 红膏三疣梭子蟹的暂养和产卵观察

实验用红膏三疣梭子蟹暂养于池底铺沙、通气良好的水泥池中(水温 23±1℃,盐度 20‰~23‰)。定期观察膏蟹产卵状况,记录产卵时间,用于通过抑制受精卵第一次卵裂产生四倍体的人工诱导实验。

2. 6-DMAP 处理诱导四倍体

在产卵后 9 h 采用抱卵雌蟹"整体"处理法在含 66.7 mg/L 6-DMAP 的充气海水中处理 15 min,然后用含 0.01% DMSO 的海水洗 2 次,每次洗 5 min,然后放回 23±1℃海水中继续孵育。

3. 倍性检测

取卵内溞状幼体制备细胞悬浮液做倍性检测。制备的细胞悬浮液用 300 目绢筛过滤,1 500 r/min 离心 3 min,50 μg/ml DAPI 染色 30 min,用 Coulter-Epics-XL 型流式细胞仪分析,校正仪器的变异系数(CV 值),使 CV<2.0%,调整液流速度为 100 个细胞/s。取正常的同种二倍体蟹的卵内蚤状幼体细胞悬浮液,用同样的方法进行样品制备,采用同步染色,所得直方图作为内标准。检测结果以 DNA 直方图(图 13-1)表示。图中,横座标表示每个细胞中 DNA 的相对含量,以"道数"表示;纵座标表示某一 DNA 含量的细胞数目。四倍体诱导率依据仪器自备的软件进行分析。

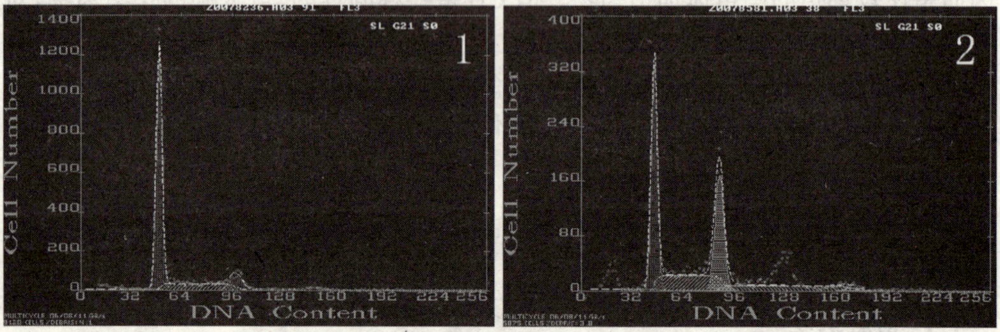

图 13-1　三疣梭子蟹卵内蚤状幼体细胞倍性分布图

左:对照组;右:6-DMAP 处理组。

【思考题】

1. 试述 6-DMAP 处理诱导虾蟹类四倍体的技术关键。
2. 简述水产动物四倍体人工诱导技术建立的意义。

实验十四　姐妹染色单体差别染色的方法

【实验目的】

1. 了解姐妹染色单体差别染色技术的原理。
2. 掌握制作SCE标本的方法。

【实验原理】

核苷类似物5-溴脱氧尿嘧啶核苷(5-Bromodeoxy-Uridine，BrdU)在DNA复制过程中可以掺入新合成的DNA链并占有胸腺嘧啶(Thymidine，T)的位置，所以哺乳类细胞在含有适当浓度的BrdU的培养液中经历两个分裂周期的培养之后，其中期染色体的两个单体的DNA双链在化学组成上就有了差别：即一条染色单体的两股DNA的T位完全由BrdU代替；而另一条染色单体的两股DNA中的一股含BrdU，另一股则不含BrdU。这样的细胞经过制片和荧光素染色后，在荧光显微镜下就能观察到两条明暗不同的姐妹染色单体。两股DNA链都含有BrdU的姐妹染色单体发出的荧光较强，其中只有一股DNA链含有BrdU的单体荧光较弱。由于荧光消失较快，只能立刻照相而不能长期保存。1974年，Korenberg和Freedlender改用Giemsa染色获得姐妹染色单体差别染色(sister-chromatid differential staining，SCD)。

来自一个染色体的两条单体之间同源片段的互换称为姐妹染色单体互换(sister-chromatid exchange，SCE)，这种互换是完全的、对称的。由于姐妹染色单体染色上的明显差异，如果姐妹染色单体间在某些部位发生互换，则在互换处可见有一界限明显、颜色深浅对称的互换片段。SCE的发生频率可反映细胞在S期的受损程度。如果一个个体的SCE频率明显增高，则表明染色体受到环境中的一定因素的影响，或是受到遗传缺陷的内在制约因素所致。现已证明，许多诱变剂、致癌剂和致畸剂可以诱发染色体畸变和SCE频率增高，但SCE频率的改变比染色体畸变灵敏得多，而且有害物质毒性越强，SCE频率就越高，表现出很好的剂量效应。因此，SCE技术已经成为检测致突变物和致癌物的一种常用手段。

【实验材料、仪器和试剂】

1. 实验材料

人的外周血。

2. 仪器设备

2 ml和1 ml灭菌注射器、吸管、移液管、离心管、量筒、烧杯、无菌青霉素瓶、试剂瓶、培养瓶、酒精灯、载玻片、离心机、恒温培养箱、显微镜等。

3. 试剂

(1) RPMI 1640 培养液：称取“1640”粉末 10.5 g，用 1 000 ml 的双蒸水溶解。每 1 000 ml 溶液加 $NaHCO_3$ 1.0～1.2 g，校正 pH 至 7.0～7.2。立即以 5 号或 6 号细菌漏斗过滤灭菌，分装待用。

(2) 小牛血清：最好经过透析处理。将小牛血清装入透析袋中，用线扎紧封口，小心检查，切勿有漏孔。然后将透析袋放在盛有双重蒸馏水的玻璃器皿中，每隔 1～2 h 换一次水，搁置在 4℃冰箱中，24 h 后用赛氏滤器灭菌过滤。

(3) 植物凝血素 PHA 溶液：淋巴细胞有丝分裂刺激剂。

(4) 抗菌素：青霉素与链霉素。

青霉素(以每瓶 40 万单位为例)：以 4 ml 生理盐水稀释成 10 万单位/ml，取 1 ml 加入 100 ml 培养基中则最终浓度为 100 单位/ml。

链霉素(以每瓶 50 万单位为例)：以 2 ml 生理盐水稀释成 25 万单位/ml，取 0.4 ml 加入 1 000 ml 培养基中则最终浓度为 100 单位/ml，即 100 μg/ml。

(5) 3.5% $NaHCO_3$ 溶液：称 3.5 g $NaHCO_3$ 用 100 ml 双蒸馏水溶解，0.069 MPa 高压灭菌 15 min。调 pH 用。

(6) BrdU 溶液：用无菌青霉素瓶，在普通条件下用分析天平称取 BrdU 2 mg (Sigma 公司)，然后在无菌室内加入无菌生理盐水 4 ml，用黑布避光，置冰箱中保存，最好现配现用。

(7) 200 μg/ml 秋水仙素。

(8) 卡诺氏固定液。

(9) Giemsa 染液原液。

(10) 1 mol/L NaH_2PO_4 pH 8.0 溶液：称取 120 g NaH_2PO_4，加入 1 000 ml 双蒸馏水，用 NaOH 粉末调 pH 至 8.0 即可。

【实验方法和步骤】

1. 在无菌条件下，用 20 ml 青霉素瓶分装 5 ml 培养基，其中 RPMI 1640 80%、小牛血清 15%～20%、PHA 0.2 ml、青霉素 100 单位/ml、链霉素 100 μg/ml，最后用 3.5% $NaHCO_3$ 调节 pH 7.2～7.4。

2. 每 5 ml 的培养基中加入 BrdU 0.1 ml，最终浓度为 10 μg/ml。

3. 每瓶培养基中加入 0.3 ml 静脉血，轻轻摇匀，用黑布避光，立即置 37℃温箱中培养。

4. 培养 72 h 左右，加入秋水仙素(0.2～0.3 μg/ml)继续培养 4 h。

5. 按常规收集细胞，用蒸馏水低渗 20 min，用甲醇和冰醋酸按 3∶1 浓度固定两次。每次 15 min，用气干法制片，1 d 以后将染色体制片，放入 70～80℃烤箱中烘烤 1～2 h。

6. 将染色体标本浸泡在 88℃的 1 mol/L NaH_2PO_4(pH 为 8.0)的溶液，处理 20 min，取出后立即用蒸馏水冲洗，用常规 Giemsa 染色 5 min，用蒸馏水冲洗、干燥、观察。

7. 在普通光学显微镜下观察，可见姐妹染色单体呈现鲜明的深浅不同的颜色。

【思考题】

1. 简述 SCE 分析在遗传变异研究中的应用。
2. 实验材料渗入 BrdU 时为什么要在全黑的条件下培养？

实验十五　人类X染色质的观察

【实验目的】

1. 掌握观察与鉴别人类X染色质的简易方法，识别其形态特征及所在部位。
2. 了解X染色质失活的理论假说。

【实验原理】

1949年，Barr和Bertram发现在雌猫的神经细胞核内有一个凝缩的深染小体，直径约1.5 μm，雄猫神经细胞核中则没有这种结构。进一步研究发现，其他雌性哺乳动物及正常女性间期细胞核中均存在这种二态性结构，当时称之为Barr小体。在雌体细胞中的两条X染色体在间期时有一条（或这条的大部分）处于凝集而不活动状态，易于用适当的染料加以显示，成为便于观察的性染色质体（或称X小体，Barr小体）。Barr小体出现在哺乳动物雌性个体细胞的细胞核边缘，呈Feulgen阳性反应，实质上是一个失活了的X染色体。

1966年，Lyon提出X染色体失活的假说：在正常的雌性哺乳动物体细胞中，一条X染色体在遗传上有活性，而另一条处于失活状态。这种失活发生在胚胎发育的早期，失活是随机的。但是一旦发生了失活，这个细胞的所有后代将处于失活状态。因此，雌体X染色体上的杂合基因将出现嵌合现象。

单条X染色体失活现象是普遍存在的，但失活的染色体上存在失活区（如Xg血型基因等）和非失活区（如G6PD葡萄糖-6-磷酸脱氢酶基因等）。

【实验材料、仪器和试剂】

1. 实验材料

正常女性口腔颊部黏膜、毛发根部细胞。

2. 仪器设备

显微镜、载玻片、盖玻片、刮片、吸水纸、离心机、吸管等。

3. 试剂

(1) 醋酸酒精固定液：醋酸酒精固定液也称卡诺氏液(Carnoy)，是常用的固定液。以冰醋酸：无水酒精＝1：3的比例混合即成。须现配现用。

(2) 生理盐水：称取0.85 g NaCl，加蒸馏水至100 ml。

(3) 5 mol/L HCl。

(4) 2.0 g/L甲苯胺蓝染色液：0.2 g甲苯胺蓝先用少许丙酮溶解，再加重蒸水定容至100 ml。

【实验方法和步骤】

1. 口腔颊部黏膜细胞的取材

先漱口三次，部分除去口腔中的细菌和一些将脱落的退化黏膜上皮细胞。用清洁灭菌的适当的刮片，从女性口腔两侧颊部刮取上皮黏膜细胞，将其放入盛有3 ml生理盐水的离心管中，轻轻摇动使细胞分散于生理盐水中。1 000 r/min离心10 min收集细胞。

2. 固定

离心后收集的细胞沉淀用卡诺氏液固定10 min。然后加适量新配卡诺氏液用吸管吹打制备成细胞悬浮液。

3. 滴片

用吸管将细胞悬浮液滴在载玻片上，在空气中自然干燥。

4. 酸解

在干燥好的载玻片上滴加5 mol/L HCl，处理10 min。酸解过度时会破坏DNA；酸解不足则不能除去富含RNA的小体而可能造成富含RNA的小体被误判为X小体。

5. 染色

清水漂洗三次后，用2.0 g/L甲苯胺蓝染色液染色30 min，然后又用清水漂洗，再在空气中自然干燥。

6. 镜检辨认X染色质

低倍镜下检出可数的典型细胞：① 核质呈网状或细颗粒状分布；② 核膜清晰、核无缺损；③ 染色适度；④ 周围无杂质。选定细胞后，在高倍镜或油镜下进一步观察。

X染色质的形态表现为一个结构致密的浓染小体，轮廓清楚，大小约1 μm，常附着于核膜边缘或靠近内侧，其形状有微凸形、三角形、卵形、短棒形及双球形等。正常女性口腔黏膜细胞中30%～50%有1个Barr小体（图15-1）。在男性中偶尔可见不典型者。

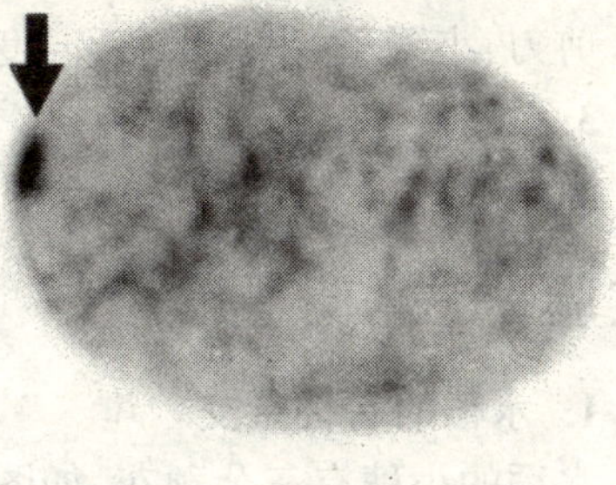

图15-1　XX细胞（阳性，箭头示Barr小体）

【思考题】

1. 观察50个女性可数细胞，同时观察50个男性可数细胞为对照，分别计算显示X染色质细胞所占的百分比。

2. 选绘几个典型细胞，描述X染色质的形态特征和分布部位。

3. 试述制片过程中酸解的目的。

实验十六　植物有性杂交

【实验目的】

1. 理解植物有性杂交的原理。
2. 掌握水稻和小麦的杂交方法。

【实验原理】

两个具有不同基因型的品种或类型，通过雌雄细胞结合产生新类型，称为杂交。根据杂交亲本间亲缘关系的远近，有性杂交又分为近缘杂交和远缘杂交两类。品种间杂交为近缘杂交，不同植物种或属间进行的杂交为远缘杂交。由于品种间具有相同的遗传物质基础，因而品种间杂交易获成功，但有利经济性状的遗传潜力具有一定限度。而远缘杂交易产生新的有益经济性状并扩大杂种优势，但结实率低、不易成功。在有性杂交中，把接受花粉的植株作母本，用符号“♀”表示；供给花粉的植株称为父本，用“♂”表示。父、母本统称亲本，用“P”表示；杂交符号用“×”表示，自交符号用“⊗”表示；杂种一代用 F_1 表示，杂种二代用 F_2 表示，依次类推。

【实验材料、仪器和试剂】

1. 实验材料

水稻（*Oryza sativa*）或小麦。

2. 仪器设备

剪刀、小镊子、小热水瓶、温度计、纸牌、铅笔、大头针（或曲形针）、透明纸袋等。

3. 试剂

酒精棉球。

【实验方法和步骤】

1. 水稻的有性杂交

水稻的小穗有三朵颖花，如图 16－1 所示，除最上一朵发育外，其余两朵退化，仅存披针形外稃（A），附着于发育颖花的稃片基部，内、外颖片退化成小穗柄顶端的两半月形突起（B）。可育颖花由外稃（C）、内稃（D）、浆片（E）、6 个雄蕊（F）和 1 个雌蕊[其柱头（G）二分叉]等组成。

(1) 选择单株：在确定杂交的母、父本品种之后，应选择形态特征典型的、生长健壮无病虫害、并对原品种或品系有代表性的植株（2～4 株）进行去雄。

(2) 选择单穗：选穗的具体标准因类型和品种有不同。对早、中籼品种应以穗部的 3/4 左右已抽出叶鞘到全穗刚刚抽出为好；早中粳品种，则以全穗抽出叶鞘为佳，晚稻则以穗抽出后，穗颈已露出的，去雄效果好。

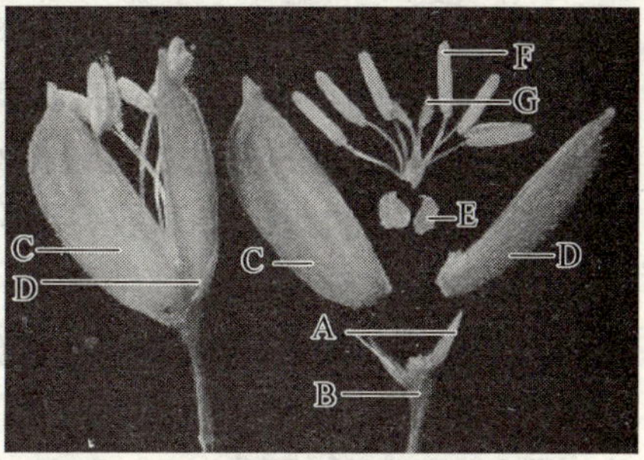

图 16-1　水稻的小穗

(3) 剪去上部和基部颖花：用剪刀将穗顶部已开过花的颖花剪去，同时剪去穗部过嫩的颖花（花药高度不到颖花的一半）。

(4) 去雄：人工杂交之前必须先去雄，去雄的方法有温汤去雄法、剪颖去雄法和套袋机械去雄法等，目前，各地一般应用温汤去雄法。

温汤去雄法是利用雄蕊（即花粉）和雌蕊耐温性不同，即花粉耐高温较弱，而雌蕊耐高温较强的特点而采用的。稻穗在 44℃的温水中浸 10 min，花粉全部杀死，而对雌蕊没有影响。在工作前准备好热水瓶，灌满温度为 43～45℃的温水（须用温度计作准确的测定）。在水稻开花前 30～60 min 左右，将选好的稻穗插进热水瓶（稻体向下倾斜），在温水中浸 5～8 min，并注意切勿折断，通常处理籼稻时，温度可以比粳稻略低一些，或是处理时间稍短些（籼稻在 43℃温水中浸 5 min 左右，粳稻在 45℃温水中浸 5 min 左右）。经温汤处理后，把稻穗取出，稻花已开放或稍等片刻颖花开放的，这种颖花的花粉已经成熟，经温汤处理被杀死了，这就达到了去雄的目的，因此不必去花药。但有时为了授粉方便起见，也将花药除去。接着剪去没有开花的全颖花，最好在穗中部保留 10～15 朵颖花套上纸袋，挂上纸牌。

(5) 授粉：在每天开花盛期，采集发育完全且刚刚破裂的花药作授粉用，用镊子夹取花药 2 个，轻轻塞进已去雄的小穗内，套上纸袋、挂牌。

(6) 检查结实情况：授粉后 3～4 d 检查子房是否膨大。杂交后 25～30 d，杂交种子即已成熟，剪下稻穗用手工脱粒，晒干保存，统计收获种子数。

2. 小麦

(1) 选穗、整穗：选择典型、生长壮健的单株作为母本，一般以主穗为好。被选中的小麦穗应该是刚抽出叶鞘还未开花，麦穗颈部距旗叶叶鞘间距离约 2 cm 左右，花药呈绿色，柱头还未羽毛状分叉。剪去上部和基部小穗，只留中部 10 个小穗（两边各 5 个），每个小穗只留基部两朵发育最好的小花，中间的花用镊子夹除，若有芒也连芒一起剪掉，以免妨碍去雄、授粉工作。

(2) 去雄：用左手握住麦穗，并轻轻压花朵的颖顶部，右手将镊子插入到内外颖的合缝里，夹住雄蕊，轻轻拿出。注意不要夹破也不要碰伤柱头，去雄要有顺序，一侧一侧来，每侧从下而上，每次去雄后的镊子在酒精棉花内洗一下，以免把花粉带到别处去。

(3) 套袋隔离：母本穗子去雄完毕后，必须立即用纸袋套上，以防其他花粉进入，套袋后把袋口折叠住，用回形针或大头针别住。以免被风吹落，挂上纸牌(在纸牌上用铅笔注明母本“♀”名称，去雄日期)。

(4) 采集花粉的方法：可根据小麦开花习性，看到某穗中部有一两朵小花已开放时，那些靠近的花也将开放，用镊子把这些花药取出。也可以剪去一些颖壳，促进开花，收集花粉，以便进行授粉。

(5) 授粉：去雄的柱头呈羽状分叉时，表示柱头已经成熟，应该进行授粉，一般在去雄后的第二天上午 8 时以后(露水已干)、下午 4 时以前进行授粉较为适当，若遇到阴雨，温度低，可在去雄后 3～4 d 内授粉，授粉完毕后，再套上纸袋，在去雄纸牌的背面写上授粉品种和授粉日期。

(6) 检查结实情况：小麦杂交后受精迅速，在授粉后 4～5 d 即可检查，凡柱头枯萎失去光泽，子房膨大者，说明已经结实。

(7) 收获：25～30 d 后收获杂交种子，脱粒后装袋、保存，写上杂交组合及自己的姓名，上交实验室。

【思考题】

试比较近缘杂交和远缘杂交。

实验十七　粗糙链孢霉的分离和交换

【实验目的】

1. 了解基因分离和交换现象。
2. 掌握有关基因与着丝粒之间的距离计算和作图方法。

【实验原理】

粗糙链孢霉(*Neurospora crassa*)又称红色面包霉,属于真菌中的子囊菌纲。不同类型的菌株经过有性生殖,产生两倍体的合子,这种合子经过一次减数分裂,形成四个分子,每个核又进行一次有丝分裂,这样在一个子囊中,以一定的顺序排列着子囊孢子。若两个亲代菌株有某一遗传性状的差异,那么经杂交所形成的每一子囊必有4个子囊孢子属于一种类型,而其他4个子囊孢子属于另一类型,它们的分离比是1∶1,而且子囊孢子按一定的顺序排列,因此可直接观察分离现象并推断交换的性质。

实验用赖氨酸缺陷型(Lys^-)与野生型(Lys^+)杂交,得到的子囊孢子分离为4个黑的(+)与4个灰的(－),赖氨酸缺陷型的孢子迟成熟,所以呈灰色,根据黑色孢子在子囊中排列顺序,可有6种子囊类型(表16－1)。

表16－1　赖氨酸缺陷型与野生型杂交得到的后代子囊类型

子囊型	基因型排列次序	分离时期	子囊型分类
1	＋＋＋＋－－－－	第一次分裂分离	非交换型
2	－－－－＋＋＋＋		
3	＋＋－－＋＋－－	第二次分裂分离	交换型
4	－－＋＋－－＋＋		
5	＋＋－－－－＋＋		
6	－－＋＋＋＋－－		

第1种和第2种的子囊互为镜影,这是由于同源染色体随机趋向二极的缘故。第一次减数分裂(M_1)时,带有Lys^+的两条染色单体的染色体移向一极,而带有Lys^-的两条染色单体的移向另一极,Lys^-和Lys^+这对基因随之分开,称为第一次分裂分离。由于着丝粒和Lys基因位点之间没有发生交换,所以第1、2种也称非交换型子囊。

第3、4种子囊形成时,Lys基因与着丝粒间发生了一个交换,每一染色体上的两条染色单体分别带有Lys^-和Lys^+基因,Lys^-和Lys^+在第一次减数分裂时不能分离。到第二次减数分裂(M_2)时带有 Lys^+ 的染色单体和带有 Lys^- 染色单体才相互分开,所以称为第二次分裂分离。

第5、6种子囊型的形成和第3、4种类似,也是两个单体发生了交换,不过交换不是发生在第2条染色单体和第3条染色单位之间,而是发生在1、3或2、4二条染色单体间。

从上面分析可知,第二次分裂分离子囊的出现,是由于有关基因和着丝粒之间发生了一次交换的结果。第二次分裂分离子囊愈多,则说明有关基因和着丝粒之间的距离愈远。所以从交换型子囊数的百分数,可以计算出在关基因与着丝粒之间的距离,即重组值或图距。

$$着丝粒与基因间的重组值=\frac{交换型子囊数}{子囊总数}\times100\%\times1/2$$

【实验材料、仪器和试剂】

1. 实验材料

野生型和赖氨酸缺陷型链孢霉菌株。

2. 仪器设备

显微镜、钟表镊子、解剖针、接种针、载玻片、试管、过滤纸、培养皿、圆头玻璃棒。

3. 试剂

(1) 完全培养基:麦芽汁培养基:麦芽汁50 ml,蒸馏水30 ml,加2%琼脂即成,分装12支试管,每支试管3~4 ml。

(2) 完全培养基:马铃薯培养基:马铃薯削皮,洗净,切成黄豆大小碎块,每试管放5~6块,加少量的2%琼脂,分装12支试管,每支试管3~4 ml。

上述培养基分装到试管后,取出斜摆,成斜面后待用。

(3) 杂交培养基:玉米培养基:将浸泡过1天的玉米破碎分装在试管中,每试管放2~3粒,加入少量的2%琼脂。加上棉塞后,在0.055 MPa压力下消毒30 min即成,不需摆斜面。待凝固后在中部插入一小片折叠滤纸(0.5 cm×3 cm)。

【实验方法和步骤】

1. 菌种活化

为使菌种生长好,先要进行菌种活化。把野生型和赖氨酸缺陷型菌种从冰箱中取出,分别接在两支试管斜面(马铃薯培养基或麦芽汁培养基),接缺陷型的试管预先加入0.1 ml Lys。贴上标签,在25℃(30℃以上的温度抑制子囊果的形成)恒温箱中培养3~4 d,培养到菌丝的上部有分生孢子产生。

2. 杂交

长好的菌株在菌丝的上部有红粉状孢子，将两个菌种（$Lys^+ \times Lys^-$）接种在同一玉米培养基上，贴好标签，培养在25℃恒温箱中1～3周，有棕黑色的子囊果出现为止。子囊果成熟，开始用显微镜观察。

3. 显微镜观察

（1）在载片上加一滴5%次氯酸钠，用接种环或解剖针挑出几个子囊果在次氯酸钠中放5 min。

（2）取另一载玻片（子囊果很硬，不能用盖玻片）盖上，用手指压片，将子囊果压破，从散开的30～40个子囊观察（10×15倍）子囊孢子的不同排列顺序，了解分离和交换情况。

【思考题】

1. 计算着丝粒与基因间的重组值？计算交换值时，为什么要除以2？
2. 链孢霉的分离现象与高等植物有什么不同？

实验十八　大肠杆菌杂交实验

【实验目的】

1. 掌握大肠杆菌杂交和基因定位的原理与方法。
2. 了解大肠杆菌 F 因子的性质和作用。

【实验原理】

J. Lederberg 和 E. L. Tatum (1946)发现了不同品系的大肠杆菌之间的杂交现象；W. Hayes(1952)进一步研究发现大肠杆菌的致育因子(fertility factor，F 因子)。F 因子为附加体，可使细菌产生长 1～20 μm 管状的性纤毛(性伞毛)，它的上面有雄性专一噬菌体(MS－2、k17、f2 和 Qβ 等)的吸附位点，性纤毛又与细菌的结合有关(图 18－1)。大肠杆菌不同的“性”与 F 因子的有无密切相关。具 F 因子的大肠杆菌相当于雄性(供体)，用 F^+ 表示，不具有 F 因子的大肠杆菌相当于雌性(受体)，用 F^- 表示。F 因子在细胞内能以游离和整合两种状态存在，分别形成 F^+ 菌株和 Hfr(高频重组)菌株。F 因子的结构包括：① 原点(O)，即转移的起点；② 可育基因，性伞毛基因群；③ 复制区，DNA 复制酶基因；④ 重组区，插入序列和插入区。大肠杆菌染色体呈环状。Hfr 的染色体上整合有 F 因子，当 Hfr 细菌与 F^- 细菌细胞发生接合(即杂交)时，通过细胞的暂时沟通形成局部合子。在局部合子形成时，Hfr 细胞(供体菌)的染色体从 Hfr 细胞向 F^- 细胞(受体菌)内转移。所有的大肠杆菌染色体进入 F^- 需要大约 100 min。由于染色体的转移具有一定的方向性，并且可以随时中断，完整染色体进入 F^- 细菌的机会很少，而 Hfr 染色体基因的这种梯度转移恰恰为细菌染色体上基因的定位提供了可能。根据结合后 F^- 细菌(以重组子形式选出)中 Hfr 细菌染色体基因出现次数的多少，即可得知基因转移的先后顺序，也就是基因在染色体上排列的顺序。转移时，靠近转移起始点的染色体基因进入 F^- 细胞的概率大，重组率高；远离转移起始点的基因进入 F^- 细胞的机会少，重组率低；F 因子大部分位于转移起始点相对的一端(末端)，因此转移率很低。只有当接合时间很长，足以使整个染色体转入 F^- 细胞(受体)时，才会使 F^- 细胞转变为 Hfr 或 F^+ 状态。

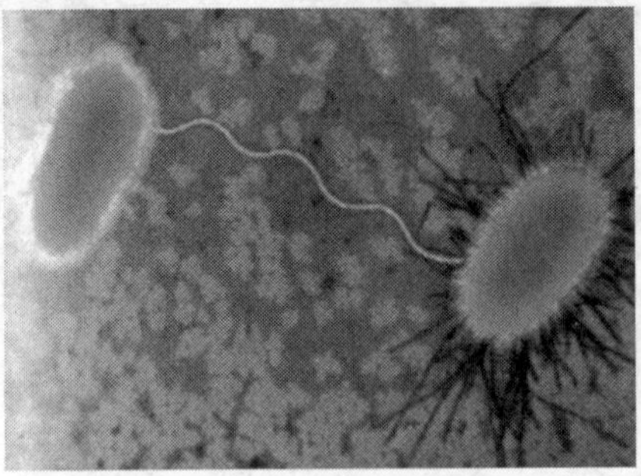

图 18－1　结合管的形成

基因定位时首先要从 Hfr 与 F^- 细菌的混合培养物中筛选出某一 Hfr 与 F^-

细菌基因(选择性标记基因)已经发生了重组的细菌(重组子),然后在这些重组子中逐个测定其他的 Hfr 基因(非选择标记)出现的次数。Hfr 菌株染色体上的选择性标记应位于染色体前端,这样才能保证以 100%地出现在重组子中。选择性标记之后的基因,则以低于 100%的频率出现在重组子中。F^-细胞的选择性标记应起到排除 Hfr 供体菌生长的作用(即反选择)。本实验使用的 F^- 菌株为 Str^r,Hfr 菌为 Str^s,因此可排除 Hfr 供体菌的生长。另外,为保证 Hfr 基因有机会出现在重组子中,反选择性标记应位于染色体后端。为了使 Hfr 菌株有较高的接合率,F^-细菌应该过量(10～20 个 F^- ∶1 个 Hfr)以保证每一个 Hfr 细菌都能与 F^-细菌接合。

本次实验采用单菌落点种法实现重组子的检出。

【实验材料、仪器和试剂】

1. 实验材料

(1) 受体菌：CSH57 F^-(*leu*、*pur*、*trp*、*his*、*met*、*ilv*、*arg*、*thi*、*ara*、*lac*、*xyl*、*gal*、str^r、rif^r)。

(2) 供体菌：CSH60 Hfr (*sup*、str^s)。

2. 仪器设备

培养皿、三角瓶、烧杯、吸管、灭菌牙签、恒温水浴摇床、酒精灯、接种环等。

3. 试剂

(1) 生理盐水：0.85% NaCl。

(2) 10 × A 缓冲液：K_2HPO_4 105 g、$(NH_4)_2SO_4$ 10 g、KH_2PO_4 45 g、$Na_3C_6H_5O_7 \cdot 2H_2O$ 5 g,蒸馏水定容至 1 000 ml,pH 7.0。

(3) 基本培养基：蔗糖 10 g、NH_4NO_3 1 g、$MgSO_4 \cdot 7H_2O$ 0.5 g、酒石酸铵 5 g、$CaCl_2$ 0.1 g、生物素 4 μg、KH_2PO_4 1 g、NaCl 0.1 g、微量元素 1 ml($Na_2B_4O_7 \cdot 10H_2O$ 88 mg、$CuSO_4 \cdot 5H_2O$ 393 mg、$Fe_2(SO_4)_3 \cdot 6H_2O$ 910 mg、$ZnSO_4 \cdot 7H_2O$ 880 mg、蒸馏水 1 000 ml)、琼脂 20 g、蒸馏水 1 000 ml、pH 5.5～6.5、0.055 MPa 灭菌 30 min。

(4) LB 液体培养基：酵母浸出液 5 g、蛋白胨 10 g、NaCl 10 g、蒸馏水 1 000 ml、pH 7.5、1 kg/cm^2 高压灭菌 15 min。含 2%琼脂的 LB 液体培养基,即 LB 固体培养基。

(5) 选择培养基[A]～[G],见表 17－1。链霉素受热易分解,应该在倒平板前用无菌水现配。

表 17-1 选择性培养基附加成分表

培养基编号	选择性标记	基本碳源	基本培养基(A)中补充物质						
			str	rif	arg	ilv	ade	trp	his
A	met、leu、str	葡萄糖	+	−	+	+	+	+	+
B	met、leu、str、arg	葡萄糖	+	−	−	+	+	+	+
C	met、leu、str、trp	葡萄糖	+	−	+	+	+	−	+
D	met、leu、str、his	葡萄糖	+	−	+	+	+	+	−
E	met、leu、str、lac	乳　糖	+	−	+	+	+	+	+
F	met、leu、str、gal	半乳糖	+	−	+	+	+	+	+
G	met、leu、str、rif	葡萄糖	+	+	+	+	+	+	+

【实验方法和步骤】

1. 取冰箱中保存的供体菌和受体菌分别接种到斜面培养基，37℃下培养24 h（活化）。

2. 分别接一环供体菌和受体菌于5 ml LB培养液中，37℃振荡培养10～12 h。

3. 各取1 ml过夜培养物，分别加入2个盛有5 ml LB培养液的250 ml三角瓶中，37℃振荡培养2～3 h。

4. 吸取0.5 ml供体菌和4.5 ml受体菌，加入到一个无菌的250 ml三角瓶中混合，置37℃、120 r/min摇床上培养100 min。

5. 将上述接合菌液用生理盐水稀释1、10、100倍。

6. 各吸取0.1 ml稀释液涂布在选择培养基[A]平板上，每一种稀释液涂布2个平板。同时将供体菌及受体菌分别吸取0.1 ml涂布在[A]上作对照，每种各2个平板。此后均于37℃条件下培养24～48 h。

7. 观察和计数选择培养基[A]平板上接合组和对照组的菌落生长状况。

8. 在与平皿相同大小的白纸上画100个小格（图17-2），将圆片贴于选择培养基[B]、[C]、[D]、[E]、[F]和[G]平板的底部，然后用100支无菌牙签从接合组选择培养基[A]平板上随机挑选100个菌落，对号点种在选择培养基[B]、[C]、[D]、[E]、[F]和[G]平板的100个小格中。

9. 将所有平板置于37℃箱内培养24～48 h。

10. 统计在各种选择平板上生长菌落的数目，计算不同基因的重组率，并绘制出基因顺序图。

$$重组率(\%)=\frac{每组选择板上菌落数}{点种总菌落数}\times 100\%$$

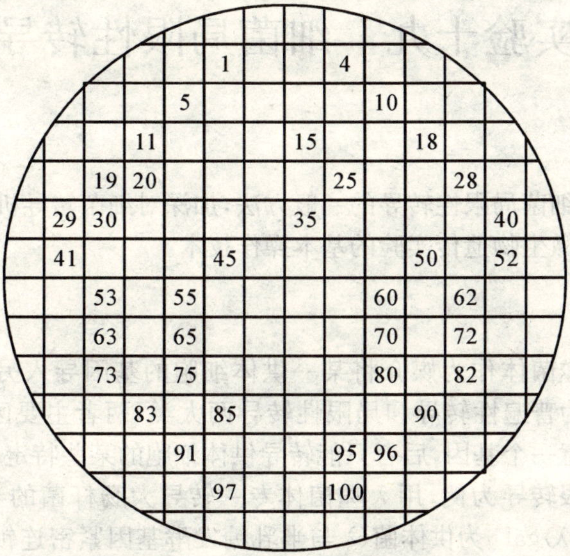

图 17－2　编号 1～100 的圆形方格纸

【思考题】

1. F 因子的结构包括哪几部分？
2. F^-、F^+ 和 Hfr 细胞之间如何转变？
3. 绘制出基因顺序图。

实验十九　细菌局限性转导

【实验目的】

1. 了解进行细菌局限性转导的一般方法，加深对细菌转导机制的理解。

2. 初步掌握微生物遗传实验的基本操作技术。

【实验原理】

转导是指以噬菌体作为媒介将某一供体细胞的基因导入另一受体细胞的过程。转导可以分为普遍性转导和局限性转导两大类，两者主要区别是：前者可转导供体细胞的任意一个基因，后者只能转导供体细胞的某些特定基因。

本实验以局限转导为例，用λ噬菌体专一转导大肠杆菌的半乳糖发酵基因。选用 *E. coli* K_{12}(λ)gal^+ 为供体菌(λ与半乳糖发酵基因紧密连锁)，当此菌株受紫外线照射后，原噬菌体被诱发释放，并以一定比例形成转导噬菌体，既具有转导能力，又带有邻近的半乳糖发酵基因。转导噬菌体和受体细菌 *E. coli* K_{12} gal^- 混合接种，带有供体菌 DNA 片段(外基因子)的转导噬菌体以一定频率整合到寄主染色体上，使原来不能利用半乳糖的受体细菌变为能利用半乳糖的细菌。此转导子在含有伊红、美兰的 EMB 培养基上长出深红色并带有金属光泽的菌落，通过颜色的鉴别可以证明转导成功。

【实验材料、仪器和试剂】

1. 实验材料

E. coli K_{12}(λ)gal^+(带有整合在半乳糖基因旁的λ原噬菌体)；*E. coli* K_{12} gal^-(半乳糖基因缺陷)。

2. 仪器设备

培养皿、三角烧瓶、离心管、试管、玻璃涂棒、移液管、离心机、恒温水浴。其中，移液管 5 ml 5 支、0.1 ml 5 支、1 ml 18 支、小培养皿 1 副、试管 7 支、离心管 3 支、玻璃涂棒 4 支、培养皿各组 15 副等须进行干热灭菌待用。

3. 试剂

(1) 肉汤液体培养基：牛肉膏 5 g、蛋白胨 10 g、NaCl 5 g、蒸馏水 1 000 ml、pH 7.0～7.2(1 mol/L NaOH 调 pH)。

(2) 肉汤固体培养基：牛肉膏 5 g、蛋白胨 10 g、NaCl 5 g、琼脂 2%、蒸馏水 1 000 ml、pH 7.0～7.2(1N NaOH 调 pH)。

(3) 加倍肉汤培养基(2E)：牛肉膏 10 g、蛋白胨 20 g、NaCl 5 g、蒸馏水 1 000 ml、

pH 7.0～7.2(1 mol/L NaOH 调 pH)。

(4) 半固体琼脂：1%琼脂，用蒸馏水配制。

进行以下分装：

肉汤液：2 只 4.5 ml、2 只 5 ml、1 只 70 ml，用 100 ml 三角瓶。

固体肉汤：140 ml，大三角瓶，6 只平皿。

加倍肉汤液：1 支试管 7 ml。

以上各项培养基均需高压灭菌 0.103 MPa 15 min。

(5) 半乳糖 EMB 培养基：伊红 0.4 g、美兰 0.06 g(最后待 pH 调好后放入)、半乳糖 10 g、蛋白胨 10 g、K_2HPO_4 2 g，琼脂 20 g，蒸馏水 1 000 ml，pH 7.0～7.2，0.055 MPa 30 min 灭菌。

(6) 磷酸缓冲液：KH_2PO_4 2 g、K_2HPO_4 7 g、$MgSO_4 \cdot 7H_2O$ 0.25 g、蒸馏水 1 000 ml，pH 自然，高压灭菌 0.103 MPa 15 min。

(7) 氯仿($CHCl_3$)。

【实验方法和步骤】

1. 噬菌体的诱导和裂解液的制备

(1) 从供体菌面挑取一环接种于 5 ml 肉汤培养液中，37℃培养 14～16 h 后，吸取 0.5 ml 菌液，接种于盛有 4.5 ml 肉汤培养液的三角瓶中，继续培养 4～5 h。

(2) 诱导供体菌：将三角瓶的菌液倒入离心管，以 3 500 r/min 离心 10 min。

(3) 除去上清液，加入 4 ml 磷酸缓冲液，制备成悬浮液。

(4) 吸取 3 ml 悬浮液于直径为 6 cm 的培养皿中，经 UV 处理(15W 距离 40 cm)，诱导 10 min。

(5) 处理后加入 3 ml 2E 肉汤培养液，在 37℃避光培养 4 h。

(6) 用移液管吸取培养物放于离心管(用胶塞)中，以 3 500 r/min 离心10 min，然后加入 0.2 ml 氯仿(4～5 滴)，剧烈振荡 0.5 min，静止 5 min 后小心把上清液用无菌滴管或是无菌移液管转移到另一试管中，此液即是噬菌体裂解液，供效价测定和转导用。

2. 噬菌体效价测定

(1) 从受体菌斜面挑取一环接种于 5 ml 肉汤培养液中，于 37℃培养 14～16 h。

(2) 吸取 0.5 ml 培养物放入盛有 4.5 ml 肉汤培养液的三角瓶中(剩下的菌液在转导试验中用，置于冰箱中)，继续培养 4～5 h。

(3) 取已经熔化并于 48℃水浴中保温的半固体琼脂(3 ml)4 支，每支加上述经活化后菌液 0.5 ml。

(4) 取噬菌体裂解液 0.5 ml，放入盛有 4.5 ml 肉汤培养液，依次稀释到 10^{-7} (10^{-5}、10^{-6}、10^{-7})。

(5) 从 10^{-5}、10^{-6}、10^{-7} 试管中分别吸取 0.5 ml,加到有菌的半固体琼脂中(48℃以下加入菌液)摇匀,各二支,分别倒入事先准备好的有肉汤培养基底的培养皿中,摇匀,凝固后于 37℃培养 24 h,观察出现的噬菌斑数,并计算噬菌体裂解液的效价(即每 ml 中的噬菌体数目)。

效价 =平皿中的噬菌斑平均数×2×稀释倍数

3. 转导方法

(1) 点滴法:

① 取倒好的 EMB 平板 2 只,在皿底用玻璃铅笔按图 19-1 画好。

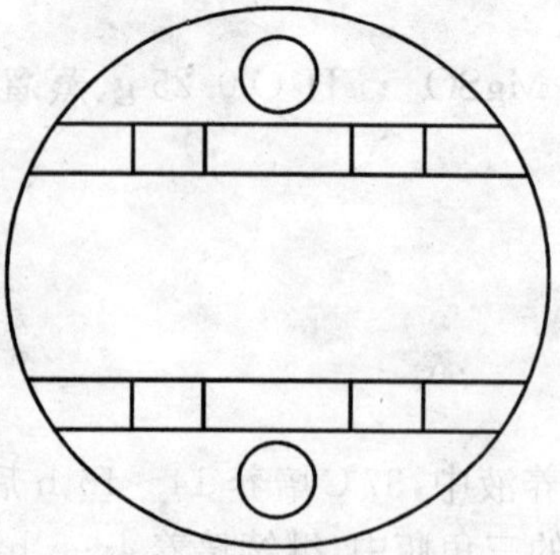

图 19-1 EMB 培养皿图样

② 取一满环受体菌,涂上 2 条菌带,于 37℃培养 2~3 h。

③ 取出平板,在画好的 2 个圆圈和 4 个方格处,各加一环噬菌体裂解液(先滴加圆圈处再滴加方格处,圆圈为噬菌体对照,方格为转导试验,菌带为受体菌对照),培养 2 d,观察结果。

(2) 涂布法:

① 取倒好的 EMB 平板 6 只,其中 2 只加 0.1 ml 噬菌体裂解液,用于对照,2 只加 0.1 ml 受体菌,也用于对照,2 只加噬菌体裂解液和受体菌液各 0.05 ml。

② 用玻璃涂棒,将各皿中的菌液(或噬菌体裂解液)涂开,相同的 2 只平板用同一根玻璃涂棒,涂布后于 37℃培养 2 d,观察结果。

4. 记录实验结果于表 19-1、表 19-2 中

表 19-1 噬菌体效价测定

噬菌体来源	裂解液稀释浓度	取样量	噬菌体斑数/皿	噬菌斑数/ml
λ裂解液	10^{-6}	0.5 ml		
	10^{-7}	0.5 ml		

表 19-2 细 菌 转 导

转导试验	点滴法		涂布法		
	受体菌	受体菌+噬菌体裂解液	受体菌	噬菌体裂解液	受体菌+噬菌体裂解液
菌落生长情况					
菌落色泽					

【思考题】

1. 分析实验结果。
2. 局限性转导实验应注意哪些问题?

实验二十　质粒 DNA 的提取及纯化

【实验目的】

掌握质粒 DNA 提取的原理及方法。

【实验原理】

质粒是独立于细菌核基因组 DNA 进行自主复制的遗传成分，是一种共价闭合环状 DNA。质粒 DNA 的提取与纯化技术是根据共价闭合环状的质粒 DNA 与线性染色体 DNA 片段之间在拓扑学上的差异发展起来的。本实验介绍 SDS 碱裂解法提取质粒的原理及方法。

首先是抽提细胞总 DNA，即分别用溶液Ⅰ和溶液Ⅱ处理，将细菌悬浮液暴露于高 pH 的强阴离子洗涤剂中，SDS 和 NaOH 能使细菌细胞壁、细胞膜等裂解，释放出其中的蛋白质、DNA、RNA 等成分。在溶液 pH 12～12.5 时，线性 DNA 会完全变性，而共价闭合环状的 DNA 只是氢键断裂，碱基配对完全被破坏，但质粒 DNA 双链不会分离，依然相互缠绕。当加入溶液Ⅲ，酸中和后，共价闭合环状的 DNA 迅速、准确地复性，双链再次形成。而变性的线性染色体 DNA 则与变性的蛋白质、破裂的细胞壁相互缠绕成大型网状复合物，离心时从溶液中有效地沉淀下来，质粒 DNA 和 RNA 则释放到上清液中。然后用无水冷乙醇将上清液中的质粒 DNA 和 RNA 沉淀出来，弃上清，加入含有一定量 RNA 酶的 TE 缓冲液或去离子水溶解沉淀，即可得到纯的质粒 DNA。

【实验材料、仪器和试剂】

1. 实验材料

含质粒的 *E. coli*。

2. 仪器设备

高压灭菌锅、恒温摇床、水浴锅、高速台式离心机、制冰机、离心管、移液器、吸头。

3. 试剂

(1) 溶液Ⅰ：50 mmol/L 葡萄糖，25 mmol/L Tris - HCl (pH 8.0)，10 mmol/L EDTA (pH 8.0)。1.0 kg/cm^2 (6.895×10^4 Pa)高压蒸汽灭菌 15 min，储存于 4℃。

(2) 溶液Ⅱ(现用现配)：0.2 mol/L NaOH，1% (m/v)SDS。

(3) 溶液Ⅲ：60 ml 5 mol/L 乙酸钾，11.5 ml 冰乙酸，28.5 ml 水。

(4) LB 培养基：10 g 胰蛋白胨，5 g 酵母提取物，10 g NaCl，溶于 800 ml 水中，用 NaOH 调 pH 至 7.5 后，用水定容至 1 000 ml，高压灭菌。

(5) Tris - HCl 平衡苯酚：贮存于 −20℃的液化苯酚呈结晶状态，从冰柜中取出的苯酚先在室温下放置，然后在 68℃水浴中使苯酚充分溶解。加入黄色羟基喹啉至终浓度 0.1%以识别有机相。加入等体积的 1 M Tris - HCl(pH 8.0)，搅拌 15 min，静置使其充分分层后，除去上层水相。重复操作数次。稍微残留部分上层水相，pH 试纸确认有机相 pH > 7.8 后，将苯酚置于棕色玻璃瓶中 4℃避光保存。

(6) 苯酚-氯仿-异戊醇(25∶24∶1)：将 Tris - HCl 平衡苯酚与等体积的氯仿-异戊醇(24∶1)均匀混合后，移入棕色瓶中 4℃保存。

(7) RNase A：取 0.5 g RNase A 置于 50 ml 塑料离心管中。加入 40 ml 灭菌水，充分混合溶解后定容至 50 ml。100℃煮沸 15 min，缓慢冷却至室温，小份分装(1 ml 一管)后，置于 −20℃保存。

(8) TE 缓冲液：10 mmol/L Tris (pH 8.0)，1 mmol/L EDTA。

【实验方法和步骤】

1. 在 5 ml 含相应抗生素的 LB 培养基中接种一单菌落；于 37℃剧烈振荡培养过液。

2. 将 1.5 ml 培养物倒入 Eppendorf 管中，用微量离心机于 4℃、12 000 r/min 离心 30 s。

3. 离心结束后，弃上清，并尽可能吸干培养液。

4. 将细菌沉淀重悬于 100 μL 用冰预冷的溶液Ⅰ中，于振荡器上剧烈振荡，使沉淀迅速分散后置冰上 10 min。

5. 加 200 μl 新配溶液Ⅱ，盖紧管口，快速颠倒离心管 5 次，以混合内容物，切勿振荡。将离心管放置于冰上 5 min。

6. 加 150 μl 用冰预冷的溶液Ⅲ，盖紧管口，温和振荡 10 s，使溶液Ⅲ在黏稠的细菌裂解物中分散均匀，然后将管置于冰上 5 min。

7. 4℃、12 000 r/min 离心 10 min，将上清液移到一新离心管中。

8. 加等体积酚-氯仿，振荡混匀有机相和水相，4℃、12 000 r/min 离心 5 min，将上清液转移到另一离心管中。

9. 用 2 倍体积的无水冰乙醇沉淀双链 DNA，温和振荡混匀，于 −20℃放置 10 min。

10. 用微量离心机于 4℃、12 000 r/min 离心 10 min，收集沉淀的核酸。

11. 加 1 ml 70%冷乙醇于 4℃轻轻旋转洗涤沉淀，4℃、12 000 r/min 离心 5 min，弃尽上清，空气干燥 10 min。

12. 用 20 μL 含 20 μg/ml RNase 的 TE 溶液或灭菌双蒸水溶解核酸沉淀，温和振荡几秒钟，样品可储存于－20℃下数月。

【思考题】

使用SDS碱裂解法提取质粒DNA时，溶液Ⅰ、Ⅱ和Ⅲ的作用是什么？加入后，又分别产生哪些现象？

实验二十一　琼脂糖凝胶电泳检测 DNA

【实验目的】

掌握琼脂糖凝胶电泳检测 DNA 的方法。

【实验原理】

DNA 分子在琼脂糖凝胶中泳动时有电荷效应和分子筛效应。DNA 分子在高于等电点的 pH 溶液中带负电荷，在电场中向正极移动。在一定的电场强度下，DNA 分子的迁移速度取决于分子筛效应，即 DNA 分子本身的大小和构型。DNA 分子的迁移速度与相对分子质量的对数值成反比关系。相对分子质量相同而构型不同的 DNA 分子也可通过凝效电泳分离：超螺旋质粒 DNA 泳动最快，其次为线状 DNA，最慢的为开环质粒 DNA。

【实验材料、仪器和试剂】

1. 实验材料

质粒 DNA(如 pUC 19 质粒)。

2. 仪器设备

恒温培养箱、琼脂糖凝胶电泳系统、台式离心机、高压灭菌锅、凝胶成像系统、一次性手套。

3. 试剂

(1) 50× TAE：Tris 242 g，57.1 ml 冰乙酸，0.5 mol/L EDTA (pH 8.0) 100 ml，加 DDW 定容到 1 000 ml。

(2) 6× 凝胶加样缓冲液：称取溴酚蓝 25 mg 置于 15 ml 塑料离心管中，向离心管中加 6 ml 去离子水，充分搅拌溶解。加入 3 ml 甘油混匀，最终用去离子水定容至 10 ml，室温保存。

(3) 琼脂糖。

(4) 0.5 μg/ml 溴化乙锭(EB)。

【实验方法和步骤】

1. 制备琼脂糖凝胶

称取 0.3 g 琼脂糖，放入锥形瓶中，加入 30 ml 1× TAE 缓冲液，加热至完全溶化，摇匀即为 1%琼脂糖凝胶液(表 20－1)。

表 20－1　根据被分离 DNA 的大小选择琼脂糖凝胶浓度

线性 DNA 的大小(kb)	琼脂糖凝胶浓度(%)
5～60	0.3
1～20	0.6
0.8～10	0.7
0.5～7	0.9
0.4～6	1.2
0.2～4	1.5
0.1～3	2.0

2. 胶板制备

将封好的有机玻璃内槽放置于水平位置,并插好样品梳。在冷到 60℃左右的琼脂糖凝胶液中加入万分之一的 EB 并混匀,然后缓缓倒入有机玻璃槽,直至有机玻璃板上形成一层均匀的胶面。待凝胶凝固后,取出梳子,取下密封的橡皮膏,将玻璃内槽放在电泳槽内,加电泳缓冲液。

3. 加样

质粒 DNA 样品用加样缓冲液溶解后,用移液枪加样,记录点样顺序和点样量。

4. 电泳

DNA 迁移速度与电压成正比,电压 ≤ 5 v/cm。当溴酚蓝指示距凝胶前沿1～2 cm 时,停止电泳。

5. 观察

在紫外灯下观察染色后的电泳凝胶,DNA 条带显橘红荧光。

【思考题】

分析并解释实验结果。

实验二十二　重组质粒的构建、转化和筛选

【实验目的】

1. 掌握 DNA 连接技术。
2. 掌握感受态细胞制备和质粒 DNA 转化技术。
3. 理解蓝白斑筛选阳性克隆的原理。

【实验原理】

1. DNA 的连接

将外源 DNA 用 DNA 连接酶连接在合适的质粒载体上的过程即 DNA 体外重组过程，重新组合的 DNA 叫做重组体或重组子。重组的 DNA 分子是在有 Mg^{2+}、ATP 存在的连接缓冲系统中，将经限制酶切的载体分子与外源 DNA 分子用 DNA 连接酶进行连接的产物。DNA 重组的方法主要有黏末端连接法和平末端连接法。常用的 DNA 连接酶有两种：T4 噬菌体 DNA 连接酶和大肠杆菌 DNA 连接酶。两种 DNA 连接酶都有将两个带有相同黏末端的 DNA 分子连在一起的功能，而且 T4 噬菌体 DNA 连接酶还有一种大肠杆菌连接酶没有的特性，即能使两个平末端的双链 DNA 分子连接起来，但连接效率低，一般要通过提高 T4 噬菌体 DNA 连接酶浓度或增加 DNA 浓度来提高平末端的连接效率。以 T4 噬菌体 DNA 连接酶为例，其催化 DNA 连接反应的过程为：① T4 DNA 连接酶与辅助因子 ATP 形成酶-AMP 复合物；② 酶-AMP 复合物再结合到具有 5′端磷酸基和 3′端羟基切口的 DNA 上，使 DNA 腺苷化；③ 产生一个新的磷酸二酯键，把切口封起来。另外，连接反应的温度在 37℃时连接酶的活性最高，但是在这个温度下，黏末端的氢键结合是不稳定的。因此人们找到了一个折中温度，即 12～16℃，连接 12～16 h（过夜），这样既可最大限度地发挥连接酶的活性，又兼顾到短暂配对结构的稳定。

2. 感受态细胞的制备

细菌处于容易吸收外源 DNA 的状态叫感受态。受体细胞经过一些特殊方法（如 $CaCl_2$、RuCl 等化学试剂）的处理后，细胞膜的通透性发生变化，就成为能容许外源 DNA 的载体分子通过的感受态细胞（competent cell）。

3. 重组质粒 DNA 的转化

转化（transformation）是指某一基因型的细胞从周围介质中吸收来自另一基因型细胞 DNA 分子，从而使其基因型和表型发生相应改变的现象。其原理是细菌处于 0℃、$CaCl_2$ 低渗溶液中，细菌细胞膨胀成球形。待转化的外源 DNA 形成抗 DNA 酶的羟基-钙磷酸复合物黏附于细胞表面，经 42℃短时间热激处理，促进细胞

吸收 DNA 复合物。将细菌放置在非选择性培养基中保温一段时间，促使在转化过程中获得新的表型(如 Amp^r 等)得到表达，然后将此细菌培养物涂在一定的选择性培养基(如含有 Amp 的选择性培养基)上进行培养，从而获得转化子。一般情况下，载体分子愈小转化效率愈高；环状 DNA 分子比线性的转化效率高1 000 倍。

4. 阳性克隆的筛选

蓝白斑筛选(α-互补)是最常用的一种鉴定方法。现在使用的许多载体(如 pUC 质粒载体)都具有一段大肠杆菌β-半乳糖苷酶的启动子及其α肽链的 DNA 序列(编码β-半乳糖苷酶的氨基端的 146 个氨基酸片段)，此结构称为 *lac* Z′基因。宿主和质粒编码的片段各自都不具有酶活性，但它们可以通过片段互补的机制融合形成具有功能活性的β-半乳糖苷酶分子。*lac* Z′基因编码的α肽链与失去了正常氨基端的β-半乳糖苷酶突变体互补，这种现象称为α互补。由α互补而形成的 lac^+ 细菌易于识别，因为它们在显色底物 X-gal (5-溴-4-氯-3-吲哚-β-D-半乳糖苷)存在下形成蓝色菌落(β-半乳糖苷酶将无色的化合物 X-gal 切割成半乳糖和深蓝色的底物 5-溴-4-靛蓝)。因此，任何携带着 *lac* Z′基因的质粒载体转化了染色体基因组存在着此种β-半乳糖苷酶突变的大肠杆菌细胞后，便会产生出有功能活性的β-半乳糖苷酶，在 IPTG(异丙基硫代β-D-半乳糖苷)诱导后，在含有 X-gal 的培养基平板上形成蓝色菌落。然而，当有外源 DNA 片段插入位于 *lac* Z′中的多克隆位点后，就会破坏α肽链的阅读框，从而不能合成与受体菌内突变的β-半乳糖苷酶互补的活性α肽，而导致不能形成有功能活性的β-半乳糖苷酶，因此含有重组质粒的细菌往往是白色菌落(图 22-1)。

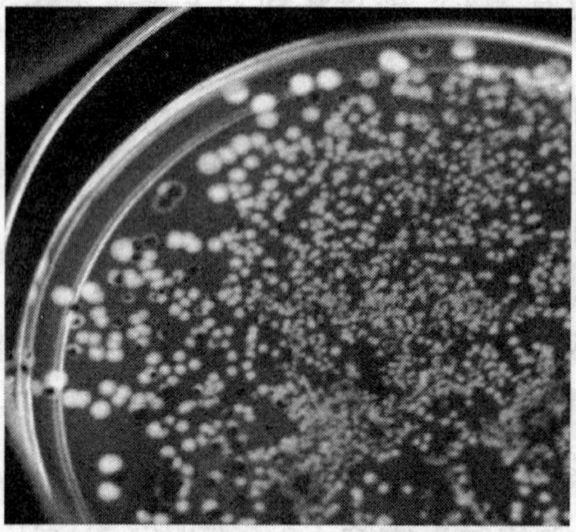

图 22-1　重组质粒的蓝白斑筛选

【实验材料、仪器和试剂】

1. 实验材料

pUCm-T 载体、外源目的基因、受体菌 *E. coli* DH5α。

2. 仪器设备

721 型分光光度计、恒温摇床、恒温水浴器、恒温培养箱、台式离心机、超净工作台、冰箱、电泳仪、移液管、离心管、玻璃棒、接种环、试管、培养皿、微量移液器、旋涡振荡器、琼脂糖凝胶电泳装置等。

3. 试剂

(1) LB 液体培养液：酵母浸出液 5 g、蛋白胨 10 g、NaCl 10 g、蒸馏水 1 000 ml、

pH 7.5、1 kg/cm^{2}高压灭菌 15 min。

(2) LB 固体培养基：LB 液体培养基中加 2%琼脂，1 kg/cm^2 高压灭菌 15 min。

(3) 氨苄青霉素液：氨苄青霉素 5 mg 溶于 1 ml 蒸馏水中。

(4) EcoR I(15 U/L)及酶切缓冲液

(5) T4 DNA 连接酶及其缓冲液

(6) 牛胰核糖核酸酶(RNase A)：将 RNase A 2 mg 溶于 1 ml 0.1 mol/L NaAc 溶液(1.36 g NaAc 溶于 90 ml 蒸馏水中，用 2 mol/L HAc 调 pH 至 5.0 后加蒸馏水定容至 100 ml)。将 RNase A 液在 100℃保温 10 min，4℃保存备用。

(7) 3 mol/L KAc (pH 5.2)：KAc 29.4 g 溶于 80 ml 蒸馏水中，用 2 mol/L HAc 调 pH 至 5.2，定容至 100 ml。

(8) X-gal：将 X-gal 溶于二甲基甲酰胺，配成 20 mg/ml，不需过滤灭菌，分装小包装，避光贮存于−20℃。

(9) IPTG：取 2 g IPTG 溶于 8 ml 双蒸水中，再用双蒸水补至 10 ml，用 0.22 μm 滤膜过滤除菌，每份 1 ml，储存于−20℃。

(10) 其他试剂：10% SDS、氯仿-异戊醇混合液(24 ml 氯仿与 1 ml 异戊醇混合均匀)、无水乙醇、电泳缓冲液(Tris 30 g，甘氨酸14.4 g，加重蒸水至 1 000 ml 使其溶解，pH 8.3，使用时稀释 10 倍)、1.0%琼脂糖、0.05%溴酚蓝−1.5%蔗糖溶液、$CaCl_2$缓冲液(0.030 25 g Tris 溶于 40 ml 蒸馏水，用 1 mol/L HCl 调 pH 到 7.6。再将 0.73 g $CaCl_2$、0.931 g KCl、0.051 g $MgCl_2$ 依次加入使之溶解并用蒸馏水定容至 50 ml，0.103 MPa 灭菌 15 min，40℃保存)等。

【实验方法和步骤】

1. 重组质粒 DNA 的构建

主要有两种方法获得重组质粒 DNA 分子：一种是在 T4 DNA 连接酶的作用下，将纯化的外源目的基因的 PCR 产物与质粒载体(如 pUCm－T 载体)直接连接；另一种是先将纯化的外源目的基因与质粒载体分别用相同的内切酶进行切割，然后再在 T4 DNA 连接酶的作用下，利用酶切产生的黏性互补末端将外源目的基因与质粒载体连接起来。

(1) PCR 产物与 pUCm－T 载体直接连接。

① 事先将干式恒温仪温度设定在 14～16℃。

② 取一个灭菌的 1.5 ml 微量离心管，加入 4 μl PCR 产物混合液、1 μl pUCm－T 载体、0.5 μl T4 DNA 连接酶(TAKARA，350 U/μl)、1 μl 连接酶缓冲液、3.5 μl dd H_2O，总体积 10 μl。

③ 上述混合液轻震后再短暂离心，置于 14℃水中保温过夜。

④ 连接产物可以立即用来转化感受态细胞或置4℃冰箱备用。

(2) 先酶切,再进行连接反应。

① 在灭菌的 Eppendorf 管中,加入载体质粒 2 μl (2 μg/μl)、2 μl 酶切缓冲液、1 μl *Eco*RI 酶、无菌双蒸水 15 μl,至反应混合物总体积为 20 μl。离心混匀,37℃反应 3 h。

② 在另一无菌 Eppendorf 管中,加外源目的基因 DNA 1.5 μg、1 μl 酶切反应液、1 μl EcoRI 酶,无菌双蒸水补到 10 μl,37℃反应 3 h。

③ 反应完毕后,各取 2 μl 酶解液做电泳分析。

④ 分别将余下的酶解液加入 1/10 体积的 3 mol/L KAc(pH 5.2)溶液,再加 2 倍体积的无水乙醇,−20℃冰箱,2 h(沉淀 DNA)。12 000 r/min,4℃离心 15 min,弃上清,加 70% 乙醇洗沉淀物,再离心,去上清,真空干燥后,加 5 μl TE 溶液(10 mmol/L Tris ,pH 8.0 和 1 mmol/L EDTA)。

⑤ 将酶切后的 2 个 DNA 片段混合于一管中,加 T4 DNA 连接酶缓冲液 1 μl,T4DNA 连接酶 1 μl,14℃保温 14 h,并做转化实验。

2. 感受态菌的制备

(1) 取一支无菌的摇菌试管,在超净工作台中加入 2 ml LB(不含抗菌素)培养基。

(2) 在超净工作台中,从低温保存的大肠杆菌 DH5α 平板上挑取一个单菌落接于 2 ml LB 液体培养基的试管中,37℃振荡培养过夜。

(3) 取 0.5 ml 上述菌液转接到含有 50 ml LB 液体培养基锥形瓶中,37℃下 250 r/min 振荡培养 2~3 h,测定 OD_{590} 为 0.375。以下操作除离心外,都在超净工作台中进行。

(4) 将菌液分装到预冷无菌的 1.5 ml 微量离心管中,于冰上放置 10 min,使培养物冷却到 0℃。然后于 4℃,5 000 r/min 离心 10 min,回收细胞,倒尽培养液。

(5) 加入 1 ml 冰冷的 0.1 mol/L $CaCl_2$ 溶液,悬浮沉淀,插入冰中放置 20 min。

(6) 4℃,5 000 r/ min 离心 10 min,弃上清液后,用 1 ml 冰冷的 0.1 mol/L $CaCl_2$ 溶液重悬沉淀,插入冰中放置 30 min。

(7) 4℃,5 000 r/min 离心 10 min,弃上清液后,用 200 μl 冰冷的 0.1 mol/L $CaCl_2$ 溶液重悬沉淀,超净工作台中按每管 200 μl 分装到 1.5 ml 离心管中。此细胞为感受态细胞,可以直接用作转化实验,或立即放入−80℃超低温冰柜中保藏(可存放数月)。

3. 转化

(1) 取出低温保存的感受态菌若干管(200 μl/管),立即用手指加温融化后插入冰中,冰浴 5~10 min。

(2) 将 10 μl 连接好的重组质粒 DNA 溶液(DNA 含量不超过 100 ng)加入上述感受态细胞中，轻轻旋转几次以混匀内容物，放置冰上 30 min。

(3) 轻轻摇匀后插入 42℃水浴中恰好 1.5 min(勿振动离心管)进行热休克，然后迅速放回冰中，静置 1～2 min 冷却细胞。

(4) 在超净工作台中向上述各管中分别加入 800 μl LB 培养基(不含抗菌素)轻轻混匀，然后固定到摇床的弹簧架上 37℃震荡 1 h 左右。

(5) 4℃，5 000 r/min 离心 10 min，弃上清。加 800 μl LB 培养基，轻轻震荡混匀细胞。

(6) 在超净工作台中取上述转化混合液 200 μl，分别滴到含合适抗生素的固体 LB 平板培养皿中，用酒精灯烧过的玻璃棒涂布均匀。

注意：玻璃涂布棒上的酒精熄灭后稍等片刻，待其冷却后再涂。

(7) 如果载体和宿主菌适合蓝白斑筛选的话，滴完菌液后再在平板上滴加 40 μl 2% X-gal、7 μl 20% IPTG，用酒精灯烧过的玻璃涂布棒涂布均匀。

(8) 在涂好的培养皿上做上标记，先放置在 37℃恒温培养箱中 30～60 min 直到表面的液体都渗透到培养基里后，再 37℃恒温倒置培养 12～16 h 后，可观察平板。

注意：白色菌斑为阳性克隆。

【思考题】

1. 制备感受态细胞的原理是什么？应注意哪些关键步骤？
2. 影响转化效率的因素有哪些？
3. 白色菌落出现的原理是什么？

实验二十三　动物细胞 DNA 的提取和 PCR 扩增

【实验目的】

1. 掌握动物细胞基因组 DNA 的提取原理和常用方法。
2. 掌握 PCR 的原理和具体操作步骤。

【实验原理】

DNA 是最重要的生物信息分子。由于 DNA 结构不太稳定，所以在制备 DNA 时应防止过酸、过碱及其他能引起核酸降解的因素的作用。现在一般都用苯酚法提取 DNA：先用特定 pH 的苯酚溶液处理，然后离心分层，DNA 溶于上层水相中，蛋白质变性后停留在苯酚层内。由于苯酚能使蛋白质迅速变性，抑制了核酸酶的活性，因而可以得到较好的 DNA 样品。动物细胞 DNA 提取基本包括细胞破碎、蛋白质变性并去除蛋白质、沉淀 DNA 并去除其他杂质 3 步。① 细胞破碎：加入去污剂 SDS 使细胞裂解，使与 DNA 链紧密结合的组蛋白分开和变性，破坏蛋白质结构使其易于被蛋白酶水解，还可抑制核酸酶活性。加入去污剂 EDTA 与 Mg^{2+} 螯合有助于阻止核酸分子间的聚集及核酸与蛋白质分子间的聚集，还可抑制核酸酶活性。② 蛋白质变性并去除蛋白质：加入蛋白酶 K 水解蛋白质，变性的蛋白质及其他杂质可通过有机溶剂酚和氯仿抽提而除去。RNA 则可通过 RNase 除去。③ 沉淀 DNA 并去除其他杂质：加入无水乙醇使 DNA 分子间发生凝聚而得到 DNA 沉淀。采用适当浓度的琼脂糖凝胶电泳，pH 8.0～8.3，可达到 DNA 鉴定的目的。

Polymerase Chain Reaction(PCR)是体外快速扩增特定 DNA 序列的一种方法。由变性、退火、延伸 3 步反应组成一个循环，通过多个循环使目的 DNA 序列迅速扩增。

本实验通过 PCR 法从三疣梭子蟹基因组 DNA 中扩增三疣梭子蟹 *Sox* 基因 HMG 盒基因序列。*Sox* 基因家族是一类与控制个体发育有关的基因，具有能编码蛋白质的高度保守的功能区，即 HMG 盒(high mobility group box)，这是 *Sox* 基因家族成员所具有的一个特点。

【实验材料、仪器和试剂】

1. 实验材料

三疣梭子蟹雌、雄个体大螯肌肉。

2. 仪器设备

高压灭菌锅、冷冻离心机、恒温水浴箱、琼脂糖凝胶电泳系统、凝胶成像系统、PCR 仪、PCR 管、微波炉、微量移液器、剪刀、一次性手套等。

3. 试剂

(1) PBS（pH 7.4）：8 g NaCl，0.2 g KCl，1.44 g Na_2HPO_4，0.24 g KH_2PO_4，混合后加蒸馏水 800 ml，搅拌溶解，用浓 HCl 调 pH 至 7.4，加蒸馏水定容到1 000 ml。高压蒸汽灭菌 20 min。室温保存。

(2) 组织抽提液 STE：0.1 mol/L NaCl，10 mmol/L Tris-HCl（pH 8.0），1 mmol/L EDTA(pH 8.0)，室温保存。

(3) TE（pH 8.0）：100 mmol/L Tris-HCl（pH 8.0），1 mmol/L EDTA (pH 8.0)，高压灭菌，室温保存。

(4) 5×TBE：54 g Tris 碱，27.5 g 硼酸，20 ml 0.5 mol/L EDTA(pH 8.0)，加水定容至 1 000 ml。

(5) 6×电泳加样缓冲液：溴酚蓝 0.125 g，二甲苯青 FF 0.125 g，加入 50 ml 30%甘油中，溶解，4℃保存。

(6) 其他试剂：20%SDS、蛋白酶 K(20 mg/ml)、Tris 饱和酚、氯仿、异戊醇、乙酸钠、无水乙醇、溴化乙锭（EB）贮存液、Taq DNA 聚合酶、10×PCR buffer、$MgCl_2$、dNTPs、引物、无菌双蒸馏水、琼脂糖等。

【实验方法和步骤】

1. 动物细胞 DNA 的提取

每个样本取肌肉 0.1～0.2 g，DNA 提取采用苯酚/氯仿抽提法。

(1) 将肌肉置于 1.5ml 离心管中，剪碎。

(2) 加 600 μl STE，再加蛋白酶 K 至终浓度 100 μg/ml，加入 15 μl SDS (20%)，混匀，55℃水浴消化过夜。

(3) 消化后冷却至室温，加入等体积 Tris 饱和酚(注意有腐蚀性)轻摇 10 min，混匀呈乳液状，4℃ 12 000 r/min 离心 10 min。

(4) 小心吸取上层黏稠水相并转移至另一离心管中，加入等体积 Tris 饱和酚轻摇 10 min，混匀，4℃ 12 000 r/min 离心 10 min。

(5) 小心吸取上清液并转移至另一离心管中，加入等体积酚：氯仿：异戊醇 (25：24：1)轻摇 10 min，混匀，4℃ 12 000 r/min 离心 10 min。

(6) 小心吸取上清液并转移至另一离心管中，加入等体积氯仿：异戊醇(24：1)轻摇 10 min，混匀，4℃ 12 000 r/min 离心 10 min。

(7) 吸取上清液并转移至另一离心管中，加入 0.1 体积 3 mol/L 的乙酸钠和 2 倍体积的无水冰乙醇，0℃ 下放 1 h 使 DNA 沉淀，可见白色絮状物。－20℃ 下冷冻 1 h。

(8) 融化后吸去乙醇，用 70% 的乙醇漂洗 2～3 次，12 000 r/min 离心 2～3 min，并将管底少量的乙醇于室温下挥发干净。注意不可使 DNA 沉淀完全干燥以利溶解。

(9) 加入适量 TE 溶液溶解 DNA 沉淀，4℃保存。

2. 琼脂糖凝胶电泳检测 DNA

取 5 μl 用 1%的琼脂糖胶检测分析 DNA 浓度，其余于−20℃保存。

(1) 称取适量琼脂糖加到盛有 0.5×TBE 的烧杯中，加热融化后再加 EB 至终浓度 0.5 μg/ml，制成 1%的琼脂糖凝胶。选择适当的梳子和电泳槽，制成适当厚度的凝胶板。

(2) 待凝固后，加入 0.5×TBE，液面高于胶面。

(3) 将待测 DNA 样品与电泳加样缓冲液按 6∶1 比例混合均匀，加样，电泳(≤5 V/cm)。

(4) 按溴酚蓝的指示适时停止电泳。在凝胶成像系统中检测 DNA。

3. PCR 扩增

(1) 引物设计：参照人的 SRY 基因的 HMG 盒及已发表的其他物种 *Sox* 基因的 HMG 盒设计一对兼并引物(由上海基康生物技术有限公司合成)：

P1：5′ —AAGCGACCCATGAA(C\T)GC(A\G\C\T)TT(C\T)AT(G\A\C\T)G—3′。

P2：5′ —ACGAGGTCGGTA(C\T)TT(A\G)TA(A\G)T (C\T)(G\A\T\C)GG—3′。

由上海基康生物技术有限公司合成。

(2) PCR 反应体系：PCR 反应在 Biometra T1 Thermoblock PCR 仪上进行，PCR 体系均为 25 μl，其中 Taq 酶(5 U/μl，TaKaRa) 0.2 μl、10×PCR buffer 2.5 μl、Mg^{2+}(25 mM) 1.5 μl、dNTP(各 2.5 mmol/L) 2 μl、引物(20 μM)每条 0.5 μl 和DNA100 ng，最后加水至 25 μl。

(3) 反应条件：94℃预变性 4 min，94℃ 30 s，前 4 个反应从 58℃至 54℃，每个循环降 1℃，72℃ 30 s；从第 5 个反应开始的反应体系为 94℃ 30 s，54℃ 30 s，72℃ 30 s，循环 35 次，最后 72℃延伸 10 min，4℃保存。

(4) PCR 产物的电泳检测：取 5 μl PCR 产物按步骤(2)用 2%的琼脂糖凝胶检测，拍照(图 23-1)。

【思考题】

1. 简述动物细胞 DNA 提取中各种试剂的作用。

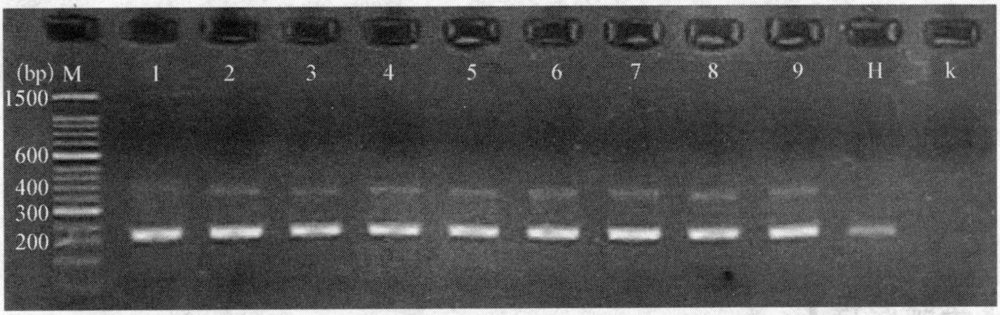

图 23-1　三疣梭子蟹 *Sox* 基因 HMG 盒 PCR 扩增结果

M：50 bp DNA Ladder Marker；1～5：雄蟹；6～9：雌蟹；H：人(男性)；k：空白对照。

2. 简述 PCR 反应注意事项。
3. 试分析三疣梭子蟹 *Sox* 基因 HMG 盒序列 PCR 扩增结果。

实验二十四　动物单个基因组织表达分析

【实验目的】

1. 掌握动物细胞总 RNA 的提取方法。
2. 掌握通过 RT-PCR 进行单个基因组织表达分析的原理和具体操作步骤。

【实验原理】

高等生物基因组中多数基因在表达上具有时空特异性。基因表达分析对于揭示基因功能、了解基因间相互关系、阐明动物生长发育过程中的生理生化调控机制起着至关重要的作用。与 Northern 印迹杂交相比，反转录聚合酶链式反应(reverse transcription polymerasechain reaction，RT-PCR)技术具有操作简单、快速、特异性强、灵敏度高、成本低等优点，已经成为单个基因表达分析的首选方法。

RT-PCR 是将 RNA 的反转录(RT)和 cDNA 的聚合酶链式扩增(PCR)相结合的技术。首先经反转录酶的作用从 RNA 合成 cDNA，再以 cDNA 为模板，扩增合成目的片段。作为模板的 RNA 可以是总 RNA、mRNA 或体外转录的 RNA 产物。RT-PCR 用于对表达信息进行检测或定量。

【实验材料、仪器和试剂】

1. 实验材料

三疣梭子蟹。

2. 仪器设备

超低温冰箱，迷你双垂直电泳槽，凝胶图像处理系统，高速台式冷冻离心机，移液器，稳压稳流电泳仪，PCR 仪，恒温振荡器等。

3. 试剂

RNAiso Reagent、PrimeScript™ 1st Strand cDNA Synthesis kit、氯仿、异丙醇、乙醇、DEPC(焦碳酸二乙酯)、溴化乙锭(EB)贮存液、Taq DNA 聚合酶、10× PCR buffer、$MgCl_2$、dNTP、引物(由专业公司合成)、无菌双蒸馏水、琼脂糖等。

【实验方法和步骤】

1. 总 RNA 的提取

(1) 取适量的三疣梭子蟹各组织(眼柄神经、卵巢、精巢、前输精管、中输精管前段、中输精管后段、后输精管、射精管、脑、胸神经节、Y 器、腮、心脏、肌肉、肝胰腺和肠)加入适量的 RNAiso Reagent 后匀浆，室温静置 5 min。

(2) 加入 1/5 RNAiso Reagent 体积量的氯仿，振荡混匀，室温静置 5 min；12 000 r/min、4℃离心 15 min。

(3) 将上清液转移至新的离心管中，加入与上清液等体积的异丙醇，室温静置 10 min；12 000 r/min、4℃离心 15 min。

(4) 向沉淀中加入 1 ml 的 75％乙醇清洗沉淀，然后 12 000 r/min、4℃离心 5 min。

(5) 弃上清保留沉淀，干燥后，溶解于适量的 DEPC 处理水中。

2. RT-PCR

(1) 取 2 μg 总 RNA 用下述方法反转录合成第一链 cDNA。

(2) 在 Microtube 中配置下列混合液：

Oligo dT Primer	1 μl
dNTP Mixture	1 μl
Total RNA	8 μl
RNase freed H_2O	加至 10 μl

(3) 在 PCR 仪上进行下列变性、退火反应，65℃，5 min 后冰上迅速冷却。

(4) 在上述 Microtube 管中配制下列反转录液：

上述变性、退火反应液	10 μl
5×Prime ScriptTM Buffer	4 μl
RNase Inhibitor (40 U/μl)	0.5 μl
Prime Script™ RTase (200 U/μl)	1 μl
RNase Free dH_2O	4.5 μl
总计	20 μl

(5) 在 PCR 仪上按下列条件进行反转录反应，42℃，60 min；70℃，15 min。

3. 蜕皮抑制激素(MIH)基因组织表达分析

根据三疣梭子蟹 MIH 基因全长 cDNA 序列，设计特异性引物：

MIH-F(5′－GCCTGTGCCAGTCGTCAGAGG－3′)
MIH-R(5′－GACGCTTTTCAGATCCGGCC－3′)

以第一链 cDNA 为模板进行 PCR 扩增，体系为 25 μl(10×PCR buffer 2.5 μl、25 mmol/L Mg^{2+} 1.5 μl、2.5 mmol/L dNTP 2 μl、20 μmol/L 上下游引物各 0.5 μl、模板 1 μl 和 5 U/μl Taq 酶 0.2 μl，加水至 25 μl)。PCR 反应在 Biometra T1 Thermoblock PCR 仪上进行。PCR 扩增体系为：94℃ 预变性 4 min；94℃ 30 s，58℃ 30 s，72℃ 30 s，35 个循环；72℃ 延伸 10 min。能扩增得到长度为 375 bp的片段，用于检测各组织 MIH 的表达情况(图 24－1)。

用 *β-actin* 作为内参基因(旨在避免 RNA 定量误差、加样误差和各 PCR 反应

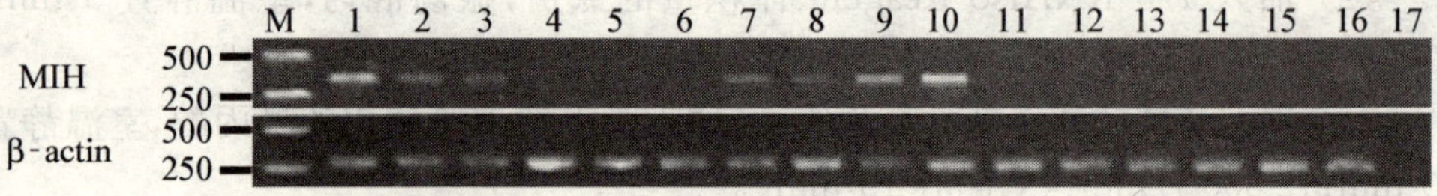

图 24-1 三疣梭子蟹 MIH 基因的组织表达

M：DL2000 DNA marker；1：眼柄神经；2：卵巢；3：精巢；4：前输精管；5：中输精管前段；6：中输精管后段；7：后输精管；8 射精管；9：脑；10：胸神经节；11：Y 器；12：腮；13：心脏；14：肌肉；15：肝胰腺；16：肠；17：阴性对照。

体系中扩增效率不均一、各孔间温度差等造成的误差)，引物参照锯缘青蟹(*Scylla serrata*)的 *β-actin* 序列(EF100891)设计：

actin-F(5′—CCTGACTGCCTACCTCACCAA—3′)

actin-R(5′—ATGCCGACAGATTCCATACCC—3′)

能扩增得到长度为 270 bp 的片段。

另外，为了防止非特异性扩增，必须设阴性对照。

【思考题】

1. 简述 RT-PCR 操作注意事项。
2. 试分析三疣梭子蟹 MIH 基因组织表达实验结果。

实验二十五　鱼类同工酶 PAGE 分析

【实验目的】

1. 掌握聚丙烯酰胺凝胶电泳(PAGE)原理和操作技术。
2. 理解同工酶的概念及其在遗传学研究中的意义。

【实验原理】

聚丙烯酰胺凝胶电泳体系中上层浓缩胶和下层分离胶由于缓冲液离子成分、pH、凝胶浓度及电位梯度的不连续性,带电颗粒在电场中泳动时存在三种物理效应: ① 电荷效应: 各种酶蛋白按其所带电荷的种类及数量在电场作用下向某一电极以一定速率泳动;② 分子筛效应: 由粒子分子质量大小、形状所决定;③ 浓缩效应: 由于两层凝胶孔径不同,酶蛋白向下移动到两层胶的界面时,阻力突然加大而使速度变慢,导致酶蛋白在交界处区带浓缩变窄。此外,pH 的不连续,使得 HCl 全部电离,Cl^- 称为快离子,而 Gly 在 pH 为 6.7 时解离最少称为慢离子,酶蛋白的有效泳动率介于快慢离子间而被夹持分布于界面附近逐渐形成一个区带。因而分离条带清晰度及分辨率均佳。

同工酶是指能够催化相同的化学反应,但酶分子结构、理化特性乃至免疫学性质不同的一组酶。它们是由遗传体系决定的即相同的基因在不同组织中表达的酶蛋白质催化作用相同,但分子结构、理化特性等不同。由于同工酶存在蛋白结构及理化性质的差异,在电泳时条带略有差异,因此可用电泳将它们分离开来。因此,同工酶就成为鉴定生物基因型是否有差别的可靠指标,在动植物分类、鉴别和遗传育种等方面的研究中成为一种重要的工具。

同工酶的不同分子形式,可以出现在同一生物的不同发育时期,因此取材时期不同,同工酶谱情况就不同,这是同工酶分析在发育研究中的优势;但在利用同工酶进行遗传学分析时,则要特别要求取材时期的一致性以消除由于发育时期不同而造成的偏差。

生物体内存在多种同工酶,其中最经典的是乳酸脱氢酶(lactate dehydrogenase),简称 LDH。

【实验材料、仪器和试剂】

1. 实验材料

鲫鱼若干条。

2. 仪器设备

夹心式垂直板电泳槽、稳压稳流电泳仪(电压 300～600 V,电流 50～100 mA)、吸管、烧杯(25、50 和 100 ml)、细长头滴管、微量注射器、培养皿、高速台式离心机、冰箱、研钵。

3. 试剂

(1) 样品提取液(0.1 mol/L Tris-HCl, pH 8.0)：称取三羟甲基氨基甲烷(Tris)12.1 g,加重蒸水定容至 100 ml 再用 HCl 调 pH 至 8.0。

(2) 分离胶缓冲液(Tris-HCl, pH 8.9)：称取 1 mol/L HCl 48 ml,三羟甲基氨基甲烷(Tris)36.6 g,N,N,N',N'-四甲基乙二胺(TEMED)0.23 ml,加重蒸水至 80 ml 使其溶解,调 pH 8.9,然后加重蒸水定容至 100 ml,置棕色瓶,4℃贮存。

(3) 分离胶贮液：30% Acr-0.8% Bis 贮液：丙烯酰胺(Acr)30.0 g,甲叉双丙烯酰胺(Bis)0.8 g,加重蒸水使其溶解后定容至 100 ml。深色试剂瓶 4℃下可贮存 1～2 个月。

注意：丙烯酰胺具有强烈的神经毒性,配制时应戴手套保护皮肤。

(4) 0.14% AP(过硫酸铵)分析纯过硫酸铵 0.14 g 加重蒸水至 100 ml,置棕色瓶,4℃贮存仅能用一周,最好当天配置。

以上②～④三种试剂用于制备分离胶。

(5) 浓缩胶缓冲液(Tris-HCl, pH 6.7)：称取 1 mol/L HCl 48 ml,Tris 5.98 g,TEMED 0.46 ml,加重蒸水至 80 ml,调 pH 至 6.7,用重蒸水定容至 100 ml,置棕色瓶,4℃贮存。

(6) 浓缩胶贮液：称 Acr 10 g,Bis 2.5 g,加重蒸水溶解后定容至 100 ml,过滤后置棕色瓶,4℃贮存。

(7) 40%蔗糖溶液(W/V)。

以上④～⑦四种溶液用于配制浓缩胶。

(8) 电极缓冲液：称取 Tris 30 g,甘氨酸 14.4 g,加重蒸水至 1 000 ml 使其溶解(pH 8.3),使用时稀释 10 倍。

(9) LDH 染色液配制：NAD^+ 66 mg,NBT 35 mg,PMS 2 mg,1 mol/L 乳酸钠溶液 10 ml,0.1 mol/L Tris-HCl pH 7.0 缓冲液 50 ml,蒸馏水 40 ml。临用前配置。

【实验方法和步骤】

1. 安装电泳槽

2. 制备凝胶板

(1) 分离胶制备：分离胶缓冲液 pH 8.9 Tris-HCl(TEMED)2.50 ml,30% Acr-0.8% Bis 凝胶贮液 5.00 ml,重蒸水 2.50 ml,0.14%AP 10 ml。混匀后的凝胶溶液倒入玻璃板之间的窄缝内,加胶高度距上端口 2 cm 为止。用注射器在凝胶表面轻轻加上一层重蒸水,用于隔绝空气,使胶面平整。30～60 min 后凝胶完全聚合，则可看到水与凝固的胶面的界线。倒去上层的重蒸水。

(2) 浓缩胶的制备：浓缩胶缓冲液 pH 6.7 Tris-HCl(TEMED)1 ml，10%Acr-2.5%Bis 浓缩胶贮液 2 ml，40%蔗糖 4 ml，0.14%AP 3 ml。混合均匀后加到分离胶上方，距短玻璃板上缘 0.5 cm 处。轻轻插入样品槽模板。2～3 h 后凝胶完全聚合，轻轻取出样品槽模板，用滤纸吸去多余的液体，加入稀释 10 倍的 pH 8.3 的电极缓冲液，使液面没过短玻璃板 0.5 cm，即可加样。

3. 样品制备

取鲫鱼若干条，解剖取① 肠；② 眼睛；③ 卵；④ 肉；⑤ 胆；⑥ 胰；⑦ 鳃；⑧ 肝；⑨ 心脏。放入冰箱保存。

提取酶：取不同组织块，加入提取缓冲液 Tris-Hcl(pH 8.0)，此溶液需 4℃预冷，组织重量(g)与缓冲液体积(ml)之比为 1∶5。用玻璃匀浆机冰浴中匀浆。匀浆液 4℃、15 000 r/min，约 30 min。

取上清液用 150 μl 离心管分装，加 100 μl 甘油和 10 μl 溴芬蓝混匀即可点样。

4. 加样

作为分析用的 PAGE 加样量仅需几微克。用微量注射器取 20～30 μl 样品，通过缓冲液，小心地将样品加到凝胶凹形样品槽底部。各组每个同学记下 9 种样品的顺序，待所有样品槽都加了样，即可开始电泳。

5. 电泳

将直流稳压电泳仪的正极与下槽连接，负极与上槽连接，打开电泳仪开关，开始时将电流调至 10 mA，待样品进入分离胶时，将电流调至 20～30 mA。当蓝色染料迁移至距离橡胶框上缘 1 cm 时，将电流调回到零，关电源取出电泳板，轻轻将一块玻璃板移去，在胶板一端切除一角作为标记，将胶板移至大培养皿中染色。

6. 染色

将配好的同工酶染色贮存液倒入培养皿中，染色与固定同时进行，使染色液没过胶板，在 37℃黑暗条件下染色 30 min 左右。酶带被染成蓝色。可用无离子水漂洗，再用 7% HAc 固定，以终止酶促反应。

7. 拍照

8. 结果处理

各蛋白质样品区带中心与加样端的距离(cm)，按下式计算相对迁移率

$$\text{相对迁移率}(R_f)=\text{蛋白质样品距加样端迁移距离} / \text{溴酚蓝区带中心距加样端距离。}$$

【思考题】

1. 根据实验过程的体会，总结如何做好聚丙烯酰胺凝胶垂直板电泳？哪些是

关键步骤？

2. 为什么要在样品中加入少许溴酚蓝的40%蔗糖溶液？蔗糖和溴酚蓝有何用途？

3. 从遗传学角度思考为什么同一基因在不同组织会出现同工酶？

实验二十六　人类 ABO 血型的群体遗传学分析

【实验目的】

通过调查获得周围人群中 4 种血型表型分布的数据，掌握计算复等位基因(I^A、I^B 和 i)频率的方法，进一步理解 Hardy-Weinberg 定律的普遍意义。

【实验原理】

Hardy-Weinberg 定律又称遗传平衡定律，指在一个大的随机交配的群体中，在无突变、无选择、无迁移、无遗传漂变的情况下，群体中的基因频率和基因型频率可以世代相传而不发生变化。该群体则称为平衡群体。群体基因型频率由基因频率决定。

在随机婚配的理想群体中：

$$[p(I^A)+q(I^B)+r(i)]^2=p^2(I^AI^A)+q^2(I^BI^B)+r^2(ii)+2pq(I^AI^B)+2pr(I^Ai)+2qr(I^Bi)=1$$

4 种 ABO 血型表型的观察频率 f_A、f_B、f_O 和 f_{AB} 可通过对周围人群的调查获得，所以：

$$r=f_O^{1/2};$$

$$p=1-(f_B+f_O)^{1/2};$$

$$q=1-(f_A+f_O)^{1/2}。$$

式中，r 为 i 基因频率；p 为 I^A 基因频率；q 为 I^B 基因频率。

计算出 p、q 和 r 后，可推算出各种表型的理论预期值，再与调查所得结果进行 χ^2 检验，即可判定该群体是否为平衡群体。

【实验材料、仪器和试剂】

学校各院系或某一地区学生 ABO 血型系统的血清学检查原始资料(新生入学体检结果)；计算器。

【实验方法和步骤】

1. 资料搜集，使样本量 ≥ 1 000 人，以此作为一个随机群体。
2. 资料整理。

3. 计算复等位基因频率 $p(I^A)$、$q(I^B)$和 $r(i)$。

4. χ^2 检验确定该群体是否为平衡群体(表 26-1)(χ^2 表见附录Ⅲ)。

表 26-1 χ^2 检验

计算项目	血型				$\sum$
	A	B	AB	O	
调查值(O)					N
预期值(E)	$N(p^2+2pr)$	$N(q^2+2qr)$	$N(2pq)$	$N(r^2)$	
$(O-E)^2/E$					χ^2

注：df =1

【思考题】

1. 所调查群体是否为平衡群体？若为不平衡群体，分析可能的原因。

2. 所调查的群体与表 26-2 几个外国人群的资料比较，有何差异？其可能原因是什么？

表 26-2 四国人群 ABO 血型基因频率

	调查人数	p	q	r
日本人	1 891	0.278 2	0.181 7	0.540 1
越南人	36 077	0.149 6	0.204	0.646 4
爱尔兰人	36 879	0.194 8	0.069 9	0.735 3
印第安人	539	0	0	1

实验二十七　人体皮纹的遗传分析

【实验目的】

1. 掌握人类指纹、掌褶纹和指褶纹特征，计算总指嵴数和 a－b 嵴线数，测量 atd 角。

2. 了解人类皮纹与疾病的关系。

【实验原理】

人体某些特定部位皮肤表层因皮嵴(ridge)和皮沟(furrow)走向不同而形成各种纹理图形，称为皮肤纹理(dermatoglyphy)，简称皮纹。皮嵴是真皮乳头向表皮突起而形成的许多整齐的乳头线，皮嵴之间的凹陷即称为皮沟。皮纹在胚胎发育的第 12～13 周开始，第 19 周左右形成，其形态终身不变，主要分布于手掌、手指、脚掌、脚趾等部位。在手指端部的皮纹就称指纹。

现代皮纹学的创始人、Charls Darwin 的表弟 Francis Galton 在他 1892 年撰写的《指纹》一书中具体地提出了弓、箕、斗的指纹构型分类，并提出指纹是可遗传的，初步建立了用指纹鉴定人的方法。Bonnevie 于 1924 年提出皮纹属于多基因遗传的假说，用指纹的形态指数(form index)研究指纹的亲子关系。皮纹学(dermatoglyphics)一词由 Cummins 和 Midlo 于 1926 年首先提出，并最早报道了 Down's(唐氏)综合征患者的特异性皮纹特征，为皮纹学应用于临床疾病诊断开辟了新途径。皮纹学是研究皮纹的形态特征、发生、遗传变异规律及其应用的学科，目前广泛应用于人类学、遗传学、法医学及临床诊断等领域。我国是世界上最早应用指纹和掌纹的国家，公元 618 的唐代年始即用指纹作为个人识别的方法，在契约上采用按指纹做凭证。

人体的皮肤纹理属多基因遗传，具有高度的个体特异性。

【实验材料、仪器和试剂】

1. 实验材料

各院系学生或某一区域人群。

2. 仪器设备

放大镜、量角器、直尺、铅笔、印油、海绵垫、薄白纸、印图纸、搪瓷盘、镊子等。

【实验方法和步骤】

1. 皮纹采样

皮纹采样方法通常有直接观察法、油墨法、茚三酮-氨基酸颜色反应法、普鲁士蓝颜色反应法等。本实验采样应用简捷而实用的油墨法：① 印油倒入盒内海绵垫上，涂抹均匀。② 受检者将洗净的手在海绵垫上轻轻按压，使手表面获得均匀的油印。切记不要来回涂抹。③ 按压取掌纹，受检者把涂有油墨的手伸直展平，手腕稍上翘，掌指自然分开，从掌腕褶线开始，先压在白纸上，再从后向前依掌、指顺序逐一放下，操作者从受检者的掌背部适当用力压，然后将指头翘起，再是掌部，最后是掌腕面。手掌与白纸间切勿滑动，以防皮纹重叠。④ 滚动取指纹，将手指由一侧向另一侧轻轻滚动 1 次，印出手指两侧的皮纹。切勿来回滚动以防指纹重叠，并现场认真做好标注以防混淆。

2. 指纹分析

对手指端的纹理进行观察，根据指端外侧三叉点（肤纹中 3 组不同走向的嵴纹汇聚在一处呈“Y”或“人”字形者）的有无及其数目，分为弓形纹、箕形纹、斗形纹 3 种类型（图 27－1）。一般男性的斗形纹和箕形纹的出现率比女性高，而正箕和弓形纹的出现率则女性高于男性。

弓形纹　　箕形纹　　斗形纹

图 27－1　指纹的基本类型

（1）弓形纹（arch，A）：若干条弓形嵴纹平行排列从一侧走向另一侧，嵴线中间向上弯曲形如弓状故名弓形纹。弓形纹没有构成三叉点。根据弓形嵴线隆起程度，可将弓形纹分为简单弓形纹和帐幕弓形纹 2 种。

① 简单弓形纹（simple arch，A^s）：即简弓，皮纹弓形嵴线隆起较平缓，表观呈圆弧状（图 27－2a）。

② 帐幕弓形纹（tented arch，A^t）：即帐弓，皮纹弓形嵴线隆起较大，表观呈帐篷状（图 27－2b）。

（2）箕形纹（loop，L）：又名簸箕。嵴纹从一侧斜向上行走，然后弯曲绕回同侧，状如簸箕。箕头侧下方有一个三叉点。根据箕口朝向，可将箕形纹分为尺箕和挠箕 2 种。

① 尺箕（ulner loop，L^u）：箕口朝向手的尺侧（该手小指侧），又名正箕。左手

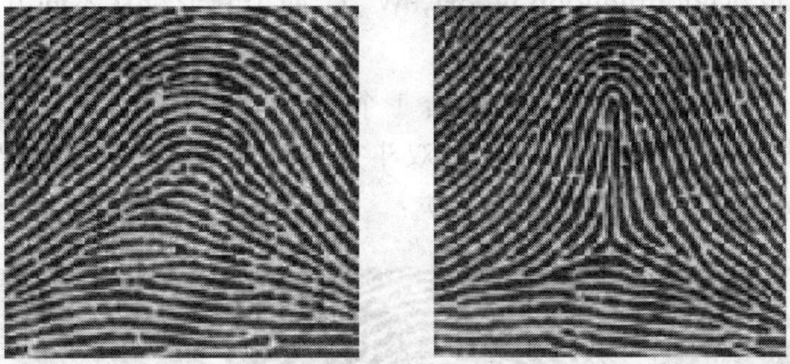

a. 简单弓形纹　　　　b. 帐幕弓形纹

图 27－2　指端弓形纹

印出的指纹开口向着左方,右手印出的指纹开口向着右方(图 27－3a)。

② 挠箕(radial loop, L^r):箕口朝向手的挠侧(本手拇指侧),又名反箕。左手印出的指纹开口向着右方,右手印出的指纹开口向着左方(图 27－3b)。

Down's(唐氏)综合征患者 10 个指头都是正箕的比例增加,食指和小指出现反箕的比例增高。所以特征性的指纹分析可以作为辅助手段应用于唐氏综合征的临床诊断。

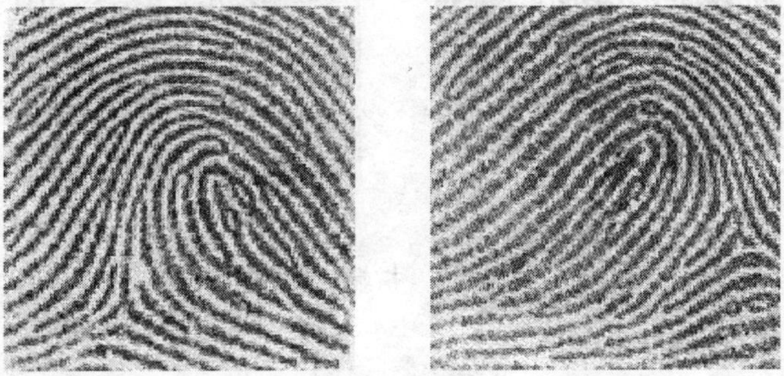

a. 正箕(右手)　　　　b. 反箕(右手)

图 27－3　指端箕形纹

(3) 斗形纹(whorl, W):最大特点是纹形两侧有 2～3 个三叉点。根据嵴纹走向,斗形纹可分为环形纹、螺形纹、囊形纹、双箕斗形纹和变形纹等 5 种。

① 环形纹(circular whorl, W^c):嵴纹从指腹中心开始,呈同心圆状向外延伸,嵴线大环套小环,两侧各有 1 个三叉点(图 27－4a)。

② 螺形纹(spiral whorl, W^s):嵴纹从指腹中心开始,呈螺旋状向外旋转延伸,两侧各有 1 个三叉点(图 27－4b)。

③ 囊形纹(pocket whorl, W^p):嵴线呈囊袋状向外延伸,两侧下方各有 1 个三叉点(图 27－4c)。

④ 双箕斗形纹(double loop whorl, W^{dl}):两个箕形纹从不同方向交织而成的一种指纹(图 27-4d)。

⑤ 变形纹(accidental whorl, W^{a}):1 个或 1 个以上的斗形纹、箕形纹相互聚集而成的一种指纹。一般有斗箕相绞、双斗夹箕和双箕绕斗等几种特异图形,常有 2 个以上的三叉点位于两侧(图 27-4e)。

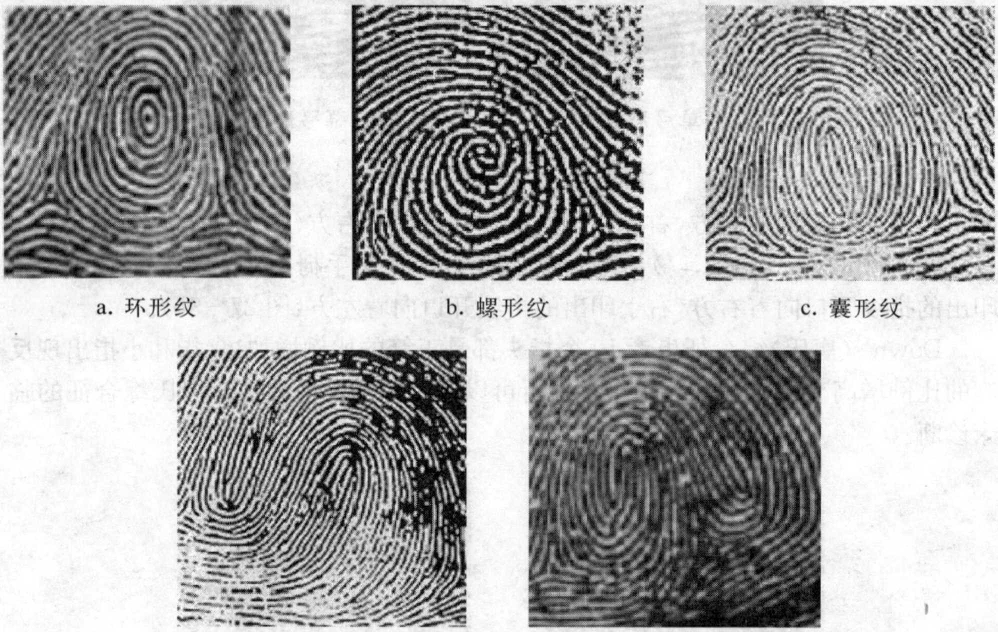

a. 环形纹　b. 螺形纹　c. 囊形纹　d. 双箕斗形纹　e. 变形纹

图 27-4　指端斗形纹

3. 嵴纹计数(ridge count)

从箕形纹或斗形纹的中心点到三叉点的中心画一直线,再计算直线经过的嵴纹数(即连线起止点处的嵴纹不计在内)。弓形纹没有纹心和三叉点,所以嵴纹计数为 0;斗形纹有 2 个交叉点,要进行 2 次计算,然后按较大的数计;双箕斗形纹有 2 个三叉点和 2 个中心,先要将 2 个三叉点与距它们较近的中心以及 2 个中心间用直线连接起来,然后分别记录 3 条直线上通过的嵴纹数目,3 数求和再除以 2,所得数值就是双箕斗形纹嵴纹数目。

不同手指上嵴纹数的多少不同,中国人群中一般以拇指最多,依次为环指、中指、食指、小指。

4. 总指嵴数(total finger ridge count, TFRC)

左、右手 10 个手指末端嵴纹数相加的总和称为总指嵴数。总指嵴数的绝对增多或减少可为异常。总指嵴数是一种多基因控制的遗传性状,其基因是加性的。

调查发现,同卵双生与异卵双生孩子间的总指嵴数相关系数分别是 0.95±0.07 和 0.49±0.08,可以作为一种区分依据。父母与子女间总指嵴数相关系数是 0.48±0.03。绝大多数人群男性的平均总指嵴数大于女性,多数人群右手的总指嵴数比左手的多。我国汉族男性平均总指嵴数为 148.80 条,女性平均总指嵴数为 138.46 条。欧洲人总指嵴数相对偏低,男性平均总指嵴数为 145 条,女性平均总指嵴数为 127 条。Klinefelter 氏综合征患者因弓形纹较正常人多,从而总指嵴数降低。

5. 掌纹分析

掌纹可以划分成以下 3 区(图 27-5)。

(1) 大鱼际区(thenar, Th):位于拇指下方。

(2) 小鱼际区(hypothenar, Hy):位于小指下方。

(3) 指间区(interdigital, I):位于 5 个手指根部间的区域。I1~I4 中 I1 区难以与大鱼际区分开,故合并为 Th/I1 区。在食指、中指、无名指和小指基部的掌面上各有 1 个三叉点(来自 3 个方向纹线的汇合点),以 a、b、c、d 表示。由各三叉点引出的 A、B、C、D 4 条皮纹线称掌纹主线。

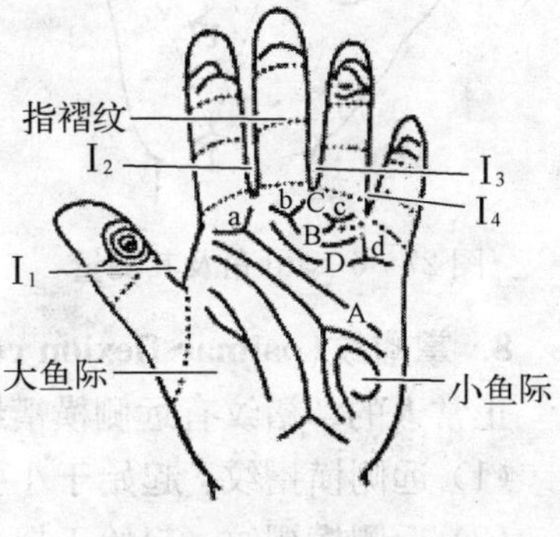

图 27-5　正常人的掌纹

掌纹皮纹嵴线可以构成多种花纹,其中弓形纹称为非真实花纹,斗形纹和箕形纹称为真实花纹。一般情况下,左手的真实花纹出现率高于右手,且差异显著。

6. a-b 嵴线数(a-b ridge count, a-b RC)

在三叉点 a 和 b 之间作一直线,除去起止点计算所经过的嵴线数,即得 a-b RC 值,该值可作单手或双手计算。中国人 a-b RC 正常值为:男性左手 37.4±4.84,右手 37.2±5.03;女性左手 37.2±5.54,右手 37.2±5.63。中国人两手 a-b 嵴线数之和明显低于欧美人种。

7. atd 角测量

手掌近腕处大小鱼际交界处的三叉点称为轴三叉,用 t 表示(图 27-6)。t 距是 t 三叉点距远侧腕关节褶线的距离。一般,中国汉族成人的 t 距小于 2 cm。若该三叉点向掌心方向移位,就特称为 t′三叉;若移位到掌心附近,则特称为 t″三叉。t′和 t″三叉常见于三体综合征患者。

atd 角:从三叉点 a 和三叉点 d 分别引一条直线连接 t 三叉点,所构成的夹角称为 atd 角。一般,中国人的 atd 角小于 45°,平均 41°,用 t 表示;如果 atd 角在 45°~56°之间则用 t′表示;如果 atd 角大于 56°则用 t″表示。绝大多数人群的女性 atd 角大于男性,且差异显著。21 三体综合征、13 三体综合征及 Turner 综合征患者等 atd 角都有明显增大,一般为 t″。因此,atd 角测量可以作为辅助手段应用于先天性大脑发育不全综合征的临床诊断。

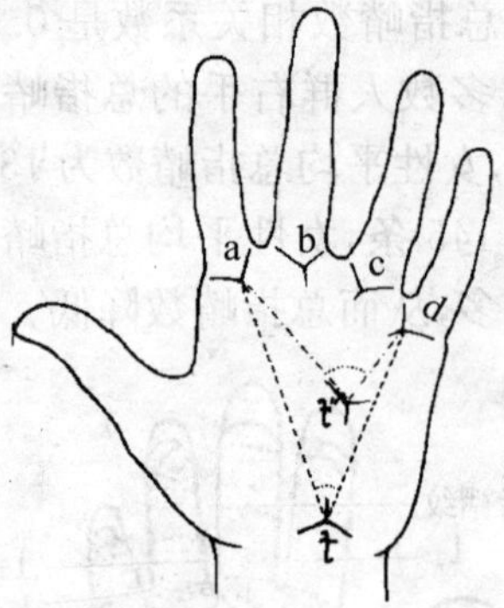

图 27－6　atd 角及其测量

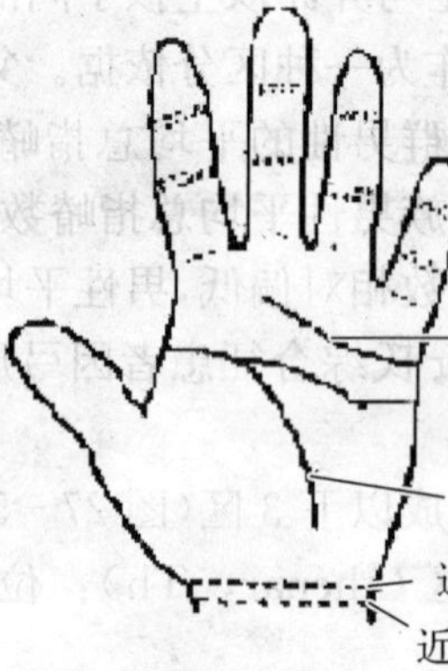

图 27－7　正常人掌褶纹和指褶纹

8. 掌褶纹(palmar flexion crease)分析

正常人的掌褶纹有远侧横褶纹、近侧横褶纹和大鱼际纵褶纹共 3 条(图 27－7)。

(1) 远侧横摺纹：起始于小指基底，斜行向上延伸到中、食指基部。

(2) 近侧横褶纹：起始于拇、食指间，呈抛物线延伸至掌心，止于小鱼际区。

(3) 大鱼际纵褶纹：与近侧横褶纹一道起始于拇、食指间，呈抛物线沿大鱼际尺侧缘延伸到手腕。

正常情况下，这 3 条掌褶纹相互分开，各有一定的走向(图 27－7)。某些染色体异常综合征患者和少数的正常人，掌褶纹分布可以出现如下变异(图 27－8)。

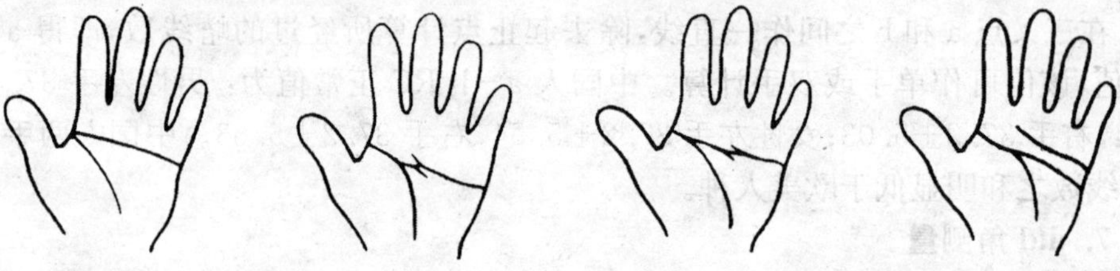

图 27－8　掌褶纹变异型

a. 通贯手；b. 变异Ⅰ型；c. 变异Ⅱ型；d. 悉尼手

(1) 通贯手：远侧横褶纹与近侧横褶纹融合成一条，特称猿线(simian line)。猿线横贯整个手掌，故名通贯手。

(2) 变异Ⅰ型：远侧横褶纹与近侧横褶纹之间有另一条短的横褶纹将其连接成横贯全掌的褶纹。

(3) 变异Ⅱ型：远侧横褶纹与近侧横褶纹相互重叠似通贯手，但在通贯的横褶上、下各有一分叉出来的小褶。

(4) 悉尼手：近侧横褶纹贯通全掌，远侧横褶纹走行正常。由于这种掌褶纹变异常见于澳大利亚悉尼人，故名悉尼手。

正常中国人群中，通贯手出现率为 3%～5%。13 三体和 18 三体综合征患者双手为通贯手的比率高出正常人 10～30 倍。

9. 指褶纹(digital flexion crease)分析

手指屈面各关节弯曲活动处可见到的明显皮肤皱褶称指褶纹(图 27－7)。某些染色体异常综合征患者的指褶纹常发生特异性改变，所以指褶纹分析可以作为辅助手段应用于这类遗传病的临床诊断。如正常人除拇指外的其余 4 指都有 2 条指褶纹，而 13 三体、18 三体和 21 三体综合征患者的小指仅有 1 条指褶纹。

【思考题】

1. 通过分组对指纹、嵴纹计数、总指嵴数、a－b 嵴线数、atd 角和掌褶纹等的调查比较，你认为是否存在性别间和左右手间的差异？
2. 试述皮肤纹理分析的遗传学意义？

附录Ⅰ 玻璃器皿的洗涤

1. 新购置玻璃器皿的洗涤

先用2% HCl浸数小时去除新购玻璃器皿所含的游离碱，再洗涤干净。

新载/盖玻片：先浸在肥皂水中，再用自来水冲洗，最后用蒸馏水冲洗。纱布擦干后，浸于含2% HCl的90%乙醇中保存备用。

2. 旧玻璃器皿的洗涤

先用自来水冲洗，再放在肥皂水中浸泡并煮沸10 min，然后刷洗干净，自来水流水冲洗后放入洗液（先将100 g重铬酸钾溶解于1 000 ml水中，然后慢慢加入浓硫酸100 ml，缓慢搅拌以使其不发热，若容器发热，温度很高时，可以停止加入浓硫酸，待降温后再继续加入。配好后盛于密闭的玻璃容器中备用。可用于洗涤玻璃和瓷质器皿，不能用来洗涤金属器皿。可反复使用至变蓝黑失效为止）中浸泡数小时，流水充分冲洗（2 h以上），再用蒸馏水冲洗2～3次，烘箱中烘干或自然晾干保存备用（玻片则可浸入95%乙醇中保存备用）。

带油污的玻璃器皿，须先尽力揩擦去除油污，然后放入5%苏打液内煮2～3次，再用上述方法洗涤。

附录Ⅱ 灭 菌

1. 玻璃器皿的灭菌

(1) 湿热灭菌：将用报纸或牛皮纸包好的玻璃器皿放入高压蒸气锅，灭菌时先放出冷空气，至放气阀喷出蒸气时再升压，一般用0.105 MPa 20 min即可。灭菌完毕后排放蒸气，取出后烘干备用。

(2) 干热灭菌：将包好的不带橡皮头的玻璃器皿均匀地放入干燥箱内。干燥箱温度调至160℃，在恒温下处理2 h即可。灭菌后待干燥箱冷却至40～50℃时方可开门取物。

2. 金属器械的灭菌

接种针、接种环：直接在火焰上灼烧灭菌。

解剖器具：煮沸15～30 min可杀死细菌营养体；煮沸1～2 h可杀死细菌芽孢体。

3. 无菌室的灭菌

采用先氧化熏蒸再紫外线照射的方法灭菌。按熏蒸空间5 ml/m^3量取36%～40%甲醛溶液。称取适量的高锰酸钾置于瓷碗或玻璃容器内，倒入甲醛溶液，几秒后甲醛溶液即沸腾蒸发，立即关门熏蒸12 h以上。熏蒸结束后，为减弱甲醛对人眼、鼻的刺激，取与甲醛等量的氨水迅速放入室内，同时开门窗通风放气。实验操作前，再开紫外灯照射20～30 min。关闭紫外灯后方可入室操作。

4. 培养基和试剂的灭菌

一般培养基在0.105 MPa下灭菌20 min；盐溶液等在0.056 MPa下灭菌30 min；葡萄糖、氨基酸、生物素等用0.056 MPa灭菌20 min。

附录Ⅲ　不同的 χ^2 值及自由度的 P 值表

df	P 0.975	0.9	0.5	0.1	0.05	0.025	0.01	df
1	0.000	0.016	0.455	2.706	3.841	5.024	6.635	1
2	0.051	0.211	1.386	4.605	5.991	7.378	9.210	2
3	0.216	0.584	2.366	6.251	7.815	9.348	11.345	3
4	0.484	1.064	3.357	7.779	9.488	11.143	13.277	4
5	0.831	1.610	4.351	9.236	11.070	12.832	15.086	5
6	1.237	2.204	5.348	10.645	12.592	14.449	16.812	6
7	1.690	2.833	6.346	12.017	14.067	16.013	18.475	7
8	2.180	3.490	7.344	13.362	15.507	17.535	20.090	8
9	2.700	4.168	8.343	14.684	16.919	19.023	21.666	9
10	3.247	4.865	9.342	15.987	18.307	20.483	23.209	10
11	3.816	5.578	10.341	17.275	19.675	21.920	24.725	11
12	4.404	6.304	11.340	18.549	21.026	23.337	26.217	12
13	5.009	7.042	12.340	19.812	22.362	24.736	27.688	13
14	5.629	7.790	13.339	21.064	23.685	26.119	29.141	14
15	6.262	8.547	14.339	22.307	24.996	27.488	30.578	15

附录Ⅳ 几种同工酶谱的染色方法

1. 醇脱氢酶(ADH)

(1) 染色液：NAD^+ 50 mg,NBT 30 mg,PMS 2 mg,95%乙醇 4 ml,0.2 mol/L Tris-HCl 缓冲液(pH 8.0)14 ml 和蒸馏水 82 ml。

(2) 显色：将电泳后凝胶条(板)浸入染色液，于 37℃保温，直至显示深蓝色区带。用无离子水漂洗，用 7.5%醋酸固定保存。

2. α-淀粉酶(α-amylase)

(1) 染色液：(A) 淀粉溶液：可溶性淀粉 1 g 溶于 100 ml 1.2% NaCl 溶液中；(B) 5%醋酸；(C) 碘溶液，每升含 KI 30 g 和 I_2 13 g。

(2) 显色(负带)：将电泳后的凝胶条(板)浸入 A 液，37℃保温 30～120 min。取出胶条(板)用无离子水洗去残留淀粉液，然后在 B 液中浸泡 5 min、再用 C 液显色。在暗蓝色的背景上可见到浅色或透明的区带。倒去 C 液，用水洗后固定保存于 7.5%醋酸-30%乙醇-15%甘油中。

3. 谷氨酸脱氢酶(GDH)

(1) 染色液：NAD^+ 66 mg,NBT 35 mg,PMS 2 mg,1 mol/L 谷氨酸钠液[用 10.9 g 谷氨酸钠溶于 100 ml 的 0.5 mol/L 磷酸缓冲液(pH 7.0)中配制]5 ml,0.5 mol/L磷酸缓冲液(pH 7.0) 25 ml,蒸馏水 70 ml。

(2) 显色(负带)：将电泳后凝胶条(板)浸入染色液，于 37℃保温，直至显示深蓝色区带。用无离子水漂洗，7.5%醋酸固定保存。

4. 过氧化氢酶(catalase)

(1) 染色液：(A) 20 份 0.05 mol/L 磷酸钾缓冲液(pH 7.0),2.5 份二氨基联苯胺(4 mg/ml)水溶液和 1 份过氧化物酶(1 mg/ml)水溶液混合；(B) 含有 0.6% H_2O_2的 0.05 mol/L 磷酸钾缓冲液(pH 7.0)。

(2) 显色(负带)：电泳后凝胶条(板)经无离子水漂洗，浸入 A 液，于 23℃下放置 5 min,再用无离子水漂洗，随后浸在 B 液中，室温下直至棕色凝胶背景上出现白色区带。用无离子水漂洗，保存于甲醇-冰醋酸溶液(甲醇∶冰醋酸∶水 =5∶1∶5)。

5. 过氧化物酶(peroxidase)

(1) 染色液：2%联苯胺[2 g 联苯胺溶于 18 ml 微温热冰醋酸，加蒸馏水到100 ml]20 ml,抗坏血酸 70.4 mg,0.6% H_2O_2 20 ml 和蒸馏水 60 ml,临用时混合。

(2) 显色：将电泳后的凝胶条(板)浸入染色液，室温下 1～5 min 后显出蓝色区带。用无离子水漂洗，固定保存于甲醇-冰醋酸溶液(甲醇∶冰醋酸∶水 =5∶1∶5),区带渐渐变成棕色。

6. 碱性磷酸酶(ALP)

(1) 染色液：(A) 底物溶液：α或β奈酚磷酸盐 2 mg 溶于 1 ml 0.2 mol/L 硼酸缓冲液(pH 10)[0.2 mol/L 硼酸-0.3 mol/L 氯化钾混合液 200 ml 与 0.2 mol/L氢氧化钠溶液 100 ml 混合]；(B) 染色剂：坚牢蓝 RR 或 BB 1 mg 溶于 1 ml 0.2 mol/L 硼酸缓冲液(pH 10)。

(2) 显色：将电泳后的凝胶条(板)浸入底物溶液，置 37℃保温 1～2 h后。再换上染色剂温育直至红色区带。

7. 苹果酸脱氢酶(MDH)

(1) 染色液：NAD^+ 66 mg，NBT 35 mg，PMS 2 mg，1 mol/L 苹果酸钠溶液 10 ml，0.1 mol/L Tris-HCl pH 7.0 缓冲液 50 ml，蒸馏水 40 ml。临用前配置。

(2) 显色：将电泳后凝胶条(板)浸入染色液，于 37℃保温 30～60 min，显示深蓝色区带。用无离子水漂洗，再用 7.5%醋酸(或 7.5%醋酸-30%乙醇-15%甘油)固定保存。

8. 葡萄糖-6-磷酸脱氢酶(G-6-PDH)

(1) 染色液：$NADP^+$(氧化型辅酶 II)30 mg，NBT 20 mg，PMS 20 mg，G-6-P(葡萄糖-6-磷酸)187.5 mg，0.01 mol/L Tris-HCl 缓冲液(pH 8.6，内含 0.004 mol/L EDTA) 62.5 ml，蒸馏水 37.5 ml。临用前 15 min 配制。

(2) 显色：将电泳后凝胶条(板)浸入染色液，于 37℃保温约 90 min 即显示深蓝色区带。用无离子水漂洗，7.5%醋酸固定保存。

9. 乳酸脱氢酶(LDH)

(1) 染色液：NAD^+(氧化型辅酶Ⅰ)66 mg，NBT(氯化硝基四氮唑蓝)35 mg，PMS(吩嗪二甲酯硫酸盐) 2 mg，1 mol/L 乳酸钠溶液 10 ml，0.1 mol/L Tris-HCl pH 7.0 缓冲液 50 ml，蒸馏水 40 ml。临用前配置。

(2) 显色：将电泳后凝胶条(板)浸入染色液，于 37℃保温 30～60 min 即可显示蓝紫色区带。用无离子水漂洗，再用 7%醋酸固定保存，以终止酶促反应。

10. 酸性磷酸酶(ACP)

(1) 染色液：0.1%α-奈酚磷酸钠和 0.15%固紫 GBC 溶于 50 mmol/L 醋酸钠缓冲液(pH 5.0)中。

(2) 显色：将电泳后凝胶条(板)浸泡在 50 mmol/L 醋酸钠缓冲液(pH 5.0)中 30 min，然后浸入染色液，室温下放置 60 min 显色。在 7.5%醋酸溶液中固定。

11. 异柠檬酸脱氢酶(IDH)

(1) 染色液：$NADP^+$ 30 mg，NBT 30 mg，PMS 2 mg，$MgCl_2$ 100 mg，0.1 mol/L异柠檬酸钠溶液(pH 7.0)16 ml，0.2 mol/L Tris-HCl 缓冲液(pH 8.0) 20 ml，蒸馏水 64 ml。

(2) 显色：电泳后凝胶条(板)浸入染色液，于 37℃保温直至显示深蓝色区带。

用7.5%醋酸固定保存。

12. 酯酶(esterase)

(1) 染色液：1 g α-醋酸奈酯和1 g β-醋酸奈酯，溶于50 ml丙酮和50 ml蒸馏水中，配制成1% α、β-醋酸奈酯。取1% α、β-醋酸奈酯3 ml，坚牢蓝RR 100 mg，0.5 mol/L Tris-HCl缓冲液(pH 7.1)10 ml，加蒸馏水至100 ml。

(2) 显色：将电泳后凝胶条(板)浸入染色液，于37℃保温约40 min，或室温下直至显示棕色(或红棕色)的区带。用无离子水漂洗，固定保存于7.5%醋酸-30%乙醇-15%甘油中。

附录Ⅴ　显微镜的结构、使用及显微摄影术

一、显微镜的结构

普通光学显微镜结构主要分为机械系统和光学系统两部分。

1. 机械系统

① 镜座：支持整个镜体。② 镜柱：连接镜座和镜臂。③ 镜臂：连接并支撑镜筒、载物台等机械部件，便于手提搬运。④ 镜筒：上端安装目镜，下接物镜转换器及物镜。镜筒可借镜臂上的调节器的作用灵活地上下移动用以调焦。⑤ 物镜转换器：金属圆盘，位于镜筒下方，由两个凹面向上的金属圆盘构成。上盘固着在镜筒下方，下盘与上盘相连，下盘有 3～4 个螺旋圆孔，以安装不同倍数的物镜。转动物镜转换器，可以调换不同倍数的物镜，当听到碰叩声时，物镜光轴恰好对准通光孔中心，光路接通，就可进行观察。⑥ 载物台：用以放置玻片标本，中央有一通光孔，光线由通光孔下方的反射镜反射上来。台上安有标本推进器，推进器左侧有弹簧夹，用以夹持玻片标本，镜台下有推进器调节轮，可使玻片标本左右、前后移动。⑦ 调节器：装置在镜柱两侧的粗细两种螺旋，调节时使镜台上下移动。粗调节器移动时可使镜台作快速和较大幅度的升降，所以能迅速调节物镜和标本之间的距离，使物像呈现于视野中，通常在使用低倍镜时，先用粗调节器迅速找到物像；细调节器移动时可使镜台缓慢地升降，多在运用高倍镜时使用以得到更清晰的物像，并借以观察标本不同层次和不同深度的结构。

2. 光学系统

光学系统包括放大系统和集光系统。放大系统包括物镜、目镜等，直接参与显微镜的成像；集光系统包括聚光器、反光镜等，起调节光强度和改变入射光的作用。

(1) 物镜：由 1～5 组透镜组成，其功能是聚集来自标本的光线，使标本第一次放大成一个倒立的实像。装置在镜筒下端的旋转器上，通常备有 3～4 个。在物镜上标有镜口率(N. A.)是被检物与物镜之间介质的折射率与镜口角正弦的乘积，用来反映该镜头分辨力的大小，数字越大，表示分辨率越高(表Ⅴ-1)。

表Ⅴ-1　不同物镜的镜口率和工作距离*

类　型	放大倍数	镜口率(N. A.)	分辨率/μm	工作距离/mm
低倍镜	10×	0.25	1	5.4
高倍镜	40×	0.65	0.42	0.39
油　镜	100×	1.25	0.22	0.11

* 指显微镜处于工作状态时物镜的下表面到盖玻片(标准厚度 0.17 mm)上表面之间的距离，物镜的放大倍数愈大，它的工作距离愈小。

(2) 目镜：其作用是将由物镜放大的倒立实像放大成一个正立的虚像，目镜仅起放大物像的作用，并不增加显微镜的分辨力。通常备有2～3个，放大倍数分别是5×、10×和20×，通常安装10×目镜。

(3) 聚光器：位于镜台下方的聚光器架上，由聚光镜和光圈组成，其作用是把光线集中到所要观察的标本上。聚光镜由2～3片透镜组成，主要是收集从光源射来的光线，并集合成光束，以增强照明度，并使光线射入物镜内。镜柱旁有一聚光器调节螺旋，转动它可升降聚光器，以调节视野中光亮度的强弱；光圈安装在聚光镜下方，由十几张金属薄片组成，其外侧伸出一调拨操纵杆，推动它可调节其开孔的大小，以调节光量。

(4) 反光镜：装在镜座上面，可向任意方向转动，其作用是将光源光线反射到聚光器上，再经通光孔照明标本，它有平、凹两面，凹面镜聚光作用强，适于光线较弱时使用；平面镜聚光作用弱，适于光线较强时使用。

二、显微镜的使用

1. 取镜与放置

打开镜箱(柜)，右手握住镜臂，左手托住镜座，不可单手提取，以免零件脱落或螺丝松动。将显微镜放在自己左肩前方的实验台上，镜座后端距桌边3～4 cm为宜。

2. 对光

用拇指和中指转动转换器，使低倍镜对准镜台的通光孔。打开光圈，上升集光器，将反光镜转向光源，用左眼在目镜上观察，同时转动反光镜，直到视野内的光线明亮、均匀为止。

3. 安装玻片标本

取一玻片标本放在镜台上，有盖玻片的一面一定朝上，用推进器弹簧夹夹住，然后旋转推片器螺旋，将欲观察的部位对准通光孔中央。

4. 低倍镜观察

以左手按逆时针方向转动粗调节器，使镜台缓慢地上升至物镜距标本片约5 mm处，应注意在上升镜台时，切勿在目镜上观察，一定要从右侧看着镜台上升，以免上升过多，造成镜头或标本片的损坏。两眼同时睁开，用左眼在目镜上观察，左手顺时针方向缓慢转动粗调节器调节焦距，直到视野中出现清晰的物像为止。

5. 转换高倍镜观察

先在低倍镜下将需放大观察的部分移至视野中心。再小心转动物镜转换器，调换上高倍镜头，并从侧面进行观察(防止高倍镜头碰撞玻片)，如高倍镜头碰到玻片标本，说明低倍镜的焦距没有调好，应重新操作。换上高倍镜后，用左眼在目镜上观察，通过细调节器调节焦距以获得清晰的物像。如果需要更换玻片标本时，必须退回低倍镜，方可取下玻片标本，切不可在高倍镜下取玻片标本。

6. 转换油镜观察

先经高倍镜观察将需进一步放大的部分移到视野的中心。将集光器上升到最高位置，光圈开到最大。转动物镜转换器，使高倍镜头离开通光孔，在需观察部位的玻片标本上滴加一滴香柏油，然后慢慢转动物镜转换器，调换上油镜镜头，并从侧面水平注视镜头与玻片标本的距离，使镜头浸入香柏油中而又不压破载玻片。用左眼观察目镜，并慢慢转动细调节器，直至物像清晰为止。油镜使用完毕，用擦镜纸蘸取少许二甲苯将油镜镜头上的香柏油擦去，再用干净擦镜纸擦净。

注意：无论是在低倍镜、高倍镜，还是油镜下观察，都必须养成双眼同时睁开的习惯，左眼观察，右眼绘图。

7. 清洁

观察完毕，取下标本片。检查、清洁显微镜。水滴、酸、碱或其他药品切勿接触镜头和镜台，如果沾污应立即擦净。金属部位如有灰尘污垢，可用干净软布擦拭。透镜有污垢，只能用擦镜纸擦拭，切忌口吹、手抹或用布擦，擦拭时采用螺旋式逐步擦到边缘。如有胶或玷污，可用擦镜纸蘸取少量二甲苯擦拭。

8. 归位、装柜

清洁显微镜后，转动旋转器使镜头离开通光孔，下降镜台，平放反光镜，下降集光器，关闭光圈，回位推进器，套上外罩。将归位的显微镜按编号放回显微镜室台柜内，做好相关使用记录。

三、显微摄影术

1. 显微摄影装置的安装

(1) 具有专用显微摄影装置的显微镜或具摄影镜筒的显微镜安装的房间应灰尘较少，干燥，避开高温及阳光的直射。工作台应平整而稳固，以防摄影时由于台面振动而影响成像效果。

(2) 按照需要，将摄影目镜(日产 Olympus 研究用显微镜配有 2.5×、3.3×、5×、6.7×等四种放大倍数；也有些显微镜配 4×、6.3×、16×等)安装在连接筒内。一般情况下使用 3.3×目镜较合适，因为清晰的放大倍率主要取决于物镜。

(3) 连接照相机和显微镜：如使用光学相机，则在相机中内装好底片后，把照相机安装在摄影显微镜的镜筒接口上，连接好快门线。如使用数码相机，则直接安装在显微镜的镜筒接口上即可，使用见随机附送的使用指南。

2. 显微摄影装置的调试

(1) 聚光器调中：将标本放到载物台上，并以 10×物镜对焦；调节视场光阑，使它的像进入视场。然后上下移动聚光器，使视场光阑清晰地成像在焦面上，对视场光阑进行调中，使它的像与视场边缘内切；开大视场光阑，便之与视场外切。

（2）聚光器孔径的调节：以物镜上的数值孔径乘以0.7求得孔径光圈的大小，将孔径光圈的数值调至所需位置。

（3）瞳距以及屈光度的调节：在使用双筒目镜时，应一边观察标本，一边调节瞳距，直到左右视场合二为一且无视野跳动等不稳定现象为止。屈光度调节旨在使两个眼睛在观察标本时能在同一焦点聚焦。先以右侧目镜为基准，使用右眼通过右侧目镜边观察边调整载物台高度，对标本进行对焦；然后使用左眼通过左侧目镜边观察边旋转上面的屈光度调节环对标本进行对焦，直至取得最清晰的图像。

（4）调整被摄物的位置：先用低倍镜找到清晰的细胞图像，转换高倍镜，将所摄目标调到双十字线覆盖的区域。如需要用油镜观察，在标本观察物位置滴加香柏油之后将油镜旋至贴近油滴再进行调整观察。

（5）摄影辅助装置的调焦：显微镜调焦完毕后，再通过摄影辅助装置的目镜进行调焦直至清楚。

3. 选择合适滤光片

为了使标本与拍摄背景之间有较好的反差，一般选用适当的滤光片。如果要使摄物中的某种颜色显得特别明亮就选择与此颜色相同的滤光片；若使被摄物中某种颜色显得特别浓黑，就选择与此颜色相反的滤光片。拍摄黑白片时，通常使用绿色滤光片以提高观察和摄影标本的反差。拍摄时可参考表Ⅴ-2选择滤光片。

表Ⅴ-2　滤光片的选择

生物染料	获得最大反差的滤光片	生物染料	获得最大反差的滤光片
碱性品红	绿+深黄	甲基紫	绿+橙
洋红	绿+深黄	亮绿	红
结晶紫	绿+深黄	甲基绿	红
埃利希苏木精	绿+深黄	番红O	绿+蓝
苯胺蓝	绿+橙	伊红O	绿+蓝
海登汉苏木精	绿+橙		

在拍摄紫色或紫红色染色体类照片时可将蓝、绿滤光片同时使用，以达到更好的反差效果。

4. 确定合理的曝光时间

（1）影响曝光时间的因素：决定曝光时间长短的因素最终是到达胶片上光的强度和胶片的感光性。影响此二者的因素包括：光源的强弱与性质；强度、色光比例；胶片的感光速度与感色性；滤色镜的影响；放大倍数；物镜数值孔径；标本差异等。

（2）决定曝光时间的方法：当采用光学相机胶片拍摄时，将胶片速度选择盘上的数字调整到与所选用的胶片一致，打开总开关后，按下曝光按钮，摄影系统将根据视野中的亮度自动选择时间进行曝光。现在的研究用显微镜一般都具备自动曝光控制系统，无须进行曝光时间试验，较易拍出质量优良的显微照片。

5. 拍摄

按照选定的曝光时间(或直接选取自动挡),按下快门线。操作时一定要避免摄影装置及工作台的震动,因为震动会引起焦点的改变,使拍出的底片影像模糊不清。

6. 胶片的冲洗

胶卷从暗袋中取出装入显影罐,注意胶卷一定要入槽,不能相互粘贴,以免显影不均匀。然后加入自来水浸润 2～3 次,再加入 20℃ 柯达 D－76 显影液[依次加入(务必先溶解再加入其他物质)50℃温水 750 ml,米吐尔 2 g,无水亚硫酸钠 100 g,1,4 对苯二酚 5 g,硼砂 2 g,蒸馏水定容 1 000 ml,存放 24 h 以上再使用],显影 10 min,然后倒出柯达 D－76 显影液(可回收再利用),加入清水冲洗 2～3 次,再加入柯达 F－5 酸性坚膜定影液(依次加入 50～70℃热水 600 ml,结晶硫代硫酸钠 240 g,无水亚硫酸钠 15 g,30%醋酸 45 ml,冷却至 30℃以下后加入硫酸铝钾 15 g,硼酸 7.5 g,蒸馏水定容 1 000 ml)定影 10 min(可回收再利用),取出胶卷,用清水冲洗 15 min 以上,以除去底片中残留的硫代硫酸钠杂质和可溶性复性银盐。水洗后将胶卷挂在通风无尘处晾干。

7. 底片的放大

冲洗出来的胶卷,药膜面(光面)朝下(手应该尽量避免触摸底片),调好放大倍数,对焦,曝光恰当的时间后,投入柯达 D－72 显影液(依次加入 50℃温水 750 ml,米吐尔 3 g,无水亚硫酸钠 45 g,1,4 对苯二酚 12 g,无水碳酸钠 68 g,溴化钾 2 g,蒸馏水定容 1 000 ml,加蒸馏水稀释 1 倍),显影时间根据相片清晰程度而定,显影后,取出放入清水(加入少量的冰乙酸)中冲洗,再投入 F－5 酸性坚膜定影液中,定影 10～15 min,然后取出用清水冲洗 60 min 以上,最后将相片上光烘干和裁剪。

主要参考文献

包振民，张全启，王海等. 1993. 中国对虾三倍体诱导Ⅱ：细胞松弛素B处理. 海洋学报，15(3)：101－105.

蔡旭等. 1979. 植物遗传育种学. 北京：科学出版社.

蔡有余，吴雯. 1981. 小型哺乳动物骨髓细胞染色体标本直接制作方法. 遗传，3(3)：41－44.

迪芬巴赫 CW，德维克斯勒 GS 编. 1999. PCR 技术实验指南. 黄培堂，俞炜原，陈添弥等译. 北京：科学出版社.

杜若甫，艾琼华，戴灼华等. 2004. 中国人群体遗传学. 北京：科学出版社.

郭善利，刘林德. 2004. 遗传学实验教程. 北京：科学出版社.

黎杰强，伍育源，朱碧岩. 2006. 遗传学实验. 长沙：湖南科学技术出版社.

李碧春，徐银学. 2005. 动物遗传学实验教程. 北京：中国农业大学出版社.

李雅轩，赵昕. 2006. 遗传学综合实验. 北京：科学出版社.

刘祖洞，江绍慧. 1987. 遗传学实验(第二版). 北京：高等教育出版社.

卢龙斗，常重杰. 2007. 遗传学实验技术. 北京：科学出版社.

卢龙斗，腊红桂，熊蕾. 2000. 沼泽绿牛蛙的核型研究. 河南师范大学学报(自然科学版)，28(2)：74－76.

卢圣栋. 1993. 现代分子生物学实验技术. 北京：高等教育出版社.

马继霞，程立君，白巍，吴鹤龄. 1986. 氧化钠对小鼠活体 SCE 及对孕鼠骨髓细胞与胎肝血微核的影响. 遗传，8(5)：39－41.

沈建明，朱冬发，吴琼. 2008. 三疣梭子蟹 Sox 基因 HMG 盒的克隆分析. 水产科学，27(2)：59－63.

盛祖嘉. 2007. 微生物遗传学(第三版). 北京：科学出版社.

邢少辰，蔡玉红，周开达. 植物多倍体研究的新进展. 吉林农业科学，2001，26(3)：12－15.

杨大翔. 2004. 遗传学实验. 北京：科学出版社.

姚世鸿. 1994. 云斑车蝗精母细胞减数分裂过程的观察与分析. 贵州师范大学学报，12(1)：27－32.

张贵友，吴琼，林琳. 2003. 普通遗传学实验指导. 北京：清华大学出版社.

张文霞，戴灼华. 2007. 遗传学实验指导. 北京：高等教育出版社.

Ashburner M, et al. 2000. Laboratory culture of Drosophila, In: Sullivan W et al., Drosophila protocols, Cold Spring Harbor Laboratory Press, Cold Spring Harbor, New York.

Fujii S. 1936. Salivary gland chromosome of Drosophila virilis. Cytologia, 7: 272－275.

Graf U, Schaik N. 1992. Drosophila genetics: A practical course. New York: Springer-Verlag.

Morgan TH. 1910. Sex limited inheritance in Drosophila. Science, 32: 120－122.

Ransom R. 1982. A handbook of Drosophila Development. Amsterdam, New York, Oxford: Elsevier Biomedical Press.

Szollosi MS, Debey P, Szollosi D, et al. 1991. Chromatin behaviour under influence of puromycin and 6－DMAP at different stage of mouse oocyte maturation. Chro., 100: 339－354.